企业文化的多维审视

丁孝智◎著

新华出版社

图书在版编目（CIP）数据

企业文化的多维审视/丁孝智著

北京：新华出版社，2016.10

ISBN 978－7－5166－2866－9

Ⅰ.①企… Ⅱ.①丁… Ⅲ.①企业文化—研究 Ⅳ.①F272－05

中国版本图书馆 CIP 数据核字（2016）第 246141 号

企业文化的多维审视

作　　者：丁孝智

责任编辑：贾允河　　　　　　　　　封面设计：李尘工作室
责任校对：刘保利　　　　　　　　　责任印制：廖成华

出版发行：新华出版社
地　　址：北京石景山区京原路 8 号　　邮　　编：100040
网　　址：http：//www.xinhuapub.com　http：//press.xinhuanet.com
经　　销：新华书店
购书热线：010－63077122　　　　　中国新闻书店购书热线：010－63072012

照　　排：彩丰文化
印　　刷：北京凯达印务有限公司
成品尺寸：185mm×260mm　　　　　开　　本：16
印　　张：26.25　　　　　　　　　字　　数：590 千字
版　　次：2016 年 11 月第一版　　　印　　次：2016 年 11 月第一次印刷

书　　号：ISBN 978－7－5166－2866－9
定　　价：68.00 元

序一

李永杰

我与孝智教授相识已有十几年的时间了。过去，我们曾一起合作办学、一块参加学术交流，有时候也会聚在一起把酒问道，讨论一些天下大事，可以说已经到了无话不谈的地步。前些天，他突然发短信要我给他新近完成的《企业文化的多维审视》一书作序。听到这位小兄弟又有新作问世，欣喜之余，自然应允，也为他这种笔耕不辍的精神而高兴。

在拿到孝智教授的大作之后，首先吸引我的是这本书的书名。作者不是泛泛而谈企业文化，而是要从多维视角对企业文化进行审视。在我接触到的企业文化论著中，有从精神、行为、物质等层面谈企业文化的，也有从文化、制度、技术等层面谈企业文化的。还有一些咨询专家试图从实操层面推进企业文化如何落地，但真正从多维视野深层次挖掘企业文化内涵，并从理论和实践的有机结合层面研究和考察企业文化的论著并不多见。从作者长达数十万字的论述中，不难看出其研究的视野不仅在于对企业文化的基本概念、内涵和特征进行梳理界定，更侧重于从文化视域对企业文化进行探究，并充分吸纳学术界的已有研究成果，且深入到世界有代表性民族缤纷多彩的历史文化传承、价值观、伦理道德、制度文化、战略管理、心理因素、审美意识，以及不同类型企业和企业家行为、科技进步对企业文化建设的影响等多个维度对企业文化进行考察。既有基于历史视角的分析，又有着眼于现实的考量。不仅有宏观的思考，也有针对性较强的具体建议。在企业文化建设的一些重要方面进行了深入细致的理论探索，提出了许多值得思考的观点。尤其是作者在考察企业文化发展趋势的基础上，对未来企业文化建设的走向作了较为清晰的预判，这对当前乃至今后的企业文化研究和实践会有重要的影响。

企业文化究竟是什么？恐怕学术界和企业界都难以给出一个统一的说法。但在当下浩若烟海的企业管理研究中，企业文化显然是一颗璀璨的新星，特别引人瞩目。作者将企业文化概括为"企业适应时代发展要求，结合本民族文化特色，并充分吸收外来文化精华而形成的具有本企业鲜明个性特征的企业理念体系和行为准则"。强调企业文化是企业管理之魂，是提高企业管理效能和形成企业核心竞争力的强劲动力，这是我比较认可的。众所周知，随着经济全球化、知识经济、信息化和互联网广泛而深入的发展，几乎没有一家企业不面临激烈、复杂的市场竞争。一个企业要想生存和发展，就必须获得某种竞争优势，否则，将很难在如此剧烈的竞争环境中存活下去。美国的《财富》杂志曾经发表评论说，全球最大的 500 家企业为什么能够优胜于其他企业，其中一个很大的原因，就是这些企业不断地给自己的公司注入文化的活力，这些企业的文化和其他企业的文化有着显著的差异。IBM 公司的前总裁汤姆·沃森也说：要想构筑企业的持续竞争优势，一个企业的基本运营理念、企业的基本精神和愿景远比企业拥有的技术资源、专利发明等重要。虽然这些资源也是不可或缺的，但这些资源均源自于公司职员对公司的基本价值理念的尊崇程度，同时也源自于职员们在实际的运营中咨询贯彻这些理念的程度。同样，我们从国内外一些优秀企业的管理实践中也可以清楚地看到，企业文化在企业的竞争中扮演着非常重要的角色，如美国的通用电气公司、日本的索尼公司、韩国的三星公司，以及中国的海尔集团等，这些企业所具有的竞争优势，其实就是其内在的企业文化基因。华为公司的总裁任正非说："资源是会枯竭的，唯有文化生生不息。"

随着企业跨国经营规模的不断扩大，跨文化管理成为企业绕不开的门槛，能否有效地开展跨文化管理，将直接影响企业开展全球化经营的成效。孝智教授在该书中虽然没有专章论述这方面的问题，但也从多个角度对此进行了讨论，并提出了一系列很有针对性的建议，这是很有意义的。

企业文化建设的核心是什么，同样众说纷纭。孝智教授将其归结为"以人为本"，书中对此着墨较多，并作为未来企业文化建设的方向。我非常认同这一观点。考察人类社会发展的历史，虽然经历了以"经济人"为假设的"物本"管理，也经历了以"社会人"、"复杂人"为假设的"人本"管理，但最终的趋势一定是将人的发展作为基本的要求。诚如马克思所言："物质世界始终是一个必然王国，在这个必然王国的彼岸，只有作为目的本身的人类能力得到发展，真正的自由王国才开始了。"既然人的发展是人类追求真正自由王国的开始，那么，对人的管理也就不能只停留在物质层面上，而要深入到人的精神世界，将人的自由、全面发展作为企业管理的终极目标。但要达到这样的目标，企业唯一正确的选择就是要把人看作管理的重要资源，充分发挥每个人的积极性和能动性。事实上，在当今瞬息万变的市场环境中，企业也只有树立"以人为本"的管理理念，才能在激烈竞争的市场环境中立于不败之地。

人文科学与自然科学有着很大的不同。自然科学研究自然界，自然是固化的、无意识的；而人文科学研究的人、人与人的关系却是生动的、鲜活的。特别是像企业文化这种以人的精神和意识作为研究对象的课题，就不可能用简单的数学模型或数据分析解释清楚，必须用适合人文科学的方法进行研究。德国文化哲学家威廉·狄尔泰（Wilhelm Dilthey）曾经说：人文科学不能"套用"和"移植"自然科学的方法论，而"理解"则构成了不同于自然科学"说明"的人文科学独特的方法论的核心。我注意到，在该书中，孝智教授没有采用当下管理学中比较流行的数理分析或实证分析方法，也没有用一个接一个的案例分析去说明企业文化应该如何建设，而是从理论考察入手，用严谨的逻辑分析和推理方法论证企业文化诸要素的理论依据、学理要求，在此基础上为企业文化建设提出有指导意义的思路和建议，并通过一些成功企业的案例分析强化其结论的适用性和实操性，这种类似于解释主义的研究范式，较好地达到了狄尔泰所说的"对自然进行说明，对精神生活进行理解"的研究效果。

企业文化虽然具有企业经营管理的属性，但一旦谈到文化，自然涉及到诸多学科领域的知识，要能驾驭并讲得清楚这些问题显然是需要学术功力和知识储备的。据我所知，孝智教授曾经修读历史，又攻读思想文化史，博士期间则致力于经济思想方面的研究，后来长期承担企业管理方面的教学、科研和管理咨询工作，尤其对企业文化研究情有独钟，不仅一直承担这方面的教学任务，还发表了多篇（部）高水平的论著，有些论著在学术界产生了一定的影响。当我翻阅这部洋洋数十万字的著作时，清晰地看到了作者在这方面具有的良好素养，从严谨的逻辑结构、自如的资料运用、娴熟的多学科分析、多元文化的比较以及对企业经营管理中一些重点、难点的把握等，无不显现出作者所具备的学术功底和多学科的知识背景。非但如此，要完成这样一部企业文化著作，仅有相关的理论水平还不够，尚需了解和把握现代企业的经营管理实践，否则，就很容易变成精致的空头理论，难以对企业经营管理发挥实际作用。但该书显然没有蹈入这种覆辙，而是很好地将理论与实践紧密结合起来，在深入的理论分析和建构基础上，为企业开展文化建设提出了切实可行的意见或建议。这样的研究效果与孝智教授及其团队长期致力于服务企业、服务地方经济社会发展的研究取向不无关系。在我与孝智教授的交往中，深知他和他的团队一直深入基层，为地方政府和企业开展各种类型的市场调研、研究咨询、员工培训等服务，完成了数量不少的战略规划、管理制度、营销策划、企业文化建设等研究报告和规划方案。有些研究报告和规划方案深受地方政府领导、企业家的称赞，也获得过一些不同级别的奖励，并在经济社会发展和企业经营管理实践中创造了良好的经济和社会效益。在今天看到的这部著作中，作者其所以能够较为娴熟地将理论分析和企业管理实践结合起来，并针对企业文化建设中的一些瓶颈或症结提出对策和建议，应该是作者多年深入企业、了解企业、研究企业的必然结果。显然，这是一部作者经过多年积累，花费了许多时间和精力，并经过认真思考后完成的力作。

毋庸置疑，企业文化将是当前乃至未来企业经营管理最有效的手段，随着中国企业国际化进程的加快，建设优秀企业文化的需求将更加迫切而强烈，任何一家试图实现可持续发展，乃至追求卓越的企业不能不致力于建设属于自己公司的优秀企业文化。因而，有关这方面的研究成果必将会对中国企业实现这一愿景提供理论指导，衷心希望孝智教授的这部著作能够发挥应有的作用。

是为序。

（作者系华南师范大学经济管理学院教授、博士生导师）

序 二

李会宁

人们常说，世界的变化是永恒的，今天的世界变化实在太快！但我认为，无论世界如何变，变得有多快，其变化的方向一定是明确的，只有掌握了正确的变化方向，才能率先实现 0～1 的突破。企业文化犹如企业发展的方向盘，它为企业健康发展提供指引和保障。企业只有培育出特色鲜明、底蕴深厚、放眼未来的企业文化，才能掌握持续、稳定、快速发展的方向盘，进而培育和形成自己的核心竞争力。

我与丁孝智教授相识于 2010 年初秋。记得那时我们在肇庆国家级高新区科技局的协调下，联合申报一项有关金属新材料产业集群的广东省重大科技创新项目，丁教授是课题总负责人，负责协调项目的申报工作。在与他的接触中，我能感觉到他不仅专业水平很高，而且很接地气，对企业比较熟悉。在随后的交流中，更觉其知识渊博，很有创意。当时他担任当地一所高校经济与管理学院的院长，而且有一个很好的研究和咨询团队。于是，我们将公司上市前的战略管理、企业文化、绩效管理等模块的咨询设计交给他们运作。后来，他调任学校教务处做了领导，但却仍然一如既往地关注企业，并在繁忙的教学管理工作之余，集十余年研究之功完成了数十万字的《企业文化的多维审视》一书。前不久，他打电话向我索序，并送来了打印稿。当我拿到书稿时，作为一个在企业中拼搏多年、并十分钟爱企业文化的实践者，我夜以继日地拜读了这部书稿，欣喜地看到学术界又为我们这些企业的实践者们奉献了一部高水平的企业文化研究论著，这可谓对我们正在着力推进的企业文化建设送来了期盼已久的及时雨。

本书视野广阔，角度新颖，既有精深的理论分析，又有针对性较强的操作建议，无疑为开展企业文化建设提供了重要的理论和实践指导。对不同专业领域、不同思维方式、不同文化背景、不同信仰、不同发展阶段、不同领导风格、不同经营方式的企业及其管理者来说，都可以找到自己的那块文化天地。

人们常说，文化是灵魂，是企业长期稳定、快速健康发展的动力。无形主宰有形。一切都会消失，但唯有文化可以永存和传承。记得我在兰州大学高分子化学专业研究生毕业后，曾在化工部涂料工业研究院工作了几年，1994 年怀揣梦想到广州创业。经过几年的打拼，企业确实得到了快速发展，但却越来越意识到要保持企业持续快速发展，没有先进的管理理论是不行的。必须要掌握企业管理方面的知识，用先进的企业管理理论来指导企业的经营和管理。于是，在 2002 年我报读了北京大学光华管理学院的 EM-BA，接触到许多令我耳目一新的企业管理知识。第一次知道了组织效率模型包含战略、结构、流程、激励、文化、人员等，更让我知道了经营好企业不仅要靠自己的专业知识，更要培育自己的企业文化。只有用企业文化统领企业的经营管理，并通过不断地培训和学习，将企业文化中的核心价值观、经营宗旨、管理理念、发展目标、企业精神等，"内化于心，固化于制，外化于形"，转变为在一个组织中自觉创造创新、自觉提高产品质量、不断自我完善的机制，企业才能健康持续发展。人们常说："没文化真可怕!"可是，文化到底是什么？是学历？是资历？还是阅历？原来都不是，而是"根植于内心的修养，无需提醒的自觉，以约束为前提的自由，为别人着想的善良"。当明白了这些道理后，我很快就痴迷上了文化。于是在2013年又到中山大学报读了管理哲学的博士研究生班，继续学习中国深奥的管理智慧。在这里，我对博大精深的中国管理哲学有了较深入的了解，特别是对一些影响人类社会发展较大的思想体系进行了较为深入的梳理和思考，并形成了一些新的认识。如我对儒、释、道、基督四大思想体现的解读是，儒家强调孝、悌，所谓"入则孝，出则悌"。一个国家、一个组织、一个家庭对内要孝字当先。首先要尊重别人，要有敬爱的思想和行为；其次要遵循秩序，要有从善如流的胸怀，要坚持正确导向。对外是悌，出门在外要有平等、友爱、关怀备至的思想和行为，如邻居关系、公司各部门之间的效率管理等。道家突出"无为"，但"无为而无不为"。无为就是要尊重客观规律，要按照规律来做事。佛教讲"无我"。一心向善，甚至做了好事也不留虚名，从而达到无我的境界，也就是现在所说的"归零心态"。基督教则坚持"原罪"。要求信徒们不断赎罪向善，追求一种人生的新境界。我注意到，在丁教授完成的这部书中，对世界各国的文化特点、世界上三大宗教文化的分析着墨不少，通过对不同文化的比较和宗教伦理文化的挖掘，深入揭示了不同文化背景下企业管理的差异，特别强调了宗教文化对企业经营管理的影响，具有很强的针对性和深刻的现实意义，特别值得我们企业界人士去思考和借鉴。

在当今全球化、信息化和知识经济时代讨论企业文化，互联网自然是一个绕不开的话题。本书专章对人类历史上发生的几次科技革命进行了考察和分析，并分析了科技进步对企业经营管理的影响。提出了在互联网时代如何建设企业文化的构想，尤其突出了人本管理在互联网时代的重要意义，可谓切中了企业经营管理的要害。在产业转型升级、企业创新发展的今天，许多企业的经营者都想借助互联网实现跨越式发展，这无疑是十分正确的选择。但如何使这种设想变成现实则不仅是一个企业的战略问题，更是一个企业文化建设问题。互联网能够借助网络化平台将虚拟世界和实体世界连接到一起，形成一个上下贯通、左右无界的现实世界。通过网络化平台作为一种可以快速配置资源的框架，使所有的资源得到最优、最快的配置，并达到最大的共赢效果。通过虚拟化平台提供多元化的信息渠道、海量化信息数据和多样化信息的价值判断。互联网以其时域性、互动性、低成本、个性化、信息储量大、高效快捷和多形式存在等优点，受到人们的普遍欢迎，也对其生产、生活等各个方面产生巨大的影响。因此，作为企业经营管理者，只有充分理解并把握互联网的这些特点，并在企业文化建设中贯穿互联网思维，才能真正实现"互联网＋我们"的梦想。只有互联网＋我们，企业的产业互联网才能实现。企业的产品和服务系统才能足够优秀，并融入到整个社会的经济活动之中，成为整个社会经济、政治和生态服务系统中的一个链条。

互联网既是一种思维方式，又是一门语言，一门全球协作的语言。它通过一种独特的方式将世界上任何一个地方的人快速链接起来，实现人的自由、自主的发展。企业只有拥有一批自由发展、创意无限的人才，才能实现企业的快速发展。诸如"二战"结束时，美国人没有带走德国的机器和设备，而是把这里的科学家抢运了回去。而后的几十年间，美国科学技术飞速发展，并迅速成为引领世界科技潮流的强国。今天，无论是国家和企业，谁能够在互联网方面赢得先机，谁就可以获得最多的人才资源，并引领发展潮流。可以说，互联网已经成为一个"通天塔"，哪家企业率先建立起适应互联网发展的先进企业文化，它就一定会插上腾飞的翅膀而翱翔蓝天。毋庸置疑，互联网是人类在经历了农耕文明、工业文明以后的第三种文明。一个伟大文明的出现，必然孕育出一种伟大的思想，而思想是一群人的信念的组合。互联网时代需要自由创造，需要协同共赢，每个人都是互联网的链接器，打开自我，方能连接世界。你有多么宽广的胸怀，就有多么辽阔的天地。当你完全打开自我的胸襟，接受上天的洗礼，你就一定能够链接一切。

梦想从来不会失去，失去的只是信心。目标从来都很清晰，迷茫的只是人的眼睛。对未来从不担忧，担忧的是找不到未来的你。在人人都追逐"梦想"的今天，如果企业没有文化就会失去与时代同行的机会。衷心地期盼着，《企业文化的多维审视》能够与我们这些企业文化的实践者相伴相舞，一起迎接那百花盛开、姹紫嫣红的春天！

是为序。

（作者系肇庆千江高新材料科技股份公司副董事长，华南理工大学研究生导师，肇庆国家级高新区十大科技领军人物）

目　录

第一章　文化特质与企业文化的缘起

一、文化及其特征

（一）对文化概念的不同解释

无论承认与否，近年来"文化"一词变得越来越时髦和流行，几乎成为人们语言系统中经常使用的口头禅，诸如传统文化、现代文化、外来文化、制度文化、产业文化、网络文化，甚至梦文化、茶文化、酒文化、嬉皮士文化等，不一而足。与此相应，对文化这一概念的解释也是众说纷纭、莫衷一是。1952 年，美国人类学家阿尔弗雷德·克洛依伯（Alfred Kloiba）和克莱德·克拉克洪（Clyde Kluckhohn）在《文化：概念和定义的批评考察》一书中列举了 1871 年至 1951 年期间世界各地学者关于文化的定义有 160 多种；[①] 1988 年，中国学者吴修艺出版的《中国文化热》一书中给出的是 260 种；[②] 后来，又有人统计达 360 种之多。[③]

在中国，"文化"一词可谓渊源颇深。《周易·贲·象传》称："观乎人文，以化成天下。"这大概是"文化"一词的最早文献来源。孔颖达在《周易正义》中解释说："观乎人文以化成天下者，言圣人观察人文，则《诗》、《书》、《礼》、《乐》之谓，当法此教而化成天下也。"由此，"文"就是"文治"，"化"就是"教化"。《论语·雍也》称："质胜文则野，文胜质则史，文质彬彬，然后君子"。这里将"文"与人的修养联系起来。"文"与"化"联系起来组合成一个新词则出现在西汉晚期。汉代刘向的《说苑·指武》中说："圣人之治天下也，先文德而后武力。凡武之兴，为不服也，文化不改，然后加诛"。[④] 这里的"文化"是指"文治和教化"，与武力征服相对应。这段话被认为是"文化"最初的标准解释。由此说明，在中国人的传统观念里，"文化"是与"武力"相对的概念，本是"以文德加以教化"的意思，包含有文治、教化以及礼乐典章制度等。之后，人们对文化的解释很多，但大都没有超出这一范畴。实际上，现代意义上汉语中使用的"文化"一词，则是 20 世纪初"西学东渐"过程中由欧洲经日本传入中国的。该词缘起于拉丁语，由 colo、colere（栽培、种植）、cultus（耕种的、耕耘的）构成。在古典拉丁语中，cultura 的意思通常是指农业耕作和劳动，由此而有 agricultura（农业）一词的来历。到公元前一世纪前后，在一些西方哲学家的演讲中已经出现

---

① 傅铿：《文化：人类的镜子——西方文化理论导引》，上海：上海人民出版社 1990 年版，第 12 页。
② 吴修艺：《中国文化热》，上海：上海人民出版社 1988 年版，第 7 页。
③ 蔡俊生、陈荷清、韩德林：《文化论》，北京：人民出版社 2003 年版，第 1 页。
④ （汉）刘向：《说苑·指武》。

"cultura animi autem philosphia est"，即耕作智慧和哲学精神等意思。①

　　"文化"一词最早从意识形态和人文社科领域进行解释的是哲学家。大约在两千多年前，古希腊哲学家马库斯·图留斯·西塞罗（Marcus Tullius Cicero）采用"cultura-mentis"（耕耘智慧）和"cilturaanimiphilosophia"（哲学是对心灵的教化）的说法，②赋予"cultura"一词比喻的含义，类似于16世纪初出现在英语中的"theculture of the-arts"（工艺的改进）、"mentalculture"（精神耕耘）或"intellectualculture"（智力耕耘）等。但在18世纪欧洲启蒙运动之前，"cultura"一词一直是被作为及物动词构成词组使用的，并没有作为独立单词使用过，如"cultura juris"（制定行动计划）、"cultura linguae"（改进语言）、"culiutura litterarum"（改进文字）等。到欧洲启蒙运动开始后，"culutura"正式被作为独立单词出现在人们的意识形态中，并形成了现代意义上的"文化概念"。③文化同个人心智发展联系起来，进而联系到知识、智慧和理解力的获得。文化被等同于哲学，或者说心灵的培育，并将此用于人文而引申出心灵的培育，铸造符合"自然"之道的天性，以成就完美的人格，由此与中国儒家文化关于"修身、齐家、治国、平天下"的人格培育，以及相应的君子之道形成了异曲同工的效果，也形成了欧洲启蒙思想家倡导"理性精神"和"人的解放"的重要思想武器。

　　然而，真正将文化作为一个特定的学科领域进行研究的则是人类学家。1871年，英国人类学家爱德华·伯内特·泰勒（Edward Burnett Tylor）在《原始文化：神话、哲学、宗教、语言、艺术和习俗的发展研究》一书中对文化给出了一个定义："文化或文明，就其广泛的民族学意义上来说，乃是包含知识、信仰、艺术、道德、法律、习俗和任何人作为社会成员所获得的任何其他能力和习惯"。④泰勒的定义虽然将文化和文明混淆在一起，但他对文化的描述却成为一个里程碑，为该领域的研究开拓了更为广阔的视野。20世纪50年代，美国人类学家莱斯利·A·怀特（Leslie A. White）论证了不同于文化人类学中单独的文化学，从而开启了文化学独立研究的新领域。怀特指出：人与动物的不同在于文化，而文化的实质在于符号能力。没有符号，就没有文化，人也仅仅是动物而不会成为其人类。⑤随着中西方学者开始对文化的内涵及其范畴进行更为广泛的讨论，形成了诸多有关文化研究的学术观点和流派。

　　1. 综合说。美国学者克莱德·克拉克洪（Clyde Kluckhohn）等认为，文化就是人类创造和积累的全部物质财富和精神财富及其生活方式。文化是一个整体，这个整体包含器物、信仰、习惯和由这些习惯所决定的人的一切活动成果。⑥随后，加拿大多伦多

---

　　① 冯天瑜、何晓明、周积明：《中华文化史》（上），上海：上海人民出版社2005年版，第4页。

　　② Goddard, Cli. The lexical semantics of culture . Language Sciences，2005，（27）：9.54.

　　③ 蔡俊生、陈荷清、韩德林：《文化论》，北京：人民出版社2003年版，第2页。

　　④ （英）爱德华·伯内特·泰勒：《原始文化：神话、哲学、宗教、语言、艺术和习俗的发展研究》，连树声译，桂林：广西师范大学出版社2005年版，第1页。

　　⑤ （美）莱斯利·A·怀特：《文化的科学——人类和文明的研究》，沈原等译，济南：山东人民出版社1988年版，第382页。

　　⑥ （美）克莱德·克拉克洪：《论人类学与古典学的关系》，吴银玲译，北京：北京大学出版社2013年版，转引自殷海光：《中国文化的展望》，北京：中国和平出版社1988年版，第30页。

大学教授德·保罗·斯查尔福（De. Paul Schar Phu）将这一观点作了进一步阐述，提出"文化"是我们过去和现在所创造的精神上、心灵上和物质上的一切事物。文化是一个整体，不仅包括思想观念、发明创造、人工制品、价值观念、信仰和艺术作品，还包括经济制度，社会结构和风俗习惯、政治体系、宗教信仰、法典法规等等。实际上它包括了我们能想象的一切事物。① 中国许多学者也受此观点的影响。如梁漱溟就认为，所谓文化，不过是一个民族生活的种种方面，包括精神生活方面，如宗教、哲学、科学、艺术等；社会生活方面，如社会组织、伦理习惯、政治制度和经济关系等；物质生活方面，如饮食、起居、各种享用等。②

2. 精神和观念总和说。德国哲学家伊曼努尔·康德（Immanuel Kant）说：文化就是"有理性的实体为了一定的目的而进行的能力之创造"。这里的"创造"，是指人类在精神和肉体两个方面由受自然力统治的原始状况向统治自然力的状况逐步发展。他甚至提出，文化从一开始就不是属于个人的一种范畴，而是属于整个民族和人类的范畴。③ 美国佛蒙特大学的威廉·A·哈维兰（William A. Haviland）在《当代人类学》一书中认为，文化不是可见的行为，而是人们用以解释经验和导致行为，并为行为所反映的价值观和信仰。人类学家莱昂内尔·泰戈尔（Lionel Tiger）指出，所谓文化，就是一个人生下来由学习得到的，或由创意得到的一切心灵建构或观念。它包括态度、意义、情操、情感、价值、目的、兴趣、知识、信仰、关系、组合等范畴。④ 当代新儒家的代表人物牟宗三、徐复观、张君劢、唐君毅联名发表的《为中国文化敬告世界人士宣言》中则提出："一切人类文化，皆是人心之求真善美等精神的表现，或为人之精神的创造。"⑤ 与此相应，一些马克思主义学者则把文化解释为社会的意识形态，以及与之相应的制度和组织结构。马克思将文化看作是属于社会上层建筑领域的一部分，也对文化进行了多维透视，提出了诸如文化即知识观念、文化即人化、文化即人类的精神生产、文化即观念意识形态和文化是时代精神表征的观点。⑥ 毛泽东在《新民主主义论》中就明确把文化看作是观念形态的范畴。⑦

3. 行为与习俗说。美国学者菲利普·巴格比（Philip Bagby）把文化定义为"社会成员行为中的规则"，或"众人行事的方法"。⑧ 一些人类学家和社会学家认为文化是由学习得到的，是由社会传递而来的行为或风俗。

4. 艺术和仪式说。这种观点往往把经济、政治和教育排除在文化之外，只把诸如博物馆、图书馆、歌剧院、各种典礼等人类的艺术活动和具有仪式的活动看作文化。这

---

① 转引自徐言行主编：《中西文化比较》，北京：北京大学出版社 2004 年版，第 11—12 页。

② 梁漱溟：《梁漱溟学术精华录》，北京：北京师范学院出版社 1988 年版，第 40 页。

③ 转引自蔡俊生、陈荷清、韩德林：《文化论》，北京：人民出版社 2003 年版，第 3—4 页。

④ 转引自殷海光：《中国文化的展望》，北京：中国和平出版社 1988 年版，第 39 页。

⑤ 唐君毅：《心物与人生》，台北：台湾学生书局 1975 年版，第 82 页。

⑥ 韩美群：《马克思文化概念的多维透视》，《江汉论坛》，2007 年第 3 期，第 124—126 页。

⑦ 《毛泽东选集》第 2 卷，北京：人民出版社 1952 年版，第 256 页。

⑧ （美）菲利普·巴格比：《文化：历史的投影》，夏克等译，上海：上海人民出版社 1987 年版，第 149 页。

种理解即使在当代仍然有相当的影响。如美国当代分析美学家简·布洛克（Gene Blocker）在系统归纳艺术所拥有的审美文化特征基础上，将艺术看作是由人的审美决定的，人们审美地欣赏是艺术之所以为艺术的首要特征。[①] 中国学者耿坤将博物馆看作是文化传承、交流和创新的重要载体。[②]

5. 历史和社会遗产说。一些学者认为，文化就是人们在生产和生活过程中传承下来的东西，即所谓"社会遗产"。但这种传承不是生物遗传，而是一种历史继承。如日本的文化学家祖甫江孝男就指出：文化是由后天构造出来的，成为群体成员之间共同具有，且被保持下来的行为方式。[③] 美国的一些学者也认为，文化就是一个群体社会遗产的全部。[④]

6. 功能和价值说。梁启超在《什么是文化》一文中说："文化非文化，当以有无价值为断。然则价值又是什么呢？凡事物之'自然而然如此'或'不能不如此'者，则无价值之可评；即评，也是白评"。因此，"文化是人类内心所能开释出来的一切有价值的东西"。他将其称为"有价值的共业。"[⑤] 所以，有学者认为，从哲学上说，文化即"人化"，包括世界的"人化"和人本身的"人化"，后者也可以称为"化人"。文化是人的一种存在方式、存在状态，人追求和享有一定的价值成果，并通过实现这些价值来更新和发展自己，以及周围的世界。[⑥] 英国人类学家布罗尼斯拉夫·马林诺夫斯基（Bronislaw Kaspar Malinowski）还提出，文化就是人们应付环境和把自己置于一个更好位置上的工具性装置。[⑦] 20 世纪 60 年代后，文化释义学甚至把文化看作象征和意义的体系，并认为文化就是人类编制的意义"网眼"。[⑧]

7. 行为指导和规则说。如菲利普·巴格比（Philip Bagby）将文化定义为某一个社会成员内在和外在的行为规则。克莱德·克拉克洪（Clyde Kluckhohn）等则对此作了更进一步的叙述。[⑨]

以上从不同角度或视野对文化概念的解释，不仅说明文化本身所具有的复杂性和多元性，也说明文化研究的无穷魅力和强大吸引力，据此也更加深了人们对文化性质和特

① （美）简·布洛克：《原始艺术哲学》，沈波、张安平译，上海：上海人民出版社 1991 年版，第 119—120 页。

② 耿坤：《博物馆与城市文化》，《新世纪博物馆的实践与思考——北京博物馆学会第五届学术会议论文集》，2007 年 11 月，第 194—199 页。

③ （日）祖甫江孝男：《简明文化人类学》，熊茜超、陈诗译，上海：上海社会科学院出版社 2011 年版，第 37 页。

④ 殷海光：《中国文化的展望》，北京：中国和平出版社 1988 年版，第 31 页。

⑤ 梁启超：《梁启超全集》第 7 册，北京：北京出版社 1999 年版，第 4060—4061 页。

⑥ 李德顺、孙伟平、孙美堂：《精神家园：新文化论纲》，哈尔滨：黑龙江教育出版社 2010 年版，第 21 页。

⑦ 马旭、宋浩池：《从文化的起源及其功能浅析马林诺夫斯基的文化论》，《东方企业文化》，2010 年第 6 期，第 151 页。

⑧ （日）绫部恒雄编：《文化人类学的十五种理论》，周星等译，贵阳：贵州人民出版社 1988 年版，第 152 页。

⑨ 徐言行主编：《中西文化比较》，北京：北京大学出版社 2004 年版，第 11—12 页。

征的理解和把握。

（二）文化的性质和特征

由于人们对文化概念和内涵的歧义，导致对文化性质和特征的理解也存在诸多差异。为了进一步说明文化的性质和内涵，对其特征进行描述是必要的。这里将一些主要的观点加以概括，提出五个方面关于文化的性质和特征。

1. 文化从本质上讲就是"人化"。伊曼努尔·康德（Immanuel Kant）认为，文化是一个理性存在者里面，能具有的达到任何它自己抉择的目的之能力的创造过程。[①] 另一位德国哲学家格奥尔格·西美尔（Georg Simmel）也指出：在文化领域中，"生命"和"形式"对应的其实就是"个体"和"文化"。只有人才是文化的真正对象。文化在本质上是"人类的一种完善"。[②] 赫伯特·马尔库塞（Herbert Marcuse）则强调，文化内含高度的自由精神，具有净化人们灵魂、满足人们深层精神需要的作用；文化突破了社会现实的蒙蔽，对人的理解和感觉具有颠覆性作用。[③] 所以，威廉·莎士比亚（William Shakespeare）曾充满激情地说："人类是一件多么了不起的杰作！多么高贵的理性！多么伟大的力量！多么优美的仪表！多么文雅的举动！在行动上多么像一个天使！在智慧上多么像一个天神！宇宙的精华！万物灵长！"[④] 文化的过程，就是"人化"的过程，也就是人的解放的过程，人越文化就越远离动物而获得自由。因此，一位中国学者总结说：人的文化必然包含着人类性，它是人类精神的自我确定。文化的本质是"人化"，人的自我完善主导着人的各种文化追求。[⑤]

2. 文化是人类社会共同生活过程中衍生或创造出来的东西。文化作为一个整体，可以涵盖人类有史以来所进行的全部社会活动和成果，它既包括人类所有的历史遗产，也包括还在不断演化和创造的整个文化进程。自然存在物及其运动不是文化，如山川河流、日月星辰本身都不是文化，但人类据此而创造出来的历法、文学、艺术以及其他物品却是文化。人可以点头或摇头，这种生理机能本身不是文化，但赋予点头或摇头以一定的涵义，使其成为一种沟通符号，这时的点头或摇头就成为文化。

3. 文化具有明显的民族性和地域性。不同民族赖以生存的自然条件存在差异，由此形成不同的价值观念、思维方式和言行举止，并产生了一个群体迥然区别于另一个群体的文化特质。文化都是具体的、特殊的。因此，无论从纵向历史角度考察，还是从横向空间视野观察，世界各个时期、各个地域和各个民族的文化都是不同的，而且差异很大。比如在基督教伦理熏陶下西方文化与有着儒家文化传统的东亚文化，以及西方文化与以伊斯兰教为纽带的阿拉伯人之间就存在着长期的文化差异，甚至冲突，形成了不同

① 范进：《康德文化哲学》，北京：社会科学文献出版社 1996 年版，第 47 页。

② （德）格奥尔格·西美尔：《现代人与宗教》，曹卫东译，北京：中国人民大学出版社 2005 年版，第 23 页。

③ （美）赫伯特·马尔库塞：《现代文明与人的困境》，李小兵等译，上海：三联书店 1989 年版，第 129 页。

④ 曾钫、刘泽群：《从〈哈姆雷特〉看莎士比亚的人文主义思想》，《作家》，2010 年第 24 期，第 83—84 页。

⑤ 包立峰：《以人为本企业文化的价值生态与建构》，上海：三联书店 2013 年版，第 2—4 页。

的文化范畴和价值标准。人类学家和社会学家记载了大量世界各地的特殊文化，充分说明文化的多样性。不承认文化的多样性，就会走向种族中心主义，即用自己民族的价值标准判断别的民族中发生的事件和现象。纳粹德国时期的阿道夫·希特勒（Adolf Hitler）认为只有日耳曼民族才是最优秀的民族，其他民族都是劣等民族，由此导致大规模屠杀犹太人的惨剧发生。鲁迅小说中的阿Q看见城里人煎大头鱼加上切细的葱丝，而不像他们未庄那样加上半寸长的葱叶，以为城里人错了，并大不以为然，这也是典型的文化地域性的表现。所以，美国学者鲁斯·本尼迪克特（Ruth Benedict）认为："文化是通过某个民族的活动而表现出来的一种思维和行动方式，一种使这个民族不同于其他任何民族的方式"[①]。

4. 文化有一定规则性。文化可以靠明显的外显规则，如法律、法规、制度、习俗和文化产品等，也可以靠隐性的形式如思维方式、生活习惯、价值观念等约束个人行为。一个社会的人在共同生活中创造出来，并共同遵守和使用的一系列习惯或习俗往往就是这个社会的文化，如语言、风俗习惯、规范、制度、社会伦理、价值观念等。又如中国的北方人喜欢吃馒头和面条，而南方人则喜欢吃米饭和炒米粉，这同样是两种饮食文化的差异。

5. 文化具有一定的传承性。文化可以通过一代一代的文化熏陶，有意无意地学习和接受，并形成文化认同。人的观念、知识、技能、习惯、情操等都是后天学来的，是社会化的产物。凡文化都是通过学习得到的，不需要学习的遗传不是文化。例如，人分男女，这本身不是文化，而如何做男人和女人，如何扮演好性别角色，则需要后天学习才能知道。于是，做男人和做女人的规矩和方法就变成了文化。

6. 文化随着环境和社会的变化而变化。任何社会的文化，都是在这个社会的发展进步中长期积累而成的，是一个不断演变和发展的过程。这个过程的任何一个阶段、任何一个时期的文化都是从前一个时期继承下来，并附加了适合这个时期新的内容。当然，继承的文化并非以往文化的全部，而是在积淀基础上的不断推陈出新，部分继承、部分扬弃、部分增加，由此形成一种新时期的文化。因此，有人认为，文化是一个不断继承和更新的过程，不能用孤立和静止的眼光去看待文化。因循守旧、固步自封固然不对，但完全否定传统也同样是十分错误的。[②]

二、管理思想的发展与企业文化的兴起

（一）西方管理思想的兴起和发展

西方管理思想的发展演变大体上经过了4个时期：早期管理思想、传统管理理论、人际关系学及行为科学、现代管理思想等。

1. 早期管理思想。这一时期包括西方古代、中世纪直到18—19世纪产业革命前后一个漫长的时间段。在西方的早期管理思想中，涉及宏观管理的思想内容很少，除了产

[①] 转引自徐言行主编：《中西文化比较》，北京：北京大学出版社2004年版，第17页。
[②] 转引自徐言行主编：《中西文化比较》，北京：北京大学出版社2004年版，第16—19页。

业革命前后一些经济学家和管理学家有对管理理论、管理职能等方面的论述外，大多都是对微观管理问题的探讨。比如希腊人一开始就关注到分工和专业化对管理的重要意义，从而使组织管理思想得以萌生；中世纪的管理思想则主要关心的是领导者的品质和领导方式；威尼斯商人较早在财务管理、企业管理类型和工资制度等方面作出了探讨和努力，由此在公元 1340 年就产生了复式簿记制度，并逐步发展成了较为系统的日记账、分类账等，由此形成了西方早期的信息控制系统和管理控制手段。

18 世纪以后，古典经济学和管理学从"经济人"假设出发，明确把管理作为生产的第四要素。以亚当·斯密（Adam Smith）为代表的古典经济学家主张将企业的所有权和经营权分开，建立相应的制衡机制。在计划和决策方面，古典经济学强调应将计划放在首位，先有计划，后有决策，且决策要以实际的可能性，而不是以逻辑的必要性为依据。

在管理组织和体系方面，主张建立健全的、科学的管理体系，并提出建立管理体系的基本原则是：组织、通讯联系和情报资料。[①] 在管理者的品质方面，亚当·斯密（Adam Smith）、威廉·纽曼（William H. Newman）、约翰·穆勒（John Stuart Mill）和阿尔弗雷德·马歇尔（Alfred Marshall）等古典经济学家都强调要加强品德修养。在控制职能方面，除了复式账簿外，斯密还提出了还本期的计算问题。伊莱·惠特尼（Eli Whitney）则发展了成本会计制度，并提出了质量控制概念。在人事管理方面，早期管理思想家比较重视发挥人的主观能动性和调动人的积极性，提出在劳资关系、工资和激励、职工培训等方面尽量建立与之配套的体系。

总之，西方早期管理思想涉及的基本范畴都是与经济活动直接相关的微观管理领域，这与中国古代主要探究天人关系、探索治国安邦之策的宏观管理思想形成了鲜明对比，由此使西方管理思想较早与企业管理相结合，并推动了商品经济的快速发展。

2. 传统管理思想，又叫科学管理或古典管理思想。主要包括弗雷德里克·温斯洛·泰罗（Frederick Winslow Taylor）时期的科学管理思想，以及亨利·法约尔（Henry Fayol）、马克斯·韦伯（Marx Weber）和一些古典管理思想家对它的系统化。

泰罗的管理理论以提高劳动生产率为目的，旨在将管理与经济效益直接结合起来。泰罗认为，管理的全部意义就在于提高效率，因为"人的生产率的巨大增长这一事实，标志着文明国家和不文明国家的区别，标志着我们在一两百年的巨大进步。"[②] 为了解决这个问题，泰罗在总结前人经验的基础上，提出了科学管理的 4 条原则：①管理人员必须搜集各种知识，加以总结、归纳和形成法则或法规；②管理人员要不断地培训工人；③工人的活动必须与作业的科学方法结合起来；④把工厂的实际工作在工人同管理人员之间做几乎平均的分配。为了提高工作效率，泰罗提出要制定有科学依据的工人的"合理的日工作量"，并把工人的每一项动作、每一道工序所使用的时间记录下来，加上必要的休息时间和其他延误时间，由此得出完成该项工作所需的总时间，即"合理的

① 孙耀君：《管理思想发展史》，太原：山西经济出版社 1999 年版，第 47—48 页。

② 转引自孙耀君：《管理思想发展史》，太原：山西经济出版社 1999 年版，第 47—48 页。

日工作量"。为此,还必须为工作挑选"第一流的工人"。按照泰罗的要求,第一流工人的标准就是"每一种类型的工人都能找到某些工作使他成为第一流的,除了那些完全能做好这项工作而不愿去做的人。"在制定工作定额时,泰罗是以"第一流的工人在不损害其健康的情况下维护较长年限的速度"为标准的。这种速度不是以突击活动或持续紧张为基础,而是以工人能长期维持正常速度为基础。管理者的责任就是为雇员找到最合适的工作,培训他们成为第一流工人,激励他们尽最大努力完成工作。

作业式管理在泰罗的科学管理中占有重要地位。他从建立标准化原理,到设立刺激性工资等方面均作了专门的论述和设计,并提出作业管理的原则是在标准化管理条件下按工作业绩付给报酬,即"差别计件工资制度"。具体做法是,采用时间研究和动作研究的方法,制定出标准的作业方法,实行作业所需的各种工具和作业环境的标准化,按照标准的作业方法和合理的组织与安排,确定工人一天必须完成的标准工作量。差别计件工资制度对完成和超额完成工作定额的工人,以较高的工资率计件支付工资;对完不成工作定额的工人,则以较低的工资率支付工资,甚至使他们得不到基本的日工资。

对管理职能,泰罗主张应将计划职能同执行职能分开。由专门的计划部门从事调查研究,制定科学的定额和标准化的操作方法及工具;执行部门则按照计划部门制定的操作方法和指示,使用规定的标准工具,从事实际的操作,不得自行改变。

此外,泰罗还主张实行职能管理,将管理的工作予以细分,使所有的管理者只承担一种职能;强调工人和雇主双方要进行一次"精神革命",变互相对立为互相协作,共同为提高劳动生产率而努力。

亨利·法约尔(Henry Fayol)被人们称为欧洲最伟大的管理学者。他的管理理论可以解释为论述组织的有效形成和维持的理论。他提出的管理原则就是健全地形成和维持组织、促进组织发挥机能的准则,而管理工具(技术)则是实现管理原则的手段。法约尔根据自己的工作经验,归纳出 14 条管理原则:分工、职权与职责、纪律、统一指挥、统一领导、个人利益服从整体利益、个人报酬、集中化、等级链、秩序、公正、保持人员稳定、首创精神、团结精神。当然,法约尔的管理理论只考察了组织的内在因素,而没有考察组织同其外在环境的关系,因而不够全面。

管理过程理论是对法约尔管理思想的直接继承和发展,是历史悠久并有巨大影响力的一种管理理论。其代表人物詹姆斯·穆尼(James D. Mooney)、拉尔夫·戴维斯(Ralph C. Davis)、哈罗德·孔茨(Harold Koontz)、亚历山大·H·丘奇(Aleksander H. Church)等人同法约尔一样,都试图通过对管理职能和管理过程的分析论述管理理论和方法。如丘奇就论述了管理的职能、过程和原则,认为管理是由设计、设备、控制、比较和作业 5 种有机职能综合组成的。①

马克斯·韦伯(Max Weber)是德国社会学家、管理学家,也是继泰罗、法约尔之后,古典管理理论在德国的代表人物,他提出的行政集权制理论是对管理思想发展的一大贡献。韦伯对权力的几种类型、理想的行政集权制的管理制度和组织结构等进行了论

---

① 转引自孙耀君:《管理思想发展史》,太原:山西经济出版社 1999 年版,第 207—211 页。

述，对以后的管理思想发展产生了巨大的影响。他认为，权力可以分为法定权力、传统权力和超凡权力三种类型。三种权力中传统权力效率最差，原因是领导人不是按能力挑选上来，其管理单纯是为了保存过去的传统而行事；超凡权力则过于带感情色彩，并且是非理性的，行使管理所依据的不是规章制度，而是神秘的或神圣的启示。所以，这两种权力都不宜作为行政集权制的基础，只有理性——法律权力才是最有效的。对理想的行政集权制管理模式，韦伯的标准是组织目标严格按作业形式进行，组织成员间不受感情因素影响，组织内每一成员的职权范围和协作形式都要作出明确规定。韦伯的管理理论典型地反映了西方社会转型过程中大型组织管理合理化的要求，希望通过建立一个稳定、高效的管理组织，推动企业的高速健康发展。这种要求为大企业的发展提供了合乎理性管理的理论支持。

韦伯之后，还有一些学者分别从计划、组织、人事、指挥、协调、报告、预算等各个方面对古典管理理论进行了系统化研究，提出了许多具体办法，对管理理论进行了发展和完善。[①]

3. 人际关系和行为科学学派的管理思想。人际关系学出现于20世纪20年代，以后发展成为行为科学，在60年代中期又出现了组织行为学的名称。由于该学派采取不同于传统管理思想的研究方法，把组织中的人不是单纯地作为"经济人"，而是作为"社会人"来研究，所以被称为管理思想中的"社会人"模式。

埃尔顿·梅奥（Elton Mayo）、弗里茨·罗特利斯伯格（Fritz Roethlisberger）等人于20世纪20年代后期、30年代前期以霍桑试验（Hawthorne experiment）[②]成果为依据，创立了人际关系学说。经过试验，梅奥等人得出结论：工作条件、休息时间，以至于工资报酬等方面的改变，都不是影响劳动生产率的第一因素，而最重要的，能改变劳动生产效率的是企业管理当局同工人之间，以及工人相互之间的社会关系。这一结论的基本立足点还认为，人是"社会的人"，工厂的工人不只单纯追求金钱方面的收益，他们还有社会方面、心理方面的需求。他们要追求人与人之间的友情、安全感、归属感、受人尊重等等。梅奥等人指出：个人只有完全投入集体之中，才能实现彻底的"自由"。经理人员应该将他的下属看作一个社会群体中的社会人，而不是看成一个群氓的个人。[③] 人的行为分为个人和团体两种类型。行为科学的管理思想家们从这两个范畴中分别作了研究。对个体行为，他们主要从人的需求和动机入手，提倡通过激励来挖掘人的潜力，调动人的积极性。后来，美国心理学家、行为科学家亚伯拉罕·马斯洛（Abraham Harold Maslow）把人的需求分为5个层次，即生理的需求、安全的需求、

---

① 转引自孙耀君：《管理思想发展史》，太原：山西经济出版社1999年版，第207—211页。

② 霍桑实验的第一阶段开始于1924年11月，到1927年由于未能达到预期目标而再次开始实验。1927年4月至1932年5月，在哈佛大学商学院教授埃尔顿·梅奥的主持下，在位于美国芝加哥郊外的西部电器公司霍桑工厂进行了一系列实验项目。该实验的最初目的是检验工作条件与产量之间的关系。早期的研究采用了一种生理学的方法，其研究结果表明：经济刺激对激励工人和提高劳动生产率并不特别重要，而团队精神却非常关键。后来的研究采用了面谈法和不干预性的资料收集法，得出了领导风格和非正式组织存在的结论。

③ 转引自郭咸纲：《西方管理思想史》，北京：经济管理出版社2002年版，第220页。

社会的需求、尊重的需求、自我实现的需求。人们一般按照这一等级序列从低到高地追求各项需求的满足。① 当然，不同级别的需求并非不能在同一时期发挥作用，而是说在某一特定时期，总会有某一级别的需要发挥独特的作用，其余则处于从属地位。之后，关于个人行为的研究出现了许多新的理论，如弗雷德里克·赫茨伯格（Frederick Herzberg）的"双因素理论"②、维克托·弗鲁姆（Victor H. Vroom）的"期望理论"③、戴维·麦克利兰（David C. McClelland）的"成就需要理论"④、道格拉斯·麦格雷戈（Douglas M. Mc Gregor）的 X—Y 理论⑤等。⑥

除了个体在社会经济中的活动外，团体行为往往是联系个体行为同组织行为的中间层次。如果把组织看作一个系统，则组织中的各种团体就是其子系统，个体则是子系统的细胞。团体行为理论包括团体动力理论、信息交流理论和有关团体及其成员相互关系的理论三个方面。德裔美籍行为学家库尔特·卢因（Kurt Lewin，又译为勒温）提出"团体动力"理论，认为人的行为就如一个"场"，它涉及团体行为的各个方面，包括组织、目标、规范、压力、内聚力、信息交流和团体中的人际关系等等。在这个"场"中，人们只有处理好各方面关系，才能产生动力，形成一个"动力场"，即所谓的团体动力理论。信息交流则是管理关系的基础之一，信息交流对提高管理效率至关重要。因此，管理的重要职责就是通过各种渠道收集和获得信息。

---

① 王新华：《马斯洛"需求层次论"评介》，《消费经济》，1986 年第 1 期，第 67—73 页。

② "双因素理论"又称"激励保健理论"（Hygiene－motivational factors），是激励理论的代表之一。该理论认为，引起人们工作动机的因素主要有两个：一是激励因素，二是保健因素。只有激励因素才能够给人们带来满意感，而保健因素只能消除人们的不满，但不会带来满意感。因此，如何认定与分析激励因素和保健因素并"因材施政"才是管理的关键。

③ "期望理论"又称"效价－手段－期望理论"，是管理心理学与行为科学的一种理论。这个理论可以用公式表示为：激动力量＝期望值×效价。在这个公式中，激动力量指调动个人积极性，激发人内部潜力的强度；期望值是根据个人的经验判断达到目标的把握程度；效价则是所能达到的目标对满足个人需要的价值。由此说明，人的积极性被调动的大小取决于期望值与效价的乘积。如果一个人对目标的把握越大，估计达到目标的概率也越高，激发起的动力就越强，积极性就会越大。在企业具体的管理实践中，运用期望理论对调动下属的积极性具有一定的意义。

④ "成就需要理论"又称"三种需要理论"。该理论认为，人类的许多需求都不是生理性的，而是社会性的，不是先天的，而是后天的，是得自于环境、经历和培养教育的结果。因此，很难从单个人的角度归纳出共同的、与生俱来的心理需要。时代不同、社会不同、文化背景不同，人的需求自然不同，其自我实现的标准也会不同。根据戴维·麦克利兰等的研究发现，从根本上影响个人绩效的是素质，具体说就是"成就动机"、"人际理解"、"团队影响力"等因素，而成就需要是指争取成功、追求优越感，希望做得最好的需要。

⑤ X—Y 理论（Theory X－Theory Y）是对人性的两种根本性理解，一个是性本恶——X 理论，一个是性本善——Y 理论。X 理论认为人们有消极的工作源动力，而 Y 理论则认为人们有积极的工作源动力。按照 X 理论，管理者趋向于设定严格的规章制度，以减低员工对工作的消极性。按照 Y 理论则管理者需要用人性化管理，以激发个人目标与组织目标的一致性，并趋向于对员工授予更大的权力，让员工有更大的发挥机会，以激发员工对工作的积极性。后来，美籍日本学者威廉·大内在比较了日本企业和美国企业不同的管理特点后，参照 X 理论和 Y 理论提出了"Z 理论"，强调管理中的信任、微妙性和亲密性所组成的文化特性。实际上，X 理论和 Y 理论基本回答了员工管理的基本原则问题，而 Z 理论则将东方文化中的人文情感吸收到了管理理论中。所以，可以将 Z 理论看作是对 X 理论和 Y 理论的一种补充和完善。

⑥ 转引自孙耀君：《管理思想发展史》，太原：山西经济出版社 1999 年版，第 249—265 页。

关于团体及其成员间的关系，美国心理学家 J·L·莫雷诺（J. L. Moreno）、R·F·贝尔斯（R. F. Bales）、M·谢里夫（M. Sheriff）等人都从不同角度作了研究。他们认为，团体之间的关系存在着友好相处、竞争与冲突，这是事物发展的客观规律。虽然这种竞争与冲突有助于团体内部的团结，加速实现团体的目标，但都容易产生一些负面影响。因此，应尽量协调好这种关系，变阻力为动力，发挥团体的力量。

关于组织行为的行为科学理论，主要有美国行为科学家 W·亨利（W. Henry）、马文·邓尼特（Marvin D. Dunnette）、威廉·J·鲍莫尔（William J. Baumol）等人的领导行为理论；美国俄亥俄州立大学工商研究所的拉尔夫·M·斯托格第尔（Ralph M. Stogdill）和卡洛尔·L·沙特尔（Carroll L. Shartle）的领导方式"双因素"理论；加拿大人亨利·明茨伯格（Henry Mintzberg）等人的"经理角色"理论；英国女管理学家琼·伍德沃德（Joan Woodward）等人的"权变管理"理论和德国人卡特·卢因（Carter Lu Yin）、弗里曼特·卡斯特（Fremont E. Kast）等人的有关组织变革和发展理论等。

领导行为理论主要探讨了领导的品质、领导方式等问题。亨利在调查研究的基础上对领导人品质作了经典的概括，强调了成就感、事业心、决断力、进取心对领导人的重要性；鲍莫尔则认为领导是一种艺术，领导人应运用高超的领导艺术，以求达到高效的管理目标。

领导方式"双因素"理论将领导行为归纳为"关心人员"（体谅）和"关心工作"（结构）两个方面，每个方面又分为高与低两个区域，并由此设计出了著名的"领导行为"四分图：高体谅高结构、高体谅低结构，低体谅高结构、低体谅低结构四个象限。后来，又在此基础上设计了"管理方格"（The Managerial Grid），提出了研究领导方式及其有效性的管理方格理论。

经理角色理论对经理实际活动进行了观察和分析，对经理人的特点、工作要求以及经理人的职业分类进行了研究，提出经理人提高工作效率的十大要求：①与下属共享信息；②自觉克服工作中的表面性；③在共享信息的基础上，由两三个人分担经理职务；④尽可能地利用各种职责为组织目标服务；⑤摆脱非必需的工作，腾出时间，规划未来；⑥以适应于当时具体情况的角色为重点；⑦既要掌握具体情节，又要有全面观点；⑧充分认识自己在组织中的影响；⑨处理好各种对组织施加影响力的关系；⑩利用管理科学的知识和才能。

权变理论①是在经验主义学派基础上进一步发展起来的一种组织行为理论。"权变"是指"随具体情境而变"或"依具体情况而定",即在管理实践中要根据组织所处的环境和内部条件的发展变化随机应变,这与20世纪70年代出现的"超Y理论"②如出一辙。权变理论以系统观点为理论依据,从系统观点来考虑问题。因此,权变理论的出现,意味着管理理论越来越倾向于向实用主义方向发展。

有关组织变革和发展理论将组织变革看成一个不断循环的发展进程,但各自的侧重点不同。敏感性训练侧重在提高受训者对自己和别人感情和情绪的敏感性,进而改变个人和团体的行为。工作生活质量的学说从组织发展的角度分析了参与管理、工作丰富化等内容。

行为科学理论以人道主义为出发点,综合运用心理学、社会学、人类学等学科知识,通过调查研究和实验方法对人的行为进行观察和研究,提出了一些调动人的积极性的学说和方法,这些方法在经济活动中的运用,曾达到过良好的效果。当然,行为科学过于强调非正式组织而忽视正式组织的作用,有些理论、模型、假设尚缺乏足够的佐证材料,由此不可避免地存在一定的缺陷和不足。

4. 现代管理思想。现代管理思想主要指"二战"前后出现的许多新的管理理论和学说。有人将这些盘根错节、竞相繁荣的局面,也称为"管理理论的丛林"阶段。现代管理思想的代表人物主要有:美国人切斯特·巴纳德(Chester D. Barnard)等人的"社会协作系统理论";赫伯特·西蒙(Herbert Simon)等人的决策管理理论;英国塔维斯特克人际关系研究所(Tavistock Institute of Human Relations)的伊利克·L·特里斯特(Eric L. Trist)等人的"社会——技术系统理论";R·J·瑟罗夫(R. J. Thirauf)、J·W·波科克(J. W. Pocock)和P·M·莫尔斯(P. M. Morse)等人的"管理科学理论";彼得·德鲁克(Peter F. Drucker)、伊内斯特·戴尔(Ernest Dale)、艾尔弗雷德·斯隆(Alfred P. Sloan)、威廉·纽曼(William Newman)等人

---

① "权变理论"(Contingency Approach/Contingency Theory)又称应变论、权变管理理论(Contingency theory of management),是20世纪60年代末、70年代初在经验主义学派基础上进一步发展起来的一种管理理论,是西方组织管理学中以具体情况和对策的应变思想为基础而形成的一种管理思想。最早对权变理论作出解释的是美国行为科学家弗里德·E·费德勒(Fred E. Fiedle),他于1962年提出了一个"有效领导的权变模式(Contingency model of leadership effeveness)",即"费德勒模式"。之后,一种新型的领导权变理论出现并受到重视。加拿大学者罗伯特·豪斯(Robert J. House)又提出了"路径—目标理论"(Path-goal theories),该理论的基本前提是,某些领导行为之所以有效,乃是因为在该情境之中,这种行为有助于下属人员达成和工作有关的目标。权变理论的产生和发展反映了一定的时代条件下实际管理活动的需要,系统管理学派和经验管理学派是权变理论的两大渊源。系统观念为它提供了直接的理论模式和分析手段,经验管理学派则注重研究特定情景和条件下的不同管理经验,同样否认有任何"普遍通用的管理准则"。另外,社会系统学派和社会-技术系统理论等管理学说也对其有一定的影响。

② "超Y理论"是1970年由美国管理心理学家约翰·莫尔斯(John J. Morse)和杰伊·洛希(Jay W. Lorsch)根据"复杂人"假定提出的一种新的管理理论。在对X理论和Y理论进行实验分析后,超Y理论认为,没有什么是一成不变的、普遍适用的最佳管理方式,必须根据组织内外环境自变量和管理思想及管理技术等因变量之间的函数关系,灵活地采取相应的管理措施,管理方式要适合于工作性质、成员素质等。实际上,超Y理论是一种与权变理论类似的、主张权宜应变的经营管理理论,其实质就是要求根据市场变化将工作、组织、个人、环境等因素作出合理的调配。

的"经理主义理论"等。

社会协作系统理论是古典管理理论和人际关系学说以后较早出现的一种管理理论。决策管理理论和系统管理理论都同它有较深的渊源。社会协作系统理论认为，经理人员有什么职能以及应当如何行使这些职能，是由组织的本质、特性和过程决定的。"归根到底，一个组织的效率程度就表明是它的生存能力，即它继续使其成员能够满足个人目标，进而为实现组织目标服务的能力。如果一个组织是'无效率'的，它就不能是'有效力的'，因而也就不能继续存在下去。"① 古典管理理论中往往把企业具体的作业过程作为主要研究对象，但社会协作系统理论则把决策作为主要研究对象。他们将企业中的人分为决策和作业两个部分，起重大而长远作用的是决策部分，并由此对决策者及其决策设计了一系列要求和标准。

决策管理理论是在社会协作系统理论的基础上发展起来的。它继承了上述理论的特点，尤其重视决策问题。西蒙等人详细地分析了决策在管理中的作用、决策的几个阶段、计划和审查对决策的影响，并特别强调了信息联系在决策中的作用。与巴纳德不同，他们更重视非正式渠道的信息联系，认为非正式渠道应在信息联系中起主要作用。关于决策的准则，西蒙等人提出了"令人满意的准则"，以代替最优化准则。"令人满意的准则"就是"适当的市场份额、适度的利润和公平的价格等"。② 关于程序化决策和非程序化决策，西蒙等人运用心理学、社会学、系统论、运筹学、计算机科学等作为综合研究方法，考察了人在决策中的思维过程，分析了程序化决策和非程序化决策及其使用的传统决策技术和现代化决策技术，提出了"目标——手段分析法"等决策技术，以及利用计算机的"通用问题计算机"等决策辅助工具。这些方法不仅有一定理论意义，而且也有相当的应用价值，成为许多经理人员决策的有利帮手。

系统管理理论的基础是一般系统理论。它主要阐述了系统观点、系统分析、系统管理及其相互关系。同时，也分析了组织和管理的系统模型，以及系统管理中的各项职能。系统管理理论在20世纪60年代一度十分流行，但由于其理论本身不能满足各方面的期望，且对那些希望获得具体行动指南的企业经理来说又过于抽象，不够成熟，也不能付诸实际，对研究者来说，则过于复杂，可变因素太多，不便进行研究。所以，这一理论在不久便消沉了下去。当然，系统管理理论的许多内容，推动了自动化、控制论、管理信息系统、权变管理理论等的发展。

社会——技术系统管理理论是从系统观点出发，研究如何将企业的社会系统与技术系统紧密结合起来，统一考虑安排，改善管理实践。它的研究范围从企业基本作业组织到整个企业的生产和管理组织，以及企业同外界环境的相互关系，"边界条件"和环境本身的"因果结构"等，都作了较详细的研究和分析。对企业的社会系统与技术系统之间的关系，社会—技术系统理论把它们看作是一个相互联系、彼此适应的关系。"一个组织的技术系统对其社会系统提出了一些要求，而整个生产系统的效果决定于社会系统

---

① 转引自孙耀君：《管理思想发展史》，太原：山西经济出版社1999年版，第455—456页。
② 转引自孙耀君：《管理思想发展史》，太原：山西经济出版社1999年版，第455—456页。

适合于技术系统要求的情况。"① 此外，社会——技术系统理论还提出了从"社会人"到"工作人"的思想。认为如果单纯从"社会人"观点出发，从人性、道德和心理方面去考虑工作的人道化，效果不一定好。要从"工作人"的观点来考虑问题，从工作和社会经济的需要出发，把企业的技术系统和社会系统紧密地结合起来。这样，既能提高生产效率和经济效果，又能实现工作的人道化，使企业和职工双方都能得到充分的满足。②

管理科学理论正式形成虽然是在"二战"以后，但其渊源则是泰罗的科学管理思想。管理科学理论的最大特色就是将数理理论大量运用于管理领域，运用数学符号和公式来表示计划、组织、控制、决策等合乎逻辑的程序，以求得到精确的、最优的答案，以达到组织的目标。管理科学理论除了对管理的定义、目的、特点、应用范围等作了解释和界定外，还重点对管理科学所要解决问题的 7 个步骤和管理科学应用的科学方法等作了设计和规划。前者包括观察和分析、确定问题，建立有代表性的数学模型，从模型中寻找解决方案，对模型进行验证，建立解决方案的控制系统，并将方案付诸实施。后者包括盈亏平衡分析法、库存控制模型、决策理论、计划评审法和关键线路法，以及线性规划、运输方法、动态规划、马尔可夫分析、排队论、模拟、对策论、概率论、整数规划、目标规划等。管理科学理论是当代最重要的管理理论之一，有人甚至将它称为是管理学发展最重要的代表。实事求是地讲，运用数学的方法对管理问题进行定量化、科学化的分析，对解决某些管理问题是十分有用的，但忽视理论阐述和人文科学知识之综合运用，也将是一个不可小觑的缺陷。科学的方法应是将二者结合起来，并运用于实践中去。

经理主义理论又叫经验主义理论。他们以向大企业的经理提供管理企业的成功经验和科学方法为目标。研究这一理论的人很多，有管理学家、经济学家、统计学家、心理学家和企业家等。他们认为，古典管理理论和行为科学理论都不能完全适应企业管理的实际需要，企业管理的科学应该从企业的实际出发，以大企业的管理经验为主要研究对象，以便在一定的情况下，把这些经验加以概括和理论化。在更多的情况下，只是为了把这些经验传授给企业管理的实际工作者和研究工作者，提出实际的建议。根据上述思路，他们对管理的性质、任务、管理者的职责，以及管理的技能和目标、管理的组织结构、管理的高层、管理的经验进行研究并提出自己的看法。关于管理的性质，经理主义理论认为，管理就是人进行管理的技巧，是一个特殊的、独立的活动和知识领域。管理的任务包括三项：一是取得经济效益；二是使工作具有生产性，并取得工作者的成就；三是妥善处理企业对社会的影响和承担企业的社会责任。管理者的职责有两个：一是必须造就一个生产的统一体；二是作出的每一个决策和采取的每一个行动必须把当前利益和长远利益结合起来。关于管理的技能，经理主义理论概括为：作出有效的决策、在组织内部和外部进行信息联系、恰当地运用控制和衡量、正确地应用管理科学和分析工具

————————————

① 转引自孙耀君：《管理思想发展史》，太原：山西经济出版社 1999 年版，第 455—456 页。
② 转引自孙耀君：《管理思想发展史》，太原：山西经济出版社 1999 年版，第 469 页。

等。其目标则是使管理人员和广大职工在工作中实现自我控制并实现工作目标。关于组织结构，他们的要求是：明确性、经济性、远景方向、理解本身的任务和共同任务、决策、稳定性和适应性。关于高层管理，经理主义者将此看作是对整个企业进行指挥、确定视野、制定标准的管理，因此应予以高度重视。他们提出的任务是：仔细考虑企业的使命，确定标准和榜样，考虑企业的组织结构和组织设计、人才培养和目标设计，建立和维持同各方面的关系并制定相关政策，代表企业参加一些礼节性活动，处理紧急事件或重大危机。

除了对各派管理理论进行比较评述外，经理主义者还提出了"新生产理论"问题。新生产理论以理论和实务相结合，把统计质量管理、新生产会计、"小舰队"式生产组织、系统化生产观等四者融合在一起，提出了一套所谓新的生产管理方法。该理论的提出者彼得·德鲁克（Peter F. Drucker）认为，新生产理论的上述四项内容既有差别，又有共同之处，它们融为一体，就可以对付 20 世纪传统的大批量生产工厂最感棘手的各种冲突问题，即人员与机器、时间与金钱、标准化与灵活性、职能与制度之间的冲突。[①]

20 世纪 80 年代以后，西方管理思想界又出现了许多新的思想。比较著名的如美国学者迈克尔·哈默（Michael Hammer）和詹姆斯·钱皮（James A. Champy）的企业再造（Reengineering，也称为"公司再造"或"再造工程"）理论、戴维·纳德勒（David A. Nadler）的组织建构理论、彼德·圣吉（Peter M. Senge）的学习型组织理论、哥印拜陀·克利修那·普拉哈拉德（Coimbatore K. Prahalad）和加里·哈默尔（Gary Hamel）的核心竞争力理论，以及爱德华·E·劳勒尔（Edward E. Lawler）等的团队管理理论等。20 世纪 80 年代以来，随着日本经济奇迹的出现，西方管理科学领域把文化管理提高到了一个相当重要的地位，且几乎囊括了管理思想的各个方面，呈现出独占鳌头之势，出现了许多文化管理专家和文化管理学论著。[②] 这一思潮，一方面反映了西方管理思想顺应时代潮流在不断发展变化，另一方面也昭示出当代西方管理思想中的非理性化思想的抬头。

（二）企业文化的兴起和发展

从国际企业文化兴起的历程看，由于日本经济的崛起及日本企业在世界市场的成功，从而引起世界各国学者和政府官员对企业文化的高度重视，并展开进一步研究。

"二战"以后，日本在废墟上迅速创造了经济奇迹。1981 年，美国对日本的贸易逆差达到 180 亿美元，创历史最高纪录，日本一跃成为位居世界第二的经济强国。20 世纪 60 年代中期，IBM 公司曾以技术优势进入日本市场，此时也被日本的富士、三菱和日本电器赶出日本市场，甚至连美国一直占据优势的东南亚市场也相继被日本夺走。为此，美国不得不扯下"自由贸易"的面纱，联合西欧一些国家筑起了贸易保护的壁垒，

---

① （美）彼得·德鲁克：《管理的实践》，齐若兰译，北京：机械工业出版社 2006 年版，第 80－90 页。

② 郭咸纲：《西方管理思想史》，北京：经济管理出版社 2002 年版，第 415－423 页。

以求自保。然而，日本却步步紧逼，巧妙地运用资本输出替代产品输出，在美国及其伙伴的国土上开起了日本工厂，挂起了太阳旗。日本企业的咄咄逼人引起了美国社会的震惊，许多美国人惊呼：目前这种情况类似于第二次珍珠港事件，有可能使美国的高技术全军覆没。面对日本在高技术领域的挑战，时任美国总统罗纳德·威尔逊·里根（Ronald Wilson Reagan）在国情咨文中特别强调：本届政府的任务就是要维护美国作为本世纪世界技术大国的地位。①

20世纪80年代后，一些欧美管理专家、政府官员和学者对日本、美国的企业进行了深入的考察和比较研究。结果发现，日本的企业之所以取得成功，虽然与企业的资金、设备、技术、管理结构和制度等因素有关，但最重要、且具有决定作用的却是反映该企业的传统和特色，并植根于企业员工之中的企业哲学、价值观念、企业精神和决策动机，是一种无形的，被日本企业称之为"社风"的东西。也就是说，日本企业管理之长，长就长在他们有一套揉合了东西方管理优点，且具有日本特色的企业文化。日本企业效率之高，高就高在日本企业领导人在企业中培育了一种良好的文化品质，把企业的成员同化于企业的意识，形成了独特的企业风格。诸如日本的本田汽车公司美国分公司，其高层管理者来自日本，其余员工（包括中级管理人员与普通工人）都来自美国，但公司的生产效率和产品质量，都超过了美国同行。美国《华尔街日报》调查发现，该公司的成功归根到底应归功于高层管理者"重视人、尊重人、团结人和依靠广大员工"的管理思想和管理实践，而这恰恰是优秀企业文化的精髓。毋庸置疑，本田公司美国分公司是靠形成优秀的企业文化而取胜的。

与日本企业优秀的管理传统相适应，企业文化的发展还具有鲜明的时代特征。这一时期，文明竞争、扩大开放、各国相互交流学习，这三大时代特征孕育了国际范围内企业文化的发展和高潮。

20世纪80年代以后，随着各国经济联系程度的不断加强，很多企业意识到以欺诈、垄断等手段进行经营并不能保证企业的长远利益。除了要求传统的保证产品质量、提高生产效率和建立良好的售后服务体系外，还要求企业要密切注视消费者在观念、思想、时尚、趣味等方面的变化，使企业成为社会文化新潮的敏感器，及时适应和满足社会新文化的需要。同时，企业要向消费者进行宣传教育，向他们灌输新观念，改变其生活和工作方式。时代对企业提出了"既要文化，又要竞争"的挑战，企业的积极应战导致了对企业文化的自觉培养。

各国开放程度的不断扩大也促进了国际企业文化的发展。20世纪80年代以来，整个世界已经是一个空前开放的世界。一个全球化生产经营，技术和信息共享的时代正在形成。世界开放程度的提高使企业不断进行跨国经营，而在跨国经营中碰到的不同民族、不同地区在文化方面的差异，成为企业跨国经营的制约因素。跨文化管理的兴起进一步推动了国际企业文化的发展。

企业文化的发展，同时以各国相互学习管理经验的形式表现出来。学习和借鉴外来

---

① 转引自张宝珍：《日本在高技术领域对美国的挑战》，《世界经济》，1987年第4期，第54—61页。

文化或利用外来工具，既是日本走向繁荣的基础，也是企业文化发展的一个重要因素。日本人认真学习了世界各国的管理经验，结合本民族的传统文化和企业的经营管理活动，提炼出了一种卓有成效的企业文化，并使之在日本经济复苏和战后崛起中大显身手。日本在向优秀文化学习方面，呈现出全面持久、学以致用，从模仿走向创造，同时又不失本民族传统的特点。被誉为"管理学之父"的彼得·德鲁克（Peter F. Drucker）曾经指出："在所有非西方民族中，只有日本人能从西方技术和制度建成了现代化国家和现代化经济，而同时又基本上保持了自己民族的特征和国家的完整"。① 日本的成就使美国人震惊，并反过来认真研究和学习日本企业的管理经验，反思美国的成败得失，提炼出多种企业文化理论，促进了国际企业文化的发展。由此，我们不难看出，企业文化实践肇端于日本，理论探索则始于美国，经过美、日两国的推动，在全世界迅速得到传播。

随着企业文化的实践，相关的理论研究也开始出现。一批专家学者在对世界各国企业文化现状进行调查研究的基础上，发表了许多反映企业文化这股国际性管理新思潮的研究性论著。如特雷斯·E·迪尔（Terrence E. Deal）和阿伦·A·肯尼迪（Allen A. Kennedy）合著的《企业文化——现代企业的精神支柱》、威廉·大内（William G. Ouchi）的《Z理论——美国企业界如何迎接日本挑战》，理查德·T·帕斯卡尔（Richard Tanner Pascale）和安东尼·阿索斯（Anthony Athos）合著的《日本企业管理艺术》，托马斯·J·彼得斯（Thomas J. Peters）及小罗伯特·H·沃特曼（Robert H. Waterman）合著的《成功之路——美国最佳管理企业的经验》等。这些著作被人们誉为企业文化的经典之作，在借鉴日本企业成功经验的基础上，对美国国内的企业文化进行了深入的理论探讨，由此对企业文化的兴起产生了重要的推动作用。20世纪90年代以后，国外企业文化研究由理论研究向应用研究和量化研究方面发展，提出了企业文化与企业经营业绩的影响，企业文化测量、诊断和评估模型，进而开发出一系列量表，对企业文化进行可操作化的、定量化的深入研究。研究方法有实证分析、聚类分析、比较分析与综合分析相结合，综合各学科研究方法，定性与定量相结合方法，建立企业文化测量、诊断和评估模型分析方法等。这里尤其值得提到的是美国麻省理工学院斯隆学院的艾德加·沙因（Edgar H. Schein）于1985年出版了《组织文化与领导》一书，不仅对组织文化的定义、组织文化的维度和组织文化的生成过程进行了系统的论述，而且将体现新时代管理学和企业管理中不断升华的人文精神应用于社会管理、国家管理和联合国的千年目标管理之中，与联合国前秘书长科菲·阿塔·安南（Kofi Atta Annan）和印度学者阿马蒂亚·森（Amartya Sen）等一起设计了联合国自1990年以来每年一度发表的《人类发展报告》，以及用于其中的"人类发展指数"，使该书成为一部名副其实的组织文化研究领域的奠基之作。②

在国际企业文化兴起并不断发展之际，正值我国改革开放进入不断推进和深化时

---

① 转引自张远凤：《论德鲁克对日本管理的影响》，《外国经济与管理》2004年第1期，第11—14页。
② 参见刘光明：《企业文化史》，北京：经济管理出版社2010年版，第3—6页。

期，中国的学术界也正在积极寻求一些先进的管理理论以推进国有企业改革，帮助国内企业提高管理水平，企业文化理论引起了人们的关注。1984 年，《经营与管理》杂志第 6 期发表了郎惠男摘译的一篇译文：《五年后的优良企业》，择译了日本野村综合研究所主席上野明所著的《五年后的优良企业——从十二个条件分析》的部分内容，其中，在第 12 条中写到：要"重视提高企业的声誉——造就具有独特企业文化的个性企业"，正式提到"企业文化"一词。① 1987 年，《管理世界》杂志第 5 期刊登了由美籍日本学者威廉·大内（William G. Ouchi）、艾兰· 威尔金斯（Allan Wilkins）撰写、迟晨光、陈明翻译的《组织文化》一文，系统介绍了国外的企业文化。② 此后，一些学术刊物开始陆续发表有关企业文化方面的文章。1988 年 11 月，中国企业文化研究会在北京宣告成立。不久，山东等省市也相继成立了企业文化研究机构，中国管理科学研究院还成立了企业文化研究室。20 世纪 80 年代中后期，第一次企业文化热开始出现。20 世纪 90 年代中期，以企业形象建设为重点，涌现出一批形成了先进企业文化模式的企业。作为对企业文化实践和理论的总结，又有一批论著问世，掀起了第二次企业文化热潮。进入 21 世纪，我国企业文化研究呈现方兴未艾之势，一大批相关研究论著纷纷出版，各种类型的企业文化研讨会接踵而至，许多企业纷纷开始探索和建立企业文化管理模式，新的企业文化高潮正在国内形成。最近几年，企业文化无论是理论研究，还是实践层面，正在成为一种普遍的企业管理思想，并逐步得到深化和走向成熟，突出的特征就是通过多维视野探索企业文化及其建设方略，并积极探索多元文化融合背景下的本民族特色企业文化建设，以及将企业文化与传统文化、社会文化、科技发展以及企业经营管理实践的深度结合。

---

① 郎惠男摘译：《五年后的优良企业》，《经营与管理》，1984 年第 6 期，第 31 页。
② （美）威廉·大内、艾兰·威尔金斯：《组织文化》，迟晨光、陈明译，《管理世界》，1987 年第 5 期，第 151—165 页。

第二章　企业文化的内涵与特征

一、国际企业文化的基本理论

企业文化作为一种理论是在 20 世纪 70 年代末、80 年代初提出的。1980 年秋，美国《商业周刊》首先提出了企业文化的概念。1981 年，哈佛大学教育研究院首次将企业文化作为一种理论加以系统化，并对企业价值观、企业文化仪式、活动等，作了具体的阐述。

关于国际企业文化的理论有多种，虽然其内容各有特色，但它们所强调的主题基本相同，都从不同角度提出并阐明了企业文化的某些基本理论问题。目前，比较有代表性的企业文化理论主要有以下几种：

（一）企业文化五因素、四类型说

这两种观点是由美国学者特雷斯·E·迪尔（Terrence E. Deal）、阿伦·A·肯尼迪（Allen A. Kennedy）在《企业文化——现代企业的精神支柱》中提出来的。该书是企业文化理论诞生的标志性著作。[①]

1. 企业文化五因素

迪尔和肯尼迪认为，企业文化是由企业环境、价值观、英雄、习俗和礼仪、文化网络五个因素组成的，它们各自的作用是不同的。

（1）企业环境。这是企业文化的影响因素而非组成因素，它并不指企业内部环境，而是指企业经营所处的极为广阔的社会和业务环境，包括市场、顾客、竞争对手，以及政府、技术等方面的状况。企业文化是企业在这种环境中为了获取成功所必需采取的全部策略的体现。

（2）价值观。是指企业的基本概念和信仰，是企业文化的核心或基石。它在企业内制定出成功的标准，并以具体的辞语给员工规定出成功之路。它具有指导方向、指导决策和激励斗志的作用。一个企业的价值观越鲜明，就越能吸引企业中每个人的注意力，使大家的力量都集中到企业目标上来。按照迪尔和肯尼迪的说法，企业的价值观不能凭空捏造，而是企业长期实践经验的概括，是企业职工在特定经济环境中进行尝试后知道什么可行、什么不可行的总结。企业价值观的形成与企业主管的工作和灌输是分不开

---

① 1982 年以后，特雷斯·E·迪尔和阿伦·A·肯尼迪又先后合作出版了《企业文化——企业生活中的礼仪与仪式》、《新企业文化——重获工作场所的活力》两本著作。前者通过一个个生动而耐人寻味的企业经营管理的故事，展示和剖析了企业文化的深刻内涵和对企业绩效的巨大作用。后者则以诙谐轻松的笔调为我们揭示了购并狂潮中不同文化的碰撞与妥协，重新评价了在 20 世纪 80、90 年代新型的管理趋势带来的效果，以及为我们提供的企业获得重生的真知灼见。

的。

（3）英雄。迪尔和肯尼迪所说的英雄是企业文化的人格化，是企业员工行为效法的具体典范。英雄是企业价值观的化身，是企业的支柱和希望；英雄有着不可动摇的个性和作风；英雄的行为虽然超乎寻常，但离常人并不遥远，它往往向人们显示成功是人们力所能及的。英雄有两种类型，一类是和公司一起诞生的"共生英雄"，另一类是企业在特定的环境中精心塑造出来的"情势英雄"。前者对企业的影响具有长期性，后者对企业只有短期的具体的影响，只以日常工作中的成功事例来鼓舞企业员工。英雄的作用主要在于向外界展示公司的形象、建立公司的行为标准及调动员工的积极性。

（4）习俗与仪式。习俗指企业的风俗习惯，包括游戏、聚餐、"训人"等。仪式是企业按一定标准、一定程序进行的时空有序活动，包括问候仪式、赏识仪式、工作仪式、管理仪式、庆典等。习俗与仪式是企业文化的外在表现，二者的结合对全体员工施加影响，使其语言文字、公共礼节、行为交往等趋于规范化，从而把企业的价值观、信仰、英雄形象等印入全体员工的脑海中。

（5）文化网络。文化网络指企业内部以轶事、故事、机密、猜测等形式传播消息的非正式渠道。企业如果成功地开发了文化网络，可以加强管理者与普通员工的联系，培养一大批向组织各阶层揭露事态的人，可以形象地灌输企业的价值观，扩大人际交流，巩固组织的基本信念，提高英雄的象征性价值，增强员工间的友谊和内部凝聚力。

迪尔和肯尼迪的企业文化五因素说揭示了企业文化建设的基本历程。首先，根据企业所处的环境选定企业文化建设的模式；其次，通过树立英雄人物使全体职工认同企业价值观；其三，利用仪式等巩固企业价值观；其四，通过文化网络传播企业价值观；最后，实现企业文化建设的目标，并形成企业的核心价值观。

2. 企业文化的四种类型

迪尔和肯尼迪还把企业文化分为四种类型，即强人文化，拼命干、尽情玩文化，攻坚文化和过程文化。

（1）强人文化。形成于高风险、快反馈的企业，如建筑、广告、体育等方面的企业。其特征是崇尚个人明星，机遇扮演重要角色，并且把某些仪式变成了迷信。其优点是，能够适应高风险、快反馈的环境，以承担风险为美德，勇于竞争，对过失不追究并承认其价值。其缺点是行为具有短期性，个人行为严重，而且将仪式变为迷信，导致向错误学习的倾向。

（2）"拼命干、尽情玩"文化。形成于风险小反馈极快的企业，如房地产公司、计算机公司等。其特征是工作数量扮演重要角色，崇尚优胜群体及追求更富有刺激性的活动。优点在于行动快捷，适合完成工作量极大的工作，但这种文化常使人忘乎所以，不善于总结成功的经验。

（3）攻坚文化。攻坚文化形成于风险大、反馈慢的企业，如石油开采，航空航天方面的企业。这种文化的信仰者崇尚创造美好的未来，权威、技术能力、逻辑和条理性扮演了重要角色，企业决策行为成熟。其优点在于可以完全适应高风险、反馈慢的环境，可导致高质量的发展以及重大的科学突破，从而推动经济发展，但缺乏激情，有时行动缓慢。

（4）过程文化。它形成于风险小、反馈慢的企业，如银行、保险公司、公用事业公司及制药公司等。它崇尚过程和细节，小事在企业中扮演重要角色，企业的等级观念严格，优点是有利于公司稳定，缺点在于过于保守。

在实践中，一个企业的文化往往是这四种文化类型的混合，如市场部是强人文化，销售和生产部门是"拼命干、尽情玩"文化，研发部门是攻坚文化，财务部门则是过程文化。因此，当市场环境因素发生变化时，企业仍能维持正常运转。

对于企业文化这一新的理论体系，迪尔和肯尼迪的企业文化理论从最深层、最核心的企业价值观，到最为表象的企业文化仪式，都作了生动而具体的阐述，将企业文化作为一种理论加以系统化，并确立了企业文化的基本理论体系。

（二）Z 理论

Z 理论是由美国加利福尼亚大学洛杉矶分校管理学院日裔美籍学者威廉·大内（William G. Ouchi）在 1980 年出版的《Z 理论——美国企业界怎样迎接日本的挑战》一书中提出来的。他把典型的美国企业管理模式称为 A（America）型，把典型的日本企业管理模式称为 J（Japan）型，而把美国少数几个企业（如 IBM 公司、R&G 公司等）发展起来的、与 J 型有许多相似点的企业管理模式称为 Z（Zigot）型，其实质就是主张将日本和美国的成功经验相互交流融合，同时在区分"X 理论"和"Y 理论"的基础上再来一次重大的理论突破。

Z 理论的中心议题是怎样才能使每个员工彼此协调，从而产生最高的效率。为阐述这一议题，Z 理论主要围绕信任、微妙性和人与人之间的亲密性展开。所谓信任，就是要在企业内部建立一种管理制度，使员工之间、部门之间、上下级之间保持相互信任；微妙性是废除按照资格来分配工作的方法，根据各个员工之间的微妙关系，组成效率最高的搭档，或者废除工长的指挥和监督而由工人小组自己管理工艺、流程和质量，以便充分捕捉微妙性来提高生产效率。亲密性指不仅要在家庭、邻居、俱乐部、教堂里培育人与人之间的亲密性，而且要在工作单位内培育这种亲密性。

从管理学的角度看，该理论主要体现以下特点：（1）实行长期或终身雇佣制，使员工在职业有保障的前提下，更加关心与自身前途关系重大的本企业的长远利益；（2）对职工实行相对缓慢的长期考核和逐步提升制度；（3）采取非专业的方式，培养能适应各种工作环境的多专多能的企业人才；（4）管理过程中既严格各种科学技术的控制手段，又注重对人的经验和潜能进行细致有效的启发诱导；（5）采取集体研究与个人负责相结合的、统一思想式的决策方式；（6）在职工中贯彻平等主义原则，在整体利益指导下，每人都可以对事物作出判断，独立工作，以自我控制代替等级指挥，上下级间建立融洽的关系。

Z 理论深刻揭示了经济与社会、管理与文化的内在联系，而且从案例分析和实际操作的角度，阐述了企业文化的概念和内涵，为企业文化理论的发展奠定了一定基础。

（三）7S 管理框架[①]

1981 年，美国斯坦福大学商学研究院教授理查德·帕斯卡尔（RiChard Pascale）和哈佛大学工商管理研究院教授安东尼·阿索斯（Anthony G. Athos）合著出版了《日本企业管理艺术》一书。该书把日本企业管理方式提高到一种艺术的高度来认识，并以此反思美国企业管理中的失误，从而被美国麦肯锡管理咨询公司总经理罗恩·丹尼尔（Ron Daniel）誉为剖析美国企业管理错误的里程碑和企业管理思想研究的指南针。该书总结出管理的 7 个要素，提出了麦肯锡的 7S 框架。7S 指的是战略、结构、制度、人员、作风、技能、共同的价值观。根据美国麦肯锡咨询公司的结构研究组研究，认为任何一种明智的管理，都涉及这七个变量，并且这七个变量之间是相互联系的。七个变量又叫做管理的七要素，具体含义是：

战略：指一个企业如何获取和分配它的有限资源的行动计划。

结构：指一个企业的组织方式——是分权还是集权，重视直线人员还是重视参谋人员，即在组织机构图上是怎样排列的。

制度：指信息在企业内部是如何传送的。有些制度是正式的"硬拷贝"类型的，如电子计算机的打印输出和计划执行情况报表等，有些制度是非正式的，如会议。

人员：并非只是指直线人员和参谋人员，而是指企业内部整个人员的组成状况，如工程师、工商管理硕士和电脑操作员等的构成情况。

作风：指最高管理人员和高级管理人员队伍的行为形式。

技能：指企业和它的关键性人物的特长，他们的竞争对手所没有的卓越能力。

共同价值观：指一个企业及其成员的奋斗目标。

上述七个要素中，前三个是硬管理要素，其他四个是软管理要素。其中，共同价值观处于中心地位，把其他六个要素粘合成整体，是决定企业命运的关键性要素。帕斯卡尔和阿索斯认为，美国企业之所以在严酷的竞争面前显得疲软，是因为它们在管理过程中过分重视 3 个硬性指标。而日本企业则在不忽视 3 个硬性指标的前提下，较好地兼顾了其余 4 个软性指标，因此，使整个企业具有一种良好的文化氛围，更加充满生机和活力。

（四）学习型组织说

"学习型组织"是美国麻省理工学院的一些学者和一些企业家合作研究后提出的一种管理理论。该理论认为，在目前形势下，最有竞争力的公司是学习型组织，即公司懂得怎样才能提高自己的学习能力，培育自己创造未来的潜能。1990 年，美国麻省理工学院斯隆管理学院博士彼得·圣吉（Peter M. Senge）出版《第五项修炼——学习型组

---

① 1985 年，美国学者托马斯·彼得斯和小罗伯特·H·沃特曼在《追求卓越——美国最成功公司的管理经验》一书中，将帕斯卡尔和阿索斯的"7S"框架进行了修正，提出了结构、系统、风格、员工、技术、策略、共同价值观的新 7S 框架。其中，结构和策略是硬件，其余都是软件。他们认为，在上述 7 个要素中，软件和硬件一样重要。并强调，人们长久以来忽略的人性如非理性、固执、直觉、不喜欢非正式组织，其实都可以加以管理，这与你所在公司的成败息息相关（参见陈维政、张丽华、忻蓉：《转型时期的中国企业文化研究》，大连：大连理工大学出版社 2005 年版，第 15 页）。

织的艺术与实践》一书，提出汇聚五项修炼或技能，是建立学习型组织的关键。这五项修炼或技能是：

第一项修练：自我超越。要求做到每个组织成员要不断而深入地弄清会影响自己人生态度的最高愿望；为了实现这个最高愿望，每个成员都要集中精力，全身心投入，正视现实，终身学习，不断超越自我。

第二项修练：改善心智模式。即对个人和组织都具有既深且广的影响的思维模式。要学会发掘自己的心智模式；要严加审视自己的心智模式，摒弃其中不合时宜的成分；要培养一种有学习效果的兼顾质疑与表达的交谈能力，以有效地表达自己的想法；学会以开放的心灵容纳他人的想法。

第三项修练：建立共同愿望。指建立共同的目标、理想和价值观。要求做到领导者要将个人的目标转化为能够鼓舞整个组织的共同目标；共同的危机容易激发组织形成一个共同的目标，这时不应只满足于暂时解决危机，而应追求更高的目标；将个人目标整合为共同目标，应遵循引导学习的原则，努力培养公司员工主动而真诚地奉献和投入的意识和行为。

第四项修练：团队学习。现代组织中，学习的基本单位是团体而不是个人。要求做到：团体所有成员都应学会提出心中的假设而进入真正一起思考的能力，即学会"深度汇谈"[①]；找出妨碍学习的互动模式，从而加快学习速度。

第五项修练：系统思考。要求养成对系统整体而深入地加以思考的习惯；理解系统论的完备知识体系，掌握其实用工具。

以上五项修练，相互联系，缺一不可。其中，系统思考处于核心地位，具有将其余几项修练融为一体的功能。之后，彼得·圣吉又出版了《第五项修炼·实践篇》和《变革之舞》等，基本形成了学习型组织的理论框架。

（五）企业文化与经营业绩关系紧密说

在1987—1991年的四年多时间里，美国哈佛大学的约翰·科特（John P. Kotter）和詹姆斯·L·赫斯克特（James L. Heskett）合作，分四个项目进行深入研究，写成了《企业文化与经营业绩》一书。科特和赫斯克特发现，凡是关于企业文化的研究论著，都要涉及一个共同的核心问题：企业文化与经营业绩之间的关系。可是这些著作的观点并不一致，他们将这些理论观点大致分为三种类型，同时采用理论观点与公司实际对照的方法分别加以验证，肯定了企业文化与企业经营业绩的紧密关系，验证了企业文化对企业长期经营业绩具有重大的作用。

1. 强力型理论

该理论将企业文化分为强力型企业文化和脆弱型企业文化两类。所谓强文化，就是一致性和牢固性都很高的企业文化。反之，一致性和牢固性都很低的企业文化就是弱文

---

① "深度汇谈"是一个团体的所有成员，摊出心中的假设，进入真正的一起思考的能力，让想法自由交流，从而发现远较个人深入的见解。"深度汇谈"的核心是：表达真实感受，在内心创造沉静的聆听环境，从自己和他人能理解的方式表达意见，尊重他人。

化。该理论认为：强力型企业文化必然导致优异的企业经营业绩。科特和赫斯克特的实证分析发现：强文化与长期经营业绩之间存在一种正比例关系，但这种比例关系十分脆弱，有 10 家强文化公司虽然曾经有过业绩辉煌的历史，但在 1977—1988 年间的经营业绩并不是很好。有 4 家公司企业文化脆弱，却有着卓有成效的经营业绩。

2. 策略合理型理论

策略合理型理论认为，与企业经营业绩相关联的企业文化必须是与企业环境、企业经营策略相适应的文化，文化适应性越强，经营业绩越好；适应性越弱，经营业绩越差。科特、赫斯克特为了验证该理论的正误，从原来选定的 207 家公司中，再挑选出 22 家企业进行更为深入的考察。实证结果是：无论经营业绩好坏，企业文化的影响都是深刻的、不容忽视的；22 家公司的企业文化强弱程度基本相同，然而适应性不同，所以经营业绩就不同；企业文化如果不能适应市场环境的不断演变，就会损伤企业的长期经营业绩。

3. 灵活适应型理论

该理论的基本观点是，企业文化必须适应市场经营环境的变化，并且在这一过程中领先于其他企业，只有这样的企业文化才会在较长时期与企业经营业绩相互联系。科特、赫斯克特进行实证研究后得出结论：在企业经营业绩优异的公司中，企业文化促进企业改革的例证比在企业经营业绩不佳的公司中要多得多。经营业绩优异的公司与业绩不佳的公司相比较，前者会更为积极主动地去眼观、耳听、体察以及去行动。

科特和赫斯克特关于企业文化与经营业绩关系的研究，为企业经营管理者阐明了组织环境变化对企业文化的影响，用一系列鲜活的案例证实了那些重视所有关键管理要素（消费者、股东、企业员工等），重视各级管理人员领导艺术的公司，其经营业绩远胜于那些没有这些文化特征的公司。这一理论对企业经营管理者重视企业文化、建设企业文化具有十分重要的意义。

除了以上几种国际企业文化理论之外，还有吉尔特·霍夫斯塔德（Geert Hofstede）的文化四指标说、托马斯·J·彼得斯（Thomas J. Peters）和小罗伯特·H·沃特曼（Robert H. Waterman）的革新性文化八种品质说、海伦·帕尔默（Helen Palmer）的十六种类型和双层观察说，以及松下幸之助的实践经营哲学等，这些理论都从不同角度对企业文化作了阐释。

二、国内企业文化研究扫描

1987 年，《管理世界》杂志上发表的《组织文化》译文，较为系统地将国外企业文化的概念介绍到了中国。该文详细总结了 20 世纪 80 年代国外企业文化的主要研究成果，包括企业文化的基础理论、社会学、社会心理学、人类文化学及其关系，并对企业文化的研究传统和方法作了较全面的介绍。[①] 但这篇具有一定学术价值的文献综述并没

---

① （美）威廉·大内、艾兰·威尔金斯：《组织文化》，迟晨光、陈明译，《管理世界》，1987 年第 5 期，第 151—165 页。

有很快引起人们的关注。在 20 世纪 80 年代中后期之前，有关这方面的研究成果都很少出现在刊物上。直到 90 年代以后，此类研究才逐渐增多，研究视野也进一步开阔。但毋庸讳言的是，此前有关企业文化的研究，较多的成果是对国外企业文化理论的介绍和对一些基本概念的讨论，深度研究的成果数量较少。进入新世纪，随着中国改革开放的进一步深入，企业文化引起企业家和理论界的重视，并开始出现了一些高质量的研究成果，特别是一些基于实践案例的研究成果大量涌现。据中国期刊网检索，截止 2015 年 9 月，在国内各类期刊发表的有关企业文化方面的论文约有 28 万多篇，著作 100 多部。其中，1990 年以前，有关企业文化方面的论文仅有 220 多篇；1990 年到 1999 年，达到 16400 多篇，每年平均 680 多篇；2000 年到 2015 年 9 月，多达 260000 多篇，每年平均 16200 多篇。其中，有关企业文化的实践案例研究占了相当的比重。论文的研究范畴大体分为以下几类：企业文化的内涵和范畴研究、企业文化建设策略研究、企业文化的作用和意义研究、企业文化与企业经营管理研究、国外企业文化建设经验介绍、国内各行业或企业的企业文化建设研究和介绍、社会文化与企业文化关系研究、传统文化与企业文化建设研究、文化差异与企业文化建设研究、思想政治工作与企业文化研究、企业文化测评指标和方法等。著作主要有以下几类：对企业文化的理论研究、翻译国外著名企业文化论著、一些咨询公司或咨询策划专家撰写的实操性企业文化书籍、企业文化案例、国内外著名企业文化案例研究、一些企业家或企业经营者对企业文化建设的认知和研究成果、其他与企业文化相关的研究成果。

从国内管理学界和企业界对企业文化的研究来看，确实作了大量的理论和实践探索，[①] 建立了多角度、多方位的企业文化模型，并在企业文化理论、企业文化同企业经营业绩的关系、企业文化的目标模式、企业文化演变路径、企业文化与企业核心竞争力、并购企业的文化融合、企业文化的测量[②]等方面进行了深入研究，取得了丰富的理论成果。但是，就总体情况看，无论是企业文化的基础理论，还是企业文化的实践方案，国内学者较多的还是借鉴或借用国外学者的观点和做法，缺少自己有创见的理论体系和操作方案。另外，对企业文化的研究定性研究偏多，定量研究缺乏，泛泛而谈者较多，深入的、多维度、多视角分析者较少，这是需要进一步深化的领域。正如有的学者指出，只有坚持理论与实践相结合，定性与定量相结合，从理论基础到应用模型，系统研究企业文化建设可能涉及的诸多方面问题，才能对我国企业文化建设发挥重要的促进

---

① 艾亮：《企业文化建设研究》，天津大学 2012 年博士论文，第 5—10 页。

② 有关企业文化测评方面的研究成果，国内有一定影响力的是：台湾大学的郑伯壎在 Schein 的组织文化研究成果基础上构建了 VOCS 量表，分九个维度：科学求真、顾客取向、卓越创新、甘苦与共、团队精神、正直诚信、表现绩效、社会责任和敦亲睦邻。清华大学经管学院提出由八个维度 40 多道测试题组成的测评量表，分别为客户导向、长期导向、结果导向、行动导向、控制导向、创新导向、和谐导向和员工导向。北京大学光华管理学院沿循国外企业文化量化研究思路，根据案例实证分析的结果，设计的由七个维度 34 道测试题组成的测评量表，分别是人际和谐、公平奖惩、规范整合、社会责任、顾客导向、勇于创新和关心员工成长，后来又将七个维度削减为六个，并将此套测评量表逐步应用于企业文化咨询的实践。中国企业文化测评中心建立的，由企业文化类型、企业文化理念导向、企业文化核心价值观、企业文化环境、企业文化领导力、个人价值与职业倾向性测评等六大部分组成的企业文化测评量表体系。

作用。^①

三、企业文化的基本属性和特征

关于企业文化的概念和内涵，国内外学者已经作了许多总结和概括，提出了各种各样的说法和见解。

（一）国外学者关于企业文化的认识

《企业文化——现代企业的精神支柱》一书的作者特雷斯·迪尔（Terrence E. Deal）和阿伦·A·肯尼迪（Allen A. Kennedy）认为，企业文化是由 5 个因素组成的系统。其中，价值观、习俗仪式、文化网络和英雄人物是必要因素，而另一个因素——企业环境则是形成企业文化唯一的，而且是最重要的影响因素。这样看来，把握企业文化的内涵，就要注重运用企业价值观来塑造或形成英雄人物，明确规定企业的特定行为方式和习俗，并运用企业的文化渠道来培养职工，使其行为具有一致性。^② 之后，迪尔和肯尼迪又连续出版了《企业文化——企业生活中的礼仪与仪式》和《新企业文化——重获工作场所的活力》，针对 20 世纪 80 年代以后企业经营管理中发生的一系列变化，重申了建设企业文化的重要性。作者指出：在一个凝聚力很强的企业中，生机盎然的企业文化能够为一个深刻而持久的共同目标作出贡献。这种文化的活力很大程度上是基于长期以来人们通过共同合作和互相学习而编制出来的一块完整的文化织锦，这块织锦中交织着一套互锁的文化要素：历史产生了价值观，价值观创造了行为的重心并塑造着行为；英雄人物是核心价值信念的具体化身；礼仪与庆典进一步强调了价值观，并唤醒了集体主义精神；通过故事，传颂英雄事迹，强化核心价值观，并提供有关公司事件的令人兴奋的素材。^③

托马斯·J·彼得斯（Thomas J. Peters）与小罗伯特·H·沃特曼（Robert H. Wortmann）在《追求卓越——美国最成功公司的管理经验》中则认为，企业文化是指一个企业的共同价值观和指导观念，是一种能使各个部分互相协调一致的传统，是给人们提供崇高的意义和大展宏图机会的活动，是进行道德性的领导等。^④

《Z 理论——美国企业界怎样迎接日本的挑战》的作者威廉·大内（William G. Ouchi）被称为是较早明确、集中而完整地阐述企业文化概念的第一人。他的解释是：一个企业的文化由其传统和风气所构成。同时，他还认为，企业文化应包括该企业的价值观、进取性、守势和灵活性等。经理们从雇员们的事例中提炼这种模式，并把它传达给后代的工人。威廉·大内指出：生产率是一个可以解决的问题，它需要以有效的方式

---

① 艾亮：《企业文化建设研究》，天津大学 2012 年博士论文，第 10 页。

② （美）特雷斯·E·迪尔、阿伦·A·肯尼迪：《企业文化——现代企业的精神支柱》，唐铁军、叶永青等译，上海：上海科学技术出版社 1989 年版，第 13—14 页。

③ （美）特雷斯·E·迪尔、阿伦·A·肯尼迪：《新企业文化——重获工作场所的活力》，孙健敏、黄小勇、李原译，北京：中国人民大学出版社 2009 年版，第 6 页。

④ （美）托马斯·J·彼得斯、小罗伯特·H·沃特曼：《追求卓越——美国最成功公司的管理经验》，戴春平等译，北京：中国编译出版社 2001 年版，第 6 页。

把个人的努力协调起来，并要采取合作的以及具有远见的作法，给雇员以各种方式的鼓励。所以，信任、微妙性、人与人之间的关系构成了威廉·大内"以人为本"的思想体系的基本框架。①

约翰·P·科特（John P. Kotter）和詹姆斯·L·赫斯克特（James L. Heskett））则认为，企业文化包括两个方面，一是共同价值观念，一是部门行为规范。前者指的是企业中多数成员共同拥有，能形成企业行为方式，即便企业成员改变，也会长期存在的重要目标和切身利益。后者指的是通过将共同价值观传授给新的企业员工，并由企业推行强有力措施，形成的能延续的共同、普遍行为模式。②

从国外学者对企业文化概念的理解不难看出，他们对企业文化的解释集中强调了两点：一是强调以人为中心的管理方式。认为企业文化的重要使命就是把企业建成每一个人都有使命感、责任感和表现愿望的命运共同体。因此，那种忽视人的精神价值，一味追求物质利益的企业管理方式，把人作为"机器"的企业管理方式是不属于企业文化范畴的。二是强调共同价值观的构建。认为企业只有形成全体成员认可的价值观，才能出现统一的行为方式，并推动企业一往无前。国外学者对企业文化的这种解释，主要源于他们对 20 世纪 80 年代日本经济突飞猛进，并大有超过美国经济之势的认识。在他们看来，日本经济之所以超越美国，并非日本的科学技术水平和各种物质条件，乃至管理制度超过了美国，而只是美国在管理中忽视了人的作用，忽视了如何去组织人们从事生产活动，调动人的积极性并自觉自愿地去工作。所以，威廉·大内（William G. Ouchi）在《Z 理论——美国企业界怎样迎接日本的挑战》一书中，对日本企业管理进行了认真的研究，并对美国企业的管理模式作出深刻反思后指出："作为一个国家，我们已经认识到技术的价值，也愿意采用科学方法对待技术。然而，却从不重视人的作用。……美国的生产效率问题，依靠货币政策在科研和建设上投入更多的资金是解决不了的。只有当我们学会了某种管理方式，使得人们能够在一起更有效地工作，才能得到改善。"③

（二）国内学者关于企业文化的认识

自 20 世纪 80 年代以来，国内学者也对企业文化展开了热烈的讨论，提出了各种各样的观点。④

曾任中国企业文化研究会常务副理事长的张大中认为："企业文化是一种新的现代

---

① （美）威廉·大内：《Z 理论——美国企业界怎样迎接日本的挑战》，孙耀君、王祖融译，北京：中国社会科学出版社 1984 年版，第 3 页。

② （美）约翰·P·科特、詹姆斯·L·赫斯克特：《企业文化与经营业绩》，曾中、李晓涛译，北京：华夏出版社 1997 年版，第 3 页。

③ （美）威廉·大内：《Z 理论——美国企业界怎样迎接日本的挑战》，孙耀君、王祖融译，北京：中国社会科学出版社 1984 年版，第 3 页。

④ 倪宏伟总结了近年国内学者对企业文化定义的研究，将其概括为：总和说、同心圆说、总和和核心说、群体文化说、精神现象说、广义、狭义特点说、群体竞争意识说等（倪宏伟：《企业文化管理逻辑：基于企业领导人文化管理力视角》，北京：经济科学出版社 2010 年版，第 37 页）。庄培章将其概括为精神现象说、企业精神说、精神信息系统说、企业特色的共同价值观说、职工群体意识说、企业文化是企业理念形态文化和物质形态文化以及制度形态文化的复合体等（庄培章：《现代企业文化新论》，厦门：厦门大学出版社 2001 年版，第 50—52 页）。

企业管理理论，企业要想步入市场，走出一条发展较快、效益较好、整体素质不断提高、使经济协调发展的路子，就必须普及和深化企业文化建设。"[1]

文化部原常务副部长高占祥则认为："企业文化是社会文化体系中的一个有机的重要组成部分，它是民族文化和现代意识在企业内部的综合反映和表现，是民族文化和现代意识影响下形成的具有企业特点的群体意识，以及这种意识产生的行为规范。"[2]

上海第二工业大学的罗长海认为，企业文化是"企业在各种活动及其结果中，所努力贯彻并实际体现出来的、以文明取胜的群体竞争意识。"[3]

中国社会科学院工业经济研究所的刘光明则把企业文化看作是"一种从事经济活动的组织之中形成的组织文化。它所包含的价值观念、行为准则等意识形态和物质形态均为该组织成员所共同认可。"[4]

陈维政、张丽华、忻蓉基于一种新的企业管理思想，将企业文化看作是一种以全体员工为中心，以培养具有管理功能的、系统的、完善的、适应性的精神文化为内容，以形成企业具有高度凝聚力的经营理念为目标，使企业增强对外的竞争力和生存力，增强对内的向心力和活力的管理制度和方法。[5]

张云初、曹东林、王清则认为，企业文化就是对企业有"实用价值"的文化。[6]

浙江大学的朱凌在综合国内外企业文化研究的基础上，将其概括为两层含义：一是企业文化是对其组成要素的剖析（共享价值观、思维模式、行为模式、制度规范等）；二是在日益复杂的社会经济环境中，愈来愈体现出系统化特性，企业不仅仅需要对企业文化核心价值观清楚地认知和执行，更要通过制度层面、行为规范层面的建设系统地构建企业文化。[7]

所有上述对企业文化的解释，论者都是从不同的角度或侧面对企业文化进行了界定。有的侧重于从其精神层面作出观察，有的则试图去考察企业的物质载体，还有的力求将物质与精神统一起来，强调企业活动过程和活动结果的统一。因此，上述概念各有其侧重，各有其理由，简单地肯定或否定都是不明智的，也不符合科学精神。我们在这里罗列出来，只是说明对企业文化的研究已经引起人们的广泛关注，同时也是为了展示学术界对企业文化研究的成果，并说明在这个问题上仍有许多探讨的必要。

（三）企业文化的概念和内涵

20 世纪 80 年代以来，整个世界发生了巨大的变化。全球化、信息化和网络化成为这个世界的普遍现象，企业的经营和管理面临着不可避免的现代性的战略选择。诚如一位学者所言，现代性与其说是一种现代化的社会模式，毋宁说是一种社会发展和文化知

---

① 转引自姜学敏等：《山东企业文化建设》，北京：人民出版社 1998 年版，第 3 页。

② 转引自姜学敏等：《山东企业文化建设》，北京：人民出版社 1998 年版，第 51 页。

③ 罗长海：《企业文化学》，北京：中国人民大学出版社 2000 年版，第 26—27 页。

④ 刘光明：《企业文化》，北京：经济管理出版社 2000 年版，第 9 页。

⑤ 陈维政、张丽华、忻蓉：《转型时期的中国企业文化研究》，大连：大连理工大学出版社 2005 年版，第 9—11 页。

⑥ 张云初、曹东林、王清：《新企业文化运动》，北京：中信出版社 2006 年版，第 7 页。

⑦ 朱凌：《创新型企业文化的结构与重建》，杭州：浙江大学出版社 2008 年版，第 12 页。

识进步的定性概念，通过摆脱传统和古典，力图展示一种具有全新性质的人类文明和文化。① 另有国内学者在谈到全球化背景下企业文化的战略选择时也指出：文化是一条不断流淌的长河，一个动态的体系，它展示着各民族的过去，也联系着她们的未来。在实现现代化的变革中，必须古为今用，洋为中用，批判性继承，创造性转换，发展具有民族特色的文化，并在推动社会发展中不断焕发出新的蓬勃生机。② 因此，面对全球化、信息化、网络化和知识经济的时代背景，对企业文化概念和内涵的界定，我们有必要遵循这样一些原则：

首先，必须承认企业文化是一种经营性文化。它既受社会文化系统的总体制约，又不完全等同于社会文化。二者之间的区别就在于社会文化更多地追求精神价值和意识形态取向，而企业文化则除了追求精神价值和意识形态取向外，还要追求物质价值和市场形态取向。企业文化如果不是这样，则将失去其存在的基础。

其次，必须充分考虑时代的发展特色。当今世界，经济全球化、知识经济和互联网已经成为一种普遍现象，信息化和知识经济的兴起，置身于整个人类社会变革的大环境中，作为处于经济前沿的企业及其企业文化建设不可能不受此影响，也不能不把握这一时代脉搏，推进企业管理的科学化、现代化和创新发展。

其三，任何文化，都是一种社会历史和社会存在的反映。中国既是一个有着五千年文明历史的古国，又是一个正在改革开放，努力走向世界的发展中国家。这样的特点，必然要反映在我们的企业文化建设之中。因此，民族性和时代性是企业文化不可或缺的内容。

根据上述原则，我们认为，基于经济全球化、信息化、互联网和知识经济条件下的企业文化应该是企业适应时代发展要求，结合本民族文化特色，并充分吸收外来文化精华而形成的具有本企业鲜明个性特征的企业理念体系和行为准则。这一表述突出强调4个方面的要义：

第一，适应时代发展要求。如前所述，任何一种文化都是时代发展的产物，马克思主义者所谓的社会存在决定社会意识讲的也正是这个道理。我们今天所处的时代，已经被人们称之为"地球村"的经济全球化时代，企业的经营和管理，乃至企业文化的建设如果离开了这个大背景，那是不可思议的。或者换句话说，如果离开网络化、信息化、全球化和知识经济而去搞什么企业文化，那必定是牛头不对马嘴，是不可能产生实际效果的。针对网络化、信息化、全球化和知识经济时代的企业文化，必然不可能离开人类在广泛意义上的交往这个主题，离不开信息化、网络化等高科技文明给人类带来的巨大变化。这些内容或理念在企业文化中的反映，将使企业文化建设处在时代的前沿并发挥巨大的作用。

第二，具有鲜明的民族文化特色。这似乎是一个与网络化、全球化相矛盾和冲突的内容。实际上，纵观人类社会的发展史，任何时代，任何国家，不管如何开展文化交

---

① 万俊人：《现代性的伦理话语》，呼和浩特：内蒙古人民出版社2002年版，第170—171页。
② 魏中龙、田建华：《企业文化的沉思》，北京：经济科学出版社2010年版，第265页。

流，都会存在具有本民族特色的东西。而且，这些东西往往成为其生存的基础。日本如此，美国也是如此，亚洲"四小龙"同样如此。由此，所谓"只有民族的才是世界的"说法也正是这个道理。在保留和弘扬这种永恒价值的同时，顺应时代潮流，博采众长，这才是我国企业文化建设的正确方向。

第三，充分吸收外来先进文化的精华。众所周知，任何一个民族的文化都有其存在和发展的合理性，也有其借鉴和学习之处，从世界文化发展的趋势来看也充分反映了这一特点。加之，作为外来文化主体的西方文化，毕竟由于经济、科技的发达，创造了许多与现代文明相适应的文化财富，学习和借鉴这些文化财富，是我们迅速发展经济、实现现代化的有效途径，我们没有理由将已经被实践证明是先进的或适用的东西拒之门外。如果那样的话，我们的企业文化就不可能代表人类最先进的文化发展方向。

第四，彰显企业的个性特征。文化的魅力在于差异，在于个性。企业的产品、服务乃至形象其所以在市场上能够受到人们的关注和青睐，关键也在于具有个性。所以，有学者指出："企业文化与其说是一种理论，倒不如说是一种实践，它是基于本国的民族文化传统、社会政治制度，以及企业自身特色提出的。"因此，"塑造个性，乃是企业文化的关键。"[①]

在以上四个层次的基础上，形成企业的物质文化、行为文化、制度文化和精神文化，从而构筑其企业文化的大厦。

（五）企业文化的核心构成要素

企业文化的核心构成要素是一个相互影响和制约的结构体系，正像美国管理学家、《第五项修炼》的作者彼得·圣吉所说的那样，要用系统的观点来对待和分析这个问题。企业文化是社会文化大系统中的一个支系统，其构成的核心要素主要由物质、行为、制度和精神四个层面，以及由此衍生出来的各个子要素。其它如民族文化传统、外来文化影响及社会政治、经济环境属于影响因素，它们往往以各种形式融化和固着在上述四个层面之中，并对它们产生影响。

1. 企业文化的物质层面

企业文化的物质层面也就是企业的物质文化，它是由企业全体员工创造的产品和各种物质设施等构成的器物文化，是一种以物质形态为存在形式的表层文化。其主要构成包括产品、服务、生产环境、经营场所、企业广告、产品包装和设计等。归纳起来，主要是：

（1）产品。按照著名营销学专家菲利浦·科特勒（Philip Kotler）给产品下的定义是：为留意获取、使用或消费的满足某种欲望的需要而提供给市场的一切东西。它包括有形的物体、服务、人员、地点、组织和构想。消费者购买商品，不仅仅在于商品本身，同时在购买和使用中能得到良好的服务和享受。[②] 根据这一概念，并结合当代市场

---

① 李晓肃：《市场疾呼文化个性》，北京：中国工商联合出版社 2000 年版，第 94 页。

② （美）菲利浦·科特勒：《市场营销管理：分析、计划和控制》，梅汝和等译，上海：上海人民出版社 1990 年版，第 405 页。

竞争态势，我们认为，现代意义上的产品实际上应该包括这样 4 个层次：

第一个层次是核心层，也叫核心产品。它为消费者提供最基本的效用和利益。消费者购买某种产品的目的是为了满足某种特殊的需要。比如买冰箱是为了贮藏食品，买电视机是为了娱乐和休闲，购买化妆品是为了美容等。因此，生产厂家和经销商就要开发隐藏在商品中的各种需求，并以利益和效用为诱饵，满足消费者的心理需求。

第二层次是形式层，也叫形式产品。其特点是出售消费者能够用肉眼看得到的产品。它的目的是满足消费者对某一特定需求的形式。比如，夏天天热需要空调，冬天天冷需要棉衣，口渴需要饮料，饥饿需要食品等。对这一层面，产品追求质量、特色、款式以及包装和品牌等反映出特色来。人们在购买商品时，不仅对商品的功能十分关注，而且还很在意产品的品质、造型、颜色、品牌等因素。比如质量，麦当劳其所以能在世界各地畅行无阻，一个重要原因就在于它所提供的产品质量是一流的。麦当劳要求每一个麦当劳店都不能卖过夜的食品。炸鸡腿、汉堡包如果在规定的时间内卖不出去，则全部被作为垃圾处理。再比如设计，日本产品其所以能够走遍世界，其领先的设计是不能忽视的。美国汽车豪华气派，日本汽车则独辟溪径，设计出了价廉、优质、节油和精巧的汽车。"经营之神"松下幸之助等专程赴美学习设计，并宣称："今后将是一个设计的时代"。

第三个层次是扩展层，也就是扩展产品。它所提供的是产品的附加利益，包括产品的安装、维修、送货、培训、服务等。从成功企业的经验来看，扩展产品经营的成功与否，往往对企业发展有着重大的影响。因为在当今科技高速发展，技术同质化现象越来越普遍化的情况下，一个企业的服务，包括售前、售中和售后服务往往是十分重要的。比如，IBM 公司之所以成功，一个很重要的原因就是公司在提供有形产品——计算机的同时，还不遗余力地追加扩展产品。他们意识到，顾客的主要兴趣在于计算机解决实际问题的能力，并非只是计算机的硬件，而更主要的还是指令、软件、编程和各种各样的服务。因此，该公司不仅出售计算机和计算机系统，还明确提出公司的口号："IBM就是服务"。此外，杜邦公司、微软公司、丰田公司以及中国的海尔、联想等也都把提供扩展产品作为增强公司竞争力的重要手段。美国学者西奥多·莱维特（Theodore Levitt）指出："现代竞争并不在于各家公司在其工厂中生产什么，而在于它们能为其产品增加一些什么内容。……每一家公司都应寻求有效的途径，为其产品提供附加价值。"[①]

第四个层次是潜在层，其产品叫潜在产品。附加产品只是表明了现有产品的内容，在现代市场竞争十分激烈的态势下，企业还必须注意挖掘那些尚未被人们意识到的产品，即潜在产品。这就要求生产者关注经济社会变革，重视市场调查，注意消费者生活习惯、审美诉求、消费心理的变化，尤其是从文化时尚等方面把握人们的群体消费趋向，以求针对性地引导人们的消费，培育消费热点。这方面的例子如近年通讯行业开发的各种消费套餐、网络企业开发的网上消费品，以及一些药品制造企业开发的保健用品

---

① 转引自庄培章：《现代企业文化新论》，厦门：厦门大学出版社 2001 年版，第 102 页。

等都创造了很好的经验。

总之，一件完整意义上的产品并非只是摆放在我们面前的实物，而是一种多层次、多形态的系统组合。从文化的角度讲，产品乃是物质文化的典型形态。

（2）企业环境。主要包括企业工作环境和生活环境两个方面。工作环境主要指企业员工生产或工作的场所所展示出的容貌。工作环境的好坏，直接影响企业员工的情绪和工作状态。良好的工作环境能够促进工作效率的提高和员工创造性灵感的产生。反之，则使员工产生情绪压抑和反应迟钝，不利于生产和工作。因此，许多管理学家都认为，优化创业工作环境应与重视企业员工情绪、人的需求和人的激励一样重要。在海尔集团，人们可以看到在车间入口处或作业区最显眼的地面上，有一块一尺见方的奇特而又醒目的图案——红框白底的方块上印着一双绿色的脚印，站在脚印上抬头往前看，对面大牌子上写着"整理、整顿、清洁、清扫、素养、安全"12个大字。这6个词用英文拼写，正好第一个字母都是S，海尔人就把这双脚印称作"6S"大脚印。[①] 在这家大型制造企业中，大到车间、办公楼，小到一块玻璃、螺丝钉，到处都可以看到标有某人负责、某人检查字样的牌子，找不到一处卫生死角。整个公司整洁有序，环境优美怡人。一家著名的跨国公司到海尔集团谈判，在参观时发现，连流水线上的每一个备用模具都擦得一尘不染，便立刻与公司签订了合作协议。理由是：对一个管理水平如此之高的企业还有什么不放心的呢？当然，在国内也有许多工作环境很差的企业，尤其是近年出现的一批民营、私营企业、乡镇企业，工作环境之差实在叫人不敢恭唯。笔者曾参观过几家在当地还算有点名声的企业，且不说工人的车间垃圾成堆，烟雾迷漫，就是管理人员的办公场所，也尘埃层层，墙角处纸片堆积，至于厂外面更是污水横流，横七竖八的各种脏物让人不堪回首。人们很难想象在这样一个工作环境中能产生高效率的工作和生产出高质量的产品。在这方面，日本企业普遍采取的一些做法值得我们借鉴：一是"整体计划观念"。日本企业的平面配置、现场布置、区域划分都有整体性的规划，简化了结构，加强了沟通，提高了工作效率和工作结果。二是对安全生产非常重视。安全标语、安全措施、保养维护、安全检查等都有全盘而完善的规划。三是采用时间动作研究的原理。尽量减轻工人的体力负荷，如丰田汽车的生产线上，由于员工的建议，将产品输送带抬高，使作业人员不必弯腰工作，减少了劳累，提高了工作效率。四是工厂内部采取目视管理和颜色管理措施。目视管理的特点是使工作要求与效果一目了然，工厂内利用看板、标语、指示灯进行表示，工作人员只要抬头就可以看到有关要求和内容。颜色管理则充分利用色彩的差异，对生产过程和工人工作流程进行控制。不同的颜色给人们不同的感觉，根据不同的工作环境和产品属性设置不同的颜色，会营造身临其境的氛围，

---

① "6S"大脚印的含义是：整理——留下必要的，其他清除掉；整顿——把必要的留下，依规定摆整齐，加以标签；清扫——工作场所看得见的、看不见的地方全部打扫干净；清洁——维持整理、清扫的结果，保持干净整洁；素养——每位员工要养成良好的习惯，遵守规则，有美誉度；安全——一切工作均以安全为前提。当工作完成后，如果谁违犯了6S中的任何一条，都要在6S大脚印上站立反省，直到负责人允许后方可离开（齐冬平、白庆祥：《文化决定成败：中外企业文化镜鉴教程》，北京：中国经济出版社2008年版，第129页）。

给人们娱悦和快感，起到管理的效果。

当然，工作环境还有许多内容，比如厂房的选址、厂内的布置、房内的设置、设备的摆放等等。总之，工作环境作为工作人员创造效益的场所，一定要从美化和人性化的思维角度进行布置。只有这样，才能达到企业物质文化的要求，并发挥效用。

在企业环境中，生活环境对员工是另一项重要的内容。它包括企业员工的居住、休息、娱乐等条件和服务设施，以及员工及其子女的学习、生活条件。许多管理专家都承认，企业的生活环境对企业员工的健康、人格的自我评价以及归属感都有直接影响，它与工作环境一起构成了企业环境文化的整体。从生活环境的角度讲，对企业员工影响最大的主要是居住条件、环境卫生、空气质量、服务设施等。现在，国内外一些著名企业在重视改善企业生产环境的同时，也越来越重视改善企业员工的生活环境。如摩托罗除为员工提供每年 80 个小时的带薪休假外，还通过员工援助计划向员工及其家属成员提供心理健康咨询，举办健康和保健教育，让员工享受所在国政府的所有医疗、养老、失业等保障。四川攀枝花钢铁公司曾投资上亿元，新建和改造员工住房近 100 万平方米，使 16000 多户员工搬进了永久性住房，还为员工家庭代购彩电、冰箱，配置了写字台、饭桌、冷热水器等学习、生活用品，并实行居住宿舍"旅馆化"。

（3）企业形象。从广义讲，企业形象包括企业的各个方面，但就企业文化的物质层面看，则主要指企业的视觉形象，即 CIS^① 中的 VI（Vision Ideatity）部分，它包括企业的名称、标识、标准字、标准色等视觉要素。

名称是企业形象不可缺少的环节和内容。一个企业的名称设计水平如何，不仅反映取名者的道德水准和文化素养，而且也寄托着人们对企业发展的希望。同时，还是一笔宝贵的文化财富。据说在美国，当年的洛克菲勒财团为给一家下属石油公司起一个叫"埃克森"（Exxon）的名字，竟动员了包括语言学、社会学、心理学、经济学和美学等在内的各方面专家，花了 6 年时间，耗资 140 万美元。根据有关专家的研究，企业取名一般要具有个性、民族性、简易性和名实相符性 4 大特点。名称代表着一个企业，企业也往往以自己的名称而扬名天下。因而，企业名称设计一定要认真对待，不可草率取之。

标识是企业的文字名称、图案或文字图案相结合的一种平面设计。标识是企业整体形象的浓缩和集中体现，是企业目标、企业哲学、企业精神的凝聚和载体。企业标识的设计，主要有 3 类：一类是表音形式。即由企业名称的关键文字或某些字母组合而成。如柯达标识就是由 Kodark 构成；IBM 的标识是由公司名称中的 International、Business 和 Machine 3 个英语单词的词名大写字母组成。第二类是表形形式。即由比较简明的几何图形或象形图案组成。图形本身就代表一定含义，而且，由于经过平面设计处理，形象感很强。如德国奔驰汽车、中国电信等企业的标识都具有这种特点。第三类是

---

① CIS 的英文全称是 Corporate Identity System，被翻译成"企业识别系统"。它由 MI（Mind Identity）、BI（Behavior Identity）和 VI（Vision Identity）3 个层次构成。它是通过统一的整体传达系统将企业文化外化为企业形象的过程。

将上述两类结合起来，即音形形式。此类标识兼收上述两类的优点，又在一定程度上避免了它们的缺点，受到人们的欢迎。比较有代表性的如中国银行的标识、廊坊新奥集团标识等。企业标识是企业传达信息的重要手段，通过企业标识，不仅让人们认识企业，而且还可以使社会公众产生对企业的印象和认知。换句话说，当人们一见到某企业标识时，就能够联想到该企业及其产品、服务、规模等有关内容。因而，企业标识一经设计确定，一般都比较固定，不会轻易改变。

标准字是指将企业名称和品牌名称经过特殊设计后确定下来的规范化的平面（乃至立体）表达形式。其基本的形式可以根据企业特色设计不同字体和色彩的字型。原则是强调易辨性、艺术性、协调性和易传达性。标准字作为企业视觉形象的核心要素之一，它与企业名称、标识一样，要能够表达丰富的内涵。

标准色与标准字一样，是设计者根据企业属性挑选和设计的颜色。它常常与企业标志、标准字等配合使用，被广泛运用于企业广告、包装、建筑、服饰及其他公共关系用品中。毫无疑问，标准色也是企业视觉形象中重要的设计要素。

（4）企业技术和设备的现代化程度。对企业来说，技术和设备是企业形成物质文化的保证，企业的技术和设备的发展水平也决定着企业的竞争力。新技术、新设备、新工艺、新产品的开发和应用，生产过程的机械化、自动化、信息化等都直接关系到企业生产技术的发展方向和产品在国内外市场上的竞争力，关系到企业物质文化发展的水平及其对精神文化发展的影响程度。尤其在全球化、信息化、网络化和知识经济时代，技术和设备的先进性往往对产品在市场上的竞争力有着重要的影响，对企业物质文化建设的影响越来越大。因此，为了提高企业生产效率和搞好企业物质文化建设，必须重视提高企业技术和设备的现代化程度。

2. 企业文化的行为层面

企业行为文化是企业主体在生产经营、人际关系活动中产生的文化，是以企业员工行为状态为表现形式的企业文化。它与物质文化一样，属于企业文化系统中的浅层文化，在企业文化系统结构中处于第二个层次。它包括企业人的行为和企业人际关系行为两个方面。

（1）人际关系行为主要是通过企业家、企业模范人物和企业员工行为展现出来。企业家是企业经营管理的主角，是企业外部形象和内部形象的典型代表。他们的行为可以说与企业的命运息息相关。美籍奥地利经济学家约瑟夫·熊彼特（Joseph A. Schumpeter）曾经将企业家与创新相提并论，认为企业家绝不能是墨守陈规、因循守旧者，他们必须是那些敢冒风险，把发明引入经济活动中的人。因此，企业家与普通的企业经营者不同，前者以倡导实行"创新"活动为己任，后者则按照传统的方式经营管理企业。据此不难得出结论，真正的企业家必须要敢想、敢干、敢闯、敢于冒险，有敏捷的思维、勇敢的毅力和坚强的意志，这些又与其渊博的知识和丰富的经验密切相关。因此，一个企业家只有具备了这些素质，才能带领企业克服困难，创造出辉煌的业绩。据国内外成功企业的经验表明，企业能否不断地发展壮大，在很大程度上取决于企业家和企业家的行为。同样，企业的失败也同企业家或企业经营管理者有着直接的关系。美国《幸福》杂志曾经发表文章指出：公司由盛转衰，第一个原因一定是归咎于它们的高级经理人员，他们是导致失败的主因。由于他们本身的危机、缺乏远见、严重的经济困难、抱残守缺、不重视对顾客的调查和内部树敌等造成了企业的失败。[①] 可见，企业家行为对企业和企业文化建设有着何等重要的作用！

企业的模范人物作为企业的中坚力量，不仅是企业树立的楷模，也是企业价值观、伦理观的人格化代表。他们的行为往往代表着一个企业的价值追求和精神力量。用特雷斯·E·迪尔（Terrence E. Deal）和阿伦·A·肯尼迪（Allen A. Kennedy）的话说，此类人物是体现企业文化价值观的关键人物，企业可以通过他们的言辞和行为来表现公司热切的理想。[②] 有人把企业模范人物的行为划分成 7 大类型：一是领袖型。一般是企业领导人物，具有极高的精神境界和理想追求，依靠自己的卓越才能为企业带来光明的前途，或力挽狂澜，挽救了一个濒临垮台的企业。二是开拓型。善于思考、眼光敏锐，勇于创新，不满足现状，在实践中创造了佳绩。三是民主型。善于处理人际关系，集思广益，利用集体的智慧取得了卓越的成绩。四是实干型。埋头苦干，默默无闻，如老黄牛般奉献自己的力量。五是智慧型。知识渊博，思路开阔，善于开拓创新和出奇制胜，往往与创新型人物联系在一起。六是坚毅型。善于在逆境中迎难而上，关键时不退缩，不屈服。七是廉洁型。一身正气，两袖清风，办事公正，深得人们爱戴，为企业的精神文明作出了表率。[③] 这 7 种类型的人物显然并非孤立地存在，而往往是几种类型同时表现在某一个人身上，只不过是某一方面更为突出而已。不管属于哪一种，企业模范人物的这些行为举止都强烈地影响着一个企业的精神风貌，他们的理想和追求往往与企业的理想和追求趋于统一。

企业员工的行为自然没有企业家和企业模范人物那样显眼，但企业员工的群体行为则决定着企业整体的精神风貌和文明程度。因此，企业员工群体行为的塑造构成了企业行为文化的重要内容。通常，人们把企业员工的行为文化只是简单化为加强思想政治学习、开展文化娱乐活动和进行员工培训等，实际上远不止这些。根据亚伯拉罕·马斯洛（Abraham H. Maslow）的"需求层次理论"，人的几个需求的分层次满足是调动人的积极性和释放其潜能的必要条件。[④] 因此，对员工行为文化的塑造首先应建立在努力满足其需求上。这是基本前提。其次，应尽量尊重其个性的张扬。因为个性是决定人的行为的基本因素，只有在满足个性需求的基础上，才能很好地实现群体需求。古今中外的思想家们倡导"以人为本"的思想虽然各有其侧重，但基本的出发点都是以尊重人的个性发展为前提的。再次是采取各种激励措施。把员工的追求与企业的发展联系起来，培养员工的素质，提高员工的能力，认可员工的各种成绩，鼓励员工的各种创造性活动，使

① 方家俊译：《智慧的结晶——＜幸福＞杂志谈美国一些著名企业管理经验》，《领导文萃》，1996 年第 1 期，第 103—106 页。

② （美）特雷斯·E·迪尔、阿伦·A·肯尼迪：《新企业文化——重获工作场所的活力》，孙健敏、黄小勇、李原译，北京：中国人民大学出版社 2009 年版，第 11 页。

③ 罗长海：《企业文化学》，北京：中国人民大学出版社 1999 年版，第 183 页。

④ 王新华：《马斯洛"需求层次论"评介》，《消费经济》，1986 年第 1 期，第 62—73 页。

他们形成崇高的理想，共同的追求，敬业、守法、勤勉、惜时，共同推进企业的发展。

（2）人际关系行为主要是企业内部之间的沟通和企业与企业、企业与社会等外部之间的沟通。企业内部之间的沟通是指企业中管理者与被管理者、管理人员之间和员工之间的沟通和联系。在这种沟通和联系中，虽然各种关系因双方的角色、地位和状态不完全相同，其交往的行为也就有主动与被动、平等与不平等、和谐与不和谐之分。但就行为文化而言，企业内部各层次之间的交往，应该是一种平等互助的关系。企业管理者和员工处在同一个企业，就应该是一种利益共同体，只有从这个角度去认识这种关系，才能形成良好的企业行为文化。

企业与企业、企业与社会等外部之间的沟通，是企业走向市场、走向社会的必然结果。任何一个企业在市场中的活动不可能脱离这种关系。而且，随着全球化时代的来临，这种关系会变得更加密切，联系会变得更加频繁，几乎成了无时无刻不在发生的事情。处理这几层关系，诚信、双赢、社会责任这三个原则是必须要重视的。一个企业只有与其他企业以诚相待，共谋发展，自身才能获得发展。同时，处理好与社会各界的关系，营造一个良好的公共舆论氛围，也肯定是企业良性发展的必要条件。所以，美国IBM公司前董事长托马斯·沃森（Thomas J. Watson）曾颇有感触地说："我们早就强调搞好人缘关系，这倒并不是出于利他主义，而是基于一种简单的信念，那就是如果我们的职工，并帮助他们和尊重他们，自己公司就将得到最大的利润"。[①] 同样，处理好与其他企业乃至社会的关系，也将更有助于企业获得更大的利润。

3. 企业文化的制度层面

企业文化的制度层面，或者叫企业制度文化，是企业为实现自身目标对员工的行为给予一定规范和限制的文化，它既是适应物质文化的固定形式，又是进一步形成企业行为文化和塑造精神文化的主要保障。正是由于企业文化制度层面的这种中介传输作用，所以，企业制度文化在企业文化建设中占有十分重要的地位。这一层面主要包括企业管理体制、企业管理机构和企业管理制度3个方面。

（1）企业管理体制。这是企业管理方式、管理机构、管理制度设立的前提。不同的管理体制，反映着不同的生产力发展水平。同样，不同文化背景下的管理体制，也反映着不同的企业文化。在企业文化的制度层面上，管理体制直接影响着企业组织机构设置，制约着企业管理的方方面面。所以，企业管理体制是企业制度文化层面的核心内容，优秀的企业家就应该善于建立一套统一、有序、协调、高效的企业制度文化，尤其是协调性和高效率是企业管理体制建设的重要原则。

（2）企业管理机构。是指企业为了有效地实现企业奋斗目标而建立的企业内部各组成部分及其关系。管理机构是否适应企业生产经营管理和发展的要求，对企业的生存和发展十分重要。不同的企业文化，对管理机构的设置要求不尽相同。它与企业管理体制、企业社会环境、企业发展目标、企业生产技术水平及员工思想文化素质等都有密切

---

① 转引自陈军、张亭楠：《现代企业文化：21世纪中国企业家的思考》，北京：企业管理出版社2002年版，第148页。

关系。当然，人们可以根据不同的要求选择设定各种各样的企业管理机构，但基本的原则应该是有利于企业经营发展和长远目标的实现。否则，其管理机构的设置就是不科学的。

（3）企业管理制度。是企业为实现有序化管理和实现利益最大化目标，在生产管理实践活动中制定的各种带有强制性的规定和义务。它包括企业的行政管理制度、财务管理制度、生产管理制度、人力资源管理制度、各部门岗位责任制等一系列规章制度。企业管理制度是实现企业短期和中长期目标的保障措施和手段。它作为企业员工的行为规范模式，既可以保证员工的活动在合理的范围内有序进行，同时又成为维护员工共同利益和企业利益的一种强制性手段。因此，企业各项管理制度，是企业进行正常生产经营管理活动所必需的。科学的管理制度是优秀企业文化的重要组成部分，而优秀的企业文化则必须建立科学的管理制度。

4. 企业文化的精神层面

企业文化的精神层面又叫企业精神文化。相对于前面三个层面来说，企业文化的精神层面是更深层次的文化，在整个企业文化系统中位于核心地位。企业文化的精神层是企业在长期的经营过程中，受一定的社会政治经济环境、社会文化传统、外来文化和其它各方面因素影响而形成的一种精神成果和文化观念，是用以指导企业开展生产经营活动的各种行为规范、群体意识和价值观念，集中体现在一个企业独特的、鲜明的经营思想和个性风格，反映着企业的信念和追求，是企业群体意识的集中体现。它主要包括企业精神、企业经营哲学、企业价值观和企业伦理等，是企业意识形态的总和。

（1）企业精神。被称为企业文化的基石，它是现代意识与企业个性相结合的一种群体意识，是企业全体或多数员工共同追求的理想境界和思想反映，也是企业经营宗旨、价值取向、管理理念的集中体现。因此，企业精神的基本特征可以概括为：①客观性。是企业生产力状况、经营水平以及与之相适应的企业员工精神风貌的典型反映。②普遍性。即企业精神是全体或大多数员工较为普遍的精神追求和价值取向，是一种群体性的认同方式。③稳定性。精神一旦形成，短期内不会轻易改变。④时代性。企业精神与其它精神文化一样，都是某一个时代的产物，它虽然在一定的时期具有相对稳定性，但并非一成不变，而是随着时代的变化而变化。当然，这种变化往往是渐进式的，而非突变式的飞跃。⑤独特性。即企业精神一般都是根据自身状态形成的精神文化，每一个企业都有自己的经营范围、经营特点，这就决定了其精神文化也必然烙上个性的特征。⑥创新性。作为精神财富，创新不仅体现在企业的技术创新、市场创新和制度创新上，更主要的还反映在企业家和企业员工的观念创新上。企业家和企业员工能够根据时代变化与时俱进，不断更新观念，开拓进取，这本身就是企业精神的具体反映。企业精神的上述特点，不仅能够鲜明地反映企业的本质特征和经营方向，而且也能够起到鼓舞士气、团结向上的作用。由此，威廉·弗里德里希·黑格尔（Wilhelm Friedrich Hegel）不无深刻地指出：我们深信，人类的行动都发生于他们的需要、热情、兴趣、个性和才能。这类的需要、热情和兴趣，便是他们一切行动的唯一的源泉。① 恩格斯也说：感觉、思想、动机、情感、意志等精神因素可以成为推动人们行动的精神动力。②

（2）企业经营哲学。也叫企业哲学，是对企业经营行为的一种根本性指导思想，是企业在经营管理过程中处理人与人（管理者与被管理者、消费者与生产者、企业利益与职工利益、当前利益与长远利益、局部利益与整体利益、企业利益与社会利益等）、人与物（产品质量与产品价值、职工操作规范、技术开发与改造、标准化、定额、计量、信息、情报、计划、成本、财务等）关系上形成的意识形态和文化现象。用美国哈佛大学《企业管理百科全书》的说法，企业管理哲学就是企业最高管理者为人处世的基本信仰、观念和价值偏好。③ 处理这些关系中形成的经营哲学，一方面与民族文化传统有关，另一方面又与特定时期的社会生产，特定的经济形态及国家经济、政治体制有关。不同国家、不同民族和不同企业，其经营哲学都不相同，比如西方人崇尚个人价值，追求利润最大化；东方人突出人际关系，强调社会利益至上；日本的企业受中西两种文化影响，不仅重视理性主义的科学管理，也强调追求共同的目标和行为方式。西方早期的企业管理是程序化的所谓科学管理，近代以后出现了行为科学的管理方式，现代则出现了向人文化管理趋同的走势。美国管理学界认为，企业哲学与企业经营的因果关系就像火车头与车厢一样。企业哲学在企业中所占的比例虽不多，却是推动这列火车前进的动力。④ 可见，企业哲学对企业经营管理发挥着多么重要的作用！

（3）企业的价值观。是指企业在追求经营成功过程中所推崇的基本信念和追求的目标。管理学界普遍认为，价值观是企业文化的核心。从哲学上讲，价值观是关于对象对主体有用性的一种观念。马克思指出：凡是能够满足人的需要的物质产品或精神产品便具有价值，指导我们有意识、有目的地选择某种行为去实现物质产品和精神产品的思想体系就构成了我们的价值观。⑤ 可见，企业价值观是企业主体或大多数员工一致为追求某种目标而形成的共同认识，或者叫终极判断。由于价值观也受企业性质和社会经济、政治环境等的影响，因此，企业价值观表现出各种各样的形态。比较有代表性的如以追求企业利润为导向的利润最大化价值观；以加强经营管理而形成的经营管理价值观和20世纪70年代在西方兴起的、以统筹考虑员工、企业、社会利益的企业社会互利价值观。当代企业价值观的一个突出特征则是以人为中心，把关心人、爱护人作为企业的价值追求。事实上，在确定企业价值观的过程中，关键是要处理好个人价值、群体价值、企业价值和社会价值四者之间的关系，在"以人为本"的前提下，尽量将这四个方面协调起来。正确地处理好个人、群体、企业和社会四者之间的关系，这是确定科学价值观

---

① （德）威廉·弗里德里希·黑格尔：《历史哲学》，王造时译，上海：三联书店1956年版，第58—59页。

② 《马克思恩格斯全集》，第4卷，北京：人民出版社1972年版，第248页。

③ 转引自陈军、张亭楠：《现代企业文化：21世纪中国企业家的思考》，北京：企业管理出版社2002年版，第148页。

④ 转引自陈军、张亭楠：《现代企业文化：21世纪中国企业家的思考》，北京：企业管理出版社2002年版，第148页。

⑤ 《马克思恩格斯全集》，第5卷，北京：人民出版社1972年版，第256页。

的基础和前提。正如德国哲学家伊曼努尔·康德（Immanuel Kant）所言：人作为人格来观察，是超出所有的价值的，因为作为心灵本体的人，对其他的、甚至对他自己而言，不单纯是目的和手段，而是作为自身的目的而对自己给予尊重，即他具有一个绝对的内在的价值，以此他强迫世界的所有其他理性生物对他表示尊敬。① 企业价值观的形成，对企业乃至社会都将有着重大的影响。海尔集团创始人张瑞敏说："企业发展的灵魂是企业文化，而企业文化最核心的内容应是价值观"。②

（4）企业伦理。按照哲学的解释，伦理是指道德关系及其相应的道德规范。③ 实际上，"伦"者"人伦"，是指人与人之间的关系。中国古代把君臣、父子、夫妇、长幼、朋友之间的关系称作"五伦"④。"理"者，指道理和规则。伦理就是处理人们相互关系时应该遵守的道德和规则。词义和道德基本相同。企业伦理作为社会伦理体系中的一个子系统，其含义可以看作是企业、企业全体或大多数员工依靠社会舆论、习惯、信心、传统和教育的力量来处理各种关系，包括个人与企业、企业与企业、企业与自然、企业与社会等关系过程中所体现出来的是非标准、行为规范和道德要求。

企业伦理的内容虽因各民族经济、政治和文化背景以及企业自身发展目标不同而有所差异，但就其基本的要求看，则主要体现在企业在处理包括内部和外部关系中所恪守的利益获取原则、基本经营规则和道德规范。具体包括：①企业的社会伦理。正确处理好企业、国家和社会的关系，建立企业社会道德约束机制是企业伦理的重要内容之一。就企业与国家的关系而言，遵纪守法、合法纳税，不从事损害国家利益的经营活动，这是一个企业基本的伦理规范。就企业与社会的关系来看，企业应把自己的发展与社会的进步联系起来，不仅不能以损害社会来谋求发展，还应在力所能及的范围内多行善举，资助社会公益事业，使企业与社会融为一体，共同发展。就企业与企业的关系来看，则应提倡公平竞争，共同发展，绝不能以损害或中伤竞争对手作为自己发展的策略。现代企业倡导的"双赢"思维正是这种观念的体现。②企业的环境伦理。企业环境包括自然环境和社会环境两大系统。自然环境是指企业所在区的地形、地貌、山川河流、生物植被等，它们构成了企业所在地区的自然环境系统。从可持续发展的角度讲，企业的生存和发展绝不能以牺牲环境为代价，不能把破坏植被、污染水源等作为企业发展的条件，而是要以建设生态文明的高度追求企业的发展。企业的社会环境，是指企业所在地区内的人口密度、民情风俗、道德风尚、市场状况、产业布局和消费水平等。它们构成了企业所在地区的社会生态系统，这是企业赖以生存并发展的基本依靠。随着经济全球化时代的来临，这种生态系统正在冲破区域局限，向全国乃至全球延伸。因此，社会环境系统变成了在世界范围内的共同伦理追求。自然环境和社会环境相互影响，相互融合，共同构成了统一的企业环境系统，这一系统要求企业必须把自身的发展建立在与之相适应

---

① （德）G. 冯克：《康德论人的问题》，程志民、宋祖良、杨一之译，《国外社会科学》，1987 年第 6 期，第 8—13 页。

② 侯忠义主编：《中外企业领袖语录》，北京：中国纺织出版社 2004 年版，第 6 页。

③ 冯契主编：《哲学大辞典》，上海：上海辞书出版社 1992 年版，第 583 页。

④ "五伦"是指"父子有亲，君臣有义，夫妇有别，长幼有序，朋友有信。"（《孟子·滕文公上》）。

的基础之上，既要开发产品，开拓市场，获取利益，又要注意与企业环境系统的协调发展，这才是企业可持续发展之路。③企业的人际伦理。企业如何处理人与人的关系，企业如何对待人，这是考察一个企业伦理的重要指标。现代企业管理理论认为，企业不仅要关心人，而且要全面关心人。所谓"全面"，是指既要能够为员工提供安全舒适的工作、生活环境，又要能够满足员工心理、身体和事业等多方面的需求。此外，还要关心社会各种各样的人，如消费者、社区居民、原材料供应商、商品经销商等。只有全面关心人的企业，才有可能是市场角逐的佼佼者。④企业的义利关系。作为企业，追求正当的利润是无可厚非的，但必须限定在合法、合规的范围之内，不得违法违规经营，不得损人利己，不得牟取不义之财。中国古代思想家将此看作是"义利兼顾"，① 美国经济学家米尔顿·弗里德曼（Milton Friedman）称之为企业只有在游戏规则之内，利用资源从事能够获取利润的活动。② 企业伦理是受社会舆论、习惯、信心、传统和教育等影响而形成的企业和企业员工的共同行为规范和价值取向，它的影响和形成一样具有长期的效果，一旦成为人们一种自觉的行动，必将发挥巨大的作用，并对企业员工的行为举止发生影响。因此，充分利用先进、文明、科学的教育和正确、及时的舆论引导，形成正确的伦理观，对企业乃至社会的发展和进步都是至关重要的。

（六）企业文化的特征

企业文化是我们在充分考虑了企业经营管理的诸多因素，并将其放在社会文化的大环境中去考察后提出的一种文化概念。这种文化，不仅立足于企业经营管理的现实需要，同时还多角度、多范围地考察了社会政治、经济、文化和各主要民族的历史文化传统及思想渊源对企业文化的影响和制约，特别是将企业文化放在历史和现实相结合的背景下去审视和建设，使其具有了鲜明的特征。

首先，民族文化与多元文化的结合。民族文化是企业文化之根，离开本民族文化传统的企业文化，必定是无源之水，无根之草，是没有底蕴的。因此，任何企业文化都是某一民族文化的微观形式或亚文化形式。这一特征体现在，一方面，企业文化总是以自己民族的文化作为思想来源，企业文化表现为一种民族精神的积淀和升华；另一方面，企业文化又深深地打上了本民族文化的烙印。比如美国企业文化追求个人精神和重视实践，日本企业文化则突出家族主义和进取精神，中国企业文化则将和谐中庸作为准则等。此外，企业文化还从民族文化中吸取营养，并不断地丰富、壮大自己。当然，企业文化又并非一个封闭的系统，尤其是当代企业文化，置身于经济全球化的大环境之中，各民族文化的交流日趋频繁，许多先进的文化在不断进入我们的视野。在这种情况下，企业由于所处环境的差异和经营目标的不同，对各种外来文化的取舍也必然存在差异。于是，便形成了各种各样的企业文化，诸如上海宝钢的"双全"型企业文化、青岛海尔

---

① 《荀子·大略》。
② 转引自庄培章：《现代企业文化新论》，厦门：厦门大学出版社2001年版，第299—300页。

的"文化控股型"企业文化、四川长虹的"产业报国型"企业文化等。[①] 可见，在具有共同文化背景下的中国企业界，由于各企业的特质而形成了不同的企业文化，从而在相同的民族文化环境中存在着不同的或多元的企业文化，这应该说是当代企业文化的一个鲜明特征。当然，就世界范围讲，则更是存在诸如中国式的企业文化、美国式的企业文化、德国式的企业文化和日本式的企业文化等。这些不同形态的企业文化在人类共同为和平、幸福而奋斗的大背景下各自发挥着自己的作用。

其次，传统文化与现代文化的结合。作为文化，必然反映的是一种对传统的继承和发扬。企业文化不仅要从民族文化宝库中吸取宝贵的营养，还要从企业自身发展进程中积累许多优良的传统。那些曾经或远或近发生过的东西，都将成为企业文化的重要思想来源，企业文化离不开这种传统。离开了它们，企业文化就成了无源之水和无根之草。但是，企业又是社会经济活动中与时代发展联系最紧密的社会细胞，市场上的每一种倾向，社会、经济、政治的每一个变化，都将对企业产生重大的影响。因而，企业又必须密切关注社会、经济、政治的变化，把握时代的脉搏，与时俱进，始终站在时代的前沿。因此，企业文化的建设就离不开对当代最先进思想和理论的吸收和采纳。诸如信息技术、网络技术的出现，不仅改变了企业传统的生产和经营方式，还产生了先进的网络文化，这不可能不成为当代企业文化的重要组成部分。当然，关注当代科技潮流和新的思想学说，并不意味着放弃过去的传统，而是探讨如何将二者有机结合起来。这方面，国内外许多企业都已作出了有益的探索，取得了可贵的经验。

其三，效益文化与公益文化的结合。企业是一种自主经营、自负盈亏的经济组织，企业文化也必然是一种经营性文化。因此，企业文化的重要作用，就是能够帮助企业创造经济效益。离开了这一点，企业文化建设就失去了意义。正由于此，才在企业文化建设中不仅要重视精神文化和行为文化，还要重视制度文化和物质文化。通过企业文化四个层面的有机结合，实现企业经济效益的最大化。但是，企业文化又不单纯是为追求企业自身的经济效益，而是将本企业的经济效益与社区乃至整个社会的经济、社会效益联系在一起，共同促进社会文明的进步。所以，现在国内外许多成功的企业都把开展各种社会公益事业作为树立企业形象的重要途径。不仅资助教育、体育事业，还设立社会穷困基金和残疾人基金等，把企业的关怀延伸到社会的多个角落。公益性还表现在企业对社会经济、文化可持续发展和改善人类共同生活环境方面的关注。传统的企业把追逐利润放在至高无上的地位，为了追逐利润，不惜造假售假，不惜破坏环境乃至残害生命。

① 上海宝钢的"双全型"企业文化，是指一方面从生长点的角度去看，其命运扎根于改革，属"改革创新型企业文化"；另一方面从对外引进程度看，则属于"全区引进型企业文化"。青岛海尔的"文化控股型"企业文化，是指一方面从所有制角度看，海尔集团属于国家控股的混合所有制企业，其核心部分是海尔冰箱股份有限公司；另一方面，海尔又具有移山填海般神奇力量。被海尔兼并企业的起死回生，主要不是靠资金和技术，而是靠海尔文化。四川长虹的"产业报国型"企业文化，是因为长虹集团将"产业报国"作为公司信念和至高境界。公司的一切以中华民族的繁荣昌盛为己任，明确宣称：我们是中华民族自己的公司（罗长海、陈小明等：《企业文化建设个案评析》，北京：清华大学出版社 2006 年版，第 314—380 页）。

而现代企业文化所倡导的是经济、社会与人的有机统一，把企业的赢利行为同整个社会的利益乃至人类的发展联系起来，提倡文明生产、文明经营、文明服务。不仅要关心企业的发展，还要考虑国家和社会的利益。

其四，个性文化与协同文化的结合。当代企业文化把尊重人、张扬人的个性作为重要内容，这无疑是企业文化建设的正确方向，也是社会进步的鲜明标志。但是，当代企业文化也十分强调协同精神对企业发展的重要意义。因为企业是一个由个体组成的联合体。在这个联合体中，不仅企业的发展需要集体的力量和合作的效应，即使任何个人自我价值的实现，也离不开人们之间的相互协同，没有相互在企业运行过程中的配合或合作，企业就不可能有高速、高效的发展，从而也就不会有企业中每个人自我价值的实现。因而，协同精神是企业文化的一个十分重要的基点。正是由于有了这个基点，才使当代许多有名的企业发展成了一个又一个企业集团乃至跨国企业集团，并在市场竞争中处于极其强势的地位。

其五，竞争文化与合作文化的结合。"商场如战场"，这句话在企业界几乎没有人否认。企业为了赢利，为了发展，必须在市场经营中与对手展开激烈的竞争，这是当代任何企业都无法避免的。由此，西方经济学家们才将企业文化的核心看作是在竞争中赚取合法利润。这一点，即使当代企业文化建设也不容忽视。但是，当代企业与企业之间又提倡协同发展，合作双赢，也就是要把彼此之间的关系建立在既有竞争，又有协作，既有各自的利益诉求，又有合作共赢的思想认识，这是当代企业文化中表现出的一个突出特点。所以，美国著名的麦肯锡公司就曾将21世纪的企业竞争战略称作是协作竞争、结盟取胜和双赢模式。无疑，在新的市场环境中，企业必须要改变传统的"你死我活"的竞争观，树立"双赢"思维，在企业之间形成既有竞争，又有合作，共享资源，共担风险，共同发展的格局。

其六，文化传承与文化创新的结合。企业文化是企业在长期经营实践中形成的经营理念和价值取向，因而具有相对稳定性，这是企业文化能够对企业员工产生作用的原因所在，也是企业的许多优良品质能够代代相传的重要途径。但是，企业文化又是为企业适应市场变化和参与市场竞争而建立起来的精神武器。因此，如果企业文化一味抱残守缺，鼓励因循守旧，则必然会失去其魅力。当代企业文化把不断吸取外来文化精华和接受社会经济、政治环境变化所带来的挑战作为基本的建设原则，使企业文化不仅相对稳定，而且具有创新理念，不断追求进步，不断接受挑战，主动向先进看齐，并创造性地构建适应时代发展要求的新型企业文化。

其七，集体文化与社会文化的结合。企业文化是一种集体文化，是一种通过个体合力而形成的群体力量的展现。因此，在企业文化中，追求集体的利益似乎是无可非议的。但越来越多的人也认为，企业文化是建立在社会文化或民族文化这一大的文化背景之下的一种亚文化系统。社会文化的发展变化必然对企业文化，也就是集体文化产生影响。同时，集体文化也会从其它的方面影响到社会文化系统。于是，集体文化与社会文化形成了一种命运共同体，一荣俱荣，一损俱损。由此，企业文化便倡导将企业的集体文化与社会文化联系起来，使企业文化为社会文化构筑坚实的基础，社会文化为企业文化提供丰富的思想营养，达到共同繁荣。

其八，学习型文化与高效文化的结合。21世纪是知识经济的时代，知识逐渐处于社会的中心地位，并被运用于各项管理之中。它要求企业在知识的获取、利用和开发等方面形成有效的管理体制和运行机制，承认人在知识发展中的特殊作用，运用群体的智慧开拓创新，赢得竞争优势。新时期管理过程的知识化已成为知识管理的最基本含义，更重要的是将知识创新的动态性根植到了企业的管理文化之中。与知识型企业和企业文化相适应，当代企业还必须是一种学习型的组织。美国麻省理工学院教授彼得·圣吉（Peter M. Senge）设计出的五项修炼中的"学习型组织"模型，被人们看作是未来成功企业的模型。所谓学习型组织，从企业文化的角度看，就是充分发挥每一个员工的创造性和灵活性，努力形成一种弥漫于群体与组织的学习气氛，凭借着学习，个体价值得到实现，组织绩效得到极大的提高。学习是企业生命之源，谁学得快，谁学得多，谁就将在市场竞争中立于不败之地，哪家企业学习得快、学习得好，哪家企业就将成为未来竞争的获胜者。通过加强组织学习和修炼，克服组织上的智力障碍，提高企业整体素质，这将是企业应对全球化挑战的基本要求，也是企业文化建设的重要内容。[①]

其九，人本文化与企业可持续发展的结合。针对新世纪的企业文化，不仅要使企业得到生存和发展，还要保障企业获得持续的有效发展，即可持续发展，这是企业文化建设的真正意义所在。因此，在当代实施企业文化建设过程中，必须强化企业人本文化和可持续发展观念，把坚持以人为本的理念、坚持绿色生产、全程控制和绿色管理等作为十分重要的内容。国际著名公司惠普、福特、三星、丰田、本田，我国的联想、海尔、宝钢、五粮液、杉杉等企业都已经把人本管理、企业文化再造工程、绿色生产和企业可持续发展战略等作为企业坚定不移的经营策略，并取得了令人瞩目的成就。正如国外一些学者所言，坚持以人为本，实施企业绿色可持续发展战略，是21世纪企业活力之源，也是企业赢得广大消费者乃至全社会认同的根本保证。企业管理创新首先要坚持以人为本，兼顾经济效益和社会效益、短期效益和长期效益，将企业生态成本、社会成本等纳入企业经济核算体系。[②]

四、企业竞争力形成的文化效应

所谓效应，按照汉语词典上的解释是"物理的或化学的作用所产生的效果"。在这里，我们可以将它称作是企业文化系统通过自身能量的变化而产生的功用。主要包括以下几个方面：

1. 企业文化的建设有利于推进企业管理更加适应经济全球化、知识经济和信息化发展的要求。经济全球化的基本特征是开放性、信息化和"无国界"经济。正如有人形容，人类将进入"地球村"时代。尤其是经济活动将更加趋于打破国界，走向融合。与

---

① 冯奎：《学习型组织：未来成功企业的模式》，广州：广东经济出版社2001年版，第6—7页。
② （美）约翰·P·科特、詹姆斯·L·赫斯克特：《企业文化与经营业绩》，曾中、李晓涛译，北京：华夏出版社1997年版，第60页。

经济全球化时代几乎同步而来的知识经济和信息经济，则是以知识和信息为主要资源，在知识和信息的生产、分配基础上出现的经济。经济全球化是开放的形态，知识经济和信息经济是信息化和创新型的经济，是以智力支撑和信息掌控为主的经济。在这样的经济形态下，企业的管理出现了一系列新的特点。首先，管理的重点由传统对物的管理转变到了重点对人的管理，对知识和信息的管理。决定企业存在的不再是机器设备和物资材料，而主要是知识，以及掌握知识的人才。由此决定了企业管理的重点必然转向人力资源的开发和管理，积极鼓励和培育创新人才在企业管理中变得至关重要。其次，知识经济和信息化时代的到来，使人们的工作、生活方式发生了巨大的变化。企业的员工可以有更大的空间和更多的时间进行自主决策和自由安排。企业管理者对被管理者的要求更多地是工作绩效的大小，而不是时间和形式上的要求。其三，完全开放的经济环境以及多元文化氛围的出现和存在，使企业管理面对的是一个更广阔的天地和更复杂的环境，由此要求管理观念、管理方式、管理手段等方面的系统变革。所以，在这样的管理范畴上建立起来的企业文化便有了更为重要的意义，它将使企业管理更加适应变化的环境，并取得良好的效果。[1]

2. 企业文化的建设将成为提高企业管理效能和形成企业核心竞争力的强劲动力。企业存在的本质是在高度竞争的环境中，以有效的方式获得市场份额和效益的最大化。在市场充分竞争的条件下，企业只有比竞争对手管理更有效才能取得成功。企业的管理效能＝企业外部行销/企业内部行销。外部行销指的是开发、服务用户的各项活动；内部行销指的是推动这些活动要付出的成本，如沟通、协调和激励等。如果一个企业一天全部时间都用在搞内部行销，按照公司运行规律可知，其效能必然为零。然而，如果一天全部时间用于搞外部行销，则其管理效能为无穷大。有效的企业文化对其员工发挥明显的凝聚功能、协调功能、激励功能和约束功能，对企业则发挥着美化功能、育人功能和振兴功能等，从而使整个企业形成统一价值取向和行为准则，将企业内部行销的能量损耗降低到最低限度，使组织的能量集中于外部行销而取得更有利的效果。

企业核心竞争力的本质是企业文化。企业核心竞争力形成后如何进一步提升，则同样需要企业文化的不断创新，尤其是根据时代发展的要求不断更新企业文化的内容，充实企业文化的内涵，这是增强企业竞争力的重要途径。理论和实践都表明，企业的竞争力是企业在长期的经营管理实践中积累和形成的，它深深地铭刻着企业特殊组成、特别经历和复杂环境的印记，其它企业难以复制和模仿。因而，对于进入21世纪的企业来说，其竞争力积累和提升的关键在于创建适应时代发展要求和独特魅力的企业文化，并在企业文化建设中不断修炼和完善自己，形成具有竞争优势的核心能力。

3. 企业文化的建设有利于企业经营绩效产生乘数效应。美国麦克唐纳连锁店的创始人雷·克罗克（Ray Kroc）曾经写出一个公式：

企业成果＝原材料×设备×人力，而人力＝人数×能力×态度。

从这个公式中不难看出，式中只要有一项为零，那么，整个结果就为零。企业文化

---

① 刘光明：《企业文化再造：增强企业的核心竞争力》，《经济管理》，2002年第7期，第26—29页。

的作用，不仅可以从企业拓展的产业领域、物质设施等硬件形式上反映出来，而且更多地还是从企业的价值观、管理理念、制度安排、理想信念和员工的工作态度及工作业绩中表现出来。只要上式中各项要求都能够各显其能，其全式的结果就会产生乘数效应。对这一点，美国哈佛商学院的约翰·P·科特（John P. Kotter）和詹姆斯·L·赫斯克特（James L. Heskett）两位教授在其《企业文化与经营业绩》一书中也作了理论和实证性的分析，其结论是："在企业经营业绩优异的公司中，企业文化促进企业改革的实例比在企业经营业绩差的公司要多得多。"[①] 我国学者刘光明在对企业文化工程的具体实施过程和方法进行设计，并提出企业文化再造构想后，也用图示的形式展示了企业文化再造与企业经营业绩的关系图，以检验企业文化实施后企业经营业绩的提升。[②]

4. 企业文化建设对现代企业的建立和发展具有重要的指导作用。现代企业是指"产权清晰、权责明确、政企分开、管理科学"的企业制度，其基本的形式有有限责任公司和股份有限公司两种形式。在现代企业的四个特征中，管理科学所体现出来的文化特征是十分明显的。只有具有优秀企业文化的企业，才是管理科学的企业。这一点是人们所公认的。从前面的论述我们还知道，管理科学的发展大体上呈现出这样一个变化的轨迹：早期管理思想——科学管理阶段（或叫传统管理阶段）——人际关系和行为科学阶段——现代管理阶段——企业文化管理阶段。科学管理阶段属于理性化管理，而人际关系和行为科学阶段属于人性化管理阶段，出现了非理性趋势，但仍以理性化为基础。现代管理则是一个理性化和非理性化并存，并进一步向非理性化过渡的阶段。当代企业文化，尤其是大企业文化则是在充分考虑企业所处社会、经济、政治、文化环境条件下，把企业看作是共同价值观、共同命运体的载体，在充分肯定人的地位、人的价值和追求的同时，又对人的行为进行必要的约束，把人性化管理和理性化管理结合起来，从人性无序张扬的放任化管理、压抑人性的强制化管理到以理性引导为主的人本化管理，企业文化可以说发展到了企业管理理论发展的新阶段。企业文化是一种竞争力，即具有永恒魅力和强烈震撼作用的文化竞争力。它通过对企业员工的凝聚、约束、激励和导向作用，形成企业的核心竞争力，推动企业不断向前发展。所以，企业文化研究专家、中国企业文化研究会副理事长贾春峰曾把"文化力启动经济力"称为 21 世纪企业战略的新思维。[③] 现代管理丛林理论的提出者、美国管理学家哈罗德·孔茨（Harold Koontz）认为：企业文化就是使有正式组织形式的团体中的成员顺利完成工作的艺术，为诸组织、团体成员创造一种环境的艺术，是既能实现个人主动，又能让他们团结合作，为特定行动排除障碍的艺术，也是有效地达到目标并使效率最大化的艺术。[④] 戴尔公司董事

---

① （美）约翰·P·科特、詹姆斯·L·赫斯克特：《企业文化与经营业绩》，曾中、李晓涛译，北京：华夏出版社 1997 年版，第 60 页。

② 刘光明：《企业文化再造：增强企业的核心竞争力》，《经济管理》，2002 年第 7 期，第 26—29 页。

③ 贾春峰：《文化力启动经济力——21 世纪企业战略思维》，北京：中国经济出版社 2001 年版，第 349 页。

④ （美）哈罗德·孔茨编：《迈向统一的管理理论》，纽约：麦克劳—希尔出版公司 1964 版。转引自刘光明：《企业文化再造：增强企业的核心竞争力》，《经济管理》，2002 年第 7 期，第 26—29 页。

长兼首席执行官迈克尔·戴尔（Michael Dell）在谈到公司发展时不无感慨地说："当我们以史无前例的速度成长时，如何还能维持挑战者的精神？到目前为止，我在管理上遇到的最神秘的层面乃是文化"。[①] 因此，只有紧紧把握企业管理的这种艺术性，并不断地创新企业文化的形式和内容，找到符合本企业特点的商业模式和实施路径，就一定能够对现代企业的建立和发展产生强大的推动作用。

---

① 侯忠义主编：《中外企业领袖语录》，北京：中国纺织出版社 2004 年版，第 259 页。

第三章　文化传统与企业文化建设（上）

一、中国文化及其在企业经营管理中的体现

（一）中国文化的基本特点

任何一种文化类型的产生，都离不开特定的自然条件和社会历史条件。这就是特定自然地理环境下的物质生产方式和社会组织结构。从自然地理环境看，中国处于一种半封闭状态的大陆性环境，与西方地中海沿岸的各民族有很大的不同。从物质生产方式看，中国文化长期植根于农业社会的基础上，自给自足的小农经济在中国有数千年的历史，这与中亚、西亚的游牧民族、工商业比较发达的欧洲海洋民族有着很大的不同。从社会组织结构看，血缘宗法制度在中国漫长的历史发展中成为维系社会秩序的重要纽带，专制制度在中国延续达两千多年，这在世界历史上也是极为罕见的。

关于中国文化的特点，学术界已有很多的研究，概括和提出了许多精辟的见解和观点。著名学者张岱年、方克立主编的《中国文化概论》将其概括为强大的生命力和凝聚力、重实际求稳定的农业心态、以家族为本位的宗法集体主义文化、尊君重民相辅相成的政治文化、摆脱神学独断的生活信念、重人伦轻自然的学术倾向、经学优先并笼罩一切的文化领域等 7 个方面。[①] 陕西师范大学的赵吉惠教授在《中国传统文化导论》中则概括为 4 点：重人道、轻天道，重礼治、轻法治，重群体、轻个体，重直觉思维、轻逻辑思维。[②] 2012 年，复旦大学的姜义华教授出版《中华文明的根柢——民族复兴的核心价值》，将中华文明的根柢概括为大一统、家国共同体、以天下为己任，将中国文化的核心价值观概括为民为邦本、本固邦宁，以义制利、以道制欲，中为大体、和为达道，德施普也、天下文明。[③] 综合学术界的研究，我们将其特点概括为以下几个方面：

1. 务实求稳。在中国古代，肥沃的土地，纵横交错的大江大河和相对发达的水利灌溉系统，为我们的先民提供了优越的农业生产条件。数千年来，中国人"日出而作，日入而息，凿井而饮，躬耕田畴"，日复一日地从事着简单的农耕生产，并在此基础上形成了"重农抑商"、"崇本抑末"的社会共识，以及与之相适应的"重实际而黜玄想"的务实精神、安土乐天的生活情趣和"循环与恒久"的变易观念等。

中国先民在从事农耕生产中领悟到的这些朴实真理和传统信念也在很大程度上感染

---

① 张岱年、方克立主编：《中国文化概论》，北京：北京师范大学出版社 2004 年版，第 268－284 页。
② 赵吉惠：《中国传统文化导论》，西安：陕西人民教育出版社 1994 年版，第 26－29 页。
③ 姜义华：《中华文明的根柢——民族复兴的核心价值》，上海：上海人民出版社 2012 年版，第 17－241 页。

了士人阶层，所谓"大人不华，君子务实"的贤哲精神就是这方面的具体体现，并由此形成了一种"实用——经验"理性，重实际而不重理论的民族性格。所以，在西方，较早、较多出现了"不以实用为目的，而以探求自然奥秘"所驱使的"亚里士多德式"的文化人，而在中国则较少出现这类人物。中国人被西方人称为"最善于处理实际事务"的民族，这种文化心态和生活理念，则很容易形成永恒意识，习惯于因循守旧、好常恶变，即使对生活和生产用具也追求经久耐用，对统治方式则希望稳定受常，而对家族的祈求就是延绵恒远。

2. 群体本位。从中国历史的发展脉络来看，奴隶制的国家形态并没有代替由氏族血缘纽带联系起来的宗法社会，而是由家族走向国家，以血缘纽带维系奴隶制度，形成了一种"家国一体"的治理形态。由于氏族社会的解体在我国完成得不够充分，导致氏族社会的宗法制度及其意识形态残余被大量积淀下来。由此，在几千年的中国封建社会中，并没有出现如同古代印度和欧洲中世纪那样森严的等级制度，社会组织主要是在君臣、父子、夫妇之间的宗法制度指导下建立并运行的。

宗法制度在中国有很深的社会基础，形成了中国社会独特的一种治理体系，即家庭——家族——宗族——国家——社会。在这个链条的各个环节上，发挥重要作用的是相互联系在一起的家族本位和血缘亲亲关系。而在家族本位的社会关系中，基本单元是"宗族"。宗族内的每个个体都不能是独立的个体，而是被重重包围在群体之中。因此，在具体的社会活动中，每个人首先要考虑的，不是所谓的独立意识和个性发展，而是自己如何尽到的责任和义务。所谓"为人臣止于敬"、"为人子止于孝"、"为人父止于慈"。宋代理学家提出的"无我"原则，要求"大无我之公"。[①] 就是要将自我自觉地融入抽象的"大我"之中。正是由于中国传统文化这种重家族轻个人、重群体轻个体的意识，因而总是强调个人在群体中的义务和责任，而忽略了个人在社会中的权利和地位，也就使得人人渴望有一个圣贤明主，而不在乎制度设计和法治建设。这也正是中国的民众迄今为止仍然法治意识淡漠的重要历史原因。

群体本位自然要处理好各种人际关系。孟子认为，三代时期的教育"皆所以明人伦也"。[②] 古代圣贤的主要标准就是做好"五伦"，即"父子有亲，君臣有义，夫妇有别，长幼有序，朋友有信。"[③] 汉代以后，"五伦"又进一步被发展为三纲六纪，三纲指君臣、父子、夫妇三种关系，六纪指诸父、兄弟、族人、诸舅、师长和朋友六种关系。[④] 关系本位直接导致人们将人际关系区分为"自己人"和"外人"，由此出现中国文化的"团体主义"特征，人们只有将自己置身于一个较大的集体中才能寻求安全感。

3. "和合"中庸。"和"、"合"二字均见于甲骨文和金文。"和合"就词义而言，"和"指和谐、和平、祥和；"合"是结合、合作、融合的意思。"和合"是实现"和谐"

---

① （宋）朱熹：《大学或问》，转引自张岱年、方克立主编：《中国文化概论》，北京：北京师范大学出版社 2004 年版，第 316 页。

② 《孟子·滕文公上》。

③ 《孟子·滕文公下》。

④ 《白虎通·三纲六纪》。

的途径，"和谐"是"和合"的理想境界，也是人们古往今来孜孜以求的自然、社会、人际、身心、文明中诸多元素间的理想状态。中国传统文化中"贵和持中"的和谐意识，表现在两个方面：一是"天人合一"①，指人与自然关系的和谐；二是"中庸之道"，指人际关系，即人与人、人与社会关系的和谐。"天人合一"旨在承认人与自然的统一性，反对将它们割裂开来。"中庸"则强调对待事物之间的关系要把握一个度，尽量避免对立和冲突。

"天人合一"作为古代中国人处理自然界和精神界关系所持的一种基本思想，突出强调的是人性即天道，道德原则与自然规律一致，人生理想就是天人协调。老子讲："人法地，地法天，天法道，道法自然"②，认为宇宙间有四大，人居其一，人以地为法则，地以天为法则，天以道为法则，从一个侧面确立了人与天的相互关联。庄子提倡："弃事则形不劳，遗生则精不亏，夫形全精复，与天为一"。③ 抛弃世事，忘怀生命，使形体健全，精神饱满，从而达到与天人合为一体的自然无为境界。《周易·文言》明确提出："与天地合其德，与日月合其时，与四时合其序，与鬼神合其凶吉，先天而天弗违，后天而奉天时"，积极倡导顺应自然的"与天地合德"思想。所以，有学者将"天人合一"看作是儒家关于生态意识的哲学基础。④ 反映在人的生存上，"天人合一"强调人与天地相应，与四时相辅，与阴阳如一。天人同构，人体的小宇宙与天地的大宇宙相对应。反映在审美文化中，和谐化诗意关联的"天人合一"思想也深刻浸渍于中国古代的审美境界之中，使得中国人特别强调人生境界与审美境界的融合，尤其是"和合"文化中和谐化、辩证法的普遍运用，也使得中国美学智慧特别注意以对应性、相融性、辩证性、和谐性来理解和处理一系列审美范畴的展开与架构。

中庸⑤是"和合文化"在为人处世方面的基本行为准则，它在儒家乃至整个中国传统文化中被视作一种人生和道德的至高境界和追求目标。何谓"中庸"？孔子说："中庸

---

① "天人合一"的思想概念最早是由庄子阐述，后被西汉的董仲舒发展为"天人合一"的哲学思想体系，并由此构建了古代中国人处理自然界和精神界关系所持的基本思想。董仲舒为适应"大一统"社会发展的需要，不仅积极倡导"罢黜百家，独尊儒术"，还明确提出"天人感应"的思想，"观天人相与之际，甚可畏也！国家将有失道之败，乃出灾害以谴告之。……自非大亡道世者，天尽欲扶持而全安之。"统治者要尽量尊重自然规律，不要逆天行事，否则将会受到上天的惩罚。宋代思想家张载在历史上率先明确提出"天人合一"的思想，"因明致诚，因诚致明，故天人合一，治学而可以成圣，得天而未始遗人"。在谈到物与我的关系时，张载明确提出了"民胞物与"的思想，"乾称父，坤称母，予兹藐焉，乃混然中处。""民，吾同胞；物，吾与也。"视乾坤为父母，自己最为渺小。人类是同胞，万物是朋友，同胞和朋友自然应该去爱他、护他。所以，有学者指出，"天人合一"思想，实际上是儒家生态意识的哲学基础（陈德述：《儒家文化新论》，成都：四川出版集团 巴蜀书社 2005 年版，第 89－94 页）。

② 《老子·二十五章》。

③ 《庄子·达生》。

④ 陈德述：《儒学文化新论》，成都：四川出版集团 巴蜀书社 2005 年版，第 89 页。

⑤ 《中庸》一书是由孔子的学生子思所作，而"中庸"一词最早见于《论语》。但有学者认为，中国人中庸性格形成和改造的机理，则隐藏在中国文化积淀的整个历史过程中，其源头甚至在上古时代就已出现，可以追溯到黄帝时代（刘俊坤：《中庸：中国人性格的秘密》，北京：当代中国出版社 2011 年版，第 198－209 页）。

之为德也，其至矣乎！民鲜久矣。"① "君子惠而不费，劳而不怨，欲而不贪，泰而不骄，威而不猛。"② 朱熹解释："中者，无过与不及之名。庸，平常也。"③ 可见，所谓"中庸"就是恰到好处。如果一件事有十成，做到十成才是"中"，九成就是"不及"，十一成就是"过"。所以，中庸的真谛在于坚守中正，寻求适度，不偏不倚，无过无不及。当代学者易中天说："中就是不走极端，庸就是不唱高调。"④

实际上，儒家倡导的"中庸"还含有权变的意思。《周易》强调："日中则昃，月盈则食。天地盈虚，与时消息"⑤。天地万物只能在时间过程中运动变化，并受时间因素的影响，把握时间和空间，就可以驾驭天地。宋代陈淳也说："天地之常经是经，古今之通义是权。问权与中何别？曰：知中然后能权，由权然后能中。中者，理所当然而不过不及者也。权者，所以度事理而取其当然，无过不及者也。"⑥ 用今天的话说就是：一个守中庸的人，就是既能固守中正之道，又敢于打破常规的人，只有这样，才能将面临的不同事情处理得恰到好处。

4. 崇尚权威。中国长期占据主导地位的自然经济形态，形成了一家一户为生产单位的家庭经济模式。这种经济模式较少从事商品交换，抵御自然灾害的能力也较弱，导致形成分散的社会形态，这就需要强有力的集权政治进行治理，于是，以圣贤伦理为基础的君主集权体制就建立了起来。宋代大诗人陆游临终前告诫自己的家人："王师北定中原日，家祭勿忘告乃翁"。典型地反映了中国的士人阶层对天下一统、君主集权统治的渴望和期盼。

长期的集权统治及其伦理规范，使中国人养成了迷信权威的性格特点。具体表现为：一是尚贤。晏子说："国有三不祥"，即"有贤而不知，一不祥"；"知而不用，二不祥"；"用而不任，三不祥"。⑦ 明确将任不任用贤人作为一个国家是否安危的标准。北宋司马光还将辨明贤才作为识别人才的首要任务，"故为国为家者，苟能审于才德之分而知所先后，有何失人之足患哉！"⑧ 在中国人的眼里，贤明之人就是权威，凡是权威讲过的观点、意见或思想，自然都要接受和认可。二是尊长。中国是一个典型的伦理型社会，荀子说："故尚贤使能，则主尊下安；贵贱有等，则令行而不流；亲疏有分，则施行而不悖；长幼有序，则事业成而有所休。"⑨ 所谓"尊卑有别"、"长幼有序"，遵守"君君、臣臣、父父、子子"这一套较为严格的伦理规范才是社会正常运行的常态，任何人不可僭越。在大多数情况下，人们思考问题的前提和基础，往往会以长辈们的意见作为标准。否则，就会被人们看作是不守规矩，不尊重长辈等。三是遵经。"经"原本

---

① 《论语·雍也》。

② 《论语·尧曰》。

③ （宋）朱熹：《四书章句集注》。

④ 易中天：《中国智慧》，上海：上海文艺出版社2011年版，第40页。

⑤ 《周易·丰卦·篆》。

⑥ （宋）陈淳：《北溪字义·经权》。

⑦ 《晏子春秋·内篇谏下》。

⑧ （宋）司马光：《资治通鉴》卷一。

⑨ 《荀子·君子》。

是泛指各家学说要义的学问，但汉代独尊儒术后特指研究儒家的经典，是一种解释其字面意义、阐明其蕴含义理的学问。历史上各派学者对儒家经典的注解和推崇，演化成一种对经典名著的神圣化和尊崇心态，并由此形成一种思维模式。班固说："经，常也。"① 刘勰说："经也者，恒久之道，不刊之鸿教也。"② 无一不突出了经书的权威性与神圣性，也突出了经义内容的永恒性与适用的普遍性。四是崇古。中国人具有典型的崇古心理。孔子津津乐道"克己复礼"，将西周称之为"大同社会"的典范。孟子"言必称尧舜"，以为上古才是人类的黄金时代，如今是大不如前了。孔子在谈到"三代"时，赞美之情溢于言表："大道之行也，天下为公，选贤与举能，讲信修睦。故人不独亲其亲，不独子其子。使老有所终，壮有所用，幼有所长，鳏、寡、孤、独、废疾者皆有所养，男有分，女有归。货，恶其弃于地也，不必藏于己；力，恶其不出于身也，不必为己。是故谋闭而不兴，盗窃乱贼而不作。故外户而不闭。是谓大同。"③ "三代"时，天下太平，夜不闭户，简直就是人间天堂。五是求同。"和合"中庸的文化特征作为中国人的一种集体潜意识，必然将"求同"看作是一条创造和谐人际关系的有效途径，由此衍生出了中国人的从众行为、标准答案"情结"、"听话"教养观和平均主义的"大锅饭"思想。这种"求同"思想虽然可能在增强凝聚力、抵抗外侮方面发挥一定作用，但另一方面却容易忽略人的个性，抵制不同意见，影响决策的正确性和合理性。④

5. 整体思维。整体思维注意从整体上把握事物的性质、事物之间的关系及其发展规律。这在中国文化体系中有集中的反映。如中医把人的身体看作一个有机的整体，虽是局部病症，却往往着眼于全身进行治疗。艺术创作和艺术鉴赏也注重把握整体，画竹之前先要成竹在胸；而文艺作品注重"气象"、"神韵"、"格调"，给予欣赏者以整体的感受。艺术家追求"雄浑"、"自然"，目的也是给欣赏者以整体的美感。以老子为代表的道家思想更是集中体现了这种整体思维方式。老子说："天下万物于有，有生于无"，⑤认为宇宙就是一个整体，即道。庄子把天地看作是一个整体，人与世界更是一个整体，任何一个局部都体现着全体。"天地与我并生，万物与我为一"。⑥ 前面提到的"天人合一"可谓整体思维的集中体现。甚至连汉字，这种具有整体结构的字体，也典型反映了中国人的整体性思维模式。英国学者李约瑟（Joseph Terence Montgomery Needham）曾对中国人的整体思维给予高度评价，甚至认为现代欧洲最现代化的自然科学理论基础都应归功于庄周、周敦颐、朱熹等人的"通体相关的思维"方法。

德国哲学家伊曼努尔·康德（Immanuel Kant）曾将人类的思维方式分为整体思维和分析思维。如果西方人属于分析性思维，更关注独特性、差异性，更长于逻辑，而将自我看作是独立的和个人主义的话，那么，中国人的整体思维方式则要求人们看问题要

---

① （东汉）班固：《白虎通》卷八《五经》。

② （南朝）刘勰：《文心雕龙·宗经》。

③ 《礼记·礼运》。

④ 翟双：《中国人的求同心理》，《社会心理科学》，2006 年第 5 期，第 31—35 页。

⑤ 《道德经》第四十章。

⑥ 《庄子·齐物论》。

从整体出发，注重从宏观上把握事物的发展变化，注重事物之间的关系和联结，将个体看作是一种集体主义的、家庭的自我。

6. 义利兼得。义利关系在中国文化中具有十分重要的地位。根据儒家的观点，"义"作为当然之则，本身便有至高无上的性质。孔子说："君子义为上。"[①] 这里首先要确定"义"的价值。后来宋明理学家对"义"作了进一步的深化，并与天理联系起来。"义者，天理之 所宜。"[②] "理"被作为普遍必然的品格。而"义"所以具有至高无上的性质，就是由于它体现了"理"的要求。

肯定了"义"的内在价值，并不否定"利"的经济价值和社会属性。孔子周游列国，除了关心诸侯国的道德问题外，也十分关心各国的经济发展和民生问题。在卫国，当他的学生问到"既庶矣，又何加焉"时，孔子明确回答："富之。"[③] "富"与"庶"在广义上都属于"利"的范畴，孔子对此并没有一点恶感，反而说："富而可求，虽执鞭之士，吾亦为之。"[④] 荀子更是明确说："义与利者，人之所两有也"。[⑤] 当然，儒家在承认"利"的作用的同时，也强调要"见利思义"，要将"利"的获取限制在符合"义"的范畴之内，所谓"不义而富且贵，于我如浮云。"[⑥] 为了使获"利"具有道德的合理性，儒家还煞费苦心地设计了一套"以义生利"的理论，"礼以行义，义以生利，利以平民，政之大节也。"[⑦] 这样，获取利益就可既符合道德要求，又对民生有利，可以达到两全其美的效果。

（二）中国文化在企业经营管理中的体现

几千年的中国文化，曾经推动和成就了世界上最富饶、最强盛的华夏文明，也形成了丰富而独特的中国管理智慧，对世界范围的企业管理实践具有指导意义。[⑧] 所以，美国学者克劳德·小乔治（Claude S. George）认为："从《墨子》、《孟子》和《周礼》（约公元前 1100 年至公元前 500 年）等古代文献记载中，已看到当时的中国人早已知道组织、计划、指挥和控制的管理原则。"[⑨] 1988 年，在法国巴黎召开的"面向 21 世纪"

---

① 《论语·阳货》。
② （宋）朱熹：《论语集注·里仁》。
③ 《论语·子路》。
④ 《论语·述而》。
⑤ 《荀子·大略》。
⑥ 《论语·述而》。
⑦ 《左传·成公二年》。
⑧ 吴照云、李晶在《中国古代管理思想的形成轨迹和发展路径》一文中认为，迈克尔·哈默等的企业流程再造（BPR）包含了中国哲学"道"的意味；彼得·圣吉的《第五项修炼》运用系统动力学原理，将企业作为一个有生命的系统进行研究，最终发现企业管理的本质是"系统思考"，其理论来源于中国的道家思想。作者还梳理和列举了一系列关于中国传统管理思想的研究成果，如周桂钿、邓习行的《中国传统管理思想的现代价值》、苏东水的《东方管理学》、吴照云的《中国管理思想史》、王忠伟等人的中国远古、上古、近古《管理思想史》等（参见吴照云、李晶：《中国古代管理思想的形成轨迹和发展路径》，《经济管理》，2012 年第 7 期，第 184－192 页）。
⑨ 转引自吴照云、李晶：《中国古代管理思想的形成轨迹和发展路径》，《经济管理》，2012 年第 7 期，第 184－192 页。

第一届诺贝尔奖获得者国际大会上，75 位诺贝尔奖得主共同发出倡议：如果人类要在 21 世纪生存下去，必须回到 2500 年前的孔子那里去汲取智慧。[①] 中国博大精深的管理智慧，正在或者已经成为人类管理思想界的一支奇葩，对今天的企业管理发挥着十分重要的作用，并形成中国当代企业管理的文化基石。

1. "以人为本"的管理理念。"以人为本"的思想在中国古代管理思想中始终占据主导地位，《尚书》说："人，无于水监，当以民监"。[②] 要求统治者不能以水作为镜子观察自己，而要以民情作为镜子来检查自己为政的得失。春秋时期，管子则率先明确提出"以人（民）为本"的思想，"夫霸王之所始也，以人（民）为本"。在他看来，"务本之道"在于经营人心，争取百姓。尽量做到"民恶忧劳，我佚乐之；民恶贫贱，我富贵之；民恶危坠，我存安之；民恶灭绝，我生育之"。[③] 儒家对"人本"管理的论述更为集中而丰富。孔子说："天地之性（生），人为贵。"人为万物之灵，五行之秀，宇宙之中心。[④] 因此，"民为邦本，本固邦宁。"[⑤] 孟子从"民为立国之本"思想出发，提出"天时不如地利，地利不如人和"。[⑥] 并指出："民为贵，社稷次之，君为轻。"[⑦] 孟子还提出了"唯民是保"的"保民"观点，"诸侯之宝三：土地、人民、政事"，"保民而王，莫之能御也"。[⑧] 荀子虽然"隆礼重法"，讲道德与法律并用，但也认为，"百姓之力，待之而后功。百姓之群，待之而后和。百姓之财，待之而后聚。百姓之执，待之而后安。"[⑨] 后来，"以人为本"思想也被历代思想家们阐释和发挥，使其内涵更为丰富。唐代诗人白居易说："邦之兴，由得人也；邦之亡，由失人也。"[⑩] 朱熹在注解孟子的"民贵君轻"时提出："盖国以民为本，社稷亦为民而立，而君之尊系于二者之存亡，故其轻重如此。"[⑪]

有学者指出，以儒家思想为核心的中国特色"人本"管理，其最基本的特点，一是充分肯定人在管理中的重要作用；二是明确将管理的目标确定在"安人、安百姓"和追求和谐稳定上；三是倡导用德治的方法推行人本管理。[⑫] 这种管理理念在中国的企业管理中发挥了重要作用。

其实，在中国企业的管理实践中，人本管理也一直为企业的管理者所倡导和重视。

---

① 转引自吴照云、李晶：《中国古代管理思想的形成轨迹和发展路径》，《经济管理》，2012 年第 7 期，第 184—192 页。

② 这是周公旦代表周成王告诫分封在卫国的康叔戒酒的辞令。引自《尚书·酒诰》。

③ 《管子·牧民》。

④ 关于人的地位和价值，儒家经典著作中多有论述。《尚书·泰誓》有"惟人，万物之灵。"《礼记·礼运》说："言人感五行之气构成，故有仁义礼智信，是五行之秀气也。""故人者，天地之心也"等。

⑤ 《尚书·五子之歌》。

⑥ 《孟子·公孙丑下》。

⑦ 《孟子·尽心下》。

⑧ 《孟子·梁惠王上》。

⑨ 《荀子·富国》。

⑩ 《白居易集》卷六二。

⑪ （宋）朱熹：《孟子集注》。

⑫ 陈德述：《儒家管理思想论》，北京：中国国际广播出版社 2008 年版，第 22—23 页。

近人王韬强调："善为治者，贵在求民之稳，达民之情，民以为不便者不必行，民以为不可者不必强。"① 据一些学者研究，中国历史上的一些商帮如晋商、徽商、浙商和粤商，也大都在管理上倡导"以人为本"。如山西的晋商还成功地跨越了人治思维与理性管理之间的鸿沟，并把两者结合起来，实现了传统商人向近代化的转型。② 中国近代企业家陈光甫是民国时期金融界、商业界的风云人物和最成功的企业家之一，他创办的上海银行、中国旅行社在中国近代经济发展史上拥有独特的历史地位。上海银行在民族资本银行中处于遥遥领先的地位，与浙江兴业银行、浙江实业银行并称为"南三行"；中国旅行社则在中国近代旅游业中独占鳌头三十余年，是民国时期规模最大、信誉最好的旅行代理机构。它们的发展壮大与陈光甫在企业管理中以一贯之地贯彻"人本"管理思想密切相关。他认为："有人才，虽衰必盛；无人才，虽盛必衰"。③ 在这种思想的指导下，他创办企业的人事管理一直遵循着选择适当的人才、每人都有其最适当的工作、训练技能充实知识、培育团队精神、创造和谐的用人环境等原则。而这正是其企业在艰苦环境下得以发展壮大的重要原因。正如他自己所说："任何银行之力量，并不在其资本之雄厚，或其存放款之众多。……银行之真正力量，在于人事之健全程度"。④ 联想集团创始人柳传志认为，"办公司就是办人"。他说："联想靠什么创造效益？靠人。将来靠什么发财？靠人。没有人，数十亿元用不着 12 年就会变回 12 万"。从 1995 年开始，连续四期的干部培训班和每月一期的员工培训班均在"以人为本"的思想指导下进行。为了将理念落到实处，联想集团还采取了一系列管理措施，如在赛马中识别好马，让有才能的人得到晋升机会；将分红权变成股权，让每一个联想员工都成为公司的主人；将物质激励与精神激励结合，重视培养员工的价值归属感；积极培养年轻骨干，为公司持续发展储备人才；搭建舞台，培养领军人物，让那些德才兼备的人物成为公司核心。⑤ "以人为本"的管理思想对一些多年在海外经商的企业家也有深刻的影响。香港华人首富李嘉诚深谙"人本"管理之道，他说："管理一家大公司，你不可以任何事情都要亲力亲为，首先要使员工有安全感，让他们能安心工作，那么，你就要首先让他们喜欢你。"⑥ 在公司管理中，李嘉诚制定了若干用人措施，如开办夜校培训在职人员，选拔有培养前途的年轻人出国深造，对那些有一技之长的专门人才委以重任等。正是因为有这样的管理理念，在李嘉诚的管理班底中，既有精于算计的财务专家，也有经营房地产的老手，还有生气勃勃的青年俊杰。印尼华人企业家将"内和外协——以人为本"作为自己的经营理念，知人善任，重视发挥专业人才的作用。如三林集团创始人林绍良就曾感慨："经营管理上最大的困难就是寻找合适的人才"。金光集团的黄奕聪则将自己成功的经验归之于"善于使用专业人才"。盐仓集团的蔡云辉也强调："专业人员是最重要的

---

① （清）王韬：《弢园文录外编》卷一。
② 宋长琨：《儒商文化概论》，北京：高等教育出版社 2010 年版，第 219—230 页。
③ 《陈光甫先生言论集》，上海档案馆馆藏，第 131 页。
④ 《陈光甫先生言论集》，上海档案馆馆藏，第 196 页。
⑤ 常桦主编：《中国当代企业家管理思想述评》，北京：中国纺织出版社 2004 年版，第 129—136 页。
⑥ 侯忠义主编：《中外企业领袖语录》，北京：中国纺织出版社 2004 年版，第 36—38 页。

事业伙伴"。他们都无一例外地强调了人才的重要性。①

不可否认，东西方的人本管理思想由于历史背景和社会环境的不同而存在差异。西方管理重法治，东方管理重人治。法治依据的是一种唯理精神，而人治则是一种情理兼顾的情感精神。所以，西方企业的"人本"管理是在长期的商品经济土壤中培育形成的，不仅在于制度的理性化、法治化，强调人权、强调个体的作用，更在于其企业家的人格风范所体现的所谓建立在新教伦理上的资本主义精神，这是其企业制度的核心，它植根于西方人的宗教道德中。而中国的"人本"管理把人作为管理的中心，强调群体和家庭的作用，其精髓是人和，是团结。所谓"天时不如地利，地利不如人和"。当然，不管怎样，随着现代管理思想的发展，从东方到西方，中西方人本管理思想的主旨都是认为人是一切管理活动的主体，最终都是为管理者服务的。他们把人置于组织中最重要的地位，强调人的重要性，认为人是管理活动的核心，尊重人是人本管理的前提，要求管理者居仁怀义，努力追求管理者与被管理者、员工与员工、员工与顾客之间的和谐与团结，这种趋势都从本质上体现了中国人本思想的价值所在。② 所以，有人主张，借鉴日本的经验，挖掘东西方人本管理思想的精华，创建具有中国特色的东方人本管理思想体系。③ 甚至有学者还设计了具体的建设策略，包括：尊重员工人格，保障其一切合法权益；"以德治厂"，重视人性化和亲情化管理；满足员工生存的需要，关心员工疾苦；让员工参与企业管理；对员工进行教育培训；关心员工的文化生活；让那些有理想的员工实现人生价值等。④

2. 执要群效的组织原则。组织理论是管理理论的核心内容，是研究组织结构、职能和运转，以及组织中管理主体的行为，并揭示其规律性的逻辑知识体系。在组织理论方面，我国古代虽然没有形成完整的理论体系，但几千年的集权统治模式，以及如何通过集权来统一思想，实现有效管理，已经成为一种典型的组织管理模式，对这种组织模式的运行则集中反映在"执要群效"这一特殊的组织原则之中。《晏子春秋》有一段关于设立行政等级序列的论述，讲得十分经典："别上下之义，使得其理；制百官之序，使得其宜"。⑤ 意思是说，建立国家大政，要分清上下的界线，使得官员恰当合理；制定官员的等级秩序，使他们各得其所。韩非子指出："事在四方，要在中央。圣人执要，四方来效。"⑥ 在这里，他将决策层和执行层、中央和地方的管理职能划分得清清楚楚。

---

① 郑学益主编：《商战之魂——东南亚华人企业集团探微》，北京：北京大学出版社1997年版，第257—262页。

② 尚永生、蓝岂凡：《东西方人本管理思想的成因与比较》，《西藏民族学院学报》（哲学社会科学版），2006年第6期，第63—66页；宫敏娜：《中西人本管理思想的比较研究》，山西财经大学2011年硕士论文，第13—14页。

③ 尚永生、蓝岂凡：《东西方人本管理思想的成因与比较》，《西藏民族学院学报》（哲学社会科学版），2006年第6期，第63—66页。

④ 陈德述：《儒家管理思想论》，北京：中国国际广播出版社2008年版，第30页。

⑤ 《晏子春秋》卷五。

⑥ 《韩非子·扬权》。

管子认为："威不两错，政不二门。"① 《孙子兵法》有"凡治众如治寡，分数是也"，"斗众如斗寡，形名是也"。② 这里"众"、"寡"指组织形式，"治"、"斗"指组织方法。唐代韩愈通过对君臣民的关系论述，十分详尽地论述了组织结构内部的分工。他说："君者，出令者也；臣者，行君之令而致之民者也。民者，出粟米麻丝、作器皿、通财货，以事其上者也。"③ 对组织的管理原则，汉代刘向有段十分形象的比喻："冠虽故，必加于首；履虽新，必关于足。上下有分，不可相倍（悖）。"④ 意思是说，帽子虽然旧了，但必须戴在头上，鞋子虽然很新，但也必须穿在脚上；上下是有分别的，不能违背。

"执要群效"还有分清主次，抓主要矛盾的要求。在中国古代哲学中，十分强调矛盾的主次。《周易》上讲的"阴阳转化"就是一种矛盾主次转化的哲学抽象。所谓"分别主次"，实际上就是抓主要矛盾，抓住重点。张瑞敏到当时的青岛冰箱厂上任时面临的主要矛盾就是混乱的管理和十分低劣的产品质量，因此，他的第一项措施就是"禁止随地大小便"和"砸冰箱"。正是抓住了这一主要矛盾，并坚决地贯彻到企业经营管理的每一个环节中，海尔才取得了今天的成就。

作为中国古代文化的最高水平，中国历代思想家对组织管理、运行原则的论述及其实践对当代企业的经营管理具有重要的影响。李嘉诚曾经深有感触地说："机构大必须要有组织，否则迟早会撞墙"。他一再强调，企业领袖主要把握大局和方向，公司不是靠一个人，而是靠组织。⑤ 中国新希望集团是一家业务涉及诸多领域的大型民营企业，该公司的"民主的一言堂"文化和"三否定"⑥ 战略决策模式，具有典型的"执要群效"特征。公司的战略委员会、董事会、高层管理团队，三者之间相互统一和制衡，企业创始人位于最顶层，通过纳谏与集权的平衡，努力达到既有驱动力，又能规避风险的效果。⑦ 此外，如科龙集团的"积极配合，尊重服从"；中石化齐鲁股份公司的"尊重服从，坦率建议"；以及成都电信的"尊重服从"等，⑧ 也都反映了中国文化"执要群

---

① 《管子·明法》。

② 《孙子兵法·势篇》。

③ （唐）韩愈：《昌黎先生集·原道》。

④ （汉）刘向：《说苑·谈丛》。

⑤ 常桦主编：《中国当代企业家管理思想述评》，北京：中国纺织出版社2004年版，第205—206页。

⑥ 新希望集团将决策分为三个层次，最高层作为企业长期利益和根本利益人格化代表，是企业总设计师，负责制定具有根本性、方向性、基础性和原则性的经营要素的企业决策；中间层由董事会、经理人团队和顾问机构组成的战略委员会，负责将最高层的战略愿景落实为战略规划，确定产业发展方向和总体经营思路；底层是投资部、经营管理部、审计监察部、财务部、行政人事部等，负责将战略愿景落实到具体的战略行动和投资方案上，并对战略执行的效果进行过程监控，随时对环境变化和执行成效作出反应和调整。该模式的三个层次互相否定，其创新之处主要在于各层级之间的职责比较清晰，既调动了各层级的积极性，又形成了一个上一层对下一层的否定权，使最高层的总体思路得以认真贯彻（中国管理模式杰出奖理事会编：《解码中国管理模式》，北京：机械工业出版社2009年版，第13—16页）。

⑦ 中国管理模式杰出奖理事会编：《解码中国管理模式》，北京：机械工业出版社2009年版，第10—30页。

⑧ 王逸超编著：《中外企业文化理念大全》，北京：中国经济出版社2007年版，第112页。

效”的组织原则。

实际上，西方社会组织的现代形态发展都是和官僚制度的建立与持续发展相一致的。被称为西方组织理论之父的马克斯·韦伯（Max Weber）曾预言，20 世纪的人类将生活在官僚化铁律的统治时代，官僚制作为一种普遍的组织机制将渗入一切社会组织。[①] 他还对官僚制组织形式的结构提出了自己的看法：官僚制的组织结构分为三层，顶端是主要负责人，主要职能是决策，中间层是一般管理人员，主要职能是执行主要负责人作出的决策，底部是业务人员，主要职能是从事具体的业务工作。韦伯论证了个人行为的合理性和社会秩序的合法性，形成了经典性的“官僚组织理论”。马克斯·韦伯的这一观点，被一些学者称之为“行政管理中的理性化追求”。[②] 而且该理论也被后来的现代组织管理理论进一步完善和发挥。诺贝尔经济学奖得主赫伯特·亚历山大·西蒙（Herbert A. Simon）就曾指出：“管理活动是群体的活动。那种由一个人自己筹划、单独完成任务的简单情形，大家当然是熟悉的；不过，一旦任务变得复杂起来，变得需要几个人去努力完成，那种简单情形就不可能再维持下去了。在这种情形下，建立一个通过有组织的努力去完成集体任务的过程，便成为必要的了”。“单独一个人的行为，不可能达到任何较高程度的理性。……我们将会逐渐发现，正是组织，使个人得以合理地接近客观理性。”[③]

3. 谋而后动的管理战略。如何才能正确决策，是一个管理者必须首先考虑的问题。在这方面，我国的古代思想家为我们留下了许多精辟的见解。管子说：“夫强之国，必先争谋。”[④] 孔子认为：“暴虎冯河，死而无悔者，吾不与也。必临事而慎，好谋而成者也。”[⑤] 两位先贤都谈到了预先谋划是决策取得胜利的第一步。关于战略决策的谋划，历代军事家更是有很多论述。孙子认为：“知己知彼，百战不殆；不知彼而知己，一胜一负；不知彼，不知己，每战必殆。”[⑥] 他还进一步指出：“成功而出于众者，先知也。”[⑦] 因此，竞争者必须要在未战之前先行谋划，“先料将之贤愚，敌之强弱，兵之众寡，地之险易，粮之虚实。”[⑧] 预测和决策关系全局成败，中国人强调战略和战术的综合运用，主张谋而后动。只有这样，才能做到“知彼知己，胜乃不殆；知天知地，胜乃不穷。”[⑨] 任何事情都有利有弊，不可能十全十美，如何取舍？孙子提出了“合于利而

① （德）马克斯·韦伯：《社会和经济组织的理论》，转引自（美）安东尼·M·奥罗姆：《政治社会学导论》，张华青、何俊志、孙嘉明等译，上海：上海人民出版社 1989 年版，第 71 页。

② 孔繁斌：《行政管理理性化的追求与困境——马克斯·韦伯的官僚制理论分析》，《南京大学学报》（哲学人文社会科学版），1998 年第 1 期，第 177—182 页。

③ （美）赫伯特·亚历山大·西蒙：《管理行为》，詹正茂译，北京：北京经济学院出版社 1991 年版，第 10，77—78 页。

④ 《管子·霸言》。

⑤ 《论语·述而》。

⑥ 《孙子·谋攻篇》。

⑦ 《孙子·用间篇》。

⑧ （明）刘基：《百战奇略·计战》，张文才译注。

⑨ 《孙子·地形篇》。

动，不合于利而止"的观点。[①]但利弊难以取舍时，则"两利相权取其重，两害相权取其轻"。[②]在谋划的程序上，中国人自来主张"多谋善断"和"先谋后断"。南宋时，辛弃疾在《美芹十论》中又提出"谋贵众，断贵独"[③]的主张。这一主张要求谋划时要吸收众人的意见，但在决断时则要独立思考。这为先谋而后动的决策思想赋予了新的内涵，实际上提出了"谋"与"断"分离的两个过程。有学者指出，决策与执行的分工，谋与断的分离，行为与评价的独立是现代社会的三次大分工之一，就像农业从原始生活中分离出来，手工业从农业分离出来，商业从工农业分离出来一样。这一观点是否正确有待讨论，但的确"谋"与"断"的分离是现代战略决策的一个显著特点。诸如美国总统选举，历任美国总统大多数并非担任过中央一级行政职务的人物，但在一个英才汇聚的智囊团队谋划下，顺利坐到了总统的宝座，并承担起了治国理政的重任。[④]

在西方的管理理论中，将预先谋划称之为战略。亨利·明茨伯格（Henry Mintzberg）说：人们在不同的场合赋予战略不同的内涵，但战略的含义就是计划、计谋、模式、定位和观念。[⑤]所谓"计谋"，指的就是企业在生产经营过程中，事先对发展方向和发展重点以及相应的发展策略进行分析和设计。罗纳德·汉布瑞克（Donald C. Hambrick）和詹姆斯·弗雷德里克松（James W. Fredrickson）则更为简洁地将其概括为"一个组织为了达到目标的核心的、整体的、外部导向的计划"。[⑥]台塑集团被《卓越》杂志评为我国台湾地区营业收入最多、资本额最大、员工人数最多、赚钱最多的企业。该公司创始人王永庆被人们称为台湾地区最被人佩服的企业家。这家企业之所以能够取得如此辉煌的成就，王永庆"先谋后断"的战略思想发挥了十分重要的作用。王永庆认为，一个企业要想永续发展，必须大力拓展产品相关领域，降低产品成本。在台塑公司刚刚稳定生产后，王永庆就果断地走上了多元化经营的道路，将企业的业务范围扩展到了包括炼油、石化、塑料、纤维、纺织、汽车、电子、机械、生物科技、教育和医疗卫生等在内的十多个行业。在 20 世纪 70 年代石油危机到来之后，王永庆准确把握投资机会，果断进军美国，开辟了海外市场。当中国大陆改革开放之后，他又立刻以厦门为基地，在沿海一带进行了一系列投资活动，投资建立近 10 家公司，并计划在中国大陆建立上、中、下游密切联系的石化产业体系。[⑦]

4. 刚柔相济的管理手段。受中国生存环境、宗法治度和儒道文化的影响，中国古代管理思想表现出"刚柔相济"的特点。这主要表现在如何看待和处理有为与无为、外圆与内方、德与刑、赏与罚等的关系上。

---

① 《孙子·火攻篇》。

② 《孙子·九变篇》。

③ （宋）辛弃疾：《美芹十论》，转引自胡祖光、朱明伟：《东方管理学十三篇》，北京：中国经济出版社 2002 年版，第 100 页。

④ 胡祖光、朱明伟：《东方管理学十三篇》，北京：中国经济出版社 2002 年版，第 105－106 页。

⑤ 转引自李维刚主编：《企业战略管理》，北京：科学出版社 2010 年版，第 6 页。

⑥ D. C. Hambrick and J. W. Fredrickson，"Are You Sure You Have a Strategy?" Academy of Management Executive，15：4（2001），48－59.

⑦ 常桦主编：《中国当代企业家管理思想述评》，北京：中国纺织出版社 2004 年版，第 288－294 页。

在中国古代思想体系中，道家主张"无为"，儒家提倡"有为"，似乎是一个完全不同的思想范畴。但实际的情况却是，无论道家，还是儒家，并未将"无为"和"有为"绝对化，而是要看具体情况。老子对英明的领导者设计了四种境界："太上，不知有之；其次，亲而誉之；其次，畏之；其次，侮之。"① 他认为，最高明的领导者，就是连人们好像都不知道有这个人存在；次一等的领导者，事必躬亲，受到人们的亲近和赞誉；再次一等的领导者，使人们感到畏惧和恐慌；最不高明的领导者，就是那些遭到人们侮辱和唾弃的人。从老子这段话来看，"无为而治"并非消极和偷懒的管理办法，而是"无为而无不为"，"无为故无败"，这是一种四两拨千斤的功效。儒家似乎事事都要"有为"，但却提倡"忠恕之道"，反复告诫人们"己所不欲，勿施于人"。② 清代学者刘宝楠在注释这句话时，引用了《韩诗外传》的话说："己所不欲，勿施于人"，则"己所欲，必当施诸人"。这种辩证的关系，实际上都体现的是孔子的"仁者爱人"思想。③也是在一种"所欲与施"与"所恶无施"的辩证关系中，体现"有为"的价值。也就是说，在管理中，符合"仁爱"的事情就要"有为"，否则，就可以"无为"。李嘉诚经商有个"不为最先"的信念，他素来不喜欢抢饮"头羹汤"。假如要过一条河，李嘉诚绝不会率先过去，他要亲自看到别人都安然无恙地都过去了，他才会放心地跟着走过去。所以，"稳健中求发展，发展中求稳健"，这是李嘉诚保持商界"常青藤"最大的秘诀。④ 华为公司的任正非明确倡导该公司的管理是"无生命的管理"，即"无为而治"。他说："我相信这些无生命的管理，会随着我们一代一代人的死去而更加丰富完善。几千年以后，不是几十年，这些无生命的管理体系就会更加完善，同时充满活力，这就是企业的生命"。任正非希望，华为公司将来能够像奔流到海不复回的长江一样，不需要领导者整天疲于奔命，也能够自动地、势不可挡地奔向成功。⑤

"德"与"法"是两种不同的管理手段。儒家主张"以德治国"，法家坚持"严刑峻法"。孔子说："为政以德，譬如北辰，居其所而众星拱之。"⑥ 韩非子则说："法者，王之本也。"⑦ 两派思想家从对"人性本善"，还是"人性本恶"的不同价值判断提出了不同的管理理念。这种思路实际上与西方管理思想界曾经争论不休的"经济人"假设和"社会人"假设如出一辙。西方管理思想界正是基于这种不同的人性假设，提出了泰罗制的作业式管理和行为科学的人际关系管理。后来，人们发现两种理论都有不同的缺憾，于是在"复杂人"的人性假设基础上提出了诸如权变理论、社会协作系统理论、决策管理理论、企业流程再造理论等。正如美国学者埃德加·H·沙因（Edgar H. Schein）所说：从某个角度对人性作出假设，只能适用于一定场合。一个人是否感

① 《老子》十七章。

② 《论语·颜渊》。

③ （清）刘宝楠：《论语正义·颜渊第十二》。

④ 常桦主编：《中国当代企业家管理思想述评》，北京：中国纺织出版社2004年版，第216页。

⑤ 程东升、刘丽丽：《华为经营管理智慧——中国"土狼"的制胜策略》，北京：当代中国出版社2005年版，第30—31页。

⑥ 《论语·为政》。

⑦ 《韩非子·心度》。

到满足，是否为企业效力，取决于他的动机构成以及他与企业的相互关系。① 事实上，在儒法两家争论不休之际，兼具儒法两派的思想家荀子就已经认识到了两种管理模式的不足，并将内在的约束性和外在的约束性界定为"德刑并用"。实际的情况也是如此。在几千年的中国历史发展和公共治理中，很少有哪个统治者完全采用"以德治国"，也很少有哪个统治者完全采用"以法治国"。尤其到汉唐以降，伴随着儒释道法几家思想的融合，中国的治国理念基本上是"形儒实法"、"儒法兼用"，更多的是综合运用儒释道法各家思想。从某种程度上讲，宋明理学的出现就是儒释道三教互相冲突和融合的产物。②

与"德法并用"的是赏罚分明。孙子说："知胜有五……上下同欲者胜。"③ 意思是上级和下级有共同的欲望才有可能取胜。又说："取敌之利者，货也。"④ 货之，就是给予奖励。诸葛亮说得更加清楚："赏以兴功，罚以禁奸，赏不可不平，罚不可不均。"管理者务必要做到赏罚分明，才能服众。⑤ 在今天，赏罚分明同样是企业管理中不可缺少的重要手段之一。奖赏，可以起到正面激励、引导的作用；惩罚可以起到制止、警告的作用。西方管理科学也注意赏罚手段，并将其纳入科学管理轨道，以此强化职工的执行力。

"外圆内方"也是中国文化中体现"刚柔相济"，处理人际关系的重要策略。中国古代流通上千年的货币就是圆形方孔钱。近代著名爱国人士、教育家黄炎培十分欣赏"外圆内方"这一处世方式，他为儿子写的座右铭就是："取象于钱，外圆内方"。他以古代的铜钱作为寓意，启发后代将"外圆"与"内方"结合起来，真可谓用意深刻，发人深思。⑥

在中国的企业界，"胡萝卜加大棒"是政治家和企业家常用的手法。⑦《三国演义》、《红楼梦》等古典名著以小说故事的形式演绎了许多刚柔相济的管理事例。为了提高效益，近代企业家积极将泰罗的工作制引进到中国，并身体力行首倡管理改革。⑧ 以温州企业为代表的新浙商在积极推行"法治"的同时，也将企业文化管理作为重要的思路。⑨ 企业家几乎都将严格的制度管理与人本管理结合起来。海尔集团的张瑞敏在企业

　① 转引自刘刚：《中国传统文化与企业管理——基于利益相关者理论的视角》，北京：中国人民大学出版社 2010 年版，第 190 页。

　② 张立文：《儒佛之辩与宋明理学》，《中国哲学史》，2000 年第 2 期，第 14—25 页。

　③《孙子·谋攻篇》。

　④《孙子·作战篇》。

　⑤《诸葛亮集·便宜十六策·赏罚第十》。

　⑥ 刘刚：《中国传统文化与企业管理——基于利益相关者理论视角》，北京：中国人民大学出版社 2010 年版，第 193—194 页。

　⑦ 据有些学者研究，在世界 500 强企业中，控制与授权是一项共同的经营管理理念（左章健编著：《世界 500 强成功策略》，广州：南方日报出版社 2005 年版，第 198—212 页）。

　⑧ 李岫：《论中国近代企业家的特点》，《中国经济史研究》，1994 年第 3 期，第 33—43 页。

　⑨ 曹国旗主编：《新浙商》，北京：新华出版社 2006 年版，第 4 页。

管理中强调"纪律胜于一切"，但在管理实践中却推行"以人为本"、"充分授权"。[1] 著名的管理学大师彼得·德鲁克（Peter F. Drucker）说："不论一个人的职位有多高，如果只是一味地看重权力，那么，他就只能列入从属的地位；反之，不论一个人的职位有多么低下，如果他从整体出发思考，负起责任，他就可以列入高级管理层"。[2] 所以，就企业经营管理而言，无论是重"德"，还是重"法"，现代企业的管理者必须正确处理好二者的关系。作为企业管理的不同手段，"法"是基础，是底线，"德"则是补充，是更高的标准，二者不可偏废。

5. 诚实守信的管理伦理。中国五千年的文明史为我们留下了许多"诚实守信"的训诫。孔子说："自古皆有死，民无信不立"，[3]"信则人任焉"，[4]"人而无信，不知其可也"。[5] 他把老百姓讲不讲信用与国家的生死存亡和个人的处身立世，以及人际关系联系起来，足见其重要意义。孟子则将"诚信"看作是"天道"，"诚者，天之道也；思诚者，人之道也"。[6] 明代学者薛宣认为，诚信是一个相互作用的关系，你如何对待别人，别人也将如何对待你。"以诚感人者，人亦以诚应；以诈御人者，人亦以诈应。"[7] 所以，在中国几千年的商业活动中，诚实守信始终是人们恪守的道德原则，也是成功经营的要诀。被人们称为我国商人鼻祖的范蠡就曾提出："务完物，无币息。"[8] 要求经商者要靠商品的质量取胜，不可以次充好，欺骗客户。在商业发达的明清时期，商人十分推崇诚实守信，讲究货真价实，有的更是崇信儒商。在经营过程中讲诚信，不欺诈，是他们的生财之道。古代徽州（今江西婺源）曾有一个"三八会"，每月初三、十八两天，商家都要召集本族弟子到祠堂里举行会议，"申以孝悌姻睦之义"，并惩罚那些违背儒家伦理规范的人，从而形成了"儒风独茂"的风气。[9] 晋商在经营活动中始终把信誉放在第一位，经商者无不将"义薄云天"、"信义昭著"的关云长供奉在祠堂，以示敬仰和效仿。[10] 近代企业家穆藕初可谓构筑了一个中国企业家精神的完整理论体系，他把讲求"信用"看作是与洋人争利、救亡图存的重要手段。针对当时一些商人唯利是图、信用败坏的现象，他尖锐地指出："藉蒙蔽以射利者，破坏信用，奚啻花商之自杀，……苟不及早觉悟，革除此项积弊，棉花业一败涂地之日不远矣"。[11] 对那些尔虞我诈、相互

---

① 常桦主编：《中国当代企业家管理思想述评》，北京：中国纺织出版社 2004 年版，第 8—10，20—29 页。

② 转引自左章健编著：《世界 500 强成功策略》，广州：南方日报出版社 2005 年版，第 198 页。

③ 《论语·颜渊》。

④ 《论语·阳货》。

⑤ 《论语·为政》。

⑥ 《孟子·离娄上》。

⑦ 见薛宣：《读书录》，转引自刘刚：《中国传统文化与企业管理——基于利益相关者理论视角》，北京：中国人民大学出版社 2010 年版，第 339 页。

⑧ 冷莎莎、张鲁秀、高厚礼：《范蠡经商理财思想探析》，《管子学刊》，2008 年第 2 期，第 78—81 页。

⑨ 李颖：《企业信用文化》，北京：经济科学出版社 2006 年版，第 82 页。

⑩ 李颖：《企业信用文化》，北京：经济科学出版社 2006 年版，第 83 页。

⑪ 穆藕初：《藕初文录》（上），上海：商务印书馆 1926 年版，第 32 页。

倾轧的商业歪风，他义正词严地告诫：企业家的"德性者乃人生坚实稳固之根基也，诈欺乃取亡之途，吾其救之以诚实。……今日任务之准备，不可不首在此锻炼德性上下至大之功夫"。① 马克斯·韦伯（Max Weber）有句名言："善付钱者是别人钱袋的主人。"② 新加坡华裔企业家陈嘉庚谨守新加坡法律，"子还父债"，用四年的时间千方百计找到债主，还清了父亲欠下的债务。当有人说他傻时，他却说："中国人取信于世界，决不能把脸丢到外国人面前"。③ 由此可见一代爱国华侨的高风亮节和人格魅力。

当然，诚实守信并非不计较利益，而是提倡"义利两全"。正如管子认为，"自利"与"利人"并不完全矛盾，而且是可以统一调和的。④ 晋代史学家、《三国志》的作者陈寿进一步将这种义利观和富民利民联系起来，指出"财须民生，强赖民力，威恃民势，福由民殖，德俟民茂，义以民行。"⑤ 他认为，财富是人民创造的，国家的强大依靠的是人民的力量，国威靠的是人民的气势，福利乃是由人民所树立，道德靠人民的实践来兴盛，义的实现要依靠人民的共同行动。不难看出，古代圣贤们对"义利两全"有着深刻的认识，也在普通民众中产生了广泛的影响。所以，在中国历史上，出现了一代又一代的儒商，也造就了一种完美的儒商人格。有学者指出：儒商在中国乃至在世界上，已成为中华文化孕育出的商人形象，其较为稳定的内涵大体是，"受中华传统文化的哺育，有良好的文化教养及职业道德、人际关系和谐，商务活动文明而精明，效益良好。"⑥

6. 正人正己的领导艺术。中国古代管理非常强调领导者道德素质的重要性，崇尚"道德教化"和"正己正人"的管理方式。孔子说："修己以安人"、"修己以安百姓"。⑦ 孟子甚至将正人正己与国家利益联系起来，提出"天下之本在国，国之本在家，家之本在身。"⑧ 按照儒家的设想，一个人的成长历程依次为"修身、齐家、治国、平天下"。修身是起点和基础，只有修身才能齐家，齐家后才能治国平天下，这是一个逻辑关系十分严密的过程，缺一不可。由此，他们得出的结论是："自天子以致庶人，壹是皆以修身为本。"⑨ 正是基于这样的重要意义，有学者曾将儒家的"修、齐、治、平"思想称作是东方管理学的 26 条原理之一。⑩

按照现代领导科学的理论，领导者的权力分为 5 种类型：强制权、法定权、奖励权、专长权和个人影响权。前三者属于权力，后二者属于威信。权力是管理的基础，威

① 穆藕初：《藕初文录》（上），上海：商务印书馆 1926 年版，第 82 页。

② （德）马克斯·韦伯：《新教伦理与资本主义精神》，于晓、陈维刚译，上海：三联书店 1992 年版，第 34 页。

③ 张盛生等：《山海情怀——纪念陈嘉庚先生诞辰 130 周年》，转引自宋长琨、沈忠秀：《儒商商道概论》，武汉：武汉大学出版社 2003 年版，第 156 页。

④ 《管子·形势解》。

⑤ （晋）陈寿：《三国志·吴书·骆统传》，（宋）裴松之注。

⑥ 蔡伯元：《贵和思想的现代价值》，《社会科学》，1994 年第 7 期，第 33—36 页。

⑦ 《论语·宪问》。

⑧ 《孟子·离娄上》。

⑨ 见《大学》，转引自张应杭：《东方管理智慧》，厦门：鹭江出版社 2007 年版，第 94 页。

⑩ 胡祖光、朱明伟：《东方管理学导论》，上海：三联书店 1998 年版，第 222 页。

信是管理的前提。没有权力不可能管理，而没有威信就没有权威，导致其指令难以得到深入贯彻，也难以进行有效的管理。所以，一个聪明的管理者必须要将二者结合起来，既要有权，又要有威信。然而，要树立威信，就不仅要约束他人行为使之端正，同时也使自己的行为得以规范。"正己"为"正人"的前提，如果连自己都不能"正"，岂能奢言正人。我国古代管理思想的本质是"人为、为人"。个人首先要注意自身的行为修养，"正人必先正己"，然后从"为人"的角度出发，去从事、控制和调整自己的行为，创造一种良好的人际关系和激励环境，使人们能够在激发状态下工作，主观能动性得到充分的发挥。"人为"与"为人"二者具有相辅相成的辩证关系。对任何管理者或被管理者，都有从"人为"向"为人"转变的过程。这一过程体现在家庭、行业、国家等方面的管理之中，管理者与被管理者越是注重自身行为的素质，其"为人"即管理的效果就越好。李嘉诚认为，经商离不开"勤奋"二字，只有自己吃够苦，勤于工作，才能换来别人的尊重。创业之初，他坚持与工人一起上班，一起蹲在地上吃简单的工作餐。为了尽快熟悉业务，他坚持每天业余自学，及时了解和掌握自己所需要的各种知识。[①] 企业家王永庆也有同样的特点。他坚持不断学习，育人先育己。他曾感慨地说："今天我能在事业上有一点成就，主要是我对所认定的目标全力以赴，认真学习先进的科学技术知识，绝不是以任何理由退缩。人的生命和精力都有限，必须全神贯注，持之以恒，才有可能如愿以偿。"[②] 改革开放后，中国大陆的一些成功企业家也同样深谙"正人正己"的道理。蒙牛集团的创始人牛根生是个识字不多的企业家，但他谦虚好学、严于律己，喜欢与自己较劲。他对自己的团队说：当你无数次与自己较劲后，回过头来看，"大数定律"的效能就显现出来了："你通过改变自己而改变了世界！"[③] 这句话，正好应了古希腊哲学家苏格拉底（Socrates）的一句名言："让那些想要改变世界的人首先改变自己"。牛根生正是做到了这一点。

7. 上下同欲的团队精神。任何一个组织，都由一群人组成。什么样的组织才有战斗力？如何充分发挥组织中每个人的内在潜能，一直是管理者在努力思考的问题。《周易》中有一句名言："君子上交不谄，下交不渎。"[④]《管子》说："以众人之力起事者，无不成也。"[⑤]《孙子兵法》讨论战争的胜负，也明确说："上下同欲者，胜。"[⑥] 古代思想家们的论述大同小异，但都说明了一个道理：人心齐，泰山移。只要大家团结一心，就可以克服一切艰难险阻，取得一个又一个胜利。西方有个管理学原理，一只木桶能装多少水，不仅取决于每块木板的长度，还取决于木板之间的结合是否紧密，而"上下同欲"正是这样的粘合剂。

---

① 常桦主编：《中国当代企业家管理思想述评》，北京：中国纺织出版社 2004 年版，第 202 页。

② 转引自常桦主编：《中国当代企业家管理思想述评》，北京：中国纺织出版社 2004 年版，第 275 页。

③ 孙先红、张治国：《蒙牛内幕》，北京：北京大学出版社 2005 年版，第 269 页。

④ 《周易·系辞下》。

⑤ 《管子·形势解》。

⑥ 《孙子·谋攻篇》。

在国外的企业文化建设中，往往靠企业愿景凝聚团队力量。所谓愿景，实际上就是指人们对未来状况的一种期望。人们只有确立了这种远大的愿景，才能催生出奋斗的不懈动力。美国一些大企业为了考量企业是否有共同愿景，采用了两种方法进行测试。一是停车场法则。看写字楼的停车场是否一大早就被占满了，直到很晚才有空出来。二是星期一法则。当员工星期一清早到达公司后，是立即投入工作，还是在等待主管到来后布置工作。戴尔公司的创始人迈克尔·戴尔（Michael Dell）坚持，无论是新聘任的员工，还是负责经营的经理人员，都必须与公司的理念保持一致。日本的大桥武夫有感于《孙子兵法》的"上下同欲"思想，要求企业"要上下建立一体感"的团队理念。1951年，他毅然接管了一家濒临破产的小石川工厂，一举将它整改，重建为一家生机勃勃、久盛不衰的东洋精密工业公司。为了推广其经验，他还撰写了《孙子兵法与生产经营》一书，介绍自己的管理体会。为此，在日本出现了一个"兵法经营管理学派"。[①]

　　在中国，改革开放成长起来的一代企业家也正在努力践行这种"上下同欲"的团队精神。联想集团创始人柳传志总结其成功经验时说："我们这个班子处理事情从不带宗派色彩，大家都把企业的利益放在第一位。外界说联想是个没有家族的家族企业，我觉得这是对我们最大的褒奖。"[②] 核心团队对公司理念的忠诚，并在日常行为中抓住任何可以向员工传递信息的机会，用自己的实际行动来持续不断地加强核心理念，是理念与行动一致的关键。海尔集团的创始人张瑞敏也深有感触地说：只有把所有海尔人凝聚在一起，才能迸发出强大的力量。这就是靠一种精神，一种我们一贯倡导的"敬业报国，追求卓越"的企业精神。同心干，不论你我，比贡献，不唯文凭。把许许多多的不可思议和不可能都在我们手中变为现实和可能，那么，海尔巨浪就能冲过一切障碍，滚滚向前！[③]

　　8. 和气生财的人际关系。中国古代管理思想强调和谐，主张协同，使矛盾和差异的双方协调统一，共同构成和谐而又充满生机的世界。"以和为贵"的人际关系准则在中国古代管理思想中一直占据着十分重要的位置。孔子说："礼之用，和为贵。"[④] 孟子认为，"天时不如地利，地利不如人和"。[⑤] 董仲舒干脆断言："德莫大于和。"[⑥]《孙膑兵法》列举了用兵得胜的五条原则，其中两条跟"和"有关。"得主专制，胜。知道，胜。得众，胜。左右和，胜。量敌计险，胜。"[⑦] 他认为，取得下级兵将的支持和兵将之间的和睦团结，是用兵取胜的重要条件。战国初期著名军事家吴起曾为魏文侯立下赫赫战功，"与诸侯大战七十六，全胜六十四"，但他对胜利的切身体会却是"先和而造大

　　① 刘刚：《中国传统文化与企业管理——基于利益相关者理论视角》，北京：中国人民大学出版社2010年版，第109—110页。

　　② 转引自叶芃：《中国企业家精神过时了吗？》，《信息空间》，2004年第6期，第104—107页。

　　③ 转引自张瑞敏：《海尔是海》，《经济管理》，2003年第1期，第47页。

　　④ 《论语·学而》。

　　⑤ 《孟子·公孙丑下》。

　　⑥ （西汉）董仲舒：《春秋繁露·循天之道》。

　　⑦ 《孙膑兵法·纂章》。

事。"① 这些思想都是说明了"和"在消除内部矛盾冲突和取得内部团结和胜利方面的重要性。日本的丰田佐吉在创建丰田纺织公司时，提出的经营管理的座右铭就是"天，地，人"三字，强调"和为贵"，其管理思想则来源于中国古代思想中的"和为贵"、"和气生财"的理念。有学者在探讨中国"和"文化意识之源时认为，中国渊源几千年的礼乐文化整合了这一时期的音乐之和与饮食之和，从而奠定了中国古代主流文化艺术创作与审美观念的基石。②

当然，中国古代管理思想中的"和为贵"也不是无原则的一团和气，而是在讲"和"的统一性时，十分重视其中存在的差异性，即在强调"和为贵"的同时，也非常重视"和而不同"，求同存异。孔子就说："君子和而不同，小人同而不和。"③ 对"和"与"不和"作了道德和伦理的评判。《中庸》将此进一步概括为"君子和而不流。"④ 用宋代程灏、程颐的解释就是："世以随俗为和，非也，流徇而已矣。君子之和，和于义。"⑤ 意思是说，君子和谐相处却不盲目苟同，是有原则的，要符合"义"的要求。这种"和"在管理上的具体表现就是：阴阳互补、五行反馈、刚柔相济、动态平衡、中庸和谐，以达到人与人，人与自然的和谐平衡。可见，中国古代管理思想中的"和谐"观是中国传统的集体伦理观和中庸思想在管理上的集中体现，对于指导人们处理人与人之间关系起着润滑剂的作用。李嘉诚经商成功的一个重要原因就是"广结善缘，合作经营"。他在谈到经商合作共赢的经验时说："如果一单生意只有自己赚，而对方一点不赚，这样的生意绝对不能干"。⑥ 在他看来，小利不舍，大利不来。只有多交朋友，建立良好的人缘关系，才能取得事业的成功。这几乎是他经商数十年常胜不败的一条黄金定则。

日本企业界也曾将中国古代的这一思想概括为"和"的团队精神，并被看作是日本经济发展的中坚力量。因此，"和为贵"、"和气生财"既是一种处世方式，也是一种管理理念。就企业而言，它意味着企业的管理者要养成一种良好的个人修养，处理好竞争与合作的关系，处理好各种人际关系，倡导一种君子之争，通过营造一种良好的公共关系和生态环境，推动企业走上一条全新的、健康向上的发展之路。

9. 因时而变的市场管理。中国古代管理思想从发展的趋势上看具有变通性。春秋时期，管子十分强调管理者的创新精神。他认为，一个管理者必须要做到"不慕古，不留今，与时变，与俗化"。⑦ "不慕古"反对的是因循守旧、抱残守缺；"不留今"则提醒人们不要受现实所惑，陶醉于今日的成就中；"与时变"倡导的是因时而变，顺应潮流；"与俗化"即要求为政者要随着习俗一起发展。所谓"俗"，是指民间自然形成的事

---

① 《吴子·图国》。

② 郑涵：《中国的和文化意识》，上海：学林出版社 2005 年版，第 86 页。

③ 《论语·子路》。

④ 《礼记·中庸》。

⑤ （宋）杨时：《河南程氏粹言》卷一。

⑥ 侯忠义主编：《中外企业领袖语录》，北京：中国纺织出版社 2004 年版，第 41 页。

⑦ 《管子·正世》。

物，而非因循守旧制度之规定，这其实就是一种制度创新。在具体管理事务中，实际情况总处于动态变化之中，因此，不能墨守成规陷入经验主义。其实，儒家也倡导"因时而变"。孟子说："虽有智慧，不如乘势。"①《吕氏春秋》作了一个形象的比喻：让大力士吴获用力拉住牛尾巴往后拽，结果牛尾巴被拉断了，吴获力气也用尽了，但牛却丝毫未动；而让一个小孩子牵着牛的鼻子，牛却乖乖地跟着他走。② 这里的关键就是，前一种做法属于"逆势"，后一种做法属于"顺势"。"逆势"和"顺势"，其结果完全不同。与春秋战国时期其他思想家相比，兵家都对"因时而变"的理解更加清晰。孙子说："激水如流，至于漂石者，势也。"③ "故善战者，求之于势，不责之于人，故能择人而任势。"④ 为了达到"势"的效果，他们还提出了"奇正之术"的制胜策略。"凡战者，以奇胜。故善出奇者，无穷如天地，不竭如江河。""战势不过奇正，奇正之变，不可胜穷也。奇正相生，如循环之无端，孰能穷之？"⑤ 在军事斗争中，"兵无常势，水无常形"，"运用之妙，存乎一心"。只有根据不同的情势作出决策，才能克敌制胜，赢得胜利。具体到普通的管理，同样也要根据具体的情况，采取不同的管理策略，才能使管理更加有效。世间没有万能的钥匙，一把钥匙只能打开一把锁，凡事有计划必有变化，计划不如变化快。如果在处理管理工作中不能变通对待各种新情况、新问题，或者只知道用老办法解决新问题，是绝对无法做好管理工作的。

松下幸之助曾经说过："天地是日月更新，人类的经营生活，焉能不日日更新？"美国石油大王阿曼德·哈默尔（Armand Hamer）其所以成为一代巨富，就在于他从不死守某个行业不变，而是随市场变化而变化，或开商店，或办医院，或贩卖皮货，或酿酒，或养牛，或经营石油等等。⑥ 中国新兴集团公司原是一家军队背景的企业，该公司的愿景是"精锐之师，行业一流，国际知名"；企业经营理念是"道法自然，怀忧思患，至诚至信，共生共赢"。⑦ 该公司其所以能够在市场上创造出品牌，就是努力在中国文化中挖掘思想营养，按照"因时而变"的思想，根据中国改革开放的需要和市场变化，迅速与军队脱钩重建，终于打造成了一家集建筑地产、贸易物流、医药制造三大主营业务，同时还兼营煤炭开采、宾馆餐饮、物业出租、资产管理等业务的大型企业集团。四川长虹敢与日本松下、东芝、索尼等知名电子品牌一争高下；娃哈哈能与可口可乐、百事可乐等争夺市场，他们都有一个共同的特点，就是能够充分利用市场变化"因时而变"，因势利导，最终取得了市场的认可，并成为人们普遍认可的知名品牌。近年市场上兴起的娱乐营销，更是对中国"因时而变"思想的最好诠释。娱乐营销发展顺利的很大原因是因为市场的不断更新。随着市场的不断变化，每一项娱乐营销战略都要依据市

---

① 《孟子·公孙丑上》。

② 《吕氏春秋·重己》。

③ 《孙子·势篇》。

④ 《孙子·势篇》。

⑤ 《孙子·势篇》。

⑥ 转引自葛荣晋：《中国哲学智慧与现代企业管理》，北京：中国人民大学出版社 2006 年版，第 407 页。

⑦ 中国新兴（集团）总公司网页之企业文化，http：//www.xxg.com.cn/g327.aspx.

场的需求变化来创造出种种商机，保持好与消费者之间的情感联系与交流。只有满足了消费者的情感需求，才可以为企业带来附加值高的商品。

毋庸置疑，中国文化是一座取之不尽、用之不竭的宝藏，在几千年源源不断的历史进程中，历代思想家们留下了许多宝贵的管理思想精华，值得我们去挖掘、继承和弘扬。面对当代西方管理科学迅猛发展的势头，我们的策略应该是"因时而变"、因势利导，在继承和发扬民族优秀文化传统的基础上，提倡"中西合璧"，兼收并蓄，形成具有鲜明时代特征和中国特色的管理思想体系。

（三）企业文化建设中对中国传统文化精华的传承和弘扬

有着五千年文明的中国文化，蕴涵着十分丰富的管理智慧，不仅是历代统治者治国治军的精髓所在，也是现代企业管理的重要思想宝库，有取之不尽、用之不竭的思想营养。

1. 坚持义利取向，培育企业伦理文化。儒家商务伦理观的核心，其实就是美籍中国学者余英时概括的"士魂商才"。[①] 即以"士"的道德标准来规范"商"的经营行为。自孔子始，儒家始终肯定人们逐利的合理性，但强调人的一切行为都要以"义"为最高准则，见利思义，先义后利，以义生利，一切逐利行为都要合理、合法、合规。企业是从事经营性的组织，营利是企业生存发展的必备条件，没有"利"，企业无法聘请高素质员工，无法引进高新技术，无法购买先进设备，无法抢占市场先机，甚至连基本生存都会出现问题。因此，企业必须依靠赢利来实现生存和发展。但获取何种"利"，如何获取"利"，如何分配"利"，则是企业伦理文化必须回答的三个基本问题。首先，在获取何种"利"上，企业必须强调获取"合义之利"。"利"要经得起"义"的检验，要将经济效益和社会效益统一起来。其次，在如何获取"利"的方面，企业要强调以合理、合法、合规的手段去追求利，时刻牢记儒家的"不义而富且贵，于我如浮云"[②] 的教诲，坚持将企业的局部利益服从于全局利益，个别利益服从于公共利益。最后，在如何分配"利"方面，既要克服平均主义的"大锅饭"思想，又要在兼顾效率的前提下，既考虑企业内部分配的公平性，考虑企业利益与社会利益的均衡性，主动承担各种必要的社会责任，树立对国家负责，对社会负责，对人民负责的良好形象。[③]

2. 坚持以人为本，培育企业人本文化。儒家主张"天地之性人为贵。"[④] 突出"天、地、人"三材中人的主体地位。就企业而言，"人"包括员工和顾客两个部分。作为员工的"人"是企业生产、经营和销售活动的策划者、组织者、实施者，是企业价值创造的主体。作为顾客的"人"，是企业产品和服务的消费者，是企业利润的主要来源。"人"在企业生存和发展中具有十分突出的地位。因此，企业文化必须树立"以人为本"的价值取向，强调人的主体地位，把人的全面发展放在首要位置，设计"以人为中心"

---

① （美）余英时：《儒家伦理与商人精神》，桂林：广西师范大学出版社2009年版，第4页。

② 《论语·述而》。

③ 孔南钢：《儒家商务伦理思想与现代企业伦理文化建设》，《伦理学研究》，2011年第4期，第131—135页。

④ 《孝经·圣治章》。

的工作制度，把企业的发展与员工和顾客的利益紧密结合，全方位考虑员工和顾客的生理需求、安全需求、情感需求、归属和尊重需求，以及自我实现的需求。对内，企业管理者要善待员工，爱护人、尊重人、信任人、激励人，以仁爱凝聚人心，使员工发自内心地与企业同呼吸、共命运、心连心。对外，企业经营者要牢固树立"消费者第一"的经营理念，为消费者提供质量优良、价格公道的产品和服务，打造企业品牌，形成核心竞争力；还要积极参与公共服务，关爱弱势群体，热心慈善事业，树立注重社会责任的仁者形象。"以人为本"的企业文化还强调通过细致地了解人、热情地关心人、真诚地尊重人、合理地开发人，在企业管理者、员工、顾客之间建立一种休戚与共的"利益共同体"关系，使企业价值观转化为顾客的信赖和员工的信念，并在社会上广泛认可、消费者充分满意中获取合理的利润回报。

3. 坚持宏观思维，培育企业战略文化。战略一般是指那些对事关全局，具有根本性或长远性问题的决策或方略。中国文化擅长于宏观管理，古人云："自古不谋万世者，不足谋一时；不谋全局者，不足谋一域。"① 万世之谋，全局之谋，说的当然就是战略之谋。随着信息化、全球化时代的到来，企业之间的竞争已经不是战术层面的竞争，而往往是战略层面的竞争。企业家只有对那些事关全局性、长远性、根本性的重大问题作出分析、综合、判断、预见和谋划，才能在商业经营活动中把握全局，决胜商场。但对战略的把握则考量的是企业家对社会经济变化发展的运动规律的思考与把握，是企业管理者思维能力、思维水平、思维成果的高度体现。战略思维的成熟与否，不仅直接制约着管理者观察、分析、判断事物运动变化发展的立场、观点，而且直接制约着管理者的管理方法、管理艺术、管理绩效。因此，企业管理者，尤其是高层管理者必须具备宏观管理能力，具备战略思维能力、战略眼光和战略洞察力，认识事物发展的客观规律，把握市场变化发展的趋势，努力做到"运筹于帷幄之中，决胜于千里之外"。

4. 坚持求变观念，培育企业创新文化。中国文化历来强调推陈出新、革故鼎新。《周易》所谓"天行健，君子以自强不息"。② 《大学》有"苟日新，日日新，又日新"。③ 其实，中国传统文化中包含的这些"因时而变"，敢于打破常规，勇于探索的思想观念，对企业家营造开拓进取、宽大包容的文化氛围具有重要的借鉴和启迪意义。特别是在当今知识经济背景下，企业如何引进、培养和留住那些有创新精神和创新能力的人才，对其培育和形成核心竞争力十分重要。因此，企业必须要大力倡导和弘扬创新精神，鼓励各种创新，为造就创新型人才队伍，建设创新型企业提供强有力的文化支持。企业只有不断加强创新型企业文化的构建，将制度创新、技术创新，以及理念创新贯彻和落实到企业文化建设之中，并不断顺应企业内外部环境的变化，以创新的思维模式，不断制定适合企业不同发展阶段的创新型文化，才能获得长足的发展活力和持续的竞争优势。

5. 坚持诚实守信，培育企业信誉文化。诚实守信不仅是企业文化的灵魂，也是企

---

① （清）陈澹然：《寤言二迁都建藩议》。

② 《周易·乾卦》。

③ 《礼记·大学》。

业获得持续竞争力的源泉。中国文化始终将诚信作为做人立德的根本。"人无信而不立，店无信而不开"。顾客就是上帝，经商者自古以来都必须遵行"诚招天下客，信揽四方财"信条。如中国近代家喻户晓的北京全聚德、杭州胡庆余堂，当代世界知名的企业如通用电气、可口可乐、丰田汽车、茅台、海尔等，哪一个不是遵行"诚信经营"的道德规范而驰名于世？因此，企业文化建设必须大力倡导诚实守信的经营理念，对国家忠诚，对员工负责，对顾客守信。在国家法律许可的范围内开展生产经营活动，不产伪劣商品，不打虚假广告，不做会计假账，诚实经营，照章纳税，注重企业社会责任。恪守货真价实，童叟无欺。对员工要建立合作互信机制，尊重员工首创精神，主动吸纳员工的合理化建议，及时兑现对部门、员工的各项承诺，注重企业内部人际和谐，通过建立公平、公正、公开的激励机制调动其积极性，把企业文化转化为现实的劳动效率和企业财富。

6. 坚持和合理念，培育企业和谐文化。中国文化以追求"和"为一以贯之的价值目标。孔子有"礼之用，和为贵"之说[①]；孟子告诉人们："天时不如地利，地利不如人和"[②]；管子也认为："和乃生，不和不生"。[③] 所有这些思想强调的都是"和谐"乃世间万物生存和发展的法则。具体落实到企业的经营管理实践，人们常将"和气生财"作为重要的经营理念，并在企业经营管理实践中得到验证。如具有三百多年发展历史的北京同仁堂，能够长盛不衰，成为企业常青藤，其管理理念就是：关心人、理解人和尊重人。该企业坚持"四个善待"的文化理念："善待社会、善待员工、善待投资者、善待经营伙伴。"努力营造亲善仁爱、团结和睦的良好氛围。企业"和合"文化包括内外两个部分。对内，要建设和谐文化，就必须紧扣理念文化、利益文化与管理文化三个关键环节；要树立和谐理念，建立和谐管理机制，实现和谐管理目标；要真正关心员工利益，将员工的诉求和利益作为企业最大的任务和目标，并通过制度建设将其理念落实到位，充分挖掘和释放人的智慧和潜能，让每个员工在愉悦中工作，在工作中创造价值和成就，在工作中得到发展。对外，要树立合作共赢的理念和诚信经营的契约意识，遵守市场规则，遵守法律法规，遵守经营规范；与合作企业、政府、社会各界友好相处，承担应该承担的责任和义务，处理好个体与整体、局部与全局的关系。《尚书》有段十六字诀："人心惟危，道心惟微，惟精惟一，允执厥中。"[④] 这是中国传统文化协调主客体关系最一般方法论原则，是中华民族特有的生存智慧。要始终把我国文化中的优秀传统作为企业文化建设的思想源头，弘扬"和气生财"、"贵和尚中"的观念，构建具有和谐精神的企业文化，对内形成凝聚力，对外形成吸引力，培育企业持续、健康发展的不竭动力。

7. 坚持群体至上，培育企业团队文化。《周易》认为，"二人同心，其利断金"。[⑤]

---

① 《论语·学而第一》。

② 《孟子·公孙丑下》。

③ 《管子·内业篇》。

④ 《尚书·大禹谟》。

⑤ 《周易·系辞上》。

《吕氏春秋》也说："万人操弓，共射一招，招无不中"。① 企业经营已经过了那种单打独斗、个人英雄主义的时代，随之而来的是要不同的利益群体团结起来，走协同发展的道路。因此，在企业管理中，已经没有完美的个人，只有完美的企业团队。从现代企业发展的经验来看，任何企业的成功，并不是来自于你死我活的竞争，而是来自于亲密无间的协作。只有懂得企业协作精神的人才能获得双赢。否则，就只能是两败俱伤。所以，内部彼此协作，外部协同发展，已经成为现代企业文化建设的核心内容，也得到许多企业家的认同和推崇。将植根于中华文化中的团队精神与现代企业经营管理制度结合起来，鼓励企业员工协作配合，积极寻求企业间的协同发展，"求大同，存小异"，必将形成人人恪尽职守的向心力，必将培育和谐共赢的良好企业形象，从而提高企业运行效率，推动企业健康持续发展。

8. 坚持博学善思，培育企业学习型文化。源远流长的中国文化，其神秘的民族色彩和文化魅力，为中国人注入了极其独特的逻辑思维方式，形成了不断进取、追求完美的文化品格。古人云："好仁不好学，其蔽也愚。好知不好学，其蔽也荡"。② 待人宽厚但不好学，其短处表现为愚昧无知；爱卖弄聪明机巧但不好学，其缺陷是肤浅放荡。同时，"学而不思则罔，思而不学则殆"。③ 只读书不思考，只能越学越糊涂；只思考不学习就会止步不前，善学的同时要善思善用，这是中国传统智慧的集中表现。农业经济靠力量与土地，工业经济靠经验与技术，当今知识经济时代就要靠知识取胜。谁拥有了知识，谁就拥有了制胜的法宝。上海首富周正毅从"英雄问世、海鸟欲飞、商贸开路、地产为王"，到"浩浩申江水，毕竟东流去"，其银铛入狱的悲情退场，为企业经营者不学无术、愚昧无知作了最好的诠释。同样，张瑞敏、柳传志、牛根生等一批成功的企业家其所以能够在激烈竞争的市场中取得成就，也在于这些企业家把对知识的追求当成一种爱好，作为一种乐趣，学习各种业务知识，学习来自世界各国的文化知识，学习相关的法律、科技知识，向国企学，向外企学，向学者学，博采众长，最终成为经验丰富、知识渊博、管理科学、深谋远虑的优秀企业家。中国古代有追求卓越与"止于至善"的传统，企业文化不仅要具备"诚信"、"仁爱"、"责任"等基本道德因子，还要融入积极探索、勇于创新、永创一流的目标追求。一个优秀的企业家不但要有知识、见识、常识，还要具备胆识，具有敢为天下先的气度，不断追求卓越，维持企业不竭的创造力、奋发的向心力和持久的生命力。世界 500 强企业绝大多数都具有敢为人先的企业文化。如美国通用电气公司强调"永为先驱"；商业巨头沃尔玛则要求"永远追求更高的目标"；日本的索尼公司把"做先驱，不追随别人"作为企业信条。所有这些企业都形成了全世界公认的企业品牌和无可匹敌的市场竞争力。所以，有学者认为，企业文化的目标体系是一个有机的整体，"信"、"仁"、"责"是手段，"卓"是最终目的。市场竞争如逆水行舟，不进则退，企业要在激烈的市场竞争中抢占先机，必须高人一筹，强人一等，快人

---

① 《吕氏春秋·本生》。
② 《论语·阳货》。
③ 《论语·为政》。

一步，只有"会当凌绝顶"，才能"一揽众山小"。①

二、美国文化及其在企业经营管理中的体现

（一）美国文化的基本特点

作为世界政治、经济、军事强国，对美国文化的研究始终是学术界的一个热门话题。美国学者爱德华·C·斯图尔特（Edward C. Stewart）和密尔顿·J·贝内特（Milton J. Bennett）合著的《美国文化模式——跨文化视野中的分析》一书，从跨文化的角度诠释了美国的文化模式。该书自 1972 年出版以来，一直作为美国各大学人类学课程的教材。作者试图通过文化的具体现象揭示其背后的运作规律，并引入跨文化比较的方法，深入分析了美国人与其它文化背景的人在思维、行为、观念、价值取向等方面存在的差异，对美国文化的重要方面作了清晰而精当的描述。② 美国历史学家亨利·斯蒂尔·康马杰（Henry Steele Kang Majie）在《美国精神》一书中探讨了独特的美国思想、性格和行为方式，特别突出了美国文化所具有的特征。③ 中国学者对美国文化的研究也较普遍，曾有学者将美国文化的特点概括为九个方面：即宗教文化与世俗文化的结合；本土文化与外来文化的融合；主流文化与边缘文化的磨合；传统文化与现代文化的汇合；阶级文化与种族文化的组合；精英文化与大众文化的弥合；外交文化与内政文化的配合；个人主义文化与民族主义文化的联合；熔炉文化与多元文化的整合。④ 还有人认为，美国的主流文化主要是 WAS（White Anglo-Saxon Protestant）文化、基督教文化、个人主义文化和现代文化的综合。⑤ 此外，朱永涛根据其在美国的亲身经历，从历史学、社会学的角度讨论了美国人的价值观。⑥ 端木义万的《美国社会文化透视》，采用多角度透视当代美国社会和文化，充分体现了时代特色。⑦ 美国波士顿学院的苏玉崑是一位美籍华人学者，他对美国文化的理解有其独特的地方。他认为，美国对近代欧洲文化的优秀成果进行了最合理的选择、综合，并在此基础之上有所创造，确立了自己的基本价值观，建立了相当完整的政治制度。美国有五个精神支柱：个人价值、法治民主、市场经济、宗教、多元文化。这五个精神支柱一直存在于美国，从农业社会，到工业社会，再到知识社会。美国强调个人的独立存在，尊重个人的尊严、自由、权利，这

① 孔南钢：《儒家商务伦理思想与现代企业伦理文化建设》，《伦理学研究》，2011 年第 4 期，第 131—135 页。

② （美）爱德华·C·斯图尔特、密尔顿·J·贝内特：《美国文化模式——跨文化视野中的分析》，卫景宜译，天津：百花文艺出版社 2000 年版，第 1 页。

③ （美）亨利·斯蒂尔·康马杰：《美国精神》，南木等译，北京：光明日报出版社 1988 年版，第 1—4 页。

④ 董小川：《美国文化特点综论》，《东北师范大学学报》（哲学社会科学版），2002 年第 4 期，第 13—20 页。

⑤ 李云鹤、梁丽：《美国文化特点简析》，《青春岁月》，2013 年第 7 期，第 379 页。

⑥ 朱永涛：《美国价值观—— 一个中国学者的探讨》，北京：外语教学与研究出版社 2002 年版，第 5 页。

⑦ 端木义万：《美国社会文化透视》，南京：南京大学出版社 1999 年版，第 1—5 页。

是美国最基本的价值，它是美国社会永远充满活力的重要原因。他还认为，美国社会的上述五种精神支柱之间彼此联系，共同促进了美国社会的发展，而社会的发展又反过来对它们提出了要求。可以说，如何提高人们的精神生活水平，是美国21世纪文化的主要问题。① 综合国内外学者对美国文化的研究，我们将其特点大体概括为以下几个方面：

1. 独立与包容精神。作为一个在原始荒野中创造出来的国家，美国在建国初期，茫茫原野亟待人们开发，必须鼓励个人独立创造的精神。凡是有悖或阻碍个人发展的东西都将被视作异端而加以贬责。同时，在艰苦开拓的过程中，来自世界各地的不同民族汇聚在这块土地上，没有绝对的权威，没有约定俗成的规矩，每个民族都只能靠发挥自己的特长和天性，彼此之间也只有互相尊重并吸取其他民族的优秀品质。于是，坚信自我、尊重他人的文化取舍就成为他们共同的行为准则。正是在这一点上，各国移民找到了共同之处，这就是个性容于团队的价值体系，并深入民心，由此形成了美国人特殊的民族性格：对自己深信不疑，把依靠自己作为哲学信条。

与此相应，由于多民族的聚居，彼此之间的理解和包容也成为人们的共识，由此形成了美国文化具有很强的兼容性。正如一些学者所言："美国文化是一种兼容性很强的文化。它是一种开放文化，又是一种宽容文化"。"美国对各种思潮采取兼容并蓄的态度，使美国思想文化表现出七彩纷呈、五光十色的局面"。② 这种兼容性被有些学者概括为：各种政治思想可以在美国存在；可以容纳各国文化之精华，且互相渗透、彼此交融；对各种宗教和难民具有宽容兼纳的一面。③

2. 开拓与创新精神。冒险和开拓精神曾经是到美洲新大陆拓荒的新教徒们的标签。这些新教徒们曾经冒着被葬身海洋的风险，前仆后继，到这片茫茫荒原上淘金，并用坚毅和卓绝建立起了自己的国家。这种冒险和开拓精神，也被后代的美国人继承和发扬。于是，美国历史上轰轰烈烈的西进运动，不仅把大片荒芜的平原改造成了良田，而且，延续近一个世纪的拓荒运动，也使得美国的领土大大扩张。更为重要的是，开拓精神还激励美国人勇于参与竞争，锻造了美国人的国民性格，并在此基础上形成了独特的文化和价值观，即积极乐观、勇于改变、着眼未来、自立自强。

与此相应，美国人还特别强调创新精神。他们认为机会到处都有，主要在于主动发现和利用。在美国人的意识中，除了法律，一切陈规陋习和传统先例都是创新的障碍，他们乐于向传统和先例挑战。硅谷文化一条重要的经验就是创新，在硅谷聚集了一大批具有创新精神的企业精英和专门人才。这里宽容失败，鼓励冒险，奉行平等和宽松的环境。正是这批具有创新精神的人营造了一种新的商业模式和制度环境，形成了一种举世

---

① 曾德雄：《美国文化的特质——美国波士顿学院苏玉崑教授访谈录》，《开放时代》，1996年第3期，第56—57页。

② 仲掌生：《20世纪美国文化断想》，《解放军外国语学院学报》，2000年第3期，第99—102页；王锦塘：《美国社会文化》，武汉：武汉大学出版社1996年版，第10页。

③ 李其荣：《开放·包容·进取——美国文化的优势》，《学术界》（双月刊），2005年第4期，第83—94页。

瞩目的"硅谷"现象。美国商务部负责知识产权的官员戴维·卡普斯（David Kaps）表示，美国"二战"以来的经济增长有 75％ 来自产业创新和技术革新，创新是国家经济发展的关键。① 一些学者也认为，"创新是美国文化的基本特征，美国文化的基本精神就是在变化中求发展"。②

3. 自由与平等精神。美国是一个崇尚自由和平等的国家。自由与平等是美国三大民主中的第一个理想——天赋人权的基本内容。自 19 世纪末以来，美国历史上曾经为此而发生过多次的争论和改革，并最终成为美国文化的一个重要特征。在美国，对人的自由和平等，除法律明文规定加以限制并由执法机关及其人员执行限制之外，任何机构或个人都不得非法剥夺或限制他人的自由和平等。③ 有人讲述了一个在美国看到的纪念南北战争时期盖蒂斯堡④战役阵亡人员的故事，典型反映了美国人对自由和平等的理解。这是一场发生在 1863 年 7 月的战役，当时的南北双方经过激烈决战，最后以阵亡 51000 人的代价宣告南军失败，北军胜利。但在纪念这场战争的国家军事公园里，却不仅有北军的雕塑和纪念碑，也赫然矗立着南军的雕塑和纪念碑，这确实令人匪夷所思。实际上，在美国人的价值观和信仰体系中，无论敌我，不管谁胜谁败，也不在乎你当年的信念是什么，只要你是为一种信仰而战，那么你就是这个国家的英雄，都能享受到一样的荣誉，赢得这个国家和历史的敬重。所以，有人认为，美国的南北战争，与其说是一场"废奴"与"蓄奴"的战争，不如说是一场各自为了彼此理解意义上的自由与平等的战争。⑤ 正是从这个意义上，美国《联邦宪法》对制定自己的宪法有一段十分简短而精彩的序言："我们美利坚合众国的人民，为了组织一个更完善的联邦，树立正义，保障国内安宁，建立共同国防，增进全民福利，确保我们自己和我们后代能够安享自由带来的幸福，特为美利坚合众国制定和确立这一部宪法。"⑥

4. 物质享受与实用主义。由于新教价值观的影响，美国人至今仍以赚钱多少作为

---

① 《财经·国际综述：美国——科技创新成就经济大国》，http：//www.chinabond.com.cn/Info/9742312.

② 李其荣、喻枝英：《美国文化特色研究及其启示》，《湖北行政学院学报》，2007 年第 1 期，第 86—89 页。

③ 自 19 世纪末以来，由于社会不平等的日益加剧而面临挑战，美国社会开始了寻求社会平等与个人自由之间平衡的斗争，并经历了两次剧变。一次是 19 世纪末以来严重的社会不平等，导致寻求社会平等的罗斯福新政出台；另一次是作为新政的发展，20 世纪 60 年代约翰逊的伟大社会计划。在这两场革命乃至今天的美国政治中，对于美国民主的第三个理想——有限政府的解读，首当其冲地成为民主、共和两党政治斗争的焦点（王传兴：《社会平等与个人自由之争——对 19 世纪末以来美国社会政治变迁一个剖面的分析》，《美国问题研究》，2010 年第 1 期，第 73—87 页）。

④ 盖蒂斯堡（Gettysburg），又译作盖兹堡，是美国东部宾夕法尼亚州西南的一个小市。史载，发生于 1863 年 7 月 1 日至 3 日的盖蒂斯堡战役，南方邦联军统帅罗伯特·李将军率领 7 万多人，与北方联邦军乔治·米德将军率领的 8 万多人在这里一决雌雄。这是一场惨烈的对决，双方伤亡总人数高达 51000 多人，其中南军伤亡 28000 多人。常胜将军李从此只能退守南方弗吉尼亚的里奇满都，直到两年后不得不向北方联邦军投降。

⑤ 林怡：《美国精神：基于自由平等信念的宽容与和解——盖蒂斯堡内战战场观后》，《领导文萃》，2013 年第 7 期（上），第 124—127 页。

⑥ 转引自林怡：《美国精神：基于自由平等信念的宽容与和解——盖蒂斯堡内战战场观后》，《领导文萃》，2013 年第 7 期（上），第 124—127 页。

评价一个人社会地位高低的重要依据。美国人认为，生活舒适是理所当然的人生追求。当美国人谈论一个人的价值时，更多地是指物质价值，而且除了这个通用标准外，几乎没有别的什么标准。在美国社会里，许多人拼命地工作，不惜付出自己的一切辛苦与智慧谋求事业上的发展，通过个人的奋斗取得成功，从社会下层变成拥有巨额财富的社会上层人士几乎成了美国式的信条。在这种价值观的支配下，在美国的企业家和财富拥有者普遍受到尊敬，人人都想成为亿万富翁，都想获得巨额财富或拥有一个显赫的经济地位。

与追求物质享受相适应，实用主义[①]在美国不仅是一种哲学的研究范畴，而且也是美国人的人生哲理。实用主义强调的一条重要原则就是效用原则。在美国人眼里，有用的就是真理，成功就是真理。他们立足于现实生活和经验，把现实社会中确定的信念当作出发点，把采取行动当作主要手段，把获得效果当作最高目的，一切都是为了效益和成功。甚至连美国貌似理想主义的外交政策，真实的目的也是离不开道地的实用主义哲学。这种理想主义与现实主义的对立统一构成了美国外交的基本特点，并始终贯穿在美国的外交实践中。[②] 所以，美国自由派历史学家小阿瑟·施莱辛格（Jr. Arthur M. Schlesinger）在《美国历史的周期》一书中说："外交政策是一个国家向世界展示的面孔。所有国家的目标都是一致的，即保护国家的完整和利益，但一个国家设计和执行本国外交政策的方式受国家特性的巨大影响。"[③] 施莱辛格在此所谓的美国"国家特性"，就是美国人外交政策中的理想主义外壳和实用主义内核。

（二）美国文化在企业经营管理中的体现

美国独特的文化造就了鲜明的价值观，这种价值观则深刻影响着美国企业的经营管理活动。

1. 强调个人奋斗和实现自我价值。与美国崇尚个人主义文化相适应，美国企业经营管理中特别强调个人的独立性、个性和个人成就。在这种思想支配下，美国的企业管理以充分调动个人的能动性为基础，鼓励员工个人奋斗，实行个人负责、个人决策。在美国企业中，英雄主义色彩比较突出，许多企业常常把企业的创业者，或对企业作出巨大贡献的个人推崇为英雄。像靠石油起家的约翰·戴维森·洛克菲勒（John Davison Rockefeller）、汽车大王亨利·福特一世（Henry Ford）以及微软公司创始人比尔·盖茨（Bill Gates）等人都是家喻户晓的大英雄，知名度往往超过了一般的美国总统。美国的管理创新也在很大程度上依靠一些英雄人物的远见卓识而完成，如福特的流水线、

---

① 实用主义是 19 世纪 70 年代在美国出现的一个哲学流派，到 19 世纪末 20 世纪初，通过威廉·詹姆斯（William James）、约翰·杜威（John Dewey）等人的活动，实用主义发展成为在美国影响最大的哲学流派。实用主义虽不一定是一种真正的哲学思想，至多只能算作关于人类行为和活动的社会观念，但这种观念对美国社会价值观，尤其是对美国国民性格塑造，却发挥着不可低估的作用。即使是在当代美国人的思维模式和行为方式中，仍然到处渗透着实用主义的价值观。

② 王新谦：《马歇尔计划与美国的实用主义》，《当代世界与社会主义》（双月刊），2013 年第 4 期，第 104—109 页。

③ Jr. Arthur M. Schlesinger, The cycles of American history, Boston：Houghton mifflin company，1986，52.

斯隆的事业部制、艾柯卡的管理方式等。有鉴于此，美国企业管理文化学者特雷斯·E·迪尔（Terrence E. Deal）和阿伦·A·肯尼迪（Allen A. Kennedy）就明确指出：如果价值观是文化的灵魂，那么，英雄就是这些价值观的化身和组织机构力量的集中体现，而英雄是美国企业管理文化的"中流砥柱"。①

企业对职工的评价也是基于个人能力原则，加薪和提职主要看其能力和工作业绩，不太考虑年龄、资历和学历等因素。有资料显示，在美国企业中，80%以上采用了事业部制的组织架构。事业部的特点就是其决策由个人承担，明确反映各个责任中心独立工作的成果和管理人员的才干。为了最大地发挥个人的能力和作用，美国企业一方面让职工分享一定的信息权和决策权，让员工亲身感受到个人利益与企业利益的相关性和共同性，从而调动其主观能动性；另一方面，对职工的褒贬十分明确，对确有实际工作能力和业绩的职工，可以一跃而提拔为某个层次的管理者，并大幅度提高工薪；对于不称职的员工，则要求其离开，另谋出路。② 比如微软公司独特的用人文化就是聘用"聪明人"，并给以高额酬劳。这种"聪明人"就是那些反应敏捷、善于接受新事物，能够迅速进入新的领域，提出问题能够一针见血，切中要害，能很好地解决问题，具有创新精神和合作精神的人。这些人一旦被聘用，就会被安排在管理岗位上，并在工作18个月后就能获得公司25%的股权，此后6个月可以获得其中12.5%的股权，连续工作10年以后，就可以在任何时间兑现全部认购权。③ 福布斯的历任总裁都有超凡的个人能力。在企业内部，他们雇佣了一大批精明能干的人才，有才华横溢的编辑大卫·梅克（David MeiKe），有善于理财的财务专家列尼·雅布隆（Lene Yabron），还有慧眼识珠的决策者马孔·福布斯（Makon Forbes）等。所以，有人说，《福布斯》杂志畅销全球，在很大程度上归功于那些一流的记者、编辑、财经专家队伍和出色的广告行销人员。在福布斯，只要你有才能，就会被安排在一个合适的位置并大显身手。④ 惠普公司的企业精神就是"尊重个人价值"。该公司实行弹性工作制，给员工以充分的自由，使每个人能够按照自己的意愿完成公司的目标。⑤ 在美国硅谷，个人奋斗和自我价值实现更是主流价值导向。硅谷人可以毫无顾忌地充分发表个人的意见和观点，其同事或上司不仅会予以鼓励，而且会在充分评价的基础上，认真吸纳有价值的意见和建议。为了实现自己的雄心壮志，工程师和管理人员可以经常跳槽，或创办自己的公司，或另谋高职，这些现象在硅谷都是很正常的，不仅不会受到谴责，而且还会得到支持和鼓励。⑥

美国式的鼓励个人奋斗和崇尚自我价值实现，引发了企业管理中实用和务实的特质。在美国的企业中，一方面，任何一项发明或发现是否被企业接受，关键在于它能否

① （美）特雷斯·E·迪尔、阿伦·A·肯尼迪：《企业文化——现代企业的精神支柱》，唐铁军、叶永青等译，上海：上海科学技术出版社1989年版，第15页。
② 胡健生：《美国企业管理思想的几个特点》，《江苏经济探讨》，1996年第12期，第28—29，11页。
③ 石磊编著：《企业文化案例精选评析》，北京：企业管理出版社2010年版，第128—133页。
④ 石磊编著：《企业文化案例精选评析》，北京：企业管理出版社2010年版，第137—139页。
⑤ 石磊编著：《企业文化案例精选评析》，北京：企业管理出版社2010年版，第30页。
⑥ 佘凌：《美国硅谷：创业环境和园区文化》，《江南论坛》，2010年第8期，第8—10页。

在现实中加以应用，能否在社会生活中产生效用；另一方面，企业也会积极创造条件鼓励创新成果转化为现实生产力。比如通用电气公司（GE）。该公司每年的创新投入成本占收益资金的 8%—12%。为了增强创新能力，GE 还采取了各种措施鼓励科技创新和成果转化。公司每年有一个利润计划指标，完成指标数，公司总裁可以拿到 100% 的工资和占工资 15%—20% 的红利，全体员工都可以相应增加收入。如果完不成利润指标，各级人员的红利都要被扣减。如果企业连续多年没有科技成果转化和开发出新产品，导致老产品衰减，销售额下降，企业经理就会被解雇，员工也会被裁减。这一无情的法则，明确了 GE 从总裁到员工与科技成果转化、新产品开发的直接关系，由此也调动了该公司科技人员对开发新产品，努力实现科技成果转化的积极性。[①]

2. 宽容失败和鼓励创新。美国人认为，冒险与机会同在，没有冒险就不可能有新的发展机会，但冒险又可能会失败。因此，他们对失败极为宽容。在美国人看来，失败乃成功之母、创业的失败可能将孕育着成功，失败对人的发展是一种财富。据资料显示，在美国硅谷的企业普遍推崇的理念是"允许失败，但不允许不创新"，"要奖赏敢于冒风险的人"。许多企业重金资助创新研究人员，并承担研究风险，如果研究失败，不仅不会受到谴责，而且还允许回到原来工作岗位，享受原来的待遇。[②] 英特尔公司（Intel）创立于 1968 年，20 世纪 70 年代，该公司已经开发出了世界上第一块用于个人电脑的 4004 型微处理器。80 年代，将普通芯片制造工艺改造成为世界上最高效、最尖端的工艺。90 年代，在创新理念指引下不断改进芯片的设计，使其销售额增长了 7 倍，资产回报增长了 1 倍。1999 年在《财富》杂志公布的全球 500 强企业中排名第 121 位。该公司企业文化的基本原则就是"尝试风险和结果导向"。公司创始人之一的罗伯特·诺伊斯（Robort Noyce）的口头禅是："别担心，只管去做"，以此鼓励员工发掘新事物、尝试新方法，并善于从失败与错误中学习。该公司还规定，对于员工和管理人员，如果在聘用一年内仍未犯过"合理的错误"，就要被解雇。正是这种宽容失败，勇于创新的精神，使英特尔推陈出新的速度越来越快，让竞争对手望尘莫及，从而牢牢掌握了电脑芯片市场的主导权。所以，有人在总结英特尔成功的经验时，赫然将"包容失败"和"追求风险"列为首位。[③] 创建于 1902 年，总部设在美国明尼苏达州圣保罗市的 3M公司（2002 年以前称明尼苏达矿业与制造公司），是世界著名的产品多元化跨国企业，该公司的企业文化被人们概括为"不畏失败"和"创新斗士"。该公司历来有鼓励创新、不畏失败的传统。对于成功者，他们会给以英雄式的款待，对于失败者，也照样会给予鼓励。作为世界 500 强的企业之一，3M 公司在 2003 年被《商业周刊》评为全球最佳表现 50 强之一，在 2005 年被评为全球最具创新精神的 20 家公司之一，并连续两年入选《财富》杂志"最受赞赏的在华企业"。有媒体评论："最令 3M 感到欣慰的是，公司每个人在开发新产品时，或是把别人没有信心的产品成功推入市场时，或想出如何大量

① 孙利虎、彭剑锋、邓衢：《看美国 GE 的科技成果转化》，《企业管理》，2013 年第 6 期，第 100—102 页。

② 佘凌：《美国硅谷：创业环境和园区文化》，《江南论坛》，2010 年第 8 期，第 8—10 页。

③ 刘光明编著：《中外企业文化案例》，北京：经济管理出版社 2000 年版，第 70—77 页。

生产降低成本时，都能把产品当作自己的事业一样来处理，而且上司多半会放手让他们去这样做。"3M公司非常重视建设这种"创新斗士"的支援系统，公司管理人员则成为创新者的保护者。① 研究3M公司有20年之久的麻省理工学院的爱德华·罗伯茨（Edward Roberts）作了如下描述：在3M公司，一个人只要参与新产品创新事业的开发工作，他在公司里的职称与工资等级，自然就会随着他们产品的营业业绩而改变。万一他们失败了，公司也会给予后援补救制度，以保证回到参加小组前的那个岗位。② IBM公司发生的一个事件最能说明美国公司对待创新失败的宽容态度：该公司一位高级负责人，曾经由于在创新工作中出现严重失误而造成1000万美元的巨额损失，许多人提出应立即把他革职开除。而公司董事长却认为一时的失败是创新精神的"副产品"，"如果将他开除，公司岂不是在他身上白花了1000万美元的学费"。如果继续给他工作的机会，他的进取心和才智有可能超过未受过挫折的人。结果，这位负责人不但没有被开除，反而被调任同等重要的职务。后来，这位负责人确实为公司发展作出了卓越的贡献。③

正是由于美国企业始终将这种以"宽容失败"为导向的创新作为现代企业活动的核心和动力，使美国的企业家能够以长远的战略眼光，密切注视国内外市场动向，熟练利用各种信息资源和信息手段，紧紧跟踪本领域以及相关领域的前沿水平，敏锐地预见可能要发生的产品、技术、市场、服务和管理等方面的变革，结合自身优势，不断创造出新产品、新技术、新市场、新服务和新管理，使企业始终处于变革的前沿，从而引领市场和技术发展的潮流。

3. 非常重视经营企业的理念。企业理念是构成美国企业管理文化的基石，企业理念为企业和员工设定了成功的方向和目标。IBM公司在成立之初就创建了一套独特的企业文化理念，提出了"IBM就是服务"作为公司的理念。以后几任公司的最高决策者都始终如一地坚持这一理念，并将其落实到企业经营管理的实践之中。公司创始人托马斯·沃森（Thomas Watson）父子早年曾从事过销售员工作，对于如何才能使顾客满意，具有十分丰富的经验。他们坚持"IBM就是服务"的理念，并采取了一系列措施保证优质服务。其中，"必须尊重个人"、"为顾客提供最佳服务"、"不断追求卓越"被称为"沃森哲学"三条核心准则。这一特色文化理念既是沃森父子和他们领导的公司积半个多世纪努力而获得口碑的重要因素，也成为IBM公司发展成为"蓝色巨人"的文化基石。所以，小托马斯·沃森（Thomas Watson Jr.）曾不无感慨地说："我坚信，任何企业，为了生存并取得成功，必须有一套健全的信念，并将其作为它所有政策和行动的前提。接下来，我认为企业成功的最重要因素是忠实遵守这些信念。最后，我相信，如果一个企业想要成功应对不断变化的世界和随之而来的挑战，它就必须时刻准备着，

———————————

① 刘光明编著：《中外企业文化案例》，北京：经济管理出版社2000年版，第360—370页。

② 刘光明编著：《中外企业文化案例》，北京：经济管理出版社2000年版，第363页。

③ 纪光欣、冯启海：《美国企业：以价值观为驱动力》，《中外企业文化》，2003年第2期，第44—45页。

在它的整个生命中改变自己的一切，除了这些信念之外"。① 1993 年，路易斯·郭士纳（Louis V. Gerstner Jr. ）接任 IBM 公司的董事长兼首席执行官。面对公司主打产品——大型机需求量骤减，公司陷入困境的局面，郭士纳进一步挖掘"IBM 就是服务"这一金字招牌的内涵，提出"替客户着想"和"全球服务"的理念。短短 3 年，到 1996 年，公司销售额和利润分别提高到 760 亿美元和 54 亿美元，再次成为行业领袖。进入新世纪后，IBM 打破地域限制，成立全球服务事业部，建立统一而又系统的服务作业流程。2002 年，接任郭士纳的新任董事长萨姆·帕米萨诺（Sam Palmisano）推出耗资 100 亿美元的 EBOD（E-business On demand，随用随取电子商务）战略，继续提升"IBM 就是服务"的文化价值。2004 年，在美国《财富》杂志评出的世界 500 强中，IBM 公司以 891 亿美元的销售额名列第 19 位，稳居"计算机、办公用品"行业榜首。② 毫无疑问，迄今为止，IBM 的品牌仍然是全球商业品牌中最有影响的品牌之一。美国《商业周刊》对该公司给出的评语是："由于服务收入超过公司销售收入的一半，'蓝色巨人'成了电子商务的领导者"。③ 有人将此称作 IBM 公司软功夫，这种软功夫的核心支撑条件之一就是"IBM 就是服务"的理念。④

此外，诸如波音公司的"以服务顾客为经营目标"；杜邦公司的"通过化学能使美好的生活更加美好"；麦当劳公司的"Q、S、C＋V"，即"麦当劳为世人提供品质上乘、服务周到、地方清洁、物有所值的产品和服务"等。⑤ 正是由于这种价值方向的确立与个人奋斗心态的价值确认相一致，与其务实精神相统一，从而产生了强大的文化驱动力，激励企业员工为了个人利益和企业价值目标的实现去拼搏和奋斗。所以，美国学者托马斯·J·彼得斯（Thomas J. Peters）和小罗伯特·H·沃特曼（Robert H. Waterman）在《成功之路》一书中指出，出色的公司几乎都只是以寥寥几条主要的价值观来作为驱动力，给员工们以充分施展才能的余地，使其发挥主动性，为实现这些价值而大显身手。⑥

4. 崇尚"契约"式管理。美国人的契约精神或契约文化，以及由此形成的美国人的社会秩序，来源于对《圣经》中基督教诲的信奉和遵守，根植于清教徒所信奉的圣经

① 彭明盛：《IBM：一个伟大的公司和它的理念》，http：//weibo. com/ebusinessreview.

② Fortune. Global 500. Fortune Magazine，2004－6－12.

③ Business Week. The global brand scoreboard，the 100 topbrands. Business Week Magazine ，2004－8－2.

④ 王志平：《IBM 公司的独特"软功夫"及其启示》，《外国经济与管理》，2006 年第 2 期，第 60－65 页。

⑤ 徐建民等编著：《企业之魂——CIS 战略的理念识别》，北京：北京经济学院出版社 1995 年版，第 23 页。

⑥ 转引自纪光欣、冯启海：《美国企业：以价值观为驱动力》，《中外企业文化》，2003 年第 2 期，第 44－45 页。

传统中的圣约思想，即在上帝面前相互订立圣约的传统。《五月花号公约》①寥寥不足300字，但在人类文明史上，其重要性却可以和美国的《独立宣言》、法国的《人权宣言》等划时代历史文献相提并论。有人认为，《五月花号公约》作为集契约精神、法治精神、民主精神、宗教精神，以及个人主义自我奋斗精神为一体，是美国精神的光辉范例，也是美国精神的起源。②有一个故事最能说明美国人的契约精神。两百多年前，有一位农场主的儿子游玩时溺水身亡。悲伤不已的农场主伤心地在庄园内为幼小的儿子建造了一个小坟冢。多少年后，农场主破产，无奈中只好出卖庄园，但为了寄托自己的哀思，要求在售卖契约中设立一个条款：在任何时候、任何情况下，都不可以毁掉自己儿子的坟。买主承诺了，并把这个特别的要求写进了土地买卖的协议。于是，岁月沧桑，土地数次易主，这块土地新的拥有者换了一茬又一茬，唯独小孩子的坟没有变，依然在这块土地上孤零零地矗立着。1885年，这块土地被美国政府圈定为第18任总统格兰特将军的陵园。纽约市政府遵守昔日墓地契约，依旧保留了孩子的墓地。于是，两百年前的契约条款，让这个孩子与格兰特总统永远葬在了一起，成为美国总统的邻居。

与生活中的事例一样，美国人在企业管理中也普遍奉行"契约"精神。一般企业都注重建立详细严格的规章制度，且赏罚分明，企业和员工的关系主要靠"契约"，而不是靠情感来维系。这种管理理念至少从19世纪中叶著名管理学家D·C·麦克考勒（D. C. McCallum）所倡导的"制度管理"思想中就有所体现。到了20世纪初，在弗雷德里克·温斯洛·泰罗（Frederick Winslow Taylor）的"科学管理"思想中又得到了加强。20世纪50年代以后，美国的企业管理更加趋向于严密化、定量化、科学化、法律化和理性化。企业必须有严格的规章制度，以责任、权限界定分明的规章制度（或契约）来规范、协调个人的行为，保证企业职工之间正常的工作关系，人际关系不受个人观点、个人情感的影响，即使是上级对下级的干预也受到制约，从而保证企业各项活动的规范化、秩序化和高效率。③

在人力资源管理的各个职能领域，美国企业也会有一套严格而完整的规章制度，具体表现为分工明确、责任清楚，对常规问题处理的程序与政策都有明文规定。比如，美国一家汽车制造企业中蓝领工人的工种，有电工、机械工、清洁工、搬运工等，总计达数百种之多。任何一个工作岗位都会形成一份《工作说明书》，其详细规定该工作的任务、职责、绩效标准以及承担人所必须具备的资历与能力。以《工作说明书》为基础，

---

① 1620年9月6日，一艘名为"五月花号"的小船搭载着102个主要由英国清教徒组成，其中相当一部分人是为了逃避宗教迫害，或者是为寻求美丽的新生活和实现自己梦想的人离开英国普利茅斯港，于11月21日抵达了马萨诸塞海湾东岸北端的"科德角"（Cape Cop）附近的普里温斯顿（Provincetown）。面对残酷的现实和严峻的生存危机，现实需要让他们明白，团结起来才是他们的唯一出路。于是，为了生存、为了梦想，也为了不让这个共同体解散，41位男性乘客经过激烈的争论后在船上签署了生死与共的《五月花号公约》，建立了北美第一个契约殖民地，即"普利茅斯殖民地"。而《五月花号公约》则成为了这个未经特许而成立的殖民地，也是北美第一个契约殖民地的根本法规和自治原则（许爱军：《〈五月花号公约〉和美国精神》，《国际关系学院学报》，2012年第1期，第112—117页）。

② 许爱军：《〈五月花号公约〉和美国精神》，《国际关系学院学报》，2012年第1期，第112—117页。

③ 胡健生：《美国企业管理思想的几个特点》，《江苏经济探讨》，1996年第12期，第28—29，11页。

美国企业在招聘、培训、绩效评估以及薪酬等方面的管理实践都有了依据与标准，从而整体提高了人力资源管理的制度化与规范化水平。[①]

5. 十分重视人才的培养和开发。美国是世界上经济实力最强的国家，也是吸引人才最多的国家。1813 年，美国《独立宣言》的起草者托马斯·杰弗逊（Thomas Jefferson）在给友人的信中就写道：一个好的政府制度，"必须能有效地让优秀者担任治理的职位"。早在 1779 年他就提出，"民主共和的治理离不开有良好教育的公民，公民在选举中选拔美国的治理者，有什么样素质的公民便会选择什么样的治理人才"。[②] 贝拉克·侯赛因·奥巴马（Barack Hussein Obama）担任总统后，除了通过正常渠道选拔人才外，还开通网络选拔人才，不分族裔、性别、年龄，都可以为他工作。为了更多地吸引高层次人才，美国制定了许多优惠政策。从 1946 年开始实施《富布赖特计划》（Fulbright Program），美国每年通过提供奖学金接受各国学生及学者赴美学习。1952 年和 1965 年先后两次修改《移民法》，对有成就的科学家和高层次人才，不论国籍、资历和年龄，均实行"绿卡"制度，给予入籍优惠。1990 年，美国国会创立 H—IB 签证计划（美国给具有特殊专长的外国人签发的入境证件），每年签发 65 万个，允许具有学士学位或更高学位的外国人到美国工作。1998 年，又将这类签证的名额增至 115 万个。美国从各国吸引人才可谓不择手段。1945 年盟军攻克德国柏林后，美国随即派 3000 多名科技专家来到德国进行调查，然后又派 100 多架飞机将科学家运往美国。前苏联解体后，美国采取金钱收买等各种手段，吸引俄罗斯的各类人才，如圣彼得堡物理研究院、俄罗斯科学院物理化学研究所等，美国都通过各种手段将这里的杰出人才吸引挖走。据资料显示，在"二战"后的 20 多年间，美国接收的各国高科技人才达 40 多万人。而在 1991—1992 年间，留美的约 60 万外国留学生有近 65％学成毕业后滞留美国并加入美国国籍。特别是在新世纪前后，由于采取宽松的经济政策、高效的经济运作使世界各国的高层次人才源源不断地流入美国。目前，美国在世界 180 多个国家和地区搜罗的各类人才逾百万。在美国，获得诺贝尔奖的科学家中有一半是有异国国籍的外国人，在硅谷、休斯顿航天中心等科技人才密集的地方，外国科技人员也占了 50％以上。美国许多重点科研机构，大公司科研机构的科技带头人，一些重点大学的系主任，有 60％—70％由美籍外国人担任。[③]

有人认为，美国人才的高度集中既得益于其得天独厚的地理环境、历史传承和政治制度，但美国企业对人才的吸引也至关重要。他们的做法：一是尊重价值，发挥利益相关方的潜力。二是给予优厚条件，重金礼聘。三是采用"为我所用"的全球战略。四是改善工作环境，让员工有归属感。五是注重培训。[④] 比尔·盖茨（Bill Gates）曾经有句名言："如果把我们公司顶尖的 20 个人才挖走，那么，我告诉你，微软会变成一家无足

① 方洪波：《美国企业人力资源管理及其启示》，《现代管理科学》，2010 年第 3 期，第 98—100 页。
② 转引自徐贲：《美国不拘一格的人才观》，《人才资源开发》，2012 年第 2 期，第 68 页。
③ 高原：《美国如何吸引高科技人才》，《国际人才交流》，2000 年第 5 期，第 31—32 页。
④ 苏光明：《美国企业如何留住人才》，《国际人才交流》，2008 年第 4 期，第 40—41 页。

轻重的公司。"① 该公司专门设有200多人的人才招聘机构，每年都分别到世界一些知名大学招聘优秀人才。盖茨每次来中国都要到清华、上海交通大学等著名高校与学生座谈，物色选拔人才。仅微软在西雅图的总部就有100多名清华大学毕业的研究生。微软亚洲研究院自1998年成立后的短短几年，从各个领域招揽的数字多媒体、多通道用户界面、无线及网络技术以及数字娱乐技术方面的优秀科技人员就达150多人。有人也把微软公司比作全世界最大的脑力压榨机，在这座知识工厂里，盖茨是全球知识精英的超级工头。在他的带领下，员工的心血智慧结晶为众多畅销软件，使微软成为有史以来最具价值的知识创造型企业。所以，有人认为，如果说微软公司的发展一半归功于比尔·盖茨（Bill Gates），那么，另一个重要的因素就是微软公司完美的人才结构。②

三、日本文化及其在企业经营管理中的体现

（一）日本文化的特点

关于日本文化的研究曾引起许多学者的兴趣。1946年，美国人类学家露丝·本尼迪克特（Ruth Fulton Benedict）出版了她一生中影响最大的著作《菊与刀》（The Chrysanthemum and the Sword）。在书中，作者运用人类学的研究方法，从日本的发展历史、人情、德行、修养，以及对待战败的态度等方面对日本文化进行了深入的研究，清晰地勾画出了日本民族性格及其文化模式。作者将日本文化的特征概括为自卑和自傲的双重变奏，表面上的温文尔雅与内心深处的残忍暴戾并存。一位中国学者在读过《菊与刀》后，对本尼迪克特的观点给予高度认同，并认为日本人的性格也主要来自这种自卑感，无论表现为武士的刚毅、冷静、自制，还是表现为军事侵略中的凶残顽恶，或表现为经济掠夺中的嚣张跋扈，都皆为其深重的自卑感之表现。③ 本尼迪克特对日本文化的研究成为战后很多关于日本人和日本文化的研究的基础。法国学者罗兰·巴特（Roland Barthes）在《符号帝国》一书中也对日本文化进行了独到的阐述。他将日本文化称为"一个符号系统"，认为日本的语言、饮食、街区、商品包装、木偶戏、礼节、俳句、文具、面容等方面都可以被视作一种符号系统。④

一些日本学者除了强调日本文化中的重"人情"、"义理"，重人与人之间相互合作、协调关系外，⑤ 也承认日本文化具有一种异种杂交的特征，是一种多元文化汇聚融合的产物。如日本文学史家加藤周一就明确将日本文化称为"杂种文化"，日本东洋史京都学派创始人内藤湖南还形象地将日本文化称为"豆浆"，将中国文化比作使日本文化凝

① 引自侯忠义主编：《中外企业领袖语录》，北京：中国纺织出版社2004年版，第212页。
② 侯忠义主编：《中外企业领袖语录》，北京：中国纺织出版社2004年版，第212页。
③ 何怀硕：《自卑的罪孽——读〈菊与刀〉随想》，（美）露丝·本尼迪克特：《菊与刀》，黄道琳译，贵阳：贵州出版集团 贵州人民出版社2010年版，第1页。
④ 蒋传红：《罗兰·巴特论日本文化》，《社会科学论坛》，2010年第9期，第182—186页。
⑤ 常娜：《日本学者对日本文化的看法》，《黑龙江生态工程职业学院学报》，2013年第6期，第159—160页。

成豆腐的盐卤。① 另一个日本学者岩城见一则指出，古代日本以中国文化为背景创造的日语汉字和假名文字，决定了其异种杂交的本质。明治维新以来对欧洲哲学思想词汇的翻译，实质上是对中国的汉字的重新组合。他强调，试图把日本语和日本文化还原为一种本质是不可能的。②

近年来，中国学术界对日本文化的研究也越来越多。有人将日本文化的特征概括为危机意识、扩张主义、大和民族优越论、忠君报国和武士道精神，并认为这种文化特征是由地理、地缘、社会、经济、文化等综合因素影响的结果。③ 还有学者将日本文化称之为一种后进性的文化，并认为正是由于这种后进性导致出现一种情绪型特征。而一个情绪色彩甚浓，在情感上具有排他性的社会，往往在理性上不自觉地去受容他种文化因素。④ 著名学者李泽厚分析了神道信仰对日本文化形成的决定作用。他认为，与中国重"孝"相比，日本人更重"忠"，而且日本的"忠"来自对神的绝对服从，是无条件的、相当非理性的。日本的"忠"作为神道观的主要内容之一，是一种神秘性很强，要求彻底献身的情感态度和行为标准，它高于世间的一切理性标准。⑤ 贾华进一步对中日文化进行了比较，认为中国儒教以"仁"作为伦理道德的核心和最高标准，是"仁者为王"。而日本儒教的核心思想是"忠"，是为"万世一系"的天皇世袭制服务的。⑥ 关于日本文化中的实用主义倾向，有学者指出，日本文化有重实用的倾向，但绝不是盲目地、不顾一切后果地追求实用性，而是相对的，有着自己的理性的、合理的选择标准。⑦

日本文化是一个复杂的体系。但从总体上看，虽然在日本历史上曾出现过"汉文化一边倒"、"西欧文化一边倒"，也曾出现过"国风文化热"、"国粹主义风潮"，但经过反复磨合，日本文化的最终选择则是去除极端化倾向，建立一种自身文化与外来文化相融合的发展模式，即"和魂汉才"和"和魂洋才"。⑧ 由此形成了日本文化一系列独具魅力的特征。

1. 基于家族主义的集团意识。研究日本文化的学者认为，日本人是一个"自我意识淡薄"的民族。如日本人很少以"我"这个主语"强调"自己，挂起印有家徽的"暖簾"、举起这样的旗帜、穿上这样的"纹付"，并为之付出一切，日本人就是这样默默地标志着自己的存在。在日本历史上，"家"是人们赖以生存的根本，当一个家不能单独

---

① 转引自章晴文：《关于日本文化本质属性的思考》，《合肥工业大学学报》（社会科学版），2004年第1期，第78－83页。

② （日）岩城见一：《日本文化的异种杂交特质》，罗晓红译，《暨南学报》（哲学社会科学版），2007年第2期，第32－35页。

③ 姜长斌：《简论日本民族文化成因及其特点》，《日本学刊》，2006年第4期，第123－132页。

④ 诸葛蔚东：《文化与功能——日本文化特征论》，《国外社会科学》，1987年第11期，第23－27页。

⑤ 王艳梅：《试析日本文化特质的神道决定论——读李泽厚〈中日文化心理比较试说略稿〉》，《文教资料》，2009年第30期，第73－75页。

⑥ 贾华：《对日本文化双重结构的思考——兼论中日文化之差异》，《日语教育与日本学研究》，《时代文学》（下半月），2010年第1期，第163－165页。

⑦ 王艳梅：《试析日本文化特质的神道决定论——读李泽厚〈中日文化心理比较试说略稿〉》，《文教资料》，2009年第30期，第73－75页。

⑧ 杨薇：《日本文化模式论》，《南开学报》，2002年第4期，第73－78页。

充分地保障其家庭生活时，便会按照生活上的种种联系与其他家庭相结合形成村落共同体，使家的外延进一步扩大，最终发展为小至企业、学校以及各种小团体，大到整个国家都被纳入到家族的范畴。在长期的家族生活熏陶下，人们习惯于以家族主义的价值观念来处理社会事务，人们在家族内部必须奉行的原则，也同样适用于家族以外的社会团体。"家"成了每个人都赖以生存的命运共同体。[①] 与之相应，日本人具有强烈的"集团意识"，有人将此称为"集团社会"。考察日本人的生活可看出这一特点，一般日本男子与家庭成员待在一起的时间较少，他们把大部分时间都用在自己所属的小集团活动上了。早上 7 点半赶到办公室，吃完只有清一色男人参加的工作晚餐才下班，走出公司常与同事去小酒馆喝酒，星期天外出陪上司打高尔夫球，一有假期就和同事相邀去山间温泉度假。[②] 又比如，美国人向其他人介绍自己时常说："我是工程师约翰。"或说："我是卡车司机迪克。"强调的是自己。而日本人介绍自己时通常说："我是日立公司的山田。"或说："我是三菱重工的加藤。"把自己所属的集团放在前头。有学者也对日本的这种文化特征产生的原因进行了分析，认为源于地缘性共同体意识和长期封建领主制下村落共同体的社会存在形式是日本产生家族本位和集体献身精神的重要原因。正是这种社会形式的长期存在，必然导致人们产生对群体的归属和依赖心理，而市民阶层和武士阶级的群体特征使人们对它产生责任感、荣誉感和忠诚心。[③]

2. 建立在实用理性基础上的价值取向。中国学者陈荣耀认为，日本文化至少有三大理性构成：由于资源缺乏而拼命努力的生存理性，历史上曾经落后而奋发有为的危机理性，接受儒家文化而形成的人文理性。[④] 这三大理性的集中表现就是实用理性的价值取向和集团意识。日本是一个非常看重现实的民族，强烈的生存危机使其将现实的东西看得无比重要。由此产生了"生存就是竞争，只有强者才能生存，失败者就应该去死"的观念。"成功"是日本人价值判断的惟一标准，为了成功可以尽一切所能、可以采取一切手段。这种实用理性与日本的集团意识结合，形成了集团实用主义，这是日本民族最典型的特征。日本人只有现在，不存在对过去行为的忏悔，他们最关心的就是日本民族的生存，是日本民族的利益和福祉。日本人以高度的团结精神和实用主义追求实效，形成日本式的集团实用主义，使日本将整个民族凝聚为一个集团，并兼取欧美和中国的文化精华，毫不犹豫地去追求自己的利益。[⑤]

3. 强调"忠"与"和"的伦理规范。在日本，最能体现家族本位文化特征的是"忠"与"和"。"忠"是中国传统伦理中的一个重要观念，当它随着儒学传入日本后却对日本的传统伦理产生了非常大的影响，甚至一度成为日本伦理的核心。"忠"要求所有成员就像效忠自己的家长一样效忠自己的上级。镰仓幕府规定武士必须"对主效忠"。

---

① 赵静：《论日本人集团意识的成因》，《理论学习》，2005 年第 6 期，第 74 页。

② 尚会鹏：《日本人的"集团意识"——"日本人意识"漫谈之一》，《当代亚太》，1996 年第 3 期，第 73—77 页。

③ 乃禾：《日本人的标志意识与群体归属心理》，《外国问题研究》，1991 年第 4 期，第 45—50 页。

④ 陈荣耀：《比较文化与管理》，上海：上海社会科学院出版社 1999 年版，第 107 页。

⑤ 陈荣耀：《比较文化与管理》，上海：上海社会科学院出版社 1999 年版，第 107 页。

江户时代要求武士必须要为主君赴汤蹈火，甚至牺牲个人的性命。明治维新后，天皇成为最高家长，政府要求每个日本人必须向天皇尽忠。战后，日本人效忠天皇的意识转移到了所属各集团之中，为自己所属的集团尽心尽力。"和"是贯穿于家族和社会集团的基本理念，它要求集团成员对集团忠心耿耿，一心一意，甚至以牺牲个人自由和利益来换取集团内部的和谐统一。日本民族自称为"大和民族"可能与推崇这种精神有关。这种精神逐渐演变为日本人自发的合作意识和自我牺牲精神。为了"和"，个人内心真实的话不能说出来，原则可以不讲，是非可以不要。所以，在社会生活中日本人特别注意在各个方面都与他人保持一致，与整个群体保持协调。正是这种"和"的理念培养了日本人的协调与牺牲精神，确保了集团秩序的稳定性。[①]

4. 尊崇尊卑有序的等级观念。日本人重视等级秩序，有着久远的历史。早在大和时代，日本就实行等级分明的氏姓贵族政治。大化革新后日本开始模仿中国制度建立了中央集权体制，但各显要官职皆被贵族把持并世袭。平安末期武士势力崛起，人们仍然遵循传统，崇尚高贵的血统。丰臣秀吉时代进一步加大力度推行"兵农分离"政策，同时实行"太阁检地"，武士阶层完全脱离农业生产，农民专门从事农业生产，为武士阶层提供年贡夫役。进入江户时代，幕府根据朱子学"人有四等，士农工商"的理论，正式建立具有等级身份内涵的士农工商身份制度，大大加强了等级尊卑色彩。[②] 所以，在日本，社会上存在不同的等级和地位是天经地义的。根据各种等级确定人与人之间的关系也是合情合理的。在日本大大小小的集团中，维系集团内部凝聚力的基本条件就是划清成员之间的地位和等级，严格做到内外有别，尊卑有序。在日本人看来，所有等级和地位都是由家庭出身决定的，并进而演化为人们的等级和地位与他所属的集团息息相关，集团在一定程度上是一个人身份和地位的象征，集团的兴衰荣辱与每个成员的切身利益休戚相关，每个成员都会把自己所属的集团视为安身立命的生命线。在这样的集团中，个人对自己的位置十分敏感，只有弄清了自己在集团中的位置，才能决定自己的言行。如称呼对方时是否使用敬语，该怎样鞠躬，开会该坐在什么位置，发言按什么顺序等，都有一定的讲究。

5. 突出纵向关系的人际交往模式。一般而言，每个集团内的人际关系都有纵和横两个方面。纵的关系是上下级关系，如行政序列的上下级关系、学术界的师生关系、家庭中的父子和夫妻关系等；横的关系如同学和同事关系、亲戚和朋友关系等。纵横关系构成了一个复杂的关系网络。一般而言，中国人重视处理"横"的关系，但日本人更重视处理好"纵"的关系，强调对上要尊崇、服从，对下要保护、支配。在日本群体中，个人的定位非常明确，每个群体中必定有一个大家共同尊崇的权威，这个权威像对待家庭的孩子一样对待他的下级，同样，他的下级也像对待自己的父亲一样对待这个上级。有人将中国的人际关系比作一个网状的排列，网上有好多"结"，结头可以是父母、亲

---

① 赵静：《论日本人集团意识的成因》，《理论学习》，2005 年第 6 期，第 74 页。

② 刘文雄：《简论日本人的"各得其所"——身份等级社会浅探》，《日本研究论集》，2005 年 9 月，第 333—343 页。

属、朋友、同事，在这张网里面彼此依赖，共生共荣。而日本的人际关系排列却从一个人出发只有两端，一端与上边连接，另一端与下边连着。日本学者滨口惠俊曾将日本人的这种状况称之为"间人"，"间人"不是"个人"，强调的是人与人之间的关系。[①] 在处理彼此关系时，日本人也是按照这种纵向关系处理的。比如在一所高校，教授、副教授、讲师、助教、学生连接成一个纵向关系，同教授关系最密切的是讲师和助教，其次是他的学生，再次才是与他共事的其他教授。有学者形象地将日本人的这种人际关系模式称为线状关系。[②]

6. 谦卑与傲慢并存的矛盾心理。具有强烈等级观念的日本人，行为上往往表现为谦卑与傲慢并存的特征。当初次见面，日本人对你不了解的时候，常常表现出礼貌有加，甚至十分谦卑；当一旦他知道你的能力、地位等在他之下时，会马上表现出傲慢无理，甚至盛气凌人。日本电影《远山的呼唤》有一段精彩的描述：高仓健扮演的男主人公田岛耕作为逃避追捕在一家农场干活，一男子欲对农场女主人非礼，被田岛耕作赶跑。该男子决心教训教训这个管闲事的外来者，便纠集几个手下人来打架。打架前该男子傲慢无理，出言不逊，几个回合下来，打手们一个个被田岛耕作打倒在地。结果该男子态度为之一变，突然跪地连声致谢并请关照。从此后，该男子对田岛耕作像仆人对主子一样毕恭毕敬，唯命是从。另一个例子是"二战"前后日本对美国的态度。战前，日本对美国等盟国的态度是十分狂妄，全体日本人决心为天皇尽忠，即使用竹枪也要与美国战斗到底。但天皇一宣布投降，日本人对美国的态度立刻发生了180度的大转弯。原来美国人预计在占领日本后，至少要花几年的时间对付其抵抗活动，但结果是美军一登陆，日本人却全体喊着"哈依"，欢迎这些占领军。一位记者这样写道：外国记者们早晨手握着短枪着陆，到中午就收起了武器，到了傍晚他们就外出购买起小商品来了。为什么会出现这种现象？原因是日本文化中的这种矛盾心理所致。对日本人来说，没有与美国人较量，不知道厉害，等较量了一番，美国胜了，说明你在我之上，那么，你就是我的老大，以前的事算过去了，以后就听你的了。[③]

7. 诚惶诚恐的危机意识。由于日本国土狭小，资源贫乏，自然灾害多，使日本人从古代开始就存在着一种强烈的生存危机意识。从而对世界有着特别敏感而细腻的思维与行为方式，凡事喜欢从小处着眼，精打细算，勤劳节俭，注重现实利益。由于世代与艰难的生存环境以及频发的自然灾害进行抗争，而这种抗争单靠个人的力量无法完成，所以，日本人在情感上时常伴有生存危机意识与强烈的命运共同体般的民族主义感情，只有把自己融入集体之中才会感觉到安全和稳定。"二战"以后，日本经济萧条，百废待兴，生存危机表现得更加强烈，并由此形成了团结一致，发奋图强的精神。这不仅表

---

① 刘宇：《刍议日本人的人际关系》，《文学界》（理论版），2012 年第 9 期，第 324—325 页。
② 尚会鹏：《日本人的"集团意识"——"日本人意识"漫谈之一》，《当代亚太》，1996 年第 3 期，第 73—77 页。
③ 尚会鹏：《日本人的等级意识——"日本人意识"漫谈之二》，《当代亚太》，1996 年第 4 期，第 70—74 页。

现在国际市场竞争中，在国内企业中也是如此，并由此推动战后日本经济的迅速复苏。^①有人将日本的这种危机意识产生的原因比作鹿群中来了一只猴子。由于古代日本吸收中国的思想，近代又吸收了西方的思想，在文化上属于"杂交"类型，后来虽然进入了发达国家行列，但在自我认同上，不可避免地存在一种危机意识。这就像一只猴子突然跳到了鹿群中，不仅鹿群会诧异，猴子自己也会奇怪：我是谁？我怎么会跟他们一样呢？^②

（二）日本文化在企业经营管理中的体现

1. 突出劳资共同体的雇佣制度。20 世纪 80 年代以前，日本的雇佣制度主要是终身雇佣制，近年逐步借鉴和吸收了美国的绩效主义雇佣制度。终身雇佣制度^③是一种家族主义集团文化的集中体现，是指某人一旦被企业雇佣，就将在该企业就职并不断接受其特有培训，只要企业不陷入困境，或他本人没有发生严重违纪事件，将一直在该企业工作至退休。终身雇佣制度始于明治时代，在战后特殊的历史环境下被进一步强化。"二战"后不久，日本经济很快进入了高速增长时期，对劳动力的需求大量增长，一些企业为了确保劳动力的稳定，更加倾向于建立一种长期稳定的雇佣关系。而作为劳动者一方，饱受战争失业的痛苦经历也使其渴望找到稳定的工作。此外，战后日本模仿美国制定的"劳动三法"（《工会法》、《劳动关系调整法》和《劳动关系基准法》），以及日本企业追求高市场占有率的愿望也加速了终身雇佣制的普及化。有人认为，终身雇佣制度解除了员工的后顾之忧，有利于减少劳资冲突，提高员工的忠诚度、合作精神，也有利于提高企业的技术创新。但随着经济全球化、信息革命和劳动力结构的变化等方面因素，以"完全雇佣"为目标和宗旨的终身雇佣制开始受到挑战，也遭到来自日本国内一些人的批评。一种既发挥终身雇佣制的优势，又借鉴和引进美国绩效主义的企业雇佣制度开始在日本出现并推广。^④

2. 强调论资排辈的工资制度。20 世纪 20 年代，日本企业开始实行年功序列工资

---

① 赵静：《论日本人集团意识的成因》，《理论学习》，2005 年第 6 期，第 74 页。

② 刘宇：《刍议日本人的人际关系》，《文学界》（理论版），2012 年第 9 期，第 324－325 页。

③ 有人对日本的终身雇佣制度和中国的固定工制度作了比较研究，认为日本终身雇佣制与中国传统固定工制度形式上虽有相通之处，但在社会经济文化背景、具体运作过程和实际内容上却存在着根本性的差别。相同之处是：（1）就业者一旦进入企业便长期滞留企业直至退休，属"铁饭碗"式的劳动用工制度。（2）没有重大责任事故，或自己提出辞职，企业不得开除职工。（3）工资制度上主要根据工龄增加工资，实际上存在着"熬年头"现象。（4）人事制度上存在按资排辈，晋升以进入企业时间的长短为主要依据。（5）企业为工人提供优厚的福利待遇。（6）采取企业内部工会的做法。不同之处在于：（1）日本的终身雇佣制植根于市场经济，而中国传统的固定工制度是计划经济的产物，劳动关系不受产权契约约束。（2）终身雇佣制度是家族制度的发展，中国传统的固定工制度没有这种深层次文化根系的支持（沈士仓：《日本终身雇佣制与中国固定工制度的异同及其改革》，《南开学报》，1998 年第 5 期，第 42－50 页）。

④ 张玉来认为，作为日本管理"三大神器"之一的终身雇佣制属于日本经济社会的历史产物，也曾对经济发展发挥过重要作用，但伴随着经济环境的巨大变化以及该体制自身活力的丧失，其历史局限性及缺陷逐步暴露无遗。这种局限性集中表现在：终身雇佣制已不能确保雇佣稳定；老龄化瓦解了终身雇佣制存在的基石；丧失了技术进步的机能。作者通过对近年来日本企业的一些改革趋势的考察，建议通过引进绩效主义来培育企业的竞争精神（张玉来：《日本企业管理模式及其进化路径》，《现代日本经济》，2011 年第 2 期，第 38－48 页）。

制，50 至 60 年代最终确立。60 年代后，虽然一些企业逐渐形成了混合工资体系，但总体上年功序列工资制度仍是日本企业工资制度的基础。① 年功序列制是与终身雇佣制相辅相成的工资管理体制，它主要以年龄、学历及连续工作年限作为提薪或工资晋升的标准。一般情况下，年龄越大，工资越高。由于工资随着年龄（工龄）的增长逐年增加，从而老年职工同青年职工之间的工资差距很大。日本大企业年功序列工资制度设计的初衷，是以年轻职工居多数为依据的。年龄结构呈金字塔状，金字塔的底部是众多的年轻职工，通过年功逐渐晋升至上一个级别，至中层以后，可竞争的职务越来越少，晋升的道路越来越窄。在年功序列工资制下，员工在企业工作时间越长，其高工资相对低于当期生产率。如果员工中途离开企业，那么他前期累积在企业的工龄将会废弃，在新的企业一切都要从头开始，工资也是按最低的标准发放，员工将得不偿失。正是由于年功序列工资制度存在的一些不足，到 20 世纪 80 年代以后，日本一些大企业开始借鉴美国的绩效主义工资制度，除了原来的年功序列工资制度外，一些企业出现了职务工资制度和职能工资制度等。决定基本工资的因素也由过去的年龄、企业工龄和学历变为年龄、企业工龄、学历、职务和职能，以此逐渐淡化年功工资色彩，形成不同的工资体系。②

3. 致力于劳资协调的企业内工会制度。企业内工会制度是指在企业内部建立独立的工会体制，由公司蓝白领工人组成，领导由白领担任，权威性被公司自动认可。该工会的职责是一方面组织工会给企业示威，使企业知道压力；另一方面，把企业利益与员工利益有效结合起来，主要倾向于制止有损于企业未来发展的行动。所以，这种工会制度与欧美的行业工会体制不同，它的组织的特征是对企业发展采取积极支持态度，从而形成劳资协调体制。③

4. 积极培育"以人为本"的企业理念。④ 如前所述，企业文化一词来自美国，但植根于日本。近年来，国外众多致力于企业经营管理研究的学者一致认为，企业成功的重要条件是注重企业经营管理上的人文性。战后日本企业经营的成功，无不得益于企业积极推动实现以"人"为中心的经营活动。

第一，重视企业道德规范和行为准则的建设。在日本企业，将企业道德规范和行为

---

① 宋德玲、杨晨：《论职工年龄结构对日本大企业年功序列工资制度的影响》，《现代日本经济》，2012 年第 5 期，第 48—54 页。

② 宋德玲、杨晨：《论职工年龄结构对日本大企业年功序列工资制度的影响》，《现代日本经济》，2012 年第 5 期，第 48—54 页。

③ 转引自张玉来：《日本企业管理模式及其进化路径》，《现代日本经济》，2011 年第 2 期，第 38—48 页。

④ 有人认为，在儒家文化影响下，中日两国的文化都讲究"以人为本"，但却有本质区别。中国文化认为人有很强的归属感、依附感、认同感，习惯于接受来自领导的指令。这就导致现在许多企业的人力资源管理还处在以"事"为中心的状态，员工积极性受到压抑，经济效益难以显现。日本企业文化的核心是尊重人、相信人，承认员工对企业的贡献。因此，在日本企业中普遍流行"企业即人"的理念。经营者们确信，企业的兴与衰都是由人而起，有了人，企业的发展才有保证。在这种理念的指导下，日本企业形成一套有效的管理制度，员工的积极性、创造性得到最大程度的发挥，在战后短短的 20 年时间里就创造了令世界瞩目的经济成就（卢庆奎：《基于文化差异的中日企业人力资源管理模式比较研究》，吉林大学 2009 年硕士论文，第 30 页）。

准则称为"组织风土"。它作为日本企业文化的重要组成部分，旨在培育和形成企业成员所共同遵循的道德规范和行为准则，是员工必须具有的工作态度和工作作风。为了培养良好的组织风土，日本许多企业都建立了"社训"或"社是"。通过"社训"或"社是"对职工进行思想道德和精神文明方面的培养。这种组织风土有效地推进了企业内部各阶层之间的相互沟通和尊重，形成了良好的互信关系。按照日本企业家的说法，任何人都是有感情的，他们需要得到别人的尊重和信任，如果企业给予职工一分关怀，职工就会以十分的干劲来回报企业。[①] 因此，尊重和关心职工对于企业发展是十分重要的。

第二，积极倡导"经营即教育"的理念。在日本现代企业家中，最早系统地提出把"经营即教育"作为企业管理理念的是松下幸之助。他自创办松下公司以来，就一直把教育作为其经营思想的核心，以此指导企业的经营活动。可以说，松下公司的发展史，实际上是一部进行经营教育，创造优秀企业文化的历史。丰田汽车产业公司也十分重视经营教育，主张尊重人，以人为轴心，把职工教育作为企业人事管理的一个中心环节。日本许多企业其所以能够发展成为当今世界上的著名企业，往往与其重视经营即教育是分不开的。与此相应，日本企业对经营管理人才的培养也十分积极。日本企业界有一条重要经验是，只有拥有一批既熟悉传统管理经验，又掌握现代化经营管理技术，还要有较高文化素养，并忠诚于企业发展的管理人才，企业才能在竞争激烈的市场中无往而不胜。这些管理人才并不是单纯地掌握书本知识，而是将实践经验和理论知识有机融合起来，形成自己独具特色的管理才能。因此，日本企业在强调总结本国传统经验，引进欧美现代管理技术的同时，更注重培养自己的企业经营管理人才。所以，早在20世纪40年代，日本就开始把培训企业管理人才作为一项主要任务来抓。通过培训，使企业管理者迅速掌握了欧美企业管理的技术和方法，并在实际工作中加以消化和提高，从而使日本企业占有了管理优势，并很快将这种管理优势转化为竞争优势，这正是日本企业走向成功的重要因素。为了提高企业管理者适应市场变化的能力和水平，日本企业还普遍采取全才式的企业内部职务和岗位轮换制度。通过轮换的方式，使一些资深的管理人员、技术工人和生产骨干把自己的所有管理经验、技能和知识传授给年轻员工。诸如丰田汽车公司采取每5年对各级管理人员调换一次工作的方式进行重点培养。每年1月1日为组织变更日，调换的幅度在5%左右，调换的工作一般以本单位相关部门为目标。通过实行岗位轮换，使丰田公司拥有了一大批全面管理人才和业务多面手。

5. 着眼于国家利益的企业社会关系原则。日本企业处理企业的社会关系，其重要特征是在保障国家利益前提下处理好企业与国家、企业与社会、企业与企业之间的关系。

在企业与国家的关系问题上，日本企业把企业当作国家的公有物，非常强调对国家的贡献。企业家认为，企业就应积极主动为国家纳税，增加国家财政收入；就应发展社会教育、医疗卫生和社会福利等公益事业；为了有利于国家的经济管理，企业之间应禁

---

① 孙世强、赵岩：《日本企业管理变革与经济伦理承接背景分析》，《现代日本经济》，2008年第6期，第35-40页。

止出现不正当竞争。在日本的企业界，一般都能自觉遵守国家的有关法律和政策。从日本企业经营历史看，像丰田、松下、三菱等大企业，即使在困难时期也几乎很少出现那种过火的不公平竞争。

在企业与社会关系上，日本大多数企业都认为经营的使命就在于造福人类，企业必须服务于社会公益事业。一个典型案例就是，在一次由日本经济界人士参加的会议上，高知县及周围一些地区的相关人士向松下先生诉苦，说该地区农村人口大量流入城市，农村经济萧条，而城市也遭受人口过密之患，希望松下公司能在当地投资建厂，为解决这些问题出力。客观讲，这种事毫无疑问应该由日本政府出面解决，而不是企业家去投资。但松下却认为，既然这么多的人都关心这个问题，那么，企业为国家分忧，为了社会做些实事也有不可推卸的责任。于是，他立刻决定在人口外流最严重的九州、四国、高知等地建立了松下电器工厂，使这几个地区的人口外流得到了一定的控制。

在企业与企业的关系上，日本企业界的普遍看法是，一个企业的发展要尽可能兼顾其它企业的利益，因为其它企业同样是本国的财产，兼顾其它企业的发展就是对国家的贡献。同时，每个企业的繁荣都离不开其它企业的支持，如果损害他人，有可能导致整个市场不景气，到头来自己企业的利益也会受到损害。因此，当别的企业有困难需要帮助并求助于其他企业时，被求助的这家企业一般会毫不犹豫地给予帮助。事实上，从20世纪60年代开始，日本企业之间互帮互助已经十分普遍。①

6. 上下同欲的禀议决策制度。禀议决策制度源于日本古代政府官厅的禀报议决制度。在日本企业中，一般提出问题或解决问题的方案都是没有经营权力的现场负责者，即企业中的低层管理者。所提方案逐级上报给各相关部门，并在各部门之间回议和合议，最后形成统一文件后提交给最高层，由社长作出最终决策。无疑，禀议决策制度是一种自下而上的决策体制。虽然相对美国企业的集权决策而言，决策速度较慢，但由于信息在组织内部得到充分交流，一旦决策获批，其实施速度却明显快于美国企业。如1998年丰田汽车进入中国市场，到2004年就已建成成都、天津、长春、广州等四大生产基地，仅用6年时间完成了德国大众汽车公司20年的战略布局。② 与此相应，组织结构虽然采用功能式、分权式或矩阵式架构，但无论采用什么组织架构其实并不重要，重要的是日本企业组织内部人员的相互信任感和责任心，这是日本文化的影响所致。自下而上的企业禀议决策制度体现的是日本式人本主义管理理念，所以，日本思想家池田大作说："最崇高、最尊贵的财宝，除生命外别无他物。"③ 日本企业尊重人，不仅体现在尊重人格、尊重劳动、尊重知识、尊重创造上，也体现在尊重人的需求和价值方面。企业发展不仅依靠人，还要为了人。松下幸之助说："企业最好的资产就是人"。丰田公司为了依靠员工参与全面管理，在总厂及分厂设了130多处绿色意见箱，每月开箱1至3次。在20世纪80年代以来的30多年间共提建议440多万条，45000多名丰田员工平

① 陈登汉：《论日本企业管理现代化的几个特点》，《贵州民族学院学报》（社会科学版），1995年第2期，第26—29页。

② 张玉来：《日本企业管理模式及其进化路径》，《现代日本经济》，2011年第2期，第38—48页。

③ （日）池田大作：《我的人学》（下卷），铭九译，北京：北京大学出版社1990年版，第257页。

均约有 100 条。这些建议即使不采用，公司也付以 500 日元的"精神奖励"，如果是最高的"合理化建议"，则可以获得 20 万日元的奖励。①

7. 银企深度合作的主银行制度。主银行制度是指企业把一家银行作为自己主银行开展信贷活动并接受其相关监控，主银行与企业之间建立长期且稳定的交易关系，并对企业拥有治理权和股份。按照一些学者的归纳，主银行有 4 个特征：一是对企业来说，持有客户企业的大股东是主银行，而对主银行来说，一般不会持有与自己没有业务或交易关系的企业的股份。二是银行向客户企业提供系列贷款，而主银行向企业提供占有绝大份额的贷款，并承担相当大的贷款损失责任。三是主银行向客户企业派遣董事或经理。四是主银行管理客户企业的结算账户。②

日本的主银行制度出现于明治维新后，20 世纪 30 年代"昭和金融危机"后得到进一步强化。"二战"期间，日本为了对外扩张需要，实行"军需指定融资金融机构制度"，主银行制度基本成型。战后，日本金融体制基本被保留下来，在其经济恢复和高速增长期间，企业与银行通过相互持股紧密结合，形成了银企间相互促进、共同发展的良性循环。③

8. "现场主义"的改善型创新。所谓"现场主义"，通俗地讲就是强调企业一线人员的实践认知能力和创造能力，体现"现场"对企业生产经营活动的主导性。在日本，现场主义深入人心，强调无论企业采取顾客导向，还是成本导向，最终都必须以现场主义为目标取向，现场是企业制定战略的最核心依据。比如，丰田公司不仅多数高管出身基层，而且为了确保其不脱离现场，还规定所有高管都要兼任厂长等具有现场性质的职务。

与"现场主义"相适应，日本在企业创新活动中则倡导"改善型创新"。改善型创新的特征仍然是突出现场人员的创造力。大体过程是：选定改善目标，召开全员战略会议，反思过去改善活动，确立新的改善方针，以 QCD（质量、成本、交货期）标准确定具体目标。一般在进入改善程序后，则首先通过充分调研把握现状，制定改善基准；然后设定具体改善目标值；最后进入改善实施阶段。如丰田公司强调自上而下式改善活动和现场提案式改善活动。其主流是依靠现场员工提案并自主实施。现场改善的中坚力量是班、组长为核心的质量提案小组（QC 小组）。改善程序一般是：作业改善、设备改善、工序改善、产品改善。公司技术人员也要加入现场改善活动，目的是加强技术部

---

① 转引自赵霓君：《日本企业人本管理给我国企业的启示》，《新疆社科论坛》，2003 年第 5 期，第 78—79 页。

② 李扬：《日本的主银行制度》，《金融研究》，1996 年第 5 期，第 59—63 页。

③ 关于日本主银行制度的作用，有学者将其归纳为两个方面，一方面是造就了日本经济奇迹的主要动力；另一方面也是制约日本经济摆脱长期低迷的主要障碍。作者指出，在经济增长时期，企业与主银行形成了资金需求与供给的良性循环，能够促进宏观经济更加快速的发展；在经济萧条时期，企业与银行也会产生不良债权的恶性循环，使宏观经济难以摆脱长期低迷状态。而且，日本的企业管理模式、文化传统等众多因素都在一定程度上制约着日本经济的发展，日本经济要想重新获得活力，则需要这些具有多重均衡性制度的整体变迁，但这一过程是长期而痛苦的（于潇：《日本主银行制度演变的路径分析》，《现代日本经济》，2003 年第 6 期，第 42—46 页）。

门与现场之间的紧密联系。[①]

四、美、日企业文化建设的几点启示

1. 要重视吸收一切先进文化的优点。日本能够在战败后的废墟上重建一个现代化国家，靠的就是吸收人类一切先进文化，并在日本文化基础上进行兼收并蓄，为我所用。美国其所以在受到日本咄咄逼人的形势下能够反败为胜，同样靠的是美国务实的文化心态，通过学习日本企业的管理模式，并结合美国的实际情况进行改造，形成了美国式的企业管理模式。在我国改革开放进程中，世界各国企业进入中国各地，不同的文化必然随之移植过来。作为具有几千年优秀文化传统的泱泱大国，如何对待这些异域文化，将必然影响其改革开放的进程和成效。如果只是简单地引进外国的机器设备和先进技术，而不对其文化进行吸收和融合，那将难以形成真正意义上的合作，也将难以形成自己的竞争优势，甚至可能还会导致企业重组和合作的失败。因此，只有借鉴美日两国企业的做法，在引进设备和技术的同时，高度重视企业文化的融合，才能使企业文化更好地为企业经营管理服务。

2. 要积极培育企业文化的个性。企业文化的融合并非放弃自己的文化特质，而是要在原有文化个性的基础上，相互比较、吸收和补充，从而生成一种新的文化特质。日本企业在长期的经营实践中，以本国的传统文化为依托，不断吸取欧美文化的营养，建立了民族主义的、家长式的、集体主义的独特企业文化。这种文化不仅能与西方效率匹敌，又毫不丧失日本风格，从而实现了源于西方理性主义与东方灵性主义的巧妙平衡。他山之石，可以攻玉。今天我们建设中国特色的企业文化，就要求所有企业家既要以积极的态度投入文化的交流与合作，又要坚守自己的传统，不盲目模仿或照搬，在吸收外来文化的同时，积极培育自己企业的文化个性，形成具有自己特点的企业文化。

3. 要坚持"以人为本"的企业文化建设理念。人是企业的主体，是企业文化建设的核心。美国企业文化的主题就是围绕人的管理，把关心人、尊重人放在首位，看作是企业成败的关键，体现了"以人为本"的管理理念。20世纪80年代，日本企业虽然吸收了欧美的能力主义思想，但并没有放弃以人为中心的管理理念，而是把爱社精神、全员管理和能力主义融为一体。日本企业为了不断提高职工素质，不惜花费巨资进行企业员工的教育和培训。大型企业大都制定了中、长期人才培训计划，建立了多层次的职业教育训练组织和机构。他们的实践告诉我们，重视人的价值，将人作为核心的企业文化建设，才是企业走向成功的关键。

4. 要保持理性的企业文化建设心态。企业文化建设是一个长期过程，不可能一蹴而就。更不可能提出一句口号，或者设计一套方案，就能够建成企业文化，必须要经过持续不断的设计、培育和维护，才能形成广泛认同并遵行的企业文化理念。另外，在企业文化建设中，理性主义与灵性主义的企业文化都有其产生的历史背景和文化渊源，各有其优点和缺点。因此，要注意取长补短，不可急功近利。要在充分考虑自身情景和需

---

① 张玉来：《日本企业管理模式及其进化路径》，《现代日本经济》，2011年第2期，第38—48页。

要基础上，吸收两种企业文化的优点，并逐步培育员工的认同感。当前，正值我国社会发生急剧转型的重要时期，各种新思潮、新思想和新观念不断出现，企业文化建设也必然面临不断深化发展的机遇。企业管理者必须要根据企业内外形势的变化，把握大局，持之以恒，在探索和创新的基础上，不断把具有中国特色的企业文化建设推向前进。

第四章　文化传统与企业文化建设（下）

一、宗教文化对企业经营管理的影响

（一）世界三大宗教及其伦理特征

1. 基督教。基督教是当今世界上传播最广，信徒最多的宗教。公元 135 年从犹太教中分离出来，成为独立的宗教，创立者是巴勒斯坦拿撒勒人耶稣。公元 392 年，基督教成为罗马帝国的国教，并逐渐发展为中世纪欧洲封建社会的主要精神支柱。公元 1054 年，基督教分裂为罗马公教（天主教）和希腊正教（东正教）。到 16 世纪中叶，罗马公教又发生了宗教改革运动，陆续派生出一些脱离罗马公教的新教派，统称"新教"，也称"抗罗宗"或"抗议宗"，在中国则称为"耶稣教"。所以，基督教实际上是罗马公教、希腊正教和新教三大教派的总称。"基督"是救世主之意，其经典是《圣经》，分为《旧约全书》和《新约全书》。虽然各个教派理解不同，但都认为《旧约全书》是圣父耶和华的启示，《新约全书》是耶稣的言论。核心教义统称为"神学信条"，共有 4 条：

（1）信"三位一体"的上帝。认为世界和宇宙由上帝主宰，至高无上，无所不能。

（2）信原祖原罪。认为人类起源于一个共同的祖先。祖先是亚当和夏娃。他们是上帝创世的第六天按照自己的形象创造的。

（3）信基督救赎。认为人世间充满罪恶，不能自己救赎，必须由上帝大发慈悲。于是，上帝派其子耶稣降临充当救世主，创立了基督教，拯救人类。

（4）信灵魂不灭和世界末日。认为人的肉体虽然短暂，但灵魂永存。世界末日迟早到来。人死后，善者灵魂升入天堂，恶者被打入地狱。[①]

近年对基督教的教义虽有一些新的解释，但基本没有什么大的变化。基督教各个教派教义不完全相同，但共同遵守"十戒"。[②]

关于基督教的伦理特征，有学者概括为 4 个方面：一是"世人皆兄弟，爱人如爱己"的为人处世基本原则。二是在上帝面前人人平等。三是谦卑、行善的道德规范。四

[①] 于可主编：《世界三大宗教及其流派》，长沙：湖南人民出版社 2005 年版，第 21—61 页。

[②] 基督教的十戒是：不可信仰耶和华以外的神；不可为自己雕刻偶像，也不可作什么型像；不可妄称耶和华之名；不可在第六天之外的第七天工作，这一天应用来祭祀上帝；不可对父母不孝；不可杀人；不可奸淫他人之妻，女人不可与他妇之夫通奸；不可偷盗；不可作假见证陷害人；不可贪夺邻人的房屋、奴仆、牛等一切财物（于可主编：《世界三大宗教及其流派》，长沙：湖南人民出版社 2005 年版，第 21—61 页）。

是鼓励付出精神的人生观和相对积极的生死观。其核心是贯穿始终的伦理道德思想。基督教其所以能够跨越欧洲奴隶社会、封建社会和资本主义等发展阶段，历经近两千年而不衰，其主要原因应该与它始终将追求人的伦理道德的完美作为最高准则是分不开的。恰如有学者所言，在人类历史上，世俗道德先于宗教道德而产生。前者以"他律"为基本特征，规范人的行为，对已经形成的犯罪和其它违反道德标准的行为，给予惩罚和制裁。而后者则以"自律"为基本特征，不但对已经出现的行为进行审判，更加注重人在内心深处思想的净化。上帝是灵，拜上帝者必须有纯洁的心灵和无限的诚实才行，这一点是世俗法律条文所难以做到的。同时，在阶级社会里，宗教道德不仅远高于世俗道德水平，且宗教道德与世俗道德之间，在基本内容方面又具有一致性，从而给世俗道德以神圣化的色彩。① 所以，法国学者阿尔贝特·施韦泽（Albert Schweitzer）论证了基督教的伦理本质，强调耶稣提出了爱的行动伦理，倡导紧密地把宗教和人道结合起来，并认为伦理的宗教才是最高的宗教。②

2. 伊斯兰教。伊斯兰（al－Islam）系阿拉伯语音译，原意为"顺从"、"和平"之意，指顺从和信仰创造宇宙、独一无二的主宰安拉及其意志，以求得和平与安宁。公元7世纪由麦加人穆罕默德在阿拉伯半岛上创立。信奉伊斯兰教的人统称为"穆斯林"（Muslim，意为"顺从者"，与伊斯兰"Islam"是同一个词根）。作为一种世界性宗教，伊斯兰教经过一千多年的发展，逐步由一个民族的宗教，发展为一种强大的精神源泉，后来逐步成为一种影响人们生活方式的宗教、文化和政治力量，并在世界范围内不断发展壮大，成为世界三大宗教之一。

伊斯兰教的基本教义由三部分组成：

（1）宗教信仰。包括信真主；信天使；信经典（古兰经）；信使者（安拉）；信后世；信前定（即命运由安拉安排的，是宿命论）等六大信条。

（2）宗教义务。包括"五功"，即念功，信仰的表白（念经）；拜功，作礼拜，每日5次，每7日聚礼1次，每年大礼一次；斋功，伊斯兰教历9月为一年一度的斋月；课功，即宗教赋税，每个信徒要将商品和现金的1/40、农产品的1/20缴纳给教会；朝功，每个信徒一生中至少有一次要在希吉拉历的12月到麦加朝觐一次。遵守"五功"是每一个穆斯林信仰虔诚的基本体现。"五功"中以"念"为本，"礼"为纲，五项天命互为因果，相辅相成，构成了系统完整的伊斯兰教功修制度。

（3）善心则包括在上述所有活动之中。③

伊斯兰教是一个追求全面和平、希望团结的宗教，要求穆斯林"四海之内皆兄弟"，只要皈依伊斯兰，相互之间都以兄弟相称。从伊斯兰教崇尚绿色也可以看出，穆斯林对和平和团结的渴望。穆斯林希望从实现个人和平、家庭和平到全社会、全人类和平，在

---

① 厉永平：《论基督教的伦理道德思想——兼论宗教的生命力问题》，《松辽学刊》（社会科学版），1996年第4期，第32—35页。

② 转引自陈泽环：《真正的宗教就是真正的人道——施韦泽论基督教的伦理本质》，《华中科技大学学报》（社会科学版），2013年第4期，第8—13页。

③ 于可主编：《世界三大宗教及其流派》，长沙：湖南人民出版社2005年版，第383—421页。

和平的气氛中达到全世界的融洽相处,以此接近真主。伊斯兰教的伦理特征是十分明显的。在伊斯兰教内,信仰与善行的一致,也是宗教与道德的结合,是伊斯兰伦理的实质。其核心是突出社会正义和扬善惩恶的现世诉求。直到当代,伊斯兰教伦理的发展主体仍然显示在这一传统框架内。[①]

3. 佛教。起源于公元前 6 世纪至前 5 世纪的古印度。后经传播,成为世界性宗教。其创始人乔达摩·悉达多,尊称为"释迦牟尼"(梵名 S/aˆkya－muni,意为释迦族出身之圣人)。按照佛教自己的说法,佛教包括佛、法、僧三项内容,即佛教"三宝"。佛指佛教教主,即释迦牟尼;法即佛法,是佛教教义;僧指因信奉佛教而出家的信徒。佛、法、僧"三宝"构成佛教的核心要素。如果按照历史分期划分,佛教则分为原始佛教、部族佛教(分为上座、大众两个部派,后被贬称为"小乘"佛教)、大乘佛教、密教等几个发展时期。佛教广泛传播于很多国家和地区,并形成了许多派别,对当地社会政治、经济和文化产生了很大影响。

佛教的经典非常繁多,且因不同时期各教派的解释不同而有差异,但其核心教义却集中于"四谛",而"四谛"的理论依据又是缘起论。所以,佛教教义就是"四谛"和"缘起论"构成的一个体系。主要包括:

(1)缘起。即"诸法由因缘而起"。"若此有则彼有,若此生则彼生,若此无则彼无,若此灭则彼灭。"也就是说,一切事物的出现,都是一种相对的互存关系,没有这种互存关系,就不能发生任何事物或现象。

(2)十二因缘。亦称"十二缘起"。包括:无明,即愚痴无知;行,为由无明而产生的善与不善行为;识,即投胎之时的心识;名色,为胎中的精神和物质状态;六入,即眼、耳、鼻、舌、身、意生长完备等;触,为出胎后开始接触事物;受,即感受苦乐等;爱,为贪等欲望;取,即追求取着;有,由贪等欲望引起有善不善等行为;生,即来世之生;老死。

(3)三法印。印即印玺,借此比喻佛教的主要教义以符合"法印"而为真正佛法,掌握了它,便能对一切法通达无碍,所以称为"法印"。所谓"诸行无常,诸法无我,涅槃寂静",并称三法印。或者加上"有漏皆苦",亦称四法印。

(4)三学。包括戒学、定学和慧学,为佛教修行方法的总称。用戒止恶修善,用定息虑澄心,用慧破惑证道,三者有相互不离的关系。戒学是调整身心,使身心养成好的习惯。定学是如果依戒调整身心,产生统一的定。慧学是佛教最后的目的,就是获得智慧。智慧包括世俗欲界的有漏智慧、初步证悟的智慧、声闻阿罗汉的智慧、辟支佛(像觉)的智慧、菩萨种种阶段的智慧、佛最高的智慧等。

(5)四谛。包括苦谛、集谛、灭谛、道谛。四谛被称为佛教教义的总纲,又称为佛学的"四个真理"。"苦谛"是对社会人生以及外部环境所作的价值判断,认为世俗世界本性是苦。"集谛"解释人生充满痛苦的原因。"灭谛"是探讨如何解除痛苦。"道谛"

---

① 周燮藩:《伊斯兰教伦理:传统形式及其现代意义》,《世界宗教研究》,2005 年第 4 期,第 101－108 页。

是指超脱"苦"、"集"的世间因果关系而达到出世间之涅槃寂静的一切理论说教和修习方法。

（6）八正道。这是佛教通向涅槃解脱的8种正确方法或途径。包括：①正见。对佛教教义的正确理解。②正思维。对佛教教义的正确思考。③正语。说话要符合教义，不说一切非佛理之语。④正业。从事清静之身业，按佛教教义采取正确的行动。⑤正命。符合佛教戒律规定的正当合法的生活。⑥正精进。按照佛教教义努力学习和修行。⑦正念，铭记四谛等佛教真理。⑧正定。集中精力，专心致志修行。①

佛教伦理思想的特征也十分明显，有人将其概括为三个方面：

一是平等观念。由于佛教产生的阶级基础主要是代表印度种姓阶层中的刹帝利和吠舍的思想意识，这两个阶层不同程度上都受婆罗门教的歧视。因此，他们认为人的贵贱高低不能以其出身而论，应由人的行为决定，出身卑贱的人也可以成为贤人。《别译杂阿含经》说："不应问生处，宜问其所行，微木能生火，卑贱生贤达"。② 早期佛教的这种平等观念确定后，对佛教后来的理论体系产生了较大影响。佛教的许多理论及教规中体现了平等观念，如基本理论中反对在事物中有最高实体或主宰体，在佛教教规方面规定不杀生、不偷盗、不邪淫等。

二是克己观念。佛教教义中与克己观念直接相联系的理论很多。如佛教有关"三毒"和"三学"的理论都包含着"克己"的观念。"三毒"指贪、嗔、痴。《大智度论》中说："有利益我者生贪欲，违逆我者而生恚，此结使不从智生，从狂惑生，故是名为痴。"③ 佛教认为，"三毒"是一切烦恼的根本，消除"三毒"，就是要"克己"，克服自己对财富、权利、地位、名声等的贪欲。佛教的根本教义"四谛"、"三学"，就是要求信徒必须遵守规则，以此来约束自己的行为。

三是慈悲利他观念。佛教的慈悲分为三种：第一，众生缘慈悲心。以慈悲心视十方五道众生，如父母、兄弟、姊妹、子侄，常思与乐拔苦之心。第二，法缘慈悲心。既断烦恼，达于法空，破吾我之相、破一异之相等，怜悯众生不知是法空，一心欲拔苦得乐，便随其意而拔苦与乐，永不止息，永不懈怠。第三，无缘慈悲心。佛以众生不知诸法实相，往来五道，心住诸法，取舍分别，故心无众生缘，使一切众生自然获得拔苦与乐之益。④ 佛教的慈悲不仅指要对自己之外的他人慈悲，而且也要对一切有生命之物慈悲。佛教的不杀生等戒规无不具有这方面的含义。

佛教要达到涅槃境界，就必须要信徒"利他"。而且这是大乘佛教信徒成为菩萨和佛的基本要求之一。为了救度众生，菩萨或佛什么都能舍弃。也就是说，一个信徒要想

---

①　于可主编：《世界三大宗教及其流派》，长沙：湖南人民出版社 2005 年版，第 263－378 页。

②　《别译杂阿含经》卷五，转引自姚卫群：《佛教的伦理思想与现代社会》，《北京大学学报》（哲学社会科学版），1999 年第 3 期，第 85－92 页。

③　《大智度论》六卷第三十一，转引自姚卫群：《佛教的伦理思想与现代社会》，《北京大学学报》（哲学社会科学版），1999 年第 3 期，第 85－92 页。

④　《大智度论》6 卷第二十等，转引自姚卫群：《佛教的伦理思想与现代社会》，《北京大学学报》（哲学社会科学版），1999 年第 3 期，第 85－92 页。

真正成佛，成为菩萨，就一定要慈悲利他，仅仅自利，是达不到修行的终极目标的。[①]

（二）宗教伦理对企业经营管理的影响

世界三大宗教虽然教义各有不同，但总体上都以平等、友善、慈悲、利他和诚信为主要内容。这样的伦理诉求，正是当前企业文化建设中迫切需要的。正如日本学者池田大作所言："我们所寻求的宗教，不是从外部对人们施以严格的道德规范，而是在精神上赋予人们智慧和自律心，使每个人都能自发地控制自己的欲望和冲动。培养这种精神力量，才是宗教的真正本领。"[②]

1. 宗教伦理是企业伦理建设的重要思想来源。[③] 企业伦理是企业在处理企业与员工、企业与社会、企业与顾客之间关系的行为规范总和，是现代企业存在和发展的重要条件。世界上一些企业其所以能够长盛不衰，一个重要原因就是形成了一种良好的企业伦理，而宗教伦理对企业具有十分重要的影响。正如马克斯·韦伯（Max Weber）所言，任何一项事业的表象之后，都有一种无形的、支撑这一事业的时代精神力量。这种表现为社会精神气质的时代精神与特定社会的文化背景有着某种内在的渊源关系，并在一定条件下决定着这项事业的成败。[④] 他通过对欧洲资本主义发展与基督教关系的研究后发现，在资本主义企业产生发展的过程中，新教伦理发挥了至关重要的作用。一方面，任何人要想成为上帝的选民，就必须勤奋工作、兢兢业业，甚至要过勤俭、禁欲的生活，用自己的成功去取悦上帝，由此形成了一种共同的精神动力；另一方面，新教伦理的"预定论"、"天职观"、"世俗禁欲主义"等，又催生了资本主义企业的一种理性精神，这些精神使"财富"和"伦理"、"财富"和"信仰"高度契合，催生了资本主义企业精神的产生。[⑤]

当前，人类面临的共同伦理问题是人与自然的危机、人与社会的危机、人与人的危机，这些危机无不彰显出人们对宗教伦理精神的强烈诉求。虽然几大宗教的基本教义有一定差异，伦理观也不尽相同，但由于所有宗教都贯穿着人们对宇宙、社会、人生的理

---

① 姚卫群：《佛教的伦理思想与现代社会》，《北京大学学报》（哲学社会科学版），1999 年第 3 期，第 85－92 页。

② （日）池田大作、（英）B·威尔逊：《社会与宗教》，梁鸿飞、王健译，成都：四川人民出版社 1991 年版，第 388 页。

③ 1993 年 8 月 28 日至 9 月 4 日，为纪念"世界宗教议会"召开 100 周年，来自世界各地的 6500 名代表参加了在美国芝加哥召开的"世界宗教议会"大会，提出要建立"一种全球性伦理"，并界定了全球性伦理的内涵："不是指一种全球的意识形态，也不是指超越一切现存宗教的一种单一的、统一的宗教，更不是指用一种宗教来支配所有别的宗教"，而只是"对一些有约束性的价值观，一些不可取消的标准和人格态度的一种基本共识"。"全球性伦理"实际上是为各文化圈内和各国的世界公民制定了一种"不可取消的和无条件的规则"。这些规则包括了基督教、佛教、伊斯兰教和中国儒学的基本伦理（孔汉斯·库舍尔：《全球伦理——世界宗教议会宣言》，四川人民出版社 1997 年版，第 15－26 页）。德国杜宾根大学的天主教学者汉斯·昆则认为："没有世界伦理就没有生存，没有宗教和平就没有世界和平"（陈超：《宗教伦理的现代价值——全球伦理视域下的考察》，《新视野》，2005 年第 2 期，第 60－62 页）。

④ （德）马克斯·韦伯：《新教伦理与资本主义精神》，康乐、简惠美译，桂林：广西师范大学出版社 2005 年版，第 12 页。

⑤ （德）马克斯·韦伯：《新教伦理与资本主义精神》，康乐、简惠美译，桂林：广西师范大学出版社 2005 年版，第 59 页。

解和把握，表现的是一种人类共同的精神、情感诉求。因此，在各种宗教伦理中都可以看到一些古老而普遍的人类价值追求和行为准则。诸如在人与自然的关系上，佛教的"缘起"说，强调人类与自然互相依存的共同体关系，伤害他人，破坏环境，就如同毁灭自己。佛教认为，一切众生皆有佛性，滥杀无辜，涂炭生灵，是极大的罪过，要善待自然界一切生灵乃至花草树木。不仅如此，佛教还提倡放生，奉劝世人珍爱生灵，保护生态，通过弘法利生的行动给人类造就良好的生态环境，这都直接有助于维护生态平衡。基督教认为，人类可以支配和利用自然，但必须善待自然。《圣经》说："上帝把那人安置在伊甸园，叫他耕种，看守园子"。也就是说，上帝为人类创造了适宜居住和生存的世界，但也把管理和保护的责任托付给了人类。人类要像园丁一样保护自然界的万事万物。伊斯兰教生态文明观的总原则是人与自然相依为命，共存共荣。① 《古兰经》说，真主创造了自然万物、日月星辰，使整个大自然气象万千，多姿多彩，和谐美妙。所有这些秀美的山川、茂密的森林、成群的动物、丰沛的雨水、灿烂的群星、广阔的海洋、微微的暖气、滚滚的寒流、蓝蓝的天空、飘动的云彩、潺潺的流水，以及由此而来的湖光山色、鸟语花香构成了一个协调有序、相互依存、生机盎然的宇宙大家庭。人类作为这个大家庭中的一员，就要成为真主在大地上的"代治者"。② 奉真主之命，建设好这个世界，使整个世界走向繁荣昌盛，使各族百姓安居乐业。

在人与社会的关系上，世界各大宗教伦理都以"善"为最高范畴。佛教强调世间一切都是因缘所生，"善缘"要珍惜，面对恶缘也无须排斥，要接纳、包容并感恩，以此磨炼心性，接受考验。伊斯兰教则主张，每个穆斯林应诚实守信、孝敬父母、奋发图强、忍耐谅解、谦虚谨慎、讲求文明礼貌。不论在生活还是工作中，穆斯林都要坚持原则，处事公正，独立自主，自食其力。从商者则诚信经营，恪守商业道德。伊斯兰教还十分重视邻里关系，强调民族团结，主张邻居之间应当互相帮助，民族之间要加强团结。③

在人与人的关系上，宗教伦理所蕴涵的道德规范，能够有效化解人与人之间的矛盾，促进人际关系的融洽。如佛教的"慈悲为怀"、基督教的"众生平等"、伊斯兰教的"四海之内皆兄弟"思想等，都体现了一种和谐、平等、宽容和利他的伦理诉求。尤其是伊斯兰教为了规范人与人之间的关系，还专门在伊斯兰教法中列一项重要内容叫"盟誓"，它要求每个穆斯林不仅要履行与真主之间的盟约，还要完成与他人之间的各式盟约，做到不妄言、不欺人、不骗人，以此体现穆斯林的社会素质。为达到这一要求，还要求每个穆斯林要经常进行艰苦的自我修养，自重、自警、自励，不断提高自己的品行，以此维护伊斯兰教法，维护穆斯林形象，营造彼此信任、融洽的人际关系和社会风

① 马明良：《伊斯兰生态文明初探》，《世界宗教研究》，2003 年第 4 期，第 114—121 页。
② 马坚译：《古兰经》第 10 章，第 14 节，北京：中国社会科学出版社 1981 年版。
③ 顾世群、丁秀勤、齐程：《论中国伊斯兰教的社会功能》，《中国穆斯林》，1999 年第 3 期，第 6—10 页。

气。①

在人与自我的关系上，现代企业经营活动中，比较突出的问题就是自我扩张，私欲膨胀，尔虞我诈，自私自利，将追求自我欲望的最大化作为实现自我价值的标准，结果导致市场混乱，社会失范，自我失落。宗教普遍提倡的"节欲"、"利他"、"进取"等伦理观，在精神层面为企业经营者提供了"一种意义的根基，终极的标准和精神家园"，使之在神圣的氛围中受到精神、道德上的熏陶和鼓舞。因此，要借鉴宗教伦理精神，节制自己的欲望，消除自己的私欲，处理好人与自然、人与社会、人与人、人与自我的关系，这是有效解决企业所面临的一系列问题的方法之一。当然，宗教伦理毕竟是一种宗教，与企业所遵行的伦理规范不能完全等同，需要进行现代性转换。一方面，积极地与世俗道德进行沟通对话；另一方面，积极参与不同宗教伦理价值观的对话和沟通，在此基础上形成与企业经营管理相适应的伦理观，以适应现代企业经营管理的需要，适应社会发展的需要。②

2. 宗教伦理为企业经营者提供了人生奋进的坐标。首先，为企业经营者提供了一个价值体系的支柱。宗教信仰的重要特征之一就是将追求人生"终极"的目标作为生活的支撑和意义的诠释，而信仰在价值观念体系中居于核心地位，是作为评价主体价值观念体系的深层内核和前提。所以，马克斯·韦伯（Max Weber）在总结新教伦理与资本主义关系时指出："构成近代资本主义精神乃至整个近代文化精神的诸要素之中，以职业概念为基础的理性行为这一要素，正是从基督教禁欲主义中产生出来的"，"被称为资本主义精神的那种态度，其根本要素与我们在这里表明的清教世俗禁欲主义的内涵并无二致。"③

其次，为企业经营者提供了道德修炼的标准。考察世界几大宗教，要达到其理想境界，对其信徒的要求都是要达到理想人格的"完备状态"。宗教的修行，是从个体出发再回到个体，即便是利他的"爱人如爱己"的基督教、普度众生的大乘佛教，最终落脚点还是在于个人。宗教个体的超脱实则以利人为手段，利己为目的。诸如佛教有"三法印"之说，强调"诸行无常，诸法无我，涅槃寂静"。"三法印"是佛教的根本大法，也是佛教的核心价值观，其中心内容不是别的，正是凡人成佛，就要向佛的道德转变或皈依，并对行善与不行善的信徒作了区别。佛教相信因果报应和六道轮回，断言"善有善报、恶有恶报"。人生在世行善，下辈子即可投生三善道，即"天道"、"人间道"和"修罗道"。人生在世作恶，下辈子即投生三恶道，即畜生道、饿鬼道和地狱道。由此看来，凡人不仅今生有痛苦、有烦恼，后世也依然有痛苦、有烦恼。而"三法印"正是佛教向人类提供的一件帮助凡人了却生死轮回、痛苦、烦恼的法宝，一件治疗世人精神病

①　丛恩霖：《伊斯兰教关于"盟誓"的教法规定——积极营造人与人之间的信任关系》，《中国穆斯林》，2000年第1期，第17—18页。

②　陈超：《宗教伦理的现代价值——全球伦理视域下的考察》，《新视野》2005年第2期，第60—62页。

③　（德）马克斯·韦伯：《新教伦理与资本主义精神》，康乐、简惠美译，桂林：广西师范大学出版社2005年版，第141页。

苦、引导其达到"涅槃寂静"的境界，即无生死、无烦恼的道德境界的法宝。而要达到这种境界，却既不在他人，也不在佛，而在于自己，在于自我否定，即无我。再如基督教信仰上帝或耶稣的本质规定性不是别的，正是全善、至善或善本身。所谓全善，是指上帝或基督身上不存在任何恶。所谓至善，是说上帝或基督身上存在的善，不是普通等级的善，而是最高等级的善。所谓善本身，是说上帝或基督无他，即是他的善，上帝或基督的善乃万物之为善的最后理由和根据，是"万善之善"。因此，人们有理由相信，基督教信仰的上帝实际上就是一种道德人格，这在对耶稣受难事件的描述中有着鲜明的反映。① 又如伊斯兰教从"认主独一"的信仰出发，形成了以"敬主、顺圣、修身、爱人"为核心的人格修炼模式，这成为每一个穆斯林理想人格的基础。② 《古兰经》一方面劝诫信徒"不要忘却你在今世的定分"，"要享用真主恩赐的佳美物品"；但另一方面规定了相互关系的行为准则，包括经济、法律以及宗教伦理。伊斯兰教反对物质资源的滥用，反对非法获取别人财物，限制财富过于集中，不强调物质刺激，严格禁止高利贷等行为。通过这些宗教伦理要求，力图在个人、家庭和国家之间建立一种可以遵循的经济伦理关系，以保证精神与物质生活的高度协调一致。③ 日本的稻盛和夫一生创办了两家世界 500 强公司，他的"自利利他"和"追求人生的善与不朽"的商业精神和经营哲学深深根植于佛教的道德伦理之中。他写的《活着》一书，阐述了他如何将佛法运用到人生和企业管理的经历和经验。1983 年，他创办了"盛和塾"，义务向企业经营者传授自己的经营哲学和管理方法。至今，"盛和塾"已持续 30 多年，企业家塾生已达数千人之多。④ 稻盛和夫用自己的一生践行"如法获财"、"自利利人"的佛教智慧，并影响和带动了大批日本企业。

其三，为企业经营者提供了心理调适的方法。宗教自产生以来，其所以能够持续存在并发展，一个重要原因就是宗教具有对社会个体和群体进行心理调适的功能，它能为广大的社会成员提供心理上的慰籍和安全感。⑤ 正如英国历史学家阿诺德·约瑟夫·汤因比（Arnold Joseph Toynbee）所说："逆境的加剧会使人回想到宗教。"⑥ 一方面，宗教通过对世俗价值的贬抑和神圣价值的推崇，以及对因果报应的企盼和美好来世的向往，缓解了人们对功名利禄的过度追求，使之把原来的不平衡调节到相对平衡的心理状态。如佛教，许多寺庙中有对联写到："为恶必灭，为恶不灭，是其祖宗必有余德庇护，德尽必灭；为善必昌，为善不昌，是其祖宗必有余殃侵扰，殃尽必昌。"由此使人们相信

① 段德智：《宗教的道德功能与精神文明建设》，http://www.360doc.com/content/14/0323/23/13335548_363171929.shtml.

② 唐怡：《试论宗教的现代社会价值——以宗教理想人格为例》，《中国宗教》，2006 年第 2 期，第 59—61 页。

③ 周燮藩：《伊斯兰教与经济发展》，《中国社会科学院研究生院学报》，1990 年第 2 期，第 65—71 页。

④ 钟放：《稻盛和夫的佛教商业道德准则》，《中国民族报》，2010 年 6 月 8 日。

⑤ 罗映光：《试论宗教心理调节功能的现代社会价值》，《中南民族大学学报》（人文社会科学版），2004 年第 5 期，第 53—55 页。

⑥ 转引自孙亚峰：《宗教的心理调适功能》，《中国宗教》，2014 年第 6 期，第 44—45 页。

因果必报的道理。另一方面，宗教还可以通过忏悔等方式使人们获得心理平衡，增进人的心理和生理健康，因而有多重功能。此外，宗教还通过超越美感的召唤，使之发挥更高层次的心理调节作用。诸如宗教对天堂、极乐世界等终极完美世界的描述，为激烈竞争的市场中备受折磨的经营者提供了一幅足以神往的世外桃源，并使其容易消除不良心态，摆脱烦恼和痛苦的折磨，产生超凡脱俗的精神追求和美感支持。据资料显示，近年在我国各地出现了一些以信教企业家组成的"团契"（基督教特定聚会的名称，其宗旨是增进基督徒和慕道友共同追求信仰的信心和相互分享、帮助的集体情谊）。如北京国际基督徒团契有约2000多名会员，其中不乏企业界精英；浙江温州每月都会有企业家团契，一般有100多人参加，学习宗教经典，交流自己的心得和感悟，包括在工作和生活中遇到的困扰。上海和广州等大城市以及景德镇、晋江等一些小城市也有数十人，甚至过百人的基督徒企业家的经常性聚会。据有人调查，在我国一些地区，"老板基督徒"已经成为一个新崛起的群体。[①] 所以，也有学者指出，目前一些国家科技愈发达，宗教也愈发达，这一现象产生的原因与人的心理需求不无关系。现代社会远未使人脱离自然与社会的双重压抑，故宗教心理调适功能的现代社会价值也日益彰显。[②]

其四，为企业经营者带来了人生的希望。宗教信仰的指向都是未来，虽然是可望而不可及的事情，但却为人们指出了一个方向、一个奋斗的目标、一种理想的愿景，这些东西往往会对人们产生许多崇高和美好的期盼。正是这些期盼，成为企业经营者对历史、社会、人生，以及企业经营本质进行认识和思考的促动力量。香港旭日集团董事长杨洪是当代著名佛教慈善家，他以"广植德本，勿犯道禁，慈心专一，忍辱精进"为人生座右铭，奉行众善，助人为乐。2000年在香港设立"香港慈辉佛教基金会"，请普陀山普济寺的明治法师为顾问。投入数千万元在全国各地做扶贫和助教事业，在中国大陆实施慈善援助项目达上千个，累计投入资金超亿元人民币。[③] 所以，关于宗教对人生的影响，阿尔伯特·爱因斯坦（Albert Einstein）曾经断言："人生最后的领域，只能在宗教中才能找到答案"，"未来拯救人类的可能是大乘佛法"。[④]

3. 宗教伦理有利于重塑现代企业家精神。企业家精神虽然是一个复杂的体系，但

① 张邦松：《信仰归来——中国企业家的宗教信仰》，《经济观察报》，2010年1月20日。

② 罗映光：《试论宗教心理调节功能的现代社会价值》，《中南民族大学学报》（人文社会科学版），2004年第5期，第53—55页。

③ 《慈心专一 善行天下：访香港慈辉佛教基金会杨洪》，http://www.ebaifo.com/fojiao-4055.html.

④ 转引自于祺明：《爱因斯坦论宗教》，《学习论坛》，2009年第3期，第59—61页。

离不开敬业、创新、合作、诚信、利他这些基本的元素。[①]

　　首先，宗教伦理有利于激发企业家的敬业精神和创新精神。敬业精神是促进企业发展的不竭动力，是企业家必备的精神品质，也是构成企业家精神的重要支柱。具体表现在：忧患意识、奉献精神、拼搏和实干精神。北京大学教授汪丁丁认为，敬业精神就是企业家达到狂热程度，超越了身家性命追求利润爱好的精神。[②] 不管是基督教，还是佛教，抑或是伊斯兰教，其教义中无不谆谆教诲自己的信徒要勤奋劳动、努力工作。诸如基督教的"天职"观和"节欲"观将现实经济生活中的理性意识大大激发出来，他们将勤奋工作、大胆赚钱看作是上帝的恩宠和祝福，并将此转化为一种伦理的"至高之善"而拼命工作，尽量积累资本。新教伦理中蕴涵的这种勤劳、敬业、节俭、合理获利的精神，对近代资本主义企业的发展，特别是资本主义企业家精神的建立，起到了巨大的推动作用，在一定程度上为资本主义市场经济的确立提供了强有力的道德支撑。又如佛教教义认为，如果人们希望获得"现法安乐"，首先就要以"精勤修行"的工作态度去从事各种世间职业，而无论其职业的社会地位高低、贵贱、尊微。这实际上就是要求人们要普遍具有一种职业责任感，亦即敬业精神。敬业精神必然引发企业家的创新意识，这是企业家精神的灵魂。一个企业最大的隐患，就是创新精神的消亡。创新是企业家活动的典型特征，从产品创新到技术创新、市场创新、组织形式创新等。创新精神的实质是"做不同的事，而不是将已经做过的事做得更好一些"。所以，具有创新精神的企业家更像一名充满激情的艺术家。宗教伦理虽然不强调冒险，但却强调要有使命感和责任感，如佛教中的"慈悲利他"观念、基督教的"天职"、"救赎"观念等，其原动力都在于自我实现。所以，美国社会学家丹尼尔·贝尔（Daniel Bell）说："工作，当它是一种天职或正当职业的时候，等于把宗教转化成一种今世的依附，一种通过个人努力达到的自己美德和价值的证据。"[③] 马克斯·韦伯（Max Weber）也认为："新教内在于世的苦行主义最先生出了一个资本主义国家，因为它打开了以生意为人生事业的道路，特别是对于那些宗教上最虔诚、伦理上最严谨的人们来说，更是如此。"[④] 宗教伦理中对人的责

　　① 企业家精神最初是由美国经济学家弗兰克·奈特（F·Knight）提出来的，最初的意思是指企业家的才华、能力。让·巴蒂斯特·萨伊（Jean Baptiste Say）把企业经营者等同于企业家，而把判断力、坚持性、有监督管理才能等作为企业家精神。阿尔弗雷德·马歇尔（Alfred Marshall）认为企业家是特定要素禀赋人力资本所有者，相应的企业家精神应是学习和获得知识，以及在企业经营活动中充分利用知识。约瑟夫·熊彼特（Joseph Alois Schumpeter）认为创新是企业家最重要的职能。因此，创新能力也就成了企业家精神的主要内容（汪岩桥：《关于企业家精神的思考》，《浙江社会科学》，2004 年第 3 期，第 157－162 页）。但也有学者认为，企业家精神的含义具有广泛性、不稳定性和多层次性，只能看作是企业家群体所共有的特质和价值观体系（靳卫东、高波、吴向鹏：《企业家精神：含义、度量和经济绩效的评述》，《中南财经政法大学学报》，2008 年第 4 期，第 101－105 页）。

　　② 李转良：《创新 敬业 合作：企业家的三种精神——访北京大学汪丁丁教授》，《中国企业家》，1999 年第 2 期，第 49－53 页。

　　③ （美）丹尼尔·贝尔：《资本主义文化矛盾》，赵一凡、蒲隆、任晓晋译，北京：三联书店 1989 年版，第 207 页。

　　④ （德）马克斯·韦伯：《宗教社会学：宗教与世界》，康乐、简惠美译，桂林：广西师范大学出版社 2011 年版，第 177 页。

任和使命的认识和规定，不仅对一些西方国家产生了很大的影响，也对现代企业家精神的形成起到了积极的作用。

其次，宗教伦理有利于强化企业家的合作精神。合作是企业家精神的精华，是推动企业发展的重要力量。竞争越激烈，企业的生存与发展越艰难。在此环境下，企业家的合作精神显得越重要，只有不断形成强强联手的合作态势，才能在激烈竞争中立于不败之地。意大利诗人卢恰诺·德克雷申（Luciano Dekrashen）在谈到人际关系时有句名言："我们都是只有一个翅膀的天使，只有相互拥抱着才能一起飞翔。"① 这句名言生动地说明了合作的根源和目的。合作就要做好三个方面的工作：一是遵守公平原则；二是增强规避风险意识；三是坚持"双赢"理念。在宗教伦理中，这方面的论述很多。如基督教要求信徒必须处理好四种关系：人－神关系、人－人关系、人－群关系和人－物关系，这些关系被看作是基督教伦理道德的根本原则。人－神关系的主旨是爱天主在万有之上，是人对神所负有的责任；人－人关系涉及到的是主体自我与其它客体个人的关系，其主旨是"爱人如己"；人－群关系面对的是个体自我同社会群体的伦理道德关系，要界定的是个体与团体间的彼此责任和义务；人－物关系则是自我与大自然的关系，涉及到人对大自然的使用和保护的责任。② 佛教则主张"因果报应"、"三世轮回"和"八正道"，以此教化人们重视道德警戒，不留邪念，不滋生狭隘、虚荣、嫉妒和野心，不贪念功德，对人、对事要平心静气，谦虚和蔼，树立远见卓识，加强合作。有人研究了伊斯兰教与印度教的融合问题，认为伊斯兰教的思想具有一种柔软性。伊斯兰教与印度教的共存，可以说是将伊斯兰的宽容性最大限度地发挥出来。③ 这种宽容精神不仅将伊斯兰神学推向了更高层次，也集中彰显了伊斯兰教的合作精神。

其三，宗教伦理有利于培养企业家的诚信意识。诚信是企业家精神的基石。就企业家而言，它包括了对员工的诚信、对顾客的诚信、对社会的诚信和对投资者的诚信。企业家诚信缺失不仅影响企业的发展，也会危害到社会的发展。提高企业家的诚信意识，一要加强对企业家素质的培养；二要提高企业家对企业信誉的认识水平；三要建立和完善对企业家诚信的激励机制；四要加强对企业家的约束机制。基督教通过"预定论"塑造资产阶级的典型人格，然后通过新教徒的天职观转化，在引发教徒世俗功利主义社会行动的同时，在客观上也促进了世俗生活的理性化。通过感恩上帝恩宠而追求尽善尽美，由此培育了新教中产阶级对资本主义英雄时代那种"严肃、刻板、坚韧耐劳、严于律己的典型人格。"④ 佛教虽然没有诚信一词的明确提法和用法，但佛教的伦理思想中，却有与诚信词义内容完全相同的规约与戒条。如《四分律》和《梵网经菩萨戒本》中的

① 转引自《一语惊人》，《中国青年》，1999 年第 24 期，第 1 页。

② 赵建敏：《基督宗教的基本伦理关系》，载卓新平、许志伟主编：《基督宗教研究》，第 7 辑，中国社会科学院基督教研究中心主办，北京：宗教文化出版社 2004 年版，第 295－310 页。

③ （日）保坂俊司：《印度教·伊斯兰教的融合思想及其现代意义——印度伊斯兰教宽容思想的展开》，孙晶译，《世界哲学》，2011 年第 1 期，第 108－121 页。

④ （德）马克斯·韦伯：《新教伦理与资本主义精神》，于晓、陈维纲等译，西安：陕西师范大学出版社 2006 年版，第 95 页。

妄语戒，以及"八正道"中的正语等，都是在强调守信用和诚实、不妄语与正语在社会交往和修学佛法中的重要性。佛陀教诫人们，对于不属于自己的财物，即便其价值卑贱如同草叶，或者只值一钱，都不能非分占有；即便是为了"三千大千世界"的财富，或者在某种情况下宁愿舍弃生命，也不说一句妄语。① 对于真正能够坚守上述戒律的企业经营者，在市场经济的交易活动中，当然就不会为了追求财富或利益而采取任何不道德手段，更不可能出现诸如逃债毁约、制假售假、欺诳诈骗等行为。伊斯兰商业法规对穆斯林有非常严格的要求，甚至与宗教信仰相联系。② 它要求穆斯林诚实、守信，严禁以不正当手段谋求财富。③ "谁为了侵吞别人的财产而发伪誓，在后世，真主将谴怒于谁。"④ 伊斯兰教还反对腐败，严禁行贿受贿。"愿真主诅咒行贿者、受贿者、中间介绍人。"⑤ 伊斯兰教严禁非法霸占别人的土地。"谁侵占了别人一拃土地，复生日，将以七层天给他带上项圈。"⑥

其四，宗教伦理有利于形成企业家服务或利他的社会责任意识。企业家的服务和利他行为是考量一个企业社会责任的重要指标。有人认为，虽然在社会科学领域，利他并没有一个统一的定义，但各科学者对利他的界定无不包含两个基本要素：一是行为主体预期该行为能够增进他人的福利，包括生命、健康、金钱、实物、服务、名誉等；二是行为主体不期望该行为增进自己的福利，即行为动机必须是非自私的。⑦ 在宗教伦理中，鼓励利他主义的价值观和行为是普遍的教义，甚至是核心概念。如基督教要求信徒要"爱邻如己"；佛教徒要有"慈悲心怀"；伊斯兰教要求信众崇拜真主、孝敬父母、优待亲戚、怜恤孤儿、救济贫民、亲爱邻居和伴侣等。不仅如此，几大宗教还歌颂关爱、赞美"利他"的善行。如佛教主张的"诸善奉行，诸恶莫作"；基督教传播圣徒故事，以及生动描绘神圣图景，塑造利他的完美榜样。⑧ 根据《中国宗教》报道，2010 年 4 月 14 日，我国青海省玉树县发生了 7.1 级地震，藏传佛教的僧侣们对灾民展开了积极的救援工作，他们依靠简单的工具实施救援，用手刨，用铁锹挖。之后他们开始赈灾布施，并为亡灵诵经祈福。由于僧侣身着绛红色袈裟，被称为"那一抹绛红色的身影"抚

① （英）哈玛拉瓦·萨达提沙：《佛教伦理学》，姚治华、王晓红译，上海：上海译文出版社 2007 年版，第 136－137 页。

② 祁学义：《〈古兰经〉和圣训中的伊斯兰经济思想》，《阿拉伯世界研究》，2010 年第 1 期，第 61－67 页。

③ 马坚译：《古兰经》第 4 章，第 29 节，北京：中国社会科学出版社 1981 年版。

④ 《布哈里圣训实录全集》（第 2 卷），祁学义译，北京：宗教文化出版社 2008 年版，第 140 页。

⑤ 艾哈迈德·伊本·罕百勒辑录：《艾哈迈德·穆斯奈德圣训集》，约旦：安曼国际思想社 1999 年版，第 1641 页。

⑥ 艾哈迈德·伊本·罕百勒辑录：《艾哈迈德·穆斯奈德圣训集》，约旦：安曼国际思想社 1999 年版，第 259 页。

⑦ 齐良书：《利他行为及其经济学意义——兼与叶航等探讨》，《经济评论》，2006 年第 3 期，第 41－48，70 页。

⑧ James，W. The varieties of religious experience：A study in human nature. Cambridge，MA：Harvard University Press. 1985，转引自李若木、周娜：《宗教与公益活动：一个实证研究》，http：//www. pacilution. com/ShowArticle. asp? ArticleID＝3038.

慰了地震中无数的受伤心灵。不只是现场救援，宗教界在随后的灾区支援工作中也起到了举足轻重的作用，包括组织救援队赴灾区开展救援、积极捐款捐物奉献爱心，以及举行诵经祈祷法会超度亡灵等。① 由此可见，宗教伦理对企业家的利他行为具有重要的信念支持。稻盛和夫在总结自己的企业经营哲学时，将其归结为宗教伦理。他在《企业经营为何需要哲学》中多次提到，要建立现代企业家精神，就必须从资本主义经济发展最初的"原动力"——基督教新教伦理中去寻找精神源头。②

4. 宗教伦理有利于推动企业的健康持续发展。影响企业健康持续发展的因素很多，但排在第一位的肯定是企业的经营理念。如果管理者站在企业长远发展的高度审慎思考企业的短期、局部利益与长期、全局利益之间的关系，追求经济、社会和环境效益统一的综合效益，实现企业与社会、竞争者、消费者之间的和谐共存，那么，企业就能够保持持续健康的发展。反之，则其发展必然会受到限制，甚至昙花一现。③ 以日本企业为例，当日本产品相继敲开世界各国的大门，特别是汽车制造业和家电产业等占领了美国大部分市场时，美国开始研究日本经济发展的奥秘，最终发现日本经济高速发展的原因在于拥有自己的企业文化。为什么日本的企业文化竟能发挥如此巨大的经济效应？经一些学者的研究和破译，发现日本企业文化最大的特点就是带有浓厚的宗教色彩。④ 宗教思想在日本的企业文化中发挥着举足轻重的作用。日本的企业把宗教文化融入到自己的经营哲学之中，产业报国、以社会责任为己任、和睦相处、上下一致等经营哲学与宗教的"节俭"、"救赎"、"忠诚"等联系起来，强调企业的社会责任，强调企业对社会、国家乃至全人类应承担的义务。在企业家的言行举止中，处处体现着一种"因果报应"、"顺应同化"的宗教精神，他们用这种充满灵性的宗教手法来解释企业与社会、员工与上司，以及员工之间的相互关系，强调人与人之间必须以"仁爱"的态度相处，企业发展以人为本，贯彻这种"人本"主义就是"和"的精神。利用宗教活动，企业家很好地协调了企业管理部门之间的关系，同时也把下属的思想引导到他们所希望的境界，从而在管理层内部形成了统一的指导思想，避免了企业的内耗。如松下电器公司把"产业报国"放在第一位；丰田公司的社训是："上下同心协力，以至诚从事业务的开拓，以产业的成果报效国家"；日立公司的企业价值观是"诚实、进取、齐心协力、团结一致"等。⑤ 日本企业家在探讨企业目标、经营哲学时，与其说是经营者在发表经营心得，不如说是一位宗教得道者在传教布道。他们的谈话充满了宗教哲学情趣，有的企业直接将宗教哲学导入企业的经营哲学中。如丰田公司的经营哲学就明确提出："尊崇神佛，心存感激，为报恩感谢而生活"。正是这种"感激"、"报恩"的思想，使企业员工为社会

① 转引自李若木、周娜：《宗教与公益活动：一个实证研究》，http://www.pacilution.com/ShowArticle.asp? ArticleID=3038.

② 王东：《论宗教伦理思想对于重塑现代企业家精神的影响》，http://www.xzbu.com/2/view-4800330.htm.

③ 刘帮成、姜太平：《影响企业可持续发展的因素分析》，《软科学》，2000年第3期，第52—54页。

④ 李萍：《破译日本企业文化的宗教关照》，《中外企业家》，2005年第6期，第80—82页。

⑤ 王超逸编著：《中外企业文化理念大全》，北京：中国经济出版社2007年版，第22—29页。

勇于奉献的精神发挥得淋漓尽致，企业生产已不单是满足员工个人物质生活的需要，更重要的是能给员工带来一种精神上的满足感。作为"经营之神"的松下幸之助，一生中最尊重的顾问就是一个和尚，他通过各种宗教活动，将宗教的各种教义、精神与企业经营理念巧妙地结合起来，然后灌输给员工，使他们相信工作的目的并不只是为了个人和社团，更多的是追求人类生活的共同幸福。所以，有学者认为，日本企业文化与宗教文化的糅合，是日本民族文化与现代管理方法相结合的一个重要体现。从某种意义上说，没有日本的宗教文化就没有日本的企业文化，宗教信仰是日本企业文化的重要组成部分。它在人们精神上所产生的凝聚力、向心力是无可估量的，这种精神上的力量对物质财富的创造具有强大的推动作用。① 诺贝尔经济学奖得主、印度经济学家阿马蒂亚·森（Amartya Sen）指出："在日本这一案例中，有大量的经验证据表明，责任感、忠诚和友善这些偏离自利行为的伦理考虑在其工业成功中发挥了十分重要的作用"。②

实际上，宗教对一些中国企业的影响也十分明显。有研究表明，自近代以来就有中国企业家意识到，宗教不仅是一种信仰，而且还是一种生活态度和人生智慧。如民国时期天津著名企业家宋斐卿就一直以基督教的"爱人如己"来要求自己。他说："人生如此，其困苦实为万分可怜。尽吾人之力以解除此类之困苦，实为吾人应当尽之天职"。他自觉将帮助他人、服务社会视为每个人应尽之责任，并将"为一般平民谋福利"列为公司四大主义之一，并认为只有这样"对于平民直接的帮忙，才算服务社会最有效的办法。"③ 这种现象在一些当代企业中也不乏实例。如中芯国际首席执行官张汝京、凤凰卫视董事长刘长乐、海航总经理陈锋、实力传播中国区公关及市场总监耿峰，以及阿里巴巴创始人马云等都是虔诚的宗教信仰者。尤其是近年在浙江温州出现了许多"老板基督徒"，有些是一开始便具有基督教信仰，经过不断奋斗，从农民或打工者，奋斗成为企业家；还有一些是接触到基督教信仰后，认为适合自己的企业管理及自身的信仰需求，进而受洗入教。关于企业家信仰宗教的影响，中国社会科学院宗教研究所的高师宁做过一个关于"天主教企业家的信仰与市场经济中的关系调查"。他发现，当企业家的私人信仰转化为企业的公共价值之后，企业就有了一种精神、一种灵魂、一种超越了经济利益的目标，而且，转化为公共价值的信仰为企业带来了不可忽视的社会资本。例如企业相对稳定，很少有员工跳槽，企业家也善待员工；在社会上有良好的声誉，因为其经常、长期地从事社会公益活动，不忘回报社会。对中国企业出现的这种现象，北京科技大学的赵晓则给予了高度评价。他认为，信仰可以构建一个动力机制，成为个人和企业的发动机；可以帮助企业在市场竞争中建立合作博弈关系。宗教可以通过来世认同引

---

① 李萍：《破译日本企业文化的宗教关照》，《中外企业家》，2005 年第 6 期，第 80—82 页。

② （印）阿马蒂亚·森：《伦理学与经济学》，王宇、王文玉译，北京：商务印书馆 2000 年版，转引自陈宝兰：《市场经济条件下的利润和伦理》，《合肥工业大学学报》（社会科学版），2005 年第 6 期，第 54—57 页。

③ 天津东亚毛呢纺织公司编订：《东亚精神》（甲），1945 年。转引自王红梅：《基督教信仰对企业经营管理的影响——以近代天津基督徒企业家宋斐卿为个案》，福建师范大学 2009 年硕士论文，第 22—23 页。

导人们的行为长期化，企业有信仰也可避免短期行为。同时，信仰作为道德的核心可成为法律、公司治理结构之外的"第三律"。信仰还可以帮助企业家建立优序安排与平衡机制，有助于和谐机制与长治久安的确立。① 宗教伦理赋予人们一种通过诚实劳动来理性获取财富，实现自己人生价值的神圣道德准则。在这一市场伦理和财富伦理的双重作用下，创新动力变得最大化，而且致富的目的和手段趋于一致，形成了市场交易者之间的最良性自律而大幅度降低市场运行成本，进而推进和形成公平交易的"市场秩序"，形成公平与创新双向互动的市场秩序内核，推动市场经济朝着健康持续的方向发展。② 所以，有学者认为，面对全球性的道德危机，宗教伦理以其神圣性和世俗性的方式作出了独特的应对，从而为全球伦理提供了可资利用的精神资源。因此，在全球伦理视域下考察宗教伦理的现代价值，不仅对宗教本身的发展，而且对人类社会的发展、人类生活的完善都有极其重要的现实意义。③

二、文化差异与企业经营管理

（一）国内外研究概述

对文化差异影响企业经营管理的关注始于 20 世纪 60 年代。美国哈佛大学教授 F·克拉克洪（F. Kluckhon）和 F·斯特罗贝克（F. Strodtbeck）从人性的善与恶、个人与集体、等级与体系等方面探究了文化之间的差异。④ 自此，文化差异以及对企业经营管理影响的研究，以及由此产生的"跨文化管理"研究引起学术界的浓厚兴趣，并出现了一系列研究成果。⑤ 70 年代以后，先后出现了吉尔特·霍夫斯塔德（Geert Hofstede）的"文化维度"理论⑥、大前研一（Kenichi Ohmae）的"无疆界世界"（Borderless

---

① 赵晓：《建立企业信仰，塑造道德竞争力》，《江苏经济报》，2006 年 1 月 14 日。

② 转引自张邦松：《信仰归来——中国企业家的宗教信仰》，《经济观察报》，2010 年 1 月 20 日。

③ 陈超：《宗教伦理的现代价值——全球伦理视域下的考察》，《新视野》，2005 年第 2 期，第 60－62 页。

④ F. Kluckhon&F. Strodtbeck：Varitions in value Orientation，Evanston IL：Kow. peterson，1961：1 －10.

⑤ 曾政辉：《跨文化管理文献综述》，《大众科技》，2006 年第 6 期，第 163－164 页。

⑥ 20 世纪 60 年代，擅长人事调查工作的荷兰心理学家吉尔特·霍夫斯塔德（Geert Hofstede）在 IBM 遍布 40 个不同国家的 116000 雇员中进行了意见调查。随后的二、三十年间，霍夫斯塔德也在不断就管理风格和工作环境进行调查。霍夫斯塔德的假设是 IBM 工作的员工大多有相似的教育背景、个性特征，因此他们对同一问题的回答可以更多地反映文化所产生的影响。基于这样的逻辑，霍夫斯塔德提出了四个维度：权力距离、不确定性、个体主义与集体主义以及男性主义与女性主义。1988 年，霍夫斯塔德与香港中文大学教授迈克尔·邦德（Michael Bond）合作，以传统的儒家文化价值观为基础，对东南亚 22 个国家或地区进行了实证性研究，他提出了"儒家动力论"，也称为"长期取向"价值观，作为霍氏文化价值观的第五个方面，使其提出的文化分析架构更为完整、系统。可以说，霍夫斯塔德的研究开创了跨文化管理研究领域的理论思路和研究方法，是当之无愧的跨文化管理研究的奠基人（菲利普·R·哈里斯、罗伯特·T·莫兰：《跨文化管理教程》，关世杰译，北京：新华出版社 2002 年版，第 115－119 页）。

World）理论①、丰斯·特龙彭纳斯（Fons Trompenaars）的"文化差异调和"理论②、苏珊·施奈德（Susan C. Schneider）和巴尔索克斯（Jean－Louls. Barsoux）提出的"管理文化差异"理论③，以及 R·T·莫朗（R. T. Moran）的跨文化组织管理理论④等。据统计，有关这方面的研究成果仅 1971 年到 1980 年的十年间，在 24 种杂志上发表的相关论文就有近一万篇。而且，一些欧洲和其他地区的学者还有意识地避免研究过于集中美国的现象，不断拓展研究范围，广泛吸取其他学科特点和增加其他国家研究成员，使该领域成为一个更加科学的学科。⑤

近年，国内学者也开始关注文化差异的研究。截止 2015 年 9 月，在中国期刊网，以"文化差异对企业经营管理的影响"为主题检索到的相关论文就多达 5700 多篇，如果以"跨文化管理"为主题词检索到的论文则有 19900 多篇。在国内学术期刊较早对"文化差异与企业管理"发表论文的赵景华，于 1989 年发表《从文化差异看日美企业管理的特色》一文，考察了具有典型意义的日美两国文化与中国的文化差异，提出了中国企业如何重视文化差异，与日美企业开展合作的建议。⑥此后，有关这方面的研究成果出现了很多。诸如王翔的《中美文化差异对中美贸易的影响》（《镇江师专学报》社会科学版，1995 年第 2 期）、胡军的《跨文化管理》（暨南大学出版社 1995 年版）、俞文钊的《合资企业的跨文化管理》（人民教育出版社 1996 年版）、金雯的《谈东西方文化的差异对企业文化的影响》（《企业文化》，2000 年第 3 期）、李燕萍和鲁军的《文化差异对人力资源开发与管理的影响——中法合资企业的人力资源开发与管理》（《科技进步与

---

① "无疆界"的世界（Borderless World）概念由美籍日本管理学家大前研一（Kenichi·Ohmae）于 1990 年提出。他认为，随着全球经济的一体化趋势和世界各国经济的高度关联，跨国公司在全球战略方面，不应囿于疆界，总部不一定要设立在自己的国家。而生产、营销、科研也可以战略性地分布于全球各地，管理人员应以"全世界"作为经营的范围，而非某一个特定的国家或地区。这一概念对于全球化战略的制定、开展跨文化经营管理等问题有着深远影响（唐旭天：《集团公司跨文化管理研究》，辽宁工程技术大学 2009 年博士论文，第 3 页）。

② "文化差异调和"理论是由欧洲两位一流跨文化工商管理咨询专家丰斯·特龙彭纳斯（Fons·Trompenaars）和查理斯·汉普登－特纳（C·Hampden－Turner）在 1993 年提出的。他们认为，那种认为在组织管理方面有一个放之四海而皆准的最佳方法的观念是错误的，人们必须理解和应对商业情境中的文化差异。他们把文化的基本差异界定为七种基本的尺度：与他人的关系、普遍主义与特殊主义、个人主义与公有主义、情感内敛与情感外露、具体专一与广泛扩散、成就与归属、对时间的态度和对环境的态度。由于任何国家或组织都会遇到一些普遍性的文化两难问题，因此，如何通过认识文化差异、尊重文化差异来提高跨文化能力，最终调和文化差异，就成为跨文化管理的关键。

③ "管理文化差异"理论是由瑞士的苏珊·施奈德（Susan C. Schneide）和法国的简·路易斯·巴尔索克斯（Jean Louls Barsoux）在 1997 年出版的《跨文化管理》一书中提出的。他们综合了以前的一些观察和研究，发现了在管理实践中的国家差异。他们把研究的重点放在如何更有效地管理文化差异上，强调认识差异并且直面这种差异，从而使这种差异服务于学术讨论和商务谈判。

④ 跨文化组织管理理论由美国管理学家 R·T·莫朗（R. T. Moran）提出。他认为，跨文化组织模式的管理有效性的依据是存在着一种潜在的最佳协合（Synergy）作用，它对减少由于一起工作时不可避免而产生问题所带来的损失是可行的。

⑤ 唐旭天：《集团公司跨文化管理研究》，辽宁工程技术大学 2009 年博士论文，第 1 页。

⑥ 赵景华：《从文化差异看日美企业管理的特色》，《山东大学学报》（哲学社会科学版），1989 年第 2 期，第 31－35 页。

资本投入轻人力资本投资的观念。在具体的经营管理方法上，西方企业注重刚性的管理，而中国企业注重柔性的管理。比如 1995 年美国通用电气公司（GE）创立并推行的"六个西格玛"质量管理方法，在通用电气、摩托罗拉、戴尔、惠普等众多知名跨国企业中都取得了很好的效果，而在我国一些企业中采用后却收效不大。在这方面，我国海尔集团的管理模式有一定的典型性。有人认为，海尔的成功靠的是"管理制度与企业文化紧密结合"构成的管理体系，而不是靠一两个管理秘诀。海尔的管理模式是：提出理念与价值观→推出典型案例→形成制度与机制。正是这种"制度与机制"和员工"理念与价值观"的互动，使海尔获得了较快的发展。[①] 海尔集团将他们这种管理模式称为"海尔管理三步曲"。正是这种管理模式，使海尔人提出的许多价值观念、经营理念逐渐融为海尔人的管理思想和企业文化，并成为该企业一切管理活动的准则和自觉遵守的行为规范，从而使"海尔管理三步曲"成为一种行之有效的管理模式。所以，威廉·大内（William G. Ouchi）认为，每种文化都赋予人民以互不相同的特殊环境。因此，虽然同样的行为原理对于不同的文化是适用的，但由于当地情况的差别而形成的社会结构和行为模式可以使其具有很大的差距。[②] 文化差异性在国际企业经营过程中的客观存在，导致企业在制定发展战略和跨文化营销策略上，管理者往往以自己的价值观为基础，因而产生不同的观点和管理方法，使管理层内部产生意见分歧并最终延误商机。

2. 对企业决策的影响。决策是企业的一项核心工作，其水平高低不仅直接决定着企业的兴衰成败，也影响一个国家的经济实力乃至整个社会经济的发展。20 世纪 70 至80 年代，正当各国大搞黑白电视机的时候，日本已经开始研制彩色电视机，且很快打入并占领了世界市场，一举成为世界经济的巨人。80 年代后，日本企业大搞模拟技术产品，而美国企业却放弃了在模拟技术上与日本竞争，转向研制数字技术产品。结果到90 年代后，美国经济开始独步全球，而日本经济陷入了极为严重的衰退之中。美国杜邦公司历经百年而不衰的关键要素就是决策体制的灵活变化。所以，有人对企业高层管理人员作了一项调查，当被问到"你认为每天最重要的事情是什么？""你每天在哪些方面花得时间最多？""你在履行你的职责时感到最困难的是什么事"三个问题时，90％以上的人回答都是决策。应该说，企业家最可贵的能力是决策能力。企业决策的作用，用古语形容就是："登高而招，臂非加长也，而见者远；顺风而呼，声非加疾也，而闻者彰。"[③]

决策往往由于决策者在价值取向、思维方式、行为习俗和偏好等方面的不同，其决策结果也必然会存在较大差异。[④] 有人对北京地区 10 家中美合资企业中的 17 位中方、14 位美方高级管理者作了一份调查访问，结果显示，双方管理者对对方都持有某些偏

---

① 金清子：《企业文化差异对中外企业管理模式的影响》，《商场现代化》，2008 年第 33 期，第 40 页。

② 转引自孙慧阳：《文化差异对企业国际经营的影响及对策研究》，《山东社会科学》，2008 年第 1 期，第 123－125 页。

③ 《荀子·劝学》。

④ 彭俊峰：《企业文化对企业战略决策影响的实证研究》，大连理工大学 2006 年硕士论文，第 39 页。

见，这些偏见尤其体现在对对方决策风格的消极评论上。① 还有人通过使用层次回归模型研究了不同区域文化对创新战略决策的影响，发现在个人主义文化环境中，企业倾向采取突破创新战略，而在集体主义文化环境中，企业倾向采取渐进创新战略；在承担风险文化环境中，企业倾向采取自主创新战略，而在规避风险的文化环境中，企业倾向于采取合作创新战略；在过程导向的文化环境中，企业倾向于采取流程创新战略，而在结果导向的文化环境中，企业倾向于采取产品创新战略。② 再以时间观念为例，发达国家的时间意识很强，而经济落后国家的时间观念较差。在时间意识强的国家里，那些节省时间的产品，如快餐、快速摄影、成衣、电动剃须刀、速溶咖啡等都会受到欢迎。只要能节省时间，即使价格高一些也会有人买。相反，在时间观念较差的国家，这些产品就不一定受到欢迎。又如在一个开放性和灵活性的文化氛围中，决策者之间能够相互交流、相互沟通，同时对外界的信息能够更好地获取和筛选，因而其决策的制定一般会趋于理性化。相反，在一个内向和稳定型的文化氛围中，由于其文化氛围的封闭性，对外界的信息往往不能主动寻求，决策者之间缺乏相互沟通，决策往往由一两个高层说了算，因而其决策的制定容易趋于非理性化。

3. 对企业人力资源管理的影响。东西方文化的差异导致对人力资源管理方面存在明显不同。在人才理念方面，虽然东西方企业为了生存和发展都会想方设法吸引和留住人才，但其方式方法却有很大的不同。西方企业往往以企业及个人的美好前景和对个人的尊重、对个人生活的改善来吸引人才。如美国 GE 公司的企业价值观是"我们为生活带来美好的东西"。摩托罗拉的企业价值观是"尊重每一个员工作为个人的人格尊严"，并强调"向每一个员工提供均等发展机会"。③ 而在中国企业，往往会以对国家、民族的责任感来激励员工和吸引人才。如华为公司的企业理念就是"以公司文化为纽带，大我与小我相融合，共铸民族通讯业的辉煌"。在选人方面，欧美企业在招聘人才时所追求的目标都是寻找并获得最优秀的人才。如英特尔公司提出"用聪明人吸引聪明人"；微软公司提出要"寻找比我们（微软现有员工）更优秀的人才"，并制定了一套严格的招聘技巧和程序，通过面试、心理测试、模拟测试、最终测试来选聘自己需要的人才。以中国和日本为代表的东方企业在选人方面往往并不一味追求最优秀的人才，而是强调适当，希望获得"能够满足工作需要的人才"。如日本松下电器就奉行寻找"70 分人才"的招聘原则，强调"适当"二字，并认为招募适当的人才有时候反而会更好。在用人方面，西方企业强调个人作用，突出最大限度地发挥个人才能。而东方企业更强调德才兼备，尤其是管理层更注重以德为先，强调个人、集体、团队之间的和谐。甚至为了追求和谐和团队的效率，不惜牺牲个人利益。如日本百货巨头西武集团的用人哲学就是："不用聪明人"，尤其不轻易使用一般认为聪明绝顶的人。在人才培养方面，西方企

---

① 王诗佳：《管理文化如何影响决策战略——中美企业管理差异浅析》，《科技与企业》，2004 年第 11 期，第 67—69 页。

② 于晓宇：《企业创新战略决策的决定因素——基于区域文化的视角》，《科技进步与对策》，2011 年第 18 期，第 69—73 页。

③ 刘光明编著：《中外企业文化案例》，北京：经济管理出版社 2000 年版，第 14 页。

业把职务晋升作为激励员工的重要手段，等级观念不强，年轻人和资历较浅人员会得到大胆提拔。东方企业由于强调论资排辈，突出员工对企业的忠诚，比较注重通过职位的晋升来培养和激励员工，而且等级观念较强，强调一步一个台阶。在如何留住人才方面，西方企业更看重待遇和事业发展，强调必须保证具有足够市场竞争力的薪酬。而东方企业则强调感情归属，强调奉献精神。在对不合格者淘汰方面，西方企业大都建立了优胜劣汰的良性循环机制，实行严格的淘汰制度。如百事可乐和麦肯锡都奉行"Up or out"的管理原则。要么因表现优秀而获得晋升，要么不优秀而离开公司。[①]

关于东西方文化差异在人力资源管理方面的影响，有人还运用荷兰心理学家吉尔特·霍夫斯塔德（Geert Hofstede）的国家文化模型，选择中美企业作为案例，从具有较大差异的权力化程度、个人主义和长期取向[②]三个维度考察和研究了文化差异对企业人力资源管理的影响。作者认为，一方面，中国权力化程度高，即国内较为认同层级制度，在企业内政治体系特征明显，论资排辈现象突出，人们高度认同权威。而美国则英雄不问出身，主要看个人的能力和水平；另一方面，中国提倡和推崇集体主义，在企业内部的关系约束往往超过制度约束；而美国的企业内部制度体系比较完善，企业更多地通过制度来约束和规范员工行为。此外，中国一般追求长期效应，对稳定有较强烈的要求；而美国企业高管层则具有较强的冒险精神，对创新具有显著的偏好。即使从人力资源管理最主要的招募与选拔、绩效管理和薪酬激励三个方面来看，也存在明显的不同。如在招聘和选拔方面，中国企业权力化程度高，企业内论资排辈现象明显，企业内部招聘比较注重资历、人际关系等。而西方企业的权力化程度低，企业对于个人能力比较看重，个人的资历、学校背景等并不重要。又如在绩效管理与薪酬激励方面，中国企业员工存在较强的平均主义思想，"不患寡而患不均"，注重薪酬的内部公平性，考核往往流于形式，集体绩效、人际关系、资历受到重视。而西方企业通常有较完善的责、权、利体系，薪酬与考核紧密相连，关注个体绩效的考核体系，考核标准一视同仁，考核结果与薪酬、培训等紧密结合。[③]

日本与中国虽是一衣带水的邻国，但两国文化仍然有较大差异，由此在企业人力资源管理方面也存在一定的不同。比如，人力资源管理制度上，日本企业注重专业化和制度化，其产品高质量的背后是日本企业人力资源管理的刚性制度。同时通过对员工的培训，使得员工认同企业文化，并自觉地与企业目标和要求保持一致。中国企业虽然也有人力资源管理的规章制度，但更加提倡情感管理，许多企业也未将情感管理与企业文化融为一体，导致员工缺乏对企业的归属感和稳定感。在激励措施上，日本员工对企业保

① 王勇：《传统与创新——东西方文化差异对人力资源管理的影响》，《中国电力企业管理》，2003年第10期，第58—59页。

② "权力化程度"主要是指人们对不平等问题的看法，如对层级制度、权威的认同度。个人主义是指人们对个人和群体关系的态度。长期取向主要指人们如何看待眼前和未来的关系，如储蓄习惯的形成过程等。

③ 曾晓东、李明德：《谈文化差异对人力资源管理的影响》，《商场现代化》，2005年第20期，第203页。

持高度忠诚，企业重视从精神上进行激励。而中国员工对企业忠诚度较低，精神激励难以使他们保持高昂的工作积极性，于是更加强调物质激励。在处理人际关系上，具有群体主义倾向的中国文化，更加重视统一和合作，尊重权力和等级，规避风险意识强；注重人情关系和人的态度及本质，重人情关系，轻制度和合同，上下级关系也往往带有较强的感情色彩。而日本文化的家长制管理、家族主义和集体主义特征，较多强调员工对企业的归属感和对群体的忠诚。因此，终身雇佣制、禀议决策制、年工序列制、企业内部工会制等，在这里得到较高程度的认同。在员工考核上，中国企业的考核主要是为完成上级交代的人事任务，多采用单向式考核，被考核者较少有机会提出意见，考核内容强调"德、能、勤、绩"并重，考核结论有较大的趋中性，且考核结果多半不能运用于企业员工晋升、提薪等方面。而日本企业往往强调上下级"双向"沟通，喜欢通过交流来共同找出问题所在，并不单纯地定义为考核。[①]

4. 对市场营销模式的影响。从跨国营销的角度看，国与国之间的文化差异对企业的市场营销具有十分重要的影响。由于人与人之间不同的教育背景、价值取向、生活习惯，以及审美特征，都会对产品营销产生影响。据《电子世界》杂志就"影响产品营销因素"进行的一项调查，在影响营销的各种因素中，名列前茅的是文化。随着经济全球化进程的加快，很多国际性知名企业在竞争中纷纷落马，究其原因并不是由于技术落后和资金短缺，而是缺乏对差异化营销文化的了解。[②]

跨国营销中文化差异具体表现在语言、宗教、饮食、图形象征、肢体表达涵义、数字喜好和色彩等的差异，由此对消费需求、产品宣传、促销、市场细分等都会产生影响。比如对消费观念上，美国人既超前又务实。在美国，贷款消费是非常普遍的现象，从房子到汽车，从信用卡到电话账单，贷款无处不在。如果有了多余的钱，美国人不会选择到银行存款，而是选择去消费。美国人均能源消耗量为发展中国家的几十倍。公路上穿梭着只坐一个人的小汽车，公共汽车里也是乘客稀少；马路上的街灯昼夜都亮着；私人花园里多半也是"与日月争辉"。但美国人在吃穿方面，却不太讲究排场。宴请朋友往往只有一道主菜，吃得很简单，一般也不喝酒。宴会上很难看到杯盘狼藉、推杯换盏，饮食随意而简单。大多数美国人的穿戴以牛仔裤、T恤衫、运动鞋为主要选择。而中国人则有节约的美德，以高储蓄、低消费闻名于世。无论是加收利息税，还是降低存款利率都无法有效降低储蓄、带动消费。多数中国人不会选择提前消费。如果没有足够的资金去买房，他们不愿去银行贷款，而是选择心甘情愿地住在自己破旧的房子里。中国大部分中老年人都是从物质紧缺年代一路走过来的，他们明白优越的生活来之不易。所以，在生活消费方面就会有所节制，不会盲目消费，更不会用信用卡超前消费。他们坚持认为只有自己有了一定的积蓄，日子才会过得心安理得。

在产品宣传策略上，由于中西方文化的差异，不同的文化价值观和思维方式在产品

---

① 卢庆奎：《基于文化差异的中日企业人力资源管理模式比较研究》，吉林大学 2009 年硕士论文，第 28—30 页。

② 肖康鹏：《从国际角度谈文化差异对产品营销的影响》，《统计与管理》，2014 年第 4 期，第 132—133 页。

宣传策划上也不尽相同。一般而言，西方企业宣传产品的功效直截了当，不会转弯抹角。而中国文化讲究内敛、含蓄，宣传产品功效不会直接告诉结果，而是要你自己慢慢感悟和体会。如在广告人物视角上，美国广告中的人物视角重点是消费者，直接展示享受产品的愉悦之情；但在中国则可能不直接将消费者放入画面中，或者看不出视角，给人的感觉似乎是在诉说其他人的故事，消费者要自己去体会。对这种现象，有人通过对19世纪30至40年代美国可口可乐在中国《申报》上做的广告进行分析和研究，从文化差异的角度提出，中国是高语境文化传统，强调的是内敛和含蓄，表达方式比较抽象。而美国是低语境文化，强调的是直截了当，追求平等与自由，一般会将产品的好处直接告诉消费者。[①] iPod 的广告宣传也典型地诠释了美国的文化特点。在广告音乐上，iPod 一直采用世界上最具号召力的流行歌手或乐队的作品。如早期的 U2，歌曲几乎都不是典型的广告流行音乐，而是充斥着强烈的摇滚或电影风格，充满活力和躁动，强调特立独行的个性张扬。这样的音乐正迎合了 iPod 的最主要消费群体——年轻人的流行品位。在视觉效果上，iPod 广告明亮绚丽的色彩十分具有冲击力。各种种族、职业、年龄的剪影不停变幻，却看不见相貌，唯一的共通之处就是拿着 iPod 的舞动，奇特的模式使很多观众一开始都不清楚这是什么广告。这样的创意，营造出一种特有的文化氛围——在音乐的世界里所有人都是快乐平等的，没有现实生活中种族、性别、地位等差异的偏见和歧视，人们享受着音乐，同时保持自己的个性，将所有人联系在一起的，就是手中的 iPod，而不是单纯宣传某个产品。当这种理念用各种宣传手段，特别是广告传播出去，植根于人们的观念之中，iPod 被赋予了作为产品以外的更多含义。与一般产品靠低价或降价打开和占领市场不同，iPod 产品惊人的销售奇迹是建立在"高价位"和"高端产品"基础之上的。2001 年产品最初上市时，刚刚经历了"9·11"恐怖袭击的美国人，正被笼罩在国家和自身安全的恐惧和担忧之中，美国高科技电子产业和娱乐业都受到冲击，该款产品虽然与当时普遍采用闪存技术、容量只有 128MB—256MB 的普通 MP3 相比，具有 5GB 的超大容量和很高的性能优势，但 399 美元的高价位却不被市场看好，甚至有批评人士戏称这种定价是 IPOD（Idiots price our devices，白痴在为我们定价）。[②]

　　从商品促销策略上，文化差异对产品的促销仍然具有不可低估的影响。如可口可乐为了在印度打开市场，努力淡化产品的奢侈品特点，尽量做到平民化，而在印度最平民化的娱乐方式就是看电影。于是，可口可乐选择了印度的电影明星作为代言人，让可口可乐在短时间内变得家喻户晓，且显得亲切和熟悉。同时以每罐售价只有 5 卢比（约合0.57 元人民币）的低价格销售产品。在中国，数千年文明的魅力使本土化成为产品打开销路的关键，可口可乐在中国市场 30 多年的经营实践，将主要精力放在如何迎合和融入中国文化上，自身的品牌特质似乎变得比较淡化，其产品从研发、原材料采购、浓

　　① 黎梦怡：《从文化视角看中美可口可乐平面广告的异同——以 19 世纪 30 年代—40 年代为例》，《新闻世界》，2010 年第 5 期，第 89—90 页。

　　② 杨蔚：《美国苹果公司 IPod 产品的定价及营销策略分析》，《中国物价》，2007 年第 2 期，第 38—41 页。

缩液生产，以及灌装全部在中国完成，将其彻头彻尾改造成了中国制造。在很多中国消费者的心目中，红色的包装跟自己心目中的喜庆、节庆活动联系在一起，充满了浓郁的中国红韵味。

文化的差异甚至对产品的细分市场也发生影响，主要体现在两个地方：一是某一国家或地区不同的价值观和行为规范，影响企业制定相应的市场细分策略；二是对不同国家或地区具有相同消费观的群体进行市场超级细分，在这种细分基础上制定相应的营销策略。如一家跨国公司在对亚洲市场进行细分时，依据文化差异，就可能会一方面根据亚洲的不同民族之间进行市场细分；另一方面也可能会考虑到亚洲市场中华人分布比较广泛，文化习俗相近，而进行文化价值观的超级细分。[①]

5. 对商务沟通的影响。文化差异在跨国商务沟通中具体表现为称谓和问候、恭维和谦虚、见面礼节、馈赠礼节和道歉方式等，影响这些方面的因素主要是不同国家或地区人的思维方式、沟通风格、价值观念、风俗习惯和时间观念等。[②] 比如，在称谓和问候方面，尊重他人是中国人的传统，因此喜欢在每个人的姓后面加上头衔称呼对方，如"王总"、"李处"、"某某教授"等，但这在西方国家并不受欢迎。一方面，它不符合英文的表达习惯；另一方面，这种以职务、职称为主的称谓也不符合追求平等的文化传统。中国人见面的问候语大多是"您吃了吗"、"您去哪儿"、"您在忙什么"等等，但用这样的语言跟英美人打招呼，则不仅违背其文化习惯，甚至还可能侵犯他们的隐私。又如恭维和谦虚方面，中国人以谦虚为美德，特别是被恭维时更要表现出谦虚的态度。但与西方人交往时，谦虚不一定会受到赞誉，反而可能会被误解。以群体本位为特征的中国人对家人和亲朋好友的帮助不一定致谢，给对方造成的不便也不会道歉。但在以个体本位占主导的西方，无论任何人得到别人帮助，都会表示感谢，对造成的不便必须进行道歉。送礼或馈赠是人们在商务活动中表达心意的一种表现。中国人非常看重这种礼尚往来，并会对送礼或馈赠给予回报。而大多数西方人一般在亲友之间不馈赠礼品，也不会回请或者还礼。在道歉方式上，大多数情况下中国人会以婉转的形式向对方道歉，而西方人更喜欢采取直接道歉的方式，甚至在一些商务活动中还会采取正式的书面形式道歉。在具体的商务活动中，大多数西方人喜欢公事公办，个人交往和商业交往界限分明。如美国人强调顾客导向，努力维护与老客户的长期关系，以求保持稳定的市场占有率。另外，在美国人的价值观中，时间是线性的，而且非常有限，必须珍惜和高效利用。因此，在商务谈判中不会浪费太多时间，更不喜欢繁文缛节，强调效率，直奔主题，迅速决策。所以，在美国经常听到所谓"一揽子解决方案"之类的说法。

6. 对跨国商务合作的影响。文化差异对企业跨国合作的影响是全方位、全系统、全过程的。有人借助跨文化管理的最新研究成果 GLOBE（Global leadership and organizational behavior effectiveness）理论，从权力距离、群体集体主义、公共集体主义、

① 徐华：《浅析文化差异对企业国际营销的影响及对策》，《中国商贸》，2011 年第 15 期，第 28—29 页。

② 孙君：《文化差异对国际商务沟通的影响及其对策》，《沈阳农业大学学报》（社会科学版），2013 年第 5 期，第 552—555 页。

不确定性规避、未来取向、性别平等、决断性、人本取向、绩效取向等 9 个维度，对比分析了中国与美国、日本等国的文化差异对跨国商务合作的影响。[①] 美国的艾默生电气公司收购了中国华为公司旗下的安圣电气，但却导致原艾默生公司大批员工离开，原因是他们无法忍受新组建公司的管理模式和企业文化。艾默生公司的企业文化是典型的美国式文化，而安圣电气的管理方式则是典型的中国式管理，两家公司的文化冲突显示了中美文化的显著差异。一方面，是由于"个体主义"与"集体主义"的差异，中美之间发生了个人价值和集体价值谁处于第一位的碰撞。美国是一个非常重视个人价值的国家，艾默生电气为了激发员工的创造热情，十分关注个人利益与价值，努力创造一种平等、民主的工作气氛。而中国企业强调集体价值，甚至可以牺牲个人利益以维护集体利益。老员工无法适应这种差异，以致大批离职。另一方面，与中国相比，美国是低权力距离和高决断性的国家，强调每个员工都能畅所欲言，能够按照自己的想法去办事。而在中国，权力距离仍然普遍存在，集体中存在集权倾向，决策权掌握在管理人员手中，而员工们只能执行上级命令，不允许有威胁上级权威的行为发生。此外，中国是高不确定性避免的国家，员工们习惯于接受别人现成的指示和固定不变的制度，缺乏创新和改革的动力，而遭遇到原艾默生公司充满创造氛围的文化后，很容易有不稳定的情绪，心理压力也会随之加重。正是由于两个国家之间不同的企业管理模式和组织文化产生了冲突，才导致并购后的公司人才大量流失。

下面这个案例则从另一个角度诠释了文化差异对企业经营管理的影响。在中日两家公司贸易往来中，中方在一次预付款之后，却没有收到日方的货物，便打电话催货，对方的答复是缺货。一周后，依然没有收到货物。中方着急了，认为对方没有合作的诚意，宣布中止合作。第二天对方打来电话，说由于车间发生火灾，耽误了生产，没有及时发货，请求中方谅解。双方虽然发生冲突，但最终在日方的合理解释下中方答应与日本企业继续合作。实际上，关于中日企业冲突的原因，一方面是中日文化对诚信的理解不同。日本人在进行经济合作时，并非像对待自己本人那样谨慎，并不注重社会规范的制约，有时他们会言行不一，即使是已经口头协商好了的事情，也不认为有什么法律效力，因而不一定要去履行。日本人的这一特点让坚持诚实守信的中国人难以接受和理解。另一方面日本企业一般不拘泥于合同条文和规章制度，在处理合作事务时更加灵活，以此来维护双方长远的利益关系。最后其所以达成谅解，则因为中日两国地理相近，文化有许多相似之处，且在思维方式和价值观念等方面有许多共同点，发生矛盾和冲突后容易沟通，能够获得彼此的谅解和支持。[②]

另外，也有学者从思维方式上研究了影响国际商务谈判的文化差异问题。认为英美文化偏好抽象分析，喜欢运用逻辑手段从一个概念推导出另一个概念。而以中国为代表的东方文化则习惯于形象思维和综合思维，喜欢将对象的各个部分结合起来考虑。这两

---

① 吴海燕、蔡建峰：《文化差异对跨文化商务合作的影响研究》，《科技管理研究》，2013 年第 21 期，第 211—214，227 页。

② 郭祺威：《浅析中日文化差异对贸易摩擦的影响》，《知识经济》，2014 年第 23 期，第 84—85 页。

种不同的思维方式，导致在决策上形成顺序决策方法和通盘决策方法之间的冲突。当面临一项复杂的谈判任务时，欧美企业往往采用顺序决策方法，将任务分解为一系列的具体事项，逐个解决，最后将一系列具体协议整合成一个整体协议。而东方文化则采用通盘决策方法，注重对所有问题整体讨论，不存在明显的次序之分，通常要谈判到最后，才会在所有问题上作出让步和承诺，并达成一揽子协议。在谈判上，美国人总是赤裸裸地显示出强烈的求胜欲望，热切地主动交谈。而日本人则总是在默默地倾听，旨在充分了解对方的意图，同时尽可能不暴露自己的观点。等到各方面情况完全掌握后就立刻出击，一举获胜。如日本曾有一家公司派人到美国，与美方一家公司进行一项大宗贸易谈判。谈判一开始，美方代表就迅速亮出态度，试图迅速达成协议。但日方代表却一言不发，只是专心地倾听和记录，然后提议休会，第一轮谈判即告结束。六周后，日方另派了几个人赴美进行第二轮谈判，这几位日方代表根本不提第一轮谈判的事，似乎根本不知道第一轮谈判讨论了什么。于是，谈判只好从头开始。美方代表仍是滔滔不绝，日方代表仍一言不发，默默地倾听和记录。就这样先后谈判了五次。正当美方抱怨日方没有诚意的时候，日方的决策代表却突然抵美，并一反常态，在美方企业代表毫无思想准备的情况下，根据美方过去谈判中承诺的条件，当场作出决策，使美方非常被动。对美日两国谈判代表两种不同的风格，澳大利亚学者罗伯特·M·马奇（Robert M. March）将其称为"两种民族性格的鲜明对比"。[①]

（三）企业开展跨文化管理的路径选择

1. 承认文化差异，消除沟通的心理障碍。美国政治学家、哈佛大学约翰·奥林战略研究所所长塞缪尔·亨廷顿（Samuel P. Huntington）认为，文化差异将成为未来人类分歧与冲突的主导因素。文化差异所导致的文明冲突将主宰全球的政治、经济和商务等各个不同领域的沟通。[②] 作为社会主体下的每一个个体，商务交往中的文化因素及其差异需要引起重视。在跨国商务活动中，文化差异是客观存在的，特别是东西方之间，在价值观、信仰和处理问题的方式方法上都有很大的不同。因此，在商务交流中要尽力去适应其文化差异，学会与不同文化背景的人相处和交流。要做到这一点，就必须具备宽广的胸怀和包容的态度，不能对异国文化抱抵触和排斥态度，更不能流露出蔑视的情绪，而应该求大同存小异，承认文化之间的不同，并对不同文化表示尊重和理解。要尊重各国、各地区和各民族的风俗习惯和爱好禁忌，接纳不同的思想意识和民族传统，用健康良好的心态开展不同文化之间的交流与合作。

2. 强化跨文化意识，尊重不同文化的传承与习俗。在国际商务合作中，建立并强化跨文化意识是非常必要的。美国文化研究专家安得烈·劳伦斯（Andrew Laurence）曾指出："我们的母国文化已经成为我们自身的一部分，其结果就是我们忽视了自己的文化，使得我们总认为异国文化和我们的母国文化类似。当受其他文化影响的人们的行

---

① 邹芙林：《试论文化差异对国际商务谈判的影响》，《企业经济》，2007年第1期，第74—76页。

② 刘靖华：《冷战后世界冲突问题——评塞缪尔·亨廷顿的文明冲突论》，《世界经济与政治》，1994年第2期，第48—54页。

为和我们的行为有出入的时候，我们往往表现出吃惊甚至失望的情绪"。^① 劳伦斯的观点强调了培育跨文化意识的重要性。在国际商务合作中，许多人往往有意无意地会用自己的标准和理解去解释和判断其他文化，主观地假设其他人的行为方式与自己的异同，由此在商务活动中很容易作出错误行动，只有充分认识到不同文化背景下的商务活动者在价值观、行为方式和需求上存在差异，才会理解、接受和尊重其他文化，也只有树立这样的思维方式与逻辑判断，才能做到灵活多变，并使自己的处事方式和风格适应于不同文化类型的商务沟通。文化传承和习俗是在一定社会中被普遍认可、约定俗成，并被人们普遍遵行的生活方式，其特点是稳定、不可变和自发性。世界上不同国家和地区都有着各自不同的习俗，这是被特定的社会人群在生产、生活、礼仪和宗教活动中形成的模式化的生活方式。因此，在开展国际商务活动中，一定要认真对待，不能掉以轻心，否则，就会影响其经营管理活动的进程和效果，甚至会导致失败。有人说，"入境问禁"，这是每一个参与国际商务活动者必须永远铭记的原则。^②

3. 加强语言培训，克服沟通障碍。语言是最重要的交流工具，如果不能正确地理解对方的语言，就无法进行有效的文化交流。当前国际商务合作中比较常用的语言是英语。如果双方的母语不都是英语，就要尽量用简单、清楚、明确的表述，不要用那些容易引起误会的多义词、双关语、俚语和成语等，也不要使用容易引起对方误会和反感的词句。

跨国文化交流中不能主观地认为对方一定会按照自己的意愿和习惯去理解我们的意思，或从对方的发言中，按照我们的理解去猜测对方想要表达的意思。许多合作就是因为对语言理解的偏差导致发生误会，浪费时间，延缓合作进程。在跨文化交流中，我们必须要有过硬的语言基础，才能克服沟通障碍，使跨文化合作和交流顺利进行下去。

4. 努力掌握文化差异，提高商务谈判和交流技巧。在国际商务谈判和交流之前，我们必须要先熟悉合作者的文化准则、风俗习惯、价值观念、基本国情等。尤其对文化之间的差异要有相对清晰的了解和掌握，否则就会引起不必要的误会和尴尬，以至影响双方的合作和交流。

5. 推进多元文化融合，建构新型企业文化生态。有学者指出，承认和尊重文化的差异性和多样性，并不否认各种文化之间的共通性。所谓文化融合，就是指不同文化之间在承认和重视彼此间差异的基础上，相互尊重，相互补充，相互协调，从而形成一种交汇融合的全新组织文化生态。这种统一的文化生态不仅具有较强的稳定性，而且极具"杂交"优势，从而使跨国合作和交流形成更多的创新或创意，提高其效率和竞争力。^③ 具体则要做到：第一，要有正确的文化观。一个民族文化的生命力就在于既保持其文化传统，又能充分吸收各种适应时代要求的外来文化，并且超越其传统文化。文化之间的

---

① 转引自苏姗：《商务英语函电话语建构与优化的理据》，《沈阳农业大学学报》（社会科学版），2012年第 5 期，第 621－623 页。

② 孙君：《文化差异对国际商务沟通的影响及其对策》，《沈阳农业大学学报》（社会科学版），2013年第 5 期，第 552－555 页。

③ 陶日贵：《试论跨文化管理中的文化融合》，《理论与改革》，2003 年第 6 期，第 89－90 页。

交流、碰撞和融合是文化发展的必然要求。文化没有优劣之分，只有彼此的差异和不同。不同的文化都有各自的优势和不足，看待不同的文化必须用客观、公正的眼光，放弃一切傲慢和偏见，用全球化的文化理念，整合各种文化优势，形成自己的文化特色。管理学大师彼得·德鲁克（Peter F. Drucker）指出：国际企业的经营管理，"基本上就是一个把政治上、文化上的多样性结合起来而进行统一管理的问题。"[①] 文化之间的相互融合是必然趋势。但需要注意的是，这种融合并非一蹴而就，而是一个长期的过程。尤其是精神层面的文化融合更非短期内可以凑效，而是要经过一个长期的、艰难的磨合过程。诸如美日企业文化的融合，在经历了碰撞、矛盾、冲突、融合的过程之后，才围绕人的管理这一主题，形成了能够在世界范围内引领潮流的"人本"管理潮流。企业"以人为本"，把人当作最大的财富，重视人的价值，关心人的需求，注重人的培养和开发。这两个国家企业文化建设的实践告诉我们，注重人的价值，把人当作最重要资源建设企业文化，才是企业成功的根本原因。

---

① （美）彼得·德鲁克：《德鲁克论管理》，孙忠译，海口：海南出版社 2000 年版，第 144 页。

第五章　价值观与企业文化建设

一、价值观及其影响

(一) 价值观的概念和内涵[①]

国外有关价值观的研究可以追溯到 20 世纪 30 年代，美国心理学家高尔顿·奥尔波特 (Gordon W. Allport)[②] 和英国心理学家菲利普·弗农 (Phillip E. Vernon) 采用德国哲学家爱德华·斯普兰格 (Edward Spranger) 对人的六种分类法[③]，制订了一份"价值观研究量表"，对价值观作了开创性研究。50 年代，美国的克莱德·克拉克洪 (Clyde Kluckhohn) 等从操作层面试图对价值观的各种定义进行整合，提出了具有权威性的价值观概念。他认为，所谓价值观，就是一种外显或内隐的关于什么是"值得的"看法，它是个人或群体的特征，影响人们的行为方式和选择结果。他提出的价值观定义在西方心理学界长期占有支配地位。[④] 70 年代，米尔顿·罗克奇 (Milton Rokeach) 又将价值观分为终极价值观和工具性价值观，开始从内容和维度两个方面对价值观进行分析和测量。他将价值观看作是一般的信念，具有动机功能，是规范性和禁止性的，具有

---

① 价值 (Value) 一词来源于古代梵文 wer、war 和拉丁文 vllur、vallo 等，这些词有"围墙"、"护栏"、"保护"、"加固"、"堤"、"用堤护住"等意思。由此，英文价值 (value) 一词的本意就是"可珍惜"、"值得重视"、"令人喜爱"的意思。价值这一概念作为专业术语，最早出现在经济学中，指凝结在商品中的一般的、无差别的人类劳动。20 世纪以来，许多哲学家致力于价值论的研究，试图将经济学中的价值概念与逻辑学、美学、伦理学、神学中的价值概念统一起来，泛指一切"有益"的属性。价值是一个表示主客关系的范畴，反映的是主体需要和客体属性间的关系。主体需要和客体自身的属性是构成价值的两个基本因素，价值则标志着某一主体与满足其某种需要的客体属性之间的一种关系。价值一般分为经济价值、社会政治价值和精神价值三大类。经济价值 (利) 包括劳动对象、生产工具、物质财富等方面的价值；社会政治价值包括国家机构、政治制度等方面的价值；精神价值包括科学价值 (真)、伦理价值 (善)、审美价值 (美)、神学价值 (圣) 等方面的价值。在一切价值中，人的价值是创造事物价值的内在依据 (康大维：《企业价值观的深层解读及理想建构》，山东师范大学 2006 年硕士论文，第 13 页)。

② 高尔顿·奥尔波特 (Gordon W. Allport，1897—1967)，美国人格心理学家、实验社会心理学之父，"社会促进" (Socialfacilitation) 概念的提出者，美国人本主义心理学家的代表人物之一。1939 年当选为美国心理学会主席，1964 年获美国心理学会颁发的杰出科学贡献奖。

③ 爱德华·斯普兰格 (Edward Spranger，1882—1963) 是德国教育学家和哲学家，曾任莱比锡大学和柏林大学的教授。他在《生活方式》一书中提出，社会生活有六个基本的领域，即理论、经济、审美、社会、权力和宗教。人们会对这六个基本领域中的某一领域产生特殊的兴趣和价值观。据此，他将人的性格分为六种类型：理论型、经济型、审美型、社会型、权力型和宗教型。这种类型划分是一个理想模型，具体的个人通常主要倾向于一种类型兼有其它类型的特点。

④ Kluckhohn C. Values and Value Orientations in the Theory of Action an Exploration in Definition and Classif ication /Parsons T，Shiles EA，Toward a General Theory of Action Cambridge. Harvard University Press，1951：395.

指导行为和态度的功能，是个人的，也是社会的现象。[①] 80 年代，法国学者赫尔曼·阿曼都斯·施瓦茨（Hermann Amandus Schwartz）从需要和动机出发解释价值观的深层内涵，试图构建一个具有普遍文化适应性的价值观心理结构，并根据学术界的定义，进一步概括出了价值观的五大特征：（1）价值观是信仰的观念；（2）关于值得的终极状态或行为；（3）超越具体情境；（4）引导选择或对行为及事物的评价；（5）按照相对重要性排列。在此基础上，作者还提出了一个被人们广泛引用的定义，即价值观是合乎需要的、超越情境的目标，在一个人的生活或其他社会存在中起着指导作用。[②]

中国学者也对价值观的概念和内涵进行了较深入的研究。[③] 袁贵仁从哲学层面，将价值观看作是由一系列价值范畴和价值判断所组成的完整的观念体系，具有浓厚的意识形态色彩。[④] 陈章龙、罗国杰等基于伦理学角度，认为价值观是人们对价值问题的根本看法，是人们在处理价值关系时所持有的立场、观点和态度的总和，[⑤] 是对于什么是最重要、最贵重、最值得人们追求的一种观点和评价标准。[⑥] 也有学者将思想政治教育融入对价值观的认识，认为价值观就是指人们在处理普遍性价值问题上所持的立场、观点和态度的总和。而人们在价值追求上抱有怎样的信念、信仰、理想，便构成了价值观所特有的内容。[⑦] 价值观因其反映人们深层次的心理特性而具有能够解释个体行为差异和文化因素的影响，从而得到心理学和社会学的高度关注。

实际上，到 20 世纪 50 年代前后，国外心理学界在价值观的基本定义上已经达成了共识。在区分了"值得的"（the desirable）和"想要的"（the desired）这两个概念之

---

① （美）约翰·鲁宾逊（John P. Robinson）等主编：《性格与社会心理测量总览》，杨中芳总校订，台北：远流出版事业股份有限公司 1997 年版。转引自金盛华、辛志勇：《中国人价值观研究的现状及发展趋势》，《北京师范大学学报》（社会科学版），2003 年第 3 期，第 56—64 页。

② Schwartz. S. H. Bilsky, W. Towardsa Universal Psychological Structure of Human Value, Journal of Personal ityand Social Psychology，53：550— 562.

③ 1980 年，《学术月刊》第 10 期发表了杜汝楫的《马克思主义论事实的认识和价值的认识及其联系》，从研究实践检验机制着手，回顾了西方关于事实与价值的讨论，将价值判断的问题提了出来，并隐含着价值判断、体用不二的问题。1982 年 9 月，刘奔、李连科在《光明日报》上发表了《略论真理观和价值观的统一》一文，提出了价值观是与真理观相对应的关于价值的学说，其中隐含着作为价值反映积淀的价值观思想。1985 年 5 月，在安徽绩溪召开的全国真理问题研讨会上，有学者提出了价值认识的真理性问题。1986 年 5 月，在杭州召开的价值与认识讨论会上，有人提到承认价值认识的真理性涉及到是否承认价值观的正确性问题，但对作为价值反映积淀的价值观没有展开讨论。据不完全统计，自上世纪 80 年代到新世纪初，我国在价值观方面出版的著作已超过 30 多种，发表的论文多达 500 多篇。学界对价值认识、价值理论、价值观、价值观念等作了进一步的规定。对价值观的深层结构和表层结构，价值观的核心意识和外围意识以及一般价值观和特殊价值观进行了划分。对价值观与社会变迁的关系进行了分析，尤其是对社会主义初级阶段的价值观的多元化及其冲突、社会主义市场经济价值观的意义等进行了较为深入的研究（陈新汉：《论转型时期中国价值观研究》，《哲学动态》，2002 年第 7 期，第 16—20 页）。

④ 袁贵仁：《关于价值与文化问题》，《河北学刊》，2005 年第 1 期，第 5—10 页。

⑤ 陈章龙、周莉：《价值观研究》，南京：南京师范大学出版社 2004 年版，第 3 页。

⑥ 罗国杰：《思想道德修养》，北京：高等教育出版社 1998 年版，第 195 页。

⑦ 源泉：《把社会主义核心价值体系融入思想政治教育全过程》，《思想政治课教学》，2006 年第 12 期，第 1 页。

后，将价值观定位在与"以人为中心的"和"值得的"有关的东西上。[①] 正如美国心理学家 M·罗卡奇（M. Rokeach）所言，价值观是"一种持久的信念，一种具体的行为方式或存在的终极状态，对个人或社会而言，比与之相反的行为方式或存在的终极状态更可取"。[②] 这种解释得到我国心理学界的广泛认同。2005 年，联合国教科文国际教育和价值观教育亚太地区网络组织编写的《学会做事——在全球化中共同学习与工作的价值观》一书，将价值观界定为"代表人生的理想和目标，是我们追求的动机和目的。价值观是全部教育的灵魂和核心目标，是应当追求的理想和目的，是做人的原则和规范"。[③] 这可以看作是教育界对价值观的权威解释。

从中外学者基于多学科的价值观讨论来看，尽管由于学科差异而对价值观解释不完全相同，但有几点则是比较一致的。（1）价值观是人们特有的一种非常重要的观念体系和动力系统；（2）价值观指向人们所追求的理想和目标；（3）价值观是人们对各种社会存在和社会关系进行价值判断的依据和规范体系；（4）价值观包含了人的行为目的与思想手段；（5）价值观既有理性智慧之思，又有情感态度之维，成为人的生命成长与发展的动力和源泉。正是由于价值观的复杂性，故有学者指出：价值观是一个冲突与融合的内容体系，它是供人们进行判断的观念体系，包括是非、好坏、荣辱、美丑、善恶、得失、利弊、成败、福祸、贵贱、轻重、值得与否等丰富的内容。这些内容往往以相互冲突和相互对立的矛盾范畴或判断共同存在着。价值观绝不可能是中性的，人们必须在对立与冲突的价值判断中决定其取舍。每一对价值范畴或价值判断就是一面镜子，显现着人们灵魂的尊卑贵贱，反映出行为的善恶美丑，衡量着个人与他人、个人与集体、个人与社会的利弊得失。价值观包含了做人的基本底线，也蕴含着崇高的理想与信念，使人们看到自己所坚守的不同价值观念，在崇高与无耻之间画上了间隔线。[④]

（二）价值观的结构体系

J·W·贝尔兰（J. W. Berry）根据价值观的组成将其分为六种要素，即认知、道德、经济、政治、审美和宗教。[⑤] 德国哲学家爱德华·斯普兰格（Edvard Spranger）进一步将其分为经济的、伦理的、审美的、社会的、政治的和宗教的 6 类，将人的性格分为伦理型、经济型、审美型、社会型、权力型和宗教型 6 种类型。从价值取向和维度，美国社会学家塔尔科特·帕森斯（Talcott Parsons）将价值观分为个人取向、集体取向和社会取向，并提出了著名的 5 对模式变项：①普遍主义与特殊主义。在与他人的关系中，行动者是按普遍的规则行事，还是按自己的某种特殊参照方式行事。②成就表现与

---

① 杨宜音：《社会心理领域的价值观研究述要》，《中国社会科学》，1998 年第 2 期，第 82—93 页。

② （美）H·A·施瓦茨：《人类价值观念的结构和内容的普遍性》，林钟敏编译，《外国高等教育资料》，1998 年第 3 期，第 41—43 页。

③ 联合国教科文组织国际教育和价值观教育亚太地区网络：《学会做事——在全球化中共同学习与工作的价值观》，北京：人民教育出版社 2006 年版，第 11 页。

④ 谭咏梅、王山：《多学科视角下的价值观概念和内涵》，《辽宁大学学报》（哲学社会科学版），2008 年第 5 期，第 6—10 页。

⑤ Berry, J. W. Pooringa, Y. Cross— Cultural Psychology：Research and Applications. Cambridge University Press，1992：51—58.

先赋性质。在与他人的关系中，是注重他的绩效或能力方面，还是注重某些天赋性质，如性别、年龄、种族、种姓等。③情感与非情感。在与他人的关系中，是按满足当下情感的方式行事，还是在行事时保持情感的中立性。④专门性与扩散性。与他人的关系是限制在特定的具体范围内，还是处于宽泛的、不单一固定的范围内。⑤自我取向与集体取向。是注重自己的利益，还是注重自己所感知到的集体性需要。① 有学者还区分了价值观结构维度的类型，按照人类生存的三种必要需要，即人际、团体和社会发展需要，把价值观分为自我提高——自我超越、保守主义——开放性两个垂直维度。根据两个维度又分为权利、成功、享乐主义、刺激激发、自我指导、普救主义、慈善、顺从、传统和安全等 10 种类型的价值观。②

国内有人将价值观的结构分为结构基础、结构要素、结构内容、结构属性、结构功能、结构方式六个方面。结构基础包括价值观载体的实体，即个体和群体；结构要素是指价值目标、价值取向、价值动力、价值标准、价值选择、价值评价等的变化；结构内容是从精神到物质、从政治到经济、从社会到个人的变化；结构属性是从单一性转向多元性，局部性转向整体性，停滞性转向发展性的变化；结构功能已从单向性转入双向性，人的价值功能在价值个体主体和价值群体主体之间，在经济价值功能与政治价值功能之间，在社会价值功能与个体价值功能之间是双向性的，是一种价值观结构系统功能机制，彼此间是相互联结、相互制约和相互作用、互为因果的；结构方式在于承认自我实现方式的存在。③ 我国台湾学者杨国枢等人将中国人的价值观结构描述为家族取向、关系取向、成就取向、他人取向、孝亲敬祖、安分守成、乐观进取和尊重情感等。④ 但金盛华等人通过实证分析，并按照人们的认同强度，比较全面地依次将当代中国人价值观结构分为品格自律、才能务实、公共利益、人伦情感、名望成就、家庭本位、守法从众和金钱权力。⑤ 在这个结构体系中，"品格自律"排在最突出的地位，说明中国人对人生价值的追求至关重要。这种价值倾向与中国长期受儒家文化的价值熏陶有密切关系，也说明在面临社会经济高速发展和价值观迅速变化的当代，深层的传统文化价值依然在民众心目中占有崇高的地位。排在第二的是"才能务实"，反映了中国人素来重视个人学习和才能的传统。所谓"博学之，审问之，慎思之，明辨之，笃行之"。⑥ "公共利益"排在第三，彰显出在社会发展与改革开放推动下，个人利益重新回归自我负责轨道的同时，人们对于公共利益的关注并未因此而削弱，这同样与中国传统价值取向是一

① 黄希庭、张进辅、李红等：《当代中国青年价值观与教育》，成都：四川教育出版社 1994 年版。转引自唐文清、张进辅：《中外价值观研究述评》，《心理科学》，2008 年第 3 期，第 765－767，758 页。

② Steven Hitlin，Jane Allyn Piliav in Values：Reviving a Dormant Coneept．Annual Review of Sociology，2004，30，Pro Quest Psyehology Journals，359.

③ 黄捷荣：《价值观结构的变化与市场经济新体制》，《现代哲学》，1994 年第 1 期，第 49－52 页。

④ 杨国枢：《中国人的社会取向：社会互动的观点》，载杨国枢、余安邦编：《中国人的心理与行为——理念及方法篇》，台北：桂冠图书公司 1993 年版，第 87－142 页。

⑤ 金盛华、郑建君、辛志勇：《当代中国人价值观的结构与特点》，《心理学报》，2009 年第 10 期，第 1000－1014 页。

⑥ 《礼记·中庸》。

脉相承的。"人伦情感"、"名望成就"、"家庭本位"三项排在第四、第五和第六位。一方面,反映出家庭和人伦价值在当代中国民众的价值体系中依然受到重视;另一方面,在一个具有权威主义传统的社会环境下,也反映了人们对"出人头地"、"光宗耀祖"等价值的追求。排在最后的两个维度分别是"守法从众"和"金钱权力"。既反映出当代中国人对开始出现"守法从众"的要素,也越来越表现出对金钱和权力的价值认同。当然,其所以排在最后,应该是中国民众仍然具有理性的"义利"评判。正如有学者所言,在整个价值观重要性序列中,对"金钱权力"价值观念的体认排在"品格自律"、"才能务实"、"公共利益"等之后,并让位于人伦情感、名望成就、家庭本位和守法从众,印证了中国人信奉"富与贵,人之所欲也,不以其道得之,不处也"[1] 的传统义利观念。在当代中国,虽然出现了经济变革与社会重构后人们的价值观会向功利方向倾斜的现象,但在实际上,其价值观仍然与中国传统文化长期沉淀形成的"人以德立"的深层结构保持一致。人们仍然高度认同"先立德而后立身"的社会期许价值观。[2]

(三)价值观的影响

不同的价值观对人们会产生不同的影响。西方文化中的个人主义价值观,一方面由于鼓励个人奋斗和追求个人幸福,而促进了经济发展、科技进步、技术创新和文化繁荣;但另一方面也会不利于社会的团结与合作,对维持良好的家庭、集体等社会关系带来不利影响。如果走向极端个人主义的话,不仅会造成家庭、集体及各种社会问题,还会演变成为西方推行霸权主义的理论核心,对人类社会的发展产生诸多负面影响。[3] 又如西方的实用主义价值观,在反对空洞说教方面具有积极意义,但也容易引起理想、信念淡化,出现以自身利益为重,坚信有用即真理的弊端。以儒家文化为核心的集体主义价值观,确实在重视和谐、推动社会各界形成团结合作和凝聚力方面具有了明显优势,但这种价值取向也容易压抑个性,遏制人的创造力;容易出现"强势政府",对经济社会干预过多,以致出现许多投资失误、资源浪费、效率低下,乃至产生各种"裙带关系"、任人唯亲和腐败现象等。

积极健康的价值观对人类经济社会的发展具有十分重要的作用。首先,价值观有利于形成人们对发展模式的自主选择。德国哲学家威廉·文德尔班(Wilhelm Windelband)认为,人们面对世界,一个是"事实"的世界,一个是"价值"的世界。"事实"的世界是自然科学研究的对象,属于"理论"判断,需要解决"真假"、"是非"等问题。"价值"的世界表示主观评价和被评价的对象之间的关系,表达的是主体采取的态度。这种态度完全取决于主体的情感和意志,取决于主体对它们所抱的"赞成或不赞成"的态度。[4] 也就是说,价值观对人们自主选择发展模式具有十分重要的作用。由

---

① 《论语·里仁》。

② 金盛华、郑建君、辛志勇:《当代中国人价值观的结构与特点》,《心理学报》,2009 年第 10 期,第 1000—1014 页。

③ 楚树龙:《文化、文明与世界经济政治发展及国际关系》,《世界经济与政治》,2003 年第 2 期,第 11—16,76 页。

④ 转引自刘放桐:《现代西方哲学》,北京:人民出版社 1981 年版,第 123—124 页。

此，英国哲学家伯特兰·罗素（Bertrand Russell）进一步指出：在价值哲学中，"自然只是我们所能想像的事物的一部分，任何事物，不管是实存的，还是想像的，都能由我们评价，没有什么外界的标准可以否定我们的评价。"① 在这里，价值主体不仅成了自己的主人，而且也成了自己面对的一切对象的评判者和选择者，人们完全可以根据自己的爱好和情感对其对象进行评价和选择，并形成作为。作为个体价值观的作用方式，表现为直线过程，即欣赏、羡慕——追求，行为方式（制度）选择——持久的情感寄托三个环节。作为社会价值的作用方式，则表现为立体式的三环节或三个方面：一是在特定范围内，通过实现价值认同，形成社会凝聚力；二是通过渗入目标——行为方式（制度）链条，形成社会向心力；三是通过价值升华，形成信仰体系，对社会产生巨大而持久的感召力。在大多数情况下，人们往往会将关注的重点放在实现价值的"行为方式"或制度上，而不是价值起点或目标本身，导致出现将制度本身看成是价值的起点和目标，将原本是起点和目标的价值取向反而被淡化或遗忘等本末倒置的错乱现象。

其次，价值观是经济社会发展的基本动力。英国著名人类学家布罗尼斯拉夫·马林诺夫斯基（Bronislaw Malinowski）认为："价值是人类存在的基本动力。它表现在一切人类行动中并贯穿于整个社会文化。"② 价值对经济社会发展起着举足轻重的作用。价值取向和价值目标对制度的选择具有直接的影响，选择一种什么样的制度则决定着经济社会发展目标的实现水平。为此，美国社会学家塔尔科特·帕森斯（Talcott Parsons）进一步指出："制度化的价值系统当内化为人的个性时，就能足以'驱动'经济发展，完成无数的工业化劳动，并且使制度调整以及与这一过程有关的政治结构'合法化'。"③ 可见，价值观是人类对发展道路和模式的自我选择。这种选择直接影响发展的方式和进程，正确合理的价值观是经济社会发展的决定性因素，而树立正确合理的价值观，把握价值理性化发展的基本趋势是至关重要的。否则，就会南辕北辙，以致影响发展的速度和水平。何为理性化？马克思强调人民群众的实践和对历史的创造作用，否定了神权和精英观，为人们提供了理性化的基本标准。马克斯·韦伯（Max Weber）将"祛除巫魅"的程度看作是衡量人类文化进步和理性化程度的重要标准。总而言之，文明社会的政治、经济和文化不再以神秘的力量和名义进行统治，回归到意大利学者焦万尼·巴蒂斯达·维柯（Giovanni Battista Vico）所说的"人的时代"，"一切人都承认自己在人性上是平等的"④ 平民化时代，没有什么非凡的"英雄"和万能的神，没有什么人是"精英"，或什么人是"渣滓"，如中国古代圣贤们提倡的"人皆可以为尧舜"，这

① （英）伯特兰·罗素：《为什么我不是基督教徒?》，徐奕春译，北京：商务印书馆1982年版，第51页。

② （英）布罗尼斯拉夫·马林诺夫斯基：《自由与文明》，张帆译，北京：世界图书出版公司2009年版，第92页。

③ （美）塔尔科特·帕森斯：《现代社会的结构与过程》，梁向阳译，北京：光明日报出版社1988年版，第113页。

④ （意）焦万尼·巴蒂斯达·维柯：《新科学》，朱光潜译，北京：人民文学出版社1986年版，第26页。

就是理性化的标准和思维方式。[①]

最后，价值观对人格的发展与完善具有重要的调节作用。人们可以根据自己的价值观，积极吸收和学习外界的各种有益的影响和采取高尚的行为，不断培育良好的人格；也可以抵制和克服外界各种不良影响，保证人格发展的正确方向；还可以自觉规范自己的思想和行为，陶冶自己的情操，塑造其高尚品德，自觉、主动、积极地培养和塑造健康人格。[②] 有人以报告文学的形式撰写了核心价值观对以丁晓兵等为代表的当代军人的影响。丁晓兵们从英雄到凡人，又在凡人的境遇中保持着英雄的气节和本色。风雨数十载，能够如此坚定从容地走过来，靠的是什么？靠的是已经融化在他们血液之中，在其骨子里起着决定性、持久性作用的当代军人的核心价值观。当代军人的核心价值观，正是一种能够凝魂聚气、起支配和主导作用的核心价值取向。一个人一旦在自己的灵魂深处培植出这种一生信奉和推崇的核心理念，就会形成一种不易动摇和更改、不被遏止和阻挡的道德力量。这便是我们所要呼唤的心的弹力，是我们所要礼赞的生命韧性。[③]

二、企业价值观及其理论基础

（一）企业价值观研究进程

企业价值观（Corporate Values）不仅是企业文化建设的核心，也是企业管理的有效工具，对企业健康持续发展具有十分重要的作用。国外学界关于企业价值观的研究起步较早，成果较多。从 20 世纪 20 至 30 年代弗雷德里克·温斯洛·泰罗（Frederick Winslow Taylor）的"精神革命论"、埃尔顿·梅奥（Elton Mayo）的"社会人假说"，到道格拉斯·麦格雷戈（Douglas M. Mc Gregor）提出的 X－Y 理论，以及亚伯拉罕·马斯洛（Abraham Harold Maslow）的"需要层次论"等，都对如何发挥企业管理中人的作用进行了深入探讨，为企业文化中关于价值观的研究奠定了基础。到 80 年代，特雷斯·E·迪尔（Terrence E. Deal）和阿伦·A·肯尼迪（Allen A. Kennedy）的《企业文化——企业生存的习俗和礼仪》、威廉·大内（William G. Ouchi）的《Z 理论——美国企业界怎样迎接日本的挑战》，都明确地把价值观作为企业发展的重要因素进行研究。此后，还有一些企业界人士如松下幸之助的《实践经营哲学》、盛田昭夫的《日本造》、玛丽·凯·阿什（Mary Ke Ashe）的《用人之道》等，也对企业中如何尊重人、信任人的"人本"思想进行了深入细致的分析。90 年代后，伴随着知识经济和网络经济的兴起，企业价值观以及相应的企业精神文化成为许多人关注的焦点。詹姆斯·柯林斯（James Collins）的《基业长青》、托马斯·彼得斯（Thomas Peters）等人的《超越卓越》、杰克·韦尔奇（Jack Welch）的《领导艺术词典》、汪岩桥的《"文化人"假设与企业家精神》、黎贤钛的《中国哲学的企业文化》等，都引起人们的极大关注。这些

---

① 王顺达：《从价值观的作用和发展趋势看经济社会政策的价值引导》，《重庆工商大学学报》（社会科学版），2011 年第 4 期，第 5—11 页。

② 刘永芳：《论价值观在个性形成与发展中的作用》，《山东师大学报》（社会科学版），1997 年第 1 期，第 65—69 页。

③ 刘声东、黄超、刘玉珩：《核心价值观对人的影响有多大》，《解放军报》，2009 年 2 月 24 日。

论著无一不将价值观作为推动企业发展的核心精神因素，并进行了深入细致的探讨。①

（二）企业价值观的概念和内涵

关于企业价值观的概念和内涵，中外学者有不同层面的理解。美国学者托马斯·J·彼得斯（Thomas J. Peters）等认为，企业价值观就是"尊重个人"，"信任生产人员"，向世界各地提供全天候、全方位的服务。② 特雷斯·迪尔（Terrence E. Deal）、阿伦·肯尼迪（Allan A. Kennedy）认为，价值观是任何一种企业文化的基石，为所有员工提供一种走向共同方向的意识。③ 詹姆斯·柯林斯（James Collins）等通过对18家高瞻远瞩企业的对比研究发现，核心价值观是企业的精神和持久的原则，是一套不需要外部调整的永恒原则。④ 通用电气（GE）前CEO杰克·韦尔奇（Jack Welch）提出，企业价值观是帮助企业实现使命、争取最终盈利目标的重要手段，必须是具体的、本质的、可以明确表述的。⑤ 我国台湾的郑伯埙等人说：企业的价值观是组织成员所共有的、内化性的规范和信念。⑥ 罗长海认为，企业价值观是"企业全体（或大多数）职工一致赞同的与企业紧密关联的关于'对象对于主体来说是否有价值的看法'"。其内涵是企业全体或者多数员工赞同的关于"企业的价值在于什么，以及哪些对象对于企业来说有价值"的看法。⑦ 刘光明将企业价值观称作是"企业在追求经营成功过程中所推崇的基本信念和奉行的目标。"⑧ 叶陈刚认为，企业价值观乃是一个企业的员工在长期生产经营实践中形成的对本企业生产经营行为、职工的工作行为及企业的公众形象等总的看法，是一个长期形成的较全面的价值观念体系，表现为一种较稳定的心理定势和文化积淀。⑨ 王晓春在对国内外学者关于企业价值观分析梳理基础上，提出将企业价值观界定为"组织成员所普遍具有并践行的组织行为规范和信念系统，是一种以组织为主体的价值观念体系，是组织人格化的产物。"⑩ 王亚萍等人还以海底捞为研究对象，通过实

---

① 李晓东：《解析与建构：企业价值观解读》，北京师范大学2003年博士论文，第13—15页。

② （美）托马斯·J·彼得斯、小罗伯特·H·沃特曼：《探索企业成功之路——美国优秀公司的管理经验》，王延茂、傅念祖译，上海：上海翻译出版公司1985年版，第76页。

③ （美）阿伦·肯尼迪、特雷斯·迪尔：《西方企业文化》，孙耀君、何大基等译，北京：中国对外翻译出版公司1989年版，第136页。转引自王亚萍、王革：《从"海底捞"看企业价值观的内涵》，《经营与管理》，2014年第8期，第126—128页。

④ （英）保罗·格里斯利：《管理价值观：企业经营理念的变革》，徐海鸥译，北京：经济管理出版社2002年版，第235页。转引自王亚萍、王革：《从"海底捞"看企业价值观的内涵》，《经营与管理》，2014年第8期，第126—128页。

⑤ Brian J. Hoffman, David J. Woehr. A Quantitative Review of the Relationship Between Person—Organization Fit and Behavioral Outcomes. Journal of Vocational Behavior, Volume 68, Issue 3, 2006（6）：389—399.

⑥ 郑伯埙、黄国隆、郭建志主编：《海峡两岸之企业文化》，台北：远流出版事业股份有限公司1998年版，第217—266页。

⑦ 罗长海：《企业文化学》，北京：中国人民大学出版社1999年版，第54—55页。

⑧ 刘光明：《企业文化》，北京：经济管理出版社1999年版，第188页。

⑨ 叶陈刚：《公司伦理与企业文化》，上海：复旦大学出版社2007年版，第258页。

⑩ 王晓春：《价值观契合与企业文化文本：概念、测量及其关系研究》，北京：经济管理出版社2012年版，第14页。

地访谈、观察等方式，将企业价值观的内涵概括为企业看待和处理与顾客、员工、股东、供应商、竞争对手、政府、社区、科研机构、行业协会等利益相关者利益关系的准则。[①]

综合以上学者的分析，我们可以将企业的价值观概括为是对企业持续发展具有深远影响的价值体系和伦理总称，是企业文化的核心和灵魂，是一个既涵盖企业精神、企业哲学、企业伦理等在内，又能够对这些文化要素发生深刻影响的综合体系。企业的价值观渗透于企业生产经营的各个环节和领域，从经营理念、发展战略、制度设计、管理方式到企业员工的行为准则，无不贯彻和体现着企业的价值观和价值取向。企业价值观以其导向、规范、激励、调节和凝聚等多种功能影响着企业的兴衰和荣辱，是企业文化建设中最重要的要素。当然，企业价值观也具有一定的时代特征，随着时代的变化和企业的发展而发生相应的变化和发展。

企业价值观又可以分为核心价值观和外围价值观。所谓企业核心价值观，就是指企业为追求共同愿景，实现企业使命而提炼出来，并付诸实践、指导企业形成共同行为模式的核心精神元素。它主要用以判定企业运行中大是大非的根本原则，是企业提倡什么、反对什么、赞赏什么、批判什么的真实写照，是指企业在经营过程中坚持不懈，努力使全体员工都必须信仰的信条。核心价值观是企业哲学的重要组成部分，是解决企业在发展中如何处理内外矛盾的一系列准则，如企业对市场、对客户、对员工等的看法或态度，是企业表明其如何生存的主张。如宝洁公司将其核心价值观表述为：领导才能（Leadership）、主人翁精神（Ownership）、老实正直（Integrity）、积极求胜（Passion for winning）、信任（Trust）。日本日立公司的核心价值观是"诚实（Integrity）、守信（Keep faith）、优质（High quality）、高效（Efficient）"。[②] 外围价值观则是围绕企业核心价值观形成的一系列价值标准和价值判断。核心价值观引导外围价值观，外围价值观维护核心价值观。企业价值观建设的关键，主要在于确立适应企业发展要求的核心价值观，并在企业发展过程中尽可能地保持核心价值观的相对稳定性。一些优秀企业对其核心企业价值观的坚持，正是它们取得成功的重要经验。要保持企业价值观的那些最具体、最直接的表现形式需要有一定的适应性和灵活性，并通过这些外围价值观形式的灵活性保证其核心价值观的稳定性，而这种"灵活性"则来源于外围价值观对企业核心价值观的表现。外围价值观对企业核心价值观也会发生影响，其影响形式突出表现在企业价值观发展过程中的关键时期，即企业发展过程中核心价值观面临前所未有的严峻挑战时，企业的外围价值观形式就必须通过自身的改变尽可能地维护核心价值观的稳定。由此，IBM前总裁小托马斯·沃森（Thomas Watson）曾经有过一段精辟的论述："我相信企业成功最重要的唯一因素，是忠实地遵循这些理念……，信念必须始终放在政策、

---

① 王亚萍、王革：《从"海底捞"看企业价值观的内涵》，《经营与管理》，2014年第8期，第126—128页。

② 王超逸编著：《中外企业文化理念大全》，北京：中国经济出版社2007年版，第23—28页。

做法和目标之前，如果后面这些东西似乎违反根本信念，就必须改变"。① 当然，对于一个企业而言，其外围价值观对环境变化的适应能力，是衡量这个企业是否具有先进价值观的重要尺度。一个持久卓越的公司，在恪守其核心价值观的同时，也会不断转换商业策略和运营方式以适应变幻莫测的市场，这就是恪守核心和促进发展的奇妙结合。而正是这种"奇妙结合"的实现，才是一个优秀企业价值观建设所追求的理想目标。②

（三）企业价值观的结构体系

关于企业价值观的构成，我国台湾学者郑伯埙构建了包括科学求真、顾客取向、卓越创新、甘苦与共、团队精神、正直诚信、表现绩效、社会责任和敦亲睦邻九个维度的"组织文化价值观量表"（Valuesin organizational culture scale，VOCS）。该量表既为企业价值观构建了一个结构维度，也对观测某企业的价值观提供了较好的技术工具。③ 后来，有人在此基础上又设计为八个维度：企业成就感、科学管理、企业道德感、企业安全性、创新进取、团队合作、品质卓越、企业认同感。④ 有人分为三个部分：一是体现一个企业使命、根本宗旨和长远目标的价值准则、价值判断等价值观形式的核心层；二是企业制度和行为规范中所包含的价值准则、价值判断等价值观形式的中间层；三是企业生产经营活动的参与者所认可和遵循的价值准则、价值判断等价值观形式的外围层。⑤ 王吉鹏将企业价值观分为核心价值观、目标价值观、基本价值观和附属价值观四个层次。⑥ 陈春花根据美国学者劳伦斯·米勒（Laurence Miller）在《美国企业精神——未来企业经营的八大原则》中提出的观点，将企业价值观的构成概括为目标原则、共识原则、卓越原则、成效原则、实证原则、亲密原则和正直原则等 8 个方面。⑦

总结学术界对企业价值观结构的分析，大体可以将其概括为两个层面：

1. 客体结构。主要包括理念层、运行层、附属层三个层次。

理念层体现的是一个企业根本宗旨、长远目标的企业精神和企业经营理念中包含的价值准则、价值判断等价值观形式，是衡量一个企业价值观成熟程度的重要标准，是企业价值观固有的、不容亵渎的，不能为了一时方便或短期利益而让步的核心价值观。成功企业必须恪守和保护自己的核心价值观，决不能将它与战略、战术、政策等混为一谈。

运行层包括企业的价值准则、价值判断等，属于企业外围价值观体系，是企业为保证顺利开展生产经营活动，而对生产、经营、管理、服务等过程制定的具体制度规范、运作模式和行为准则，是保证企业生产经营活动必须符合企业理念和企业精神的重要环

---

① （美）詹姆斯·柯林斯、杰里·I·波拉斯：《基业常青》，真如译，北京：中信出版社 2002 年版，第 94 页。

② 李晓东：《解析与建构：企业价值观解读》，北京师范大学 2003 年博士论文，第 76 页。

③ 郑伯埙：《组织文化价值观的数量衡鉴》，《中华心理学刊》，1990 年第 3 期，第 23—29 页。

④ 王莉娟：《中国企业员工企业价值观调查研究》，西南大学 2007 年硕士论文，第 13 页。

⑤ 娄巍：《基于东方管理思想的企业价值观研究》，东北大学 2007 年硕士论文，第 20—21 页。

⑥ 王吉鹏：《价值观的起飞与落地》，北京：电子工业出版社 2004 年版，第 178—182 页。

⑦ 陈春花：《企业文化管理》，广州：华南理工大学出版社 2002 年版，第 82—84 页。

节。这一层面的价值观是核心价值观的有益补充，但决不会影响或者替代核心价值观的地位。

附属层是根据企业价值观要求进行具体生产经营活动过程中，其参与者所认可和遵循的价值准则、价值判断，同样属于外围层面的价值体系。从表现方式来看，该层次的企业价值观形式与企业的日常生产经营活动密切相关。虽然主要存在于企业生产经营活动的各个环节，表现在每一个企业生产经营活动的参与者行为之中，但它是企业中表现最直接、最普遍的价值形式，每个企业都要以这种方式表现出自己的价值观。

以上三个层次的企业价值观是一个协调统一的有机组成关系。第一层次具有统摄、指导作用，第二层次具有中间或过渡的特点，第三层次是企业价值观最直接和最主要的表现形式。企业价值观的形成过程，就是这几个过程的有机统一。附属层的企业价值观不断内化和升华为企业价值观的核心层，企业价值观的核心层不断对企业价值观的中间层和附属层发生影响，进而在企业生产经营活动中导入自身价值理念，并发挥导向和牵引作用。前一个过程的实现程度，决定着一个企业的价值观发展程度；后一个过程的实现程度，决定着一个企业价值观对其发展水平的作用程度。[①]

2. 主体结构。主要分为企业缔造者价值观、企业中高层管理者价值观和企业员工价值观三个层次。

企业缔造者的价值观，是指企业缔造者在领导企业生产经营管理过程中所秉持的价值取向、价值体认和价值观念，以及在这些取向和认识基础上形成的价值导向和价值选择。企业缔造者的价值取向、价值体认和价值观念构成了企业价值观的核心和灵魂，在企业价值观的形成中发挥着十分关键的主导作用。正是基于此，企业缔造者所具有的卓越能力、广阔视野、坚强意志和完善个人品质等要素，在企业价值观建设中具有特殊地位。所以，美国管理学家特雷斯·迪尔（Terrence E. Deal）说："大部分企业的成功就在于全体员工能够分辨接受和执行组织的价值观。"而"组织的价值观"就是以企业缔造者价值观为核心的。[②]

企业中高层管理者的价值观，是指参与企业管理的中高层管理者在参与企业的生产经营活动中所遵循的价值观念，以及在此基础上形成的价值判断和价值选择。企业中高层管理者是企业开展生产经营管理活动的主要组织者和实施者，是企业价值观能够通过具体企业行为得以实现的重要保证。由于这些人直接参与企业具体的经营管理活动，因而其价值取向和价值判断对企业经营管理，以及企业价值观的实现程度具有非常关键的影响。在企业价值观建设过程中，这部分人的作用是不可忽视的。

企业员工的价值观，主要指企业普通参与者，即企业员工在生产经营活动中所持有的、与企业的生产经营管理活动有关的价值取向和价值选择。这些价值取向和价值选择，反映的是企业员工在具体的生产经营管理活动中的价值取向和价值体认，是企业价

① 李晓东：《解析与建构：企业价值观解读》，北京师范大学 2003 年博士论文，第 13—15 页；康大维：《企业价值观的深层解读及理想建构》，山东师范大学 2006 年硕士论文，第 23—26 页。

② 转引自唐有功：《国有企业公司制再造》，郑州：河南人民出版社 1995 年版，第 215 页。

值观最基本的表现形式。这些人的价值观虽然易于发生变动，影响力较弱，但却通过其自身对价值形式的取舍而对企业价值观的形成和变化产生一定影响，显然也是不可忽视的一种力量。[①]

同样，以上三种企业价值观形式也是一个互为依存、互相影响的整体，企业缔造者的价值观是企业发展的核心，对另外两种企业价值观具有较强的影响和制约作用。企业中高层管理者的价值观主要表现为对贯彻企业缔造者价值取向和价值观念的推广和实施，是企业价值观从理念到制度、再到具体过程的一个重要环节。企业员工的价值观，则是企业价值观主体结构的基础，是企业价值观最直接的表现形式，其表现形态往往是企业缔造者价值观和企业中高层管理者价值观熏陶、影响和引导的结果。

（四）企业价值观的作用机理

1. 通过文化软约束提供目标导向。企业价值观作为企业管理者及其员工在企业经营管理过程中所奉行的基本理念和规则，必然成为企业经营管理决策的最高准则，对其任何决策和经营活动都会产生强有力的意识形态规约或文化软约束。这种意识形态规约或文化软约束在潜移默化中渗透到企业经营管理活动的整个过程。在战略层面，对企业发展方向和目标产生影响。如华为公司在 1996 年确立的《华为基本法》中曾经规定：为了使华为成为世界一流的设备供应商，将永不进入信息服务业。这样的战略目标使华为避开了与电信运营商发生业务冲突的风险，因此得到快速发展。到 2011 年 1 月，华为根据市场变化，与中南出版传媒集团通过组建合资公司形式进军数字阅读市场，改变了过去的战略。华为公司的这种做法，显然基于其结果导向的价值取向，这与其长期奉行的强势企业文化具有密切的关系。捷盟咨询公司的副总裁付立红曾经指出：价值观对企业战略的影响，实际上就是基于价值观的战略管理，要保持企业价值观不变，同时又使目标、战略和行动适应变化的环境。这样，企业就会持续创造客户价值，持续实现企业价值，实现基业长青之梦。[②] 在企业经营层面，价值观可以对各种经营方案的设计和选择发挥作用，尤其在对各种经营方案进行选择的时候，其价值取向、价值评判必然会对企业经营决策发挥导向功能，并使选择的方案符合企业价值观的要求。所以，北京大学教授张国有说："价值观本身就是企业的战略基础，价值观问题解决得越好，指导思想越明确，理念越能深入人心，对未来发展的作用越大"。[③]

2. 通过理念灌输提供精神支撑。企业价值观是企业缔造者和管理团队刻意追求并长期积淀的结晶，是企业全体或大多数员工认同的关于企业存在意义的终极判断。由此，企业价值观一经确立，并得到全体或大部分成员的共识，就会成为一种共同尊奉的信念，对企业产生持久的精神支撑力。国外一些优秀企业认为，一个企业能够长久生存，最重要的并非企业的结构形式或管理技能，而是被人称之为企业价值观的那种精神支柱。如宝洁公司之所以成为世界卓越企业，与该公司持续倡导和培育公司的价值观有

---

① 李晓东：《解析与建构：企业价值观解读》，北京师范大学 2003 年博士论文，第 20—25 页。

② 付立红：《基于价值观的企业战略管理——坚定的企业价值观持续创造企业价值》，《中外企业文化》，2007 年第 10 期，第 50—51 页。

③ 张国有：《企业价值观的战略性》，《企业文化》，2007 年第 1 期，第 6—8 页。

着直接的关系。公司确定的核心价值观强调"员工是企业的核心，顾客是企业真正的目标"。由此形成了以宝洁员工为圆心，四周由领导能力、诚实正直、信任、积极求胜的热情及主人翁精神环绕。宝洁公司视人才为公司最宝贵的财富，不仅建立了无障碍沟通渠道，还不惜成本对员工进行培训。用宝洁公司一位前董事长的话说："如果你把我们的资金、厂房及品牌留下，把我们的人带走，我们的公司会垮台；相反，如果你拿走我们所有的资金、厂房及品牌，而留下我们的人，十年内我们将重建一切。"宝洁公司进入中国时，首先调查了中国人的洗衣方式，当他们了解到中国南北气候差异大，劳动强度也大，衣服相对比较难洗的时候，立刻改良了熊猫洗衣粉的配方，推出了含有宝洁特有超洁因子的熊猫牌洗衣粉，用这种洗衣粉洗出的衣服既干净，又洗起来轻松。[①] 又如台塑集团的企业核心价值观是"勤劳朴实，止于至善，永续经营，奉献社会。"主张企业做买卖要做到利己利人。只有买卖双方都得到好处，才能精诚合作，互惠互利。为了践行这一核心价值观，台塑集团在具体的经营活动中非常重视贯彻合作共赢的理念。1986年，台币大幅升值时，董事长王永庆立刻亲自召开与客户共度难关的会议，决定台币升值的汇兑损失由台塑全部负责。为此台塑集团损失达1亿多元台币（约合300多万美元），但台塑集团却实实在在做到了既发展自己，也保护别人的承诺，由此奠定了与客户合作的良好基础，赢得了合作者的尊重和信赖。[②]

3. 通过价值诱导促进潜能释放。现代心理学研究表明，凡是对自己的认识和评价与本人的实际情况越接近，自我防御行为就越少，社会适应能力就越强。一般而言，个体的自我概念与本人的实际相符合，就能够在自己能动的实践中扬长避短或扬长补短，就容易取得成功，从而喜欢自己，肯定自己的价值，产生适度的自我价值感，形成积极的自我。[③] 价值关系与人的生理和心理需要密切相关。企业的价值观通过文化手段和一种相容性的心理暗示，激发企业员工的积极性和主动性，使每个人的潜力得到最大能量的释放。一种理性健康的企业价值观，能够使每个员工的生理和心理得到满足，能够最大限度地释放每个员工的潜在能力。比如雀巢公司，虽然尊重技术，但并不把技术看作战略的核心，而是积极寻找有才华的专家，采取灵活的经营管理方式，大胆放权，充分激发员工的主动性和积极性，从而大幅度提高了企业的经营效率。公司CEO彼得·布拉贝克（Peter Brabeck）说：雀巢不会把技术变成战略的中心，雀巢的核心就是人、产品和品牌。[④] 正是这种尊重人、信任人、依靠人的管理价值取向，才使雀巢公司一路过关斩将，先后拿下美国、英国、德国、日本等市场，成为世界上最悠久的卓越公司之一。

4. 通过信念改善加强关系协调。如何创造一个和谐、团结的人际关系环境，充分

---

① 赵文明编著：《中外企业文化经典案例》，北京：企业管理出版社2005年版，第158—161页。

② 赵文明编著：《中外企业文化经典案例》，北京：企业管理出版社2005年版，第106—107页。

③ 丁玲：《价值观与心理平衡：高校心理健康教育新进展》，《全国第十届高校心理健康教育与心理咨询学术交流会论文集》，2007年1月，第18—20页。

④ （美）苏济·韦特劳弗：《大企业何以更强大——专访雀巢公司CEO彼得·布拉贝克》，《商业评论》，2003年第2期，第58页。

调动人的积极性和创造性，是任何一个企业管理者无法回避的现实问题。企业价值观是企业全体或大多数员工共同认可和遵行的理念体系和行为准则，对所有企业员工具有潜移默化的影响和约束作用。企业价值观也对企业中的所有人提出了相应的责任和义务，在共同的信念面前，企业的所有人都必须要在企业价值观的约束下履行自己的责任和义务，不存在此亲彼疏，有的都是责任和义务。因此，这种价值观有利于形成共同信念，形成平等、协调的人际关系，消除由于心理不平衡而造成的离心现象。企业价值观是精神文化的哲学基础，是企业管理的重要指向，它使企业内部的各种力量汇聚到一个共同信念之下，从而激发企业员工的积极性和主动性。

5. 通过内生动力实现企业竞争力提升。企业竞争力是企业资源和能力的综合反映，是企业所特有的、不容易被竞争对手模仿的独特能力。它除了产品、制度两个层面外，还有一个重要的层面就是包括企业价值观在内的核心层。其中，第一层面是表层的竞争力，第二层面是支持平台的竞争力，只有第三层面才是最核心的竞争力。麦当劳的成功，并不在于它的食品本身有什么独特之处，而在于它已完全融入全民性的价值观念，是其企业文化为大众所接受、喜爱。麦当劳在不断销售汉堡包的同时，也在想尽办法为汉堡包附加一种文化，以便让汉堡包更具有灵性。而这种附加最重要的是让企业文化具有深刻的内涵与广泛的基础。再如"史努比"[①] 通过附加文化内涵已成为人们追求精神愉悦的象征，在与人们精神深层次的沟通方面发挥了巨大的作用。所以，消费者为了收集其心仪、充满文化味的"史努比"，排队购买也就不足为奇了。西门子公司从当初柏林的一个小作坊发展成为当今世界全球化程度最高的公司之一。其价值观被概括为精炼的三句话："勇担责任、追求卓越、矢志创新"。这三句话不仅在变幻无穷的市场环境中为员工提供了行为准则，而且是公司企业文化的基础。同时，也是其制定企业愿景、发展战略和发展目标的文化基石。[②] 惠普公司提出，为了公司的发展，我们必须努力地创造和革新，但是有些东西是亘古不变的，这就是我们企业的价值观：相信、尊重员工；追求卓越的成就；坚持诚实与正直；依靠团队精神达到目标；追求不断创新，注重速度与灵活性。[③] 无疑，成功的企业往往是因为有了得到大多数员工认同和信奉的企业价值观，并将企业的价值观与个人的价值观融为一体，产生一种强有力的归属感和自豪感，并转化为内生动力推动企业发展。有人依据中国社会科学院 2011 年公布的中国企业社会责任发展指数前 100 强企业为原始样本，并结合可持续发展绩效数据，用 Spss16.0 进行实证检验和分析发现，企业价值观虽然和企业可持续发展绩效正相关，但社会观念维度作用不明显。而代表着企业操守信念的道德观念维度和代表着企业价值行为的经营观念维度对企业可持续发展绩效显著正相关，尤其是企业价值观对企业经济绩效的影响

---

① "史努比"（Snoopy）是美国漫画《花生漫画》的著名角色。原型为米格鲁猎兔犬，在作品连载的不同年代里拥有各具特色的设定和性格。早期形象并无具体的出身背景，直到后来的漫画中才陆续补充了角色的身世故事，增加了它在作品的趣味性。

② 陈丽萍、梅麟：《西门子三大价值观对企业行为的影响分析》，《企业活力》，2009 年第 11 期，第 63—66 页。

③ 雷涛：《惠普：用文化"管控"人心》，《东方企业文化》，2007 年第 1 期，第 34—35 页。

最为显著。① 所以，迈克尔·波特（Michael E. Porter）在《竞争战略》一书中指出：企业的战略是否成功主要通过利润大小来判断，但企业最终的竞争力取决于它在一系列价值中如何进行选择，共有价值观才是企业竞争力的动力之源。② 中国学者付立红也认为，坚定的企业价值观能确定企业价值的持续存在。因此，企业价值观是企业核心竞争力的动力源泉，是企业价值产生的内在必然性。③

三、中国企业价值观建设的一般状况

（一）中国企业价值观建设进程

中国企业的价值观建设随着改革开放的进程而不断深化，大体经过了三个发展阶段：

第一阶段：从 1978 年到 1992 年，属于"商品化意识阶段"。这一阶段基本上是与企业由计划经济的独立单元逐步转变为具有独立身份的商品生产者和经营者的过程相对应。其主要特征是企业在逐步意识到自身地位的过程中，其商品化意识逐渐增强。

第二阶段：从 1992 年到 2000 年，进入"市场化意识阶段"。这一阶段企业价值观的主要特征是，企业开始对社会主义市场经济和现代企业制度的建设进行理性思考。在重视商品化观念的同时，更加突出市场化观念的重要性。

第三个阶段：进入新世纪以后，企业价值观建设进入"全方位开放意识阶段"。随着中国加入 WTO 而出现的企业全面参与世界贸易过程和全球范围内竞争格局，虽然商品和市场仍然在企业价值观中占据重要地位，但其内涵发生了新的变化，中国企业已经自觉不自觉地以一种新的姿态参与到了全球范围内的竞争之中，企业价值观随之发生了革命性的变化，进入了一个新的发展时期。加入 WTO，对中国企业的真正意义就在于赋予其充分的生产经营自主权，真正为企业提供了一个面向全球的竞争市场和诸多来自全球的竞争对手。从企业价值观的发展来看，这一阶段的企业价值观发展重点强调的是着眼于全球经济发展的"世界眼光"，是面向世界范围内竞争对手的"全方位开放意识"。这种企业价值观建设成为当前和今后一个时期内企业文化建设的主要内容，也是中国企业真正走向世界的精神支柱。④

（二）中国企业价值观建设状况

高中华等人在对 100 家中国 500 强企业的价值观进行实证分析基础上，提出将价值观的陈述要素分为外部激励、外部约束、内部约束和内部激励 4 种类型，并根据其不同类型价值观要素特点，采取 Q 型分层聚类法，将价值观陈述内容划分为 7 种导向（参见表 5—1），并结合样本企业在 500 强排行榜中的地位变化，分析了不同价值观导向的

---

① 曾德麟：《企业价值观与企业可持续发展绩效的相关性研究》，首都经济贸易大学 2013 年硕士论文，第 39—40 页。

② （美）迈克尔·波特：《竞争战略》，陈小悦译，北京：华夏出版社 1997 年版，第 56 页。

③ 付立红：《基于价值观的企业战略管理——坚定的企业价值观持续创造企业价值》，《中外企业文化》，2007 年第 10 期，第 50—51 页。

④ 李晓东：《解析与建构：企业价值观解读》，北京师范大学 2003 年博士论文，第 40—44 页。

企业竞争力变化规律。作者根据 2010 年发布的 2009 年中国 500 强企业排行榜，对这 100 家企业的价值观陈述情况以及排名变化进行了跟踪分析。研究显示，有明确价值观陈述的企业增加到了 65 家。其中，明确提出核心价值观的企业增加到了 42 家。另外，32 家企业拥有与价值观类似的相关表述，仅有 3 家企业没有任何价值观陈述。与 2007 年中国 500 强企业排行榜相比，有 77 家企业保持着 500 强的地位。其中 40 家企业名次得到了提升，37 家企业名次有所下降，有 23 家企业退出了 500 强。

表 5－1　中国 500 强企业价值观导向[①]

导向	企业数	主导价值观		缺乏价值观	
		类型	要素	类型	要素
1	20	外部激励型	社会责任	外部约束型	自主性、纪律
2	13	内部约束型	道德伦理、思想性	外部激励型 外部约束型	社会责任、效率、灵活性、自主性、纪律
3	22	内部激励型	绩效、自我实现	外部约束型	效率、自主性、纪律
4	13	内部激励型 外部激励型	自主性、道德伦理、思想性、自我实现	外部激励型	效率、纪律
5	11	外部激励型 内部约束型 内部激励型	效率、道德伦理、思想性、绩效、自我实现	外部约束型	自主性
6	10	内部约束型 外部约束型 内部激励型	灵活性、纪律、道德伦理、思想性、绩效、自我实现	外部激励型	效率、自主性
7	11	外部约束型 内部激励型	纪律、道德伦理、绩效、自我实现	外部激励型	社会责任、效率、灵活性、思想性

　　由此，作者认为，中国 500 强企业的价值观体系总体上已经相对完整，不少企业已经超越谋生阶段，开始在追求自身成长的同时致力于寻求存在的意义。但在 4 种类型，即外部激励型、外部约束型、内部约束型及内部激励型的价值观导向中，第 4 种价值观导向下的企业保持 500 强地位的比例较高，占到 85%，这些企业往往以内部约束型和外部约束型要素为主导价值观，但缺乏外部激励型价值观。第 2 种价值观导向下的企业保持 500 强地位的比例较低，占 62%，这些企业仅仅以内部约束型要素为主导价值观，同时缺乏外部激励型与外部约束型的特点。两种价值观导向之间的差异在于导向 4 的企业不仅注重对内约束，还时刻向员工传递组织所期望的行为规范，而且在对外的市场行为中，也追求稳扎稳打。在不违背道德伦理的前提下获得企业竞争力的提升。两种价值观导向之间的共同点在于都缺乏外部激励型价值观要素，表明这类企业缺乏某种外向性

　　① 高中华、吴春波、李超平：《100 家中国 500 强企业价值观导向实证研究》，《管理学报》，2011 年第 12 期，第 1748－1754，1771 页。

张力和国际化视野。[1]

杨杏利用教育部课题组开发的"中国企业家基础价值观问卷"，对全国 3112 名企业家进行测试，其结论是：当代中国企业家的价值取向整体是积极向上的，对价值观各维度上的认同程度依次为：品格追求、事业成就、法律法规、金钱权力。其中，金钱权力是负性价值取向。[2]

在企业经营实践中，许多优秀企业在价值观建设方面比较注重建立诚信为本的经营观、质量为本的品牌观、高效创新的进取观、利国利人的利益观等。这些企业价值观的建设与发展，成为越来越多企业的共识和价值取向。根据中国企业家调查系统关于《企业信用：现状、问题及对策》的调查，我国企业对信用和诚信原则的认识已经基本形成共识。诚信为本的经营观，已经得到大多数企业的认同。当问及目前的经营环境对哪类企业有利时，近 60％的企业经营者认为对信用好的企业有利，只有不到 20％的企业经营者认为对信用差的企业有利，另外 21.3％的企业经营者认为没有差别。从实际情况看，A 级以上（含 A 级）信用企业中，盈利的占 69.3％，其他企业盈利的占 49.8％。关于企业经营者应有的职业道德素质中，选择"诚实守信"者达到 63.6％，居于首位，比居于第二位"爱岗敬业"的 54.4％高出近 9 个百分点。[3] 很多优秀企业在其企业价值观建设中进一步把对诚信重要性的认识贯彻到企业的经营管理实践中，成为企业价值观建设的重要经验。如 2002 年，海尔、联想、北京同仁堂等 16 家获得"具有国际竞争力的中国名牌企业"称号的企业，共同签署了"向世界名牌进军"为主旨的《北京宣言》，向全国企业发出了进军世界的倡议。在宣言中，16 家企业庄严承诺："要严格遵守国家法律、法规，积极配合各级工商、质检、公安等政府有关部门，严厉打击假冒伪劣的不法行为，创造良好的经营环境，诚信为本，服务于民。在保护消费者的利益、维护企业的合法权益和遵守规范的市场秩序等方面起表率作用。"[4] 浙江万向集团董事局主席鲁冠球不仅把"诚信"视为一种长效投资，还身体力行，在企业发展过程中坚持以诚待人、以德服人，把"讲真话、干实事"作为企业精神的最高境界，积极倡导"不赶时髦、不搞形式、不讲假话、走自己的路、圆自己的梦"的求真务实作风，为企业的长久持续发展奠定了坚实的基础。[5] 联想集团总裁杨元庆也认为："诚信共享是联想文化的根本。'诚实做人，注重信誉；坦诚相待，开诚布公'是联想人最基本的道德准则。"[6] 不难看出，中国一些优秀企业不仅坚持诚信为本的价值观，而且也落实到了企业的生产经营管理实践之中，从而成为同行中的佼佼者。此外，质量意识、创新意识、利他意识

---

[1] 高中华、吴春波、李超平：《100 家中国 500 强企业价值观导向的实证研究》，《管理学报》，2011 年第 12 期，第 1748－1754，1771 页。

[2] 杨杏：《当代企业经营者价值取向的状况与特点》，《中国人力资源开发》，2008 年第 8 期，第 82－85 页。

[3] 数据来自中国企业家调查系统：《企业信用：现状、问题及对策——2002 年中国企业经营者成长与发展专题调查报告》，《管理世界》，2002 年第 5 期，第 95－103 页。

[4] 《向世界进军——北京宣言》，《中国质量报》，2002 年 9 月 3 日。

[5] 鲁冠球：《靠诚实守信提升企业的价值》，《企业管理》，2001 年第 10 期，第 49－50 页。

[6] 《中国企业家诚信十问》，《中国经营报》，2002 年 3 月 25 日。

等都有了明显增强。如中国企业家调查系统对北京、上海和广州三地的民营企业家的一项调查显示，许多民营企业家在竞争手段的选择上，已经越来越多地采用质量、服务、价格竞争的方式。其中，选择质量、服务和价格竞争比例最低的北京也达到59.8%，而上海则有82%的民营企业家把质量、服务和价格作为企业获得经济利益的首要选择。① 企业经营者选择"勇于创新"的比重位居第一，高达47.7%，明显高于处于第二位的"敬业"的比重（35.2%）。② 约有86.2%的被访企业把社会声誉作为选择合作伙伴和交易对象的重要考虑标准。③

当然，不可否认的是，在中国企业价值观建设取得进步的同时，也存在一些不可忽视的问题。如在部分企业中，出现了一些与社会发展要求背道而驰的东西，不仅影响了企业自身的发展，也在一定范围内造成了恶劣的影响，对人们的价值观念造成强烈的冲击。河北的三鹿集团曾经将"为了大众的营养健康而不懈地进取"作为企业宗旨，推崇"诚信、和谐、创新、责任"的企业核心价值观。诚信曾经是三鹿的基本准则，也是三鹿公司的基本信念和处事态度。曾经的三鹿认为，"诚信对于企业，就如同生命对于个人，没有了诚信，肯定不能获得长远发展"。"诚实守信，换位思考"是三鹿经营的基本准则。"对消费者、奶农、经销商和员工负责"曾经是三鹿集团"严格恪守"的基本准则。然而，一场"三聚氰胺"事件却让这样一个拥有150亿元人民币品牌价值的乳品业龙头企业轰然倒下。"毒奶粉事件"中三鹿的做法与该公司所标榜的企业文化形成了强烈的反差。当企业价值观遭遇经济利益的时候，三鹿集团的管理者并没有坚守其核心价值观中最根本的"诚信"和"责任"原则，而是将利润最大化作为考量标准。即使事件曝光后，他们首先想到的也不是"诚信"和"责任"，而是所谓的"危机公关"。因为三鹿曾经使用"危机公关"这个所谓的法宝，搞定了安徽阜阳发生的"大头娃娃"奶粉事件。所以，在"毒奶粉"事件发生后，该公司第一时间想到的仍然是所谓的"危机公关"，并试图通过投放广告影响媒体报道和消费者的价值判断。其实，当三鹿集团及其管理者企图隐瞒真相、蒙混过关时，恰恰就是在践踏自己的核心价值观，在泯灭自己的良心。如果我们再次将视角瞄准三鹿集团曾经提出的企业文化，不能不说该公司所谓的"为了大众的营养健康而不懈地进取"，"诚信、和谐、创新、责任"等等，不过是嘴上说说，纸上写写，墙上挂挂，涂脂抹粉而已！这种文化只能是痴人说梦，自取其辱！"三聚氰胺"事件不仅暴露出一些企业管理中存在的问题，也反映了一些企业价值观的严重扭曲。中国素来以礼仪之邦著称，历史上无数先贤将诚信看得比生命还要重要，并由诸如老子的《道德经》问世。而一些企业管理者却为了追逐一己私利，置企业应有的伦理道德于不顾，最终导致企业倒闭的结局，这需要引起全社会足够的重视和付出更多

① 中国企业家调查系统：《当前我国企业经营者对激励与约束问题看法的调查——1997年中国企业经营者成长与发展专题调查报告》，《管理世界》，1997年第4期，第119－132页。

② 中国企业家调查系统：《企业创新：现状、问题及对策——2001年中国企业经营者成长与发展专题调查报告》，《管理世界》，2001年第4期，第71－80页。

③ 施星辉：《企业公民——中国企业社会责任状况调查报告》，《中国企业家》，2003年第1期，第81－84页。

的努力。^① 此外，近年经常在各种媒体中报道的诸如一些企业的商业欺诈行为、虚假宣传、造假问题、以次充好、唯利是图等，不仅对企业诚信观念产生了强烈的冲击，也影响到社会的道德基础。这些不良现象的出现，已经严重破坏了企业的声誉，并在社会范围内引起连锁反应。所以，有人在"银广夏事件"^② 发生后提出："当众多的违规造假行为充斥于中国股市时，要反思的已不仅仅是造假者的道德，更重要的还有社会的道德基础。信用缺失已经成为中国经济运行和社会基础的严重威胁，公信危机已经出现在我们面前。"^③ 从我国企业的发展来看，这些问题的出现，不仅是社会的问题，更是企业的问题，应该如何从价值观建设的高度认识到这些问题的严重性，并寻求解决这些问题的有效途径，已经成为当前重要任务。中国企业价值观的缺失和道德底线的沦丧，导致中国出了无数富得流油的企业和个人，却没有多少伟大的、受人尊重的企业和个人，这种现象确实值得我们反思！

另外，在企业价值观建设方面，国内企业无论是国有企业，还是民营企业，都普遍存在核心价值观内容上千篇一律，缺乏个性，事实上导致企业价值观建设流于形式、以人为本难以落到实处、核心价值观塑造和建构缺乏群众基础的现象。企业价值观决定着企业的命运，空洞或错位的价值观不仅难以恪守，也无法推动企业的发展，反而会导致企业管理者无所适从，让顾客敬而远之，阻碍企业的健康发展。^④

经过改革开放近40年的发展，面对市场经济潮流和多元文化的冲击，中国企业价值观也呈现出多元化发展的特点。在存在一些诸如功利主义、拜金主义和个人主义等负性价值观的同时，也应该看到，许多企业正在从不成熟走向成熟。企业价值观建设也越来越受到企业的重视，并正在从懵懂、被动，走向明晰、主动。当然，一种健康向上的企业价值观的形成并非一蹴而就的事，需要企业、企业家，乃至整个社会长期的培育和建设。相信随着我国企业的不断发展和国际化进程的加快，与发达国家企业的差距将会越来越缩小，一种具有中国企业特色的价值观将会逐步形成，并在企业经营管理中发挥主导作用。

（三）中国企业价值观建设的特点

有人分别从员工奉献、员工发展、和谐、领导行为、实用主义、奖赏、顾客导向、

---

① 李宏勋、贵树兰：《从三聚氰胺事件看中国企业的管理道德问题》，《中国石油大学学报》（社会科学版），2009年第5期，第33—36页。

② 银广夏公司全称为广夏（银川）实业股份有限公司，其证券简称为ST广夏（000557）。1994年6月上市。该公司曾因编造的骄人业绩和诱人前景而被人们称为"中国第一蓝筹股"。但2001年8月，《财经》杂志发表的"银广夏陷阱"一文，则将其虚构财务报表的事实公之于众。后经中国证监会调查，该公司从1998年至2001年间累计虚增利润77 156.70万元，从原料购进到生产、销售、出口等环节，公司伪造了全部单据。包括销售合同和发票、银行票据、海关出口报关单和所得税免税文件，造成了十分恶劣的影响。这个曾经被媒体追捧的公司，原来却是一个地地道道的骗子公司。"银广夏"事件不仅暴露出当时我国公司治理制度的缺陷，也透视出中国证券市场存在的严重制度性缺陷。

③ 魏建等编著：《谁为我们担保——诚信危机在中国》，济南：山东人民出版社2002年版，第126页。

④ 许利华：《世界著名企业核心价值观研究》，电子科技大学2011年硕士论文，第52—54页。

未来导向、创新和结果导向等 10 个维度比较研究了世界上著名企业的核心价值观，认为国外著名企业的核心价值观偏重于员工发展、和谐、顾客导向三个维度。其中，顾客导向价值观频次最高。而我国企业的核心价值观主要集中在员工贡献、和谐、顾客导向和创新、未来导向五个维度上。其中顾客导向频次相对较高。集中在"员工贡献"维度说明了我国企业对员工的工作态度比较重视，偏向"严谨"、"爱岗敬业"、"严格苛求"的价值观。集中在"和谐"维度说明了我国企业在建立核心价值观时受到文化传承的影响比较明显，"和谐"不仅代表着对团队意识、协作精神的追求，也在一定程度上反映了我国传统文化的色彩。"顾客导向"的维度偏好说明了我国企业在建立核心价值观时能够清楚地认识到提供优质的服务和产品对一个企业可持续发展的重要性，但具体执行时却并没有受到重视。"未来导向"维度是 10 个维度中偏好最高的，其中，"创新"和"追求卓越"价值观普遍是我国企业核心价值观的重要部分。作者将国内企业价值观建设的特点概括为 5 个方面：一是价值观体系上比较均衡，大部分企业都把 10 个维度中的数个作为自己企业的核心价值观；二是重视"创新"和"追求卓越"的价值观；三是传统文化中强调的"诚信"价值观依然受到推崇，企业家整体上比较重视社会道德准则与社会责任的承担；四是对员工有较高的要求，"严谨"、"爱岗敬业"、"踏实工作"的员工往往得到企业认可；五是"领导行为"价值观虽没有凸显出来，但随着我国企业全方位参与国际竞争，企业家越来越重视与时俱进的竞争意识。[①]

四、国内外优秀企业价值观建设的案例分析

（一）英特尔：用价值观协调行动

英特尔公司（Intel Corporation）的前身是 1957 年成立的仙童半导体公司。1968 年正式成立 Inteler（英特尔）公司，总部位于美国加利福尼亚州的圣克拉拉，创始人是罗伯特·诺伊斯（Robert Noyce）和戈登·摩尔（Gordon Moore）。他们原本希望新公司的名称为两人名字的组合——Moore Noyce，但这个名字已经被一家连锁酒店抢先注册，不得不将"Integrated Electronics（集成电子）"两个单词的缩写作为公司名称。1971 年，英特尔推出了全球第一个微处理器，它所带来的计算机和互联网革命，已经和正在改变整个世界。英特尔于 1985 年在北京设立了第一个代表处，现在中国（大陆）设有 13 个代表处，分布在北京、上海、广州、深圳、成都、重庆、沈阳、济南、福州、南京、西安、哈尔滨、武汉等城市。1998 年，英特尔科技（中国）有限公司开始营运。在 1999 年的时候，英特尔公司市值最高突破 5000 亿美元。2006 年，英特尔正式发布了全新品牌标识，包括一句新的宣传标语："Intel，Leap ahead（英特尔，超越未来）"。这一事件标志着英特尔公司正在发展演变成为一个市场开拓型的平台化解决方案的公司。次年，英特尔（中国）有限公司还发布了题为"树立全球责任的典范"的《英特尔 2006 年企业责任报告》，倡导企业社会责任。随着个人电脑普及，英特尔公司迅速成为世界上最大设计和生产半导体的科技巨擘，并在全球微处理器技术方面处于行

[①]　许利华：《世界著名企业核心价值观研究》，电子科技大学 2011 年硕士论文，第 34－35 页。

业领先地位。作为行业巨头，英特尔一直在为推动计算机行业的发展作出不懈努力，可以说，英特尔和微软的发展方向也就是 IT 行业的发展方向。目前，英特尔正专注于移动、数字家庭、企业与医疗保健四个重要细分市场领域。2014 年，英特尔推出处理器至强 E7 v2 系列，采用了多达 15 个处理器核心，收购智能手表 Basis Health Tracker Watch 制造商 Basis Science。这一年，英特尔公司在《财富》世界 500 强中排名 195 位，2015 年排名上升到第 182 位。

英特尔公司的企业价值观包括 6 条：以客户为导向，纪律严明，质量至上，鼓励尝试冒险，良好的工作环境，以结果为导向。

如何理解这些内容？首先，企业价值观能否变成现实，最核心的就是注重结果和良好的工作环境。做事情一定要有程序和方法，但如果把程序作为主要目标，一天到晚谈怎么做，最后却不行动，最终就会被淘汰。因此，英特尔公司把程序放在第二位，结果放在第一位。他们没有花费太多的时间去想一个全世界最完善的方案，而是采取了比别人做得快、做得好的方法。倡导"结果导向"、"冒险精神"，他们总是做得比竞争对手更快、更好。用一位该公司员工的描述，英特尔人就是比较激进，有主动进攻的意识。员工中有一种"假设是我的责任"的鼓励。

其次，塑造良好的工作环境最重要的就是对员工的信任和尊重。在英特尔，从首席执行官到普通员工，都是一个标准的、开放的办公小隔间，员工随时可以找上司沟通。为了解决跨国企业中员工多元文化带来的对企业价值观的不同理解，英特尔开设了完善的培训课程，包括技术类、个人技能类和企业文化。公司会教员工如何理解企业价值观，并传授相关技巧。比如在倡导"注重结果"时，强调"建设性对抗"。做事情难免要和别人冲突，就教员工一些有效的方法，使大家冲突后仍能保持团队的和谐。在其他国家开设新的公司后，英特尔还利用由很多资深英特尔专家组成的创业核心小组将先进的技术和英特尔的价值观一并移植进去，通过言传身教，起到潜移默化的效果。

再次，通过多种方式将企业价值观落实到员工的具体行动上。比如，用成功激励员工信奉企业价值观。公司不仅将价值观挂在墙上或胸卡上，还会通过一些具体的事例让员工在内心深处感受到只有这样做才能取得成功。当员工在心理上感受到我被"英特尔化"或我成为"英特尔人"后，英特尔并不就此终止，而是还要看你的价值观是否符合英特尔的价值观。公司会通过各种各样的活动和奖励，鼓励那些既符合英特尔价值观，又有突出成果的行为，在员工中树立榜样。而颁发的奖状中会列出英特尔的 6 条价值观，获奖者会在其行为所符的价值观中打勾，以表彰其价值表率作用。除了公司的奖项外，员工之间也会颁发"自发贡献奖"，可以自行制作印有 6 个价值观的小奖状，到所需感谢的对方员工的部门会议上颁发。

任何一个企业，都有一个从小到大的过程。在公司起步的时候，企业创始人的模范作用为员工树立了榜样。但到企业发展壮大后，就需要有一个完整和成文的价值观体系让员工学习和遵行。而且，随着企业所处的经济社会环境的变化，企业价值观也需要不断更新和发展。英特尔公司的价值观从一开始的 3 个，发展到现在的 6 个，近期还对 6 个价值观中的具体解释条款进行了调整。通过这样的调整，使企业始终能在市场中保持正确的方向，并形成了旺盛的生命力和市场竞争力。[①]

（二）惠普：让价值观成为企业发展的引擎

惠普公司成立于 1939 年，由斯坦福大学的两位毕业生比尔·休利特（Bill Hewlett）和戴维·帕卡德（David Packard）创办。经过 70 多年的发展以及一系列收购活动，已成为世界上最大的科技企业之一，在打印及成像领域和 IT 服务领域都处于领先地位。中国惠普有限公司总部位于北京，在上海、重庆、广州、沈阳、南京、武汉、西安、成都和深圳设有分公司。2002 年收购了美国著名的电脑公司康柏电脑。2014 年，惠普公司正式宣布，公司将分拆为两家独立上市公司，一家主营 PC 和打印机业务，另外一家主营企业硬件和服务业务。分别名为"惠普企业"和"惠普公司"。惠普公司在 2014 年美国《财富》500 强中名列第 50 位，2015 年排名第 53 位。

该公司创立伊始就明确了经营宗旨：瞄准技术与工程技术市场，生产出高品质的创新性电子仪器。按照这一经营宗旨，创建者比尔·休利特（Bill Hewlett）、戴维·帕卡德（David Packard）等建立起了共同的价值观和经营理论，就是："企业发展资金以自筹为主，提倡改革与创新，强调集体协作精神"，并将这一价值观与经营理论体现在他们的经营管理和聘用与选拔公司人才中。在这一价值观基础上，公司逐渐形成了具有自己鲜明特色的企业文化，即"惠普之道"。主要包括：

（1）信任并尊重每个人。面对任何情况都坚信，只要给予员工适当的手段和支持，他们愿意努力工作并一定会做得很好。惠普吸纳那些能力超卓、个性迥异及富于创新的人加入惠普，承认他们对公司所作得努力和贡献。惠普人积极奉献，并能分享其通过努力所获得的成功。惠普尤其注重以真诚、公正的态度服务于消费者。

（2）关注高层管理的成就和贡献。客户总是希望惠普的产品和服务具备最高水准，同时希望所获价值亦能持续长久地满足客户要求。所有惠普人，尤其是经理人员必须率先积极热情、加倍努力地工作。仍在使用的技术和管理方法明天也许会落后过时，若想在竞争中立于不败之地，惠普人应时刻追求更新、更好的工作方式。

（3）坚持诚实经营，毫不妥协。惠普人必须彼此坦诚相待，以赢得他人的信任和忠诚。公司各级员工都应奉守最高的职业道德准则，并能充分理解止于至善的深刻含义。

（4）通过团队精神来实现共同目标。惠普承诺，建立一只遍布全球的团队，努力工作，去实现客户、股东及其他人士的期望。经营中的利益和责任将由惠普人共同分享，并鼓励灵活性和创新精神。

（5）努力营造一个可容纳不同观点、鼓励创新的宽松工作环境。惠普致力于实现一个明确一致的目标，且允许个人在实现公司目标时，灵活采用自己最佳的工作方式。惠普人有义务提高自身的工作能力，鼓励员工通过培训获得自我提高。在企业内部提倡平等与尊重。在实际工作中，提倡自我管理、自我控制与成果管理，重视温和变革，不轻易解雇员工，也不盲目扩张规模；坚持宽松的、自由的工作环境，努力培育公开、透明、民主的工作作风。

---

① 《用价值观协调行动》，http://www.ceconline.com/strategy/ma/8800021913/01/.

惠普的核心价值观及其在此基础上形成的企业文化极大地推动了公司的快速发展。在 20 世纪 50 至 60 年代,公司的纯收入增加了 100 多倍。仅在 1957－1967 年间,公司股票市场价格就增加了 5.6 倍,投资回报率高达 15％。到 90 年代,惠普公司将发展重点专注于计算机领域,并迅速发展成为全球最大的电脑打印机制造商。

　　随着公司规模的不断扩大和经济社会发展及市场环境的变化,90 年代后,惠普公司在保留了原有文化体系中那些被认为是惠普企业灵魂的核心价值观外,根据现实需要废止了一些不合时宜的东西,加入新的文化内涵,更加强调"更高更好",以适应市场经营环境的变化。

　　在这种企业文化的推动下,90 年代后惠普得到了更加空前的发展。1992 年,收入达 160 亿美元;1995 年,达到 315 亿美元;1997 年增加到 429 亿美元。到 2008 年的财政营收额突破 1000 亿美元。截至 2012 年初,惠普一直保持全球第一大 PC 厂商的地位。2015 年,惠普公司营业额达到 1114.54 亿美元、利润额达到 50.13 亿美元。惠普公司的发展说明企业价值文化的强大推动力。公司提倡人人尊重与人人平等,注重业绩的肯定,对员工表示出信任和依赖;倡导顾客至上的经营观,向顾客提供优质且技术含量高的产品,有效解决顾客的实际困难,极力为公司股东服务,这些准则和价值观为企业的发展奠定了坚实的基础。惠普公司的发展历程与骄人业绩从实践上证明,强有力的企业文化,以及核心价值观是推动企业发展和取得成功的重要软实力。[①] 讲起惠普的价值观,该公司创始人之一的威廉·惠烈(William R. Hewlett)曾不无自豪地说:"回顾一生的辛劳,我最自豪的,很可能是协助创设一家以价值观、做事方法和成就,对世界各地企业治理方式产生深远影响的公司"。[②] 美国企业文化研究专家约翰·科特(John P. Kotter)也认为:"惠普公司成功的根本原因就在于建立了一套强有力且策略有力的文化体系"。[③]

(三) 松下:用价值观教育员工

　　1918 年,仅有小学文化程度的松下幸之助用筹集到的 100 日元(约相当于 50 美元),与夫人和内弟一起在大阪创建了"松下电气器具制作所",开始制造电器双插座。经过近 100 年的发展,目前的松下公司已经成为举世公认的成功企业。松下早期叫 National,1986 年改为 Panasonic,2008 年 10 月 1 日起品牌全部统一为 Panasonic),以"Panasonic ideas for life"(生活充满创意)为品牌口号,以实现"星罗棋布的网络社会"和"与地球环境共存"为理想,继续为提高世界人民的文化生活水平作出贡献。1994 年 9 月,松下电器与北京华瀛盛电器开发公司共同设立了松下电器(中国)有限公司(简称 CMC),总投资额达 3000 万美元。松下是日本第一家用文字明确表达企业

　　① 《企业价值观的作用和案例分析》,http://www.hztbc.com/news/news_20915.html.

　　② 转引自(美)詹姆斯·柯林斯、杰里·波拉斯:《基业长青》,真如译,北京:中信出版社 2002 年版,第 1 页。

　　③ 转引自刘光明编著:《中外企业文化案例》,北京:经济管理出版社 2000 年版,第 65－66 页。

精神或价值观的企业。松下精神是松下及其公司获得成功的重要因素。[①]

松下公司的价值观形成有一个过程。1932年5月，在第一次创业纪念仪式上，松下幸之助提出应制定一些企业的诫条，以时时提醒和警诫自己。1933年7月，松下公司制定了"五条精神"。到1937年，又在原来基础上增加了两条，形成了"松下七精神"，即产业报国精神、光明正大精神、团结一致精神、奋斗向上精神、礼仪谦让精神、适应形势精神、感恩报德精神。[②] 为了让这种"精神价值观"规范、约束和激励全体员工，推动企业的发展，松下公司采取了一系列措施。

首先，组织员工反复诵读和领会企业价值观。松下明确规定，企业发展的原则是："认识企业家的责任，鼓励进步，促进全社会的福利，致力于世界文化的进一步发展"。员工遵守的信条是："进步和发展只能通过公司每个人的共同努力和合作才能实现"。全体员工在每天上班后，必须要用几分钟时间列队咏唱公司的"社歌"，每个员工必须背诵"松下精神"，并宣誓"作为一个产业者，决不违背自己的本身"。下班前，再利用几分钟时间对照公司精神检查自己一天的言行。几十年如一日，坚持不懈。

其次，利用重大活动向员工进行价值观体验教育。主要的活动如举行隆重的新产品出厂仪式。每年1月，公司都要举行新产品的出厂仪式。这一天，所有员工都必须身着印有公司字样的服装到约定的地点集合，公司领导人发表热情洋溢的演讲，当年的松下幸之助还会挥毫书写简单明快的文告，然后，所有员工分乘载有新产品的卡车，奔赴各个商店。这些活动不仅使每个参与者感到兴奋不已，还能够有助于统一员工的意志和步伐，从中感受到自身价值的存在。

其三，强化企业管理人员价值观的示范教育。松下幸之助认为，企业的领导者应该给自己的部下以教育和教诲，这是每个领导者不可推卸的责任和义务，也是在培养人才方面的重要工作之一。松下公司要求各级管理人员必须学会培养自己与员工之间的信任感，相互沟通思想和感情，要为松下职工树立榜样，用松下特有的经验和精神影响员工。公司要求管理人员鼓励部下独立地工作和创造，如果发现部下缺乏正确的态度，管理人员必须给予持久、耐心的指导，以便使他最终能担负起相应的责任。

其四，着力培养新员工的价值观融入教育。公司不仅对新加入员工进行严格筛选，还十分重视对这些新员工的"入社"教育。一方面，要求所有新员工背诵松下宗旨、松下精神、学习松下幸之助的语录、学唱松下公司之歌、参观公司创业史展览；另一方面，为了增强员工的适应性，还安排他们在工作中体验松下精神，新员工往往被分配到

---

① （美）理查德·帕斯卡尔、安东尼·阿索斯：《日本企业管理艺术》，张小东、周全译，乌鲁木齐：新疆人民出版社1988年版，第22页。

② 松下电器进入中国市场后，成立了北京松下彩色显像管有限公司（BMCC），并在日本松下电器总公司的"产业报国"、"公明正大"、"亲和一致"、"力争向上"、"礼仪谦让"、"顺应同化"、"感谢报恩"7种精神基础上，又增加了中国的"实事求是"、"友好合作"、"自觉守纪"3项内容，形成了10种精神（周家高：《企业文化：松下公司成功的重要因素》，《中外企业文化》，1997年第8期，第31—32页；付奎香、康文霞：《中日两国企业文化比较研究——以海尔公司和松下公司为例》，《产业与科技论坛》，2009年第2期，第253—254页）。

许多性质不同的岗位上轮换工作。所有专业人员，都要从基层做起，每一个人至少有3个月时间在装配线或零售店工作。

其五，用激励手段强化价值观教育的效果。松下公司对员工每一项建议都要进行评分，给予报酬和奖励。松下要求企业管理人员必须热忱对待员工的建议，即使是暂时难以判定正确与否的建议，也要用"很好，让我们试试吧！尽管我对你说的尚无大的把握，但我们可以试试"等口吻回答，不能拒绝或态度冷淡。松下鼓励管理人员在内部找出有进取精神、有能力、有潜力的人员，使人人都能找到适合自己的角色，所有表现出色的人也会及时得到重用。松下认为，公司中应当努力创造一种人们自由发表意见的气氛，让每一个员工无拘无束地发表意见，提出合理化建议，并对那些意见和建议给予奖励。[①]

其六，用信任使企业价值观内化于员工之心。松下认为，公司应该做的事情很多，但首要的则是要对员工信任。通过对每一个员工的信任，使其主动接受企业价值观，以达到自我教育的目的。松下鼓励每一个员工确定自己的奋斗目标、拟定自我发展计划。通过自我教育的强烈愿望和具体计划，实现在工作中自我激励、自我思考、自觉创新的目的。为了便于互相启发，互相学习，松下公司还专门成立了各种俱乐部、研究会、学习型组织等，营造自由发挥、无拘无束的学习和交流机会，使每个员工在学习、交流中潜移默化地受到松下精神的教育和启迪。

总之，松下公司通过这种精神价值观的培育和训练，有效地实现了对员工内在状态的控制，从而使员工滋生出源源不断的工作热情和干劲。松下精神作为使公司的设备、技术、结构和制度运转起来的关键因素，在公司的成长中形成、培育和强化，并内化为公司的一种精神力量，其强大的凝聚力、导向力、感染力和影响力，已经成为松下公司持续发展的精神动力。这种内在的精神力量不仅可以激发公司员工为社会服务的意识、企业整体精神和热爱企业的情感，还可以强化和再生公司员工各种有利于企业发展的行为，如休戚与共的利益共同体意识、关心社会的责任意识、孜孜不倦的敬业意识、不遗余力的创新意识、热情周到的服务意识、上下同欲的团队意识、关心员工的人本意识等。

（四）阿里巴巴：价值观是企业的"金字塔"

阿里巴巴网络技术有限公司（简称"阿里巴巴"），是由马云为首的18人（号称"十八罗汉"）于1999年在杭州创立。他们以互联网为平台，让小企业通过创新与科技扩展业务，并在参与国内或全球市场竞争时处于更有利的位置。阿里巴巴集团经营业务和关联公司的业务包括：淘宝网、天猫、聚划算、全球速卖通、阿里巴巴国际交易市场、1688、阿里妈妈、阿里云、蚂蚁金服、菜鸟网络等。2014年9月，阿里巴巴集团在纽约证券交易所正式挂牌上市，总营业收入达762.04亿元人民币，净利润243.20亿元人民币。2015年1月，易传媒集团宣布，阿里巴巴集团将战略投资并控股易传媒。2015年7月，阿里巴巴集团与联合利华签署战略合作协议，帮助后者将产品销售给更

---

① 《松下电器公司的价值观教育》，http：//www.rxyj.org/html/2010/0413/82115.php.

多的中国客户。同时宣布对旗下阿里云战略增资 60 亿元，用于国际业务拓展、云计算、大数据领域基础和技术的研发，以及 DT 生态体系的建设。2015 年 8 月，阿里巴巴集团与苏宁云商集团股份有限公司共同宣布达成全面战略合作。根据协议，阿里巴巴集团将投资约 283 亿元人民币参与苏宁云商的非公开发行，占发行后总股本的 19.99%，成为苏宁云商的第二大股东。2008 年，获得《中国经营报》和 China Economist "最具竞争力企业奖"。2014 年，被《第一财经》评为 "最佳商业平台奖"，2015 年，先后获得《快公司》杂志、新浪网 "全球 50 大最具创新力公司" 和 2014 风云榜杰出企业奖等荣誉称号。

阿里巴巴集团及其子公司基于共同的使命、愿景及价值体系，建立了强大的企业文化作为公司发展的基石。阿里巴巴坚持 "客户第一、员工第二、股东第三" 的理念，持续奉行六大核心价值观：

1. 客户第一——客户是衣食父母。包括：（1）尊重他人，随时随地维护阿里巴巴形象；微笑面对投诉和受到的委屈，积极主动地在工作中为客户解决问题；（2）与客户交流过程中，即使不是自己的责任，也不推诿；（3）站在客户的立场思考问题，在坚持原则的基础上，最终达到客户和公司都满意的效果；（4）具有超前服务意识，防患于未然。

2. 拥抱变化——迎接变化，勇于创新。包括：（1）适应公司的日常变化，不抱怨；（2）面对变化，理性对待，充分沟通，诚意配合；（3）对变化产生的困难和挫折，能自我调整，并正面影响和带动同事；（4）在工作中有前瞻意识，建立新方法、新思路；（5）创造变化，并带来突破性的提高。

3. 团队合作——共享共担，平凡人做非凡事。包括：（1）积极融入团队，乐于接受同事的帮助，配合团队完成工作；（2）决策前积极发表建设性意见，充分参与团队讨论，决策后无论个人是否有异议，必须从言行上完全予以支持；（3）积极主动分享业务知识和经验，主动给予同事必要的帮助，善于利用团队的力量解决问题和困难；（4）善于和不同类型的同事合作，不将个人喜好带入工作，充分体现 "对事不对人" 的原则；（5）有主人翁意识，积极正面地影响团队，改善团队士气和氛围。

4. 诚信——诚实正直，言行坦荡。包括：（1）诚实正直，表里如一；（2）通过正确的渠道和流程，准确表达自己的观点；表达批评意见的同时能提出相应建议，直言不讳；（3）不传播未经证实的消息，不背后不负责任地议论事和人，并能正面引导，对于任何意见和反馈 "有则改之，无则加勉"；（4）勇于承认错误，敢于承担责任，并及时改正；（5）对损害公司利益的不诚信行为正确有效地制止。

5. 激情——乐观向上，永不放弃。包括：（1）喜欢自己的工作，认同阿里巴巴企业文化；（2）热爱阿里巴巴，顾全大局，不计较个人得失；（3）以积极乐观的心态面对日常工作，碰到困难和挫折时永不放弃，不断自我激励，努力提升业绩4）始终以乐观主义的精神和必胜的信念，影响并带动同事和团队；（5）不断设定更高的目标，今天的最好表现是明天的最低要求。

6. 敬业——专业执着，精益求精。包括：（1）今天的事不推到明天，上班时间只做与工作有关的事情；（2）遵循必要的工作流程，没有因工作失职而造成的重复错误；（3）持续学习，自我完善，做事情充分体现以结果为导向；（4）能根据轻重缓急来正确安排工作，做正确的事；（5）遵循但不拘泥于工作流程，化繁为简，用较小的投入获得较大的工作成果。[①]

阿里巴巴集团快速发展并取得成功得益于尊崇企业家精神和企业核心价值观。在公司扩张过程的文化整合上，马云十分重视集团统一价值观的建设，甚至将其写入企业"法规"之中。有人将阿里巴巴的企业价值观比喻为一个金字塔："诚信"、"激情"和"敬业"是员工首先要具备的素质，位于第一基石；而"团队合作"、"拥抱变化"则位于第二层基石；最顶端的是"客户第一"。这一表述被称之为"六字真言"，是阿里巴巴绝对不可违背的"帮规"。[②] 公司不仅对所有新入职员工进行全面培训，强化其对公司核心价值观的认同，还在每个季度对员工进行考核的时候，价值观绩效占到 50%，与个人业绩同等对待。强大的共同价值观让该公司能够维持以一贯之的企业文化，也为公司的快速发展注入了强大的精神动力。用阿里巴巴"十八罗汉"之一、首席人力资源官（CPO）戴珊的话说：价值观已经"融入阿里人的血液"。[③] 作为创始人的马云，在回应外界一直好奇是什么力量支撑阿里巴巴不断发展壮大的疑问时，不无感慨地说："外界看我们，是阿里巴巴网站，是淘宝，但只有我们自己知道，我们的核心竞争力是我们的价值观。"[④]

五、中国企业价值观体系的构建策略

（一）基本原则

有人认为，企业价值观培育应遵循一般原则和具体原则。一般原则包括崇高性原则、个性化原则、时代性原则和可行性原则。具体原则包括人的价值高于物的价值、共同价值高于个人价值、社会价值高于利润价值、用户价值高于技术价值、保证质量价值高于推出新产品的价值。[⑤] 还有人提出，企业价值观应遵循几个统一，即企业经济利益与企业社会责任的统一、效率优先原则与公平合理原则的统一、确立理想目标与注重现实发展的统一、立足本土发展与面向全球市场的统一、企业价值观共性与企业个性的统一。[⑥] 综合学术界的几种说法，我们认为，建设企业价值观应遵循以下几个原则：

1. 以人为本原则。按照有些学者的说法，以人为本指的是人们处理和解决一个问题时的态度、方式、方法，即人们抱着以人为根本的态度、方式、方法来处理问题。而

---

① 《阿里巴巴的企业文化和价值观》，http://hr.yjbys.com/qiyewenhua/541386.html.

② 转引自黄琦：《阿里巴巴：价值观是企业"金字塔"》，《现代企业文化》（上旬），2014 年第 7 期，第 36 页。

③ 孙春艳：《企业文化成就阿里巴巴》，《中外管理》，2014 年第 1 期，第 54—55 页。

④ 转引自黄琦：《阿里巴巴：价值观是企业"金字塔"》，《现代企业文化》（上旬），2014 年第 7 期，第 36 页。

⑤ 徐华明：《当代中国企业价值观问题研究》，南京师范大学 2004 年硕士论文，第 21—22 页。

⑥ 李晓东：《解析与建构：企业价值观解读》，北京师范大学 2003 年博士论文，第 40—44 页。

所谓根本就是最后的根据或最高的出发点与最后的落脚点，以人的根本利益为最后依归。[①] 以人为本需要处理好四层关系，一是在人与自然的关系上，要不断提高人的生活质量，增强可持续发展能力，以保持人类赖以生存的生态环境具有良性的循环能力；二是人与社会的关系上，既使社会发展成果惠及全体人民并不断促进人的全面发展，又积极为劳动者提供充分发挥其聪明才智的社会环境；三是在人和人的关系上，强调公平、公正，不断实现人与人之间的和谐发展，尊重人们的基本需求，维护其合法权益和独立人格；四是在人和组织的关系上，既要注重为人的发展提供平等的权利和机会，又要努力做到使每个人各得其所、各展其才，努力减少组织对人的过度控制，注重人的能力的充分发展和运用，并把人的能力作为基本价值。20 世纪 90 年代以来，以联合国为首的国际组织强调把人的能力放在发展的核心位置，这对我国具有十分重要的现实意义。在企业经营管理中，只有努力挖掘每个员工的潜能，让每个员工心悦诚服地施展其才能，贡献其力量，使其劳动得到应有的尊重，企业才能健康持续发展。

2. 义利兼顾原则。"义利"关系是中国传统道德极为关心的命题。早在春秋战国时期，第一次较大规模的"义利"之辩就在中国历史上出现，并形成了不同的义利思想。儒、道、墨、法各家纷纷提出了代表自己学派的义利思想。如前所述，儒家的义利观本质上是"先义后利"、"义利兼顾"。孔子强调"见利思义"、"义然后取"。"君子喻于义，小人喻于利"。[②] 孟子说："王何必曰利，亦有仁义而已矣"，[③] "舍生取义"，[④] "惟义所在"。[⑤] 荀子提出"先义而后利者荣，先利而后义者辱。"[⑥] 汉儒董仲舒主张"正其谊不谋其利，明其道不计其功"。[⑦] 宋代儒学集大成者朱熹则宣称："义者，天理之所宜"。[⑧] "君子只理会义"。[⑨] 但儒家并不一概地反对求"利"，而是反对通过不正当手段去获取"利"。《论语》中说："富而可求也，虽执鞭之士，吾亦为之"，[⑩] "不义而富且贵，于我如浮云"。[⑪] 正是儒家这种"重义轻利"，"以义制利"的义利观被运用到商品经济活动中则造就了"义利兼顾"的"儒商"和"儒商精神"。有人认为，儒商就是"儒"与"商"的结合，儒商是把"儒"的伦理品格和"商"的职业诉求有机结合起来的经济活动主体，是义与利有机结合的统一。[⑫] 众所周知，明清时期的徽商和晋商其所以取得成功，其原因之一就是这里的经商者"贾而好儒"。他们能够自觉地运用儒家伦理规范自

---

① 黄楠森：《论"以人为本"的思想渊源和科学内涵》，《伦理学研究》，2011 年第 3 期，第 11—14 页。

② 《论语·里仁》。

③ 《孟子·梁惠王上》。

④ 《孟子·告子上》。

⑤ 《孟子·离娄下》。

⑥ 《荀子·荣辱》。

⑦ （汉）班固：《汉书·董仲舒传》。

⑧ （宋）朱熹：《论语集注》。

⑨ 《朱子语类》卷二十七。

⑩ 《论语·学而》。

⑪ 《论语·述而》。

⑫ 朱书刚：《儒商是"义利兼顾"的积极践履者》，《财经政法资讯》，2003 年第 3 期，第 11—15 页。

己的商业行为，坚持"以诚待人，以信服人，非义不取"，在激烈的商业竞争中用诚信赢得了人们的信任，经商所到之地无不出现"归市如流"的局面，由此在中国商业史上留下了许多可歌可泣的事迹。如晋商中的榆次常氏家族曾开创了可与汉唐"丝绸之路"齐名的中俄茶叶贸易之路，其子孙奔走于闽南沿海至欧洲腹地，历时150余年，家业延续近200年，打破了"富不过三代"的历史定律，获得了"中国儒商第一家"的美誉。① 其实，经典作家对"义利"关系也有许多精彩的论述。马克思曾经指出："人们奋斗所争取的一切都同他的利益有关"。② 所以，不可否认，利益是人们行为的启动器，应充分肯定企业和个人通过正当手段获取利益的合理性和合法性。但我们又不能不强调，在获取正当利益的同时，必须将道德约束提到一定的高度，通过遵循和强化道德自律，亦即利用"义"的力量来作为调整人与人之间关系的规范，努力做到"义利兼顾"，物质文明与精神文明并举。

3. 志存高远原则。墨子说："志不强者智不达"。③ 意思是说，一个人没有远大的志向，智慧就得不到充分的发挥。反之，许多取得大成就的人，往往都是意志、天才与勤奋结合的产物。做任何事情，如果没有坚强不屈的意志和坚忍不拔的毅力，也就不可能发挥超人的智慧去完成它。④ 宋代张载也认为，"志大则才大，事业大"。⑤ 志向远大，才干就会大，就能干出一番大事业来。也就是说，人为了有所作为，就必须要树立远大的志向。所谓志存高远，就是要有成就伟业的鸿鹄之志，要能在平凡的工作中发现工作的价值和意义，胸怀全局，不仅要看到眼前的利益，更要有超越常人的视野，看到长远的利益，并懂得付出与取舍。作为现代企业或企业家，置身于市场经济的大潮中，面对日新月异的市场环境和技术变革，可谓百舸争流、不进则退。如果不能树立远大的理想和抱负，没有坚忍不拔的意志，就不可能迎难而上，坚持创新，推进企业攻克一个个技术难题，破解一个个管理困境，实现企业持续健康的发展。2011年，TCL集团董事长李东生在该企业的一次学员培训毕业的誓师大会上深有感触地说：TCL从来就不是一个甘于平庸的企业。30多年的风雨历程，我们始终坚信一个民族的崛起离不开强大的经济，而强大的经济需要一批强大的企业支撑。TCL的梦想，就是成为中国强大企业中的一员。正是基于这样的梦想，TCL义无反顾地进行了体制改革，做第一个吃螃蟹的中国企业国际化先驱。这个梦想也让我们坚忍不拔、不断变革、力求创新，历尽风雨却百折不挠。与此同时，也让数以万计的员工，潜能得以释放，价值得以体现。TCL的成功，正是该企业数万名员工志存高远、胸怀全局，将企业持续推向了"受人尊敬和最具创新能力的世界领先企业"的地位。⑥

---

① 张正明：《晋商与经营文化》，上海：世界图书出版公司1998年版，第128-132页。
② 《马克思恩格斯全集》，第1卷，北京：人民出版社1972年版，第82页。
③ 《墨子·修身》。
④ 《墨子·修身》。
⑤ （宋）张载：《正蒙·至当篇》。
⑥ 李东生：《志存高远，脚踏实地——在2011年应届毕业生誓师大会上的讲话》，http：//magazine. tcl. com/article. aspx？.

4. 社会责任原则。社会责任不仅是指一个组织对社会应负的责任，也是一个组织以一种有利于社会的方式进行经营和管理的方式，是一个组织承担的高于自己目标的社会义务。也就是说，所谓企业社会责任原则，就是该企业不仅承担了法律和经济上的义务，还承担了对社会有利的长期目标的义务。企业社会责任包括环境保护、安全生产、社会道德，以及公共利益等诸多方面的责任，并由经济责任、持续发展责任、法律责任和道德责任等构成。从经济社会发展和企业经营管理的实践看，企业积极承担社会责任，不仅对企业实现其社会性的组织作用，保持和发展企业与各种利益相关者之间的契约关系，以及企业提升自身的伦理道德水平十分必要，而且也有利于推进企业与国际经济接轨，对企业赢得良好的社会信誉，增强其竞争力和促进其可持续发展具有十分重要的意义。因此，近年美国的《财富》杂志和《福布斯》杂志在全球企业排名中均加上了"社会责任"标准。1999 年，在瑞士的达沃斯世界经济论坛上，联合国前秘书长科菲·安南（kofia annan）提出的"全球协议"中，明确提出了企业遵守在人权、劳工标准和环境方面的九项基本原则。[①] 在国际经济合作中，世界上一些著名企业大多数都能够严格履行社会责任，并将企业是否履行社会责任作为合作的基本前提。受此影响，近年国内一些企业也积极承诺履行社会责任，如中国电信、交通银行、一汽大众、中兴通讯等企业都自觉把企业社会责任融入公司战略、企业文化和生产经营活动中。各地也积极开展评选履行社会责任优秀企业活动。2012 年 12 月，在北京举行的"中国企业社会责任峰会"上，正式公布了由网民投票评选产生的"2012 年度中国企业社会责任杰出企业"和"2012 年度中国企业社会责任杰出企业家"，同时发布了《2012 年中国企业社会责任报告白皮书》。与此同时，近年一些不履行企业社会责任，或履行社会责任不合格的企业则被屡屡列入"企业社会责任黑名单"，被公之于众。企业社会责任已经越来越成为人们的共识，也逐渐形成企业和企业家经营管理企业的基本伦理规范。

5. 共享发展原则。所谓共享发展包括两个层面，一是企业与企业之间要倡导建立合作共赢的竞争机制，拒绝非正常竞争或恶性竞争；另一方面是要在企业员工之间建立成果共享文化，让企业的发展成果能够为全体员工共享。从当今国际企业发展的经验看，合作共赢已经成为企业经营管理的基本规律，大多数世界级著名企业往往通过寻求与其他企业的合作才获得了更多的发展机遇，合则双赢，争则两败俱伤。从企业自身的发展本质看，其终极目标其实还是为了实现全体员工的利益最大化。只有让全体员工获得充分的发展机遇，企业才能有更大的发展机会。而企业要想实现健康持续发展，就必须把"共享发展"的精神作为企业文化的核心。共享也是信任与合作的基础，通过与竞争对手共享发展机会，企业可以赢得良好的外部环境，获得更多的发展机会；通过建立企业内部共享发展机制，才能够激活全体员工的积极性和创造性，形成协同创新的活

---

① 联合国"全球协议"提出的 9 项基本原则包括：（1）企业应支持并尊重国际公认的各项人权；（2）绝不参与任何漠视和践踏人权的行为；（3）企业应支持结社自由，承认劳资双方就工资等问题谈判的权力；（4）消除各种形式的强制性劳动；（5）有效禁止童工；（6）杜绝任何在用工和行业方面的歧视行为；（7）企业应对环境挑战未雨绸缪；（8）主动增加对环保所承担的责任；（9）鼓励无害环境科技的发展与推广。

力，共同促进企业的发展。通过这种充分的共享发展行为，培育和形成企业旺盛的整合能力和创新能力，并最终积淀和凝练成为企业强有力的竞争优势。

（二）构建思路

遵循以上原则并结合当代中国企业价值观培育的方向，我们认为，培育和形成中国企业价值观的基本思路应该是：

第一，必须坚持当代中国先进文化的前进方向。价值观是企业文化的核心，企业价值观培育必然是中国先进文化的重要组成部分。按照当代中国先进文化的要求，企业价值观必须坚持正确的发展方向，树立正确的行为规范，有利于形成先进的企业理念和企业精神，有利于不断增强体制创新和文化创新的能力，有利于不断增强员工的向心力和凝聚力，有利于始终保持企业旺盛的活力和持续的竞争力。

第二，必须坚守市场经济的价值取向。市场经济的价值取向是市场经济活动必须遵循的价值原则，企业作为市场经济条件的主体，其价值观必须要与市场经济的价值取向相结合，要体现市场经济价值观的基本内容、特质和要求。市场经济的机制及功能，对社会经济发展和伦理道德的进步具有相应的推动作用，但也会产生一些消极因素，如功利观、物质观的过分膨胀，使人忽视甚至鄙视精神、信念的价值，导致伦理道德的退化甚至错误。效益观、竞争观增强了社会的活力和创造力，但过分扩张，易造成公平失允、社会责任感的淡化甚至缺失。主体性的过分渲染极易导致本位主义、个人主义和极端利己主义。符合先进文化发展方向的企业价值观既要弘扬市场经济的价值取向，又要扬弃其不合理的东西，继而形成积极向上的价值观。

第三，必须符合先进生产力发展的标准和方向。先进生产力标准不仅是我国现代化建设的根本准则，也是当代企业价值观培育的根本标准。以生产力发展为根本标准的企业价值观，本质上反映的是人本、知识、竞争、公正和科学发展等企业的核心价值观。企业的发展为了人，企业的发展离不开人。企业价值观应是包括促进个体全面发展，使个体价值得到更好实现的价值观。在知识经济时代，知识是最重要的资本，在日益激烈的市场竞争中，知识必将成为关键性的战略资源和经济增长的决定性动力。谁拥有知识优势，谁就拥有财富和资源，以知识为基础组织生产经营，已成为现代企业生存和发展的关键。因而，尊重知识必然成为企业价值观的主要内容。竞争是市场经济最主要的特征，正确的竞争观必然是市场经济条件下企业价值观的应有之义。当然，在肯定正确的竞争观的同时，又要将公平公正作为企业的价值追求，企业只有处理好与个人、社会、竞争对手，以及劳动者、所有者、消费者之间的关系，才能形成公平公正的经营环境。企业发展还需要重视科学发展，不能以牺牲环境和生态作为发展代价，要坚持经济、社会协调发展，坚持可持续发展，要将科学的发展观渗透到企业价值观培育的各个环节，形成科学的发展理念和价值取向。

第四，必须坚持"以德治企"和"以法治企"的有机统一。"以德治企"是对中国传统价值观的弘扬和继承，是市场经济的客观要求，自然就是建设先进企业文化的道德内容。企业作为微观经济实体，一方面具有经济人的特质，追求利益最大化无可厚非；但另一方面又不能怂恿企业唯利是图，必须通过严格的法律法规迫使企业自觉成为社会道德建设的维护者，成为努力维护和遵守市场经济的道德规范。毋庸讳言，当前在客观上由于我国市场经济体制刚刚建立，法治体系尚不健全，一些企业存在制售假冒伪劣产品行为、欺诈行为和不讲诚信行为等与市场经济不相容的现象。这些现象不仅让企业付出高昂的道德成本，也会给整个社会的健康发展带来不利的影响。因此，大力倡导"以德治企"和"以法治企"的有机统一就自然成为市场经济条件下培育企业价值观的重中之重。另外，通过倡导"以德治企"和"以法治企"的价值取向，还可以形成新一代企业家成长的有力保证。企业家是企业发展的助推器和领头羊，企业家道德素养的高低，法治意识的强弱，直接决定着企业道德文化建设的水平。面对现在企业经营领域多种经济成分并存，企业家队伍参差不齐的局面，倡导和强化"以德治企"和"以法治企"的有机统一，对培育新一代企业家队伍显得尤为迫切。市场经济给企业文化建设提出了更高、更严的道德要求，要坚持"以德治企"和"以法治企"的有机统一，就不能拘泥于传统的伦理观念，要坚持稳中求变、稳中求新的原则，以崇高的理想和信念塑造人，努力培育和铸就我国企业的道德观、法治观和价值观，形成符合现代企业的"德魂"和"商魂"，提高企业文化的影响力和感染力。[①]

第五，必须坚持博采众长和百花齐放。中国有着五千年辉煌灿烂的文明，文化底蕴博大精深。无论是儒家"天地之性（生）人为贵"[②]的人才观，"以义制利"、"义利兼顾"的经营观，"德治主义"的管理观；还是法家"依法治国"的法治观，"执要群效"的组织观；抑或儒道共有的"刚柔相济"的管理观和兵家"谋而后动"的战略观，乃至一些商业经营者诸如范蠡等人在经商实践中总结出来的商业智慧，都无不会对当代企业价值观的培育具有十分重要的借鉴和启迪作用，培育现代企业价值观不能不从中汲取营养。另外，置身于当今全球化和网络化的经济环境中，培育企业的价值观还不能不重视借鉴国外先进企业文化建设经验。从企业文化发生发展的过程看，企业文化也是"基"存于日本，"花"开在美国，而"根"则置于中国，说明企业文化本身所具有的多元渗透特性。所以，培育企业的价值观就要注重借鉴国外先进的企业文化成果，取长补短，相互提升。如日本企业的团队精神，美国企业的创新意识，欧洲企业的精品文化等都成为企业界共同欣赏的优秀文化基因，值得中国的企业去学习和借鉴。当然，企业文化的学习和借鉴，并非一味地照搬照抄，而是要注重切合自己企业的特点，要有鲜明的个性，要根据本行业、本企业，乃至生产产品的特点去塑造企业文化，切忌简单模仿。企业价值观可能有多种多样，很难用某一种模式和概念涵盖一切，但在一些优质的企业价值文化中，仍然会存在某些共同的价值观基因。如兰德公司花 20 年时间对世界 500 家大公司的调查发现，那些百年不衰企业所具有的一个共同特点是：不以追求利润为唯一目标，普遍具有超越利润的社会目标。普遍遵循的原则是：人的价值高于物的价值，共同价值高于个人价值，社会价值高于利润价值，用户价值高于生产价值。[③]

---

① 戴晓梅：《以德治企——企业文化建设的根本依托》，《中外企业文化》，2001 年第 7 期，第 16 页。

② 《孝经·圣治章》。

③ 徐华明：《当代中国企业价值观问题研究》，南京师范大学 2004 年硕士论文，第 22—25 页。

第六，必须尊重企业价值观的文化基因。不同文化背景下的企业价值观也可能有较大的差异，需要结合本国的文化基因进行创造性借鉴。有人基于中外企业核心价值观共享的六个要素——诚信、创新、以人为本、顾客导向、团队精神和社会责任，对中美25家知名企业的核心价值观进行归纳分析，从比例差异入手，选取"诚信"、"创新"和"以人为本"三个要素，分别从词汇内涵、民族性格和人际关系取向，探讨了中美企业核心价值观在管理学表层共性下的深层社会文化差异，以及这种文化差异在践行企业核心价值观的过程中对企业文化的影响。研究表明，即使在中外企业核心价值观共有的基本要素中，中美企业对"诚信"、"创新"和"以人为本"三个要素在词汇内涵、民族性格和人际关系取向方面也存在着较大的文化差异。中美企业共享的6个基本要素可分为3种情况："诚信"和"团队合作"两个价值观的比例接近或相同；中国企业在"创新"和"社会责任"两个要素上的比例比美国企业分别高出了28％和20％；美国企业在"以人为本"和"顾客导向"两个要素上的比例比中国企业分别高出了12％和32％。这些表层共性下的差异性表明，企业核心价值观对于企业文化建设来说绝不是几个简单的、人云亦云的词句，一个企业的核心价值观实际上是该企业将其经营理念结合对所处社会文化的深刻认识并高度凝练出来的管理思想。优秀企业的核心价值观实际上反映的是已经沉淀在企业中的那些约定俗成的行为规范和价值导向。失去了社会文化的强力支撑，企业的核心价值观就根本无法发挥对企业员工思想和行为的影响作用。[1]

（三）实现方式

如何将企业价值观落到实处，变成企业经营管理的精神动力，是价值观培育和建设的最终目的，也是价值观发挥引领作用的重要环节。

1. 积极建设企业价值观的认知系统。企业价值观的认知系统需要经过一个从感性到理性、理论到实践、外化到内化、自为到自觉的过程。这个过程也是企业员工逐步认知、认同、内化、践行企业价值观的过程。首先，要认识企业价值观的作用。一方面，价值观是为企业绝大多数成员所共同享有的精神依赖，一个企业的价值观如果不能为大多数成员所接受或认同。那么，它就不可能对企业整体的思想和行为发挥导向和支配作用。另一方面，价值观在企业中占据主导地位，是由企业对企业成员中各种价值观进行整合而形成的。此外，价值观对企业的生存和发展具有支配作用，是企业文化的核心。它对于企业的经营思想、发展目标、企业伦理，乃至全部的生产经营活动具有引导作用，可以将其称之为企业生存与发展的一种原则和标准。这种原则和标准是企业员工选择、规范、引导自主行为的准绳。其次，要理解企业价值观的内涵。一方面，企业价值观是关于企业经营管理活动的价值观念，是非、好坏的判断标准。企业究竟以什么样的标准来评价经营过程中的"是与非"、"好与坏"、"美与丑"，这是企业文化建设中首先需要解决的问题，而这个问题必须通过建立一个价值标准才能解决。否则，就会出现好坏不分、是非不明的混乱现象。另一方面，企业价值观不同于企业经营管理的知识、理

① 贾勤、叶尚平：《中美企业核心价值观内涵的跨文化解读》，《湖北工业大学学报》（社会科学版），2009年第3期，第94—96页。

论和系统，它主要不是表明企业员工"要知道什么，懂得什么，会做什么"，而是表明他们究竟"相信什么，不相信什么"，"想要什么，不想要什么"，"坚持什么，放弃什么"等。其实，就是人们在已有知识的基础上进行价值选择的内心定位和选择系统。一般说来，企业经营所持有的价值标准，不仅需要企业员工对企业经营规律的认识和掌握，也需要他们对企业使命和责任等作出正确的判断，在此基础上才能对其"相信什么"、"坚持什么"和"追求什么"等作出准确的价值判断和选择。此外，任何企业的价值观都不是凭空产生的，都是企业及企业人社会存在的反映。企业价值观的深层基础是企业及其员工的地位、需要、利益和能力的反映。企业员工来源不同，其地位、条件、经历等各异，价值观自然也会是多元的。为了形成企业统一的价值观，就必须对员工进行价值观教育，让更多的员工能够认同和接受企业所倡导的价值观，认识企业形成统一价值观对企业发展的必要性和重要性。企业价值观是企业人心目中的评价标准，如果价值观不一致，对一些是非问题就不能作出明确的认定，就难以形成共同的奋斗目标，必然对企业的经营管理带来麻烦和困难。因此，只有形成统一的企业价值观，才能有效化解许多矛盾和误会，降低管理成本，提高工作效率，营造一种相互理解、凝心聚力的工作氛围。其三，要积极树立企业价值观。价值观是人、企业乃至社会精神文化系统中深层的、相对稳定的部分，是人和企业的精神心理活动的中枢系统，其建立过程不可能一蹴而就，要经过一个观察、模仿、学习、接受外界影响、教育等长期内化的过程，这个过程就是组织的各种价值观念植入个体，并通过个体内化而形成自身价值观的过程。作为一个企业，如何树立正确的价值观，如何将这一价值观让广大员工认可、接受并在自己的实际行动中体现，就需要企业不断地提炼、培育、引导和推广，这是一个漫长而艰巨的任务。

2. 着力培育企业价值观的内部养成机制。首先，设立推进企业价值观建设的组织机构。这类组织机构可以是职能性的，也可以是学术性的。设立组织机构时，除了要重视新建机构的职能，还要重视对原有机构的改造，重视各种正式或非正式团体、各种群体性组织的存在，对这些机构进行引导和转化，充分吸纳各个层面的人员参与到组织机构中来，减少阻力，发挥其正能量，尽量使企业价值观在内部培育中得到来自不同层面人员的支持和认可。其次，充分挖掘和提炼企业价值观的内涵。虽然企业价值观的存在往往是客观的，但它是否是一个积极向上的有机整体却难以确定。因此，对企业客观存在的价值观进行诊断，提炼出具有代表性的、符合企业发展宗旨和时代要求的价值观，并将其文字化解读，是十分必要的。有人按照价值分析的教育模式，设计了6个基本程序，即确认和澄清价值问题、收集可能有意义的事实、确定可能有意义事实的真实性、澄清有关事实、作出尝试性的价值决定、检验包含于决定中的价值标准。[①] 上述六个程序涵盖了企业价值观形成和提炼的几个关键步骤和环节，在价值观的内部培育过程中，企业应进行全方位的调查研究和充分沟通，在此基础上提炼表述成简练的价值观语句，

①　刘志迎：《试论企业价值观的认识、理解与树立》，http://www.globrand.com/2009/190779.shtml.

总结形成价值观体系，并积极进行深刻解读、事实验证和企业全体人员的培训灌输。其三，加强企业人的素质建设以推进企业价值观培育。企业人的素质分为物质生产劳动者的素质、精神（信息）生产者的素质、管理（服务）生产者的素质三个方面。全面提高企业人的素质，对于缩短企业价值观的内化过程，巩固和发展企业价值观具有十分重要的意义。因此，必须将开发企业中人的素质作为企业价值观实现的一个重要环节。在实践中，打造学习型组织是全面开发企业人素质的有效途径。按照美国学者彼得·圣吉（Peter M. Senge）的说法，学习型组织是指"通过培养整个企业的学习氛围，充分发挥员工的创造性思维能力而建立起来的一种有机的、高度柔性的、横向网络式的、符合人性的、能持续创新发展的组织"。① 只有真正把企业打造成学习型企业，才能迎接各种挑战，才能重新认知这个世界和企业之间的关系，并不断扩展未来的能量。② 其四，在团队建设中培育企业价值观。团队建设对企业发展十分重要，用系统论的观点解释，这种做法可以产生 $1+1>2$ 的效应。如何培育团队意识，一般的做法是，一要明确团队的发展目标，并为团队成员确定岗位任务，形成具体目标与团队目标的协同发展。企业要通过各种宣传渠道，举办多种形式的专题辅导，制定详细的规章制度，让企业全体员工对其发展目标和个人岗位目标有清楚的了解和把握，促使员工把团队目标变成自己的目标，使每一个企业员工的奋斗方向与团队的奋斗方向保持高度一致。二要开展目标绩效考评，保证企业员工奋斗目标与团队目标的实效性。要建立一套公平、公正的绩效考评制度，保证团队成员对自己所从事的工作，以及取得的绩效、存在的不足和问题有清晰的认识，尽量减少内部摩擦，增加责任意识和成就感。三要创造个人的发展机会。通过加强对团队成员综合素质的培训和教育，提高其整体素质。激励团队成员做学习型员工，建设学习型组织。同时，在实践中着力培养团队成员的综合素质，建立信任文化，最大限度地释放个体潜能。四要努力提高团队成员的忠诚度和满意度。要为其生产、生活、学习提供尽可能周到的服务，充分采纳他们的合理建议，增强其满足感和满意度。五要通过沟通提高团队成员间的亲和力。企业要为全体员工多搭建交流沟通的平台，充分利用各种沟通渠道，协调上下级之间、团队成员之间，以及各层级之间的关系，沟通信息，化解矛盾，提升人际关系的正效应。六要建立有效的激励机制。对一些工作突出、业绩显著的团队成员及时给予鼓励，对一些存在问题和缺陷的成员及时进行纠偏，督促他们跟上团队的发展步伐。

3. 营造企业价值观的外部传播系统。首先，要创造有利的外部环境。企业的外部环境包括政治、经济、文化环境和市场环境等。对于企业外部环境中的各种因素，企业要努力做到认真调研，仔细分析，准确把握。只有这样，才能变被动为主动，及时了解动态，适时采取措施，充分利用有利因素，摒弃或改造不利因素，引领企业朝着良性健康发展的方向发展。其次，要重视塑造良好的企业外部形象。企业外部形象是指公众对

---

① 马树林：《"入世"后，中国企业文化建设的态势》，《中外企业文化》，2002年第7期，第7页。
② （美）彼得·圣吉：《第五项修炼——学习型组织的艺术与实务》，郭进隆译，上海：三联书店1998年版，第14页。

企业各方面的一种综合印象和评价，它不仅包括厂房、设备、产品、生态、经济效应、福利待遇等物质因素，也包括服务、信誉、管理、科技、价值观念、精神状态、理想追求等非物质因素。有人将其归纳为由公众对企业产品品牌、企业文化和企业声誉三个原点信息的复合和集成。[①] 企业外部形象的好坏，直接和间接地对企业价值观发生影响。一种好的外部形象，可以使企业员工产生一种与企业荣辱与共、休戚相关的使命感和责任感，并能够在统一价值观的基础上团结一致，创造出宽松舒畅的工作环境，发挥每一个员工的创新意识和才能，不断推陈出新，创造出新思路和新产品，提升企业的竞争力。反之，则会在员工中产生离心离德的疏远感，降低企业凝聚力，影响企业创造力和竞争力。目前，塑造企业形象的普遍做法是通过实施 CIS 战略建立企业的整体形象，在消费者和社会公众心目中产生识别效果。[②] 当然，这里需要强调的是，CIS 是一种企业形象管理的系统战略，要遵循 CIS 原则，通过基于企业形象力作用主体的实态塑造企业形象。具体可以通过以产品和服务品牌为依托塑造企业形象，以文化建设为核心塑造企业形象，以传播沟通为手段展示企业形象，从而赢得企业声誉。[③] 同时，还要防止出现重 CIS，轻管理；重视觉识别，轻理念识别；重策划，轻实施等不良倾向。

4. 发挥企业家的价值观引领作用。在企业价值观建设过程中，企业家的作用至关重要。企业家不仅要具备卓越的管理和领导才能，更要始终不渝地将推行企业的价值观作为根本任务。一个高水平的企业领导人，可以通过多种方式将企业的各种要素和各个环节用几条简洁的语句归纳于企业价值观的指导之下，形成推动企业发展的精神动力。企业家可以用正确的价值观凝聚人心，推动企业发展，也可能在一种不正确的价值观统治下把企业引入歧途，阻滞甚至扼杀企业的发展。国外有学者认为："领导者的职责在于树立正确的企业理念，并使之成为组织信念体系中充满新鲜活力的核心。企业理念是领导者手中的一把双刃剑。"[④] 所以，企业家的道德品质、价值取向和意志力，都会对企业价值观的形成和发展产生广泛而深刻的影响。正如美国管理学者詹姆斯·柯林斯（James Collins）所言："把训练有素的文化和企业家的职业道德融合在一起时，你就得到了神奇的、能创造卓越业绩的炼金术。"[⑤] 所以，充分发挥企业家在企业价值观建设中的作用，是企业价值观得以实现的根本保证。对于中国企业而言，企业家作用的发挥程度，直接决定了企业发展的前途，而企业家的命运就是中国未来经济发展的命运。[⑥] 充分发挥企业家在企业价值观建设中的引领作用，积极培育具有道德素养高、创新能力强、热爱祖国、敬业奉献的企业家及其价值观，对提升我国企业的国际竞争力具有十分重要的意义。

---

① 刘彧彧：《企业形象力》，北京：中国市场出版社 2006 年版，第 67 页。
② 肖峰：《企业文化》，北京：中国纺织出版社 2002 年版，第 122 页。
③ 刘彧彧：《企业形象力》，北京：中国市场出版社 2006 年版，第 68—130 页。
④ （美）迈克尔·茨威尔：《创造基于能力的企业文化》，王申英、唐伟、何卫译，北京：华夏出版社 2002 年版，第 71 页。
⑤ （美）詹姆斯·柯林斯：《从优秀到卓越》，俞利军译，北京：中信出版社 2002 年版，第 16 页。
⑥ 辛向阳：《谁能当中国的企业家——中国企业家成长的制度宣言》，南昌：江西人民出版社 1999 年版，第 1 页。

5. 强化个人价值观与组织价值观的动态匹配。个人价值观是个体的一种相对持久的感觉和特性，对个体行为的一般性产生影响。[①] 组织价值观是企业文化的核心依托，是适应现代生产力发展及其市场化要求而产生的一种组织形式。企业文化由物质文化、制度文化、行为文化和精神文化四个层次构成，具体体现在企业的经营理念、规章制度、管理活动和员工行为中。个人价值观需要以组织价值观为基础，组织价值观要能够为个人价值观提供导向。一般情况下，企业个体，尤其是一个优秀的员工都会注重个人价值观与组织价值观的匹配。企业中个体的不同观念、态度、追求与企业价值观的良性互动，可以影响和提升企业核心价值观，并形成企业相对于竞争对手的人力资源差异和优势。一旦自我价值观与企业的核心价值观高度吻合，就能自觉释放出无限能量，并形成企业的竞争优势，在企业发展中发挥引领作用。组织价值观则往往受多重因素的影响。在企业成立之初，企业领导者的价值取向对企业价值观的形成具有重要的导向作用。某种程度上，企业价值观就是领导人的价值观。但随着企业的发展，来自不同领域、不同文化背景员工以及管理者的加入，多元文化背景会对企业价值观产生一定影响，形成不同的价值取向，但在企业进一步发展基础上逐步形成相对固定和统一的价值认同体系，这就是组织的价值观。毋庸置疑，组织价值观本身的发展性，导致当组织生态环境和社会主流文化发生变化时，组织文化也必须要随之发生变化。如果组织文化不能适应社会生态环境发展的要求，就可能成为企业发展的障碍。而且，在企业生命周期的不同阶段，组织文化也会随之发生变化。因此，要积极调适企业文化与组织成员特征及其环境之间的适应度。当组织文化发生变化时，员工的价值观也要与之相适应。当然，当员工价值观发生变化时，组织文化也要适应这种变化。如果员工不能适应组织文化变化，或者组织文化无法实现员工期望，都会出现个人与组织匹配度降低的风险，导致出现员工离职倾向和不必要的组织管理波动，这些都会对企业健康发展带来危害。[②] 尤其是随着科技和信息时代的影响，这种个人价值观和组织价值观之间的联系就会变得更为复杂和紧密。

6. 用实际行动践行企业的价值观。企业价值观的实现方式最终只有落实到企业具体的经营管理活动之中才能取得实际的效果，仅仅停留在理论层面的企业价值观是没有意义的。企业必须通过各种制度、规范、措施、政策等推动企业价值观在企业生产经营过程中变成现实。诸如，通过激励措施，使那些遵循和信奉企业价值观的员工受到尊重，得到实惠。这里激励措施的运用，就不仅是一种管理手段，也是企业价值观实现的重要方式。为此，美国管理学家托马斯·彼得斯（Thomas Peters）等指出："再没有什么比正面的奖励能更有力地促进工作的工具了。其实所有人都在或多或少地运用着它。

---

① 胡浩：《管理价值理论的演进、实证研究进展与组织公民行为》，《科技进步与对策》，2007 年第 12 期，第 24—26 页。

② 王晓春：《价值观契合与企业文化文本：概念、测量及其关系研究》，北京：经济管理出版社 2012 年版，第 140 页。

但那些表现杰出的人，往往只是不多的几个，则无时无刻不在利用它。"[1] 同时，企业价值观建设不能仅仅体现在具体的管理措施中，还必须反映在对企业生产经营管理过程的渗透中。企业价值观建设，不是靠几句口号和承诺就能够实现的。对一个企业而言，价值观应该是渗透到企业生产经营的各个环节的一种内在动力系统。价值观只有全面渗透到企业发展的各个细节中去，通过每一个生产经营环节和每一件产品生产经营过程才能得以实现。企业价值观向企业生产经营过程的渗透，实际上是与企业价值观本身的要求密切相关的。通过这种渗透过程，企业价值观的作用才能得到深化。诸如美国的多米诺公司为了实现"30 分钟内将货送到任何地方"的价值承诺，不惜包租飞机将货物按时送到。英国航空公司为了一位不愿意改乘别的公司飞机的日本老太太不计成本专飞一趟专线。这些企业或许在践行自己企业的价值观过程中受到了不小的经济损失，但却让企业价值观在人们的心目中得到了认可和升华，从而获得了远高于经济价值的文化价值。中国海尔集团提出的"真诚到永远"、"日事日毕、日清日高"；联想集团提出的"为客户、为员工、为股东、为社会"的"四为"理念；康佳公司"为企业内外公众创造健康、快乐的生活，不断奉献优秀的产品和服务"，即所谓的"康乐人生、佳品纷呈"的企业理念等，都是将企业价值观建设渗透于企业生产经营实践中的典型案例。价值观建设的落脚点是企业价值观的塑造，即通过企业价值观的管理、渗透等手段，把企业价值观的根本要求最终体现在企业的产品和服务中，体现在企业员工的精神状态中，体现在社会对企业形象的认同中。世界上任何一家卓越企业，每一种驰名品牌，都无不是与一种信守不二的企业价值观联系在一起。对于任何一个企业而言，只有通过长期的企业价值观建设，形成自己的企业形象，确立符合自己个性发展要求的企业文化，才是企业获得成功的根本路径。[2]

总之，企业价值观的建设与实现是一项复杂的系统工程。只有把这个系统涉及的各个方面，从总体发展的角度进行充分认识，企业才能建构起既符合企业发展要求，又能体现企业发展现状的企业价值观。这项工程的实现，是一个长期的过程，需要企业进行持续不断的努力。

① （美）托马斯·彼得斯、罗伯特·沃特曼：《追求卓越——美国优秀企业的管理圣经》，戴春平等译，北京：中央编译出版社 2001 年版，第 289 页。

② 李晓东：《解析与建构：企业价值观解读》，北京师范大学 2003 年博士论文，第 75—78 页。

第六章 企业伦理与企业文化建设

一、企业伦理及其作用

(一) 伦理与企业伦理

一般意义上的"伦理"是指人伦关系及其蕴含的条理、道理和规则。[①] 在中国古代文献中,"伦理"是由"伦"和"理"两个独立的单字组成的复合词,本义指次序、条理。《孟子·滕文公上》云:"教以人伦,父子有亲,君臣有义,夫妇有别,长幼有序,朋友有信。"东汉经学家郑玄在为《孟子》作注时说:"伦,序……识人事之序",认为伦即人伦秩序。《说文解字》解释为:"伦,辈也",将"伦"训义为"辈",即秩序、排序之意。还有人将伦引申为"类"、"比"、"序"、"等",指人群类而相比,等而相序。[②]

关于"理",《说文解字》解释为:"理,治玉也。"清代段玉裁的注释是:"郑人谓玉之未理者为璞,是理为剖析也。""凡天下一事一物,必推其情至于无撼而后即安,是之谓天理,是之谓善治,此引伸之义也。"[③] 这里的"理"也包含两层意思:一是用于动词,依玉之内在纹理而剖析、整治、打理;二是用于名词,指事物的内在条理、道理。将"伦"与"理"两字连用始于《礼记》:"凡音者,生于人心者也;乐者,通伦理者也。"[④] 意思是,歌谣是心声的表达,而乐舞则与"伦理"相通。也就是说,"事物之伦类各有其理也。"[⑤] 到西汉初年,伦理一词已经被广泛使用,主要用于指人际关系中所遵守的道德规范。现代汉语中整合古人对伦理的用法,将伦理定义为"处理人们之间相互关系应遵循的道德和准则",[⑥] 赋予伦理以规范人际关系的道德评判功能。也有人将伦理称之为"是一定社会的人们所认识和理解的人与自然、人与人、人与自身之间的应然性关系"。[⑦]

---

① 焦国成:《论伦理——伦理概念与伦理学》,《江西师范大学学报》(哲学社会科学版),2011 年第 1 期,第 22—28 页。

② 刘仁贵:《再论伦理与道德的关系》,《"第二届中国伦理学青年论坛"暨"首届中国伦理学十大杰出青年学者颁奖大会"论文集》,2012 年 6 月 16 日,第 75—81 页。

③ 转引自焦国成:《论伦理——伦理概念与伦理学》,《江西师范大学学报》(哲学社会科学版),2011 年第 1 期,第 22—28 页。

④ 《礼记·乐记》。

⑤ 罗国杰、宋希仁编:《西方伦理思想史》,北京:中国人民大学出版社 1985 年版,第 205 页。

⑥ 夏征农主编:《辞海》(上),上海:上海辞书出版社 1989 年版,第 578 页。

⑦ 刘仁贵:《再论伦理与道德的关系》,《"第二届中国伦理学青年论坛"暨"首届中国伦理学十大杰出青年学者颁奖大会"论文集》,2012 年 6 月 16 日,第 75—81 页。

英文中的"Ethics"（伦理）源自拉丁文的"ethica"，而拉丁文的"ethica"又源于希腊文的"ethos"。在古希腊文中，"ethos"一词的意思是驻地、驻所，即一群人共居之地的意思。后来，其意思又逐步扩大到包括一群人的性格、气质及其所形成的风俗和习惯等。在西方，伦理学是一门古老的学科，早在荷马时代就已经出现。赫拉克利特、德谟克利特、苏格拉底和柏拉图等人都对伦理思想进行过研究。亚里士多德（Aristoteles）则最早使用了"伦理学"一词，并将其归之于关于人的德行的学说。在《简明不列颠百科全书》中，对"伦理"的解释包含四层意思：一是伦理学是研究道德上的善恶是非的；二是伦理学与道德哲学同义；三是伦理学是面向生活的，是提供有效的道德标准为处理现实中的各种道德问题服务的；四是既包括元伦理学的任务，又包括规范伦理学的任务。[①] 这种界定的一个重要特点，就是把伦理与道德之间、伦理学与道德哲学之间划了等号，并且是用道德诠释伦理。

　　关于企业伦理，亚当·斯密（Adam Smith）在《道德情操论》中已经谈及。他从道德的高度以及对个人与社会的福祉出发，阐述了以同情说为基础的道德评价论和德性论。他将经济活动中的伦理问题看作是以自利为基础的市场机制必须用以他利为基础的道德情感来协调。到20世纪50至60年代，受西方经济学中"经济人"假设的影响，企业将追求经济利益最大化看作主要目标，企业界出现了一系列行贿受贿、价格垄断、胁迫或欺诈交易、歧视员工等丑闻，由此引起西方学术界和企业界对企业伦理问题的严重关注和研究。马克斯·韦伯（Max Weber）最先提出"企业伦理"的概念。1962年，美国政府公布《对企业伦理及相应行动的声明》。1963年，T.M.加瑞特（T.M.Garret）等人编写《企业伦理案例》。1968年，美国天主教大学原校长C·沃尔顿（C.Walton）发表《公司的社会责任》等。1974年11月，在美国堪萨斯大学召开第一届企业伦理学讨论会，此次会议为企业伦理学的诞生制定了一份相当重要的文献，即《伦理学、自由经营和公共政策：企业中的道德问题论文集》。此后，有关企业伦理学的学术论文和著作纷纷问世，研究企业伦理的专业刊物也得以创办和出版。1987年，欧洲建立了企业伦理学网络，其宗旨是要在所有的经济管理层次上为改进整个决策过程的伦理质量作出贡献。进入20世纪90年代，美国已有90%以上的大学管理学院开设了企业伦理学课程。企业伦理学引起了欧美各国的经济学家、管理学家、伦理学家的广泛兴趣。许多大学建立了企业伦理学研究机构，开设了企业伦理学课程。相关的理论研究深入到企业伦理学的理论基础、公司的道德地位、伦理道德与企业经营管理活动等问题，有的学者还设计了企业管理决策的伦理分析模式。企业伦理规范在美、英、加、澳等国的企业中得到广泛应用，企业的伦理建设战略也广泛开展。美籍中国学者成中英进一步提出："企业伦理是指任何商业团体或机构以合法手段从事营利时所应遵守的伦理

　　[①]　中国大百科全书出版社《简明不列颠百科全书》编辑部译编：《简明不列颠百科全书》（五），北京：中国大百科全书出版社1986年版，转引之焦国成：《论伦理——伦理概念与伦理学》，《江西师范大学学报》（哲学社会科学版），2011年第1期，第22—28页。

规则。"① 国外对企业伦理概念的界定大致如同此意。所以,《韦伯斯特大字典》中对企业伦理学的解释是:一门探讨什么是好,什么是坏,以及讨论道德责任与义务的学科。② 乔治·恩德勒(Georges Enderle)的《经济伦理学大辞典》定义为:企业伦理学是一种关于理想规范的学说,这种理想规范理当引导企业通过社会和睦地运用市场经济条件下企业的自由来对社会的和谐作出自身的贡献。③ 1985 年,美国学者威廉·阿瑟·刘易斯(William Arthur Lewis)在对 254 种关于企业伦理的论著进行分析,并对部分企业界人士进行调查后发现,人们对企业伦理的解释有 308 种之多,其中,大多数是关于"等同于企业活动的标准、规范、企业行为的正误、企业责任、价值观念、权利与义务、习俗、美德等"。④

国内学者关于企业伦理的研究始于 20 世纪 80 年代。主要基于两个方面对企业伦理这一概念进行界定:一种是将企业伦理作为一种道德规范。朱贻庭认为:"企业伦理是以企业为行为主体,以企业经营管理的伦理理念为核心,企业在处理内外关系中的伦理原则、道德规范及其实践的总和"。⑤ 陈炳富、周祖成也将企业伦理学看作是一门研究企业道德的学科。另一种是从企业伦理的结构上对企业伦理进行分析,认为企业伦理应该包括渗透于企业中的全部道德现象,即在企业全部生活中所蕴含和活跃着的道德意识、道德准则与道德活动的总和,这三者的有机结合构成了企业的伦理道德,它们彼此间是一种动态的统一。⑥ 企业的道德意识、道德准则、道德活动与企业的伦理关系是相互影响,相互作用的。⑦ 白少君将企业伦理的概念分为伦理理念、伦理精神和伦理准则,即在企业运营过程中,处理与员工、股东、客户、供应商、社区等诸多利益主体关系时,特别是利益发生冲突时,应该如何应对和采取何种措施的准则。⑧ 也有人将企业伦理概括为三层含义:一是企业内部处理各种关系的道德意识、道德良心、道德准则和道德行为活动;二是企业对外经营中处理企业与外部各种关系的道德意识、道德良心、道德准则和道德行为活动;三是企业管理者自身的道德修养和伦理准则。"⑨

总而言之,企业伦理就是企业的行为主体以企业经营管理的价值理念为核心,在处理内外关系中所遵行的伦理原则、道德规范及其经营实践。不仅包括对内的劳资伦理、工作伦理、经营伦理,也包括对外的客户伦理、社会伦理、社会公益等。

---

① (美)成中英:《文化、伦理与管理:中国现代化的哲学省思》,N/A译,贵阳:贵州人民出版社 1991 年版,第 55 页。

② 陈荣耀:《企业伦理:一种价值理念的创新》,北京:科学出版社 2008 年版,第 58 页。

③ (德)乔治·恩德勒:《经济伦理学大辞典》,王淼洋等译,上海:上海人民出版社 2001 年版,第 26 页。

④ 吴新文:《国外企业伦理学:三十年透视》,《国外社会科学》,1996 年第 3 期,第 18 页。

⑤ 朱贻庭:《伦理学小辞典》,上海:上海人民出版社 2004 年版,第 143 页。

⑥ 李健:《企业伦理论纲》,《陕西师范大学学报》(哲学社会科学版),1994 年第 4 期,第 108 页。

⑦ 欧阳润平:《义利共生论:中国企业伦理研究》,长沙:湖南教育出版社 2005 年版,第 5—8 页。

⑧ 白少君:《企业伦理对员工行为的影响机制研究》,西北大学 2012 年博士论文,第 13 页。

⑨ 刘胜良:《企业伦理是企业核心竞争力的关键》,《商场现代化》,2008 年第 1 期,第 133—134 页。

（二）伦理与道德的关系

虽然在学术界有人认为伦理和道德是两个不同的概念，其内涵也有一定差异。[①] 但就东西方文化中对这两个概念的语义和一般性理解而言，伦理和道德实际上可以看作是同义词，表示的含义也基本上是一致的。在西方文化中，Moral（道德）来自于拉丁文的 mores（风俗），mores 是拉丁文 mos（习俗、性格）的复数。古罗马思想家西塞罗（Cicero）用 mores 一词创造了形容词 moralis，指国家生活中的道德风俗和人们的道德个性。后来英文的 morality 沿袭了这一含义。[②] 实际上，在古希腊语中没有与道德直接对应的词语，是西塞罗将 moral（道德）翻译为拉丁语的 moralis，后来人们使用的"道德"一词就源自于此。所以，从词源角度讲，道德和伦理两个词在古希腊语中具有共同的词源，或者说有密切的联系。[③] 弗里德里希·黑格尔（Friedrich Hegel）甚至直接了当地说："道德和伦理在习惯上几乎是当作同义词来用"的。[④] 实际上，后来的英文"Ethics"一词也基本遵循了道德的含义。

在中国文化中，"道"主要有本体、规律、合理、正当、道义、道路、引导、方法等多种含义。"道"是一种天然合理性的意蕴，是指人们所认识和理解的应该如此（应然性）。"道"有"天道"与"人道"之分，天道主要指人们所理解的人与自然的应然性关系，人道即是人们所理解的人与人之间的应然性关系。"德"则主要与人的精神面貌、个人修养和品德行为、美好生活等有关。[⑤] 所谓"德者，得也，行道而有得于心者也。"[⑥]"通于天地者，德也。"[⑦] 东西方虽然对"道德"的分析存在文化背景和语言表述上的差异，但对"道德"本质涵义的理解却基本相同。在西方文化中，主要将道德理解为人们长期遵行一定的风俗习惯而形成的品性，强调对风俗习惯的践行。而在中国文化中，则侧重于将道德理解为人们对"道"的认识与实践基础上形成的"德行"，强调知行合一、身心合一。因此，道德可以理解为是人们对人与人、人与自然的应然性关系

---

① 德国经济伦理学研究问题协会主席霍尔斯特·施泰因曼（Horst Steinmann）认为，道德是指一定的文化界域内占实际支配地位的现存规范，而伦理则是指对这种道德规范的严密方法性思考。按这种区分，伦理是倾向一种理论，它是对道德的科学性思考，是高于道德的哲学，而道德则是伦理在实际中的规范。国内也有学者认为，伦理和道德在中外文化中都有区别。在西方文化中，尤其在黑格尔法哲学理论体系中，"道德"是作为主体的人的主观性自由的定在，"伦理"则是成为现存世界和自我意识本性的那种自由的概念。在中国文化中，"道德"主要是由老子在《道德经》中所论证和阐发的"得道之'德'"，"伦理"则主要是由以孔子为代表的中国儒家学者们所阐发和构建的社会典章制度和人们的行为规范。在黑格尔法哲学理论体系中，"伦理"高于"道德"。在中国文化中，则是"道德"高于"伦理"（周德海：《论道德和伦理概念及其相互关系》，《唐都学刊》，2012年第2期，第59—63页）。

② 李萍：《伦理学基础》，北京：首都经济贸易大学出版社2004年版，第20页。

③ 刘仁贵：《再论伦理与道德的关系》，《"第二届中国伦理学青年论坛"暨"首届中国伦理学十大杰出青年学者颁奖大会"论文集》，2012年6月16日，第75—81页。

④ （德）弗里德里希·黑格尔：《法哲学原理》，范扬、张企泰译，北京：商务印书馆1961年版，第42页。

⑤ 刘仁贵：《再论伦理与道德的关系》，《"第二届中国伦理学青年论坛"暨"首届中国伦理学十大杰出青年学者颁奖大会"论文集》，2012年6月16日，第75—81页。

⑥ （宋）朱熹：《四书集注·学而篇注》。

⑦ 《庄子·天地》。

——即伦理关系的认识、理解和践行。道德和伦理所内含的基本要义其实也是相同的。所以，中国人民大学的罗国杰等人认为，不仅在汉语中，"伦理"和"道德"两个概念在一定的词源意义上是相通的，而且也与英语中的 Ethics 和 Morale 的词源涵义暗合"。"伦理"和"道德"在一定的词源涵义上，可以视为异词同义，指的都是社会道德现象。①

（三）企业伦理的几种类型

企业伦理按照理论类型划分，包括企业科技伦理、企业生态伦理、企业经济伦理和企业管理伦理等四种类型。企业科技伦理是从企业科技关系之中产生的企业伦理类型，主要用来协调和处理企业科技活动中的关系。企业生态伦理是从企业生态关系之中产生的企业伦理类型，主要用来协调和处理企业与生态环境之间的关系。企业经济伦理是从企业经济关系之中产生的企业伦理类型，主要用来协调和处理企业与外部进行经济交往活动中的关系。企业管理伦理是从企业管理关系之中产生的企业伦理类型，主要用来协调和处理企业与内部员工之间的管理关系。②

按照涉及的对象划分，企业伦理有广义和狭义之分。凡涉及企业与消费者、雇员、股东、决策者、竞争者等之间的伦理关系和伦理规范，属于狭义的企业伦理问题；凡涉及企业与国家、政府、社会、环境、制度的伦理关系和伦理规范，属于广义的企业伦理问题。

按照企业伦理的空间划分，又分为微观、中观和宏观三个层面。微观层面主要包括涉及组织与员工、员工与组织之间的不同态度，旨在研究企业内部管理的伦理规范和人与人之间的道德关系。中观层面是组织和员工如何对待包括顾客、股东、竞争对手、供应商、中间商等其他利益相关者的关系，这是企业最重要的关系。宏观层面涵盖社会或制度层面，包括企业的所有制性质、企业所处的社会经济环境、企业文化传统等所包含的伦理关系。③

还有学者将伦理从低到高划分为三个层次：一是底线伦理。这是伦理的保健因素，分为利己不损人、公平竞争、互惠互利三个层次。利己不损人为最低层次，比这个层次更低的是损人利己，不能列入伦理范畴。在此层次的企业只考虑自己的利益，为了自己的利益，只要没有直接损害他人的动机的事都可以去做。公平竞争指在一个公平的制度框架下，采取合法合理的手段通过竞争而获得合理的利益。互惠互利则是在自由竞争的基础上力求取得双赢或多赢，以至达到整个社会全赢。二是服务伦理。这是构成伦理的激励因素，可分为先人后己、义利共生两个层次。先人后己是"先谋义，后谋利"。义利共生是指企业盈利虽是重要目标，但不是根本目标，而是将服务顾客作为首要目标，利润自然随之而来。三是圣德伦理。这是企业伦理的至高目标。对于企业这种赢利性的组织来说，属于过高的伦理要求。但随着知识经济的到来，有一些企业开始追求这一层

① 罗国杰、马博宣、余进：《伦理学教程》，北京：中国人民大学出版社 1986 年版，第 56—57 页。

② 龚天平：《论企业伦理的模式、类型与内容》，《中南财经政法大学学报》，2007 年第 5 期，第 113—117 页。

③ 宋轶玲：《论企业伦理》，《科技致富向导》，2008 年第 5 期，第 31—32 页。

次的伦理。这里又分为三个层次：奉献精神、普利万物、普渡众生。奉献精神以"为人民服务"、"大公无私"精神为价值取向。普利万物有佛教中大乘菩萨的境界，在企业中不仅指为社会谋福利，还要包括环境伦理、地球伦理等，追求的是"天人合一"。普渡众生是圣德伦理中的最高层次，是释迦牟尼、孔子、耶稣等圣人的境界，是大慈大悲的境界。行善而不着善，才是真正圆满的善。这种慈悲心没有界限、没有分别、没有执着。他们不仅普利万物，而且提升众生的层次，起心动念不为自己，念念都是利益众生，助一切众生觉悟，以舍身传道为己任。这种伦理精神虽然在企业中不占主导地位，但却不能否认它的存在。如一些不愿留名的企业捐助教育事业，一些文化公司为人类的文化素质而默默奉献，一些咨询机构、私立教育机构免费为公民提供教育和咨询等，也正是因为它们的存在，使人们看到了人类道德的理想境界，感觉到了生活的温暖、意义和希望。①

（四）企业伦理的主要内容

企业伦理是一个内容十分丰富，层次多种多样的价值体系，其内容至少包括企业的利益获取原则、企业的基本经营规则和企业的道德规范三个方面。

1. 企业的利益获取原则。作为市场主体的企业，获取利益是天经地义的事情，无可厚非，但如何获取利益却有不同的方式方法。有巧取豪夺者，也有投机钻营者，当然也有互惠互利者。不同的利益获取方式方法会带来不同的社会效应，产生不同的反应。在一种法治化和规范化的市场逻辑下，通过利益共享获取企业正当收益，亦即互惠互利，越来越成为大多数企业遵行的一种常态，而这种常态也就成为企业共同遵守的利益获取原则。市场经济是一种具有伦理二重性，即利他性和利己性、服务性和牟利性对立统一的经济形式。企业是市场经济中主要的经济主体，只有通过提供优质的产品和服务，通过成功的市场交易才能获取自己的利益。因此，企业只有在兼顾利他和利己、经营和服务的前提下，才能获得自己的发展空间。也就是说，市场经济健康发展的必然逻辑决定了任何一家企业都必须既不能只利他而不利己，也不能只利己而不利他，只有坚守互利互惠的原则，才能有效地调节好自身与其他利益主体的关系。

2. 企业的基本经营规则。企业是为一定的经营目的而设立的组织。企业经营就是运用所能控制的各种资源，包括人力资源、物质资源、财力资源，在从事生产、流通、服务活动和满足社会需要的同时，获取自己合法的经营利润，并承担经营风险。因此，企业经营是公司的最基本活动。在经营活动中，基本的经营规则包括：第一，合法经营。企业所有的经营活动都必须在法律法规规定的范围内进行，只有这样，才能保持企业的可持续发展。第二，自主经营。企业在经营活动中享有自主经营权，或者说有权依法自主经营。这是企业法规定的基本权利。企业是法人实体，有独立的利益、独立的人格和独立作出经营决策的权力，自主决定经营内容、经营方法，组织经营活动，不受来自企业以外的任何干预。第三，自负盈亏。企业对自主经营中所产生的经济后果自行负责。获得盈利，由企业享有；出现亏损，也由企业自行承担责任。自负盈亏和自主经营

---

① 顾文涛、韩玉启、汤正华：《企业伦理的结构分析》，《商业研究》，2006年第3期，第1—3，7页。

合二为一，都是企业作为独立法人而产生的权利和义务。第四，依法接受国家宏观调控。企业作为经营个体，离不开宏观经济环境的影响，必然要受到国家宏观调控，服从于国家总的经济政策，接受国家依法采取的宏观调控措施。第五，实现资产保值增值。企业作为市场竞争主体，应当按照市场经济的基本规则，根据市场需求组织生产经营，降低成本，增进效益，提高劳动效率，实现资产保值增值，也就是在企业经营活动中要遵循以营利为目的的原则。

其中，合法经营是企业经营伦理的底线，这是以法律为底线的价值观系统。企业必须合法经营，只有经营行为守法，才能享有企业的权利，履行企业的义务。虽然合法经营通常由国家法律来强制施行，但许多企业并非仅仅因为法律法规的强制才合法经营，而是受伦理道德约束开展合法经营。从伦理层面而言，合法经营不仅需要经营者具备较为全面的法律法规意识，还需要具有良好的守法观念和素质，具有对法律的普遍信仰和自觉遵从意识。一般情况下，企业经营者的道德水平越高，合法经营意识越强，法律效益就越明显。因此，合法经营本身也是一种伦理和道德。合法经营要求企业要维护经营法规的权威，要自觉遵守经营法规。但从根本上说，合法经营毕竟还是企业伦理的底线，属于"他律"的阶段，要上升到企业伦理要求看，还需要实现从他律向自律的转化，亦即实现从"合法经营"向"合德经营"的发展和升华。只有这样，企业经营才能进入一种良性发展态势。美国伦理学家林恩·夏普·佩因（Lynn Sharp Paine）指出，社会衡量一个企业取得成功的全新标准正在形成，这一标准整合了道德和财务两个维度，即不仅要有优异的财务成果，同时还必须在处理与员工、客户和社会的关系等方面显示其道德智慧，在道德和财务中，道德是财务业绩的基石。[①] 建立在合理的伦理准则基础上的组织价值体系也是一种资产，可以带来提高组织功效、拓展市场关系、提升社会地位等多种收益。为此，她建议经理人在建立和维持有效的组织时，应把伦理看作是一种促进因素，而不是一种阻碍。[②] 另有美国学者罗伯特·F·哈特利（R. F. Hartlery）和斯蒂芬·P·罗宾斯（Stephen P. Robbins）也认为，道德是一种长远利益，"高度诚实和符合道德规范的行为更有利于业务，更有利于利润"。"从长远来看，符合道德标准的做法与日渐增多的利润是一致的。"有足够的证据表明，一个企业的道德行为并没有明显降低其长期经济绩效，企业的道德行为与经济效益之间存在着一种正相关关系。[③]

3. 企业的伦理道德规范。企业的伦理道德规范是指在企业这一特定的社会经济组织中，依靠社会舆论、传统习惯和内心信念来维持的，以善恶评价为标准的伦理道德原则、伦理道德规范和伦理道德活动的综合。它包括企业的整体伦理道德规范和企业家伦理道德与员工的个体伦理道德规范。具体表现为诚实守信、公平交易和社会责任等。美

---

① （美）林恩·夏普·佩因：《领导、伦理与组织信誉案例：战略的观点》，韩经纶等译，大连：东北财经大学出版社 1999 年版，前言。

② （美）理查德·A·斯皮内尔：《世纪道德：信息技术的伦理方面》，刘钢译，北京：中央编译出版社 1999 年版，第 14 页。

③ （美）罗伯特·F·哈特利、斯蒂芬·P·罗宾斯：《商业伦理》，胡敏等译，北京：中信出版社 2000 年版，第 5—6 页。

国学者理查德·T·德·乔治（Richard T. De. George）等人指出：企业非伦理性道德神话的破产，一方面说明秉持"经济与伦理无涉"的传统企业经营观念难以适应当代"新经济"的运作方式，不足以应对其中凸显的伦理道德问题；另一方面，以此观念来主导企业经营，其副作用也日益明显，并与人们日常的伦理道德期待相悖。企业是社会不可或缺的构成部分，伦理道德是人类行为的基本规则，人类的任何行为都可以从伦理道德的角度加以审视。企业经营行为是一种人类行为，因而也可以从伦理道德角度对其进行评价。如果企业经营活动的所有参与者中任何一方采取不道德的手段，或忽视行为的道德性，企业将难以为继。因而，伦理道德"是整个社会，自然也是企业经营活动的润滑油与粘合剂"。[①] 皮特·普拉利（Peter Pratley）还提出了一个"核心道德责任论"的概念。他认为："在最低水平上，企业必须承担三种责任：一是对消费者关心，如能否满足使用方便、产品安全等要求；二是对环境关心；三是对最低工作条件关心。"他将这三种责任称之为"最低限度的核心道德责任"。核心道德责任分为三个层次：第一层次是企业有义务承担最基本的伦理道德责任，即为消费者提供安全而又性能良好的商品和服务。在这一基础性和永久性的责任上，现在又增加了新的道德责任。第二层次是伦理道德责任的范围扩大到关心环境和减少资源消耗。第三层次的伦理道德责任是企业作为一个道德共同体的质量，意味着起码不能滥用道德责任。[②]

（五）企业伦理的基本特征

有人将企业伦理特征概括为四个方面，一是关于企业及其成员的行为规范的总和，既包括企业作为整体应具有的道德规范，也包括构成企业的单个成员的道德规范。二是企业伦理的调整对象是企业内外部利益相关者的复杂关系。企业从事经营活动，需要经营管理者和员工的共同努力以及与外部利益关系的协调，而这些关系要协调好仅仅依靠法律规范是远远不够的，还必须诉诸伦理道德。三是企业伦理调节的领域仅限于企业经营管理活动，是关于企业经营管理活动的善与恶、应该与不应该的规范。企业伦理告诉人们哪些经营活动是善的、应该的，哪些活动是恶的、不应该的。四是企业伦理是通过社会舆论、传统习俗、内心信念和内部规范来起作用的。[③]

另有人将企业伦理概括为和谐性、人本性、整体性和持久性四个特征。和谐性是指企业作为社会的成员，在构建和谐社会中，除了要遵守法律规范，还要符合伦理要求，承担起相应的伦理责任。人本性是指现代企业在塑造人、尊重人、依靠人的基础上，还要培养高素质的企业员工队伍，这对企业是至关重要的。整体性是指现代企业伦理对每个员工的思想和行为起到制约作用。员工们在企业伦理的制约下，自觉接受企业文化的规范和约束，依照价值观的指导进行自我管理和控制，在其思想认识、思维过程、心理情感、伦理道德等方面发生相应的变化，从而约束和规范自己的价值取向。持久性是指

---

① （美）理查德·T·德·乔治：《经济伦理学》，李布译，北京：北京大学出版社 2002 年版，第 17 页。

② Donaldson，T. & Dunfee，T. 1994，Toward a Unified Conception of Business Ethics：Integrative Social Contracts Theory，In The Academy of Management Review，Vol. 19，No. 2. P98－119.

③ 周祖城：《企业伦理学》，北京：清华大学出版社 2005 年版，第 10 页。

165

在企业管理活动中，企业伦理是提升其管理水平的杠杆，是影响企业形象的重要因素。企业是否诚信和是否自觉承担社会责任对企业形象有根本性的影响，而这种影响直接关系到企业持久的生存发展。[①]

实际上，在不同领域内企业的伦理特征也不完全相同。如财务管理的伦理特征就是为了追求一种可持续的财务行为。所以，有学者指出，财务伦理就是指财务活动的伦理性质和伦理特征，是财务活动目标、手段、结果的既合规律性又合目的性的参照和度量，是财务活动中人与人所表现出来的价值属性和伦理关系特质。财务伦理作用的发挥是以财务主体自觉的道德承担为基础的。尽管它也借助于社会舆论、财务法规等外在力量，但更依赖于行为人的道德自律，即从其作用机制来看，财务伦理是一种他律与自律相结合的规范。但他律最终是通过自律起作用的。只有当外在的、被动的他律变成行为主体内在的、自觉的自律时，财务的伦理规范才能从根本上发挥作用。[②] 又如企业人力资源管理直接牵涉到人的问题，它所面对的是一个个有思想、有情感的人。而每一个人的思想和行为往往不只受到知识、经历等一般因素的影响，还受到智商、情商、职业规范、商业道德等伦理观念的影响，而在某种程度上讲，这些观念往往直接决定着员工行为与公司利益的一致程度。于是，伦理特征就更多地表现为如何创造一种公平、公正、尊重、和谐以及互利等环境。如企业如何给予应聘者公平的就业机会、员工在企业中是否得到了应有的尊重、企业是否在实现自身利益的同时为员工自身能力提高提供机会等。传统的企业往往只是依靠高薪留住人才，但随着经济社会的发展，现代企业除了有较高的收入外，能否为员工提供发挥才能的精神家园显得更为重要。只有充分发挥企业员工的自觉性、积极性和创造性，才能使他们为企业所创造的价值远远大于企业为他们所投入的"成本"。于是，人力资源管理行为中正确的伦理价值取向，就是营造一种有利于企业内部积极向上、充满生气的氛围，调动员工的积极性和创造性，进而通过影响行为主体而调节和规范各种社会经济活动，遏制和减少不出力、出少力等搭便车行为或损人行为，通过形成和谐的人际关系而减少个人、组织和企业获取信息进行决策选择的成本，提高企业的综合效益。[③]

（六）企业伦理建设的原则

伦理原则是一定的社会和群体对于组织和个人品质提出的根本性要求和价值标准，是调整人与人之间、个人与集体之间、组织与组织之间、组织与社会之间利益关系的根本性指导方针，也是评价人们行为善恶的基本标准，伦理原则具有普遍的适用性。在西方，常见的企业伦理原则有：义务论（或称道义论）、目的论、权力论、公正论、利己主义、功利主义、关怀伦理、德性论、契约论等。在复杂的企业伦理决策过程中，这些原则常常相互冲突，除了一些单一的伦理原则的应用外，大多是几种不同理论的整合。还有学者认为，在企业伦理判断和伦理原则之间可以加入一个伦理规则层次，其含义是

---

① 张耀谋、李力：《现代企业伦理的基本特征及构建策略》，《经济研究导刊》，2008年第13期，第160—161页。

② 王擎、苏泓：《论财务伦理的特征》，《财会月刊》，2006年第12期，第6—7页。

③ 郭雅丽：《我国人力资源管理伦理特征研究》，重庆大学2008年硕士论文，第1—8页。

在某种特定情况下应该或不应该做什么，其结论就是具体的伦理判断。对于一个具体的企业伦理问题的判断，首先要诉诸相应的伦理规则，而伦理规则来源于更具根本性的伦理原则。伦理原则决定相应的伦理规则，而伦理规则直接适用于具体的伦理问题，由此得出相应的伦理判断。[①] 按照这样的理解，企业的伦理原则应该包括以下几个方面：

1. 坚持以人为本原则。自德国哲学家路德维希·安德列斯·费尔巴哈（Ludwig Andreas Feuerbach）于 19 世纪 40 年代率先提出"人本主义"思想以来，世界各国的思想界沿着这一脉络提出了各自的学说，从而形成了现代波及世界范围内的人本主义思潮。20 世纪 70 年代以来日本企业在人本管理方面的成功经验，更加为人本管理提供了实践依据。以人为本的人本管理强调的是，人是企业生产中最重要、最活跃的要素，企业管理必须以人为中心和出发点，让企业的每一位员工能够参加到企业的整个管理过程之中。企业通过尊重人、关心人、激励人、培养人和改善人际关系等方法，充分挖掘企业员工的潜能，发挥其积极性和创造性，从而提高企业的生产效率和管理效率。人本管理不再把人视为管理的工具或手段，而是充分了解人的本性、需要和动机，强调以人为目的来培养人、服务人。因此，在企业伦理建设中必须注重对人进行分析与研究，重视挖掘人的潜能，有效利用人力资源。这种伦理思想体现在企业管理中，一方面要努力做到人尽其才，才尽其用，用信任和关心发挥人的作用；另一方面应尽力发现人才、培养人才、使用人才。企业人力资源管理中最基本的道德责任就是为员工提供公平的就业、上岗、报酬、调动和晋升机会，为职员提供达到基本安全和卫生等相关标准的劳动条件，对员工进行安全教育和培训，保护人的生命安全和健康，制定公正、公开、明确的工资和奖惩制度，加强员工培训，与员工分享利润等。而更高的伦理层次则是尊重员工，创造人道化的、充满人性关怀的和谐工作环境，努力将企业建设成为一个能够凝聚人心、汇聚英才的道德共同体，让每一个员工在心旷神怡、伸张有序的环境中实现自己的奋斗目标。[②]

2. 贯彻义利统一原则。"义利统一"是儒家伦理思想的精髓。企业作为一种经济组织，追求"利"无可厚非，甚至天经地义。企业从事经营活动的目的就是为了获得最大的经济效益，这也是企业生存和发展的根本。但企业从市场上获取的任何利益，都必须符合法律规范、市场原则和社会要求，必须处理好企业与个人、企业与企业、企业与国家、企业与社会之间的义利关系。在对待"利"与"义"，亦即利润与道德的问题上，企业必须明确将"义"和"利"统一起来，尤其是在企业自身利益与公众利益和社会利益发生冲突时，更应该以公众利益和社会利益为重，决不能以企业利益牺牲公众利益和社会利益。企业的发展不能只顾短期利益、眼前利益，而应从战略高度来看待利益问题，谋求长期利益和长远发展。所以，企业伦理必须坚持义利统一原理，处理好与国家、社会、集体和个人的关系，从而取得和谐、共赢的目的。

① 吕力：《企业伦理的原则、冲突与双层次框架体系》，《经济研究导刊》，2012 年第 12 期，第 13－14 页。

② 夏黎：《全球化背景下的中国企业伦理建设研究》，武汉理工大学 2008 年硕士论文，第 19－20 页。

3. 兼顾公平与效率原则。公平与效率无可置疑地成为人类经济生活中的一对最基本的矛盾，也是经济学界论争不休的永恒主题。所谓公平，一般是指人们按照一定的社会标准正常的发展秩序而合理、合法地待人处事，这是一系列制度安排、系统活动最重要的道德要求。当然，经济学意义上的公平主要强调的是要素投入和要素收入的对称性，它是在平等竞争条件下由等价交换来实现的。从经济法的价值取向讲，主要涵盖竞争公平、分配公平，以及根据不同主体具体情况对权利和义务作出体现效果差别的差异化分配。一般意义上的效率是指单位时间内完成工作量的状态，是劳动效果与劳动量的一种比率。经济效率是指在一定的经济成本的基础上所能获得的经济收益。在西方经济学中，经济效率还可表示一种状态，即"帕累托最优状态"。[①] 在这一状态下，所有的帕累托改进都不存在，亦即在此状态下，任何改变都不可能使至少一个人的状况变好而又不使其他人的状况变坏。在公平基础上讲效率原则，就是要肯定企业对经济行为的物质利益动机，注重生产力的发展。我国正处于经济文化相对落后的社会主义初级阶段，其社会发展的首要目标还是要极大地推进生产力的发展，而生产力的发展首先则体现为社会经济效益的提高。正是由于这一客观要求，使得发展生产力的经济效益原则就成为当代中国企业伦理的一个基本原则。只有在企业确定崇高生存价值取向的基础上，人才能产生一种不断进取的精神，才能成为推动生产力发展的核心和基础条件。[②] 这就是说，人的思想品质直接制约着生产力的发展水平。作为人类意识层面的伦理道德，它虽然并不能直接渗透到生产力各要素中发挥作用，但却可以影响劳动者的积极性和创造性，决定劳动者以什么样的状态投入生产过程，以何种精神面貌参与社会活动，从而影响生产力内部各要素之间的联系方式及其作用程度。另外，作为意识形态的伦理道德是社会生活中完善人和人和谐关系的客观反映。它通过对社会现象，尤其是社会道德现象，向人们展示社会生活中不受任何主客观因素影响的那些规律性的东西，从而使人们真正懂得人和社会理性存在的方式，以及实现这种理性存在方式的途径。毫无疑问，一个完全不具备伦理规范的人，是不可能产生无限的创造力去最大限度激活生产力的，当然也就更谈不上发展生产力了。所以，企业要想提高生产效率，就需要培养员工树立正确的伦理价值导向，并在企业管理中对员工的伦理道德行为进行充分的激励，促使员工以积极的姿态投入生产过程，最大限度地发挥自身的潜能，以实现企业效率的最大化。[③]

4. 信守平等互利原则。一般意义上的所谓平等，是指交易或合作各方根据其贡献大小获取自己应得的份额。而经济平等则是一个"关系性"范畴，不仅指经济资源和财

---

① "帕累托最优状态"（Pareto Optimality）也称为帕累托效率、帕累托改善，是由意大利经济学家维弗雷多·帕累托（Vilfredo Pareto）提出来的一种经济状态，是指任何形式的资源重新配置，都不可能使至少有一人受益而又不使其他任何人受损。人们通常也把能使至少一人境况变好而没有其他人境况变坏的资源重新配置方式称之为帕累托改进。所以，帕累托最优状态也就是指不再存在帕累托改进的资源配置状态（《帕累托最优状态》，《领导决策信息》，1998 年第 14 期，专论）。

② 王小锡：《论道德资本》，《江苏社会科学》，2000 年第 3 期，第 97－100 页。

③ 夏黎：《全球化背景下的中国企业伦理建设研究》，武汉理工大学 2008 年硕士论文，第 23－24 页。

富的公平分配，更为根本的是指各经济主体在公正合理的制度框架中进行经济活动的同等自由权利，其根本的道德要求是人们都能够获得他所应该获得的权利，以及承担其应该承担的义务，包括权利平等、机会平等、结果平等三个维度。进一步上升到经济伦理的平等则从根本上要求经济主体在经济活动中获得他所应该获得的权利、条件和报酬，要求在处理需求与能力、权利与义务、获取与贡献等方面的关系中遵循对等和均衡的原则。因此，经济平等问题不能简单地局限在收入和分配领域，而应进入到经济伦理关系的内在层面，关注经济主体的赋权、机会的供给和选择、市场交易的公平，收入的初始分配和再分配等。[1] 所谓互利，就是指企业在追求自身利益最大化的前提下，还必须关心其他利益主体的利益。在经济全球化背景下，各国企业之间存在越来越密切的相互依赖关系，由此决定了任何一个企业只能在竞争中追求合作，合作中追求竞争。没有合作的竞争必然导致企业两败俱伤、效益低下，达不到双赢或多赢的目的。所以，平等互利要求企业在寻求自身发展的同时，必须树立竞合意识，放眼长远利益。如前所述，市场经济本质上是一种伦理二重性统一的经济，既有利己性，又有利他性；既有服务性，又有牟利性。而企业是市场经济中主要的经济主体，只有通过提供优质的产品和服务，通过公平、合法的市场交换才能获取自己的生存和发展空间。从伦理学角度看，企业的这种利他性和利己性、服务性和谋利性就是其伦理的二重性。企业本质上就是一个把利他性和利己性、服务性和谋利性内在统一的实体。当然，这种伦理二重性也是市场经济的伦理二重性在企业的集中表现。企业的这种伦理二重性决定了企业伦理原则只能是平等互利。因为企业只有通过提供优质的产品和服务，才能获得市场和社会的认可来实现自己的利益最大化。也就是说，市场经济存在的必然逻辑决定了企业既不可能只利他而不利己，也不可能只利己而不利他，而只能运用平等互利的原则来调节自身与其他企业以及社会的关系。[2]

5. 履行社会责任原则。企业社会责任是企业在生产经营过程中的经营决策和企业行为对消费者、员工、股东乃至社区、政府、社会乃至环境所应承担的责任，主要包括遵守商业道德、生产安全、保护员工合法权益、资源节约、环境保护、支持慈善事业、捐助社会公益等方面。也有人依据实用主义道德哲学，将企业社会责任界定为企业与利益相关者共同进行的价值决策过程。[3] 企业社会责任包括企业对股东的责任、对政府的社会责任、对员工的责任、对债权人的责任、对供应商的责任、对消费者的责任以及对社会公益的责任等。[4] 企业社会责任原则在承认企业追求利润合理性前提下，要求企业必须遵守市场交易规则和交易秩序；必须严格依法办事，维护国家法律法规的权威；必须正确处理各种利益相关者之间的利益冲突，确保企业行为符合伦理道德规范；必须将

① 靳海山：《经济平等的三重维度》，《伦理学研究》，2005 年第 1 期，第 52—55 页。

② 龚天平：《论企业伦理的模式、类型与内容》，《中南财经政法大学学报》，2007 年第 5 期，第 115 页。

③ 戴艳军、李伟侠：《企业社会责任再定义》，《伦理学研究》，2014 年第 3 期，第 109—113 页。

④ 窦鑫丰：《企业社会责任的内涵、驱动力与推进策略研究》，《商业会计》，2014 年第 6 期，第 15—17 页。

大众福祉和社会效益放在重要地位，担当起维护公平正义、保护生态环境的重任。另外，企业社会责任原则还要求企业履行较高层次的道德责任和慈善责任。这虽然是企业以伦理价值观为指导并采取的额外行动，但却是企业社会责任的核心层次，是企业自愿、主动地选择遵守伦理规范的责任选择，也是对责任主体的"软约束"。企业应在自身能力许可的范围内积极参与，提升企业的伦理境界。①

（七）企业伦理建设的意义

2001年，美国安然天然气公司轰然倒下。紧接着，电讯业巨头世通公司又重蹈覆辙。国内也连续发生诸如银广厦、三聚氰胺、毒胶囊、毒大米、苏丹红等一系列触目惊心的恶性事件。由此引发了社会各界对企业伦理建设的严重关注，也深刻认识到企业伦理建设的现实意义。

1. 企业伦理建设是企业生存和发展的关键。美国管理学者阿里·德赫斯（Arie de Geus）提出了长寿公司的四点关键特质：（1）对自己周围的环境都非常敏感；（2）有凝聚力，员工有较强的认同感；（3）长寿公司是宽容的；（4）在财务上是比较保守的。② 美国学者托马斯·彼得斯（Thomas Peters）和小罗伯特·沃特曼（Robert H. Waterman）在《寻求优势》一书中研究了75家有名气、历史悠久的企业，提出了铸就企业辉煌的八大属性：崇尚行动、贴近顾客、自主创新、以人促产、价值驱动、不离本行、精兵简政、宽严并济。③ 国内也有学者将长寿企业的奥秘概括为五个方面：一是以诚信为本的经营理念；二是不断增强的创新能力；三是与时俱进的应变能力；四是对员工和顾客极强的吸引力；五是稳健的财务管理能力。④ 以上诸多方面，其实核心的要素就是企业必须坚守自己的伦理规范，只有高度重视伦理建设，才能提高企业在公众心目中的美誉度，积累宝贵的无形资产；才能赢得顾客的认同和信赖，获得较多的客户资源和减少交易成本；才能减少工作中的摩擦和冲突，有效降低管理成本；也才能够得到合作者的信赖，从而建立起长久的合作关系，促进企业共同发展。日本是全球拥有最多百年以上企业的国家。据拥有亚洲最大企业资信数据库的日本帝国数据银行统计，截止2010年，日本国内超过100年的企业已有22219家。其中，创业超过1000年的有7家，超过500年的有近39家，超过300年的有605家。世界现存最古老的企业——日本寺庙建筑公司"金刚组"，创办于公元578年，迄今已有1400多年历史，衣钵相传已达40余代。⑤ 这些经历百年时光而不衰的企业，其长寿的秘诀就是将企业伦理建设作为法宝。

2. 企业伦理建设有利于提升企业的核心竞争力。自从1990年美国学者哥印拜陀·

① 夏黎：《全球化背景下的中国企业伦理建设研究》，武汉理工大学2008年硕士论文，第21—22页。

② AriedeGeus, The Living Company, Long view Publishing Limited, 1997. 转引自丘凌峰：《世界500强长寿企业成功因素探析——对中国企业的借鉴意义》，《中山大学研究生学刊》（社会科学版），2008年第4期，第81—97页。

③ （美）托马斯·彼得斯、罗伯特·沃特曼：《追求卓越：美国优秀企业的管理圣经》，北京天下风经济文化研究所译，北京：中央编译出版社2000年版，第36页。

④ 江水法、杨尚勇：《长寿企业的奥秘初探》，《商业经济》，2004年第12期，第40—41页。

⑤ 蔡成平：《日本企业长寿的秘密》，《金融博览》，2014年第9期，第20—21页。

克利修那·普拉哈拉德（Coimbatore K. Prahalad）和加里·哈默尔（Gary Hamel）提出"企业的核心能力"后，① 核心竞争力就成为企业管理中的热门话题。关于什么是企业核心竞争力，国内外学术界有不同说法。普拉哈拉德认为是组织中的集体知识，尤其是如何协调多种多样的生产技术以及把众多的技术流进行整合。② 吴敬琏认为是企业获得长期稳定的竞争优势的基础，是将技能、资产和运作机制有机融合的企业自组织能力，是企业推行内部管理性战略和外部交易性战略的结果。③ 实际上，从本质上说，核心竞争力就是一种超越竞争对手的能力，是一种企业本身独有的，其他企业不能轻易取代和模仿的能力。一个企业持有什么样的伦理价值尺度，对企业的核心竞争力起着关键的作用。一方面，企业伦理建设可以促使企业一切从顾客的需求出发，开发新产品，提升服务质量，把客户的意见作为改进生产和经营活动的动力，获得较高的顾客满意度和忠诚度；另一方面，重视伦理建设在企业管理中的作用，能够促使企业管理者始终不渝地坚持"人本"管理，营造良好的人文氛围，有效减少企业内部关系紧张的局面，最大限度地发挥每个员工的内在潜能，吸引、留住人才，使企业降本增效。此外，企业伦理还有利于提升企业的品牌形象，创造许多商机。企业伦理在企业经营活动中的体现会使企业博得社会公众和顾客的赞赏，建立良好的企业品牌形象，这是企业的一笔宝贵的无形资产。如从上世纪 80 年代开始，美国杜邦公司一直坚持发展环保产品和设备，刚开始产品生产成本居高不下，但到 90 年代后，当美国政府出台新的环保标准和政策时，仅出售环保技术和设备就让公司获利颇丰，成为公司利润新的增长点。对公司持续发展的秘诀，该公司董事长兼 CEO 查里斯·贺利德（Charles O. Holi－lday）将其总结为"三个在于"：在于不断创新，在于坚持企业的核心价值观，在于从来不回避企业并积极承担企业的社会责任。④

3. 企业伦理建设能够促进企业的可持续发展。企业可持续发展理论在中国发展较晚，目前国内对其概念尚无统一的认识，但对其内涵认识存在三个层次，分别是生态可持续发展、经济可持续发展和社会可持续发展。生态可持续发展着重强调企业的一切生产活动都要最大限度地节约资源、减少消耗、提高资源利用率、综合利用资源，并承担对生态环境的保护责任。经济可持续发展就是在资源与环境可以承受的范围内，企业在经济效益层面上要有显著的提升。社会可持续发展关注"以人为本"，强调社会效益的发展。⑤ 这三个层面虽然侧重点不同，但在尊重经济效益的同时，突出强调了两个方

① Prahalad C . K . ，Hamel Gary . The Core Compe tence of the Corporation . Harvard Business Review ，1990，68（3）：79－91.

② Prahalad C . K . ，Hamel Gary . The Core Competence of the Corporation . Harvard Business Review ，1990，68（3）：79－91.

③ 张新华、范宪：《识别、构建和保持企业核心竞争力》，《复旦学报》（社科版），2002 年第 5 期，第 106－111 页。

④ 王志乐主编：《软竞争力：跨国公司的公司责任理念》，北京：中国经济出版社 2005 年版，第 123 页。

⑤ 高文凯：《企业可持续发展研究综述及未来研究展望》，《财经界》（学术版），2014 年第 7 期，第 19－20，46 页。

面：一是对人的重视和尊重。有人通过实证研究发现，员工感知到的企业伦理行为会对员工的工作满意度产生积极影响，对员工的情感承诺也会产生积极的影响，甚至对员工的组织公民行为、工作绩效产生积极的影响，会降低员工的离职意愿。① 二是对生态环境的关注和重视。企业伦理促使企业更加关注生态文明，建设环境友好型企业，实现人与自然的和谐发展。中国企业要做大做强，必须关注消费者的需求变化，增强环保意识，从而真正实现企业可持续发展。②

4. 企业伦理建设是企业文化建设的核心内容。在现代企业发展过程中，影响企业发展、决定企业兴衰和成败的因素很多，但起关键作用的是企业文化。而企业伦理作为企业文化的核心，在某种程度上决定着企业的成败。首先，企业伦理决定企业文化的价值取向。如格力电器集团在发展中始终以"忠诚、友善、勤奋、进取"精神为核心，以"制造最好的空调奉献给广大消费者"为宗旨，贯穿"以人为本"的现代企业伦理价值取向，全面塑造具有国际竞争力的先进企业伦理文化，实现了企业发展的最高伦理理念。这种价值取向成为该企业连续多年上榜美国《财富》杂志"中国上市公司100强"最重要的精神支柱。③ 又如荣事达集团结合本企业多年生产经营活动的实践，提出了全新的"和商"理念，其核心是："诚信为本、开放兼容、和谐发展、共创共赢"的"和商"价值体系。随着社会的发展，秉承"和商"理念的荣事达，用自己的骄人业绩写下了民族工业发展史上壮丽的篇章。④ 其次，企业伦理决定企业的核心价值观。世界上的任何一家成功企业都不可或缺地创造了各具特点的企业伦理，如摩托罗拉的企业文化是"为用户提供品质超群、价格公道的产品和服务，满足社会的需要"。企业也在这过程中获得收益，不断发展壮大。摩托罗拉的CI手册中印着这样一段话："诚信不渝——在与客户、供应商、雇员、政府以及社会大众的交往中，保持诚实、公正的最高道德标准，依照所在国家和地区的法律开展经营。无论到世界的哪个地方进行贸易和投资，必须为顾客提供最佳的服务。"摩托罗拉公司的企业价值观是：尊重每一个员工作为个人的人格尊严，开诚布公，让每位员工直接参与对话，使他们有机会与公司同心同德，发挥各自最大的潜能；让每位员工都有受培训和获得发展的机会，确保公司拥有最能干、最讲究工作效率的劳动力；尊重资深员工的劳动，以工资、福利、物质鼓励对员工的劳动作出相应的回报；以能力为依据，贯彻普遍公认的向员工提供均等发展机会的政策。摩托罗拉还宣传爱心文化，倡导向社会奉献爱心。⑤ 此外，还有如美国的IBM公司、德国的西门子公司和日本的松下公司等，这些百年企业的发展和壮大无不与它们有一套成熟的、行之有效的企业伦理息息相关。美国管理学家托马斯·彼得斯（Thomas Peters）和小罗伯特·沃特曼（Robert H. Waterman）在认真研究日本企业后指出，日本企业

① 白少君：《企业伦理对员工行为的影响机制研究》，西北大学2012年博士论文，第145—146页。
② 徐志伟：《论我国现代企业伦理建设的重要性》，《企业技术开发》，2010年第23期，第108—109、122页。
③ 肖林：《格力：温情企业文化显独特魅力》，《中国企业报》，2008年9月12日。
④ 中国红：《荣事达的"和商"文化》，《中国现代企业报》，2007年12月18日。
⑤ 刘光明编著：《中外企业文化案例》，北京：经济管理出版社2000年版，第14页。

之所以能够取得巨大成功，其中最重要的经验就是有一套企业领导和职工都能够恪守的企业伦理和共同价值观。[①]

5. 企业伦理建设促进市场经济的健康发展。任何一种经济体制同时也意味着是一种伦理道德文化体制，因为任何一种经济体制无一例外地蕴涵着某种伦理道德规范和标准，市场经济也不例外。然而，市场经济的运行本身却包含了矛盾性和两重性，它对人们的思想、伦理和道德的影响也存在着矛盾性和两重性。等价交换原则在实现过程中是采取交换双方协商和契约的方式进行的，这就为不等价交换留下了可能性。市场经济的这种矛盾在推动经济发展的同时，也必然会带来各种矛盾，造成经济发展与伦理道德之间的矛盾。不能恰当地解决这些矛盾，人类社会就不能进步。企业伦理正是在解决市场经济的各种消极影响和各种矛盾过程中产生和发展的，是市场经济从初级阶段向高级阶段，从无序状态向有序状态过渡的产物。当然，市场经济发展过程中出现的各种矛盾，只是为企业伦理的出现提出了客观要求和条件，而企业伦理的真正产生和发展，还是人们自觉努力的结果。在人们自觉地提出和建构企业伦理的原则和规范的时候，除了考虑经济发展的要求外，还同时考虑到社会伦理道德的发展要求。正是从这种意义上讲，企业伦理往往是经济规范和伦理规范相互渗透和结合的产物，加强企业的伦理道德建设，有利于市场经济的健康、持续发展。经济学家刘国光深刻指出，加强企业伦理建设是建立社会主义市场经济体制的需要，建立规范、有序、文明的市场经济秩序，推动市场机制正常运转，离不开企业伦理建设。应该充分认识企业伦理在社会主义市场经济中的重大影响，进一步加强企业伦理建设，推动我国社会主义市场经济体制的建立和完善。[②]

6. 企业伦理建设是构建和谐社会的基础。首先，构建和谐社会的最重要原则是社会诚信，而企业伦理的支撑点就是建设企业的诚信。一是要依法纳税，对国家守信；二是要对消费者负责，对社会守信；三是确保企业的稳定与发展，对员工守信。其次，构建和谐社会的重要环节是企业必须加强伦理建设。企业必须制定伦理原则和规范，对全体员工进行伦理教育，对生产经营活动进行伦理监督，把是否满足消费者的需要作为自己恪守不移的伦理标准。再次，构建和谐社会的关键是企业必须合理有序地规范和协调与社会各要素间的关系。企业必须坚持全面、协调、可持续的发展观念，讲究和谐、减少摩擦、消除发展障碍；必须对所有利益相关者尽责尽职，以人为本，重视人的全面发展；必须坚持绿色发展，积极建立企业发展的生态文化。健康向上的企业伦理有利于推进企业的和谐，而企业的和谐则有利于促成社会的和谐。所以，企业伦理就成为构建和谐社会的重要思想基础和价值支撑。

---

① （美）托马斯·彼得斯、罗伯特·沃特曼：《追求卓越：美国优秀企业的管理圣经》，北京天下风经济文化研究所译，北京：中央编译出版社 2000 年版，第 156 页。

② 刘国光：《加强企业伦理建设是建立社会主义市场经济体制的需要》，《哲学研究》，1997 年第 6 期，第 10—12 页。

二、企业内部伦理与企业管理

（一）企业内部伦理的基本要义

国内外学术界对企业内部伦理有较多的研究，比较有名的如林思·夏普·佩因（Lynnsh Sharp Paine）提出的"经理人罗盘"理论[①]，阿奇·B·卡罗尔（Archie B. Carroll）、安·K·巴克霍尔茨（Ann K. Buckholtz）等人提出的"伦理政策功效"理论[②]，B·威克托（B. Vietor）和J·B·卡伦（J. B. Cullen）等人的"伦理气候理论"[③]，以及中国台湾学者吴成丰提出的"企业伦理操作模式"理论[④]、余坤东提出的"企业伦理议题"理论[⑤]；大陆学者王小锡、朱金瑞提出的"企业伦理模式"理论[⑥]、欧阳润平提出的"企业道德实力"理论[⑦]等。归纳起来，中外学术界对企业内部伦理内涵的界定集中体现在以下几个方面：

第一，人是企业一切经营管理活动的本质。企业的内部伦理应以实现人的充分发展和完善作为出发点，这是企业最核心的价值伦理。马克思曾经指出："人始终是这一切

---

① 该理论从作者的教学和科研经历，以及大量的公司个案中提炼了一个"经理人罗盘"，为公司实现将道德观点融入其决策制定提供了基本框架。"经理人罗盘"将个人或公司道德行为中遇到的一些基本问题归纳为四个主题：一是目的。公司的目的是什么？除了创造财富和有效利用资源外，公司还要对社会作哪些贡献？它的产品和服务如何为人们的生活增加价值？二是原则。公司的指导原则是什么？在实现其目的的过程中，指导公司的人的行为规则是什么？它的最低标准是什么？它的理想和抱负是什么？三是人。公司对人的概念是什么？谁能够算作它的道德共同体的成员？在它的决策过程中会考虑谁的利益？四是权力。公司的权力范围和授权范围是什么？公司对谁承担什么样的义务？决策权是如何在组织内部分配的？同时，作者还特别强调了公司领导人要把公司理解为一个对公司的各种利益相关人同时承担起经济和非经济责任的道德行为人（林思·夏普·佩因：《公司道德——高绩效企业的基石》，杨涤等译，北京：机械工业出版社2004年版，第216—220页）。

② 该理论认为，组织透过伦理政策的运作，可以达到联结企业伦理与组织中员工行为的功效。若要增进组织中的伦理行为，非得采取一些特定的管理活动，亦即经营者透过伦理政策的制定及运作，可以提升组织内部的伦理行为，塑造企业特有的伦理气候（阿奇·卡罗尔、安·K·巴克霍尔茨：《企业与社会——伦理与利益相关者管理》，黄煜平等译，北京：机械工业出版社2004年版，第152—153页）。

③ 该理论认为，组织伦理可以塑造特定的伦理气候，进而提升组织内部的伦理行为。针对四家不同产业、不同规模公司的872位员工进行实证研究，将伦理气候归纳为功利导向、关怀导向、独立导向、公司规范导向及法律导向五种类型。指出组织里存在一个主要的气候类型，但组织里不可能只有单一的气候类型。通过研究认为，关怀导向、独立导向、法律导向和公司规范导向的伦理气候有助于提高组织内部的伦理行为，进而影响到组织绩效，形成正向的组织绩效。而功利导向的伦理气候则会导致组织内部不伦理的行为，也会影响到组织绩效，形成负向的组织绩效（Vietor. B. and Cullen. J，B. The Organizational Bases of Ethical Work Climates. Administrative Seience Quarterly，1988：101—125）。

④ 作者在已有的有关领导机制与企业伦理等文献基础上，整合推导出企业伦理操作模式，并选取海峡两岸个案公司，验证了此模型，研究证实了伦理领导和催化机制是衡量企业伦理程度的两个指标：一是伦理领导是引导企业伦理的要因与动力；二是催化机制是具体表现企业高伦理属性的工具（吴成丰：《企业伦理》，北京：中国人民大学出版社2004年版，第235—242页）。

⑤ 作者提出企业伦理具有一致性的议题，并加上他整理实务界提出的议题，主要包括个人工作伦理、公司政策伦理、管理功能伦理（转引自吴成丰：《企业伦理》，北京：中国人民大学出版社2004年版，第274—275页）。

⑥ 王小锡、朱金瑞：《中国企业伦理模式论纲》，《道德与文明》，2003年第4期，第26—31页。

⑦ 欧阳润平：《衡量企业道德实力的八项指标》，《道德与文明》，2003年第4期，第32—35页。

实体性东西的本质"，"是他自己的物质生产的基础，也是他进行的其他各种生产的基础"，在这个基础上生成的一切社会形态不过是不同时期人的本质的外化，"人是全部人类活动和全部人类关系的本质和基础。"① 人在世界上的这种本质和基础地位，决定了人在企业经营管理活动中无可替代的终极意义。

第二，要有责任担当的意识。企业追求经济利益无可厚非，但追求经济利益必须承担相应的社会责任，不能损害其他人的利益，更不能损害社会的利益。要用伦理道德规范自己的谋利行为，用强烈的责任意识和崇高的信誉感来维护自己的利益，力求在符合伦理道德的前提下实现追求经济利益的诉求。印度经济学家阿马蒂亚·森（Amartya Sen）在分析经济学的伦理根源时曾经指出，经济学有两个中心问题尤为根本：第一个问题是被称为"伦理相关的动机观"。这是关于人类行为的动机问题，它与"一个人应该怎样活着"这一广泛的伦理道德问题有关；第二个问题是被称为"伦理相关的社会成就观"。这是关于社会成就的判断问题，它与如何看待个人利益和社会利益这一伦理问题有关。个人利益与社会利益相比，社会利益的实现远比个人利益的实现更为卓越、更为神圣。② 企业作为社会的细胞，是社会的一个单元，其经济行为的背后同样隐含着深刻的伦理动机。企业在制定自己的经营目标时要充分考虑经济利润以外的道德目标，不能只以经济利润作为唯一目标，要有较强的道德自律意识，主动遵守社会规范，接受道德评判，约束自己的行动，要自觉投入社会公益建设，主动承担社会义务，为社会事业作出贡献。③ 用电影《狮子王》中辛巴父亲的话说：作为王，你必须记住你承担的责任，有时甚至不惜以牺牲自己的生命作为代价。作为以获取利益为重要价值取向的企业，其利益与义务如同一个硬币的两面，如影随形，市场赋予你获取利益的权力，也就意味着你必须要承担社会责任。否则，你就不配拥有获取利益的权力。

第三，用公平、公正的原则构建企业内部和谐的员工关系。《现代汉语大词典》里对"和谐"一词的解释是"配合得适当和匀称"。孟子认为："天时不如地利，地利不如人和"。④ 古希腊哲学家毕达哥拉斯（Pythagoras）说："什么是最美的——和谐"。西班牙绘画大师帕布洛·毕加索（Pablo Picasso）说："在和谐中，一切都是可能的。""和"，即和缓、温和、柔和、和睦，反映了人们心理上的感受和为人处世的态度，具有强烈的感情色彩；"谐"，即把事情商量好、办妥，配合得当，表明一种状态。将"和"与"谐"合二为一，就是要求人与人、人与物之间要相互配合得当，相处融洽。从系统论的角度讲，就是系统内所有子系统之间达成一种协调状态。最早提出"和谐"管理理论的西安交通大学教授席酉民认为，"和"是人及人群的观念、行为在组织中的"合意"

---

① 《马克思恩格斯选集》，第 1 卷，北京：人民出版社 1995 年版，第 67—71 页。

② （印）阿马蒂亚·森：《伦理学与经济学》，王宇、王文玉译，北京：商务印书馆 2000 年版，第 234 页。

③ 杨萍、董军：《企业社会责任担当的经济伦理分析》，《现代管理科学》，2009 年第 8 期，第 88—90 页。

④ 《孟子·公孙丑下》。

的"嵌入";而"谐"是一切物的要素在组织中的合理投入。^①事实证明，只有恰如其分地处理好企业内部的劳资关系、工作伦理和经营伦理，培育和形成和谐的利益关系，才能提高员工的工作积极性、自觉性和满意度，才能实现企业伦理绩效与经济绩效的有机统一和协同发展。^②

（二）企业内部的劳资伦理

企业内部的劳资伦理集中表现在企业如何建立和谐的劳资关系。企业内部的劳资关系是劳资双方在雇佣合同的签订、执行过程中结成的一种社会关系，它体现的是某种利益格局或利益关系。关于企业内部的劳资关系，西方学术界有两种截然不同的理论假说。一种是利益一致性假说，认为雇主和雇员之间的利益是完全一致的；另一种是利益对立假说，认为劳资双方的利益是完全对立和不可调和的。这两种假说构成了国外劳资关系研究的起点。根据利益一致性假说，企业劳资之间的关系是合作型的，劳资关系的改善会提升企业绩效。而利益对立假设则认为，由于劳资双方根本利益的对立性，改善劳资关系的措施不仅难以实施，而且会影响企业的绩效。20世纪后期，一种新的现象——以雇员参与为特征的企业共同治理趋势受到人们关注。一些企业员工与雇主共同持有企业一定比例的股权，并在董事会中占有相应席位。这种现象在一定程度上增强了员工与雇主之间讨价还价的能力，也增加了企业员工在公司治理结构中的分量。^③

与该理论相对应，在欧美各国企业的劳资关系也经历了一个由"低成本"向"产品差别化和低成本并重"的演变过程。伴随着企业的生存与发展对人力资本依赖性的变化，企业内部劳资关系管理逐渐由"压制式"管理走向以核心雇员为中心的"人性化"管理的转变。在早期的资本主义自由竞争时期，企业主对雇员普遍采用的是"大棒"为主、"胡萝卜"为辅的管理模式。用计件工资制激发员工的积极性，用严厉的"大棒"政策维持其工作纪律，用饥饿方式迫使雇员接受雇主的驱使，即所谓"最饥饿的工人是最好的工人"。在垄断资本主义形成时期，随着股份制大公司的出现，企业竞争的重点逐步由分散资本条件下的低成本走向了以资本集中为特点的"规模经济"。原来的"大棒"为主、"胡萝卜"为辅的劳资关系管理模式变得难以为继，企业劳资关系管理开始转向以制度管理来调和劳资矛盾。劳资双方逐步将关注的重点转移到如何增加企业剩余以达到合作共赢的目的。一些企业甚至开始尝试利润分享计划，薪酬管理理念逐步由"最饥饿的工人是最好的工人"向"最廉价的劳动力是得到最好报酬的劳动力"^④的观念转变。20世纪90年代以后，随着经济全球化时代的来临，西方发达国家的企业越来

① 席酉民、肖宏文、王洪涛：《和谐管理理论的提出及其原理的新发展》，《管理学报》，2005年第1期，第23—32页。

② 李虹：《基于组织绩效的企业内部伦理能力构成因子研究》，浙江师范大学2006年硕士论文，第9—10页。

③ 谢海东：《国外劳资关系对企业绩效的影响研究述评》，《外国经济与管理》，2006年第9期，第38—44页。

④ （美）丹尼尔·A·雷恩：《管理思想的演变》，李柱流等译，北京：中国社会科学出版社1997年版，第58页。

越关注核心员工的培养。企业人力资源管理在强调系统化、科学化、定量化和信息化的同时，更加强调人力资源的战略性开发与利用，尤其重视如何获取和留住核心员工。于是，薪酬管理也逐渐由原来的以"行政职务等级"为中心向以"绩效计划"为中心的"宽带薪酬制度"和"以技能与业绩为基础的薪酬制度"转变，同时进一步限制甚至削减各种固定福利。这种以绩效为中心的薪酬制度反映了欧美企业一方面试图以高薪构建一个核心雇员队伍，提高企业创新能力；另一方面则以"优胜劣汰"为手段来压缩"边缘雇员"的待遇，达到节省成本的目的。有资料显示，目前美国已有 70% 以上的大型企业采用了这种制度，英国的不少企业也正在改善和尝试与业绩挂钩的薪酬制度。[①]

有人认为，中国企业内部的劳资关系大体上经历了四个阶段：一是劳资两利过渡时期（1949—1957年）。这一时期的劳资关系属于过渡时期的劳资关系，既有经济斗争，又夹杂着复杂的政治斗争，使劳资关系呈现出片面政治化的倾向。二是行政化劳资关系时期（1957—1978年）。这一时期的劳资关系演变为公私关系，即公家与私人的关系，劳动争议也以公私矛盾的形式表现为一种隐性的行政化劳资关系。三是多元化劳资关系时期（1978—2006年）。这一时期，一方面随着改组、联合、兼并、租赁承包经营和股份合作制、出售等形式的出现，打破了计划经济体制下劳资关系的行政主导模式；另一方面随着多元化经济成分的出现，劳动者经济地位和政治地位日渐下降，劳资矛盾和冲突增加，劳资关系出现恶化趋势。四是和谐劳资关系的探索和构建时期（2006年以来）。按照党的"十六大"提出的社会发展目标，和谐社会应该是民主法治、公平正义、诚信友爱、充满活力、安定有序、人与自然和谐相处的社会。和谐的劳资关系是构建和谐社会的微观基础，只有劳资双方和谐相处，才能形成各种资源合理、高效利用的劳资共生体。[②]事实上，从新中国成立到改革开放前的近30年里，我国一直实行的是单一的公有制经济结构，职工是企业的主人，因此，具有雇佣性质的劳动关系几乎不存在。随着改革开放后多元经济成分的出现以及价值取向的差异，其内部的劳资关系也表现为不同的形式。民营企业中较为普遍的现象是，存在各种违反劳动法的行为和企业管理方式不当等导致劳资关系紧张。[③]如劳动合同签订率低且较多流于形式，通过延长劳动时间和增加劳动强度变相压低工人工资，拖欠工人工资，劳动者合法利益得不到保障，劳动条件差，安全措施不到位导致工伤事故频发，职业病发病率高等。外资企业由于劳动者自身原因和外资企业投资心态以及利润动机的驱使，比较突出的劳资关系问题表现在劳资双方权利和义务的规定执行不到位、职工福利待遇偏低等问题。具体如劳动报酬方面的加班费问题、劳动报酬发生变更的问题、奖金问题、年底双薪问题以及年假未休的现金补偿问题，经济赔偿方面的工伤补偿问题、解除劳动合同时的经济补偿金问题，保险和福利待遇问题，中止及解除合同方面的问题等。[④]国有企业在逐步市场化的过程中，原有的"行政型"劳资关系逐步转变为市场化的劳资关系，劳资关系的各个方面均发生

① 转引自何燕珍：《企业薪酬管理发展脉络考察》，《外国经济与管理》，2002年第11期，第29页。
② 刘成海：《我国劳资关系演化研究》，《中国物价》，2013年第5期，第85—88页。
③ 刁俊珍：《民营企业劳资关系的研究》，《企业改革与管理》，2015年第1期，第167、55页。
④ 吴博：《协调我国外资企业劳资关系对策研究》，辽宁大学2011年硕士论文，第19—22页。

了基本变化，影响企业内部劳资关系的问题集中表现为职工劳动合同短期化，工资分配收入差距偏大，员工的主人翁地位缺失，内部人控制情况严重等现象。

关于如何构建企业内部劳资伦理，虽然社会各界提出了许多建议，[①]但从本质意义上说，符合现代市场经济要求和我国经济社会发展方向要求的劳资关系，不应该是一种冲突和对抗性的关系，而应该是一种合作共赢、共同发展的关系，是生产关系对生产力发挥促进作用的关系。在微观上，企业与员工之间是一种友好合作、促进企业发展的关系；在宏观上，劳资双方的友好合作客观上有利于促进社会经济的增长，并为社会的和谐稳定提供保障。因此，近年有许多学者将研究的视角放在如何构建和谐劳资关系上，这是符合企业伦理文化建设方向的。所谓和谐劳资关系就是要劳资双方秉承"合作共赢"的理念，在企业内部，形成员工以企业为家，企业关心爱护员工，员工间互助友爱的环境和氛围，促进企业形成健康发展的向心力和凝聚力。在企业外部，政府为企业提供良好的投资与发展环境，创造公平的人文环境与完善的社会经济制度环境；员工努力工作，合理索取并乐于奉献，企业守法经营，依法纳税并回报社会。政府、企业和劳动者之间形成一种目标一致、利益共享与和谐共处的经济社会关系。其核心要义表现为：（1）以人为本。企业要积极创造条件保证员工的生产安全和社会福利，按时支付员工报酬，为员工提供各种职业培训和发展机遇，为员工缴纳社会保险，切实关爱员工，使员工以企业为家。（2）平等合作。劳资双方间合作和融合，相互尊重，相互包容，努力形成平等友好、融洽和谐的人际关系。（3）利益共享。和谐劳资关系建立的重点是建立必要的利益共享机制，使劳资关系朝着合作、协调和良性的方向发展，努力避免两者向矛盾、冲突甚至对抗方向发展。（4）诚实守信。诚实守信是现代市场经济条件下企业和个人安身立命的根本。企业只有善待员工，为员工"尽其能"、"得其所"营造公平竞争、机会均等的发展环境，提供良好的安全生产条件、法定的权益保障，才能调动员工的积

---

① 上述观点有代表性的如针对加入 WTO 后中国企业改革发展的新形势，有人提出借鉴发达国家企业处理劳资关系的成功经验，遵循"以职工为本"的管理思想，通过劳资双方的互动来加强劳资合作（杨明海：《劳资合作：入世后我国企业劳资关系的发展方向》，《天津市工会管理干部学院学报》，2003 年第 4 期，第 22—24，35 页）。"三个代表"思想提出后，又有人建议建构"劳资战略伙伴关系"的企业劳资关系模式（王强：《建构我国私营企业劳资战略伙伴关系——"三个代表"重要思想指导下的劳资关系发展方向述论》，《江汉大学学报》，2004 年第 1 期，第 5—9 页）。一些学者根据企业委托代理理论，认为企业出资者聘用企业职业经营者经营管理企业后，企业劳资关系就变为企业委托代理劳资关系，这种劳资关系是一种由企业出资者与企业职业经营者之间的关系，以及企业职业经营者与企业劳动者之间的关系，它既可以分为行政型与市场型，又可以分为和谐型、冲突型以及和谐与冲突并存型；还有人基于劳资政三方共赢的思考，提出在劳资双方互认产权，互相尊重对方产权和产权收益的基础上，确立和发展一种"法——礼共治"的"合作型"企业劳资关系治理模式（邹光剑：《困境与出路：私营企业合作劳资关系研究》，华中师范大学 2009 年硕士论文，第 37—40 页）。赵曙明等人还通过对美国、德国和日本三国劳资关系管理实践的比较，认为健全的劳资关系立法和有效的劳资纠纷解决机制在实现劳资关系的协调与稳定方面具有重要作用，我国的劳资关系管理应针对目前所处的特殊的经济转轨和社会转型的大环境，以及企业特定的工作条件、市场环境等情况，对劳资关系管理制度作出相应的调整，充分发挥政府的协调和监督作用，建立和健全劳动法规，加强工会的力量，全面推行劳资关系的三方协调机制，促进劳资合作，从而实现劳资关系的协调和稳定（赵曙明、赵薇：《美、德、日劳资关系管理比较研究》，《外国经济与管理》，2006 年第 1 期，第 17—22，29 页）。

极性，从而推动企业健康持续发展。员工只有尽职尽责，努力工作，才能获得属于自己的劳动成果。彼此的诚实和守信是企业和个人实现双赢的基础，也是构建和谐劳资关系的重要前提。①

（三）企业内部的工作伦理

关于企业内部的工作伦理，国外学者经历了一个从宗教神学到文化规范的认识转变过程。20 世纪初期，马克斯·韦伯（Max Weber）在综合了当时各教派对工作伦理的观点后，以新教伦理解释工作伦理，将谨慎、勤奋、合法经营、珍惜时间和金钱、信誉、节俭、守时等特征概括为新教工作伦理的基本特征。后来，又有人进一步将其归纳为：勤奋、节俭、禁欲主义和理性主义。② 20 世纪 90 年代后，西方学术界不再将工作伦理看作是宗教教化的内容，而是作为一种文化规范，一种具有内在价值的个体的工作态度和价值取向。③ 其核心特征概括为三个方面：（1）工作本身是一种目标并希望获得物质奖赏；（2）对工作满意并付诸努力，以自己拥有较高水平的工作技能为荣；（3）对工作忠诚、守时、勤奋、刻苦。新世纪以来，又有人不断对其概念作出新的解释。有人从操作的角度将其概括为个体对工作伦理项目重要性的评价和对工作伦理价值观的评价。④ 还有人通过重新审视美国的工作伦理现象，提出工作伦理就是指员工在工作场所对职权行为与人际互动的价值判断，包括个体态度或价值观以及反映这些态度和价值的外在行为。⑤ 我国台湾学者洪瑞斌和刘兆明在总结有关工作价值观研究基础上，将其区分为与职业行为相关的工作价值观、关注于工作行为的价值观和关注工作的意义和重要性三个方面。⑥ 王明辉、郭玲玲等则在综合国内外学者研究基础上，提出将工作伦理包含在工作价值观系统之内，并将工作伦理看作是个体养成的一种信念系统或行为规范，涉及个体对工作意义、职权行为和人际互动的价值判断或行为倾向。其中，最核心的是个体对工作意义的价值判断，因为它决定了个体在工作场所中对职权工作和人际关系所具有的积极态度和良好行为。⑦

其实，工作伦理是指员工在组织中对职权行为和人际互动的价值判断，它包括个体的态度和价值观，以及反映这些态度和价值观的外在行为。包括主从关系和职业伦理两个部分。前者是讨论工作环境中的人际关系，特别是主管与部属之间的互动关系，强调忠诚、服从和互相尊重；后者则探讨职业观、职业道德、工作态度等问题，突出敬业、

---

① 高杰：《私营企业和谐劳动关系构建研究》，东北财经大学 2011 年博士论文，第 2—3 页。

② Feather N T. Protestant—ethic, conservatism, and values. Journal of Personality and Social Psychology，1984，46：1132—1141.

③ Hill . R. B，Petty . G . C. A new look at selected employability skills：a factor analysis of the occupational work ethic. Journal of Vocational Education Research，1995，20（4）：59—73.

④ Boatwright . J. R，Slate. J . R. Work ethic measurement of vocational students in Georgia. The Journal of Vocational Education Research，2000，25（4）：532—574.

⑤ McCortney. A. L，Engels. D. W. Revisiting the work ethic in America. The Career Development Quarterly，2003，52（2）：132—140.

⑥ 洪瑞斌、刘兆明：《工作价值观研究之回顾与前瞻》，《应用心理学研究》，2003 年第 19 期，第 211—250 页。

⑦ 王明辉、郭玲玲等：《企业员工工作伦理的结构》，《心理学报》，2009 年第 9 期，第 853—862 页。

奉献、公平、效率和创新。从概念的层次结构上看，工作伦理包括个体对待一般工作的价值观、态度和行为；从涉及内容的形成过程看，则是个体在社会化过程中所逐渐养成的，受到社会文化、社会经济、家庭抚养等多方面的影响。其中，最核心的是个体对工作意义的价值判断，它决定了个体在工作场所中对职权工作和人际关系所运用的积极态度和良好行为。[①]

企业内部的工作伦理对企业的经营管理具有十分重要的影响。首先，工作伦理影响企业的组织氛围。一方面，企业的组织氛围越好，员工的工作伦理水平越高；另一方面，员工感知到的企业组织氛围越好，其工作的努力程度就会越高。此外，员工感知到的企业人际氛围越好，其工作主动性和积极性就会越高，人际关系也就越和谐，而和谐的人际关系是企业健康发展的基础和前提。其次，工作伦理影响员工的工作投入。工作伦理水平越高，工作的投入力度就越大；有正确的职业操守，就会有积极的工作态度，其效率自然会较高。高水平的工作伦理，往往会激发员工的工作活力，调动员工的工作积极性，将全部精力投入工作之中，从而提高员工的工作效率。[②] 其三，工作伦理影响员工的工作满意度和离职倾向。多数情况下，人们往往将工作单调、多样化和不公平等作为引发员工工作不满意和离职的主要原因，但实际情况是，同样一份工作，工作伦理高的个体，对工作抱有积极的态度，喜爱工作并努力工作，从工作中获取充实感、满足感，对工作本身满意度会较高，因而离职意向较低。而工作伦理低的个体，不重视工作也不喜欢努力工作，不能在工作中找到满足感，这会使其产生较低的工作满意度，因而产生较高的离职意向。据说，罗马帝国第一位皈依基督教的皇帝君士坦丁（Constantinus I Magnus）[③] 手下有一批主力部队全是基督徒雇佣兵，在他与兄弟争夺皇位的内战中，双方的雇佣兵经常依价钱多少而叛变，只有君士坦丁的基督徒部队始终忠诚不贰，这对君士坦丁后来归依基督教有很大的影响。而基督教徒所信奉的伦理原则就是忠诚和殷勤，"要像基督的仆人，从心里遵行神的旨意。甘心事奉，好像服事主、不像服事人。"[④] 因此，有人提议，企业在招聘员工的时候要考察员工的工作伦理观念，以降低企业用人的风险。[⑤] 其四，工作伦理最终影响企业的工作绩效。有人对华中、华南、华北和西北4个地区8个城市的21家企业的近千名员工进行调研发现，工作伦理中的许

---

① 王明辉、郭玲玲、赵娟娟：《员工工作伦理对其行为和绩效的影响》，《心理研究》，2010年第6期，第57—61页。

② 何漂：《组织氛围、工作伦理与工作投入的关系研究》，浙江工商大学2011年硕士论文，第44—45页。

③ 君士坦丁一世（Constantinus I Magnus，公元272年—337年），古罗马帝国皇帝。全名为弗拉维·瓦莱里乌斯·奥勒里乌斯·君士坦丁（Flavius Valerius Aurelius Constantine），公元306—337年在位。

④ （古罗马）保罗：《以弗所书》第6章，第5—7节。

⑤ 吴静珊、李毅娇：《企业员工工作伦理、工作满意度和离职意向的关系》，《社会心理科学》，2010年第1期，第30—33页。

多因素对工作绩效都有显著影响。如职业操守对工作卷入[1]和规范承诺有显著的正向影响，工作意义对工作绩效、工作卷入和规范承诺有显著的正向影响，勤奋奉献对工作卷入和规范承诺有显著的正向影响，人际关系和谐虽然对工作卷入有显著的负向影响，而对规范承诺有显著的正向影响。员工的工作绩效、工作卷入、以及对组织的规范承诺等效果变量之间有相互作用，工作卷入正向影响工作绩效，规范承诺对工作卷入也有正向的影响作用，而且规范承诺在工作伦理各维度和工作卷入之间普遍充当了中介变量的角色。[2]

在市场经济条件下如何建立新的工作伦理观，是近年人们热议的话题。亚当·斯密（Adam Smith）曾对市场经济和伦理道德之间的关系作过精辟的论述。他在完成那本巨著《国富论》之前，先写下了《道德情操论》一书，希望人们通过市场这只看不见的手来获取个人利益最大化，但也告诫人们，追逐个人利益不能没有限制，要有"公正心"，要符合伦理道德的约束，人们必须在一定的道德范围内进行个人合情合理的利益选择。

首先，要正确处理好利己、利他与互利的关系。毋庸讳言，市场经济条件下的"义利"关系，本质上就是利己与利他关系的统一。亚当·斯密在《国富论》中指出，人的利己有着基因遗传基础和外部生存环境压迫的原因。利己积累到一定的量就会出现利他，利他从另一个角度讲也是利己。利己和利他在外部环境险恶和激烈的竞争中逐渐会形成互利。互利不是对利己的否定，而是以互利的形式对利己，同时也是对利他的维护。[3] 当然，在市场竞争环境下，利己与利他有时会出现对立，竞争就必然导致个人对自身利益的追求。一旦这种追求失去控制，就会出现拜金主义、利己主义和个人主义，并会造成严重的社会伦理规范的失衡，这与利他精神是难以相容的。因此，在市场经济条件下，只有保持利己与利他的平衡，将二者统一起来，承认自利，尊重他利，发展互利，才能促进社会的和谐发展。否则，任何一种单向的或极端的利益追逐都将是难以为继的。如商品经营者要获得自己的利益，就必须满足消费者的他人利益，并以此满足自我的利益。企业家在获得财富后，积极从事社会公益事业，开展扶贫济困活动，在实现利他的同时提高了企业的美誉度和影响力，反过来有利于企业的持续发展。

其次，要正确处理好个人与集体的关系。改革开放与市场经济的实践使人们认识到满足个人利益的重要性。于是，肯定和鼓励个人对自身利益的合理追求，使每个人的才能和智慧得到充分发挥已经成为普遍的社会共识。但在此过程中，一些人却从一个极端走向了另一个极端，出现了只强调个人利益而不顾集体利益，把集体主义与市场经济对

---

① 工作卷入（Job involvement）起源于 20 世纪 40 至 50 年代，Allport 和 Dubin 对自我卷入和生活兴趣重心的研究。1965 年，Lodahl 和 Kejner 对此给出了两个不同的定义：它是个体心理认同其工作的程度，或工作在个体自我形象中的重要程度；它是个体工作绩效影响其自尊的程度（参见时雨、方来坛、时勘：《工作卷入研究的新趋势》，《心理科学》，2009 年第 1 期，第 158—160 页）。

② 王明辉、郭玲玲、赵娟娟：《员工工作伦理对其行为和绩效的影响》，《心理研究》，2010 年第 6 期，第 57—61 页。

③ （英）亚当·斯密：《国民财富的性质和原因的研究》（上卷），郭大力、王亚南译，北京：商务印书馆 1972 年版，第 14—16 页。

立起来的怪现象，这种偏颇、极端的做法给经济社会的健康发展和社会和谐带来了严重的危害。因此，要正确看待和处理个人利益与集体利益之间的关系，努力使二者协调起来，是企业伦理建设的重要任务。实际上，个人利益是由社会生产力的发展和生产关系的不断进步来实现，而生产力的发展和生产关系的进步也正是集体利益所追求的。经典经济理论以及社会发展的现实都已经告诉我们，每个人在追求自身利益的时候，客观上必然会促进整个社会利益的实现。为此，马克思明确指出，作为社会的个人不可能丧失一定的社会关系而离群索居，那种孤立的、绝对的"洛根丁式"的一个人是不可能存在的。任何人只有同社会集体相结合，才有可能获得自由和全面发展的动力和条件。"只有在这种共同体中，个人才有获得全面发展其才能的手段，也就是说，只有在共同体中才可能有个人的自由"。①

其三，要建立相互尊重、互助友爱的企业人际关系。相互尊重、互助友爱是中华民族的优良传统，是当代新型社会人际关系的重要特征，也是人们的向往和追求。儒家的"仁爱"思想已经根植于中华民族的血脉之中，成为中华民族生生不息的伦理思想基础。近年来，随着经济的发展和社会转型，一些企业出现了坑蒙拐骗、背信弃义、拖欠员工工资等一系列违背社会伦理的事情，导致正常的企业人际关系受到损害，人与人之间的距离拉大，劳资关系紧张等，也反过来影响了企业的形象。于是，社会呼唤出现一个相互尊重、互助友爱、融洽和谐的社会环境，企业也迫切需要恢复和建立一种相互尊重、互助友爱的工作伦理。而要建立这种工作伦理，除了要建立完善的道德教育体系和法治体系外，一方面需要全社会尽快恢复和建立社会公信力。有了社会公信力，人和人才能真心的交往，才能互助互爱。古人云："欲治其国者，先齐其家；欲齐其家者，先修其身；欲修其身者，先正其心；欲正其心者，先诚其意"。② 管理者要达到天下大治，必须完善自身的道德修养，尽职尽责，垂范于公众。就企业而言，不仅要确立平等互助的内部人际关系，使企业与员工之间形成利益共同体，还要在企业中广泛开展诚信经营宣传教育，通过管理者的身体力行和制度建设着力引导企业培育诚信品牌。另一方面，要强化每个人的社会公德意识，规范职业道德，从实际做起，规范职业道德，加大对从业人员的职业素养培养和教育引导，自觉以职业道德约束自己的言行。

其四，要保持和发扬良好的职业精神。职业精神是人们对自己所选择职业的高度认同和热爱，是一种职业素质，是一个人全心全意、尽职尽责、忠于职守、一丝不苟，把工作当成生命来热爱，把岗位看成使命来坚守的一种精神。③ 职业精神不是一般地反映社会精神的要求，而是着重反映一定职业的特殊利益和要求；不是在普遍的社会实践中产生的，而是在特定的职业实践基础上形成的。它鲜明地表现为某一职业特有的精神传统和从业者特定的心理和素质。其要素包括职业理想、职业态度、职业责任、职业技能、职业纪律、职业良心、职业信誉和职业作风等，核心则主要是敬业、忠诚和责任。

---

① 《马克思恩格斯选集》第1卷，北京：人民出版社1995年版，第82页。
② 《礼记·大学》。
③ 郝幸田：《世界名企员工的职业精神》，《企业文明》，2014年第8期，第55—59页。

首先，敬业是职业精神的基石。美国的埃克森美孚石油公司的职业精神充分反映了"敬业精神，时刻不忘"的职业精神。在该公司有一位名不见经传的小职员阿基勃特（Agybert）。他无论是在出差住旅馆时，还是在书信或各种收据上，只要是需要签名的时候，都不会忘记在自己的签名下方写上"每桶4美元的标准石油"几个字。久而久之，同事们忘记了他的真实姓名，而习惯地叫他"每桶4美元"。后来，这件事传到了公司董事长约翰·戴维森·洛克菲勒（John Davison Rockefeller）那里，他特意找来阿基勃特问："别人叫你'每桶四美元'，你为什么不生气？"阿基勃特回答："我的外号就是我们公司的宣传语，别人叫我一次，就是替我们公司作了一次免费广告，我为什么要生气呢？"洛克菲勒十分感叹："这么敬业的人，时时刻刻都不忘为公司作宣传，你正是我们公司需要的职员啊！"①

其次，忠诚是职业精神的根本。对于企业来说，有一批忠诚的员工是一笔财富，这是企业的生存之本，而对于员工来说，忠诚也是自己最好的职业品牌，是自己安身立命的基础。对企业的忠诚，不但是个人的品德问题，也是能力的基础，失去了忠诚，员工的能力也将失去用武之地。因此，无论什么时候，忠诚都是员工对公司应尽的本分。韩国三星集团积极倡导"生死相依，荣辱与共"的职业精神。在位于汉城附近的"三星人才资源发展中心"，每个新学员都要接受24天的艰苦锻炼。他们早上6点20分开始练习，一直干到晚上11点钟。该中心的目的就是要向员工传授基本的商业技能，培养员工养成对三星公司的献身精神。公司每一位管理人员在提升前必须回到三星公司的学校接受其他课程的培训。每年大约40名杰出的员工，在公司服务数年之后，可望派往国外，其费用全部由公司承担。他们到国外旅游、学习语言、吸收国外文化营养。该公司受到推崇的明星员工金正浩，除了平时工作认真和努力外，公司最看重的是他危难之际的不离不弃。20世纪60年代后期，三星公司曾出现危机，许多员工都另谋出路，而金正浩却没有丝毫动摇，甚至在很长时间发不全薪水的情况下，他也像原来一样每天按时到公司上班，一直秉承着认真努力的工作态度，并积极承担额外工作，帮助其他同事一起处理累积下来的工作。由于工作繁多，经常加班很晚，但他从未抱怨过。一段时间之后，公司的情况开始好转，并最终渡过了危机。为表彰危难期间与公司荣辱与共的员工，三星公司将明星员工的荣誉赋予了这位在危难时期不离不弃的员工。在表彰大会上，公司总裁李秉哲动情地说："今年我们的'明星员工'不是科技骨干，也不是销售能手，而是一批像金正浩一样公司最普通的员工。在此，我感谢这些为公司发展作出努力和贡献的人。在公司困难时期他们能够留下来与我分担，我会记住这一切的！"20年后，金正浩从三星退休，三星公司为他颁发了终生荣誉员工的称号和丰厚的奖励。② 由此可见，无论公司处于顺境还是逆境，能够与公司荣辱与共，为自己的工作付出忠诚和努力，尽心尽力地完成每一份工作，最终的受益者还是我们自己。

---

① 《签名签出来的董事长》，《商业故事》，2011年第2期，第38页。

② （美）L·克拉尔：《韩国三星集团快速发展的奥秘》，金松译，《中外科技信息》，1993年第5期，第76—79页。

其三，责任是职业精神的动力。责任就是一个人必须承受的义务和担负的职责，就是积极、主动地完成自己应该完成的工作。一个在工作中缺乏责任感的员工，不可能被赋予更多的使命，也就没有资格去获得更大的成功和荣誉。因此，无论我们身在职场的哪个位置，只要能够尽职尽责地去把它做好，我们所做的事情就是有意义的，就会受到尊重，并成就一番事业。据说可口可乐公司有一个奇特的招聘制度，那就是"一题过关制"。所谓"一题过关制"，是指在招聘管理人员时，面试只有一道题，如果应聘者能够回答得十分到位，那么就可以顺利进入可口可乐公司的管理层。这道题就是：谈谈你对责任的理解。在一次招聘中，当应聘者看到这道题目的时候，都认为十分简单，许多人引经据典，声情并茂，侃侃而谈。但出人意料的是，前来参加面试的 10 名应聘者却没有一位通过。对此结果，所有的应聘者对公司的招聘意图表示怀疑，质疑公司是否真心诚意想招聘人才，或是为了哗众取宠。对此质疑，公司负责招聘的经理给出了解释。他说："其实，我们也很遗憾，我们都很欣赏各位的才华，你们对问题的分析也是层层深入，语言简洁畅达，各位考官都非常满意。但是，你们对这次面试并没有做到完全到位，因为在我们的这道题目当中还隐藏着另外一个问题，那就是你的实际表现。遗憾的是，你们任何一个人都没有注意到这一点。"他接着说："其实这个问题你们都注意到了，只不过，你们没有将它与面试的题目联系到一起，它就是：倒在门边的那个纸篓。你们走进来的时候，没有一个人把它扶起，有的人从上面跨了过去，有的人甚至还往旁边踢了它一下"，"对责任的深刻理解远不如做一件体现责任心的小事，后者更能显现出你的责任感。"招聘经理最后说，一个没有责任感的员工绝对不是一个优秀的员工，每个老板都很清楚自己最需要什么样的员工，哪怕你是一名普通的员工，做着最普通的工作。但只要你能够担当起你的责任，那么你就是老板最需要的员工。[①]

(四) 企业内部的经营伦理

西方学术界对企业经营伦理的解释是，将判断人类行为是与非的伦理正义标准扩充到企业，使之包含社会期望、公平竞争、广告审美、人际关系等。[②] 国内学者则认为，企业经营伦理就是一个有道德的企业应当重视人性，不与社会发生冲突与摩擦，积极采取对社会有益的行为。[③] 上述观点显然是包括了企业经营伦理的全部内容，但如果就企业内部经营伦理而言，则主要指企业管理者在内部经营管理过程中约束自己行为和对待员工的态度和规范。

从目前我国企业的经营情况看，在上述两个方面确实存在不少问题。一方面，一些企业为了降低经营成本和增强市场竞争优势，往往采取各种手段侵害员工合法利益。比如有些企业千方百计压低员工工资、降低各种福利待遇，导致员工的合法收益得不到保障，员工的工作条件、生活环境十分恶劣，员工的知情权、言论自由权、隐私权常常受到侵害，员工的身心健康难以得到保障等。另一方面，一些企业的管理者自身伦理道德

① 郝幸田：《世界名企员工的职业精神》，《企业文明》，2014 年第 8 期，第 55—59 页。
② 管明、王春香、张海英：《现代企业经营伦理》，《现代商业》，2009 年第 21 期，第 152，151 页。
③ 廖良超：《浅谈中国企业经营伦理》，《法制与社会》，2007 年第 12 期，第 664 页。

意识缺失，缺少责任心和担当精神，出现许多损公肥私、损人利己、贪污受贿、腐化堕落的现象。造成上述现象的原因，有人将其归结为两个方面，一是部分企业受功利主义、实用主义的影响而出现的短视行为；二是企业内部伦理制度欠缺。[①] 根据资料显示，发达国家的企业普遍重视对企业员工的人性化管理。众所周知，日本企业通过终身雇佣制、公司工会制、年功序列工资制等协调劳资关系，积极培养员工对企业的忠诚度。如大金工业株式会社以"力争做一个能够保证雇佣的公司"为宗旨，即使在亚洲金融危机时期，公司也只是通过内部转岗分流，通过对部分员工进行再培训的方式保持对员工的继续雇佣。美国大多数企业也能将尊重人、关心人、信任人作为企业经营管理的出发点。企业本着"疑人不用、用人不疑"的原则，相信员工的工作能力，尊重员工的合法权利，允许员工以自己认为最有利的方式进行工作，从而激发了员工的主动性和创造性。企业管理人员和员工之间是一种伙伴式的平等关系，彼此尊重，平等交流，在企业内部形成了一种广泛的、公开的非正式信息网络，使每个员工感觉到自己作为企业一员的重要性。企业还努力创办各种俱乐部和文化设施，开展各种文化娱乐活动，定期对员工进行培训，满足员工各种生活需要，提高员工对企业的归属感。如美国俄亥俄州的一家钢铁和民用蒸馏水公司曾一度出现生产滑坡，公司通过采用以人为中心的微笑管理法，结果是在公司没有增加任何投资的情况下，将生产效率提高了80％。[②] 有资料显示，在美国，60％的公司建立了员工行为准则。在《财富》世界500强企业中，95％以上的企业都建立了自己的伦理规范标准。[③] 但在这方面，中国企业的内部伦理建设还有许多不尽人意之处，尚有较大的改善空间需要我们去努力。

首先，要积极树立企业内部的经营伦理新理念。企业管理者必须明白，企业的成功需要全体员工的鼎力支持和参与，而要赢得他们的支持和参与，伦理观念和道德管理就不可缺少。有人通过计算机仿真的方式研究了员工积极性对企业盈利的影响，结果表明，员工工作积极性对企业盈利有显著的影响。[④] 企业内部影响员工工作积极性的因素可能很多，但管理者对员工的工作态度起着非常重要的影响。管理者只有通过公平公正的方式对待员工，将企业的发展与员工的利益联系起来，了解并满足员工的需求，才能极大地调动员工的积极性和创造性。

其次，要积极构建企业内部的伦理道德制度。制度可以将道德规范转化为具体要求，这些要求可以进一步量化、细化到工作职责、义务等方面。制度可以涉及到管理者与企业内部的人际关系、薪酬福利、劳动安全、人员招聘、职务晋升等各个方面，并通过严格的监督体系，保证内部伦理制度能够落到实处。

---

① 夏绪梅：《企业经营伦理的瓶颈及其治理》，《经济体制改革》，2004年第4期，第109－111页。

② 转引自张荣予、王玉莲：《发达国家企业文化及其启示》，《企业改革与管理》，2008年第1期，第60－61页。

③ 转引自夏绪梅：《企业经营伦理的瓶颈及其治理》，《经济体制改革》，2004年第4期，第109－111页。

④ 孙金岭、庞娟：《员工积极性对企业盈利影响分析建模仿真》，《计算机仿真》，2014年第12期，第304－307页。

其三，重视对员工自身的伦理道德教育。员工作为企业的主体，自身的伦理道德状况对企业的内部伦理建设也十分重要。美国心理学家劳伦斯·科尔伯格（Lawrence Kohlberg）曾经指出：个人与社会的互动性，即人们的生活经验的积累和增长会对个体道德认知发展产生显著的影响。[①] 个体道德发展水平的提升是在与社会交互作用中，随着道德经验的不断积累和结构化而实现质的飞跃。因此，企业作为员工日常工作和生活的场所，应当提供一个较好的平台来促进员工伦理道德水平的提高。企业应当注重员工内在素质的提高，加强对员工的伦理道德方面的培训与教育，通过营造伦理文化氛围来提高员工的道德自觉，实现其伦理道德认知水平的提升。要不断向员工灌输企业的伦理标准和道德要求，使企业伦理道德植根于每个员工的心中，并成为其日常行为的准则。基于此，有人甚至建议，企业在员工招聘、管理者甄选过程中，除了考察他们的知识、能力外，还应当考虑其道德水平。尤其是在甄选中高层管理者时，必须要求其道德水平处于前习俗阶段以上，以避免他们的自利主义倾向给企业带来危害。在员工与岗位的匹配中，加入员工道德发展水平这一考察因素。对于一些企业经营管理的核心岗位，如质检岗、财务岗、采购岗等，必须要求员工的道德水平处于前习俗阶段以上，以防止一些非伦理行为的产生。对于处在不同道德水平的员工，采用不同的管理方式。如对处于前习俗阶段的员工，应加大制度管理力度，注重对他们行为结果的规范，并明确奖惩原则；对处于习俗阶段的员工，他们的道德判断标准是周围的他人认同以及制度、法律认可的，应着眼于个人人际关系网中人们共同利益的培养；对处于后习俗阶段的员工，他们的道德判断标准是社会普遍认同的，是道德发展的最高水平，已经不需要制度对他们进行道德规范，企业应当充分发挥这部分员工的楷模作用。[②]

其四，着力提高经营管理者的伦理道德素质。在企业内部经营伦理建设中，管理者是轴心，具有举足轻重的作用，管理者的伦理道德素养如何，直接影响着企业内部伦理建设的水平。只有切实加强企业管理者的伦理道德培育，提升其人格素质，才能对企业整体的伦理建设发挥决定性作用。毋庸置疑，日本企业的成功，在很大程度上是因为出现了一批伦理道德素质较高的企业家。如松下幸之助是世界著名的企业家，他从一个外出打工的学徒，变为一个大型跨国公司的当家人，主要原因就是他能够刻苦努力并具有高尚的伦理道德素质。松下将企业经营管理者的伦理素质概括为 6 个方面：造福于人的意识、对待工作的正确态度、建立健康人际关系的能力、要有诚实的品格、讲信誉、正当竞争。正是有了这种高尚的伦理道德素质，他才能够引领企业创造辉煌，并成就了一个世界著名的企业。美国社会系统学派的代表人物切斯特·I·巴纳德（Chester I. Barnard）在《经理人员的职能》一书中指出，经理人员最重要的职能就是不仅应具有符合复杂的道德准则的伦理素质，而且还应具有为他人制定道德准则的能力，从而使

①　（美）劳伦斯·科尔伯格：《道德发展心理学：道德阶段的本质与确认》，郭本禹等译，上海：华东师范大学出版社 2004 年版，第 126 页。

②　刘彧彧、谢天立：《影响企业员工伦理决策的关键因素研究》，《管理学报》，2013 年第 8 期，第 1151—1161 页。

企业这个协作体系能够维护正常的运转。[①]

三、企业外部伦理与企业管理

（一）企业外部伦理的基本要义

关于企业外部伦理的含义，虽然迄今尚无明确界定，但从国外学者对企业道德责任的论述可以得出一些基本的认识。美国管理学家斯蒂芬·P·罗宾斯（Stephen P. Robbins）就认为，企业道德责任不是社会要求企业履行的经济与法律层面的义务，而是企业谋求有益于社会长久利益的责任。[②] 哈罗德·孔茨（Harold Koontz）则认为，企业道德责任就是企业应当从道德层面思忖自身活动对社会所造成的影响。[③] 另外，阿奇·B·卡罗尔（Archie B. Carroll）也将企业道德责任看作是企业社会责任所包含的经济、法律、伦理以及慈善四个要素。[④] 从国外学者对企业道德责任模糊不清的解释中不难看出一些较为一致的看法，即属于企业道德责任范畴的企业外部伦理就是那些包含了企业与各利益相关者的道德关联，是企业在经营活动中对其利益相关者的一种人本关怀和社会责任。其实，近年国内学者在谈到企业伦理道德建设时，也将其概括为如何正确处理人与人、人与自然、人与自身之间的关系。[⑤] 所以，赵曙明等人明确提出，企业伦理涉及到企业内部和企业外部两个方面，企业内部伦理主要是涉及企业的所有者、管理者和员工之间应该共同遵守的行为准则和道德规范；企业外部伦理主要是企业在处理与外部社会环境之间的关系时应该遵守的行为准则和道德规范。[⑥] 其内涵就是企业处理与客户、股东、企业、政府、社会乃至自然的公共伦理道德关系。

（二）企业与客户和消费者的伦理关系

企业与客户和消费者的伦理关系，主要是指企业为达到经营目标，主动与客户和消费者建立起来的一种正常的买卖关系。这种关系可能是单纯的交易关系，也可能是通讯联系，或者是为客户和消费者提供的一种特殊接触机会，也可能是为双方利益而形成某种买卖合同或联盟关系。企业与客户和消费者之间的伦理关系不仅可以为双方交易提供方便、节约交易成本，也可以为企业深入理解客户和消费者的需求，建立良好的市场形象提供支持。

事实上，在市场化环境下，企业与客户和消费者之间往往存在一种既对立又统一的

---

① （美）切斯特·I·巴纳德：《经理人员的职能》，孙耀君译，北京：中国社会科学出版社1997年版，第213—214页。

② Stephen. P. Robbins, Mary coultar. Management. New Jersey: Prentice Hall International Inc, 1996: 148—149.

③ （美）哈罗德·孔茨：《管理学》，郝国华译，北京：经济科学出版社1993年版，第689页。

④ Keith Davis, Robert. Blomstrom. Business and society: environment and responsibility. New York: MeGraw—Hill, 1975: 39.

⑤ 孔南钢：《儒家商务伦理思想与现代企业伦理文化建设》，《伦理学研究》，2011年第4期，第131—135页。

⑥ 赵曙明、黄昊宇：《企业伦理文化与人力资源管理研究》，《经济管理》，2006年第4期，第4—15页。

关系。一方面，企业为了追求利润最大化目标，在生产和销售产品时必然要抬高价格，降低价值，从客户和消费者那里获取最大利润；另一方面，客户和消费者本能地要用最少的投资购买到质优价廉的产品，将企业的利润降到最小，由此产生一对难以克服的矛盾。因此，这就需要企业与客户和消费者之间建立起一种牢固的伦理关系，以维持交易双方的正常诉求和合法利益。

首先，建立相关产品和服务的专业和技术规范。企业作为产品和服务的提供者，必须具备相应的专业能力才能满足客户和消费者提出的要求，才能保护客户和消费者的合法利益。而专业能力又往往与职业技术标准密不可分。比如，电器产生和经营企业必须掌握有关电器的技术和服务规范，汽车生产和经销商必须熟悉汽车的技术和服务规范，会计师事务所必须熟悉审计制度和会计准则。只有熟悉并遵守这些技术规范和要求，并以这些技术规范和要求作为开展经营服务活动的标准，才能保证生产和经营过程中作出正确的职业判断，提供优质的服务，真正做到客观公正、优质优价。

其次，建立以诚信为基础的合作共赢关系。中国有句古训："诚信无欺，市不豫贾"、"货真价实，口不二价"。企业与客户和消费者之间事实上是一种委托关系，双方均负有保护彼此利益的责任和义务。这种责任和义务要求企业和客户及消费者之间要保守秘密、相互信赖。企业之间的竞争最直接的表现就是争夺消费者，对消费者和生产企业来讲，由于企业专门从事一种或一类商品和服务的制造，他们对其所经销的产品（服务）的质量、销售渠道和定价等方面掌握的信息比消费者全面、可靠，完全可以凭借这种优势以弄虚作假、以次充好、缺斤少两、虚报业绩、内幕交易等各种手段达到逐利的目的。但企业违反诚信原则只能得一时之利，失去了在消费者之中的信誉，企业就会受到严重的损失甚至倒闭。南京冠生园的案例就充分说明了这一点。有些消费者明确表示不再购买冠生园月饼，甚至除此之外的其他食品。美国的强生公司在世界上许多国家生产和销售品种繁多的健康用品，1982 年和 1986 年分别由于有毒泰乐诺胶囊致死人命使市场份额大幅度下降。但强生公司却真诚待人，不吝花费，在危机发生时积极承担公司责任，并向消费者和客户作出解释和赔偿，由此树立了良好的公众形象，终于很快挽回了失去的市场。①

其三，建立以互惠互利为基础的合理收费制度。按照我国价格法的规定，任何商品和服务在价值原则下都应该有一个合理合法的收费标准。企业经营者在价格活动中应当遵守法律、法规，执行依法制定的政府指导价、政府定价，明码标价，遵循公平、合法、诚实信用原则，向价格主管部门提供价格管理和监督检查所必需的资料。对那些相互串通、操纵市场价格，损害其他经营者或者消费者的合法权益、扰乱正常的生产经营秩序；损害国家利益或者其他经营者的合法权，捏造、散布涨价信息，哄抬价格，推动商品价格过高上涨；利用虚假的或者使人误解的价格手段，诱骗消费者或者其他经营者与其进行交易；提供相同商品或者服务，对具有同等交易条件的其他经营者实行价格歧视；采取抬高等级或者压低等级等手段收购、销售商品或者提供服务，变相提高或者压

---

① 赵文明编著：《中外企业文化经典案例》，北京：企业管理出版社 2005 年版，第 264－265 页。

低价格；违反法律、法规的规定牟取暴利和法律、行政法规禁止的其他不正当价格行为，采取严厉的打击措施，以维护客户和消费者的合法权益。如国家制定的《终结服务收费管理办法》规定：中介机构应在收费场所显著的位置公布服务程序或业务规程、服务项目和收费标准等，实行明码标价，自觉接受委托人及社会各方面的监督，不得对委托人进行价格欺诈和价格歧视。不得以排挤竞争对手或者独占市场为目的，低于本单位服务成本收费，搞不正当竞争。《普通住宅小区物业管理收费暂行办法》规定，物业管理企业在收费过程中，要从实际出发，因地制宜，因房制宜，本着与物业管理水平相适应的原则，明码标价，接受物价、财政、税务、审计部门的监督。世界上许多常胜不衰的企业就是靠让利与人而获得成功的。如瑞士的雀巢公司为了在中国销售牛奶和咖啡，深入农户，从帮助中国发展鲜奶和咖啡豆的生产开始，终于在培育市场的同时也确立了自己的市场地位。其实，雀巢公司在为自己创造本地原料供应源的同时，也给中国的原料生产者——农民带来了实实在在的利益。可以说，在客观上这是一种互惠互利的做法。[①]

其四，坚决杜绝各种形式的商业贿赂。在企业经营活动中，为了达到某种交易目的，一些不法商人或消费者及客户，往往以业务收入分成、介绍费、佣金等形式，向有关部门、委托单位或个人提供贿赂，导致其它经营者失去公平竞争的机会。按照《中华人民共和国反不正当竞争法》和相关法律的规定，这些行为都属于贿赂行为，不仅不符合商业伦理，而且是违法行为，必须坚决予以禁绝。

其五，建立高水平的信息沟通机制。企业与客户和消费者之间的信息和情感沟通，一方面可以提高客户和消费者参与度，满足客户和消费者求知、交流、尊重和表现等多种需求；另一方面，企业也可以了解到客户和消费者的真正需求，有利于提高服务水平。因此，在沟通内容上，要求企业在接受委托服务的全过程，应与客户和消费者进行充分交流，了解和掌握客户和消费者需求信息，输送企业产品和服务信息。对一些客户和消费者的不合理诉求要做好解释工作，努力做到晓之以理、动之以情，让客户和消费者理解相关的法律法规及其后果，共同遵守国家法律法规。即使客户和消费者暂时无法接受有关建议，也应该以职业道德为重，拒绝客户和消费者的不合理要求。在交易实施阶段，企业应就需要客户和消费者协助的工作、需要客户和消费者解释的事项、相关票据、一些敏感问题等与客户和消费者沟通。在完成交易工作后，还应就一些善后事宜作出沟通，做到有始有终，双方满意。1997年起源于美国的客户关系管理，就是一种以现有信息技术作为实现手段，围绕"以客户为中心"的管理理念，通过与客户沟通、接触，了解客户的现实需求和潜在需求，与客户建立积极、稳定的关系，从而最大限度地增加利润，提高行业占有率。IBM公司将这种管理模式看作是通过一系列技术手段了解客户目前的需求和潜在客户的要求，是企业识别、挑选、获取、发展和保持客户和消费者的整个商业过程。[②] 在2003年5月，马云投资一亿元人民币创办的个人网上交易

① 赵文明编著：《中外企业文化经典案例》，北京：企业管理出版社2005年版，第78—80页。
② 赵文明编著：《中外企业文化经典案例》，北京：企业管理出版社2005年版，第193—195页。

平台——淘宝网。所以能够取得在短短十多年时间就已拥有近 5 亿多注册用户，每天有超过 6000 多万的固定访客、在线销售商品数超过 8 亿件，平均每分钟售出 4.8 万件商品，业务覆盖 C2C 和 B2C 的业绩，其主要原因就是有效地运用了客户关系管理理念和系统，依托高水平的信息化管理平台，把"以客户为中心"的理念渗透进卖家的行动中，突破了地域、空间限制，提高了客户满意度，拥有了庞大的客户资源。[①]

其六，提供优质产品和服务，履行服务承诺。企业在争取和保留客户和消费者时，应明确能向客户和消费者提供什么样品质的产品和服务，能为客户和消费者带来什么效益，必须要实事求是地向客户和消费者讲清楚，既不能作过高的承诺，提高客户的期望值，导致客户不满，也不能作过低的承诺，导致无法吸引客户。正确的做法应该是向客户和消费者传递企业的产品质量如何、特点是什么，能够提供什么样的服务和附加服务，服务的标准是什么，能为客户和消费者带来多大的利益，与其他竞争者相比有哪些优势等信息。企业向客户和消费者提供的产品、服务，要承担质量、安全的责任，并且遵从诚实守信的原则，不搞欺诈。这不仅要靠法律的规范、政府的监督和社会公众的舆论监督，更需要企业在伦理道德观念上把消费者作为真正的"上帝"，不搞虚假广告，不搞坑蒙拐骗，不能将客户和消费者作为获利的工具，加强行业自律，用真情和服务赢得客户和消费者的信赖。诸如上海市互联网协会发起成立了上海市互联网产业服务联盟，大力开展互联网企业信用等级评价工作。五年来评定 A 级以上信用等级互联网企业 40 多家，推动了网络诚信建设；发出"坚守七条底线"倡议，共建网络文明；组织会员参与 100 家"上海市优秀网站"评选，15 家协会会员单位主办的网站入选；成立中国互联网协会调解中心上海分中心，帮助企业化解分歧和冲突；成立"12321 网络举报中心"，提供公众投诉服务，收到举报信息 101372 件，净化网络，惠及社会；连续发布 8 期互联网发展报告，提供有关行业发展的权威信息。[②]

（三）企业与企业的伦理关系

随着经济全球化时代的到来，企业之间的竞争已经不是那种完全损人利己的"达尔文式"的竞争，取而代之的是竞争与协作的双赢模式。[③] 通过有选择地与竞争对手、供应商分享和交换控制权、成本、资本、进入市场的机会、信息和技术，为客户创造更高的价值。企业在合作中必须遵循互利、互信、共赢的原则，信守订立的合作契约，合作才有可能。竞争还应该遵守国家的法律规章，遵守公平竞争、公共道德的原则，避免过度竞争、恶性竞争，以及其他危害社会、他人的行为。合法竞争、公平竞争才能为企业提供更多的发展机会，守约的合作、诚实的合作才是企业长远发展的基础，努力做到不恶性竞争、不散播不实谣言、不挖对方墙角、不窃取商业机密。当年杰克·韦尔奇（Jack Welch）接任通用电气公司 CEO 后，为了扭转公司亏损的局面毅然抛弃那些非核心的业务和部门，选择与世界上一些大公司合作，并很快扭亏为盈，成就了一个世界级

---

① 赵艳：《浅析淘宝网的客户关系管理》，《东方企业文化》，2014 年第 21 期，第 200 页。

② 蔡全根：《加强行业自律，当好桥梁纽带，提供优质服务》，《电信快报》，2015 年第 1 期，第 3 页。

③ 赵曙明、杨忠、徐军：《21 世纪全球企业的竞争战略与管理》，《国际学术动态》，2000 年第 4 期，第 9—15 页。

的卓越公司。① 因此，企业之间的竞争不能是盲目的竞争，而应将自己有限的力量用于拥有持久优势的竞争领域，或是在为保持行业影响力、获得价值方面必须参与的领域。诸如中国积极加入 WTO，不仅全方位参与国际经济活动，加快了中国的改革开放步伐，而且与世界各国企业在竞争中充分合作，极大地促进了我国企业的进出口贸易，推动了我国经济社会的全面发展。微软公司与太阳微系统公司一直是死对头，两公司从市场竞争、技术产品的竞争到两个总裁之间的口水战，明争暗斗从来就没有停止过。然而，2004 年 4 月 2 日，微软首席执行官斯蒂夫·巴尔默（Steve Ballmer）和太阳微系统公司首席执行官兼主席斯科特·麦克利尼（Scott G. Mcnealy）尔）则向全世界宣布："微软和太阳微系统公司将为产业合作新框架的设置达成一个十年协议。"② 昔日的一对冤家终于亲密地坐在了一起。现在的合作伙伴和合作领域已经不存在严格的界限，曾经的竞争对手完全可以成为合作伙伴。

（四）企业与股东的伦理关系

按照《公司法》的规定，企业是依照公司法律规定组织、成立和从事活动的，以营利为目的且兼顾其他社会利益的，具有法人资格的经济实体。③ 公司制度的存在，使得任何人都有成为投资者的机会。公司与股东互相独立的法人资格，又使得股东将投资风险限定在投资份额，其较为可靠的安全性增强了众多市民进入股市的信心。美国学者约翰·杜勃逊（John Dobson）认为，企业有两个任务，一是为股东谋取最大利益，一是行为要符合伦理，这两者之间并不冲突。④ 也就是说，如果企业的行为符合伦理规范的要求，企业就能够获得更多的利润，两者呈正相关关系。但股东在实践中难以控制公司活动，一方面为公司高级管理人员对职权或特殊地位的滥用创造条件，出现各种侵害企业和股东利益的事情；另一方面由于大股东掌控公司经营管理大权，又会出现大股东侵害中小股东和企业利益的事情，尤其一些大股东为了实现超控制权收益⑤，导致这种现象更为普遍和严重。具体表现为：恶意占用上市公司资金并为其旗下的其他公司所用；强制要求上市公司为其旗下的其他公司提供担保；通过关联交易将上市公司利益转移至大股东属下的其他公司；通过各种隐秘方式攫取上市公司利润；基于大股东的利益而随

---

① 赵文明编著：《中外企业文化经典案例》，北京：企业管理出版社 2005 年版，第 126—127 页。

② （美）卡伦·索思威克：《头号对手：讲述太阳微系统公司与微软公司竞争的内幕》，华蓉等译，深圳：海天出版社 2000 年版，第 1—10 页。

③ 顾功耘：《公司法》，北京：北京大学出版社 1999 年版，第 5 页。

④ Dobson. J . Management Reputation：An Economic Solution to the Ethics Dilemma ，in Business & Society ，Spring . 1991：13— 20.

⑤ "超控制权收益"的概念是暨南大学的刘少波提出的。这是一种基于大股东利益最大化的动机、依托控制权的行为能力、与控制权成本补偿无关，而为大股东强制获取的超过控制权收益以上的收益。如果说基于控制权成本补偿或控制权风险溢价意义上的控制权收益，表现为对公司增量现金流权的配置取向，那么，超控制权收益则表现为对公司存量财富的再分配，即大股东以各种方式"从他人那里重新分配财富"。因此，超控制权收益总体上可视为是大股东的"道德风险"（moral hazard），其中的一些行为则明显具有触犯法律的特征，因而难免遭受法律诉讼的风险（刘少波：《控制权收益悖论与超控制权收益——对大股东侵害小股东利益的一个新的理论解释》，《经济研究》，2007 年第 2 期，第 85—96 页）。

意变更上市公司资金投向；通过其他方式向大股东进行利益输送等。① 大股东的这些做法严重损害了企业的利益，给企业带来无法估量的危害，不仅影响企业的经济效益，最终可能还会导致企业的衰败。用沃尔特·W·曼利（Walter W. Manley）的话说："这些人完全忽视了伦理关注有助于企业的经济绩效。"② 为限制这种事情的发生，英美等国通过实施大股东持有流通股、发达的股票市场、股东分散持股等基本做法加以限制大股东侵害中小股东利益的现象；德日两国则主要通过股东集中持股和债权人的有效监管等限制这种情况的发生。③ 这些做法都值得我们去学习和借鉴。此外，还要通过强化企业伦理建设和机制优化，推动建设良好的企股伦理关系，如鼓励企业积极经营、为股东谋求更多利益；严格划分企业经营权和所有权，充分发挥专业经理人作用，确保企业营运自由；建立大股东权益制约机制和利益分享机制，使大股东与中小股东风险共担、利益分享等。

（五）企业与政府的伦理关系

自从古典经济学家提出自由市场经济理论以来，如何处理企业与政府的关系就成为人们热烈讨论的话题。企业与政府作为现代社会中两个最具影响力的组织，两者之间形成一种什么样的联系必然是经济社会发展中面临的重要现实问题。美国是一个典型的发达资本主义国家，实行的是自由主义市场经济，其政府与企业的关系主要通过促进宏观经济稳定增长、推动区域经济均衡发展、加速以技术为基础的经济扩张、动态实施经济管制与控制、提供直接和高效的服务和提供各种援助和补助等方式来实现。对国有企业的管理主要通过人事任免、财务控制和税收来实现。德国也是发达的市场经济国家，它更多的是通过宏观调控和政策导向来稳定经济发展。其企业与政府的关系主要表现为企业是完全独立的市场主体、政府对市场进行宏观调控，而调控主要通过几个委员会来实施。企业调查委员会负责对企业的开设条件和资格进行审查，银行调控委员会负责所有企业的生产经营活动以及借款、投资、结算等，企业市场调查委员会主要是对市场状况、发展趋势、企业兼并、公平竞争等进行调控，税收管理委员会负责调节企业的投资政策、人员增减和行业之间的关系等。日本在明治维新时期，几乎所有的企业都是"官业"，其显著特征是"官企合一"。企业由政府全额投资创建，由主管官员直接经营，成本和收益一律记入官厅的账簿，是不可分割的强依赖关系。后来，在经过三次国有企业民营化之后，民间企业不断壮大，政企关系逐渐由强变弱，由直接变为间接。目前，日本政府对国有企业主要是采取行政控制和间接规制相结合的方式。④

---

① 刘少波：《控制权收益悖论与超控制权收益——对大股东侵害小股东利益的一个新的理论解释》，《经济研究》，2007年第2期，第85—96页。

② Manley. Walter. W. Critical Issues in Business Conduct：Legal，Ethical and Social Challenges for the 1990s，Westport：Quorum Books. 1990：7.

③ 张晖、赵涛：《制约大股东侵害小股东利益的模式比较及启示》，《中州学刊》，2005年第2期，第65—69页。

④ 王娟：《企业与政府行为关系研究——国外企业与政府关系比较分析及启示》，南京工业大学2005年硕士论文，第21—37页。

我国当前企业的主体，按所有制来区分，可分为国有企业、民营企业和外商投资企业。这三种所有制企业，由于其形成的历史不同，企业与政府关系形成和发展的历史也不尽相同。国有企业在改革开放前只是一个处于被动地位的行政机关的附属物，在经济活动中缺乏生机和活力。① 改革开放以来则经历了扩权让利、承包经营、建立现代企业制度和国有企业国民待遇等几个阶段。一些国有企业负责人也在经营管理过程中出现责任意识淡漠、决策独断专行，甚至损公肥私、贪赃枉法等现象。民营企业是改革开放后的产物，对中国经济发展作出了巨大的贡献，但在经营领域、市场准入、投融资和信息渠道等方面却长期受到不公正的待遇。而一些民营企业在经营过程中也存在较多的违法经营、行贿受贿、偷税漏税等不法行为。外资企业在中国的发展是一个特例，由于我国改革开放的特殊需要，为了吸引外资而制定了一系列特殊的优惠政策，甚至还突破了其他经济体不能进入的一些"禁区"，迅速形成了全方位开放的发展格局，使外企获得了超国民待遇。以上这种不同性质企业不同待遇的现象，形成了我国政企关系的特殊现象，也造成了许多不必要的矛盾，导致企业发展中出现许多问题。因此，在经济有效、目标一致、主体平等、公开透明、利益双赢原则下建立一种统一的政企互动关系，就显得十分必要。

其实，企业与政府的关系是企业外部伦理关系的重要方面。企业作为经济组织是社会的成员和重要组成部分，政府作为管理者对企业实施宏观上的管理和组织协调是十分必要的。二者之间的关系应该是：政府为企业生产、交换、分配和消费各环节的高效运行提供保障，企业在政府法律和法规允许的范围内从事经营活动。在这里，企业是否遵守政府的法律法规，不仅是个法律问题，也是一种伦理道德问题。法律的强制手段是必须的，但伦理道德的约束作用也是相当重要的。因而，一方面，企业作为独立的法人实体，在依法行动的同时，也必须承担相应的伦理责任，如经营范围是否与国家要求相符，是否照章纳税，经营方式是否合乎法律规定等，这些东西既受法律法规的约束，又受伦理道德关系的约束；另一方面，企业是否遵从政府的政策、监督、调控，也是一种伦理关系，如政府关于环境治理、土地规划、资源开发等方面的政策，关于用工制度的规定，关于社会保险、福利等方面的要求等，企业是否能不折不扣地执行，就不仅是一种管理关系，也是一种伦理关系。由此，必须积极通过完善我国的法律政策体系、推进政府体制改革、引导社会舆论环境、培植发展社会中介和完善现代企业制度，以建立和完善新的时代条件下企业与政府合作共赢的新型伦理关系。

（六）企业与社会的伦理关系

企业与社会的伦理关系集中表现在企业如何承担社会责任②问题。国外关于企业社会责任的讨论，始于20世纪30年代哥伦比亚大学法学院教授阿道夫·A·贝利（Adolf A. Berle）与哈佛大学教授米里克·多德（E. Merrick Dodd）著名的论战。贝利认

---

① 李慧：《二十年来国有企业改革历程的回顾》，《北京党史研究》，1998年增刊，第38—41页。

② 企业社会责任一词最早是由西方学者米尔顿·弗里德曼于1924年提出的（参见 Oliver Sheldon, The Philosophy of Management，London：Sir Isaac Pitman and Sons Ltd. 1924，74）。

为，管理者受托于公司股东，股东的利益是第一位的。多德则认为，为股东创造利润绝不是公司唯一的目的，公司应该还有服务社会的功能。① 两派争论一直到今天也没有结束，不过自 20 世纪 30 年代至今，从"赢利至上"到"关注环境"和"社会责任普及"，社会主流观点已发生了根本性变化。虽然迄今仍然有以米尔顿·弗里德曼（Milton Friedman）等为代表一派学者将企业追求利润作为企业社会责任的观点，但越来越多的学者认为，无论企业经营状况如何，都应承担社会责任。企业的社会责任包含道德因素，社会利益远远高于企业盈利。② 战略管理大师迈克尔·波特（Michael E. Porter）更是深刻指出："任何企业的发展如果是以牺牲其所赖以生存的社会为代价的话，那么，它所获得的任何成功都将成为海市蜃楼。"③

　　要让企业承担社会责任，就必须明确什么是企业社会责任，其内容包括哪些方面。关于企业社会责任的概念，迄今尚无统一的说法。麦克格尔·杰斯夫（McGuire Joseph. W）认为，企业社会责任的宗旨意味着企业不仅仅要有经济和法律义务，而且还对社会负有超过这些义务以外的某些责任。④ 爱普斯坦·艾德文（Epstein Edwin. M）提出，企业社会责任就是要努力使企业决策的结果对利益相关者有利而不是有害的影响，企业行为的结果是否正当是企业社会责任关注的焦点。⑤ 世界可持续发展企业委员会（WBCSD）的说法是：企业社会责任是企业针对社会（包括股东和其他利益相关者）的合乎道德的行为。⑥ 关于企业社会责任的内容，肯尼斯·安德鲁斯（Kenneth R. Andrews）概括为四个方面：（1）公司决心自愿捐助教育事业和其他慈善事业；（2）公司选择一个属于自己的经营道德标准，这个标准要高于法律和习俗所要求的最低水平；（3）在具有各种机会的业务中，公司根据社会价值进行选择；（4）为了经济报酬以外的理由（很显然仍与经济报酬有关）投资与公司内部生活质量的改善。⑦ 美国的彼特·普拉特利（Peter Pratley）认为有三种责任：一要对消费者的关心，比如能否满足使用方便，产品安全等要求；二要对环境的关心；三要对最低工作条件的关心。⑧ 我国学者将企业责任分为经济责任、法律责任和企业社会责任。企业社会责任是企业在社会领域内对自身行为后果的"回应义务"。⑨ 企业社会责任即"在某特定社会发展时期，企业对其利益相关者应该承担的经济、法规、伦理、自愿性慈善以及其他相关的责任"。

---

① 任荣明、朱晓明：《企业社会责任多视角透视》，北京：北京大学出版社 2009 年版，第 14 页。

② 高展、金润圭：《企业社会责任理论研究与拓展》，《企业经济》，2012 年第 9 期，第 39—42 页。

③ 转引自魏力译：《企业如何承担社会责任》，《经理日报》，2007 年 8 月 21 日。

④ McGuire, JosePhW. Business and SOeiety. New york: MeGraw—Hill, 1963, 144.

⑤ Epstein, Edwin M. The Corporate soeial poliey proeess: Beyond Business Erhics. Corporate soeial Responsibility and eorporate Soeial ResPonsiveness. California management Review Vol, XXLX, NO. 3, 1987, l04.

⑥ World Business Couneil for sustainable Development. Meeting Changing Expeetations: Corporate Social Responsibility. WBCSD, Geneva, Switzeriand, 1998. 3.

⑦ （美）肯尼斯·安德鲁斯：《哈佛管理文集：可以使优秀的公司有道德吗?》，孟光裕译，北京：中国社会科学出版社 1995 年版，第 413—414 页。

⑧ （美）彼特·普拉利：《商业伦理》，洪成文等译，北京：中信出版社 1999 年版，第 98—99 页。

⑨ 李立清、李燕凌：《企业社会责任研究》，北京：人民出版社 2005 年版，第 30 页。

经济责任和法规责任是第一层次责任，伦理责任是第二层次责任，慈善责任是第三层次责任。① 还有人基于企业的"责任铁律"对企业社会责任作了界定，认为企业的社会责任是指特定时期社会（含国际社会）对企业应该肩负义务或承担责任的特定期望，以及企业在自愿基础上给予这一特定社会期望的回应，体现了企业发展中的权利与义务（责任）、效益与公益、利己与利他、目标与手段的历史的统一，是企业在自愿基础上对以人为本、全面协调和可持续发展的义务或责任。从责任内容讲，首先是经济责任，然后依次是社会公益、道德责任、慈善责任；从责任对象讲，首先是股东、企业员工，然后依次是债权人、顾客、供应商、当地社区、生态环境、弱势群体帮扶、灾难救助、慈善捐助等。②

实际上，企业承担社会责任不仅是社会道德伦理的基本要求和人类文明进步的客观需要，也是提高企业发展水平，增强企业竞争力和实现企业可持续发展的必然选择。从一些国内学者的实证研究来看，企业社会责任对企业绩效有直接影响，企业社会责任与企业绩效存在着密切的正相关关系。③ 有人对中国上市公司承担社会责任的差异性进行了实证分析，其结论是：企业对各利益相关者承担一定程度的社会责任，不仅可以提高企业的知名度、企业声誉以及企业形象，还会提高企业的生产效率，同时会得到比成本更大的收获，进而不断提升企业的增加价值。同时，增加价值一旦提高了，就会为企业履行社会责任提供物质资源。它们之间的这种关系是一种良性循环的关系。④ 还有人以沪深 20 家房地产企业为研究对象，就企业社会责任与竞争力关系进行了分析，结果表明，以企业社会责任为内容的竞争伦理是企业一种无形资本的运营。从经济学的理论预期看，这些资本运营在短期内可能会减少企业的经济利益，但是，从长期的角度看这种投入会使企业最终获得更持久、更稳定的收益。企业伦理作为道德资本有利于发挥更大的经济效益，有利于增强企业的市场竞争力。⑤ 当然，如果企业追求自身利益是以牺牲社会利益为前提，生产产品的同时造成了对其他利益相关者的伤害，则最终势必受到法律的严厉制裁，受害的是企业自身。其实，早在亚当·斯密时代就已经谆谆告诫企业：利己的行为往往会被一只无形的手牵引着达到利他的效果。利己和利他并不相互矛盾。有许多企业以社会贡献来获取企业利润，积极投身于社会公益事业，捐资助学，救助贫困儿童，向灾区人民捐款，为社会慈善事业解囊捐助等，在社会公众心目中树立良好的伦理形象，赢得了企业的健康持续发展。

不难看出，企业承担社会责任，其实是一件两全其美的事情，不仅有利于社会，也有利于企业的发展。因此，必须积极创造条件，推动我国企业承担社会责任。首先，引

① 黎友焕：《企业社会责任研究》，西北大学 2007 年博士论文，第 124 页。
② 李彦龙：《企业社会责任的基本内涵、理论基础和责任边界》，《学术交流》，2011 年第 2 期，第 64—69 页。
③ 黎友焕：《企业社会责任研究》，西北大学 2007 年博士论文，第 124 —125 页。
④ 方小枝：《企业社会责任与企业增加价值相关性研究》，合肥工业大学 2014 年博士论文，第 79 页。
⑤ 笪宁：《企业社会责任与企业竞争力的实证研究——以沪深 20 家房地产企业为例》，《财政监督》，2014 年第 29 期，第 40—44 页。

导企业管理者创新理念，既要克服轻视企业经济主体责任、片面强调企业公民责任的倾向，也要克服单纯强调企业经济主体责任、轻视企业公民责任的倾向，积极推动企业承担社会责任与开展经营管理深度融合。其次，发挥创新驱动的引领作用，结合中国国情和企业实际，切实培育企业和社会各界的创新意识，不断探索、不断实践、不断总结经验，在创新中推动企业社会责任的发展。其三，加快建立和健全各项管理制度和法律法规，推动企业自觉承担社会责任，逐步实现从"软约束"向"硬要求"的转化，促进各行各业的企业积极行动起来，提高履行社会责任的整体水平。其四，广泛动员社会力量参与，形成内部控制和外部控制相结合，企业内部动员与外部力量牵引相结合等方式，形成政府指导、社会组织推动、企业实施、媒体监督、公众参与的格局，积极营造鼓励、支持和推动企业社会责任发展的良好环境。

（七）企业与自然的伦理关系

企业是一个经济行为主体，其生产经营活动不仅创造社会财富，造福人类，也可能由于不理性的生产经营活动而引发生态环境问题，诸如环境污染、生态破坏、水土流失、资源浪费等，导致出现严重的生态伦理危机。据国家统计局 2015 年 2 月发布的《国民经济和社会发展统计公报》披露，2014 年，我国全年能源消费总量 42.6 亿吨标准煤，比上年增长 2.2%；原油消费量增长 5.9%；天然气消费量增长 8.6%；电力消费量增长 3.8%。煤炭消费量占能源消费总量的 66.0%，水电、风电、核电、天然气等清洁能源消费量占能源消费总量的 16.9%。[①] 2014 年 6 月，国家环保部发布《2013 中国环境状况公报》显示，虽然近年全国的环境质量状况有所改善，但生态环境保护形势依然严峻。依据新的《环境空气质量标准》进行评价，74 个新标准实施第一阶段城市环境空气质量达标率仅为 4.1%，华北不少城市常年被雾霾笼罩；水质情况也不容乐观，对长江、黄河、珠江等十大水系的断面监测显示，黄河、松花江、淮河和辽河水质轻度污染，海河为中度污染，而 27.8% 的湖泊（水库）呈富营养状态；在四大海区中，只有黄海和南海海域水质良好，渤海近岸海域水质一般，东海近岸海域水质极差；9 个重要海湾中，辽东湾、渤海湾和胶州湾水质差，长江口、杭州湾、闽江口和珠江口水质极差。[②] 生态环境问题一方面影响人们的身心健康，中国因肺癌、胃癌、肝癌、食道癌而死亡的人数分别高达世界的 30%、40%、50%、50%；另一方面，也在"弱化"中国的经济发展能力。据 2007 年 3 月综合世界银行、中国科学院和国家环保总局测算得出的结果：我国每年因环境污染造成的损失约占 GDP 的 10% 左右。我国的环境污染问题使一些很想到中国来投资的外国企业和很想到中国来旅游的外国游客踌躇不决。很多科技人才因为国内环境污染、食品安全以及子女教育和健康问题而移民到国外，对中国科技发展造成无可估量的损失。一些外国专家认为，中国的生态环境不佳，不适合长期居住。仅以诺基亚公司为例，雾霾造成北京难以吸引顶尖人才。在调查对象中，美国人

---

① 国家统计局：《中华人民共和国 2014 年国民经济和社会发展统计公报》，2015 年 2 月 26 日。

② 《中国生态环境状况依然令人忧虑》，http：//news. xinhuanet. com/local/2014－06/04/c_1110989777. htm.

196

最多，占 29%；其次是英国人，占 14%；然后是德国人，占 12%。其他国家依次包括法国、比利时和加拿大等。[①] 正因为如此，在 2014 年 7 月人民大会堂举行的 92 家工业企业 2013 年度社会责任报告会上，时任国家工信部部长的李毅中提出："生态文明建设是当前工业企业履行社会责任的重中之重，企业应诚信履行减排治污、保护生态的社会责任。"[②]

所谓企业生态伦理，就是指在处理企业与自然关系的过程中所应遵循的伦理原则、责任规范和道德实践的总和。它要求企业的经营和发展必须有利于生态平衡。人与自然关系中的一些价值理念是企业生态伦理观的灵魂和精髓，从某种程度上说，这些价值观念应当渗透到企业的生态伦理责任之中，也贯穿在企业伦理价值规范体系之中。[③] 有人将企业的生态伦理划分为紧密相连的两个方面，即建立生态产业和产业的生态化。要求企业根据市场需求、国家支持和社会期望构建资源节约型、环境友好型企业或开拓新的生态友好型业务；产业的生态化要求企业朝着生态友好的方向改造、升级原有企业业务活动，包括树立生态理念、进行绿色采购、提高资源能源利用效率、发展循环经济、更新资本设备、开展生态培训、实施绿色营销、加强生态管理等。[④] 人们将环境急剧恶化的最主要原因归之于企业污染，因而构建企业生态伦理就成为一个重要的话题。1984年，美国哲学家汉斯·约纳斯（Hans Jonas）在《责任之原理》一书中指出："在这个以划时代性的方式改变世界的形势中，我们所面临的是一个真正的全球责任的问题。"[⑤] 企业伦理学家爱德华·R·弗里曼（Edward R. Freeman）也认为："今天的企业家面临的挑战是以正道赚钱，同时保护环境。"[⑥]

如何建设企业的生态伦理，全世界各界人士作了多方面的探讨。20 世纪 90 年代以来，全球性的企业伦理规范纷纷发布，如"联合国全球协议"、"考克斯原则"、"ISO9000 质量体系"、"ISO 14000 环境管理体系"和"SA 8000 社会责任管理体系"等，这些都标志着对全球企业具有约束力的企业生态伦理准则正在形成，规范化的企业伦理包括企业生态伦理逐步得到完善。正如未来学研究权威、罗马俱乐部总裁奥雷利奥·佩西（Aurolio Peccei）指出："对生态的爱护和对其他生命形式的尊重，是人类生命的素质和爱护人类两者所不可缺少的重要条件。"[⑦] 结合我国企业的实际情况，开展生

---

① 《聚焦中国生态环境，绿色产业领跑市场空间》，http：//www.hbzhan.com/news/detail/93045.htm.

② 李毅中：《生态文明是当前工业企业社会责任的重点》，http：//www.ce.cn/cysc/ny/gdxw/201407/28/t20140728_3238009.shtml.

③ 刘素杰、侯书文、李海燕：《当代企业生态伦理的走向和实现》，《河北学刊》，2014 年第 1 期，第237—240 页。

④ 钟宏武、许英杰：《中国企业生态文明建设现状及使命》，《企业文明》，2012 年第 6 期，第 31—34页。

⑤ 转引自田秀云等：《当代社会责任伦理》，北京：人民出版社 2008 年版，第 119 页。

⑥ （美）R·爱德华·弗里曼：《环境保护主义与企业新逻辑》，苏勇等译，北京：中国劳动保障出版社 2004 年版，第 3 页。

⑦ （美）乔治·弗里德曼：《未来一百年大预言——21 世纪各国大派位》，魏宗雷、杰宁娜译，深圳：海天出版社 2009 年版，第 237 页。

态伦理建设具有十分重要的现实意义。

首先，积极树立企业生态价值观，将生态理念作为企业价值文化的重要内容。企业的生态价值观如果是从企业与环境的关系出发，必须遵循自然规律和生态规律，确立人与自然和谐相处的发展方式；如果是从企业与社会的关系出发，则要充分满足社会发展的要求，树立人与社会和谐相处的服务方式；如果是从企业与个人的关系出发，那么就必须要树立以人为本的管理理念，尊重每一个人的个性发展。在企业的生态价值观指导下，企业自觉遵守有关保护环境的法律法规，自觉按照有关的伦理准则开展企业的经营活动，自觉开展绿色生产、绿色经营，自觉将追求经济利益与注重社会效益和生态效益结合起来，深刻认识企业的生态伦理建设不仅是企业文化的重要内容，也是一个国家和民族的文明形象，打造生态型企业，建设企业生态文化将有利于国家、有利于人民、也有利于企业。日本现代文化中有注重人与动物、人与自然界"共生"的理念，这种理念对欧美企业产生了很大影响，成为连接东西方伦理观念的重要桥梁。

其次，积极建立企业生态管理制度，形成以生态文化为重点的企业管理文化。伦理是制度的灵魂和核心，制度是伦理的外在规范。企业生态管理是一种战略管理，企业要从生态管理的战略地位思考企业的经营管理活动和制度安排，坚决摒弃那种先污染后治理的思维模式，坚定地将绿色生产、绿色经营作为企业永恒的生产经营理念，从企业生产的源头控制污染的产生，通过绿色营销的方式加强消费者的绿色意识，积极引导他们进行绿色消费。面对来自各方面的环境管理压力，引入绿色竞争手段，强化绿色经营理念，注重企业的环境管理，树立整个企业的绿色形象，将企业的生态管理效益贯穿于产品设计、原材料采购、产品制造、产品销售以及回收的全过程，通过建立生态伦理文化提升企业的市场竞争力。按照国外一些伦理学家的说法，"什么时候做到正式化的道德伦理与非正式化的道德伦理协调一致，而且有广大职工的积极参与，道德伦理规范在企业中才算有效。"①

其三，积极培育企业的生态生产观，将绿色低碳作为企业生产的关键环节。企业的生态生产观是企业尊重自然、顺应自然、保护自然生态文明理念的重要体现。新型的企业生态生产观要求人们重新认识生态文明中人与自然的辩证关系，克服一味追求经济效益和物质利益的前工业化思维模式，积极建立一种资源节约型、环境友好型的生产方式，走绿色发展、低碳发展和循环发展之路。企业生产的前提不仅是要满足人民群众日益增长的生态需求和生存需要，也要兼顾生态环境的自净能力和自然资源的供应能力，实现企业生产的社会效益、经济效益和生态效益的统一。诸如推行清洁的生产方式，就是推行企业生态生产的有效途径之一。企业在生产经营活动中如果能够积极推行清洁生产方式，就能够在一定程度上为企业降低能源消耗和原材料消耗，并将有危害的原料和有危害的产品转换为无毒的原料和无毒的产品。推行清洁生产方式还能够使企业在生产经营活动中减少生产活动给生态环境造成的压力，减少对环境的污染，逐渐消除工业环

---

① （法）热罗姆·巴莱、弗朗索瓦丝·德布里：《企业与道德伦理》，丽泉、侣程译，天津：天津人民出版社 2006 年版，第 412 页。

境的污染源，努力从根本上解决破坏生态污染环境的问题。

其四，积极开拓企业的生态市场，将生态文明发展作为企业可持续发展的重要策略。发展生态市场，培育生态型企业，必须要坚持生态效益和生态友好原则。根据绿色低碳发展理论，企业市场价值的最大化应建立在经济效益、生态效益和社会效益最大化的基础上。企业生态市场效益主要表现为资源的节约、空气的净化、水资源的保护、废弃物排放的减少和绿色产品生产的扩大。企业因为效率的提升及污染的减少，节约了成本，进而提升了企业的市场竞争力，这是真正的竞争优势。因此，企业经营过程中，必须始终关注其生产经营活动对环境带来的影响，努力擦亮生态绿色品牌，树立企业良好的社会形象，为企业的自身生存和发展赢得更为广阔的空间。通过绿色和生态战略来提升企业的市场竞争力，坚决摒弃以往先污染后治理、先低端后高端、先粗放后集约的发展模式，加强企业生态文化建设，推动企业走可持续发展之路。

其五，积极构建企业生态技术体系，将实施绿色发展作为企业重要的生产经营战略。企业生态技术体系是将技术创新与企业环境责任结合起来，在创新过程中始终将生态环境作为重要考量加以考虑，实现产品生命周期总成本最小化的活动。企业积极构建生态技术支撑体系，是应对当代企业经济效益快速发展带来的各种社会问题和生态问题的必然要求，也是企业健康发展的理性选择。建设企业生态技术体系，要求企业必须主动调整产业结构，提高资源利用效益，发展新兴业态，建设生态产业。只有积极、主动地实施生态技术创新战略，才能使企业在产品、技术和服务等方面形成竞争优势，创造更多的经济效益和社会效益，并使企业获得更加有利的发展机遇。

其六，积极加强企业生态道德建设，将生态文化作为企业员工重要的精神素质。加强企业生态道德建设，核心是提高企业全体员工的生态文明水平，只有每一名员工的生态文化素质真正得到提升，将服务企业与服务社会结合起来，爱企业更懂得爱社会、爱劳动更懂得爱环境、爱产品更懂得爱资源，才能真正形成企业生态文化的道德氛围，形成自觉保护环境、节约资源的思想意识，推动企业走上自觉履行生态文明的发展之路。通过建立和健全各项生态环境管理制度，对企业及员工的生产经营行为起到积极的制约作用，促使企业生态文化建设逐步实现由被动到主动，由他律到自律的转化，使企业生态道德建设的作用真正能够落到实处，发挥实效。[①]

四、我国企业伦理文化建设的路径

（一）我国企业伦理建设的现状

经过改革开放 30 多年的建设和发展，我国的大多数企业应该说都意识到了建设伦理文化的重要性，在企业经营管理实践中也将伦理道德建设纳入了企业文化建设之中。企业的社会责任意识、诚信意识、守法意识、生态意识、双赢意识和服务意识等都取得了一定的成效。但从企业伦理建设的高度考察，却仍有许多不得不重视的问题。诸如金

---

① 刘阳、聂春雷：《浅议企业生态文化建设》，《环境与可持续发展》，2013 年第 4 期，第 103－105 页。

钱至上泛滥、信用缺失严重、职业道德沦丧、商业欺诈防不胜防、假冒伪劣商品充斥市场、生态环境遭到严重破坏等。我国社会正面临着财富巨大增长背后严重的道德滑坡和伦理困窘。

1. 伦理意识淡漠。2007年上半年，有人曾对浙江省近500家中小企业进行了伦理道德方面的调查，结果显示，大多数中小企业几乎不太熟悉"企业伦理"这一概念。调查中，34.8%的被调查者将企业伦理等同于企业职业道德，18.6%的被调查者则将之等同于企业文化，只有22.7%的企业对这一概念作出了大体正确的理解，认为企业伦理是指"企业在处理对内对外关系时所应遵守的行为规范"。对"企业伦理"概念理解上的局限性，进一步影响到了企业伦理道德准则的确立。从调查结果看，大部分企业的伦理道德建设仅仅停留在企业职业道德建设层面，由此表明，我们对企业伦理建设虽有一些宣传，但力度远远不够。另外，目前大多数企业的着力点往往集中在职业道德、企业文化方面，这对理解和践行企业伦理造成不利影响。浙江省属于我国改革开放的前沿地带，情况尚且如此，其他地区自然可想而知。企业伦理意识的淡漠，直接影响到员工对企业伦理的认识。有人选择国内6家企业的员工为调研对象，沿用国外企业伦理个体层次研究中广泛使用的量表即企业伦理态度量表，考察当代中国企业员工对企业伦理态度的看法，结果是，企业员工对企业伦理建设普遍存在困惑。由此可见，当代中国企业在经营活动中还没有将遵守伦理道德作为首要的约束标准，员工基本上还没有形成一种清晰而明确的企业伦理意识。[①]

2. 失信问题严重。诚信是一个企业的立足之本，企业一旦缺失诚信就难以健康持续发展。在市场竞争日趋激烈的形势下，情况更是如此。但目前的现实情况却是，企业的诚信问题已经成为无法回避的严重问题。人们时常听到或看到的是：假冒伪劣产品充斥市场、合同违约和商业诈骗比比皆是、民营企业偷税漏税成为常态、虚假广告和以次充好见怪不怪、售前售后差别对待习以为常。有人对数百家国内企业进行了走访和问卷调查，得出的结论是：首先，失信已经呈现多元性发展态势。失信不仅出现在生产过程中的企业追求暴利、偷工减料、使用有毒有害原材料、采取非法生产方式、生产销售假冒伪劣产品等，也表现在财务方面提供虚假广告及财务报表、设立多个不同账户、准备多套账目、逃避税务监管、偷税漏税、开设虚假公司、利用虚假会计信息制造企业经营假象、欺骗政府主管部门、欺骗金融管理部门和战略投资者，还表现在融资领域，如有的企业缺乏长远经营目标，不愿守信还贷、恶意透支、逃废债务、虚增抵押物价值、重复抵押等套取信贷资金，直接造成金融机构不敢放心大胆支持地方经济发展，间接导致诚信企业融资额度不足，有些不得不借助于民间高额贷款维持经营，对处于成长期的中小企业发展形成严重掣肘。此外，交易领域的诚信缺失也十分严重。调查中有60%的企业对合同条款存在争议，1/5的合同履行中存在不同程度的违约。失信行为涵盖多数行业，以食品、医药、家装、房地产业尤为突出。发生在企业与职工、消费者、其他企

① 刘丽莎：《中国员工企业伦理态度调查及分析》，《西南石油大学学报》（社会科学版），2015年第1期，第26—30页。

事业和行政单位的交往过程中，出现在企业创业、发展和扩张的各个阶段，存在于产品原材料采购、生产到出厂、销售等多个环节。诚信缺失已经成为我国企业发展的严重障碍，社会上对企业诚信的呼声也愈来愈高，调查中有 87% 的企业主认为信用贫困和信用危机已经成为现阶段制约企业发展的重要因素。[①]

3. 社会责任感不强。企业社会责任意识不强集中表现在缺乏对生态环境的保护意识。虽然企业发展不能以牺牲环境为代价几乎没有人质疑，但实际上一些企业却将追求利润最大化作为自己的经营宗旨，忽视环境保护义务和基本的社会义务。一些企业为了追求利润，不顾社会环境与自然环境，滥砍滥伐造成大量资源浪费，大量的、未经处理的工业垃圾导致环境破坏、土壤污染，化学污水随意排放造成河流污染。[②] 一些中小企业，特别是造纸、印刷、发电、纺织等行业污水不经过任何处理直接排入河流，对水系造成严重污染，导致在城市出现了臭水河，在农村水塘中鱼虾大量死亡、农作物绝收等恶性事件的发生。一些电力企业将工业废气如二氧化硫大量排放到空气中，对城市的空气造成严重污染。有统计资料显示，2014 年前三季度，各级环境保护部门查处的违法案件达 30403 件，向公安机关移送案件达 1232 件。虽然涉嫌环境污染犯罪案件办理工作取得突破性进展，但仍有部分污染事件没有得到及时而有效的解决，一些企业在利益面前仍然铤而走险，受到处理之后还会卷土重来。[③] 严重的环境污染，不仅给人民群众的身心健康造成很大伤害，也对经济发展带来不利影响。据 2012 年 2 月 16 日英国路透社发表的一篇报道称：美国麻省理工学院的研究发现，经历数十年高增长后，日益严重的空气污染对中国经济和生产力发展造成的损失，仅 2005 年就高达 1120 亿美元，而1975 年仅为 220 亿美元。截止 20 世纪 80 年代，中国空气颗粒物的密度比世界卫生组织的年度指标高出 10－16 倍，环境污染问题的严重性已经远远超出了人们的预期。[④]其他如有些企业存在的商业欺诈、造假售假、虚假广告、以次充好、侵犯知识产权等现象；有些企业家宁肯挥霍无度、吃喝玩乐，甚至将巨额资金转移到国外，也不愿意捐助慈善和社会公益事业；有些企业管理者唯利是图、唯上是从，对一些弱势群体趾高气扬、盛气凌人等，都在社会上产生了许多负面的影响，引起人们的不满和鄙视。

4. 违法违纪事件频发。处在转型期的中国，由于市场经济的不成熟和法制体系的不完善，为一些企业和企业经营者的违法违规提供了机会，导致出现许多有法不依、执法不严的现象。2014 年 3 月 15 日，江西赣州市质监局突击查处一批违法违规经营企业，具体案情涉及未按法定要求生产食品、伪造他人厂名厂址生产食品、未经许可从事生产经营活动、未按要求实施出厂检验、用不符合食品安全标准原料生产、未办任何证照生产蜜饯、冒用他人信息违规生产、非法添加非食用物质加工食品、未经许可生产桶

---

① 陈钰：《企业诚信建设问题亟待重视》，《前进论坛》，2014 年第 9 期，第 33 页。

② 陈雷：《企业伦理建设的困境与出路——基于权利论的一种考量》，《技术经济与管理研究》，2011 年第 3 期，第 56－60 页。

③ 《2014 环境污染案件追踪：下猛药更要见疗效》，《新华时政》，2014 年 12 月 11 日。

④ 黄国瑞：《论现阶段我国企业伦理建设》，《安徽农业大学学报》（社会科学版），2012 年第 2 期，第 65－68，131 页。

装饮用水等多种情况。① 同年 7 月，郑州市房地产监察队通报了上半年房地产市场违法违规情况，案情涉及在未取得商品房预售许可证的情况下预售商品房，或者通过收取排号费、认购款、加入 VIP 会员、办理生活护照等形式向买受人收取房屋预订款性质的费用，经纪服务代理销售不符合销售条件的商品房、经纪人员未在经济服务合同上签名，在房屋所有人或使用人擅自改变房屋使用性质进行出租等。② 2015 年初，武汉市公布了上一年全市查处的食品药品违法违规案件多达 3350 件。其中，药品、医疗器械案件 852 件；食品种养殖环节案件 75 件；食品生产、流通、餐饮环节案件 2423 件。③ 上市公司作为证券市场的基石，其规范运作的水平直接影响着上市公司的健康发展和证券市场的稳定运行。2011 年 12 月，《证券日报》公布当年两市共发生的 49 例上市公司违法违规事件，类型包括欺诈发行、未及时披露重大事项、财务造假和大股东占用资金等。其中，以绿大地、彩虹精化、安妮股份、科达等数家上市公司的案例最为典型。

5. 人文关怀缺失。中华民族五千年的文明史，就是一部强调人本、突出和谐、扶危济困、互助友爱的发展史。从本质上讲，企业员工是企业利润的创造者，员工和企业之间的关系不能只是简单的雇佣和被雇佣关系。员工的生命安全、身心健康、人格尊严等直接影响着企业的发展和社会的和谐。但在一些企业却存在严重的唯利是图，不顾及员工身心健康和人格尊严的现象。比较突出的如：（1）忽视生产安全，对员工身心造成伤害。贵州省黔东南苗族侗族自治州施秉县的恒盛有限公司，因生产设备、工艺落后，缺乏粉尘危害防护设施，个体防护用品不符合要求，各项职业病防治措施未落实，生产现场粉尘超标现象严重，致使 2010 年有 30 多名职工被确诊患上矽肺病。（2）无限延长工作时间，给员工造成极大的工作压力。我国《劳动法》规定的员工正常工作时间为每周五天，每天 8 小时，共计每周 40 小时制度。但一些民营和外资企业，却往往不严格执行此项制度，恶意延长工作时间，增加工作强度，由此造成对员工身心健康的严重摧残。曾经轰动全球的富士康员工接连跳楼事件就是这种工作状态下的悲剧。（3）对员工歧视甚至虐待。一些企业在招聘员工时，明文规定只招收男工，不招收女工；有些地方性企业的一些关键性岗位如财务、人事等只聘请当地人员，拒绝外地人员；有些企业将员工外形条件纳入招聘条件等。更为恶劣的是，在一些私营小企业还出现侵犯人身自由和摧残员工身体的事件。如 2007 年为众多媒体广为披露的山西黑砖窑事件就十分典型。

（二）中国企业伦理建设的路径

首先，引导企业树立正确的经营管理理念。日本学者水谷雅一在《经营伦理理论与实践》一书中提出并详细论述了一个"经营价值四原理体系"。四原理是指效率性原理、竞争性原理、人性原理和社会性原理。他认为，前面两个原理是传统的经营价值原理体系，已不适应"成熟社会"和时代发展的要求，需要增加后两个原理重新构建一个新的

① 《我市公布一批食品企业违法违规案例》，《赣南日报》，2014 年 3 月 15 日。

② 《郑州房地产市场违法违规案例 违规企业共罚 106 万》，http：//hn. house. sina. com. cn/news/2014－07－23/13362832226. shtml.

③ 《武汉市去年查处食品药品违法违规案件 3350 件》，《武汉晚报》，2015 年 3 月 12 日。

经营价值四原理体系。他还将前面两个原理归并为"经营经济性"，后两个原理归并为"经营公共性"。① 企业要树立正确的经营管理理念，把诚实守信、人性化以及社会性放在重要位置，要让每个企业和企业里的每个人都认识到诚实守信、以人为本和创造社会效益对企业发展的重要意义。企业要通过自身制度建设使企业和员工的行为受到规范和约束；企业要加强伦理道德教育，让企业管理者能够把握企业的方向，使企业员工对企业具有归属感，明白顾客、社会在企业发展中的地位。企业伦理的构建要与我国市场经济体制的不断发展和完善相适应，为市场经济的健康发展提供正确的价值导向；应确立最基本的伦理观，将集体主义、公平竞争和诚实守信的道德原则作为最基本的企业伦理观；正确处理国家、集体和个人的关系；遵守国家政策和法律，确保经营手段的合法性；在企业与企业之间、企业内部职工之间提倡公平竞争、守法、守德；企业要坚持重合同、讲信誉、诚意待客，坚决不搞任何形式的欺诈行为，诚实经营，健康发展。

其次，要正确处理组织伦理、个人伦理和社会伦理的关系。组织伦理的目标是规范作为经营性组织的企业的经营行为。个人伦理是企业个体的行为道德规范。社会伦理则是全社会遵守的道德行为规范。三者是一种辩证统一的关系。不能在个人服从组织的原则下，将员工个人的伦理简单受制于企业组织伦理的统率之下，也不能在企业追求利益的过程中损害社会利益。员工既是企业的成员，又是社会的成员，其个人行为既受企业组织伦理的约束，又受社会伦理的规范。在二者发生矛盾时，员工个人伦理更应该服从社会伦理，而不是以牺牲社会伦理服从企业组织伦理。必须明确，当企业的组织伦理严重扭曲到违背社会伦理时，它对员工个人的伦理是不能起约束作用的。我们必须破除狭隘的企业本位主义和企业中心论，努力做到个人利益、企业组织利益和社会利益的有机统一和协调发展。

其三，完善各项法律法规。相关法律法规不完善是导致企业出现各种伦理问题的重要原因。随着改革开放的不断深入和经济社会的快速发展，国家必须要加快制定和修订有关的法律法规，努力做到在与时俱进的前提下形成适应企业发展的法律法规体系。与此同时，还必须要加强执法力度，坚决做到"违法必究、执法公正"。形成高压态势，对那些违背伦理道德的企业和个人给予坚决的处罚和打击，惩恶扬善，以儆效尤。针对日趋严重和复杂的企业伦理问题，也可以考虑建立专门的行政执法机构，避免出现有法不依、执法不严的现象。

其四，加强符合伦理要求的企业制度建设。有人将制度比作企业运行的方向盘和刹车片，企业应该做什么，不应该做什么，应该怎样做，应该朝哪个方向发展，都是由企业制度来规范和指导的。如果没有制度，企业就像没有方向盘和刹车片的汽车，不仅没有方向和目标，甚至还可能会走向毁灭。但应该建设什么样的企业制度，应该怎样建设企业制度，什么样的企业制度才是科学、合理和有效的，则涉及到企业制度与企业伦理的关系问题。企业制度是关于企业组织、管理、运营等一系列行为规范和模式的总称，也是企业全体员工在企业生产经营活动中共同遵守的规定和准则，包括法律与政策、企

---

① 转引自李贤沛：《加强企业经营伦理建设的探讨》，《管理世界》，2002年第8期，第149－150页。

业组织结构、岗位工作说明，专业管理制度、工作流程、管理表单等各类规范文件。企业制度一般具有强制性、外显性、主观性和规范性特征，但任何企业的经营行为及其运行过程在本质上又不能离开伦理问题。一个健康发展的企业都会十分重视企业伦理建设，不与社会发生道德冲突与摩擦，并积极参与社会伦理道德建设。其实，今天人们衡量企业竞争力的时候，不仅考量一个企业的盈利能力，更要考量一个企业的伦理道德建设水平。如果一个企业将追求利润最大化作为首位，而不顾企业伦理建设，企业的经营活动将不会得到社会公众的认可，也不为社会伦理道德所容忍，最终必然会被全社会所唾弃。[1] 因此，一个成功经营的企业离不开优秀的伦理道德规范，企业的所有管理过程都是通过企业制度来实现的，优秀企业的管理制度本身就体现着管理伦理的特质。管理伦理为管理制度确立建设方向和目标，管理制度成为有效推进管理伦理的制度保障，二者相互促进，共生共荣。正如恩格斯所言："人们总是从自己的生产和交换关系中汲取自己的道德观念，一种制度一经形成，它就构成蕴含着道德价值和人们道德评价的有机系统。"[2]

其五，构建多层次的监督检查体系。企业伦理建设需要良好的社会氛围、健全的舆论监督体制，使全社会都加入到企业伦理建设中来。政府职能部门的监督检查具有直接的法律效力，是督促企业伦理建设的动力所在。增强消费者的监督是企业伦理建设监督体制的核心，企业要想发展下去，必须得到消费者的认同，消费者可以在民间成立多种协会，扩大自己的影响力，抵制不良产品，争取自己的利益。媒体具有传播速度快、覆盖面广的特点，而且掌握着社会的舆论风向，在揭发不法企业行为，树立企业伦理建设标兵，促进企业伦理建设方面具有不可替代的作用。近年媒体在企业伦理建设中不俗的表现也证明了它所具有的影响力，这是企业伦理建设外部最有效的监督检查机制。最为重要、最能发挥作用的当然还应该是构建企业内部的监督检查体系，这不仅是企业推进自身伦理建设的内在需要，也是企业取信社会、取信消费者、增强竞争力最重要的手段。企业只有建立起自己监督、自行检查、自我约束、自觉纠错的伦理建设机制，才能最有效地发挥企业的伦理建设效果，并从根本上解决企业的伦理道德问题。

---

① 余晓菊：《制度的德性——论企业伦理在企业制度建设中的灵魂性作用》，《伦理学研究》，2012 年第 3 期，第 84—88 页。

② 《马克思恩格斯选集》第 3 卷，北京：人民出版社 1995 年版，第 1330 页。

第七章　企业制度与企业文化建设

一、制度与企业制度

（一）何谓制度

如果考察制度的字源含义，"制"的原义有裁断和切割的意思。《说文解字》的解释是："制，裁也。从刀，从末"。《韩非子》中提到的"管仲善制割"，[①] 也是指此意。后来解释为制作、规划和制订，并引申为约束和法度。《礼记》说："越国而问焉，必告之以其制。"[②] "度"在古代指计算长短的标准和器具，也可以指法治和法度。《左传》中有："且是人也，居丧而不哀，在戚而有嘉容，是谓不度"。[③] 其中的"不度"就是指不符合法度。将"制"与"度"两字合用，就可以理解为规范和法度。《礼记》上有这样几段话："故天子有田以处其子孙，诸侯有国以处其子孙，大夫有采以处其子孙，是谓制度。""考制度，别仁义，所以治政安君也。""命降于社谓之殽，降于祖庙谓之仁义，降于山川谓之兴作，降于五礼谓之制度"。[④] 这里的"制度"就是指与道德伦理规范不同范畴的规则和规定。所以，《商君书》特别强调："凡将立国，制度不可不察也，法治不可不慎也，国务不可不谨也，事本不可不抟也。制度时，则国俗可化，而民从制；治法明，则官无邪；国务壹，则民应用；事本抟，则民喜农而乐战。"[⑤] "制度"作为一种当政者治国理政的规则或规范受到商鞅的高度重视。

西方学者对制度的解释有不同的学科差异。社会学对制度的解释包括三个方面：一是将制度解释为"组织"和"机构"，如医院、监狱、收容所、家庭、法律、国家和教会等；二是将制度解释为"模式"；三是将制度解释为"组织"、"机构"和"模式"的综合。美国社会学家欧文·戈夫曼（Erving Goffman）认为，制度即"社会机构，是指由一些固定的障碍物所环绕的、一种特殊的活动有规则地发生于其中的场所"。[⑥] 另一位美国社会学家理查德·斯科特（W. Richard Scott）则对制度概念作了一个综合性的解释："制度包括为社会生活提供稳定性和意义的规制性、规范性和文化——认知性要

---

① 《韩非子·难二》。

② 《礼记·曲礼上》。

③ 《左传·襄公三十一年》。

④ 《礼记·礼运》。

⑤ 《商君书·壹言》。

⑥ （美）欧文·戈夫曼：《日常生活中的自我呈现》，冯钢译，北京：北京大学出版社 2008 年版，第203 页。

素，以及相关活动与资源。"① 在他看来，"尽管规则、规范和文化——认知信念（即符号系统）是制度的核心要素，但制度概念还必须涵盖相关行动与物质资源。"② 也就是说，制度包括规范、规则等行为模式，也包括一定的组织和机构。

政治学将制度界定为包括机构和规范化、定型化了的行为方式和规则。③ 彼得·霍尔（Peter Hall）认为，制度是"建构政治与经济的不同单位之间关于人际关系的正式规则、执行程序和标准运行程序"。④ 另一位政治学的新制度主义代表人物埃莉诺·奥斯特罗姆（Elinor Lin Ostrom）则认为，制度就是"个体运用的规则，这些规则决定谁或者什么被纳入到决策情境中，信息如何构成，采取什么行动和按照什么次序，个体行动将怎样聚合成集体决策"。⑤

历史学理解的制度就是在所有的社会都有的"人与人之间的表示非个人关系的一种手段"。如原始社会表现为每年农业周期的宗教、图腾崇拜和外婚制度、戒律等。⑥

在经济学中，有的学者将制度看作是规则、机构、组织等的集合体，对制度和机构、组织等不作区分。有的学者却认为制度、组织和机构等是不同的，将它们区分开来，认为制度仅仅是一种规则和程序。前者如迈伦·舒尔兹（Myron Scholes）将制度称之为一种涉及社会、政治及经济行为的"行为规则"。⑦ 后者如道格拉斯·G·诺斯（Douglass C. North）将制度看作是"一个社会的游戏规则"。更规范地说，"是为决定人们的相互关系而人为设定的一些制约。"⑧

制度究竟如何理解？一方面，必须承认广义角度上的组织和机构是一种制度集合体，将组织和机构看作制度具有合理性；但另一方面，制度和组织又确实不同，组织只是在人与人之间形成的有明确目的、相对稳定，以相对固定交易为媒介和联系纽带的、具有相对固定产出的特殊产品和特殊社会关系。组织只能是一个实体，制度却是一种作为程序和规则的特殊产品。组织必须依赖于制度，制度是组织的规则。制度必须依赖于组织，组织是制度的载体。为此，有学者认为，不能简单地将制度理解为规范、规则、组织和机构，制度应该是指以法度、规范、习惯为核心，依照一定的程序由社会性组织

① （美）W·理查德·斯科特：《制度与组织——思想观念与物质利益》，姚伟、王黎芳译，北京：中国人民大学出版社 2010 年版，第 56 页。

② （美）W·理查德·斯科特：《制度与组织——思想观念与物质利益》，姚伟、王黎芳译，北京：中国人民大学出版社 2010 年版，第 57 页。

③ 《布莱克维尔政治学百科全书》，北京：中国政法大学出版社 1992 年版，第 359 页。

④ （美）B. 盖伊·彼得斯：《政治科学中的制度理论：新制度主义》，王向民、段红伟译，上海：上海人民出版社 2011 年版，第 72 页。

⑤ （美）B·盖伊·彼得斯：《政治科学中的制度理论：新制度主义》，王向民、段红伟译，上海：上海人民出版社 2011 年版，第 57—58 页。

⑥ （英）阿诺德·约瑟夫·汤因比：《历史研究》（上），郭小凌、王皖强译，上海：上海人民出版社 2010 年版，第 59—60 页。

⑦ （美）罗纳德·科斯等：《财产权利与制度变迁》，刘守英等译，上海：三联书店 1994 年版，第 273 页。

⑧ （美）道格拉斯·G·诺斯：《制度变迁与经济绩效》，杭行译，上海：格致出版社、上海三联书店、上海人民出版社 2008 年版，第 3—4 页。

来颁布和实施的一整套规范体系和社会运行机制的总和。一般情况下，制度主要指正式制度，而不是非正式制度。[①] 只有这样，才能有效地说明制度与文化、制度与道德、制度与情感等的关系，也有利于促进制度的实施和创新。

（二）企业制度及其内涵

一般意义上人们理解的企业制度往往是指企业管理制度，如企业组织机构设计、职能部门划分及职能分工、岗位职责说明、专业管理制度、工作流程设计、管理表单等管理制度类文件。但随着经济社会的不断发展，现代企业制度成为人们界定企业管理制度水平的一个重要标准。所谓现代企业制度，按照普遍的说法，就是指在现代市场经济条件下，以规范和完善的法人制度为主体，以有限责任制度为核心，以股份有限公司为重点，产权清晰、权责明确、政企分开、管理科学的一种新型的企业制度。现代企业制度并不仅仅指企业组织形式本身，还包含有适应现代市场经济体制的企业产权制度、组织制度、管理制度、领导制度、财务会计制度、法律制度、政企关系，以及与企业制度相关的外部环境的总称。有人将其特征描述为：（1）有明晰的产权关系。企业拥有包括国家在内的出资者投资形成的全部法人财产权，成为享有民事权利、承担民事责任的法人实体。无论是国家独资，还是其他形式的企业，其资产所有权的占有、使用、收益、处分的权利，都属于所有者或出资者。（2）企业法人以其全部法人财产，依法自主经营，自负盈亏，照章纳税，对出资者承担资产保值增殖的责任。（3）出资者按投入企业的资本额享有所有者的权益。企业破产时，出资者只以投入企业的资本额对企业债务负有限责任。（4）合理的政企关系。企业按照市场需求，依法自主组织生产经营，提高劳动生产率和经济效益。政府不直接干预企业的经营活动，主要通过经济杠杆和经济政策调控市场。（5）有完善的管理制度。企业要建立科学的领导体制和组织管理制度，合理调节所有者、经营者和职工之间的关系，形成激励和约束相结合的经营机制。[②] 在上述一系列规定中，明晰的产权制度、有限的责任制度、所有权和经营权分离制度，以及股票期权与员工持股制度等，在现代企业制度设计中具有重要的意义。

根据对现代企业制度的理解，有人将企业制度界定为对企业的微观构造及其相关制度安排所作出的一系列规制与约束的总和，表现为企业组织、运营、管理等一系列行为的规范化和制度化。[③] 企业制度可以按照狭义和广义来划分。狭义的企业制度是指企业组织内部的非市场契约，主要用于调节与企业经营有关的行为主体在企业内部的各种关系，包括企业的产权结构、组织结构、雇佣制度、分配制度、激励制度以及生产管理制度等。广义的企业制度则是在狭义的企业制度基础上，进一步拓宽到包括企业外部各种非市场的、市场的契约关系，如企业与企业、企业与政府等不同利益主体间的契约关系等领域。这里按照狭义的企业制度来理解，则主要由三个部分构成：（1）企业产权制度。是以产权为依托，对企业财产关系进行合理有效的组合、调节的制度安排。（2）企

① 倪愫襄：《制度概念释义》，《武汉科技大学学报》（社会科学版），2014年第6期，第589-592页。
② 新力、李凡：《现代企业制度的特征和要点》，《经济管理》，1994年第3期，第27-30页。
③ 查玮：《企业制度文化的逻辑体系》，《企业改革与管理》，2012年第3期，第43-45页。

业组织制度。是企业组织形成的制度安排，如治理结构、领导体制等。（3）企业管理制度。是对企业管理活动的制度安排，如企业的劳动人事制度、分配制度和财务会计制度等。现代企业制度是企业赖以存在和发展的体制基础，是企业及其机构、企业员工的行为准则和行为规范，是企业高效发展的动力和源泉，是企业有序化经营的体制框架和保证，也是企业文化得以现实化的重要机制。有人将企业制度与企业文化看作是企业经营管理中两个不同层面的事物，相辅相成，共同为促进企业的发展发挥作用。企业制度是企业经营管理的手段，其功能在于规范企业和员工的行为，使企业的各种要素聚集起来，形成合力，产生动力。企业文化则是企业制度化经营和管理所期望达到的结果，它的存在能够有效弥补仅靠制度管理可能出现的缺失和空白，以影响人的精神世界和观念形态来保证企业产生持续发展的能量。[①]

（三）企业制度对企业文化建设的作用机理

第一，企业制度是企业理念文化的保证。文化的核心是价值观，而价值观是形成制度的直接依据。儒家文化之所以在中国历史上发挥巨大作用，不仅在于儒家文化本身所具有的完整体系和深刻内涵，还在于历代统治者以此为核心形成了一套制度体系。如果我们通过分析企业员工自主行为的形成原理，就会看到借用企业有效的管理制度对企业员工的行为进行奖励或惩罚，能够督促和引导员工从自我需求的自主、自利行为向群体需求中的集体、利他方向转变。这里，既能感受到文化理念对员工行为的直接影响，也能体会到管理制度对员工理念形成的作用。事实上，在企业内部，如果不建立一整套完善的管理制度，企业文化是难以落到实处的。反过来，如果没有先进的企业文化理念，企业也会在"自我需求"的作用下，产生"自我价值观"，并以是否"利己"作为判断一切的标准，由此产生一系列损人利己、损公肥私和损害消费者的行为。如果企业的管理者只是一味地强调企业利益、企业价值观，要求企业员工发扬奉献精神时，员工也许能够把企业价值观和精神内化并认同下来，并按照这种要求去行动，但如果自我需要长期得不到满足，自我就不可能获得良好发展，这不仅与员工的利己属性相悖，也违背管理的最终目的，导致企业发展动力被削弱甚至枯竭。正确的方法应该是通过管理制度与企业文化理念的结合，把自我动力与超我动力结合起来，使之共同作用于企业的发展，使每一个企业管理者和员工始终将自己的目标与企业的目标结合起来，共同融合为双方共同的目标，将企业文化理念与企业管理制度密切结合，构成完整的管理体系。以幼儿园培养孩子为例：当孩子看到同桌的小朋友玩一个很好玩的玩具时，这种现象可能会刺激孩子的"本能"，产生喜欢玩玩具的需要。但是，如果自己没有玩具，则只能在心理上想象一下玩玩具的情景，从而产生"愿望式"的满足。当这个愿望强烈到一定程度使孩子再也控制不住自己时，想玩玩具的信号就会刺激到自我意识，最后产生现实的行动满足需要。如果这个行动是"抢夺"，那么"抢夺"行为就违背了幼儿园的价值观。于是，代表幼儿园价值观的权威力量即老师就会对抢别人东西的孩子施以教育与惩罚。久之，这种教育与惩罚所代表的价值观："不应该抢别人的东西"，就可能内化到孩子的内

---

① 查玮：《企业制度文化的逻辑体系》，《企业改革与管理》，2012年第3期，第43—45页。

心，形成其"超我"意识，从而将幼儿园的价值观"不应该抢别人的东西"转化为孩子自己的"超我价值观"。在这种价值观的影响下，以后的孩子就能从根本上杜绝"抢夺"行为。这里不难看到一个心理发展的历程：由"想要就抢"，发展到"想抢但因害怕惩罚不敢抢"，进一步发展到"自己认为不该抢"。当孩子的心理停留在"不敢抢"阶段时，幼儿园是靠孩子的自我动力在管理，它靠的是制度（抢别人的东西就要受惩罚）；当孩子发展到"不该抢"阶段时，幼儿园就是在利用孩子的超我进行管理。实际上，这里已经没有管理，而是靠孩子的自觉性，这种手段就是思想控制或价值观的导入，它靠的是文化理念。① 有人对企业中的习俗和仪式不以为然，其实，如果从企业文化的角度看，这些习俗和礼仪，不仅不是形式主义的东西，而且是一种企业精神的重要体现。它可以用一种简易、通俗和直接的方式将企业的管理规范和要求传达给每一位企业员工，并使企业崇尚的价值观具有神圣的象征意义，对企业员工具有相当的教育和渗透功能，甚至从某种意义上讲，现代企业管理正是通过强化这些习俗和仪式，形成了企业的一整套规范和行为方式。还有人在考察了企业制度文化与价值观的契合模式后得出结论：从总体上看，企业价值观与企业制度契合状态优于不契合状态。契合状态下企业内部管理有序、员工积极性很强，企业发展目标容易实现。不契合状态下，企业内部容易衍生出各种难以预期的矛盾，打乱企业有序的经营秩序。实现企业制度文化与价值观契合必须同时具备制度与价值观一致性和员工认同两个条件，只有二者实现并保持着强制度文化契合状态才能有效保障企业稳定、高效、有序运行。② 如果我们掌握了这一规律，在企业经营管理中，就可以根据管理制度与企业文化的这种辩证关系，正确处理企业经营管理中的一系列难题，发挥制度与文化相辅相成、相得益彰的管理功效。

第二，企业制度是企业制度文化形成的基础。所谓企业制度文化，就是将企业的各项管理制度上升到文化高度去理解和建设。在企业中，企业制度文化是人与物、人与企业运行制度的结合。它既是人的意识与观念形态的反映，又是由一定的物质形式构成。所以，企业制度文化既适应了物质文化的固定形式，又成为塑造企业精神文化的主要机制和载体。正是由于企业制度文化的这种中介、固化和传递功能，使之成为企业制度文化建设重要的基础性规范和要求，并带有强制性的约束。它规范着企业每一个人的行为和举止，也规范着企业的一切生产经营活动、工艺操作规程、经济责任制度、激励约束机制以及其他条款和规定等。如果将上述条款和规定经过以一贯之的推行和实施，一旦在企业形成一种约定俗成的认同，就成为一种文化。制度文化有较强的稳定性和张力，往往不以企业领导人的变化而变化，在企业经营管理中具有持续的影响力，反过来成为其新的企业精神文化的基础。企业发展总是沿着精神——制度——新的精神的轨迹不断发展、丰富和提高。企业管理制度对于企业的意义在于建立了一个使管理者的意愿得以贯彻的有力支撑，并且在得到员工认可的前提下，使企业管理中不可避免的矛盾由人与

① 高贤峰：《企业管理制度与文化理念对员工行为作用的机理及应用研究》，http：//managers. qianyan. biz.

② 阎世平、张维洁：《企业制度文化与价值观的契合模式分析》，《管理学家》（学术版），2010年第10期，第25—36页。

人的对立弱化为人与制度的对立，从而可以更好地约束和规范员工行为，减少或降低对立的尖锐程度，逐渐形成有自己特色的管理文化。[①]

第三，企业制度引导企业行为文化的形成。从行为科学的角度看，企业员工的行为动力主要来源于两方面因素：一是基于"自我需求"所产生的动力，如为了自身的生活、交际、个人发展等而产生的动力；二是基于"集体需求"而产生的动力，如集体荣誉感、团队互助等。对企业员工而言，工作积极性首先体现的是满足自我利益与需求而发生的"自我行为"；而自我行为在制度的约束下转变为"集体需求"，形成企业集体价值、集体理想、集体利益，并转化为"集体行为"后，就形成了"集体需求"。西格蒙德·弗洛伊德（Sigmund Freud）的"超我"、卡尔·古斯塔夫·荣格（Carl Gustav Jung）的"集体潜意识"（有时也称为"超个人潜意识"）、威廉·詹姆斯（William James）的"精神的自我"、亚伯拉罕·马斯洛（Abraham Maslow）的"高峰体验"和"超越性需要"，以及 20 世纪 60 至 70 年代在美国等兴起的"超个体心理学"（Transpersonal psychology）等，对此都有不同角度的论述。事实上，每个人的自主行为都是由"自我需求"与"集体需求"共同影响的结果，二者的有机结合，构成了人的需求动力体系。通过制度对这种动力系统给予肯定或鼓励，形成一种相对稳定的行为导向。如果出现一些有悖于这种"集体需求"的意见或行为时，企业管理者可以运用制度规定进行惩罚和矫正，以此逐渐形成由自我行为向集体行为的良性转变，从而使员工行为有利于企业的持续发展。[②]

有人将企业制度对企业文化的作用机理提出了"三步曲"的构想，第一步：企业为了达到目标，实现宗旨，提炼或设计出明确的核心价值观和核心理念，并将这些精神、理念或价值观不断进行宣传，让员工学习、体会、进而产生认同。第二步：企业提出的理念或价值观，首先被少数骨干员工接受，利用其示范和宣传效应，让更多的员工作出企业需要的行为。第三步：企业通过管理者过硬的素质和公正、公开、公平的制度执行，使企业理念与价值观不断得到内化，最终变成员工自己的理念与价值观。通过"管理三步曲"的实施，企业最终形成管理制度与企业文化紧密结合的管理体系。在这一管理体系中，对个人价值观与企业价值观相同的员工，自然受到极大激励；对个人价值观与企业价值观不相同甚至相反的员工，由制度规定了员工行为的"底线"，员工可以不认可企业理念，但是不能违背制度规定。一旦发生违背制度的行为，或不按照制度提倡的方式开展工作，要么受到惩罚，要么得不到奖励，从而形成一种有效的管理模式。[③]

第四，企业制度影响企业形象力的提升。根据认知心理学和文化人类学的观点，企业形象是人们透过企业所传递的各种信息来识别和判断企业，按企业的各种性状将其分

①　高秀英：《对企业制度文化建设的思考》，《北方经济》，2011 年第 22 期，第 45—46 页。

②　任相文：《试论企业文化与企业管理制度之间的关系》，《西安邮电学院学报》，2004 年第 4 期，第 81—84 页。

③　高贤峰：《企业管理制度与文化理念对员工行为作用的机理及应用研究》，http://managers. qianyan. biz.

成声、形、意三种编码分别贮存的复合集成结果。[1] 科学合理的企业制度有利于提高企业的管理效能，形成良好的企业外部认知形象。比如人力资源管理实践会对员工的组织承诺、敬业度、离职意愿和组织信任等产生影响，而组织承诺、敬业精神等是员工对组织行为的心理反应结果，可以反映出员工心目中的企业形象。员工对招聘配置、培训发展、绩效考核、薪酬福利等行为的认知会影响其公平感、满意度和归属感等，而这些心理反应折射出员工对企业活动的评价，影响员工对企业形象的评定。企业形象又会影响其内部员工态度与行为忠诚，也会影响潜在员工的工作选择。[2] 又如企业的经济责任、环境责任、消费者责任、员工责任、法律责任和慈善责任的管理制度建设均对企业形象产生积极影响。企业社会责任将通过影响企业感知质量而对其实用性价值产生作用。顾客能从一个富有社会责任的企业提供的产品或服务中获得更高价值。企业履行社会责任，有助于消费者对企业产生情感上和精神上的正面印象，从而增加消费者对企业的整体价值感知和购买意愿。[3] 有人以零售行业为例，通过实证方法探讨了企业形象通过顾客价值和顾客满意度对顾客忠诚的作用机理，结果表明：（1）企业形象不但直接正向影响顾客态度忠诚，而且通过顾客价值和顾客满意间接地正向影响顾客态度忠诚；（2）企业形象是最重要的顾客态度忠诚的决定因素；（3）顾客态度忠诚是联结企业形象、顾客价值、顾客满意与顾客行为忠诚的唯一中介因素。[4]

二、现代企业制度文化建设的基本趋向

产生于第二次世界大战之后的现代企业制度，是人们对人类社会既往教训反思后获得的价值体认。时代的发展以及人们对社会发展本质的认识，使"人权、民主、道德和科学"等内容成为普遍的价值取向。如果说此前的社会和企业往往以"资本至上"作为价值判断标准的话，现代企业则越来越趋向于以"人本至上"作为最高的价值标准。企业以"资本至上"的价值标准往往导致企业为了追求资本回报最大化而不择手段地追求利润。"人本至上"的现代企业则必须以实现人的社会价值和生活品质的提升为最高追求目标。企业只有在服务社会并推动社会发展中才能获取自己的合理利润。在这种基本价值追求的影响下，现代企业制度设计和选择出现了一系列新的发展趋势。

第一，企业制度对伦理道德的追求更加显著。企业制度作为经济领域中的一种制度安排，自然无可置疑地包含有伦理道德的成分。所以，"制度本身蕴含着一定的伦理追求、道德原则和价值判断"。[5] 纵观现代企业发展的历史和现实，人们发现，企业在经

① Gatewood，Robert D；Gowan，Mary A；Lautenschlager，Gary J. Corporate Image，Recruitmane Image，and Initial Job Choice Decosions. Academy of Management Jpurnal，1993，36（2）：414—427.

② 方承武、宋随：《人力资源管理实践与企业形象的关系研究》，《安徽工业大学学报》（社会科学版），2014 年第 1 期，第 30—32 页。

③ 沈鹏熠：《零售企业社会责任行为对企业形象及顾客忠诚的影响机制》，《北京工商大学学报》（社会科学版），2012 年第 3 期，第 23—28 页。

④ 李惠璠、罗海成、姚唐：《企业形象对顾客态度忠诚与行为忠诚的影响模型——来自零售银行业的证据》，《管理评论》，2012 年第 6 期，第 88—97 页。

⑤ 方军：《制度伦理与制度创新》，《中国社会科学》，1997 年第 3 期，第 56 页。

历了追求利益至上的时代之后，越来越多的企业将经营管理的目标确定在了伦理道德的方向，其制度设计的原则和标准都被赋予了某个国家和民族特有的伦理道德理想和价值判断，从而构成了企业制度赖以存在和发挥作用的精神灵魂。这种价值取向，通过国家或民族的文化传统→国民的伦理价值观念→企业主体的价值取向→企业制度的设计和运行等传导过程，形成了对企业制度合理与否的伦理评判。企业制度价值的有无、大小和选择，都不可避免地通过这种评判反映出来，并影响着企业的制度选择和经营管理活动成效。企业制度的价值取向集中体现在处理"谁的企业——为谁的利益服务"、"经营的目标——追求的利益是什么"、"核心利益主体——利益如何分配和平衡"、"企业间关系——怎样开展基于利益的合作与竞争"、"企业的经营管理活动——通过什么样的方式获取利益"等这些核心问题的规范设定上，在处理相同的核心"利益"问题时，不同的价值取向可以催生出形态各异、截然不同的企业制度安排，不同的企业制度安排又分别支撑和保障了特定的企业伦理价值追求，并成为一个国家或民族价值观念在经济领域的具体反映。①

第二，文化传承成为企业制度选择的重要依据。从本质上讲，文化传承之所以成为制度选择的重要依据，主要原因就是人们在进行制度选择的时候自觉不自觉地都会从已有的价值标准和伦理规范中寻找基因，而这些价值标准和伦理规范往往来源于他们所拥有的文化传承。因此，文化传统不同，人们的价值取向也就产生了差异，最终形成了在制度选择上的差异。美国学者埃维纳·格雷夫（Avner Greif）曾经说过，文化传统决定了制度博弈者的预期与行为方式，以及对制度均衡的选择，进而决定了其制度变迁的特殊轨迹和历史的路径依赖。② 有人认为，文化传统对企业制度选择的影响主要通过五种路径发挥作用：一是价值传导路径。通过价值层层传导，使企业制度被赋予特定文化背景下的特定伦理价值追求，并使企业在处理与社会、自然、政府、其他企业、消费者以及经理与员工等各种内外部关系时，彰显出鲜明的国家和民族文化的价值取向。二是自我修正路径。将制度安排和制度设计移植到异质文化环境中，经过一个不断碰撞、协调和"修正"的路径，形成一个本土化的融合创新过程。三是博弈演进路径。文化价值观在制度变迁中直接或间接实现自身的博弈目标，推动企业制度实现适应性演化和新的博弈均衡。四是兼容诱变路径。制度的兼容性特征，能够主动或被动地适应其所在的文化环境的一系列调整，并推动企业制度的变迁和演化。五是变革锁定路径。如果新制度的引进或变革与人们既定的价值观念发生冲突时，传统文化价值观会对新的制度变迁产生强大阻力，甚至形成制度变迁的路径锁定。所以，文化决定企业制度的起源与变迁，企业制度就是文化影响下的产物。③ 其实，无论是美国模式、德国模式，还是日本模式，这些不同企业制度模式之间最根本的差别，就是国家和民族文化之间的价值观念的

---

① 徐兴：《文化视阈下的日本企业制度变迁研究》，吉林大学 2014 年博士论文，第 238—239 页。

② （美）埃维纳·格雷夫：《经济、社会、政治和规范诸因素的相互关系与经济意义：中世纪后期两个社会的状况》，载约翰·N·德勒巴克等编：《新制度经济学前沿》，张宇燕等译，北京：经济科学出版社 2003 年版，第 72—111 页。

③ 徐兴：《文化视阈下的日本企业制度变迁研究》，吉林大学 2014 年博士论文，第 239—240 页。

差别，也是企业制度内涵的伦理价值观差异。可以说，正是丰富多彩的文化百花园催生了不同形态的企业制度，任何一个国家的任何一种企业制度设计都体现了对本民族文化的适应性选择。

第三，制度与文化的融合水平决定着企业制度的实施效果。根据一些学者的研究，当制度与文化能够兼容的时候，经济运行的交易成本较低，经济绩效相应较高；当制度与文化不兼容的时候，则企业的交易成本较高，经济绩效较低。[①] 也就是说，要想使企业制度发挥较高的效益，就需要推进制度与文化的高水平融合。如果一种制度存在的合法性不能够得到其所处文化传承和文化语境的高度认同，那么，这种制度体系就不可能真正建立起来，即使强制性建立起来了，也难以真正发挥作用。基于此，在企业制度设计和选择时，就一定要重点考虑其所处国家和民族的文化环境，努力使制度设计和制度选择与所处国家和民族的文化传统兼容。否则，就会出现水土不服的现象，导致管理绩效下降，甚至出现南辕北辙的后果。中国有句古语，叫"橘在淮南则为橘，橘在淮北则为枳"，讲的就是这个道理。尤其是一些欠发达国家的企业，为了向发达国家学习所谓先进的管理经验，往往容易出现不顾文化差异，一味照搬照抄的现象，结果发生许多不适应甚至牛头不对马嘴的事情，教训是值得汲取的。因此，必须清醒地认识到，任何一种企业制度模式都有其赖以生存的文化环境，现成的、放之四海而皆准的企业制度模式是不存在的，成功而高效的企业制度必须在特定的文化环境下，通过不断的实践探索而逐渐形成的。学习和借鉴发达国家和地区的先进经验，必须充分考虑已有文化框架下人们对新制度的理解、预期和适应能力，在"移植"的基础上进行与本国文化语境相兼容的适应性调适。[②]

第四，鼓励创新是企业制度设计的普遍追求。自从约瑟夫·A·熊彼特（Joseph Alois Schumpeter）首先提出"创新理论"以来，"创新"一词就引起人们的高度关注，并被企业管理者作为企业制度设计的重要选择。从制度创新角度主要体现在：一是重视对企业家才能培育的企业制度创新。对发现具有创新精神的企业家的过程，实质上就是一个制度不断创新的过程。纵观几乎所有的企业制度设计，都离不开对企业家精神和才能的发现和挖掘。可以说，公司制的实行降低了企业筹资的成本，从而促进了企业家的创业活动。风险资本的出现是现代金融制度的创新，催生了一批又一批才能卓越的企业家。一大批家族企业的出现和成长，为企业发展注入了活力，成为经济领域的重要力量。诸如美国有75%以上的企业属于家族企业，其产值占国民生产总值的40%以上；世界500强企业中有超过1/3的企业是家族企业，这些企业通过制度设计激励职业企业家队伍，也推动了企业的快速发展。二是鼓励人力资本快速成长的企业制度创新。在现代企业制度创新中，人力资本是企业利润增长的源泉，是企业物质资本实现价值的重要基础。企业制度创新通过界定企业人力资本的所有权，从而对人力资本发挥作用，并形成激励机制，大幅度提高了企业智力资本的积极性和创造性，推动了企业其他领域的创

① 金雪军、章华：《制度兼容与经济绩效》，《经济学家》，2001年第2期，第99—104页。

② 徐兴：《文化视阈下的日本企业制度变迁研究》，吉林大学2014年博士论文，第241页。

新和发展。三是对推动技术进步的企业制度创新。企业的技术创新离不开人力资本的作用。在当今激烈竞争的市场环境下，如何通过不断创新来获取竞争优势成为企业关注的重点。在这种情况下，通过有效地开发和利用人力资本可以为企业更好地选择创新方式来提高企业技术创新效率提供动力。一些著名企业为了鼓励员工开展技术创新，在制度设计上专门为员工留出一定的自由时间和空间，鼓励他们花时间和精力开展技术创新。如美国的杜邦、惠普、3M 等公司都允许员工利用 15％左右的时间去从事自由的创新活动，并将此项规定纳入企业内部的管理制度。20 世纪 70 年代，3M 公司发明的"报事贴"① 就是这种制度运行的典型案例。该公司的阿特·佛拉伊（Art Fry）利用 15％自由时间着手进行这项研究，发明了一种不干胶便签，几年后流行起来，首期创利就达4000 万美元，后来超过 3 亿美元。有人通过对我国 127 家企业的问卷调查后发现，企业创新文化直接影响创业导向，原因是创新文化强调企业应有更强的创新意愿和更开放的创新态度，这能促使企业获得更多具有创新性的信息和想法，并愿意承担更多风险，创新文化还能通过战略能力间接影响企业的创业导向。②

第五，利益多元分享的制度设计越来越受到企业的重视。由于现代企业参与经营过程中必须要涉及消费者利益、企业职工利益、资本所有者利益和公共利益等，由此决定了现代企业制度必须是多元利益制度。西方早在古希腊时期就有"有分有合，公私兼顾"的思想。柏拉图（Plato）主张"权力应该掌握在胜任者手中"，同时要保证个体的公平，"要通过建立一个普遍的教育体系，使每个人有同等学习的机会和在城邦中各司其职，各尽所能"。③ 到 20 世纪 90 年代中后期，各国逐渐转向如何通过多元利益分享来改变劳资对立状态。1984 年，美国麻省理工学院经济学教授马丁·魏茨曼（Martin Weitzman）提出了分享经济制度，在西方引起了巨大反响。魏茨曼将雇员的报酬制度分为工资制度和分享制度两种模式。其中，分享制度是"工人的工资与某种能够恰当反映厂商经营的指数（如厂商的收入或利润）相联系"的一种报酬支付制度，而实行这种

---

① "报事贴"（Post-it）的真正发明人是 3M 公司的 Spencer Silver 博士，而使其能发扬光大并被广泛推广应用的确是他的同事 Art Fry 博士。1968 年，Spencer Silver 博士原本想发明一种超强的黏贴剂，但几个月的研究，得到的却是和预想的完全相反的结果。这种黏贴剂贴上就可以撕下来，Spencer Silver 把他的这种很独特的、可简单除去或重新贴上的黏贴剂推销给其他 3M 公司的科学家，试图合力找出一些应用方法。在 1974 年，佛拉伊参加教会礼拜，在诗班唱诗时，习惯在歌本内夹张纸条作为标识，书签不停滑落，他无法很快地找到诗集里正确的页数，为经常翻找诗集而感到厌烦。于是，他想到书签应有轻黏的效果，也想起了 Silver 博士的黏贴剂。他想，如果有一种胶，有点黏又不会太黏，可以贴在纸条上，又可以重复撕贴且不会破坏那张纸，那不是太完美了吗？于是，他想到用这种黏贴剂制造可重新贴上的便条纸。根据 3M "酿私酒"的政策，Fry 在部分的工作时间里找出了解决方案，这就是现在全世界都使用的报事贴便条纸。

② 胡赛全、詹正茂、钱悦等：《企业创新文化、战略能力对创业导向的影响研究》，《科研管理》，2014 年第 10 期，第 107－113 页。

③ （挪）G·希尔贝克、N·伊耶：《西方哲学史——从古希腊到二十世纪》，童世骏、郁振华、刘进译，上海：上海译文出版社 2004 年版，第 59 页。

制度的经济叫分享经济。[①] 1988年，英国"财政法案"实施了"利润分享持股计划"，规定如果雇主将本企业的10%以上的股票交给职工持股信托机构，则可免交公司所得税。几乎在同一时期，新加坡的企业实行了灵活工资制度；加拿大实施了年终分红；日本实施了独立于工资之外的奖金制度。在这方面，德国的做法更有特色。德国不仅实施了企业工资自治制度，职工在企业除了工资收入以外，还有奖金和分红，另外还实行职工进入公司监事会、董事会，保护职工利益，即所谓公司"监事会参与决定"。在公司中下级领导层中建立"企业职委会"，维护职工利益，即所谓"企业职委会参与决定"。德国的这些做法，实际上标志着该国已经从根本上否定了过去的资本所有者单元利益的企业制度，而逐步实行了利益多元分享制度，并成为德国现代企业制度的基石，也是德国不同于其它国家企业制度的一个重要特征。通过这样的制度设计，德国的企业有效地建立了以社会责任原则取代"利润最大"的原则，为消费者利益、职工利益、资本所有者利益和公共利益服务成为企业管理重要的社会职能。企业伦理道德规则要求企业在下列情况下限制或否定利润原则，即在坑害消费者、污染环境、损害职工健康等方面不能做见利忘义的事，否则将被视为可耻并受到人们的普遍蔑视。通过多元利益分享机制的建立，企业着重于推进和形成各方利益主体在经济过程中对所涉及的多种利益的互相理解，寻找正确的、共同接受的伦理行为。[②]

事实上，中国传统文化中也蕴含着丰富的利益分享思想。尚在西周时期，国家就实行了慈幼、养老、赈穷、恤贫、宽疾及安富六项措施及用于救济的"委积"制度。孔子的"仁爱"思想就具有与他人分享的内涵。"仁"由两个"人"组成，自然意味着两人合作，能与对方分享。到改革开放以来，作为一种制度安排，企业制度设计中也越来越从过去剩余索取权由国家和企业集中拥有，逐渐朝着社会公众多元分享转变。比较明显的变化趋势有三个方面：（1）私营或民营企业主开始拥有剩余索取权；（2）职业经理人员和技术人员开始拥有股权、期权，以及实行职业经理人员"年薪制"，从而拥有一部分剩余索取权；（3）在股份制企业中，企业职工以个人拥有的股权参与企业剩余分配，从而分享到一部分剩余。[③]

三、我国企业文化建设的制度环境

（一）我国企业制度变革的历史进程

我国自1978年开始的改革开放，历经近40年，已经基本实现了从高度集中的计划经济体制向社会主义市场经济体制的转型，市场经济体制初步建立，并正在向更为完善的市场经济体制过渡。如果从改革开放算起，我国企业制度变革的进程大致经历了以下

---

① 吴君槐：《利益分享视角下的和谐劳资关系构建研究》，西南财经大学2008年博士论文，第42—43页。

② 管信林：《德国现代企业制度的变革及发展趋势》，《江淮论坛》，1994年第3期，第41—45页。

③ 吴君槐：《利益分享视角下的和谐劳资关系构建研究》，西南财经大学2008年博士论文，第34—35页。

几个阶段：[①]

1. "双轨制"的形成时期（1978—1983 年）。我国经济管理体制在保持计划经济主体地位不变的前提下，进行一些变通性的制度安排，允许出现部分市场，尝试通过市场配置资源。1982 年，党的"十二大"提出要鼓励和支持劳动者个体经济"作为公有制经济的必要的、有益的补充"适当发展。这种渐进性的改革产生了几大成果：（1）农业实现了"包产到户"；（2）国有企业开始实行"放权让利"；（3）城乡市场得到发展并出现了"双轨制"经济；（4）出现了"分灶吃饭"的承包制财政体制；（5）商标法颁布；（6）形成了多种所有制形式和对外开放格局。

2. 对经济体制改革目标的探索时期（1984—1991 年）。农村率先改革取得突破后，国有经济中的问题却日益突出，改革的重点开始由农村转向城市，由农业转向工业。1984 年 10 月，中共十二届三中全会通过了《中共中央关于经济体制改革的决定》，标志着我国经济体制改革进入了一个新的阶段。作为国民经济的主体——国有经济出现重大变革，生产和流通领域改革进一步深化，继续扩大对外开放，农村改革也得到稳步推进，社会主义市场经济体制模式的目标逐渐确立。1987 年，中共"十三大"提出私营经济"也是公有制经济必要和有益的补充"。1988 年全国人大七届一次会议通过了宪法修正案，确定了私营经济的法律地位和经济地位。同年，国务院颁布了《中华人民共和国私营企业暂行条例》。虽然 1989 年出现的"政治风波"和随后的"治理整顿"，从不同侧面给个体私营经济发展带来了一定的影响，但这一时期的经济体制改革还是取得了一定的进展：（1）国营企业开始实施"承包制"；（2）提出了社会主义有计划商品经济的改革思路；（3）对外开放进一步深化；（4）市场体系逐步完善；（5）投融资体制改革开始启动；（6）《专利法》正式颁布；（5）民营经济在曲折中有所发展。

3. 社会主义市场经济体制确立时期（1992—2001 年）。1992 年邓小平的"南巡"讲话，以及随后召开的中共"十四大"，首次把建立社会主义市场经济体制作为中国经济体制改革的基本目标，"以公有制为主体、多种经济成分共同发展的基本方针"和"国家对各类企业一视同仁"的政策为个体私营经济的发展创造了更为宽松的政治环境、政策环境和社会舆论环境。随着一系列激励措施的出台，个体私营企业得到迅速发展，民营经济开始进入高速发展期。经济体制改革出现了一系列新突破：（1）社会主义市场经济体制的目标正式确立；（2）国营企业开始实施股份制改革和"抓大放小"战略；（3）积极推进政府职能转换；（4）民营经济继续得到发展；（5）投融资市场不断得到完善；（6）全方位对外开放格局逐步形成；（8）市场体系进一步健全。

4. 完善社会主义市场经济体制时期（2002 年以来）。2001 年 12 月，我国正式加入WTO，成为世贸组织成员国。2002 年，中共"十六大"提出，我国已经基本实现了计

[①] 本部分内容主要参考了吴敬琏：《中国经济改革三十年历程的制度思考》，《农村金融研究》，2008年第 11 期，第 306～337 页；李晓西：《中国经济改革 30 年：市场化进程卷》，重庆：重庆大学出版社 2008年版，第 257 页；陈信元、朱红军：《转型经济中的公司治理》，北京：清华大学出版社 2008 年版，第 258页。

划经济向社会主义市场经济的转变，要深化国有企业改革，进一步探索公有制，特别是国有制的多种有效实现形式，要"毫不动摇地鼓励、支持和引导非公有制经济发展，国企改革进入向纵深推进阶段。10 月，十六届三中全会出台《关于完善社会主义市场经济体制若干问题的决定》，提出要建立健全现代产权制度。2004 年，全国人大十届二次会议通过的《中华人民共和国宪法修正案》规定："国家保护个体经济、私营经济等非公有制经济的合法权利和利益。"2005 年，国务院颁布了《关于鼓励支持和引导个体私营等非公有制经济发展的若干意见》（简称"非公 36 条"）。2007 年，党的"十七大"提出"平等保护物权，形成各种所有制经济平等竞争、相互促进新格局"；"推进公平准入，破除体制障碍，促进个体、私营经济发展"。2012 年，以党的"十八大"召开为起点，民营企业进入转型升级、领域拓宽、混合所有制发展新时期。十八届三中全会还作出了全面深化改革的决定，为企业的进一步健康发展创造了十分有利的制度环境；提出要将国有资本、集体资本、非公有资本等交叉持股、相互融合的混合所有制经济，作为基本经济制度的重要实现形式；鼓励非公有制企业参与国有企业改革，鼓励发展非公有资本控股的混合所有制企业，鼓励有条件的私营企业建立现代企业制度。这一基本经济制度，为民营企业发展带来了全新的活力和机遇，有利地推动了国企和民企在新一轮改革中结合在一起，实现国有经济和民营经济平等竞争、相互促进、共同发展的目标。[①]随着改革的不断深入，经济领域出现了一系列新的变化：（1）全方位、多层次、宽领域的开放格局进入新时期；（2）以建立现代企业制度为取向的国企改革进入新阶段；（3）民营经济地位在改革中得到进一步提升；（4）统一、开放、竞争、有序的现代市场体系进一步形成和完善。

（二）企业制度文化建设的环境特征

1. 发展速度快，区域间经济发展很不平衡。我国幅员辽阔，资源禀赋不同，加之"由点到面"的试点式改革模式，造成各地区享受的国家开放政策不同，经济发展水平存在较大差距。东南沿海地区的经济发展水平已经达到甚至超过中等发达国家的水平，而广大的中西部地区却仍然处于欠发达水平。就国内生产总值（GDP）看，2014 年国内生产总值（GDP）为 636463 亿元。按可比价格计算，比上年增长 7.4%。按照当年中国大陆总人口（包括 31 个省、自治区、直辖市和中国人民解放军现役军人，不包括香港、澳门特别行政区和台湾省以及海外华侨人数）13.6782 亿人，人均生产总值（GDP）为 46531.20 元。无论是经济总量还是人均指标，我国各地区经济发展水平都很不均衡。对应于经济发展水平，我国各地区的制度环境也参差不齐。一般来说，东南沿海地区的制度环境较好，市场化水平较高。而中西部的一些地区的制度环境相对较差，经济中非市场的因素还占有很高的比重。有人用反映各地区政治、经济与法律等在内的制度环境差异的"市场化进程相对指数"来论证地区间的经济发展差异，结果显示，经济发展水平不同，各地区间的市场化进程也呈现明显差异。如 2007 年市场化指数最低

---

① 周海江：《现代企业制度的中国化研究》，中国社会科学院研究生院 2014 年博士论文，第 17—22 页。

的西藏和青海，指数分别为 4.25 和 4.64，这两个地区的经济总量也排在全国末尾。而排在前两位的上海和浙江，指数分别为 11.71 和 11.39。而这两个地区均处于东南沿海地区，经济发展水平较高，人均生产总值也居于全国前列。①

2. 改革不断深入，政府与市场的关系尚需理顺。改革开放近 40 年来，我国政府与市场关系的变化大体经历了 4 个阶段：第一阶段是 1978 年至 1984 年。十一届三中全会提出"计划经济为主，市场调节为辅"的基本原则，政府与市场关系的变革在原有计划经济体制总体格局未变的态势下展开，计划机制仍占主体地位，政府的主导功能不是去弥补市场，而是"政府替代"。第二阶段是 1984 年 10 月至 1991 年。这一阶段建立了计划与市场内在统一的体制，政府计划与市场"双轨"运行，开始尝试相互磨合与衔接。第三阶段是 1992 年至 2008 年。邓小平"南方谈话"和党的"十四大"的召开，我国政府与市场关系的改革进入了一个系统性、全面性的历史阶段。一方面，政府主动地改革与完善政治、法律等制度结构，运用各种调控手段来确保市场经济中生产、交换和分配等市场秩序的稳定性，兼顾效率与公平；另一方面，政府不断优化自身功能，以实现与市场的有机结合，而市场迅速发育且向纵深发展，市场力量由小到大、由弱到强，市场机制得到建立，市场成为独立的体制性因素和社会经济资源配置的基础性力量。第四阶段是 2008 年至今。受美国金融危机影响，中国政府加大了对经济的宏观调控，出台了一系列积极的财政政策和适度宽松的货币政策，迅速推出了促进经济增长的十项措施，及时制定了一系列保增长、扩内需、调结构、促改革、惠民生的政策，形成了系统完整的一揽子计划。包括采取多次降息方案、大幅降低存款准备金率、缓解市场资金紧张问题、降低中小企业融资成本、出台 4 万亿元的经济刺激计划拉动内需等。由此，处于转轨过程中的中国在政府与市场的关系上呈现出由"强政府——弱市场"向"强政府——强市场"的转变。② 就政府而言，先后进行了七次大的政府机构改革，政府职能逐渐由全能型政府向有限型政府，由管制型政府向服务型政府转型。但现阶段，在传统计划经济体制和经济发展阶段的惯性作用下，我国政府与市场之间的关系尚未完全理顺。从市场方面来看，尽管我国已经基本建立了社会主义市场经济体制，但市场化程度还不高，尤其是市场经济发展不平衡，多层次、多水平的市场经济同时并存。而且，我国在一定程度上还具有非市场经济的外部环境，容易出现市场失灵。从政府方面来看，受行政体制改革滞后的影响，尚未完全建立起与现代市场经济体制相适应的政府架构和政府职能，政府宏观调控的水平不高、时机不准、手段还不丰富，容易出现越位、缺位和错位交织的现象。此外，受计划体制和晋升激励等因素的影响，我国各级政府尤其是地方政府干预微观经济活动的热情仍然很高，不可避免地会影响市场机制的正常运行。特别是地方政府在以经济增长为核心的政绩考核制度刺激下，把推动经济增长作为主要施政目

---

① 资料来源于樊纲、王小鲁、朱恒鹏：《中国市场化指数——各地区市场化相对进程 2010 年度报告》，北京：经济科学出版社 2010 年版。转引自王立清：《制度环境及其替代机制，负债与我国企业 R&D 投资研究》，天津大学 2011 年博士论文，第 50—51 页。

② 田凤：《转轨经济中政府与市场关系中国范式的形成与演进——基于体制基础、制度变迁与文化传统的一种阐释》，《财经问题研究》，2013 年第 12 期，第 3—10 页。

标，把投资作为拉动经济增长的主要手段，导致经济过热。而中央政府的紧缩性宏观调控又容易导致经济过冷。于是，经济增长在过热与过冷之间的周期性波动现象交替出现。加之我国的社会中介组织发展缓慢，政府与企业之间缺乏连接的纽带和桥梁，也在一定程度上阻碍了政府与市场关系的协调。[①]

3. 法治意识不断提高，法制环境有待改善。法制环境对企业制度文化建设具有十分重要的影响。有人选取我国 969 家 A 股上市公司数据，通过实证方法检验了法制环境对企业融资约束及融资方式的影响，得出的结论是：法制环境具有缓解企业融资约束的效应，可以保障企业获取更多的内部融资，并不会提高甚至减少企业的外部融资，融资约束高的企业，其融资方式的选择对法制环境的改变更加敏感。[②] 改革开放以来，随着法律体系的不断建立和完善，尤其是党的"十八大"提出"依法治国"后，我国的法治体系正在不断完善，人们的法律意识不断提高。但由于历史和现实的原因，企业经营的法制环境还有待进一步改善，如有人对民营文化企业的法制环境作了分析，认为此类企业存在的问题主要是：（1）法律体系不够完善，相关行业立法缺失、文化产业政策代行法律职能、知识产权保护不够充分；（2）融资体制不够畅通，国有商业银行对民营文化企业设置了较高的借贷门槛，民营文化企业缺乏直接融资渠道；（3）微观政策不够适当，地方产业政策规划不尽科学、忽视区域文化产业发展战略的制定、人才培养和评价机制不健全。[③] 我国的法律法规体系不健全集中体现在：一是法律、法规方面在对各类市场的规范方面仍存在空白，对于部分已出台的法律、法规，还缺乏相配套的实施细则，使得很多法律法规出台后缺乏实施的可操作性，导致其作用大打折扣。二是有法不依、执法不严的问题比较严重。特别是在法律、法规与地方和部门利益发生冲突的情况下，其约束力明显不足，反而各种"红头文件"的威力显得更大。三是在"入世"背景下，原有的一些法律法规和条款已经不再适用，对各类市场法律、法规的调整和完善有了新的要求，也需要进一步修订和完善。

4. 民营企业发展迅速，发展瓶颈仍然存在。改革开放以来，我国民营经济取得了较快发展，为经济发展和制度环境改善作出了重要贡献。2014 年 3 月，国家工商行政管理总局原局长周伯华指出：2013 年，中国民营经济占中国整个企业总数已经达到82%，对我国 GDP 的贡献率达到了 60%。[④] 然而，目前我国民营经济发展环境仍存在许多突出问题，一是所有制歧视现象仍然存在。受计划经济体制以及姓"资"姓"社"问题的困扰，在一些管理部门思维方式中仍然存在着对民营经济的"所有制歧视"，并反映在具体的政策和资源配置上的差异化待遇。二是政府职能转变不到位。国家鼓励和

---

① 白永秀、王颂吉：《我国经济体制改革核心重构：政府与市场关系》，《改革》，2013 年第 7 期，第 14—21 页。

② 丛晓妮、李实萍、陈波：《法制环境对我国上市公司融资约束的缓解效应研究》，《金融理论与实践》，2015 年第 1 期，第 77—81 页。

③ 高国忠、司婉婷：《民营文化企业发展的法制环境及其优化》，《河北师范大学学报》（哲学社会科学版），2014 年第 4 期，第 149—152 页。

④ 周伯华：《去年中国非公有制经济对 GDP 贡献率已达 60%》，http://news.youth.cn/gn/201403/t2014/03/06_4823305.htm.

支持民营经济发展的政策还停留在宏观层面，一些政府决策层和执行部门仍然存在着制约民营经济发展的行为。三是市场准入仍然存在对民营资本的"玻璃门"现象。尽管国家已经为民营经济发展出台了一系列政策，但由于一些地方或部门仍然受制于过时的管理规定以及利益影响，对民营经济的市场准入设置各种限制，以致出现许多看得见，但进不去的"玻璃门"现象。四是生产要素配置存在差别待遇。国家资金支持偏重公有制企业，金融机构对民营企业存在信贷歧视，民营企业融资渠道狭窄，很难获得金融机构的间接融资。而股票、公司债券等直接融资方式门槛过高，并在审批方面存在许多对民营企业的歧视。五是私有产权的保护制度和法律环境尚不完善。虽然宪法已就保护私人合法财产作出了规定，但配套的法律和法规并未制定或修改。在现行的市场经济法律体系中，基本上还是按所有制类型进行立法，不同所有制主体享受不同的权利，甚至连保护公私财产的法律力度也不完全相同。[①]

5. 商品市场建设成绩显著，市场管理环境仍然较为混乱。改革开放以来，我国产品市场建设得到了巨大发展，基本形成了多元化的市场竞争格局，有形市场与无形市场、批发市场与零售市场、现货市场与期货市场、城市市场与农村市场共同发展的商品市场体系初步建立。市场总量和产品的商品化率明显提高，国内市场规模和市场需求持续扩大。据国家统计局公布的数据显示，2014 年，社会消费品零售总额 262394 亿元，同比名义增长 12.0%，实际增长 10.9%。其中，限额以上单位消费品零售额 133179 亿元，增长 9.3%。全国网上零售额 27898 亿元，同比增长 49.7%。其中，限额以上单位网上零售额 4400 亿元，增长 56.2%。按经营单位所在地分，城镇消费品零售额 226368 亿元，同比增长 11.8%；乡村消费品零售额 36027 亿元，增长 12.9%。[②] 产品市场价格形成机制基本形成，价格形成机制和价格管理体制改革不断加快。商品市场上绝大多数的商品和服务价格已经由市场决定。政府定价范围进一步缩小，种类也明显下降。国内市场与国际市场联系日益密切，进口非关税措施全部取消，陆续清理修订了 3000 多件法律、法规和规章，中国的贸易规则与世贸组织规则和国际惯例基本一致，开放型经济的体制框架基本建立。但目前存在的主要问题是，全国性的统一市场仍未真正形成，地区封锁、市场分割的问题依然比较突出。地区之间、部门之间的市场分割和封锁始终是困扰我国产品市场环境发展的突出问题。同时，产品市场法律体系也不够健全，信用体系尚待建立，交易行为仍不规范，交易成本较高。据《中国经营报》2013 年 8 月 19 日报道：四川省卫生管理部门为了限制外部药品企业的产品进入四川市场，在医院药品阳光采购中向本省药企倾斜，要求必须保证本省药企产品采购比例，并据此给医院打分。这种做法在业界引起轩然大波。但事实上，据业内人士介绍，自从实行药品招标采购以来，各个省市对本省药品实行保护的做法普遍存在。[③] 与药品市场的垄断招标相比，在

① 王立清：《制度环境及其替代机制，负债与我国企业 R&D 投资研究》，天津大学 2011 年博士论文，第 48—56 页。

② 国家统计局：《2014 社会消费品零售总额增 262394 亿 同比增 12.0%》，http://finance. people. com. cn/n/2015/01/20/c1004−26416022. html.

③ 刘腾：《药品招标：全国统一市场之难》，《中国经营报》，2013 年 8 月 19 日。

农资市场则由于经营主体的复杂化造成了农资市场的极度混乱，各类农作物品种多、乱、杂现象普遍存在，假冒伪劣农资屡禁不绝，不法分子唯利是图，不断出现坑农害农事件，迫切需要加大整治力度。[1]

6. 市场多元化格局基本形成，要素市场发育尚不成熟。改革开放以来，我国商品市场发展迅速，基本发育成熟。目前我国农产品生产的指令性计划已全部取消，工业品生产的指令性计划只限于少数几种。市场调节价在社会商品零售总额、农副产品收购总额和生产资料销售总额中所占的比例均已超过90%。各种类型和规格的市场体系基本形成。当然，要素市场虽然也有一定程度的发展，但发展相对缓慢，并已成为经济发展的"短腿"。要素市场主要包括劳动力市场、资本市场和土地市场，这是市场经济正常运行的基本条件，也是保证经济增长的物质基础。要素市场的发育程度还决定了分配状况。在要素市场发育不健全的情况下，收入分配会受到负面影响，这也是导致贫富悬殊的重要原因。有学者认为，第一，劳动力市场的发育不健全使得大多数普通劳动者工资水平低下，制约了全社会消费水平的提高。而在国内消费水平迟迟不能得到有效提高的情况下，不得不过分地依赖国外的消费需求，这样出口超过进口并形成巨额外贸顺差就不可避免。第二，资本市场的不健全导致对资本的过度需求，低利率政策为形成庞大的投资需求创造了条件，这是长期以来投资能够充当国民经济发展"领头羊"的重要原因。第三，土地制度的不完善成了强化土地财政、推高房价的根源。高房价不仅抑制的是消费者当前的消费，也对未来消费产生不利影响。[2]

7. 市场化水平不断提高，中介组织发育相对滞后。中介组织是按照一定法律法规要求，或根据政府职能、权限让渡而委托建立的，遵循"独立、客观、公正"原则，在社会生活中发挥着服务、协调、沟通、公证、监理等职能，居于政府、市场和社会之间，实施具体的服务性、执行性和部分监督性行为的社会组织，具有民间性、自治性、中介性、服务性、组织性、合法性、自愿性等特征。[3] 近十年来，政府转变职能、简政放权后，逐步将服务性、公益性、执行性、辅助性的职能转移给了社会中介组织，由其参与治理供给，具体贯彻和落实政府的政策意图。我国社会中介组织的发展涉及会计审计、评估监理、法律服务、房地产中介、技术咨询等数十个领域。但基于多方面的原因，市场中介组织发育长期落后于市场化发展水平，比较突出的如大部分社会中介组织的"官办"色彩浓厚，呈现出行政寄生性和垄断性特征；长期依赖于行政部门难以脱钩，市场化、自主性程度不高，自我发展能力有限；服务市场不规范，管理部门各自为政，市场管理较为混乱；法律法规滞后，运行缺乏监督制约，权力寻租和腐败事件容易

---

① 杨克诚、段雁涛、张俊华等：《农资市场存在的问题及对策探讨》，《现代农村科技》，2014年第18期，第7—8页。

② 李长安：《要素市场已成为我国经济发展短腿》，《上海证券报》，2010年12月30日。

③ 中国行政管理学会课题组：《中国社会中介组织发展研究》，北京：中国经济出版社2006年版，第4页。

滋生等。^① 基于我国企业的制度环境，有学者对我国社会中介组织的状况作了这样的分析：由于缺乏较高水准的从事资信评估、市场策划、业务代理等方面的市场中介组织，导致我国市场中介组织的服务功能不完善，不能适应市场经济体制的要求。一些中介组织演变成强制性的代理机构，实行垄断性收费，导致中介组织减少流通环节，缩短生产与消费的距离、降低流通成本的功能无法实现。一些行业管理组织依附于行政主管机关，并带有相当程度的行政色彩，活力不足，不能发挥协调、沟通、联系和自律的作用。民间协会组织发育滞后，导致各行业内的行为自律、信息沟通、技术传递等重要活动缺乏必要的途径。^②

四、发达国家企业制度文化建设的经验^③

欧洲、美国和日本的企业制度文化建设作为国际上颇具代表性的企业制度类型，其表现形式和具体内容上既有现代企业制度的共性，又有各自的文化特质。考察其发展进程及核心内容，对建设我国企业制度文化具有一定的启迪。

（一）欧洲一些国家的企业制度文化建设

欧洲是现代公司的发祥地，早在 15 世纪就已经出现了以共同继承、共同经营、共同赢利、共同承担无限责任为特点的家庭企业，并逐渐演化成后来的无限责任公司和有限责任公司。到 17 世纪，出现了大量的现代公司的原型：合股海外贸易公司、股份有限公司和股份两合公司。18 世纪下半期到 19 世纪初，欧洲的现代公司进入大发展时期，现代企业迅速崛起。公司立法也开始出现。1844 年英国议会通过了公司法；1855年又颁布了股份公司法，股份公司的独立法人地位正式得到确认。1856 年前后，法国也开始取缔股份两合公司，实施有利于普通股份公司发展的法律；1925 年制定了有关有限责任公司的单独法规。德国于 1870 年前后颁布了股份公司相关法规；1982 年通过有限公司单独法规。至此，现代公司制在欧洲正式确立并广泛发展起来。

从欧洲企业制度的变迁看，大体分为两个阶段：第一个阶段是 15 世纪以前出现并一直存在着的自然人企业，或称传统企业。主要特征是所有者与经营者不分，对企业经营亏损承担无限责任。第二阶段是 15 世纪以后出现，并在 17 世纪被赋予法人地位的企业，或称现代企业。其特征是所有者与经营者分离。根据所有者承担企业责任的不同，又分为无限责任公司和有限责任公司。其中，有限责任型公司即现代公司，具体形式有股份有限公司（简称股份公司）、有限责任公司（简称有限公司）等。无限责任型公司有无限责任公司（简称无限公司）、两合公司、股份两合公司。此外，还有一些特殊的公司如德国的保险公司、钻探公司、自主公共企业等。在欧洲，自然人企业在企业总数

---

① 中国行政管理学会课题组：《加强规范我国社会中介机构和服务监管之研究》，《中国行政管理》，2015 年第 2 期，第 16—20 页。

② 王立清：《制度环境及其替代机制，负债与我国企业 R&D 投资研究》，天津大学 2011 年博士论文，第 56 页。

③ 这部分内容参考了谭黎阳的《欧、美、日现代企业制度的国际比较与启示》（《世界经济文汇》，2001 年第 3 期，第 68—71，79 页）的相关内容。

中占有绝对优势，但起重要作用的还是现代公司制企业，主要是有限公司和股份公司。有限公司相对于股份公司数量较多，但因其固有的制度缺陷，如注册资本低、投资认股不能上市等，造成普遍资本不足，企业死亡率较高。所以，股份公司在经济中的地位更为重要。以德国为例，尽管有限公司是目前普遍采用的形式，数量达40多万家，但数量只有几千家的股份公司却拥有全国超过70％的资本，并成为上市公司的中坚力量。欧洲现代企业制度的形式多样，各国企业制度的特点也有所不同。

从股权持有的情况看，金融机构持股额最大的是英国，占其全部持股股份的50％以上；德国次之，占29％；意大利排名第三，占19％；法国最少，不到10％。英国和法国银行持有股权的极少，仅占全部持有股份的1％和3％。而德国和意大利银行持股则较为普遍，占到总数的14％和10％。非金融机构的企业法人持股除英国占该国全部份额的2％外，其余都在30％以上，法国则高达近60％。官方持股份额，意大利最高，占该国全部股份的28％，其他均较低，在1％－4％之间。个人持股比例，英国占33％，法国占29％，德国占28％，意大利占21％。

从企业治理结构看，德国的情况最为特殊，属于内部监控模式。但银行扮演着极为重要的角色，被称为银行主导型模式。监事会的构成也与众不同，权力很大。德国公司的监事会由股东和职工代表按1∶1的比例组成，与董事会的成员不能交叉，监事会不仅具有对董事会和经理的监督职能，还有其他国家董事会的职能，是公司的控制主体。德国公司的这种治理结构是与该国比较重视职工民主权力的社会背景密切相关。当然，欧洲各国的现代企业制度也有其显著的共同点，那就是股权较为集中。在欧洲的所有企业中，企业法人和金融机构法人持有超过半数以上的股权，个人持股份额相对较低。所以，持股者个人对公司的控制权有限，尤其像德国将较多的企业职工吸引到公司的治理结构中担任职务，个人股东更是难以对企业发挥多大的影响。

从企业的管理模式看，一方面，欧洲企业普遍追寻控制与激励的平衡，提倡"知识超越"管理，充分挖掘人的潜能。如德国曼内斯特公司近年来涉足电话电信业，发展很快的一个重要原因就是公司运用多种方法和途径对员工进行激励，将知识视为资本，将科技创新带来的利润分成奖励给有关人员。他们认为，公司的创新业绩主要来源于已获取、掌握和保存最有价值知识的高级管理和技术人才，首先是指导与激励并让他们发挥作用；另一方面，追寻企业与顾客平衡，全面协调与顾客的关系，争取更多的市场份额。在欧洲一些发达国家的企业，以顾客满意为中心的"CS战略"① 已经取代了传统的以企业为中心的"CIS"（Corporate Identity System），即企业形象战略。欧洲企业普

---

① CS战略，即顾客满意战略（Customer Satisfaction）。20世纪80年代由北欧的斯堪的纳维亚航空公司率先提出"服务于管理"的思想并制定了商业标准，试图以此提高顾客满意度。其指导思想是，企业的整个经营活动要以顾客满意度为指针，要从顾客的角度、用顾客的观点，而不是企业自身的利益和观点来考虑顾客的需求，尽可能全面尊重和维护顾客的利益。这里的"顾客"是一个相对广义的概念，不仅指企业产品销售和服务的对象，也指企业整个经营活动中不可缺少的合作伙伴。后来，"服务与管理"的观点传到美国和日本，被进一步运用于企业管理，并迅速在全球推广。CS战略作为全球企业界在20世纪90年代流行的一种新型管理哲学，已经成为企业参与21世纪市场竞争的"通行证"，并越来越引起人们的关注和重视。

遍认为，企业与顾客的关系已成为企业各种关系中的主导关系，顾客满意是企业经营管理的最高目标，企业的一切经营理念和产品生产与服务，都必须围绕顾客展开。此外，追寻"公司社会"与"民主企业"的平衡，把市场与合作紧密结合起来，实现利益共享与风险共担。所谓"公司社会"，是指经济的成功需要统一方方面面的利益，使每个公司成员在为集团所作的贡献中得到好处。而"民主企业"则是由此建立一种新的经济体系，把市场形成的创新与合作带来的社会和谐融为一体。按照他们的说法，企业经营成功需要实现合作伙伴、职工、公众、政府和投资者共同利益的统一。在欧洲，企业作为复杂的市场竞争体系中的一个参与者，要获得市场利益，必须寻求经济共同体。这一共同体包括生产者、主要客户、主要供应商、银行、政府职能机构、行业协会、科研院所等。企业追寻合作，结成广泛联盟，共同占有市场、分享市场，已经成为许多企业主要的市场竞争策略，这也是欧洲企业寻求经济成功的所谓"第三条道路"。①

（二）美国的企业制度文化建设

虽然美国的现代企业制度出现较欧洲各国晚，但发展却十分迅速。18 世纪，美国首先在铁路行业出现现代企业制度的雏形。1837 年，康涅狄克州颁布了第一部《公司法》。此后，美国的现代企业制度就迅速从铁路行业延伸到商业、金融业和制造业，其形式有股份有限公司、有限合伙公司、有限责任公司和合资公司，以及个体户和一般合伙公司。据资料显示，到 20 世纪初，美国资产在 1 亿美元以上的工业股份公司有近 10家。这些企业和大银行融合，控制了数十亿美元资产，雇佣工人占非农行业的 70％。20 世纪 70 年代，持有股票人数增至 3500 万人，占总人口的 1/7。到 90 年代，持有上市公司股票的人数已达 5000 万。此外，还没有包括股票不能公开上市的股份公司，而这类公司占股份公司的 99％。虽然在美国的独资企业占 75％，加上合伙企业共占84％，公司制企业数量只占总数的 16％，但独资企业和合伙企业的资本额只占美国企业资本总额的 15％，公司制企业的资本额占美国企业资本总额的 85％。独资企业和合伙企业的营业额占美国企业总营业额约 10 ％，公司制企业的营业额占美国企业总营业额近 90％。也就是说，大中型企业绝大多数都是公司制的，在大型股份公司中，50％以上股票是上市的。② 这种状况是世界上任何一个国家都是无法比拟的。美国的股份公司是现代公司的代表，是现代企业制度的主要形式，也是现代企业产权组织的重要标志之一。

1. 完善的企业产权制度。与世界上其他国家相比，美国的企业产权制度具有高度个人化、分散化和流动性强的特点。一方面，美国崇尚私人产权，企业制度以私人产权或个人产权为基础，政府的作用极为有限。如美国的现代公司几乎绝大多数为社会公众个人持股，官方持股几乎为零。高度发达的市场经济又为分散化的产权提供了规避风险的机制，个人股权可以通过市场交易，或资产组合，或委托专业投资机构运作等方式来降低投资风险，获取稳定收益。这不仅成为个人股权分散化持续下去的保证，也使个人

① 车行：《欧洲企业：第三条道路》，《经营管理者》，2002 年第 3 期，第 58—59 页。
② 杨启先：《美国现代企业制度考察》，《改革》，1994 年第 1 期，第 35—38 页。

产权呈现出很强的流动性特征，由此不仅为企业运作和规模扩张提供了机会，也为美国微观经济体的良好运行作出了贡献。近年，随着经营管理者地位的上升，出现了现代企业代理问题，促使产权在所有权和经营权分离的基础上进一步变革，统一的所有权裂变为自然人产权和企业法人产权，产生了诸如期权、股权等形式的、对经营者给予所有权激励和约束的制度安排。

2. 发达的企业治理结构。企业治理结构是指为适应大规模集团化生产的需要，而协调所有者、代理人以及其他利益主体之间的权力和利益关系而建立的企业管理体制。其作用在于协调所有者和代理人关系，对代理人行为进行有效监督，阻止和降低代理人道德风险，保证企业经营目标符合所有者利益，其组织形式包括股东大会、董事会、监事会和高层经理组成的执行机构。与其产权高度分散相适应，美国企业的治理结构的特点是股东对企业的控制力很大，股东大会是名符其实的最高权力机构。美国企业利用证券市场筹集资金极为方便，对金融机构的依赖性不大。另外，美国公司法规定企业实行单一委员会制，只设董事会而不设监事会，由董事会代行监督权力。董事会由股东大会选举产生，其内部设高级主管委员会，负责对日常事务进行监督。董事会中有大量来自不同部门和竞争对手之外的专家或高级管理人才作为外部董事，以保证董事会在实施管理公司的同时能有效地发挥监督作用。[①]

3. 重视管理制度创新和人性化的管理制度设计。第一，完善企业领导人的培养和选拔机制。在美国的企业管理专家看来，一个企业能否成功，主要取决于企业的领导人。一个企业领导人的素质高低，就决定着一个企业经济效益的高低。美国选拔企业领导者的标准主要有六条：一是任何时候都要有坚定的信念和新的想法。二是有适应各种形势变化的灵活应变能力。三是有预见能力。四是处理问题的效率要高。五是要有社交能力。六是遇到问题要能够保持沉着和稳健。第二，以客观分析为基础的决策机制。大多数美国企业管理者都认为，尽管个人的主观判断与直觉也很重要，但决策必须以准确的信息为依据。企业要求行事以书面报告为准则，不提倡口头传播；重视调查和数据分析；重视信息共享；重视年度计划。第三，"任人唯贤"的激励约束机制。美国的管理层流行这样一种观念：任何人都可以成为公司总经理。大多数人认为，只要努力工作并取得成效就能够得到奖赏，相反则应受到惩罚。因此，在美国企业，赏罚分明是激励员工的重要机制。第四，广泛的分享决策机制。上级将决策权授予下级管理人员，使下级和员工有机会参与决策，承担责任并证明自己的能力。与日本的公司管理不同，在美国企业的上司一般不轻易干预下属决策空间，要让下属和员工体验到独立决策及其成功所带来的成就感。第五，多岗位调换工作的员工培养机制。美国企业往往会通过为员工调换工作岗位、尽可能扩大员工的工作面，让员工参与企业管理等方式，有意识地调动其工作积极性。第六，精简高效的组织机构设置原则。在美国，大部分成功企业的组织单纯、人事精简、办事效率极高。他们不仅不会重复设置机构，即使有人员空缺，一般也

---

① 谭黎阳：《欧、美、日现代企业制度的国际比较与启示》，《世界经济文汇》，2001年第3期，第68—71，79页。

不会轻易增加工作人员。第七，建立企业伦理管理机制。美国企业界设置有一种新型的主管——伦理主管。这种"企业良心"角色的主要任务是训练职工遵守正确的行为准则，处理员工对受贿和报假账等可能发生的不正当行为提出的质疑。按照美国企业伦理主管们的说法，提高员工的品德就等于提高人们对公司和产品的信赖。据统计，美国工业和服务业前 1000 名的大公司中，已有 20％的企业聘有伦理主管。[①]

此外，近年美国企业界还兴起了一系列新的管理模式，比较有名的如"瞪羚式管理"、"无缺点管理"、"危机管理"、"走动式管理"和"风险式管理"等。所谓"瞪羚式"管理，就是企业组织结构调整的形象比喻。美国工业界常把老牌大公司称作"大象"，把一些新兴中小企业称为"瞪羚"。在市场竞争中，"瞪羚式"企业由于组织结构精练、管理层次较少，往往更加充满生机和活力。因而，近年来，美国一些大公司大力进行管理组织和管理方式的改革，使"大象"兼具"瞪羚"的优势。"无缺点"管理又叫"完美式"管理，就是依靠企业内每个职工的精细化工作，努力把工作上可能出现的缺点或错误降低到零，达到""完美"的状态。"危机式"管理要求企业员工要有忧患意识，时刻将企业面临的危机记在心中，努力工作，克服困难。"走动式"管理是指企业主管身先士卒，深入基层，体察民意，了解真情，与下属和员工打成一片，共创业绩。"风险式"管理要求企业家看到风险与机遇同在，机遇与商业利润就在风险之中，其核心是把敢冒风险建立在科学管理的基础上，化风险为安全，从而达到出奇制胜的目标。[②]

（三）日本的企业制度文化建设

日本的企业制度建设开始于明治维新时期，也是亚洲最早建立现代企业制度的国家。日本的企业制度在吸取西方企业制度规范运作和科学管理的基础上，深受东方文化的影响，形成了颇具特色的企业制度文化。

1. 以私人资本为主的企业组织形式。日本的私人企业包括个人企业和法人企业两类。法人企业主要有合名公司（无限公司）、合资公司（两合公司）、股份公司、有限责任公司、相互公司。法人企业中最多的是股份公司，其次是有限责任公司。股份公司约占全部法人的 50％，加上有限责任公司，两类企业占全部法人的 98％左右。在股份公司中，绝大多数是非上市公司。

2. 经营者掌控企业的管理体制。"二战"以后，美军占领日本，解散了财阀，推行分散的股东政策，导致法人股大幅上升，个人股不断下降。不仅如此，日本企业的持股法人多是相互间有金融、商业、生产交易关系的法人，且多数相互持股，形成所谓环状结构的企业集团。法人相互持股事实上架空了股东对企业的控制权，使经营者对企业具有至高无上的权力，有利于发挥经营者的积极性和独立性，在一定程度上避免了企业的短期效应，对企业长期发展有利。正是在这个意义上，人们将日本企业的这种所有制形式称之为"法人资本主义"。另外，日本的公司治理模式与德国极为相似，都是内部控制型。企业集团内部各分子公司之间相互持股，个人持股比例较低。董事会成员基本上

---

①　一泓：《伦理主管：美国企业的管理新趋势》，《管理评论》，1994 年第 4 期，第 62 页。
②　韩辉：《美国企业的管理创新》，《辽宁经济》，2001 年第 12 期，第 49 页。

都产生于普通职员，往往不拥有股份，董事会实际上是社务会，即株式会社社务委员会负责，董事长也不代表股东，相互持股使法人大股东转化为一个经营者集团，经营者权力扩张，股东权力萎缩。董事会既有经营决策权，还有监督和解聘代表董事的权力。日本公司的这种治理基础，是一种能够保证所有者和公司管理层之间建立长期互利互惠关系，并通过所有权的广泛交叉而实现的方式，这一结构既保证了经营者的自主权，又能对经营者进行有效监督。

3. 发展中的主银行制度及其筹资方式。主银行制度虽然说法不一，但多数日本学者将主银行定义为："企业长期地、不断地接受融资的银行"。[①] 日本金融机构以法人形式持有许多大公司的股票，银行和企业的关系非常密切。主银行制度、法人相互持股制度和政府保护性银行制度三者相互关联、相辅相成，共同构成一个有机整体。其中，主银行制度是日本经济发展的强大推进器，是日本企业金融运行的核心，旨在使一两家银行与若干企业结成长期的交易伙伴关系。法人相互持股制度和政府保护性银行制度为主银行制度的实施提供了基本保障。主银行制度不仅使银企之间建立了稳定的股权关系，而且法人持股制度的实施是通过"主银行"来实现的，不仅强化了外部各法人间的关系，连日本企业集团内部的环形持股也是通过"主银行"来实现的。此外，通过主银行制度，日本企业还形成了独特的企业筹资形式，从以间接金融为中心，转变为直接金融、间接金融、内部金融等三种方式并重。当然，随着经济条件的变化，主银行制度的有效性逐渐弱化并开始走向反面。在日本金融自由化进程中，不少经营好或破产风险低的企业，纷纷选择了债券融资的方式。与主银行仍保持着业务关系的企业，对融资的使用产生了"机会主义"倾向，不少企业开始利用"理财技术"，将资金投向不动产、建筑和金融等部门，主银行融资体制的财务承诺效应出现弱化。[②]

4. 传统与现代结合的企业用工制度。终身雇佣制、年功序列工资制是日本企业经营方式的重要法宝。所谓终身雇佣制，就是指企业的雇佣人员在从参加工作到退休的全部职业生涯中，只受雇于一个企业（雇主），而企业一般不单方面解雇或开除雇佣人员，雇佣人员也很少中途离开企业。此项制度的特点是将定期录用、企业内教育、储备人才、机动使用与企业福利结合起来。[③] 关于终身雇佣制的作用，有人用博弈论进行了阐释。认为短期雇用相当于一般意义上的"囚徒困境"，工人间的关系是一次性博弈，不利于信息共有。而终身雇佣相当于"重复的囚徒困境"，具有改变从属于组织中的个人行为的作用，即使素不相识的人（包括工人与雇主）因长期共事也会产生合作的倾向。日本汽车比美国汽车的成本低 30％ 以上，其主要原因就在于日本企业中有这种富有弹性的团队生产组织。[④] 年功序列制是在终身雇佣体制下形成的一种晋升和薪金评定

① 刘伟东：《试论日本的主银行制度》，《外国问题研究》，1996 年第 4 期，第 38—41 页。

② 车维汉：《从组织控制理论视角看战后日本的企业治理》，《日本学刊》，2008 年第 6 期，第 40—51 页。

③ 色文：《试论日本的终身雇佣制度》，《现代日本经济》，1983 年第 1 期，第 25—29 页。

④ 车维汉：《从组织控制理论视角看战后日本的企业治理》，《日本学刊》，2008 年第 6 期，第 40—51 页。

标准。"年功"就是工作年限，"序列"就是整个企业职工形成一个随着年龄的增长，工资和职位也不断提高的序列。[①] 但这些制度并非固定不变，而是随着市场形势的变化不断作出调整。近年，对雇佣制度的评价开始出现逆转，在企业实践中除对主要的技术人员、管理人员和技术工人仍然坚持使用终身雇佣制度外，其他人员开始减少固定工的数量，日本企业正在通过改革，增加雇佣制度的柔软性和灵活性。[②] 年功序列制也一直随着环境的变化而调整。到上世纪 90 年代后，泡沫经济的破灭加快了日本对年功序列制的调整步伐，积极推行美国的目标管理制度，将白领阶层的工作量化，使绩效主义的薪金体系扩展到整个雇佣阶层。1997 年，日本经济同友会发表"市场主义宣言"，声称"只有建立公正效率的市场经济，才是解决目前日本难题、创造出新的可能性的唯一道路"。[③] 有人认为，不管是欧美新自由主义的影响，还是日本国内规制缓和的结果，市场主义的利润最大化正在成为日本企业最重要的经营目的。[④]

五、我国企业制度文化建设方略

有人认为，企业文化建设与现代企业制度之间有着双向的共生效应和互补效应。一方面，实行现代企业制度不断地更新和创造着各种文化观念，建立起新的企业文化；另一方面，新的企业文化建设又影响着企业的生产经营活动和企业发展，促进现代企业制度的确立和完善。[⑤] 因此，在我国建立现代企业制度的过程中要加强企业文化建设，推动现代企业制度的建立。按照现代企业制度的基本要求，企业制度文化建设的方向应该是从企业的经营实际出发，充分考虑行业特征、区域文化和人文特征等对企业产生的影响。按照合法性、平等性、可行性、严肃性和稳定性的原则，将企业制度建设与企业战略目标相结合，力求在相对稳定基础上对现有机制进行改良和优化，企业制度建设要为企业决策提供保障，要与员工职业化发展结合起来，要有利于推动企业管理与工作效率的提高。[⑥]

1. 建立和完善现代企业的产权制度。按照产权经济学理论，产权制度通过界定企业的所有权结构、委托代理链以及经济组织内从事经济活动的人的利益所在具有十分重要的影响。[⑦] 随着我国经济体制改革和市场经济的不断推进，目前企业较为普遍的产权制度有国有产权控制和非国有产权控制两种形式。从国有产权控制企业来看，虽然"两

---

① 邢雪艳：《论日本"年功序列制"的历史变迁》，《日本学论坛》，2007 年第 3 期，第 17－21 页。

② 王保林：《日本的企业改革与终身雇佣制的新动向》，《现代日本经济》，2008 年第 1 期，第 50－54 页。

③ （日）北川隆基：《讲座社会学 5 产业》，东京：东京大学出版社 1999 年版，第 140 页。

④ 邢雪艳：《论日本"年功序列制"的历史变迁》，《日本学论坛》，2007 年第 3 期，第 17－21 页。

⑤ 白靖宇、万威武：《试论企业文化建设与现代企业制度之间的双向效应》，《中国软科学》，2003 年第 4 期，第 75－79 页。

⑥ 北京仁达方略管理咨询有限公司：《建设企业制度文化》，《企业文明》，2009 年第 4 期，第 32－36 页。

⑦ 李芸达、范丽红、费金华：《先投后融，抑或先融后投——基于对我国企业产权制度的分析》，《会计研究》，2012 年第 1 期，第 43－50 页。

权分离"、"四自主体"（自主经营、自负盈亏、自我发展、自我约束）等改革已经推进多年，但如何建立有效的国有企业产权制度仍然处于探索阶段，国有企业法人财产权和所有权的真正分离在实践中仍然存在不少问题，政府在履行国有资产委托人和企业国有产权控制人的角色时并不清晰，政企不分的现象依然严重。[①] 相对于国有企业产权控制企业，民营企业的产权关系相对比较明确，具有利益相关性和目标单一性的特点，所有者和经营者之间的委托代理关系并不复杂，从产权结构上看，与政府之间也不存在什么关系。但是，这种产权关系一方面在外部融资中受到许多不公正待遇；另一方面还存在管理者从自身利益出发，选择有利于自己而非有益于股东的投资项目，或发动可能有损于企业价值的并购活动等，从而导致企业过度投资行为的发生。[②] 基于此，从国有企业的产权制度创新看，首先，要明确政府和企业的产权划分，维护各种形式的国有企业财产权，真正做到政企分开，严禁政府部门对企业经营管理权的干预。其次，积极推进混合所有制经济发展，实行国有资本、集体资本、非公有资本等交叉持股、相互融合的混合所有制经济，使各种所有制资本取长补短、相互促进、共同发展，推动国有资本放大功能，保值增值，提高竞争力。其三，进一步加强国有企业产权的战略性调整，在强化国有企业居于国民经济主导地位的同时，积极推进国有经济加快从竞争性领域退出步伐。其四，进一步优化国有企业产权制度改革的法律环境。积极制定和完善相应的法律法规，加强公有出资人地位，增强国资委作为国有企业产权主体和运营主体的效率。[③]其五，重视国有企业产权改革的伦理约束。产权制度安排不仅是一个经济范畴，还与社会政治民主、道德文化建设密切相关，具有伦理意蕴。因此，产权制度改革既要有利于保持基本社会政治制度的稳定，又必须确定政府的权力边界，还必须有利于限制某些特权产权的存在。[④]

一般而言，我国的民营企业产权制度改革经历了创业初期家族式的产权制度和改制后的产权制度两个阶段。民营企业在产权制度创新过程中，既受传统观念、传统生产方式、既得利益集团间的博弈、企业主个人能力和有限理性等企业内部因素的制约，又受国家的政策法律环境、要素市场发育程度、政府公共服务和市场监管水平、社会诚信缺失等外部环境的制约，创新道路比较艰难。所以，有人提出，民营企业的产权制度创新并不一定是建立现代产权制度，既可以是制度的重建，也可以在现有制度上的改良和完善，要结合国情和企业不同的实际情况，通过股份合作模式、新型有限责任公司模式、

---

① 陆铭、王亦琳、潘慧等：《政府干预与企业家满意度——以广西柳州为例的实证研究》，《管理世界》，2008 年第 7 期，第 116－125，159 页。

② 陆铭、王亦琳、潘慧等：《政府干预与企业家满意度——以广西柳州为例的实证研究》，《管理世界》，2008 年第 7 期，第 116－125，159 页。

③ 梁文博、王荣党：《我国国有企业产权制度改革分析》，《经济研究导刊》，2013 年第 11 期，第 18－19，54 页。

④ 李海英：《产权制度的伦理意蕴与中国产权制度改革》，《伦理学研究》，2013 年第 3 期，第 122－126 页。

上市公司模式和新型合作联盟模式等途径实现产权制度创新。[①] 遵循市场化改革的逻辑，民营企业产权制度的改革将产权逐步界定到个人，使企业形成有效的激励与约束机制，在经营者激励、股权模式、利益相关者等方面完善企业的治理机制，提高企业的技术创新和制度创新水平，构建企业的创新体系，并在此基础上提升企业产权的重新调整，推动企业治理结构的进一步优化。[②]

（1）加大民营企业的产权保护。首先，努力提高民营企业家的法人财产权意识。法人财产权是以公司制企业中董事会和经理为代表的公司法人对本公司资产所实际拥有的占有、使用和依法处置的权利，其实质是一种受所有者委托的对他人财产的支配权，在公司内部，法人财产权是由董事会作为公司机构来行使的，股东只能通过"用脚投票"的方式监督董事会的行为，董事会则拥有对法人财产的支配权。民营企业家要意识到一旦公司成立，法人财产权便是存在于公司财产之上的唯一物权。公司是法人财产权唯一的占有主体，投资人只能通过股东大会影响公司决策，或者通过股票市场施加股权约束，而不能直接干涉公司的法人权利。另外，法人财产权还是一种受到法律保护的排他性权利，任何组织、单位和股东都不容许侵犯。其次，努力推动个人财产权和法人财产权的彻底分离。在民营企业创业初期，所有权和经营权的统一有利于减少委托代理成本和监督成本。但进入扩张阶段后，所有权与经营权的高度统一则会弱化甚至阻滞企业的扩张动力，必须逐步实现所有权和经营权的分离。只有这样，才有可能最大限度地改善民营企业内部的人力资源状况，推动建立规范的公司治理结构，提高决策的科学性和实效性。其三，进一步加强对民营企业产权的保护力度。有效保护产权是主体间责、权、利清晰划分的必要前提。反之，产权就有可能受到肆意侵犯。鉴于在目前经济运行中存在民营企业财产权得不到社会尊重和平等保护的现象，有必要积极完善相关民营企业产权主体、地位、界限、获取与转让的法律规定，切实保护民营企业产权。一方面，通过扩大财产基本法的适用范围，制定在法律保护规则适用方面优先于产权保护的一般性私法制度之民营企业产权保护的特殊公法制度；另一方面，采取政府保护与民营或私营企业自我保护并举的方式，健全民营企业产权自我保护的制度和组织。此外，还可以通过将事先防范降低未来侵犯物权方法与事后补救降低已出成本的债权方法相结合，进一步提高民营企业产权保护水平。

（2）进一步优化产权结构。产权结构是指一个企业的产权构成情况，也就是企业的权益资本构成情况。包括企业产权的组成部分，各组成部分在企业总资产中所占比例及其具体方式。企业的产权结构是企业控制权分配的基础，在公司治理中起着基础性，甚至是决定性的作用。国内外企业发展的经验证明，企业产权的多元化和社会化是一种必然趋势，科学合理的产权结构，有助于引导企业良性发展。合理的产权结构不仅可以汇

① 沈灿煌：《我国民（私）营企业产权制度创新的政府作为与环境改进》，《生产力研究》，2009年第21期，第161—163页。

② 夏瑞卿：《民营企业改制与企业创新体系构建——以江苏远东控股集团为例》，《科学学与科学技术管理》，2010年第5期，第121—125页。

聚社会资本,解决企业发展的资金问题,消除企业对于个人和家庭的依赖性,而且还可以引入更多的外部智力,使企业的决策更加科学化和民主化,减少决策的失误和风险。因此,对于处在扩张阶段的我国民营企业而言,要实现产权制度的变迁,就必须开放产权,使民营企业转变为由多元投资主体组成的企业,通过引进和利用外部资金实现扩大经营的目的,利用资本市场使民营企业实现资本的社会化改造。目前,一些民营企业实行的企业内部员工持股、设立技术股和管理股、吸收外部新股东等方式推进产权的多元化和社会化具有一定的成效。通过内部员工持股方式,有利于在企业内部形成利益共同体,扩大经营成果受益范围,调动企业员工的积极性,实现经营收益最大化。设立技术股和管理股,是对企业技术人员和经营管理者贡献的一种认可,使技术和管理要素的作用在企业的物质利益分配中得以体现,有利于提高技术和管理人员的工作积极性和创造性,促使其把个人利益与企业长远利益联系在一起,是企业实现长远发展的重要举措。吸收外部新股东加入,实现企业股权多元化,有利于建立合理的治理结构。一些发展规模较大,发展水平较高的民营企业,还可以公开向外发行股票,引入社会资本,以强化内部经营管理的透明性和制度化。当然,民营企业实施产权多元化的过程难免会遇到来自观念层面和经济层面的制约,必须引导企业所有者和经营管理者改变原有的观念,形成对产权多元化的正确认识。政府也有必要发挥其在制定法律法规方面的作用,进一步优化民营企业产权多元化发展的社会经济环境,为民营资本的投资提供优良的制度保证,规范民间资本投资行为,满足企业增资扩股的需要,还可以引导民营企业参与国企改制,推动民营企业在建立混合所有制经济中发挥积极作用。

(3)建立健全有利于民营企业产权合理流动的市场体系和服务机制。一是进一步完善包括产权交易市场和资本市场在内的产权市场体系。产权交易市场是供产权交易双方进行产权交易的场所。健全的产权交易市场是产权流动的基本条件和必要保障,在推动产权交易的展开,提供有关信息和中介服务,促使产权交易方面确实具有十分重要的作用。二是进一步健全社会服务机构。包括建立健全人才培训服务体系、信息网络服务体系、管理咨询服务体系、技术支持服务体系等。在这方面,政府应该推动公共服务、非营利性机构公益性服务和中介机构商业化服务的一体化发展,建立和完善能够满足民营企业基本需求的社会化服务体系,促进民营企业产权的合理、高效流动。[①]

2. 设计和选择适合我国国情的企业治理模式。企业治理是在协调企业内外不同利益主体行为的基础上,满足企业的科学决策,最终实现企业永续发展的一种制度安排。[②] 清华大学的宁向东则将其精炼为"约束经理的招。"[③] 判断企业治理模式合理与否,不仅与特定的经济环境有着密切的关系,也具有明显的路径依赖,完全照搬其他国

① 谭杰:《我国民营企业产权制度创新研究》,苏州大学 2011 年硕士论文,第 19—27 页。

② 李东升:《权力结构、信任机制与企业治理模式的演进》,《经济学家》,2010 年第 11 期,第 41—50 页。

③ 宁向东:《公司治理理论》,北京:中国发展出版社 2005 年版,第 4 页。

家和企业的治理模式是难以取得预期效果的。[①] 有人对 676 家上市公司 1997—2007 年间的面板数据及对上市公司高管、独立董事、基金经理和证券分析师等进行了深度访谈，其结论是，最佳公司治理的做法是在特定社会、政治、文化等制度环境下各种复杂社会力量和利益群体进行建构的结果，其作用的发挥很大程度上取决于是否契合所在的制度环境，并不存在普适的"最佳"公司治理模式。[②] 因此，根据我国企业的实际情况，构建适合的企业治理模式，具有重要的现实意义。

（1）遵循企业治理模式建设的基本原则和要求。企业治理的核心问题是其治理权力的来源、分配和制衡。因此，构建企业治理结构应当遵循权力多源、权力平衡、分权制衡和协调运转四个原则。权力多源是指企业的治理权力是由非股权出资提供者、职工等众多利益相关者赋予的，企业治理权力的根本目的在于为利益相关者享有的权利或利益服务。利益相关者不仅包括股东，还包括非股权出资提供者、职工等其他利益相关者。权力平衡是指各利益相关者的代理人享受的权力或地位是与其代理人对公司的贡献相匹配的。权力平衡的目的是要解决如何在利益相关者的代理人之间适当分配企业治理权的问题。从理论上说，企业治理权力应该是由各利益相关者通过博弈在代理人之间进行分配。但能够同时满足自由、独立，并且信息对称条件的利益相关者是不存在的。于是，只能由法律介入，并给出一个各利益相关者都能接受并不得违反的企业治理结构框架。法律干预的主要目的，一是最低限度地保护利益相关者的弱势方；二是弥补利益相关者设计的治理结构本身的漏洞。分权制衡是指对企业治理进行分割后形成制约的原则，旨在解决投资人与代理人之间的权力来源和分配问题，重点是如何防止治理权被代理人滥用，损害投资人利益的问题。[③] 如有人提出要进一步完善独立董事制度，提升治理监督的有效性；合理配置"权"与"利"，提升经理层治理的有效性；推动机构投资者参与治理，提升股东治理的有效性；倡导价值投资，提升第三方治理的有效性。[④] 协调运转是企业治理体系建设的重要目标，只有企业治理结构的各组成部分密切合作，彼此协调，才能有效运转，取得成效。

（2）准确把握企业治理模式发展的新趋势。在经济全球化影响下，发达国家和发展中国家都把完善企业治理作为保障企业长期稳定发展的必要措施。根据有些学者的考察，目前世界各国企业的治理模式虽然由于形成背景的不同而有一些差异，但总体趋势是正在相互靠近、取长补短。以欧美诸国的公司治理情况看，首先，传统的由证券市场起主要作用的英美模式和由银行起主要作用的莱茵河模式正在逐渐融合。英美模式中的机构投资者开始成为主导性的投资者，且更为积极地参与公司事务，监督公司管理层。

① 李东升：《权力结构、信任机制与企业治理模式的演进》，《经济学家》，2010 年第 11 期，第 41—50 页。

② 杨典：《公司治理与企业绩效——基于中国经验的社会学分析》，《中国社会科学》，2013 年第 1 期，第 72—94 页。

③ 张保红：《论构建公司治理结构的原则》，《法学杂志》，2009 年第 4 期，第 133—135 页。

④ 马连福、石晓飞、王丽丽：《公司治理有效性与治理模式创新——第七届公司治理国际研讨会综述》，《南开管理评论》，2013 年第 6 期，第 149—154 页。

莱茵河模式中来自外部的监督也在加强。养老基金、共同基金等机构投资者稳步发展并开始发挥监督作用，对信息披露的要求不断提高。两种传统企业治理模式正朝着趋同化的方向演变。其次，引入外部专家评价，建立科学有效的评价方法正为越来越多的公司股东所接受，并被应用到对公司董事履职能力和董事会有效运作的考核评价之中。其三，越来越多的人认为，除了过去一直延续的企业治理结构涉及董事会、股东、利益相关方、内部监管和外部监管5个方面外，"决策影响"是衡量企业治理结构好坏的一个重要因素。一个好的企业治理结构中，管理层的决策结果事关大众福祉，应该受到重视。其四，社会责任正在对企业决策产生重大影响。越来越多的欧美企业意识到，企业的道德和责任感往往与决策者个人的职业道德水平密切相关。董事会决策要高度关注社会责任，并把它引入到对高管的考核之中。[1] 从中国企业治理模式的发展趋向来看，主要表现在企业治理开始进入有效性建设阶段。传统意义上的以"资源配置行政化、企业目标行政化、高管任免行政化"为主要特征的"行政型"治理模式，正在逐步向以股东治理为主、兼顾各利益相关者的典型"经济型"治理主体转变。战略投资者和法人股东的介入使公司股权进一步多元化，结构进一步优化。一些企业开始根据自己的发展战略和需要以及技术和行业特点，探索适合自己企业的治理模式。[2] 基于以上分析，准确把握国内外企业治理模式的发展趋势，结合企业所处的经济、社会和文化环境，设计和形成适合自己的企业治理模式，是提高我国企业经营管理水平必须要着力解决的问题。

（3）充分考虑文化传承对企业治理模式的影响。任何有效的企业治理模式都是建立在一定的历史背景和文化积淀之上的。世界各国不同的文化传承对所在国的居民都产生了一定的影响，尤其是在企业管理方面，这种影响会更加直接和深远。有人分析了华人家族企业治理模式的文化基础，认为华人家族企业治理模式属于"家族监控型"，与美英企业的"外部监控型"和日德企业的"内部监控型"有明显差异。以家族文化为基础的家族企业治理模式，对调整家族成员之间相互关系的伦理道德、行为规范、家族观念，以及对自身、社会与家族关系的认识都有直接和具体的影响。[3] 又如董事长和CEO分设似乎在国外企业比较普遍，国内许多企业也多有仿效，但根据一些学者的研究，这种在国外运行很好的治理模式，在中国对企业绩效的影响却为负值，表明此项所谓"最佳"治理举措实际上对我国企业来说可能并不真正适用，至少从提升企业绩效这一点来看，并未起到人们所期待的积极作用。[4] 再从美、德等国不同的企业治理模式来看，企业治理模式也不是由教条的经济公式和法律条文决定的，而是受多种因素，特别是文化传承影响的结果。美国因其国家力量、工会力量较弱，股东力量不强，职业经理人力量

① 张海：《比利时等欧洲国家公司治理发展趋势对完善国有企业治理结构的启示》，《财务与会计》，2013年第6期，第65—67页。

② 马连福、石晓飞、王丽丽：《公司治理有效性与治理模式创新——第七届公司治理国际研讨会综述》，《南开管理评论》，2013年第6期，第149—154页。

③ 吴三清、钟永平：《华人家族企业治理模式的文化基础》，《西南民族大学学报》（人文社科版），2003年第8期，第77—82页。

④ 杨典：《公司治理与企业绩效——基于中国经验的社会学分析》，《中国社会科学》，2013年第1期，第72—94页。

很强，形成了美式公司治理模式——"管理人资本主义"。德国则因职业经理人力量不太强，工会力量很强，政府力量也较强，几种力量博弈形成了"劳资共治"的企业治理模式，或称"组织化的资本主义"。所以，公司治理模式本质上是由一个国家多种政治、社会力量博弈的结果，与一国的历史和文化传统密切相关，一旦形成某种模式便很难改变，仅改变《公司法》或《证券法》条文很难真正改变一国的企业治理方式。[①]

（4）创造性地借鉴发达国家企业治理的做法和经验。西方发达国家经过多年的企业治理实践，逐渐形成了特色鲜明的企业治理模式。英美企业治理模式的特点是股权高度分散，个人持股比重很大，机构投资者持股比例不断攀升，银行不能直接持有公司股票，公司不设监事会，治理结构只由股东大会、董事会和经理三者构成。董事会权力广泛，是集业务经营与业务监督于一身的机构，下设审计委员会、薪酬委员会、提名委员会等执行监督职能。该模式的优点是有利于资源优化配置，增强企业竞争力，促进创新。不足之处是容易造成经营者的短期行为、内部人控制问题和公司资本缺乏稳定性等。德国模式的特点是，监事会为上位机关，董事会为下位机关。监事会位高权重，职工参与公司治理，银行通过参与监事会发挥在公司治理结构中的作用。这种模式的优点是有利于有效安排产权结构和实现公司长期稳定发展，不足之处是缺乏外部资本市场的压力、公司监督流于形式、经营者缺乏创新动力、银行与企业高度依存、易产生泡沫经济等弊端。日本企业治理模式是一种丰富而灵活的治理制度，经历了交叉持股、主银行融资、终身雇佣制和年功序列制等传统企业治理模式向新的企业治理模式转变的过程。特别是近年随着立法改进、企业金融革新、企业集团重组和国际化，新的企业治理类型不断出现，在企业治理方面为不同企业类型提供了可供选择的丰富灵活的治理模式，允许各企业在治理结构方面进行大胆而自由的尝试，同时也能够让那些失败的企业尽快退出市场。[②]

不难看出，发达国家经过多年实践已经形成了成熟而适用于本国的企业治理模式，而且由于历史发展、文化特质、信息传递机制和契约性质等的不同，在企业治理模式上既有共同之处，也有一定差异，但互相取长补短，相互借鉴则是一种共同的价值追求。因此，中国企业在借鉴和学习发达国家，尤其是日本及英美法系国家企业治理经验的同时，要充分考虑中国经济发展的自身特点以及企业所处的社会文化环境，探索和创新更加丰富、灵活多样且适合中国企业发展实际的企业治理模式。

（5）建立有效的激励约束机制。根据行为学家维克托·弗鲁姆（Victor H. Vroom）的期望理论，一种行为倾向的强度取决于个体对于这种行为可能带来的结果的期望强度，以及这种结果对行为者的吸引力。[③] 也有研究认为，我国企业由于缺少行之有效的

---

① 杨典：《公司治理与企业绩效——基于中国经验的社会学分析》，《中国社会科学》，2013 年第 1 期，第 72—94 页。

② 梁小惠：《论公司类型与公司治理模式的选择——以中国民营企业发展为视角》，《河北学刊》，2013 年第 6 期，第 130—134 页。

③ 转引自黄芳：《企业高管激励约束机制的动态分析》，《价值工程》，2009 年第 3 期，第 149—151 页。

激励约束机制影响了经理层治理有效性的提升，建议充分运用监管部门的"硬权力"和企业自身的"软权力"，强化经理层激励的长期性和动态性。[1] 因此，企业高层管理者会不会随着企业所处环境的不同而采取相应的行为措施，既取决于他们的职业能力和企业家精神，也取决于是否能满足其各个阶段的特定需要以及对其不利行为的约束程度。这就要求企业要根据其发展变化对高层管理者进行动态激励和约束，这也是企业治理体系建设的重要内容。就目前国内外企业的普遍做法看，对企业高层管理者的激励和约束机制主要有报酬机制、控制权机制、声誉机制和市场竞争机制。报酬激励机制主要由基本工资、绩效奖金、股权激励和福利计划等组成。这是目前国内外各企业运用最广泛、最主要的激励手段。控制权机制的有效性取决于管理者的贡献和所获得的控制权之间的对称性。掌握控制权可以在一定程度上满足高层管理者自我实现需要，以及正规报酬激励以外的物质利益满足。声誉机制不仅要得到高度评价和尊重，追求良好的声誉，而且还可以增加其在劳动力市场上讨价还价的能力。市场竞争机制包括经理市场、资本市场和产品市场。经理市场的激烈竞争使经营者始终保持生存危机感，从而产生自觉约束其行为的动机。资本市场的约束机理一方面表现为股票价值对企业家业绩的显示；另一方面则直接表现为兼并、收购和恶意接管等资本市场运作对经营者控制权的威胁。产品市场的约束机理来自产品市场的盈利率、市场占有率等指标，在一定程度上显示了企业家的经营业绩。产品市场的激烈竞争所带来的破产威胁会制约经营者的"偷懒行为"。[2]此外，还可以借鉴英美国家一些公司的做法，设计一个合理的激励契约，促使代理人作出有利于委托人的选择，探讨与任期考核相配套的中长期激励办法，如业绩股票、期权、退休金等方式。通过建立多元化的激励约束机制，提高企业高层管理者的经营积极性、主动性和企业治理效果。[3]

（6）重视对国有企业和民营企业治理模式的差异性设计。由于历史和现实的原因，中国国有企业具有一些不同于其他企业的特殊性。因此，国有企业治理模式的选择必须要适应这种特殊性。首先，要与企业管理体系相适应。目前，我国的国有企业仍处在由计划经济体制向市场经济体制转轨的过程中，无论在企业治理层面，还是在企业管理层面，都需要着力解决一些历史遗留问题和现实问题，必须基于企业治理与企业管理的区别而做到二者的相互适应，这是选择与构建治理模式中必须要重视的原则。其次，要与市场经济体制相适应。市场体系发育的成熟程度直接影响企业的治理模式选择。我国经济体制的总体方向是向着市场化的方向演进，但市场化程度仍然不够，一些市场运行中还保留着较为强烈的计划经济色彩。因此，未来企业的治理体系创新还将取决于市场化的进一步完善，亦即国有企业治理模式的选择与构建必须基于市场体系发育的基础，更加着力于企业内部治理结构和治理机制的形成及完善，在不断培育市场体系的基础上推

① 马连福、石晓飞、王丽丽：《公司治理有效性与治理模式创新——第七届公司治理国际研讨会综述》，《南开管理评论》，2013 年第 6 期，第 149－154 页。
② 黄芳：《企业高管激励约束机制的动态分析》，《价值工程》，2009 年第 3 期，第 149－151 页。
③ 张海：《比利时等欧洲国家公司治理发展趋势对完善国有企业治理结构的启示》，《财务与会计》，2013 年第 6 期，第 65－67 页。

进企业治理体系的发展。其三，要与经济发展战略相适应。党的"十八大"确定的改革总目标是完善和发展中国特色社会主义制度，推进国家治理体系和治理能力的现代化。对经济体制改革则是必须坚持公有制为主体、多种所有制经济共同发展的社会主义初级阶段基本经济制度的改革方向。这一战略方向所确立的基本经济制度是中国特色社会主义制度的重要支柱，也是社会主义市场经济体制的根基，必须毫不动摇地巩固和发展公有制经济，坚持公有制主体地位，发挥国有经济主导作用，不断增强国有经济的活力、控制力、影响力、抗风险能力。坚持以解放和发展社会生产力为标准，坚持政企分开、政资分开，以增强企业活力，提高效率为中心，提高国企核心竞争力。坚定不移地把国有经济做强、做优、做大。① 基于此，国有企业治理模式的选择必须以建立和完善现代企业制度为目标，不断规范董事会建设，强化制度创新，健全协调运作、有效制衡的公司法人治理结构；研究建立职业经理人制度，建立与企业家、职业经理人周期一致的发现、评价、任期、激励、约束制度，制定职业经理人任职资格、市场评价、市场选聘、激励约束制度；积极发展国有资本、集体资本、非公有制资本等交叉持股、相互融合的混合所有制经济等。其四，要与社会文化环境相适应。中国传统文化历久弥新的影响力使我们不得不对文化治理的功能引起重视。在中国企业整体走向市场化的进程中，各个经济主体所反映出来的文化价值理念越来越深刻地影响着我国经济社会及其人文精神的方方面面，所谓"南橘北枳"的现象也时有发生。于是，中国国有企业治理模式的选择就不能不重视这一现实的需要，积极适应其所处的社会文化环境及其变迁而形成自己的治理模式。② 基于这样的理由，我国国有企业治理模式的选择重点，首先应该是确定国有企业中的政府角色与功能。应将本来由政府承担的责任与义务从国有企业中分离出来，并为国有企业的治理及其改革培育和创造良好的环境，且将国有企业本来应享有的经营管理与相关利益分配等权利还给国有企业。其次是切实加强国有企业治理结构与治理机制的建设与完善。就转型期的中国国有企业而言，应在完善和加强内部治理的同时，积极发展多主体参与和多主体共治的混合治理模式，努力实现其协调运作、制衡有效的企业法人治理目标。其三是积极开展国有企业治理文化的适应性建设。随着混合经济体制的逐步形成，国有企业必然面临企业多元治理文化的适应性重塑和调整，国有企业已有的官本位治理文化必然要与其他经济体所形成的治理文化在碰撞和融合中形成新的适应性文化。尤其是在中国国有企业改革方向与民营经济发展现实日趋明朗的背景下，国有企业治理改革必须重视与民营经济产权融合中形成的企业治理文化进行适应性重塑。③

我国民营企业发展的总体特点表现为，规模较小，出资人数较少；所有权和经营权合一；经营管理灵活，但缺乏规范性。其治理模式则是，股东亲自参与治理情况普遍，

---

① 楚序平：《国企改革：新常态、新改革、新任务》，《经济导刊》，2015 年第 2 期，第 48—51 页。

② 严若森：《中国国有企业治理模式的选择与构建——基本原则与战略重点》，《财经问题研究》，2005 年第 9 期，第 62—66 页。

③ 严若森：《中国国有企业治理模式的选择与构建——基本原则与战略重点》，《财经问题研究》，2005 年第 9 期，第 62—66 页。

所有权与经营权难以分开；股东人数相对较少，对人合因素的依赖程度很高；多数民营企业尚不具备法律允许的出资/股份转让交易公开市场，企业治理路径存在非规范化现象。为此，传统的以股权较为分散的现代股份公司为参照和为解决代理问题而设计的企业治理模式，并不适合中国民营企业的发展状况，不能生搬硬套。在公司类型明确的情况下，民营企业在选择治理模式时，应更多考虑与公司类型和实际经营管理相匹配的治理模式，在重视不同类型的企业治理制度趋同化现象的同时，系统设计和制定可供不同投资者进行选择的多种治理模式，实现企业类型和企业治理模式的有效匹配。[①] 如对有限责任公司实施股东会中心主义的权力分配模式，强化股东会会议制度；对股份有限公司实施董事会中心主义的权力分配模式，加强对董事的监督；对内部治理不够确定的合同公司，强调适用公司与合伙制度的共同治理等。有人提出，民营企业治理模式的选择是一个多重均衡与权变的结果。影响民营企业治理模式选择的因素既有外部环境，也有内部环境。如果某种环境条件发生变化，相应的治理模式也应该发生变迁。每一种经过精心选择的治理模式都应该是争取成为外部环境和内部环境的最优反应函数。根据环境变化的具体特征，相机选择一定的治理模式，这将是民营企业治理模式的正确选择。[②] 其实，上述两种说法都从不同角度强调了民营企业治理模式设计和选择时对环境和条件的重视。在我国，随着经济社会的快速发展，不仅企业所处的内外部环境在不断发生变化，而且数量庞大的民营企业的类型已经形成多样化态势，这就要求我们在企业治理模式的设计和选择上，不能千篇一律，照搬照抄，一定要根据实际情况进行改革和创新。

3. 创新企业管理制度体系。企业管理制度是企业针对生产经营、技术研发、人力资源管理、销售服务等各项活动统一制定的各种规定、规则、章程、办法、标准、程序等规范性文件的总称。各种企业管理制度汇集在一起构成企业的管理制度体系。企业管理制度以管理为主题，以人力资源管理为主要内容，以规范准则为载体，解决的是企业的能力和效力问题。具体内容包括规范、规程、标准、程序、流程、规定、办法、措施等以条文、图示等明确下来的文件形式。企业管理制度主要通过培训、理解、认知、强力推进、检查监督、考评奖惩等方式发挥作用。管理制度是企业的法规性文件，具有规范性、严肃性、权威性和强制性的特点和要求。规范性表现在形式、内容和程序三个方面的规范。严肃性是指企业管理制度一旦颁布实施，在企业内部便具有相当于法律的效力，企业的全体员工都必须受到约束，任何人无权随意否定管理制度的规定。权威性是指企业管理制度作为全体员工的行为准则和办事依据，具有法律同等权威，企业其他文件不得与管理制度抵触和冲突，不经过规定程序，任何部门和人员都不得随意废止和更改。强制性是指凡是企业管理制度的规定，任何员工包括企业管理者都必须严格遵照执行，任何员工违反企业管理制度的规定都应受到相应的批评和处罚。企业的管理制度是一个有机整体，应结合企业实际情况制定各种类别的企业管理制度。各种类别管理制度

---

① 梁小惠：《论公司类型与公司治理模式的选择——以中国民营企业发展为视角》，《河北学刊》，2013年第6期，第130—134页。

② 张昭华：《家族企业治理模式的选择与演变》，《经济管理》，2006年第3期，第42—44页。

之间要协调一致，不能前后矛盾。企业管理制度的目的是要推动企业的发展和进步。因此，其设计理念和内容必须符合科学性、先进性和适应性原则。基于流程管理的思路，有人将企业管理制度体系的框架设计为4个层级：一级制度，包括治理结构、基本管理制度；二级制度，包括组织结构、部门职责、岗位说明；三级制度，包括业务主体活动、管理支撑活动、流程图、管理制度；四级制度，包括操作规范、应用表单。[①] 在这一制度体系中，由于一、二级制度是企业实施管理的基础和灵魂，其建设重点应关注不相容职能的分离和相互制衡；三、四级制度是企业管控的支撑，应重点关注制度的系统性和完整性，以保证每一项活动处于受控状态。企业四级管理制度的建设方法应以流程为主导，将企业的业务主体活动和管理支撑活动的管理过程，以及涉及的管理部门显现化，理清各部门的职责和需要建立的管理制度，使职能分配和制度建设横向到边，纵向到底。另外，为了保持企业管理制度的适应性、充分性和有效性，企业每年应对管理制度进行评审，以确保管理制度适用于企业内外部环境的变化以及企业管理水平的持续提高。目前我国企业管理制度存在的主要问题集中表现在，一是企业管理制度不完善；二是缺乏制度创新动力；三是管理制度执行力不够。因此，加强管理思维、管理模式、管理人员能力的创新是十分必要的。首先，要对原有的那些不适应市场竞争需要的管理制度、业务流程、系统化管理、议事决策等方面的制度进行创新。其次，要加强信息管理制度的创新。加快制定和完善相关的信息管理制度，尤其是要提高企业对信息的依赖和开发利用的意识及能力，提高企业对信息作出反映的灵敏程度。其三，积极建立学习型组织。不断提高企业管理者和员工接受新知识、新思想、新技术的能力，提高企业的整体文化素质，最大限度地发挥员工的潜能。其四，着力培养企业的创新意识和创造能力。根据市场信息适时调整企业战略，大胆进行管理创新。其五，建立和完善竞争机制。强化激励约束机制，营造竞争环境，督促全体员工树立自强、拼搏、进取、敬业意识，用优秀的制度激励人，用竞争的办法调动员工的积极性。

4. 形成高效规范的企业制度运行机制。企业管理运行机制是以经营为主题，以激励和约束机制为主要内容，以各利益相关者（部门、岗位）相互作用的方式为载体，主要解决的是企业的动力和活力问题。企业管理运行机制包括动力机制、约束机制和反馈机制。

首先，加强企业制度运行的动力机制。主要从经济动力、创新动力和法治动力三方面构建。经济动力来源于企业的谋利诉求。企业生存发展的根本在于市场中获得竞争优势，从而产生经济效益。因此，企业的管理制度能否在实践中发挥作用，判断的重要标准就是看它能否给企业带来经济效益。按照制度经济学的说法，制度是经济主体或行动团体之间的一种利益安排。由于规模经济、外部性等原因而产生的一些潜在利润，在现存制度框架内无法实现时，必然促使人们产生改变现存制度的需要。创新动力来源于企业发展和市场需求。现代企业制度的形成本身就是一种创新的过程，这种制度创新的效

<hr>

① 胡建江、许超：《基于流程的企业管理制度体系研究》，《科技创业月刊》，2011年第18期，第59—61页。

率和效果不仅受物质环境和科学技术进步的影响，也要适应社会变革的迫切要求。随着社会发展和技术进步，消费者对企业产品和社会服务产品的要求在不断发生变化，需要企业提供更舒适的产品，更高效的服务。为满足这种需求，企业就必须及时开展制度创新。法治动力相对比较刚性，企业管理制度必须在国家法律制度的框架约束下进行设计。国家法律制度的变革必然促进企业管理制度的更新，由此产生法治动力。

其次，完善企业制度运行的约束机制。企业管理制度的约束机制分为外生约束和内生约束。外生约束机制是在经济和金融运行外部形成的，具有宏观特征，体现的是"市场的意志"。内生约束机制是企业内部管理过程中自然形成的，具有微观特征，体现的是"管理者的逻辑"。在企业具体管理实践中，约束机制主要强调的是一种控制机制，旨在保证企业的实践活动不偏离已经设定的目标和路径。为了纠偏行为的实施，体现"市场的意志"和"管理者的逻辑"，企业的管理制度必须建立宏观和微观两个层面的约束机制，从企业外部经营环境和内部运行两个方面建立起完善的监督约束机制。具体包括：财政税赋等强制性规范制度、社会公众的外部监督约束制度、企业内部完善的控制和约束制度等。前两个方面的设计均属于外部约束机制，旨在对通过政府层面的制度安排和社会公众层面的监督约束企业行为，并对那些不符合国家经济制度和社会发展要求，以及不符合社会公众意愿的企业及其行为给予从严、从重的处罚，以形成惩戒效应。第三方面的设计属于企业内部的约束机制，主要通过优化权责分配，提高管理者素质，健全组织结构和建设优秀的企业文化等对企业行为产生约束，形成内生约束动力。

其三，建立企业制度运行的反馈机制。根据信息经济学的原理，反馈的本质是一种信息的传递和作用。构建信息反馈机制的主要目的就是通过各方利益群体的信息反馈，形成企业管理制度的纠偏和优化机制，使得企业管理制度更加完善和科学。反馈的对象包括企业、政府和公众三大利益群体，并以此为基础分析反馈内容。企业对政府的反馈主要是企业主动将企业的经营信息，尤其是企业在经营自主权以及产业转型升级中遇到的困难反馈给政府，希望政府通过减免税收等形式对企业的生产过程给予关注，保证企业的连续生产和发展壮大。同时，政府为确切了解企业的运行状态，通过统计和普查等形式要求企业提供一些生产经营信息。企业对社会公众的反馈主要通过发布年度社会责任白皮书等形式，让公众了解企业在社会捐赠、废气废水排放、员工培训以及税款征缴等方面的情况，以此提高企业的社会认可度和市场美誉度。[①]

5. 处理好企业制度移植、制度设计与文化传承间的兼容关系。毋庸讳言，当前中国企业制度在运行实践中正面临着难以回避的制度移植与本土文化冲突，并出现因缺少相应的文化支撑而导致企业制度不灵甚至失效的困境，其缘由主要是大规模移植的西方企业制度理念和制度设计与中国文化传统相遇后出现不适应的病症。这种不适应病症警示我们，在推进中国企业制度变革进程中，不仅要学习其他国家先进的企业管理经验，

---

① 周海江：《现代企业制度的中国化研究》，中国社会科学院研究生院 2014 年博士论文，第 63－71 页。

还要结合中国国情及文化传承进行创造性转化，① 这是企业制度移植和制度设计成败的关键。

首先，要积极探索建立具有中国文化内涵的企业制度。中国文化源远流长、博大精深，相对其他文化而言是一种原生态的强异质性文化。任何外来制度的移植和引进，都不能忽视与本土模式的创新与创造，只有在充分考虑中国文化环境的基础上，正确认识和评估中国文化背景下形成的企业制度架构的价值作用与变革规律，积极探索具有中国特色、中国精神、中国意蕴的企业制度模式，才能走出一条中国企业制度自我发展基础上的建构之路。

其次，积极推进与企业制度创新相匹配的传统文化变革。中国文化虽然有许多有利于经济发展的因素，海外华人经济、东亚一些国家和地区，以及中国沿海地区的快速发展等也证明了这一点。但我们又不得不承认，传统文化中也确实有一些影响和阻碍现代企业制度建设的东西，我们必须要摒弃和改造它。用美籍中国台湾学者林毓生的说法，叫"中国传统的创造性转化"。我们必须对曾经影响我们数千年的文化传统进行反思，不仅对其正式制度进行大刀阔斧的改革，也要在更深层次上对不适应现代经济社会发展的文化观念进行现代化改造，消除那些阻碍制度变革的文化因子，建立文化与制度协同演进的发展机制。一方面，积极推动特殊性与普遍性的结合。在生产经营活动和人际交往中把人格化交换同非人格化交换结合起来，既注重树立领导权威，又着力培育尊重法律、崇尚平等的法治精神。另一方面，积极推动家族文化与契约精神的结合。既要发挥家族文化中的信任文化在形成企业凝聚力和向心力中的作用，又要通过培养契约意识规避家族文化中的负面影响，形成传统文化与时代精神的有机结合。此外，积极推动企业从"人治"向"法治"转变，通过企业制度体系建设约束企业的人为干扰，努力消除传统的"官本位"思想和观念，培养企业员工的守法意识、平等意识和公权意识，努力清除影响企业健康发展的各种文化病灶。②

6. 加强对企业制度文化的评价体系建设。构建良好的制度文化评价体系，在培育优秀企业文化中具有十分重要的作用。企业制度文化建设是一个动态的、复杂的循环过程，企业所属行业不同，发展基础有异，但企业制度文化的评价指标则只能是相对稳定的。在遵循企业文化建设评价原则、综合分析企业文化评价要素的基础上，有人将企业制度文化的指标体系分为 3 个层次，把企业制度文化导向、企业领导体制、企业组织结构 3 大要素作为评价企业制度文化建设的二级指标，并进一步分解、鉴别后选取出相关的三级指标，以此构成企业制度文化建设水平的综合评价指标体系。（1）企业制度文化导向是指企业制度在制定、执行的过程中所引起的文化导向。如企业重视安全问题，那么企业就会在绩效和薪酬设计方面侧重于安全方面，出现安全事故重罚有关责任人，无安全问题则奖励有关人员，以此形成大家都重视安全问题的文化氛围。所以，关于安全

---

① "创造性转化"概念是由中国台湾学者林毓生提出的（林毓生：《中国传统的创造性转化》，北京：生活・读书・新知三联书店 1981 年版，第 324—330 页）。

② 徐兴：《文化视阈下的日本企业制度变迁研究》，吉林大学 2014 年博士论文，第 247—250 页。

的制度设计就带有明显的文化导向。关于这方面涉及的指标主要有：管理制度和企业的发展相一致性，企业的薪酬能够反映真正的成绩，主要领导思想创新的容忍度，员工形象、行为规范性，员工教育培训，企业操作规范性，企业薪酬的激励性。（2）企业领导体制是指制度在制定、执行过程中所形成的人与人的协调关系。主要包括普通员工之间、普通员工与管理者之间、管理者之间的各种关系。企业在进行制度文化建设过程中涉及的主要指标有：企业员工参与企业管理程度，领导结构，领导决策员工参与程度，彼此相互平等、相互尊重。（3）企业组织机构是指企业在制度执行中所设计的组织结构。从这方面同样也可以看出一个企业的文化导向，如强调集权还是分权、强调个体还是集体。企业组织机构相关的指标主要有组织结构完善化、组织结构合理度、信息沟通的流畅度等。企业制度文化的评价指标体系的运用可以通过问卷调查法、专家调查法和层次分析法等完成。问卷调查法的关键是要根据企业的特点设计好问卷，建立相应的测量指标，再对各个测量指标编制测量科目。专家调查法主要用于确定各个指标间的权重问题，如在构成评价制度文化指标时企业制度文化导向、企业制度文化氛围和企业组织结构三者所占的比重。或者统一评价指标下的各子指标之间的权重问题，如企业领导体制指标下的企业员工参与企业管理制度、合理化建议活动制度、员工参与程度等指标之间的比重。层次分析法就是把制度文化的各个指标通过划分为相互联系的有序层次，根据对一定客观现实的主观判断把专家意见和分析者的客观判断直接结合起来，将某一个层次的两个指标进行比较后根据其重要性进行定量描述，然后利用数学方法计算反映每一层次指标的相对重要性，确定次序的权重，通过所有层次之间的总排序计算所有元素的相对权重并进行排序。企业根据自身实际把运用前两种方法测算出的三级指标的各项得分运用数学公式计算上一层指标的得分。通过层次分析法可以看出各个指标之间的重要性程度，以及在总指标中各指标的比重程度，为企业开展制度文化建设提供科学的参考依据。[1]

---

[1] 王立民、于激昱、莫晓妮：《企业制度文化指标体系的构建与运用方法研究》，《中国市场》，2011年第52期，第27、29页。

第八章　战略管理与企业文化建设

一、战略与战略管理

（一）战略与战略思想的渊源

战略一词最早源于军事概念，其本义是对战争的整体性、长远性的预见和谋划。在中国古代，"战略"一词最早的解释是有关战争或战斗的谋划。"战"即战争、战斗，表示对抗双方的争斗；"略"即谋划，是指制定出奇制胜的良策。①《孙子兵法》中包含有丰富的战略思想，但并未用"战略"一词来命名。西晋以后曾出现一些用"战略"命名的著述，但未能完整保留下来。典型的是明代军事家茅元仪编著的《二十一史战略考》，但该书论述的内容多属战术范畴，并非战略。② 与"战略"一词相比，在中国古代比较流行的是所谓"庙算"、"权谋"、"方略"等。如《孙子兵法·计篇》说："夫未战而庙算胜者，得算多也。未战而庙算不胜者，得算少也。多算胜，少算不胜，而况于无算乎！"《汉书·艺文志》记载："权谋者，以正守国，以奇用兵，先计而后战，兼形势，包阴阳，用技巧者也。"《旧唐书》中说："夫权谋方略，兵家之大经，邦国系以存亡，政令因之而强弱"③ 等。直至清末，随着西方战略思想的传入，人们才把"战略"一词解释为"筹划军事之方略"，其概念和内涵都有所扩大。《辞海》对"战略"的解释，是指"依据敌对双方的军事、政治、经济、地理等因素，照顾战争全局的各个方面，规定军事力量的准备和运用。"④《中国大百科全书·军事卷》则解释为："战争指导者为达成战争的政治目的，依据战争规律所制定和采取的准备和实施战争的方针、政策和方法。"⑤ 总体上都认为"战略"就是"指导战争全局的方略"。与"战略"一词的出现相比，在中国历史上，"战略"思想可以追溯到上古时代。《周易》、《尚书》、《战国策》、

---

① 按照 1988 年出版的《中国兵书知见录》提供的数字，中国历代的已知兵书共有 3380 部，23503 卷。其中存世的兵书共有 2308 部，18567 卷。这样丰富的军事学文献，无疑是中国战略思想的宝库（《中国兵书知见录》，北京：解放军出版社 1988 年版，转引自许保林：《中国兵书通览》，北京：解放军出版社 2002 年版，第 20 -21 页）。

② 西晋史学家司马彪撰写《战略》一书，是中国历史上第一部以战略命名的著作。公元 4 世纪初，裴松之为《三国志》作注时曾引用了《战略》一书的内容。南北朝时期也出现过以"战略"命名的著作，但这些书大都亡佚。现今完整保存下来的以"战略"命名的史籍只有明代茅元仪撰写的《廿一史战略考》三十三卷（李少军：《论战略观念的起源》，《世界经济与政治》，2002 年第 7 期，第 4-10 页）。

③ 《旧唐书》卷八四，列传第三四，《裴行俭传附子光庭传》。

④ 转引自李维刚主编：《企业战略管理》，北京：科学出版社 2010 年版，第 5 页。

⑤ 转引自王绚皓、陈江波、于欣主编：《企业战略管理》，哈尔滨：哈尔滨工业大学出版社 2011 年版，第 6 页。

《吕氏春秋》、《韩非子》以及《黄帝内经》等书中都有丰富的战略思想，《孙子兵法》更是一部当之无愧的战略学巨著。诸如《尚书》中保留的一系列典、谟、训、诰、誓、命中，记载了自尧舜以来的古代杰出政治家和思想家的治国战略思想。《周易》从天道、地道中引申出人们的活动规律、社会治理原则的"人道"。这个"人道"的基本内容就是古代治国的战略。[①]《孙子兵法》则从军事学角度运用战略思维系统揭示了战争的规律和相关问题。所谓"夫百战百胜，非善之善者也；不战而屈人之兵，善之善者也。"[②]实际上已经突破了一般的战争思维局限，以大战略的思路探索和论述了战争问题的最佳解决之道。"所措必胜，胜已败者……古之所谓善战者，胜于易胜也。"[③] 这是一种典型的战略前瞻性思维，论述了在武力对抗之前，如何运用筹划和谋略，把握战争的主动权，积极营造有利的战略态势，使战争不打则已，只要开打则必胜。

西方的战略一词源于希腊语的"Strategos"，其意是军事将领和地方行政长官。后来演变成军事术语，指军事将领指挥军队作战的谋略和指导战争全局的策略和方法。公元 579 年，东罗马帝国皇帝毛莱斯（Maurice）用拉丁文写了《Stratajicon》一书，被认为是西方第一本战略学著作。18 世纪末，普鲁士的 A·H·D·Von 比洛（A. H. D. Von. bulow）在《新战争体系的精神实质》（又译作《最新战法要旨》）中，对"战略"的定义是："关于在视界和火炮射程以外进行军事行动的科学。"[④] 另一位普鲁士军事理论家 C·Von 克劳塞维茨（C. Von. Clausewitz）对战略的定义则是："为了达到战争目的而对战斗的运用。"[⑤] 18 世纪以后，"战略"一词在欧洲已经十分流行。1825 年，《牛津词典》首次对现代意义上的"战略"一词进行界定。[⑥] 后来，《韦氏新国际英语大词典》对"战略"一词解释为："军事指挥官克敌制胜的科学与艺术"。[⑦]《简明不列颠百科全书》则称战略是"在战争中利用军事手段达到战争目的的科学和艺术"。[⑧] 加拿大管理学家亨利·明茨伯格（Henry Mintzberg）对战略的含义有独特的认识。他借鉴市场营销学中的"4P's"，即产品、价格、渠道、促销的提法，归纳和总结人们对战略的 5 个方面定义，提出了 5P's 的概念，即计划、计谋、模式、定位、观

---

① 董根洪：《战略思想与战略问题系列之三：中国古代战略思想》（上），《资料通讯》，2001 年第 4 期，第 15—20 页。

② 《孙子兵法·谋攻篇》。

③ 《孙子兵法·形篇》。

④ （苏）Ｍ·Ａ·米尔施泰因、A. K. 斯洛博坚科：《论资产阶级军事科学》，黄良羽等译，北京：军事科学出版社 1985 年版，第 30 页。

⑤ （普）C. von 克劳塞维茨：《战争论》第 1 卷，中国人民解放军军事科学院译，北京：商务印书馆 1997 年版，第 175 页。

⑥ Craig. A. Snyder（ed．），Contemporary Security and Strategy，London：Macmillan Press LTD，1999.14.

⑦ 转引自王绚皓、陈江波、于欣主编：《企业战略管理》，哈尔滨：哈尔滨工业大学出版社 2011 年版，第 7 页。

⑧ 转引自李敏蓉：《战略概念的演变及警务战略特征初探》，《北京人民警察学院学报》，2004 年第 6 期，第 44—47 页。

念。认为战略就是一种计划、一种计谋、一种模式、一种定位、一种观念。① 古今中外对战略的称谓虽然不尽相同，但其基本内涵都是指对诸如战争等重大事件的整体性、长远性、基本性的谋划。随着"战略"意义的日趋显现，"战略"概念逐渐被广泛运用于社会、政治、经济、文化等各个领域，特别是上世纪 50 年代以来，企业经营管理活动中使用战略概念受到人们的普遍重视，出现了一大批企业战略学家和战略实施者。

（二）企业战略管理及其内涵

1. 企业战略管理思想的演进。虽然战略思想出现很早，但提出战略管理的历史至今还不到一个世纪。一方面，系统思想的发展为战略管理提供了哲学基础，系统论强调整体性、关联性、动态性、有序性和方向性，与人们探求战略管理的目标不谋而合；另一方面，世界经济在科学技术的推动下获得了巨大的发展，买方市场悄然形成，国际市场的竞争逐渐激烈起来，各国纷纷打开国门，实行开放，经济文化发展的多元化浪潮等为战略管理提供了条件。有人考证，管理学家使用"战略"一词最早可追溯到上世纪30 至 40 年代。② 1938 年，切斯特·巴纳德（Chester I. Barnard）在《经理人员的职能》中首次把战略术语引入管理学中。20 世纪 50 年代初，威廉·纽曼（William Newman）也运用战略概念把管理工作分为重要工作和常规工作，为战略管理的提出奠定了基础。60 年代前半期，先后出版的 3 部具有开创性的著作为战略管理奠定了坚实的基础。这 3部著作就是艾尔弗雷德·D·钱德勒（Alfred D. Chandler，Jr.）的《战略与结构》、肯尼斯·R·安德鲁斯（Kenneth R. Andrews）的《商业政策：原理与案例》和伊戈尔·安索夫（H. Igor Ansoff）的《公司战略》。3 部著作围绕"如何使企业所拥有资源与外部的商业机会相互匹配"这一主题，不仅突出了战略在企业管理中的核心地位，也把规划置于战略的核心地位，形成了战略规划理论，整个的战略管理研究由此正式拉开帷幕。③ 20 世纪 80 年代，企业战略管理曾一度受到冷落，但产业组织理论和竞争战略则使企业战略管理产生了较强的吸引力。90 年代，又出现了资源基础理论和核心竞争力理论。尤其是核心竞争力理论在管理学界颇有影响，使企业战略管理研究出现勃勃生机。进入新世纪后，超越竞争的创新与创造理论又成为企业战略管理理论研究的新方向。④ 也有学者将迄今为止的企业战略管理理论的发展演变划分为三个阶段，即 20 世纪 60 至 70 年代的古典战略理论阶段、80 至 90 年代初期的竞争战略理论阶段和 90 年代中期以来的战略生态理论阶段。⑤ 还有人从理论基础角度，将其划分为以环境为基础的经典战略管理理论、以产业（市场）结构分析为基础的竞争战略理论和以资源及知识为

---

① 王绚皓、陈江波、于欣主编：《企业战略管理》，哈尔滨：哈尔滨工业大学出版社 2011 年版，第 7页。

② 王虎成：《文化管理与战略管理互补研究》，华中师范大学 2013 年博士论文，第 36 页。

③ （加）亨利·明茨伯格等：《战略历程：纵览战略管理学派》，刘瑞红等译，北京：机械工业出版社2002 年版，第 19 页。

④ 王虎成：《文化管理与战略管理互补研究》，华中师范大学 2013 年博士论文，第 40 页。

⑤ 陈建校：《企业战略管理理论的发展脉络与流派述评》，《学术交流》，2009 年第 4 期，第 75－79页。

基础的核心竞争力理论。[1] 基于对矛盾的不同处理结果，甚至有人将其划分为建立在对抗竞争基础上的战略管理理论，建立在有限合作基础上的战略管理理论和建立在互惠共存基础上的战略管理理论。[2] 实际上，自 20 世纪 60 年代初至 80 年代末，国外主流的企业战略管理理论大都建立在对抗竞争基础上，侧重于讨论竞争和竞争优势。1962 年，美国管理学家阿尔弗雷德·D·钱德勒（Alfred D. Chandier）出版《战略与结构》一书，开启了企业战略管理研究的先河。作者建立了 SWOT 分析模型，考察企业面临的环境、战略和组织之间的机会、威胁、优势和劣势。1980 年，美国竞争战略专家迈克尔·波特（Michael E. Porter）出版《竞争战略》一书，用竞争战略管理理论取代了战略管理理论的主流地位。虽然这一时期出现的一些企业战略管理思想在研究方法和具体主张上不一定完全相同，但其核心思想主要是通过内外部环境的分析，寻找本企业的优势和机会，而对劣势和威胁并不重视，或者有意回避，力求做到扬长避短，进而制定最能体现自身竞争力的战略或超越竞争对手的战略。最终目标则是将竞争对手打败或打垮，而与竞争对手的互惠共存则被严重忽视。比如迈克尔·波特（Michael E. Porter）就认为，企业战略的核心是获取竞争优势，而影响竞争优势的因素包括企业所处产业的盈利能力和企业在产业中的相对竞争地位。因此，企业在制定战略时，应首先对产业结构进行分析，即对构成产业的五种竞争力进行分析，并提出了成本领先和差别化两种基本竞争战略。为了实现企业的竞争战略，波特还提出了价值链分析法，其宗旨仍然在于避开竞争对手的强项，建立自身独特的竞争优势，从而将竞争对手打败或打垮。即使后来由哥印拜陀·克利修那·普拉哈拉德（Coimbatore K. Prahalad）和加里·哈默尔（Armand Hammer）提出的"核心竞争能力理论"，也主要建立于对抗竞争基础之上。只不过与波特不同的是，后者在构建竞争战略时，主要针对竞争对手的薄弱环节，扬长避短，培育自己独特的竞争力，对抗的程度更为激烈。直到 20 世纪 90 年代以后，随着全球竞争日趋激烈，企业的经营活动很难靠某一个企业单独来完成，才出现了建立在有限合作基础上的战略管理理论。美国 DEC 公司总裁简·霍普兰德（J. Hepland）和管理学家罗杰·奈格尔（Roger Nigel）提出了"战略联盟"理论，提出为了达到共同拥有市场、共同使用资源的战略目标，企业可以通过签订协议或契约结成各种优势互补、风险共担、要素水平式双向或多向流动的松散型网络组织。该组织一般为长期性联合与合作，属于自发的、非强制的，联盟各方仍旧保持着原有企业管理的独立性和完全自主的经营权。战略联盟的出现使企业间的有限合作成为现实。但许多事实则表明，这种战略联盟形式并不理想，其不稳定性比率达到 30%—50% 之间。企业战略联盟与正式组织形式——全资子公司的成功率更低，稳定性更差。1962 年，美国学者詹姆斯·穆尔（James F. Moor）出版《竞争的衰亡》一书，提出了"商业生态系统"的全新概念。该理论打破传统的、以行业划分为前提的战略管理理论限制，积极推动企业的"共同进

① 耿弘：《企业战略管理理论的演变及新发展》，《外国经济与管理》，1999 年第 6 期，第 14—16 页。
② 杨林、陈传明：《国外企业战略管理理论演变：矛盾论的视角》，《经济管理》，2005 年第 1 期，第 14—18 页。

化"。建议企业高层经理人员应该经常从顾客、市场、产品、过程、组织、风险承担者、政府与社会等方面考虑商业生态系统和自身所处的位置。系统内的公司通过竞争可以将毫不相关的贡献者联系起来，创造一种崭新的商业模式。在这种全新模式下，制定战略应着眼于创造新的微观经济和价值，发展新的循环以代替狭隘的、以行业为基础的战略设计。[①]

无论对企业战略管理理论的发展如何划分，但从企业战略管理理论发展和变化来看，一种基本的趋势则是从强调竞争走向寻求合作共赢。这一过程说明在日趋激烈竞争的市场环境中，企业及其企业战略研究者越来越意识到，要想使企业得到持续发展，就必须协调好与其利益相关者的关系，并与其他企业共同创造顾客感兴趣的价值。作为企业战略管理的发展方向，建立在互惠共存基础之上的企业战略管理无疑符合时代特点和企业生存条件，对当前众多企业，尤其是许多跨国企业的战略行为作出了比较符合实际的解释，也对我国培育具有竞争力的长寿企业提供了现实的支持。

2. 企业战略管理的内涵及要义。究竟什么是企业战略管理，其内涵及要义是什么？不同时期、不同国别的学者却有不同的看法。以艾尔弗雷德·D·钱德勒（Alfred Dupont Chandler Jr.）、伊戈尔·安索夫（Higor Ansoff）、亨利·明茨伯格（HenryMintzberg）等为代表的古典战略理论认为，企业战略管理就是通过企业的精心规划与设计，通过对企业内外部环境变化的分析，对企业全部经营活动进行根本性、长远性的规划和指导。战略与经营不同之处就是，前者是面向未来，动态地、持续地完成从决策到实施的过程。以迈克尔·波特（Michael. E. Porter）、哥印拜陀·克利修那·普拉哈拉德（Coimbatore K. Prahalad）、加里·哈默尔（Armand Hammer）和詹姆斯·柯林斯（James Collins）等为代表的竞争战略理论则将复杂多变的环境和买方市场作为战略研究的背景，将市场竞争作为战略研究的主要内容，把谋求建立和维持企业的竞争优势作为战略目标，将企业战略建立在对抗竞争基础上，侧重于竞争和竞争优势，将企业战略管理假定在对整个产业结构是比较稳定的、可识别的以及可预见的分析基础上，认为战略管理就是要人们关注业已存在的稳定的产业组织，其实质就是在已结构化的产业内寻求企业生存和发展的空间。以詹姆斯·穆尔（James F. Moor）、J·C·加里洛夫（J. C. Jarillof）、N·那瑞尔（N. Nohria）为代表的战略生态理论，基于生态学的思维逻辑，超越了传统战略思维将行业看成固定不变、过分关注直接竞争对手，以及仅考虑自身利益等方式研究企业竞争战略的缺陷，强调战略管理就是在制定和实施企业经营管理策略中要充分考虑整个商业生态系统及其成员的利益，瞄准广阔的环境和机会，争取领导和建立有利的或占优势的、新的战略生态系统。要求企业领导者超越传统组织和文化界限，形成高于公司、行业和国别界限上的竞争思维。[②] 1982 年，美国心理学家 G·A·斯坦纳（G. A. Steiner）出版了《企业政策与战略》一书，提出企业的战略管理是确

---

① 杨林、陈传明：《国外企业战略管理理论演变：矛盾论的视角》，《经济管理》，2005 年第 1 期，第 14—18 页。

② 陈建校：《企业战略管理理论的发展脉络与流派述评》，《学术交流》，2009 年第 4 期，第 75—79 页。

定企业使命，根据企业外部环境和内部经营要素确定企业目标，保证目标正确落实并使企业使命最终得到实现的一个动态过程。①

国内学者对企业战略管理的概念和内涵也进行了探讨。孟卫东等人在分析和考察国外众多定义，并对战略与战略管理进行等级定义的基础上，认为企业战略管理就是决定企业使命和目标，选择特定的战略，并通过特定的战术活动实施这些战略的过程。② 对企业战略管理概念的讨论，华南理工大学的蓝海林系统地对国外企业战略管理理论进行了分析，认为国外以理性主义为基础的企业管理战略理论适用于相对静态环境，其对应的企业战略管理模式属于"静态模式"。这种战略管理模式在当前我国企业的战略管理实践中已经面临越来越"尴尬"的局面。表现在：第一，企业的战略行为中，事前计划的行为越来越少，事中反应或者创新性行为越来越多。优秀的战略往往不是计划出来的，而是总结出来的。第二，越来越多的战略决策不是在战略制定阶段，而是在战略实施阶段作出的。第三，在越来越动态的环境下，时间的紧迫性与信息的有限性凸显了非理性因素对企业战略决策的影响，战略管理的科学性与战略管理的严肃性受到了明显的挑战。在认真回顾和分析了西方企业战略思想与实践的历史，并借鉴亨利·明茨伯格（Henry Mintzberg）对传统"静态模式"改进的基础上，作者提出了企业战略管理的"动态模式"。该模式的特征是：（1）企业的战略行为既包括事前计划的行为，也包括事中反应性的行为；既是一种"点决策"，也是一种"过程决策"。"点"上的决策相对比较宏观，主要包括意图、愿景、宗旨、定位、方式、政策、原则、手段的设计，必须给"过程"中的管理者足够的应变和创新的空间。（2）有效地制定与实施企业战略管理既需要依靠理性，也会受到非理性因素的影响。企业战略管理者在"点"上的决策，可以更多地借助理性思维的过程和采用理性分析的方法。但在"过程"中对战略意图、宗旨和定位的坚持，则更多依靠企业价值偏好和选择。（3）由于有效的战略管理者必须能够运用理性和非理性手段在"事前计划"与"事中反应"之间保持动态的一致性。战略管理的"动态模式"不强调战略管理三种活动的外在区别与先后关系，而是更多地关注战略管理过程中三个阶段之间的内在联系与交叉影响。③

总体而言，无论人们对企业战略管理的内涵理解如何不同，但其基本要义就是企业为了追求长期生存和持续发展，从总体和未来的角度对企业发展使命、奋斗目标、经营方向、产品结构、特色优势、经营策略等根本性问题进行总体谋划、系统设计并组织实施。企业战略管理的起点是确定企业使命，前提是对企业内外部环境进行分析，核心是制定战略和实施战略。无疑，企业战略管理是一个动态的、全过程的管理活动。企业战略分为业务层面的战略主要有成本领先战略、产品差异化战略；公司层面的战略包括纵

---

① 王绚皓、陈江波、于欣主编：《企业战略管理》，哈尔滨：哈尔滨工业大学出版社2011年版，第9页。

② 孟卫东、张卫国、龙勇编著：《战略管理——创造持续竞争优势》，北京：科学出版社2006年版，第4页。

③ 蓝海林：《企业战略管理："静态模式"与"动态模式"》，《南开管理评论》，2007年第5期，第31—35，60页。

向一体化战略、多元化战略、并购战略、国际化战略等。[①] 战略管理的具体设计包括：确定企业的业务范围和战略目标、制定并实施战略、评价战略管理业绩并进行战略调整。战略管理从确定业务范围和战略目标开始，到制定和实施战略，直至评价战略管理业绩及调整战略管理，确定新目标等一系列环节相互连接而形成战略管理的有机体系，这种体系通过信息反馈共同组成一个管理循环。[②] 由于企业的战略管理具有全局性、长远性、动态性、系统性和前瞻性的特点，因此，企业战略管理对象不是单一的、局部的、琐碎的一般管理，而是根据企业的整体发展需要和占据主导地位的经营活动制定和追求的总体效果和远期目标。企业战略管理虽然是以当时客观环境为依据，对近期的生产经营活动予以指导和限制，但其决策则是以预测将要发生的事情为基础，将企业未来和长远将要开展的经营活动纳入视野之中。尤其需要强调的是，现代企业十分注重战略管理的创新，将知识管理战略、全球化战略管理等内容也纳入企业战略管理的范畴，企业要不断增强核心技术优势，优化、调整企业内部资源配置，充分挖掘企业内部潜力，增强竞争实力，才能促进企业的长远发展。因此，企业战略管理是企业最高层次的管理，是企业决策者最主要的任务。一个企业能否经营成功，关键不在于其掌握的资源多寡与优劣，而在于企业家如何掌控和运用这些资源。可以说，企业家有没有战略头脑，能不能进行战略性管理，无可置疑地将对企业的持续发展带来不可忽视的影响。正是基于这一认识，企业能否开展高水平的战略管理，就成为区别企业家水平与素质的关键要素。当然，不同类型、不同经营性质和不同生命周期的企业，其战略和战略管理也不尽相同，企业家要根据具体情况制定相应的战略并开展战略管理，只有这样，才能使企业的战略和战略管理发挥显著的作用。

二、企业战略管理与企业文化的关系

（一）企业战略管理对企业文化建设的影响

首先，理性的制定和实施企业战略必然体现着企业文化中的人性因素。众所周知，企业文化是企业家及其企业员工在长期的生产经营实践中逐步形成的共同价值观、理想信念、行为准则及相应的物质表现形态的总称。企业文化是企业全体员工的精神支柱，是企业战略制定和实施乃至控制的人性基础。如果企业战略制定、实施和控制没有体现人性的要求，那么，这样的战略就是空中楼阁。虽然经济学追求利益最大化无可厚非，但在全球化、知识经济和互联网时代，企业发展的目标更为重要的是追求可持续发展。因此，企业的经营管理活动不仅要重视经济利益，更为重要的是要将社会利益放在重要地位。一个企业在竞争市场上的价值不仅反映在经济效益上，更为重要的还要体现在社会效益上，这无疑是企业战略管理中对企业文化的人性因素最充分的体现。

其次，企业战略管理的有效制定和实施有利于促进企业文化的建设和发展。全球化

① （美）杰伊巴尼、威廉赫思特里：《战略管理》，李新春、张书军译，北京：机械工业出版社 2008 年版，第 94—200 页。

② 梁家强：《对企业战略管理的思考》，《商场现代化》，2005 年第 26 期，第 56—57 页。

和信息化时代的重要特征就是变化无处不在、无处不有。企业置身这样的环境必然要不断地随着变化的形势调整企业的发展战略和经营策略，以适应新的经济环境、市场要求和社会标准。企业根据新的形势对企业发展战略的调整和优化，必然促进企业文化的建设和发展，使之随着企业战略的不断调整、完善而得到丰富和发展，保留有利于战略有效实施的成分，抛弃不适应战略实施的成分，增加适应新环境的成分，形成新的、更加符合企业发展的企业文化内涵。

其三，企业的战略变革推动企业文化的创新。按照一些学者的说法，战略变革就是企业为了动态地适应外部环境和内部条件的变化，或者为了利用潜在的机会而从原有战略转变到新的战略，从而不断创造新的竞争优势。[①] 为了动态地适应外部环境和内部条件的变化，从一种战略状态转变到另一种战略状态的战略管理活动。[②] 虽然企业文化的刚性可能会与企业战略变革发生一定的矛盾和冲突，但事物总是在矛盾中得以发展的。伴随着矛盾的不断解决，使变革后的战略更加适应企业的发展，并与企业文化形成新的基础上的整合，塑造适应企业未来发展的新企业文化，以此解决企业战略与企业文化之间的矛盾，实现企业文化在企业变革推动下的创新。[③]

（二）企业战略管理与企业文化的双向互动

人们曾经困惑于企业战略管理与企业文化谁为第一的问题。但现在越来越多的学者认为，企业的战略管理过程中无可置疑地具有显著的伦理因素，亦即文化因素。伦理信念是企业长期持续发展的"内在动力"。在企业的战略决策中，伦理因素是外在约束和内在动力的统一。在企业战略管理的信念假设、决策选择、评估程序上，利用企业伦理文化的思维模式，建立企业战略规划——伦理决策机制，把企业经营的伦理边界条件和内在道德驱动力明确纳入企业战略管理的整体进程，让企业在战略管理中确保伦理决策更加清晰化、流程化，避免企业决策的长期道德风险。[④] 因此，企业战略管理与企业文化具有不可分割的双向互动优化关系。[⑤]

首先，企业文化引导企业战略管理的方向。企业文化对企业战略选择、战略实施和战略变革都有十分显著的影响。美国管理学家彼得·德鲁克（Peter F. Drucker）曾经说过，有效的企业管理就是要回答这样三个问题：企业存在的理由是什么？企业的业务是什么？企业的业务应该是什么？[⑥] 这三个问题看起来十分简单，但却是企业战略管理

---

① 刘益、李坦、汪应洛：《柔性战略的理论、分析方法及其应用》，北京：中国人民大学出版社 2005 年版，第 116—119 页。

② 简兆权、毛蕴诗：《环境扫描在战略转换中的作用分析》，《科研管理》，2003 年第 5 期，第 85—87 页。

③ 沈贤：《企业战略管理与企业文化的"互动性"研究》，《现代商业》，2010 年第 27 期，第 87，86 页。

④ 陈文军：《论企业战略管理中的伦理决策》，《北京工商大学学报》（社会科学版）2011 年第 3 期，第 99—104 页。

⑤ 杨月坤主编：《企业文化》，北京：清华大学出版社 2011 年版，第 69 页。

⑥ （美）彼得·德鲁克：《卓有成效的管理者》，许是祥译，北京：机械工业出版社 2005 年版，第 10—15 页。

的重要内容。在当今全球化竞争的时代背景下，企业如何选择自身存在的基础，如何认识其存在的价值并明确企业发展的信念，已经成为企业战略管理必须解决的问题。但在解决这个问题的时候，企业信守的理念、追寻的目标以及价值导向将成为主导这一过程的思想航标。优秀的企业文化能够将组织内的一切力量凝聚在一起，化解各种矛盾和冲突，认同组织的经营理念，提高组织的效能和生产效率，推动企业实现自己的战略目标。企业文化是企业长久经营的共同价值观，必然能够对企业的战略管理产生内生驱动力。

其次，企业战略管理与企业文化之间具有相互协调和促动的功能。从理论上讲，企业战略管理是企业根据其内外环境变化，对企业长远发展进行的总体谋划和设计，并随着企业内外环境的变化而不断调整和变化。而企业文化则是企业发展理念、企业经营宗旨、企业发展使命和企业价值导向等的长期积淀，一般具有相对的稳定性和持续性。企业文化中的经营宗旨、企业使命等为企业发展确定了基本方向，但这些要素则往往是较为笼统的，一般不是在某一个战略期间可以完成的。因此，企业战略及其战略目标就是将企业文化中提出的经营宗旨、发展使命等在某一个战略期的任务具体化，并设计可以执行和衡量的内容和指标。一方面，双方拥有共同的公司愿景、使命和核心价值观架构了企业的精神支柱，形成了一种软性的组织结构；另一方面，由这些软性的组织结构对企业员工形成的流程，如行为方式、资源配置、评估考核、培训学习等，共同促进企业发展，提高企业运行质量。无论是企业文化还是战略管理，都不可否认每个环节相互影响的互动关系。两者之间，以及各个环节之间的互动形成了相互支持、相互依赖、相互缠绕在一起的复杂关系。① 根据上述特点和要求，一方面，企业战略管理需要综合考虑已经形成的企业文化，不能将企业战略管理凌驾于企业文化之上；另一方面，企业文化又必须服务于企业的战略管理，不能由于约定俗成的所谓文化传统，甚至成规陋习而制约企业战略的决策和实施。这就要求在企业经营管理的现实中，必须将企业战略管理与企业文化建设有效地匹配起来。既要重视企业文化的约束性和影响力，又要根据现实的情况制定企业经营管理战略，努力使二者相互适应、协调发展。有人将企业战略与企业文化相联结的一些要素归纳为结构、范式、人员和知识四个要素。四个要素是企业内部作用于企业战略与企业文化之间的关键性联结。结构主要是对工作任务如何进行分工、分组和协调合作；范式主要回答组织内部被广泛接受的"本应如此"的假设；人员是战略的核心和文化的载体；知识包括显性知识和默会知识，是关键性的战略能力和企业文化的主要内容。任何企业都有其独特的"结构——范式——人员——知识"，这是企业基本的"基因表达"。它清晰地反映了"企业文化链"与"企业战略链"之间的关系，并说明企业战略与企业文化的关系是高度相关和融合的。企业文化通过企业经营管理决定着企业战略的制定，而企业战略的实施过程又会促进和影响企业文化的发展和创新，两者之间相互约束，彼此影响，共同促进。

---

① 武玉琴、夏洪胜、羊卫辉：《论文化与企业战略管理的契合》，《商业时代》，2007 年第 1 期，第110－112 页。

其三，企业文化提升企业战略管理能力。企业文化对提升企业战略管理能力具有密切相关性。作为企业把握未来市场和环境走势，对企业发展进行科学规划、组织实施和控制的企业战略管理，具有明确的目标性和方向性，但由于企业战略管理实施的主体是人，因而人的主观能动性就成为企业战略管理制定和实施效果的关键因素。一种优秀的企业文化必然成为企业战略管理实施效果的基石，为企业制定、实施、控制战略管理提供科学的指导思想，并成为企业战略制定、实施和控制成功与否的关键。也有人以国内建筑行业为例分析了企业文化与企业战略变革的关系，其结论是：属于企业文化范畴的团队精神和社会责任在国内建筑企业的战略变革过程中具有积极的作用。团队精神可以加快推动战略变革速度，并使战略变革的各项措施得以顺利实施。企业经过变革后，相关业务的价格、种类、数量、顾客群、资源配置较前变化较大，会在更大程度上增强企业的生存能力和竞争能力，并继续在更大的幅度上推动企业的战略变革。企业社会责任的实施，会大幅度提高企业的社会声誉，扩大其合作伙伴，进一步拓展企业的业务领域，提高市场份额和美誉度，形成更具竞争优势的软实力。[1]

（三）企业不同战略形式下的企业文化特质

1. 一般战略形式下的企业文化特质。一般战略管理形式主要有稳定型战略、增长型战略和紧缩型战略。稳定型战略的执行是以市场需求、竞争格局等外部环境的基本稳定为前提。在这种战略形式下，企业缺乏竞争勇气，风险意识较弱，甚至惧怕风险和挑战。一旦外部环境变化迫使企业必须改变战略的时候，已经形成的文化惯性将可能成为企业变革的阻力，企业难免要为此而付出代价，甚至面临倒闭的危险。20 世纪 70 年代发生在美国的王安电脑公司倒闭事件就是这种战略形式的最经典注脚。增长型战略则是要克服其"文化阻力"来扩大自身的价值，并通过不断变革创造更高的生产效率和更大的经营效益，推动企业焕发生机和活力。但实行增长型战略在取得一定成功后，又容易导致企业盲目扩张而陷入失衡、无序，甚至混乱，也可能难以使企业达到最佳发展状态。曾经辉煌一时的郑州亚细亚集团从快速发展到迅速倒闭验证了这种战略的后果。与稳定型战略和增长型战略相比，紧缩型战略是一种相对消极的发展战略。一般情况下，实行紧缩型战略容易降低企业员工的积极性，导致产生悲观情绪。加之紧缩型战略往往会伴随着企业不同程度的裁员和减薪，会形成缺乏进取、消极怠工，甚至孤注一掷的企业文化。总括起来，稳定型战略惧怕风险、回避风险、缺乏进取心，追求的是稳中求胜，需要的是持续稳定、以一贯之的文化支持；增长型战略积极开拓、不断扩张、缺少稳健、危机并存，谋求的是在变化中求生存、求发展，需要的是不断变革的文化支持；紧缩型战略谨小慎微、亦步亦趋、进取心不强，但目的是以退为进，需要的是变中求稳的文化支持。三种战略在实践中可能会相互转化，从一种战略转化为另一种战略都有一个适应与调整的过程，需要付出一定的成本和代价。

2. 基本竞争战略形态下的企业文化特质。按照迈克尔·波特（Michael E. Porter）

---

[1] 刘明明：《企业战略变革的企业文化要素影响研究》，大连理工大学 2012 年博士论文，第 137—138 页。

的观点，包括差异化战略和成本领先战略在内的基本竞争战略意味着企业取得成功必须要有不同的竞争技能和要求。基本竞争战略思想对竞争制胜的企业文化具有十分重要的作用，是企业获取市场成功的重要因素。然而，不同的基本竞争战略意味着有不同的企业文化特质。诸如差异化战略的文化特质往往强调发挥特长、鼓励创新和承担风险，如惠普、索尼等；而成本领先战略的文化特质就可能是强调节俭、加强纪律及注重细节，如丰田、艾默逊电器公司；而处于中间的企业则通常因模糊不清的企业文化，相互冲突的组织安排和制度缺陷而陷入各种困惑。事实上，企业文化本身并无优劣之分，任何企业在长期的生产和经营过程中都会形成不同特质的企业文化。企业实施战略的不同也会形成不同的企业文化。如果企业文化与企业的竞争战略相适合，就能够强有力地巩固一种基本竞争战略以寻求建立竞争优势。反之，则可能会对企业带来不必要的麻烦和损失。因此，企业在作出战略选择时，就应积极预测，并对现有的企业文化作出评判，努力推动企业文化与企业战略达成较大程度和较大范围内的适应，以促进企业走上良性、健康的发展之路。[①]

三、文化差异与企业战略管理

（一）不同国家的文化差异与企业战略管理

1. 美国文化与企业战略管理。如前所述，美国文化的特点是：独立与包容、开拓与创新、自由与平等、崇尚物质享受与实用主义。毋庸置疑，由于历史和文化传承的原因，美国大多数企业都十分重视企业战略管理。几乎所有的企业家都把主要精力投入到企业的战略研究、制订、调整和完善之中。在美国企业家看来，企业今天的成功并不意味着明天的成功。甚至认为，如果不懂战略和规划，就不能做总裁或 CEO。在美国的大部分企业都设有专门的战略规划部，集中了一批熟悉市场、掌握信息、善于思考、专于规划的专业人才，专门进行战略规划和设计。一般而言，美国企业的战略管理强调两大基石：一是特殊能力；二是竞争优势。前者突出企业认识和发挥那些能够把本企业与竞争对手区别开来的特殊优势或核心竞争力；后者突出企业在市场竞争中能够长期赢得并保持顾客的优势。在战略管理程序上，美国企业都能够较为严格地遵守战略分析、方案设计、调整评审等程序。在战略类型的选择上，则侧重于以成本领先的低成本战略、以质量为中心的独特性战略、以快速进入市场的集中性战略，并努力将这三种战略结合起来，寻求三种彼此之间的平衡。另外，美国企业战略管理还遵循四个原则：一是企业虽然有特殊优势，但还要不断创造新的竞争优势；二是重视企业特殊能力的变化，不断分析企业面临的新问题；三是根据需要选择企业的经营范围；四是把握实现企业战略的三种不同形式：内部发展、外部发展和国际合作。[②]

2. 欧洲文化与企业战略管理。欧洲各国的文化具有内部多样性和自我文化认同的

---

① 秦颖、辛广茜：《企业战略选择与企业文化的关系》，《内蒙古社会科学》（汉文版），2001 年第 4 期，第 103—105 页。

② 罗明：《美国企业的战略管理》，《企业改革与管理》，1998 年第 2 期，第 40—41 页。

特点。文化传承中既有古希腊、古罗马传统中的理性主义和民主意识，又有基督教充满伦理意识和信仰的精神生活之影响，还有中世纪封建制度和封建道德规范中尊重等级秩序、恪守诺言、忠于义务、富有荣誉感、保持骑士风度等内容。文艺复兴时期兴起的人文主义思潮，不仅发扬了古希腊、古罗马文化的人本主义传统，同时又继承了基督教伦理对人的境遇和命运的关怀，肯定了人的欲望和情感的合理性，以及追求幸福的权利，从而对人的认识被置于更为现实和合理的基础之上。正是在启蒙运动中，诞生了被人们津津乐道的所谓"现代性"的欧洲现代文化特征。这种文化的核心是对传统的批判和怀疑精神，以及相信能够通过改革或革命的方式缔造理想世界的信念。[①]

欧洲独特的文化传承，表现在企业战略管理上也有鲜明的特点。第一，突出企业治理结构在战略管理中的作用。欧洲各国的企业普遍致力于克服传统的过分庞杂、多层次、高集权的金字塔式管理模式的弊端，组建灵活精干的组织结构与高效运行的机制，以确保和提高企业的竞争力。如雀巢公司董事会下设的董事委员会、薪酬委员会、审计委员会分别由3—4名相关董事组成，保障组织运行的灵活性与高效性。其中，由董事长、CEO、审计委员及资深专家组成的董事委员会是有机协调董事会、经理层、监事会等工作的组织机构，开会议事次数较多，为高效推进企业协调运行提供了灵活的组织保障。第二，积极推行"内外结合、上下互动"式的战略决策形成机制。大多数欧洲企业倾向于改变那种由总部"自上而下"式的决策机制，采取更加重视经营一线意见与建议的"上下互动"式决策机制。这种机制既有利于吸收最新的管理成果并与企业实际结合起来，又有利于使企业一线的决策、建议与企业总部的全球化战略高度整合，有利于推动企业的经营管理创新。第三，重视专业化发展战略和多样化投资战略的结合。大部分欧洲企业一方面青睐于以本企业的核心技术为主线，追求主业突出的专业化经营战略；另一方面则积极致力于灵活多样的投资方式，提高投资效率。如雀巢、宝马、奔驰等公司在过百年的发展进程中，正是将"绿地投资"和并购重组等多种投资方式有效结合起来，才实现了企业的稳定、快速发展。第四，十分重视科技创新战略。欧洲企业普遍认为，企业的发展壮大离不开对技术创新的执着追求，只有不断改良传统产品，大力开发新型产品，才能保持企业的永续发展。如雀巢公司不但在瑞士洛桑设有基础研究中心，还在全球开设有十多个食品研发中心和产品技术中心，有3000多名技术研发人员，每年的研发投入高达7亿多美元。这些研究中心和技术开发中心源源不断地开发有关营养和健康领域的新技术和新产品，为企业的可持续发展注入了不竭的活力。第五，注重实施前瞻性市场战略。在经营产品的结构调整与优化方面，积极把握市场发展趋势，适时调整产品供应结构，战略性地适应和引导消费趋势。在市场扩张与多元化战略方面，重视有发展潜力的新兴市场，尤其重视诸如中国这种有潜力市场的开发。第六，不遗余力地推进和实施品牌战略。欧洲企业将塑造品牌视为企业形象和理念的集中体现，极为重视企业和产品品牌的管理和经营，并基于品牌优势，不断拓宽经营领域，谋求企业的良性发展。如20世纪80年代后世界产品市场结构从"少品种、大批量"型转为"多品

---

① 何平：《欧洲文化特征刍议》，《首都师范大学学报》（社会科学版），2005年第6期，第1—7页。

种、少批量"型，欧洲许多企业立刻抓住这一机会，积极调整经营方针，丰富产品结构，使长期重视品牌战略的特点在此次市场转型中发挥了十分重要的作用。[①]

3. 日本文化与企业战略管理。日本文化是一个复杂的体系，其特点主要表现在家族意识与实用理性、"忠"、"和"伦理规范、等级观念、纵向人际交往关系、谦卑与傲慢的矛盾心理，以及较强的危机意识等。这样一种矛盾与复杂的文化特征，以致于美国管理学家迈克尔·波特（Michael E. Porter）从国家竞争优势和文化差异的高度不承认日本企业有战略管理。当然，另一位企业管理学家亨利·明茨泊格（Henry Mintzberg）则认为，日本企业不仅有战略，甚至完全可以胜任给波特讲授战略。也就是说，日本企业不但有战略管理，而且还有非常高超的战略管理艺术。事实上，美国企业在20世纪70年代进入战略管理时代，随后日本就宣称也进入了企业战略时代，并成立了"1990年构想委员会"等机构。如果进行一些归纳，日本企业的战略管理的特点主要表现在：一是追求持续改善战略。这是日本企业追求经营效率时使用的至理名言。从全面质量管理到准时制，从零库存到看板管理，从大规模生产到采用自动化，都可以看出日本企业对经营效率，或者说成本与质量的追求，这正是日本企业铸造的核心竞争力所在。无论是传统的汽车、家电产业，还是新兴的电脑、半导体、通讯设备等高科技产业，日本企业的制造水平始终保持世界一流，这是难以用没有战略管理所能解释的。当然，日本企业过于重视模仿，不太关注原始创新，导致其在高科技产业中对产品的新概念把握不准，设计水平不高，导致整个产业实力弱于美国。但恰恰创新正是企业战略最本质的核心所在。二是重视与本国企业发展的适用性战略选择。20世纪80年代，日本选择了与其经济发展相适应的竞争战略，取得了巨大成功。进入90年代后，面对市场环境和经济条件的变化，要求企业改变原有的竞争模式，但日本企业调整滞后导致了竞争力的下降。[②] 三是积极推行合作共赢战略。日本企业十分重视建立企业间的战略联盟。而建立企业战略联盟的目标则是通过交换获得自身所稀缺的资源，并最终掌握这些资源，而不是为了控制企业。比如股权安排中美国企业一般都会争取51％的控股权，但日本企业，尤其是一些技术性企业，甚至不涉及股权安排。日本企业对此的理解是，联盟中起作用的是"和谐的合作关系"。如果通过拥有股权来获得控股权，居高临下地对待对方，那会破坏双方的合作关系，不利于联盟的成功。[③] 四是十分重视发挥企业集体智慧在战略制订和实施中的作用。日本深受儒家文化的影响，家族文化和倡导"和为贵"的文化传统，使其战略理念在于集合所有员工的智慧进行创造。这与美国信奉个人主义，强调领导人在战略中的绝对地位有着显著不同。

总之，欧美诸国和日本由于文化传承的差异，其企业战略管理有着明显的不同。美国崇尚竞争的文化，将低成本、差异化、创新等作为重要的战略管理思想。以古希腊、古罗马文化为基础，又受文艺复兴思想影响的欧洲文化启蒙，则将灵活、高效、多样化

① 李明星：《欧洲跨国公司战略管理的若干特点及启示》，《中国经贸导刊》，2003年第21期，第31—32页。

② 秦仪：《波特论日本企业战略》，《现代日本经济》，2004年第2期，第37—42页。

③ 周锋领：《日本企业的战略联盟》，《大众标准化》，2002年第2期，第36—37页。

和创新作为战略追求。以家族文化为背景的日本文化在实施战略管理时，明显强调持续发展、和谐共赢和集体在战略决策中的作用。虽不能说欧美的战略一定优于日本，但自20世纪90年代以来，欧美经济尤其是美国经济持续快速增长、竞争力不断攀升，而日本经济则持续低迷、竞争力明显下降，欧美诸国的战略管理模式更容易适应快速变化的市场环境和技术发展，而日本的战略管理模式则在迅速变化的市场环境下略显迟滞，反应不够灵敏。但无论如何，要想改变这种既定的战略思想，则意味着一场复杂的文化变革，任务是相当艰巨的。[①]

（二）不同行业的企业文化差异与企业战略选择

1. 通信行业的文化特点与战略管理。通信行业的范围包括经营移动电话（GSM）、长途电话、本地电话、数据通信（含因特网业务和IP电话）、多媒体业务，并具有计算机互联网国际单位经营权和国际出入品业务经营权。除提供基本话音业务外，还提供传真、数据、IP电话、信息点播、手机银行、WAP服务、GPRS业务等多种增值业务，以及与主营业务有关的其他业务。最具代表性的公司如中国移动、中国联通、中国电信、中国网通等。该行业除了具有服务业共同特点如不可分离性、可变性、易消失性的特点外，还具有技术进步快、价格竞争激烈、服务要求高的特点。因此，其行业文化的核心内涵就是强调"责任"、"卓越"和"服务"。诸如中国移动的"正德厚生，臻于至善"的企业价值观，"创无限通信世界，做信息社会栋梁"的企业使命，以及"沟通从心开始"的服务理念等；中国电信"让客户尽情享受信息新生活"的企业使命，"全面创新，求真务实，以人为本，共创价值"的核心价值观，"追求企业价值与客户价值共同成长"的经营理念，以及"用户至上，用心服务"的服务理念等。所以，通信行业除了继续推进技术创新战略、成本领先战略外，还要积极推进"蓝海战略"[②]，在新的领域积极创造无限价值。诸如在中国，农村信息化、现代化正在国家层面紧锣密鼓地推进，农村将是未来通信行业发展的一大片"蓝海"。通信行业要实施这一战略，就需要聚焦产品、服务、渠道等竞争因素，保持现有产品价格水准，避免同质化、低层次的价格"拼杀"。减少在客户经理，特别是城镇代理渠道上的资源投入，将渠道发展的重点转移到广大农村地区，利用各级农村代理大力推广 VPMN、农企会议电话、移动总机等语音产品，手机搜索、乡镇企业之窗、随心呼等数据产品，以及骨干网传输、互联网接入、无线 DDN 等传输产品。同时，创造利用移动通信技术广泛传播的农业科技信

---

① 秦仪：《波特论日本企业战略》，《现代日本经济》，2004年第2期，第37—42页。

② "蓝海战略"是由韩国学者 W. 钱·金（W. Chan Kim）和美国学者勒妮·莫博涅（Rene Mauborgne）于2005年提出的战略管理思想。蓝海战略将市场天地假设为由红色海洋和蓝色海洋组成。红海代表已知市场空间，蓝海代表未知市场空间。在红海，产业界限与竞争规则已被固化，企业试图击败对手获得更大市场份额；蓝海是无人争抢的新市场空间，意味着高利润增长。蓝海战略认为，聚焦于红海等于接受了商战的限制性因素，即在有限的土地上求胜，却否认了商业世界开创新市场的可能。运用蓝海战略，视线将超越竞争对手移向买方需求，跨越现有竞争边界，将不同市场的买方价值元素筛选并重新排序，从给定结构下的定位选择向改变市场结构本身转变。（W. 钱·金、勒妮·莫博涅：《蓝海战略》，吉宓译，北京：商务印书馆2005年版，第10—16页）

息、农业政策信息、农业气候信息、农村医疗信息、农产品物流信息等农村信息产品等。①

2. 机械制造行业的文化特点及其战略管理。机械制造行业主要包括机械加工、机床加工、组装性行业等。机械制造业涉及的工业领域主要有机械设备、汽车、造船、飞行器、机车、日用器具等以零部件组装为主要工序的工业领域。机械制造业的发展总是依托于整个社会的技术发展。其生产特点主要是：离散为主、流程为辅、装配为重点。具体包括产品结构清晰明确、工艺流程简单明了但工艺路线灵活、制造资源协调困难、生产计划的制订与生产任务的管理任务繁重等。行业中比较讲究既有整体性，又能突出特殊性；既有行业共性，又彰显其个性的文化。有人选择了3家具有代表性的国营和民营优秀制造企业，采用文献与档案研究、电话访谈、直接观察法等，分别从企业和谐观、顾客服务导向、社会责任、创新和绩效等维度，对其文化进行了考察和分析。其结论是，三家企业都在动态发展中逐步形成并支持企业的整体文化风格，但三家企业的文化又各具鲜明的特点，并在不同维度分别体现出来。如 A 公司的企业文化在 5 个维度都表现出了一种追求一流、追求现代化高效发展的文化；B 公司则处处体现着以人为本、和谐发展的传统型文化；C 公司的企业文化在不同层面都表现出创业创新的发展特征。② 因此，在行业战略管理中，突出创新、强化集成、重视可持续发展，就成为重要的战略选择。③ 有人针对我国的机械制造行业提出三个方面的战略思考：一要大力推进创新驱动战略，推动机械制造业的高技术化；二要大力推进绿色低碳战略，推进制造业的可持续发展；三要大力推进机械制造业的服务高级化，通过服务提升机械制造业的竞争力。④

3. 零售行业的文化特点及其战略管理。零售行业的主要类型包括店铺经营和无店铺经营。店铺经营主要有百货商店、超级市场、专卖店、便利店 4 种形式；无店铺经营主要有邮购、人员上门推销、电话订购、网上销售等。零售是相对于生产和批发而言的，指将商品直接销售给最终消费者，处于商品流通的最终阶段。零售行业的特点，一是每次购买数量小；二是要求商品档次、花色品种齐全，购买与消费方便；三是多品种小批量进货，资金周转率高；四是业态多元；五是竞争激烈。为此，零售业的企业文化必须要突出经营文化、美学文化、服务文化、品牌文化和人本文化。良好的经营文化使企业有持续的发展能力，也会产生较强的辐射力，对消费者产生一定的影响，使企业得到社会的认可和接受。如有些强调"时尚主流地位"，有些营造"满足特殊群体需求"，有些突出"为顾客节省每一分钱"等。优美的购物环境设计，会给消费者带来舒适的心

① 檀雪榕：《从通信企业的行业特点分析其市场营销策略》，《技术经济与管理研究》，2007 年第 5 期，第 117—118 页。
② 颜爱民、高超：《中国企业文化演化机制——来自制造业的跨案例研究》，《软科学》，2010 年第 4 期，第 98—103 页。
③ 吴自浩、顾平：《未来机械制造业发展战略探讨》，《电子机械工程》，2002 年第 6 期，第 8—12 页。
④ 宋天虎：《有关机械制造业发展的几点战略思考》，《机械工业标准化与质量》，2007 年第 3 期，第 4—8 页。

理感受，吸引消费者购物；员工优雅的举止、文明的语言及得体的着装，给顾客带来高品位的服务、很强的感染力和亲合力；商品的包装、陈列和摆放中的审美文化，则适应了消费者对美的追求，同样能吸引消费者。服务是零售业永恒的主题，服务文化的水平直接影响零售业的竞争力水平。品牌是现代企业核心竞争力的关键，零售业的品牌代表了企业的信誉，反映了企业的形象力，同样是企业竞争力的重要内容。人是零售企业最大的资源和财富，营造"以人为本"的行业文化，是提高行业经营管理效率的关键因素。零售企业的活力，最终要靠发挥人的积极性才能被激发出来。如成立于1961年的法国欧尚集团是以经营大型综合超市为主的国际商业集团，其所以在短短的40多年时间里，发展壮大成为全世界最大的零售企业之一，就是建立了以越来越低的价格提供给越来越多的顾客作为经营文化和自上到下严谨的美学文化，带给顾客满意的服务文化，让顾客全新感受到品牌文化，重视对员工培训及员工利益、与员工共享成果。以这些人本文化为内容的企业文化，才保持了企业旺盛的生命力和不断发展壮大的强劲动力。[①]基于这样的文化特征，零售行业就必须将品牌战略、成本领先战略、服务差异化战略等作为重要的战略选择，并具体体现在企业的战略定位、经营策略、成本控制、商品组合、定价策略和服务水平等各个方面。如惠普在应对零售行业存在的诸多挑战时，就采取了从人、财、物3方面应对的战略。"人"指丰富客户体验。主要通过创新产品和技术的应用，为客户提供最舒适的购物体验，从而显著增强客户忠诚度。"财"指降低总体成本。主要通过信息化建设，借助一系列低能耗、低设备应用，帮助企业大幅度节省总体运营成本，提高利润率。"物"指提高管理效率。主要通过系统的应用，帮助企业优化管理流程，提高管理水平和效率，从而提升企业的竞争优势。[②]

（三）不同企业的企业文化差异与企业战略管理

即使同一个行业的企业，由于各自的企业文化存在一定的差异，每个企业的战略管理模式也必然不尽相同。

联合利华集团是由荷兰 Margrine Unie 人造奶油公司和英国 Lever Brothers 香皂公司于1929年合并组成的一家大型跨国企业。总部分设于荷兰的鹿特丹和英国的伦敦，分别负责食品及日化用品业务的经营。联合利华公司在全球70多个国家设有庞大的事业网络，拥有500多家子公司，近30万名员工，年营业额超过400亿美元，是世界第二大日化用品制造商。同时，也是世界上获利最佳的公司之一。联合利华公司企业文化的核心是"以业绩和生产力作为企业中心"，目标是改善人们的日常生活方式，扎根于当地市场并掌握地区文化的第一手资料，并且将世界一流的企业管理理念应用于全球，更好地为世界各地的消费者服务。联合利华的企业文化理念是"努力工作，注重诚信，尊重员工，尊敬顾客，关心周围环境"。与此相适应，联合利华公司的企业战略主要包括两个方面：一是集中化战略，二是本土化战略。集中化战略包括企业集中化和品牌集

① 周应堂、黄金：《零售业企业文化建设问题研究——以欧尚连锁超市企业文化案例为例》，《商场现代化》，2006年第26期，第296—297页。

② 姚永青：《中国零售行业"钱景"远大——惠普零售行业发展策略与解决方案分享》，《信息与电脑》，2011年第9期，第35—37页。

中化；本土化战略包括人力资源本土化、采购本土化、资本运作本土化、研发本土化、品牌本土化和形象本土化等。在联合利华公司的两大企业战略基础上，该公司还注重战略创新。由于联合利华具有"以业绩和生产力作为企业的中心"的企业文化，该公司实行了"为减少成本，达到利益最大化"的集中化战略。正是基于联合利华公司多年来企业文化和企业战略的双向推动，使该公司从本土走向欧洲，又从欧洲走向了全世界，成为世界上绝大多数国家日化产品的必然选择。①

宝洁公司成立于1837年，同样是世界上规模最大、历史最悠久的日化用品公司之一。企业文化的核心是"诚实正直，彼此信任，主人翁精神，领导才能，赢得激情"。"诚实正直"要求企业全体员工要为人正直，一心为公；"彼此信任"不仅要求每个员工之间要相互信任，还要在得到别人信任时，评估是否值得被信任。"主人翁精神"要求每个员工把公司的事业看成自己的事业，勤奋工作，严格要求自己。"领导才能"是希望员工不仅要敢想、敢做，还要努力取得成功。"赢的激情"的标准是要员工积极主动，在赢得胜利中保持充满的激情。这一文化特点具体落实到物质文化层面，该公司强调要为消费者生产和提供世界一流的产品和服务，为员工提供人性、舒适的工作环境。在行为文化层面，将创新作为企业成功的基石，重视公司外部环境的变化和发展，珍惜个人的专长，力求做到最好，并推行互相依靠、互相支持的生活方式。在制度文化层面，实行内部提拔人才的用人制度、每位员工接受指导的直接经理制度和高福利、竞争性薪资的人才激励制度等。基于这样的企业文化特点，宝洁公司在战略选择上实行了"多品牌战略"与单一品牌延伸相结合的"横向纵向均衡发展战略"。按照宝洁大中华区客户生意发展部总经理柯兴华的话说，选择这种战略"便于企业形象的统一，资金、技术的集中，减少营销成本，容易被顾客接受。"这种战略才能让宝洁既能稳定市场份额，又能开发新的市场，还能降低企业成本。② 此外，宝洁公司还特别重视产品创新战略和产品销售战略，运用独特的网络共赢的销售理念，在激烈的市场竞争中，企业在不断完善自身产品质量的同时，更注意维系客户关系，为客户提供更好的服务。宝洁公司在管理上的突破就是在以消费者为中心的基础上，将创新作为重要内容，并落实到企业经营管理实践之中。宝洁公司通过系统的方式选择创新项目和分配资源，将创新成果推向市场，以保证其所有业务都有一个稳定的新产品通道，不仅系统管理消费者的购买行为，还把创新作为一个系统程序进行管理，以此既节约管理时间，又节约管理成本。③

作为世界第4大白色家电制造商、成立于1984年的海尔集团，其企业文化的核心特点是创新。不断以观念创新为先导，以战略创新为方向，以组织创新为保障，以技术创新为手段，以市场创新为目标，推动海尔从无到有、从小到大、从大到强、从中国走向世界。另一个显著特点是员工的普遍认同和主动参与。海尔将创造中国的世界名牌、为民族争光作为企业目标，并将这个目标与海尔员工个人的价值追求完美地结合在一起，在实现

① 赵治皓：《企业文化与企业战略的关系——以联合利华为例》，《商业文化》（下半月），2012年第3期，第199页。
② 王金凤、姚俊光：《试论宝洁公司企业文化》，《中国外资》，2012年第10期，第243页。
③ 汤向东：《宝洁公司的产品营销战略》，《现代企业》，2012年第3期，第50—51页。

企业目标的同时，也带领每一个海尔员工实现了个人的价值和追求。海尔在发展进程中，独具魅力的企业文化成为其发展壮大，从国内走向全球的最有力的支撑力。海尔文化中提出的"敬业报国、追求卓越"，"创造资源、美誉全球"的企业精神；"迅速反应、马上行动"，"人单合一、速决速胜"的海尔工作作风；"优秀的产品是优秀的人干出来的"、"用户永远是对的"企业经营管理理念，以及"真诚到永远"的服务观、"斜坡球体论"的发展观、"赛马不相马"的用人观等，不仅创造了"海尔文化吃休克鱼"的经典案例，而且成功地将这一案例带上了美国哈佛大学的讲坛。[①] 与海尔企业文化相适应，其战略管理则可以概括为品牌战略、多元化战略、国际化战略，以及国际化品牌战略。四大战略正是海尔集团从小到大、从区域走向全球发展进程中的4个阶段。在实施品牌战略阶段，海尔集团主要采取了两大措施：一是引进当时国外先进技术，迅速占领内地新兴的市场空间，为进一步树立品牌奠定了坚实基础；二是以"砸冰箱"事件为标志，将产品质量作为企业的生存之道，并迅速将服务当成质量管理的一部分，建立完善的售前、售中和售后服务体系。由于产品质量过关，海尔产品在消费者心中迅速建立起了良好的形象，从而使海尔产品的市场占有率不断提高，并使海尔的品牌形象赢得了国内外消费者的青睐。在推行多元化战略阶段，海尔集团的主要战略是从高相关到中相关，再到低相关发展。首先，坚持冰箱专业经营，形成核心竞争力，树立行业形象，然后根据相关程度进行同类企业的合并。其主要做法是吃"休克鱼"。即通过兼并、收购、合资、合作等手段，逐渐从一种产品开始向多种产品扩张。海尔集团多元化发展经历了一个从高成本扩张到低成本扩张的阶段。一是全额资金购买全盘改造阶段；二是投入部分资金，输入管理体系阶段；三是以无形资产盘活有形资产阶段。海尔依靠品牌效应不断提高市场开拓能力，进行同类企业合并。仅1988年至1997年的10年间，先后兼并了青岛空调器厂、红星电器集团等14家企业，成为中国第一家家电特大型企业，为海尔在后来开展的低相关多元化发展战略和非相关多元化发展战略，并成为跨国大型企业奠定了坚实的基础。在推进国际化战略阶段，海尔集团一反跨国企业普遍采用的先邻近地区扩展，后涉足其他国家的做法，先进军欧美等发达国家市场，在这些发达国家创出名牌后，再顺势占领发展中国家市场。海尔集团先把冰箱送到德国销售，得到德国这位师傅的认可后，迅速打开了欧、美、日等发达国家的市场。后来出口发展中国家或欠发达国家市场，不断投资建厂，建立海外经销商网络与售后服务网络，产品大批量销往全球主要区域市场，不仅扩大了海尔产品的销售规模，而且使海尔品牌的含金量进一步提升。在国际化品牌战略阶段，海尔集团首先通过本土化运营树立全球化品牌。通过本土化，有效解决了由于文化差异而导致的本国公民难以融入当地国家以及企业发展人才不足的难题，使海尔的品牌价值观与当地文化得到较好的融会贯通，从而推动海尔品牌在全球的迅速发展。其次，积极推动企业文化的传播以巩固其市场地位。海尔集团在推进国际化品牌战略过程中，十分重视将海尔文化融入所在国家或地区的企业，通过文化认同巩固自己的市场地位。如1993年投资制作动画片《海尔兄弟》；1999年创建海尔大学；2004年拍摄以海尔发展史为创作素材的电影——《首席执行官》，并在日本首

---

① 海尔集团公司：《创新——海尔企业文化的核心》，《中外企业文化》，2009年第2期，第34—38页。

映；2006 年以来创新和践行"人单合一"的商业模式等。所有这些，都在所在国家或地区产生了强烈的反响，甚至一些国家或地区的企业竞相效仿海尔的企业文化模式。伴随海尔海外市场的拓展，海尔文化也在不断创新。海尔品牌在全球知名度和美誉度不断提高，从而使海尔的企业文化与企业战略共同成为有效巩固其全球市场地位的两把利剑。① 据《经济之声》"交易实况"报道，2014 年海尔集团实现收入 887.8 亿元，归属母公司股东净利润 49.9 亿元，同比增长 19.6%。据统计，在国内市场，海尔的冰箱、洗衣机、热水器等产品份额继续保持行业第一，空调产品市场份额位居第三。②

同样成立于 1984 年的联想集团，企业文化的特点可以概括为：与时俱进、不断创新的文化。融合东西方管理思想的文化，以及突出敬业精神和危机感的"生存文化"等。联想的核心价值观包括四点："服务客户、精准求实、诚信共享、创业创新"。并运用独有的体验式集体学习的方式，将联想文化融入到所有联想人的血液之中，使联想的核心价值观变成联想人的 DNA，为联想集团的持续发展奠定了坚实的基础。③ 在计算机产业激烈竞争的市场环境中，联想集团始终重视战略管理，其快速崛起的主要原因也主要是不遗余力地致力于推进战略管理。在经营战略上，联想集团根据自己的"发展短板"和市场竞争环境，在不同时期选择了"贸工技"和"技工贸"的发展战略。发展初期的联想，不仅技术落后，而且管理也很薄弱。于是，先从贸易开始，逐步积累资金，熟悉市场和该领域的经营管理，通过管理为技术创新铺平了道路，逐步实现了由技术变钱、钱变技术、技术再变钱的蜕变，走上了由"贸工技"、"技工贸"一体化发展的道路。在业务发展战略上，联想集团一直谨守在信息产业内的多元化发展战略。紧紧盯住高科技发展方向，坚持以世界最先进的产品技术为标杆，开展 IT 行业的多元化发展。从汉卡到代理 PC 机，再由代理到自主品牌，再到 IT 产品的相关多元化，联想集团根据时代的发展变化不断调整企业的发展思路和产品结构。最初抓住西文汉化这一技术进入计算机行业，并把公司的人力、物力都放到了汉卡的研究上，不仅铸造了汉卡这一联想的"拳头产品"，还带动了其他产品的销售，并将公司的影响力延伸到了全国。汉卡成功后，联想利用建立起来的客户关系，迅速开始了代理国外品牌的 PC 机业务，以提高其销售管理能力，积累资本，同时培养了一批既懂业务，又会管理的优秀人才。之后，联想进入自主品牌建设阶段。1990 年，正式推出了第一台自主品牌的电脑，实现了由代理贸易公司向拥有自主品牌企业的转变。在市场战略上，联想采取的是"立足大陆，借助香港，走向世界"的发展战略。通过大陆和香港两大市场的优势互补，既减少了进口国外代理品牌机的中间渠道，也使联想了解了国际市场的贸易规则，还为企业提供了一个技术研发的良好环境。2004 年，联想以 12.5 亿美元的价格成功并购 IBM 的

---

① 张竣珲：《企业发展，战略制胜——海尔发展战略模式的启示》，《广西大学学报》（哲学社会科学版），2011 年第 S1 期，第 37—39 页。

② 《青岛海尔 2014 年业绩增长 20% 智能家具处于行业领导地位》，http://finance.cnr.cn/jysk/20150331/t20150331_518188471.shtml.

③ 黄珍、李彦、施伟凤：《中国特色企业文化——纵观联想企业文化有感》，《商场现代化》，2008 年第 12 期，第 356 页。

全球个人电脑业务，从而正式实现了从国内品牌走向国际品牌的历史性跨越。[①] 2013/14财年，联想集团营业收入达387亿美元，较上一年增长14.3%；全年净利润达8.17亿美元，较上一年增长28.7%。2015年，联想集团的经营目标达到PC业务7000万台销量，占23%的全球市场份额，企业级业务达到50亿美元的营业额，移动事业部达到1.2亿智能手机和平板电脑的销售目标，并实现盈利。[②]

四、企业战略管理与企业文化的对接与融合

1. 明确对接与融合的核心内容。如何将企业战略与企业文化对接和融合起来，首先需要回答的问题就是对接与融合什么？一般意义上讲，所谓战略管理与企业文化的对接与融合，就是要推动企业建立与企业战略管理相适应的企业文化，必须让企业的全体员工了解和掌握自己企业的经营宗旨、发展使命、未来愿景，以及核心价值观等，明确企业的发展战略和战略目标，并围绕企业战略要求开展企业文化建设，使企业文化的核心理念充分反映企业战略管理的要求，努力使企业战略与企业文化协调起来。如果企业由于内外环境变化而制定了新的发展战略的话，那么，企业就有必要对原有的企业文化进行适应性调整，以推动企业文化与企业战略的再次适应。否则，就会导致企业文化成为企业新战略的阻力。因此，在企业战略管理中，企业内部新旧文化的协调和更替是其战略实施成功与否的关键。

2. 建立对接与融合的有效载体。明确了企业战略与企业文化对接与融合的内容仍然难以顺利实现双方的对接和融合，还必须要通过一定的载体才能推动双方实现有效的对接和融合。从一般情况看，这种载体主要就是宣传和管理。宣传载体可以通过一切有利于传播企业战略和企业文化的渠道和手段，如通过印制企业文化手册、召开故事会、颁发文件、评优评先活动等加以实现。尤其是现代信息技术的发展，为开展企业战略管理与企业文化的对接与融合提供了时效性很强的网络化载体，使企业的宣传内容和形式发生了显著的变化。管理载体可以通过一切有利于推动企业战略和企业文化对接与融合的手段，如通过制定规章制度，建立有效的体制机制，以及相应的考核评价办法等进行推进。计算机及相应软件技术的发展，更是为这种对接与融合创造了极为有效的技术支撑和便利条件。

3. 确立对接与融合的正确方法。首先，努力将企业文化理念贯穿于企业战略管理之中。企业战略管理就是根据企业制定的战略规划，对涉及企业未来发展方向、发展重点、发展策略中的原则性、战略性问题及实施效果进行管理的一个动态过程。企业在制定战略前，必须首先要明确企业的历史使命、核心价值观、发展愿景和经营宗旨，并将这些理念反映在企业的经营战略之中，使企业文化中的理念体系成为调动企业全体员工实施企业战略目标的动力和支柱。在企业文化宣传中强调与战略管理相适应的经营宗旨、发展愿景、核心价值观，以及相应的管理理念、行为准则等，使企业的战略管理与

① 辛成：《联想集团发展的战略规划探析》，《产业与科技论坛》，2008年第3期，第143—144页。
② 《联想集团2015财年力争抢占23%全球PC份额》，《中国证券报》，2015年4月28日。

企业文化形成合力，共同推进企业战略目标的顺利实现。其次，着力推进企业管理团队在践行企业文化理念中发挥表率和引领作用。企业管理者既是企业战略的制订和推动者，也是企业文化的创造和践行者，其言行举止具有明显的导向作用。企业文化中所倡导的管理理念既不可能像管理规定一样清楚明了，也难以在短期内发挥立竿见影的效果。要使企业每一位员工相信并自觉遵行企业所倡导的核心价值观和行为准则，管理者必须身体力行才能发挥示范效应。古人云："教者，效也，上为之，下效之"。① 一种风气的形成，往往与管理者的示范带头作用息息相关。管理者通过自己的言行举止，让全体员工心存感动，看到希望，并形成同心同德的强大力量，就必然会为企业战略的成功实施提供强有力的支持。其三，通过企业绩效管理推动企业的战略管理。社会上有一句流行的话："讲过千遍万遍，不如认认真真考核一遍。"这句顺口溜深刻地揭示了战略管理与企业文化，以及管理手段之间的内在联系。毋庸讳言，许多情况下企业的考核指标往往并非从其战略目标和要求推导出来，而是侧重于岗位职责的准则和要求。这些考核指标不仅不能与企业的战略目标有效衔接，难以对企业的战略目标提供支持，甚至会导致企业战略目标与其管理绩效脱节，导致出现绩效考核与企业的经营重点相悖，战略监控和评估不能反映企业实际管理的现象。因此，将企业的战略目标与绩效管理有效对接与融合，通过组织绩效和员工绩效的紧密关联，才能真正有利于实现企业的战略管理目标。② 其四，用发展的眼光看待企业文化与企业战略管理的和谐共进。一般情况下，企业文化与企业战略管理具有相对稳定性。但稳定并不代表封闭和停滞，而是一个动态的变化过程。当市场环境发生变化并为企业带来商机的时候，企业就要抓住机会，从辩证的角度看待企业文化与企业战略管理的关系，推进企业文化与企业战略管理的适应性变革。③ 其五，推动和建立战略支持性的企业文化。由于企业不断面临激烈的市场竞争环境，不得不通过调整战略方向以推动企业持续发展。因此，企业必须努力创造一种战略支持性的企业文化，使企业文化的发展愿景、经营理念和价值取向与企业战略目标基本保持一致，并落实到全体企业员工的具体行为之中，促使他们以极大的热情投入到企业的战略实施之中。从这个意义上讲，建立战略支持性企业文化的关键就是要改变传统企业文化中与企业发展战略不相适应的成分，努力形成与企业新的发展战略相适应的企业文化理念，亦即战略支持性的企业文化。这种企业文化形成之后，还要努力保持其系统性、完整性、开放性和创新性，要不断适应企业战略的变化和发展，努力形成企业战略管理与企业文化相互支持、相互促进、相互依存的发展格局，使企业文化真正成为推进和实现企业战略目标的软实力，以培育和提升企业的竞争优势。④

---

① （东汉）班固：《白虎通·卷八·三教》。

② 肖斐：《企业文化与战略管理如何对接》，《现代国企研究》，2013 年第 8 期，第 36—37 页。

③ 李宏立：《论企业文化与企业战略管理的互动优化》，《煤炭经济研究》，2009 年第 5 期，第 86—88 页。

④ 武玉琴、夏洪胜、羊卫辉：《论文化与企业战略管理的契合》，《商业时代》，2007 年第 1 期，第 110—112 页。

第九章　心理因素与企业文化建设

一、心理学的产生及其在企业管理中的运用

(一) 心理学的产生

心理学一词最初源于希腊文，意思是关于灵魂的科学。后来随着科学的发展，心理学的对象由灵魂改为心灵。如果追根溯源，其实人类关于心理现象的探究早在两千多年前就已经开始。

在中国，在浩若繁星的古代典籍以及先哲们的思想宝库中，已经蕴含有丰富的心理思想。《管子》说："心安是国安也，心治是国治也，治也者心也"。[①] 这里就提出了一个重要的心理学议题，即要治理好国家，就必须安民心，顺民气。《老子》也说："欲上民，必以言下之；欲先民，必以身后之。是以圣人处上而民不重；处前而不害。是以天下乐推而不厌"。[②] 就是说，要统治人民，就必须先用言辞对人民表示谦虚；要领导人民，必须把自己放在人民之后。儒家思想中更是有许多关于心理学方面的论述，如"爱人者，人恒爱之，敬人者，人恒敬之。"[③] "老吾老以及人之老，幼吾幼以及人之幼，天下可运于掌。"[④] 可以说，从孔孟的"仁者爱人"，到韩愈的"博爱之谓仁"，再到张载的"民吾同胞，物吾与也"，历代儒学思想家几乎都是在倡导建立良好的人际关系以达到彼此之间的心理和谐。[⑤] 可以说，中国传统文化中的"君子"、"仁人"、"完人"、"大人'、"至人"等，就是所谓自我实现的人，也就是儒家心目中具有健全人格、心理健康的人。

在欧洲，古希腊思想家亚里斯多德 (Aristotle) 的《灵魂论》被人们称之为人类文明史上有关心理现象研究的第一部专著。该书把人的灵魂看作是生活的动力和生命的原理，是身体存在的形式。认为灵魂支配身体活动，有自己的活动规律。到 16—17 世纪，法国哲学家勒内·笛卡尔 (René Descartes) 则提出，人的身体是由物质实体构成的，而灵魂是由精神实体构成的。身体和灵魂这两个实体互相作用，互为因果。他还首先用"反心理图片射"的概念来解释人的心理活动。此后，乔治·贝克莱 (George Berkeley) 和大卫·休谟 (David Hume) 等也对心理学的发展作出了重大贡献。1825 年，德

---

① 《管子·心术》。

② 《老子·六十六章》。

③ 《孟子·离娄章句下》。

④ 《孟子·梁惠王上》。

⑤ 佐斌：《中国传统文化中的心理健康观》，《教育研究与实验》，1994 年第 1 期，第 33—37 页。

国哲学心理学家约翰·菲力德利赫·赫尔巴特（Johan Friedrich Herbart）出版《作为科学的心理学》一书，第一次宣布心理学是科学。同时，他还主张将心理学与哲学、生理学区别开来。1876年，英国心理学家亚历山大·培因（Alexander Bain）创办了世界上第一份心理学杂志《心理》，为发表心理学研究成果提供了专门场所。当然，作为科学心理学的建立则是19世纪以后的事。1879年，德国实验心理学之父威廉·冯特（Wilhelm Wundt）在莱比锡大学创立了世界上第一个心理实验室，用实验手段研究心理现象，被公认为心理科学独立的标志。冯特反对用哲学思辩的方式探讨心理现象，坚持用观察、实验，以及数理统计等自然科学的方法去揭示心理过程的规律。冯特一生著作很多，其中，《生理心理学原理》一书被誉为"心理学独立的宣言书"，也是心理学史上第一部有系统体系的专著。他不仅创立了独立的心理学，更重要地是准确把握了心理学的发展方向：关注主体。他以整体原则为指导，研究方法服从于研究对象，关注自我意识，关注人的心理发展。冯特对心理学的理解对今天的心理学研究有着重要的现实意义。[①] 此后的100多年里，人们对心理学的研究对象与理论体系进行了多维度的探究和争鸣，形成了各种不同的心理学流派，如科学主义心理学、人文主义心理学，以及由此衍生出来的行为主义心理学、认知心理学、精神分析心理学、人本主义心理学、文化心理学、积极心理学、管理心理学等。各心理学派提出了各种各样的心理学理论和方法，推进了心理学的繁荣和进步，且在不同领域发挥着积极的作用。目前，国外的心理学正在积极借鉴包括科学哲学研究的新成果、后现代文化思潮、人文科学的研究方法以及自然科学的新技术等其他领域的发展研究成果基础上，建立大心理观。[②]

中国心理学的发展主要来自西方。从1889年颜永吉翻译第一部汉译心理学著作《心灵学》在中国出版至今，已有127年的历史，但真正开始心理学研究并得到快速健康发展是改革开放以来的事。[③] 这一时期，无论是在学术研究，还是心理学的应用方面都取得了骄人的成就。目前，国内的学术界和企业界正在有效结合我国国情学习、吸收和借鉴国外心理学研究成果的同时，逐步实现心理学的本土化建设，致力于改变我国心理学发展和研究不足的状况。

（二）心理学在企业管理中的运用

从18世纪的英国工业革命开始到20世纪初期，由于生产力的迅速发展，社会生活发生了巨大的变化。一方面，技术环境的变化，需要解决人和机器相匹配以及劳动力素质问题；另一方面，经济环境的变化，不仅使管理中人力资源数量和成分发生了很大变化，导致组织与个体及群体之间的关系更加复杂。涉及众多管理与被管理主体的激励与约束、信息交流与沟通、人际交往等，从而使许多心理学的原理和知识逐步渗透到了管理领域之中。而且，由于一些企业管理者对日渐庞大的经济体的全面、直接管理力不从心，就出现了一批职业化的管理队伍，使得管理成为一个专门的领域。于是，有人便把

---

① 周宁：《心理主体的回归——重新评价冯特》，《心理学探新》，2000年第1期，第3—6，22页。

② 王建新：《试论当代西方心理学研究新进展对我国管理心理学发展的影响》，《第十五届全国心理学学术会议论文摘要集》，2012年11月，第177页。

③ 黄希庭：《改革开放30年中国心理学的发展》，《心理科学》，2009年第1期，第2—5页。

分散在其它领域中的管理知识，特别是心理学知识引用到了管理的实践之中。此外，社会环境的变化，人际关系问题变得越来越复杂，以作业式、流程化管理为特征的"泰罗式"的所谓"科学管理"越来越难以阻止整个生产力和生产标准下降的问题，使得人们不得不将目光瞄准了人的因素，管理心理学最终被推到了企业管理的前沿。①

在威廉·冯特（Wilhelm Wundt）建立第一个心理实验室使心理学正式成为一门独立学科之后，相继出现了以美国学者约翰·H·华生（John H. Watson，也可译作沃森）为代表的行为主义心理学、以奥地利学者西格蒙德·弗洛伊德（Sigmund Freud）为代表的精神分析学、以德国学者雨果·闵斯特伯格（Hugo Munsterberg）为代表的工业心理学，以及以美国的 E·A·罗斯（E. A. Ross）和英国的麦独孤·威廉（McDougall William）为代表的社会心理学等。最早将心理学运用于工业企业的是心理技术学。1910－1914 年，美国哈佛大学教授雨果·闵斯特伯格（Hugo Munsterberg）发表了《心理学与经济生活》、《心理工艺学原理》等著作，强调心理学可以为工作选择有适当品质的工人，可以找到生产效率最高、最令人满意的工作条件。他认为，人的愿望、兴趣在生产活动中发挥着十分重要的作用，企业管理者要善于利用心理学原理研究工人的工作动机，减轻工人的疲劳。闵斯特伯格的研究，事实上已经接触到了管理心理学的基本内容。在此基础上，1924 年，由美国政府支持和资助的著名霍桑试验拉开了管理心理学研究的序幕。该实验以美国西方电气公司在芝加哥附近的霍桑工厂为案例进行了一系列试验。最初目的是根据科学管理原理，探讨工作环境对劳动生产率的影响。后来，美国哈佛大学心理学教授乔治·埃尔顿·梅奥（George Elton Mayo）主持该项试验，集中研究心理和社会因素对工人劳动过程的影响。霍桑实验的工厂是一个制造电话交换机的工厂，该厂具有较完善的娱乐设施、医疗制度和养老金制度，但工人们仍愤愤不平，生产成绩很不理想。为找出原因，研究者作了照明试验、福利试验、谈话试验、群体试验等一系列实验。1933 年，梅奥出版了《工业文明的人类问题》，提出了著名的"人际关系学说"，开辟了行为科学研究的新领域。该书提出，人是社会人，企业管理应该注意从社会心理的角度调动人的积极性。生产效率主要取决于工人的态度和企业内部的人际关系，企业内部存在非正式的群体，对工人的行为有不可忽视的影响，民主管理有助于提高生产效率。在此前后，德国心理学家库尔特·勒温（Kurt Lewin）提出"群体动力说"。认为人的心理和行为决定于人的内在需要和周围环境的相互作用。当人的需要未得到满足时，会产生内部力场的张力，客观环境中的一些刺激起着导火索的作用。人的行为的动向取决于内部力场与情境力场的相互作用。美国社会心理学家 J·L·莫里诺（J. L. Moreno）则创造了社会测量法，对群体中各成员之间的关系进行分析，帮助人们认识群体凝聚力、群体结构等人际关系问题。1943 年，美国心理学家亚伯拉罕·H·马斯洛（Abraham H. Maslow）提出了对管理理论产生重要影响的"需求层次论"。他将人的需求从低到高依次设计为生理需求、安全需求、社会需求、尊重需求和

① 刘野：《管理心理学产生的历史条件》，《沈阳师范学院学报》（社会科学版），1997 年第 2 期，第 115－118 页。

自我实现需求。该理论事实上突破了行为主义和精神分析学派对人的心理和行为本质认识的局限，促使管理心理学家和管理学家抛弃了科学管理时期"经济人"的人性假设，并对人际关系学派关于"社会人"人性假设的认识有了进一步深化，重视探讨在管理中激励员工积极性的途径。之后，美国另一位心理学家道格拉斯·麦格雷戈（Douglas M. McGregor）总结和归纳了马斯洛等人的观点，将"泰罗式"的科学管理称之为"X理论"，将与之对立的人际关系理论称之为"Y理论"。Y理论肯定了人的成长和发展的可能性，管理的任务就是发挥员工的潜力，创造条件使个人的需要与企业的目标结合起来，反对管理中运用权力实现指挥和监督。1958年，美国斯坦福大学教授哈罗德·莱维特（Harrod leavitt）出版《管理心理学》，标志着该学科的正式诞生。它不断吸收心理科学乃至其它学科的知识，丰富自己的内容。其中值得一提的是权变管理理论和行为科学的发展，为管理心理学的发展开辟了广阔的前景。① 后来，又陆续出现了克里斯·阿吉里斯（Chris Argyris）的"不成熟——成熟理论"②、罗伯特·坦南鲍姆（Robert Tannenbaum）与沃伦·施密特（Warren H. Schmidt）的"领导方式连续统一理论"③、伦西斯·利克特（Rensis Likert）的"支持关系理论"④，以及阿尔伯特·班杜拉（Albert Bandura）的"自我效能理论"⑤ 等。

我国企业对心理学的运用起步较晚，主要集中在改革开放之后。伴随着西方经济管理思想的输入，心理学不仅引起学术界的重视，也被运用于企业管理实践之中。1980年，成立中国心理学会工业心理专业委员会。1985年，中国行为科学学会成立。此外，还有分布在各企事业单位、数量不少的专门性心理研究和咨询机构，并将心理学理论运用于激励问题、人员测评、领导行为、管理决策和跨文化管理等领域。如一些国有大中

---

① 王建新：《当代西方心理学研究新进展对我国管理心理学发展的影响》，《甘肃社会科学》，2009年第6期，第245—248页。

② 1957年，美国行为学家克里斯·阿吉里斯在《管理科学季刊》第2卷中发表《个性与组织：互相协调的几个问题》一文，集中体现了影响深远的"不成熟—成熟"理论。该理论认为，组织行为是由个人和正式组织融合而成的。组织中的个人作为一个健康的有机体，无可避免地要经历从不成熟到成熟的成长过程。因此，有效的领导者就应该帮助人们从不成熟或依赖状态转变到成熟状态。

③ 该理论是美国企业管理学家罗伯特·坦南鲍姆和沃伦·施密特于1958年提出的。该理论认为，企业经理们在决定何种行为最适合处理某一问题时常常产生困难，不知道是应该自己作出决定还是授权给下属。为了使人们从决策的角度深刻认识领导作风的意义，该理论主张按照领导者运用职权和下属拥有自主权的程度把领导模式看作一个连续变化的分布带。以高度专权、严密控制为其左端，以高度放手、间接控制为其右端，从高度专权的左端到高度放手的右端，划分7种具有代表性的典型领导模式，在一定的具体情况下考虑各种因素，采取最恰当的行动。

④ 该理论是美国组织心理学家伦西斯·利克特和他的同事对以生产为中心的领导方式和以人为中心的领导方式进行比较研究后得出的成果。利克特认为，在所有管理工作中，对人的管理是最重要的工作，其他工作都取决于它。即使在做同一工作的各个单位中，有的生产效率高，有的生产效率低，究其原因主要是领导人所采取的领导方式不同。因此，对人的领导始终是管理工作的核心。

⑤ 该理论是社会学习理论的创始人阿尔伯特·班杜拉在1977年提出的，用以解释在特殊情景下动机产生的原因。该理论坚持行为主义心理学的一些基本观点，强调研究人类的行为，强调客观化的研究原则，强调学习中强化的作用。同时，也探索人的内部心理过程，强调自我因素对行为的中介调节作用。还主张行为和认知的结合，强调必须以环境、行为、人三者之间的交互作用来解释人的行为。

型企业运用管理心理学研究职工的收入分配制度改革，探讨企业中物质奖励与精神奖励、内在激励与外在激励之间的关系。还有一些研究从组织水平上探索企业的激励机制和约束机制问题。一些机构运用心理测评量表，作为选拔、任用干部的重要依据。也有一些研究者编制了企业基层领导班子的测评工具，对企业基层领导班子进行诊断和评定。一些心理研究人员还选择了日本大阪大学教授、著名心理学家三隅二不二（みすみ じゅうじ/じふじ）的"PM 量表"（Performance & Maintenance），并结合我国国情加以修订，用来诊断和预测各类组织中的领导行为。一些研究者们从心理学的角度探讨了管理决策的理论和基本模型、在新产品开发、房地产经营、人事管理等方面的决策特征及影响决策有效性的诸因素、不确定性条件下管理决策的认知特点和策略，以及群体决策判断的心理特点等一系列问题，为企业管理层进行科学决策提供了心理学的理论依据。随着对外合作与跨国经营管理的发展，也有学者将心理学引入跨文化管理中，研究外资企业、合资企业等人员的心理特点和管理策略。[①]

二、企业管理主体的心理特征

管理主体是指具有一定管理能力，拥有相应的权威和责任，从事现实管理活动的人，也就是通常所说的管理者。企业的管理主体，就是那些从事企业经营管理的人员，具体应该包括企业家和企业中层管理者。[②] 关于企业管理主体的心理特征，美国心理学家戴维·麦克利兰（David C. McClelland）于 1973 年提出了有名的素质胜任力"冰山模型"（Iceberg model）。该理论将个体的素质划分为基本知识、基本技能等容易了解和测量的"冰山以上部分"和社会角色、自我形象、特质和动机等在内的、难以测量的"冰山以下部分"。[③] 1983 年，另一位美国心理学家理查德·博亚特兹（Richard Boyatzis）在深入研究麦克利兰素质"冰山模型"的基础上，进一步提出了素质"洋葱模型"。该模型的本质内容虽然与冰山模型基本一致，但它对胜任力的表述更突出其层次性。在这个模型中，"洋葱"最表层的是知识和技巧，有表层到里层，越来越深入，"洋葱"最里层、最核心的是属于心理特征的动机和特质，是个体最深层次的胜任特征，最不容易改变和发展。[④]

（一）企业家的心理特征

企业家心理对企业文化建设有十分重要的影响，有人将其概括为以下几个方面：一是企业家的心理年龄对企业文化的影响。心理年龄是否成熟，直接影响企业文化的建设水平。如果心理年龄不成熟，企业就会出现或"小富即安"，或"轻妄张狂"。要么没有

---

① 卢盛忠：《中国管理心理学发展的回顾和展望》，《应用心理学》，1995 年第 1 期，第 7—12 页。

② 李晴、崔苗：《企业管理主体论》，《中小企业管理与科技》（上旬刊），2010 年第 11 期，第 11—12 页。

③ 伍晔、熊勇清：《基于胜任力冰山模型的企业营销人员培训研究》，《企业家天地下半月刊》（理论版），2010 年第 1 期，第 47—48 页。

④ 彭原、刘杰：《行为导向的洋葱素质模型驱动关系研究》，《全国商情》（经济理论研究），2007 年第 11 期，第 27—28，91 页。

新的发展目标，要么墨守成规，或者进入多元化陷阱。二是企业家的创业经历对企业文化的影响。一帆风顺的创业者往往会用一种积极的、善良的和阳光的心态去处理各种复杂的社会事务和企业内部事务。遇到过挫折和困难的企业创业者，可能会疑虑重重，用一种怀疑的、谨小慎微的、过分功利的心理对待社会和个人。但如果能够不断总结经验和教训，走向心理成熟，则会形成自己正确的看待社会、看待员工的心理特征。这两种心理特征反映在企业文化上，就会将追求公平，还是投机；追求诚信，还是私利作为自己的选择。三是企业家的家庭教育对企业文化的影响。家庭对一个人的性格及命运有重要影响。家人对世界、对他人、对社会、对人际关系和人性道德等方面的看法，决定了一个创业企业家心理健康的基本方面。表现在企业文化上则是一种基本价值观和基本理念。诸如勤俭节约与成本控制、奢侈与盲目扩张等。四是教育背景对企业文化的影响。如受理工科教育背景而形成的"工程师文化公司"，受文科教育背景而形成的"艺术家文化公司"特色等。此外，创业者的健康状况也会对企业文化带来一定影响。[①] 还有人对我国民营企业家的心理健康与企业发展作了研究，得出的结论是：民营企业家的心理品质决定企业命运。心理品质优秀者便可在碰撞中脱颖而出，顺应时代的步伐；心理品质欠佳者，则会被淘汰。[②] 由此可见，企业家心理特征对企业文化建设具有十分重要的作用。

1. 成功企业家的心理特征。什么是成功？恐怕很难给出一个准确的定义。神说："拯救别人的灵魂就是成功。"世俗的人说："日子过得比众人好就是成功。"马丁·路德（Martin Luther）说："生个孩子，种棵树，写本书就是成功。"[③] 还有人说：成功就是更多的微笑，就是改善我们的社会环境，让这个世界变得更美一些。[④] 总之，每一个人对成功的理解都不尽相同。然而，企业家成功的标准究竟是什么呢？著名经济学家梁小民说：成功企业家固然包括胆识、眼光、勤奋与果断，但比这些更重要的是为人处世的做人准则。成功的企业家必须是好人，失败的企业家大多都有人格上的缺陷。[⑤] 美国研究人员对75位取得成功的企业家进行研究，其共同的心理特征表现为：（1）自信；（2）有急迫感；（3）知识广博；（4）脚踏实地；（5）有崇高的理想；（6）喜欢交际；（7）情绪稳定；（8）乐于接受挑战。[⑥] 国内也有学者从企业家职业角度将其心理特征概括为：狂热，富于幻想；自信，有强烈的成就欲；叛逆，乐于冒险；韧性，成败都能镇定自若；求实，勇于面对现实。[⑦] 李嘉诚可谓华人圈乃至全世界成功的企业家了。有人对其心理特征进行了研究后概括为：独立自主、责任感、知人善任、诚信为本、勤勉节俭和合作共赢。与西方企业家相比较，李嘉诚的经营理念与西方企业家的经营理念虽然表象

① 赵民：《企业家心理与企业文化相关五要素》，《中国乡镇企业》，2003年第4期，第53—54页。

② 潘慧：《中国企业家心理与企业发展——以广西柳州市为例的研究》，华东师范大学2007年博士后研究工作报告，第54—55页。

③ 肖榕：《什么是成功》，《北方文学》，2006年第11期，第9—10页。

④ 丛文：《什么是成功》，《中学课程辅导》（八年级），2006年第8期，第51页。

⑤ 梁小民：《如何做一个成功的企业家》，《经济导刊》，2006年第Z1期，第138—140页。

⑥ 乐言：《成功创业家的心理特征》，《中国中小企业》，2003年第6期，第61页。

⑦ 陈继华：《企业家的职业心理特征》，《经济世界》，1995年第3期，第44—48页。

相同，但也存在质的区别。儒家思想中蕴涵的丰富的管理思想，成为李嘉诚经营理念最直接的思想来源。[①]

综上，我们大体可以将成功企业家共同的心理特征概括为以下几个方面：

（1）善于思考的心理特征。这是成功企业家心理特征中最核心的要素。对于任何问题，成功的企业家都会有自己不同的看法，这是其与众不同的思维方式所致。这种独特的思维方式集中体现在：第一，战略性思维。从横向上看，他必须有整体观念，要顾及企业的各个方面；从纵向上看，要考虑企业发展的整个过程及发展阶段，并能敏锐地预见未来发展趋势。第二，系统性思维。从系统的具体构造到系统的综合、从局部到全局、从现象到本质的思维方式，具有系统论的特征。第三，创造性思维。能够突破已有知识、经验的框架，以丰富的想象力为基础，不受传统观念、逻辑推理的限制和影响，能够破除成规、出奇制胜。

（2）追求个性品质的心理特征。心理品质是人在心理活动方面所表现出的持久而稳定的基本特征。主要表现在：第一，极强的自信心和自主性。自信是成功企业家的第一心理要素，没有自信心的人不可能成为企业家。作为在风云变幻的商场拼搏的企业家，如果墨守成规、优柔寡断、畏首缩尾，则不可能取得什么成就。而那些不畏艰险、百折不挠，勇敢面对困难和挑战的人，必然会取得巨大的成功。自主性是伴随自信心而表现出来的一种心理特质。成功的企业家乐于独立思考，绝不会人云亦云，在他们的经营管理活动和决策过程中，自我判断是其战胜对手的重要原因，也是其成功之本。第二，超人的胆识。决策的风险性和不确定性意味着企业家的事业充满风险，这就要求企业家在作出决策时，必须具有过人的胆略、气魄和大无畏精神。第三，坚强的意志。这是成功企业家具备的重要心理品质。坚强的意志是成功企业家在长期经营管理活动中所表现出来的"较稳定的对现实的态度和习惯化了的行为方式"。通过对优秀企业家的性格分析可以发现，他们在性格上一般都倾向于刚强、果断、坚毅、开朗，而较少懦弱、犹豫、封闭。刚强的性格能使企业家经受住挫折和打击，果断的性格增强了企业家决策的胆略和魅力，坚毅的性格保证了企业家实现既定目标的坚毅性，开朗的性格扩展了企业家的感染力。第四，优秀的个人气质。个人气质是人的神经类型在行为和活动中的表现，是企业家对外界事物的一种惯性心理反应，主要表现在情绪体验的快慢、强弱、隐显以及动作的灵敏或迟钝方面。现代管理实践证明，成功企业家的个人气质对其能力和绩效具有显著的影响和作用。第五，理性的处世态度。企业经营面临许多不确定性，不可避免会遇到各种各样的难题和挫折，要求企业家必须遇事冷静，不可意气用事。成功企业家往往会在情感上更富有理性色彩，靠自己的理性从事创业活动和经营管理活动，无论在顺境，还是逆境中都能保持清醒的头脑，以高度的沉着和冷静进行思考、分析和行动，这正是他们取得成功的关键因素。[②] 第六，优秀的思想品德。在成功企业家的心理特征

---

① 王艳：《李嘉诚：中国成功企业家的特质与形成机制研究》，中国政法大学 2010 年硕士论文，第 18—21 页。

② 陈寂霞、陈建新：《试论企业家心理素质研究的现实意义》，《科技进步与对策》，2002 年第 2 期，第 169—170 页。

中，优秀的思想品德是共同拥有的。企业家所具有的使命感、信赖感、责任感和进取心，以及诚实、热情、公平、宽容，是他们成功的重要因素，这些良好素质的基础来源于他们优秀的思想品德。

（3）不断学习和求知的心理特征。不断学习使企业家拥有了较为宽广的知识视野和能力结构。知识面越宽，思路就越宽，眼光也越远，思维能力则越强。这种知识结构主要包括：第一，企业管理知识。这是成功企业家一定掌握和精通的。第二，经济学知识。这是企业家洞察企业生存发展环境，并对发展方向和路径作出抉择的知识基础。第三，心理学、社会学和行为科学知识。成功企业家之所以能够更好地了解人的需求，把握社会发展动向，并制定出相应的经营管理策略，就是具备了这方面的知识素养。第四，必要的文学知识。文学知识可以使人提高人文修养，在为人处世和人际交往方面做得更好，这恰恰又是一个成功的企业家必须具有的素质和优势。因此，拥有必要的文学知识，会使企业家的思想更加丰富，人生更加精彩，管理意图能够得到更加准确的表达。此外，成功企业家一般还对法律、美学、教育学、伦理学、预测学、军事、史学以及系统论、信息论、控制论等诸多学科的知识有一定的涉猎。

2. 创业企业家的心理特征。创业企业家一词最初是 1755 年由法国学者理查德·坎蒂隆（Richard Cantillon）提出的，是指组成军队四处远征探险并借机图利，但能承担风险的人。《韦氏国际大词典》对创业企业家的解释是：经济事业之组织者。特别是指具有组织、管理企业并承担风险的人。不同学科也有不同的解释。经济学的解释是，能够结合各项资源加以运用，以提高其附加值来创造利润，并且能引起某些改变与创新。心理学的解释是，基于某些动机，为了达成某种目的或为了逃避某种权力者。企业管理的解释是，具有威胁性及攻击性的竞争者。[①] 有人总结上述观点，将其概括为：具有冒险的创业精神，能发掘机会，组织资源，研究策略，建立及创立新企业，并且基于利润与成长而经营、管理一家公司的人。创业企业家不但具有创业精神，同时也是一位不惧风险的实践者。[②] 创业企业家作为新创建企业的核心和创业活动的实践者，其心理特征直接影响着企业创业活动的成败。有人将创业心理素质分为创业意识、创业人格、创业能力三大子系统。创业意识包括创业需要、创业动机、创业观念和创业价值观；创业人格由创业企业家气质、创业企业家性格构成；创业能力主要有良好的思维能力、社会能力、经营管理能力和综合能力。[③] 人的心理特征包括认知、需要、动机、情感、意志、性格等智力和非智力方面的素质，它居于社会文化素质和自然生理素质之间，是人的素质结构的核心因素。因此，创业企业家的心理素质也必然表现为创业企业家心理诸要素的有机构成及其发展水平，是由创业企业家的认知、需要、动机、情感、意志、性格等心理要素构成的有机统一体。

---

① 转引自汪宜丹：《创业企业家心理特征识别与创业精神培育研究》，同济大学 2007 年博士论文，第 13 页。

② 汪宜丹：《创业企业家心理特征识别与创业精神培育研究》，同济大学 2007 年博士论文，第 14 页。

③ 周劲波、韩剑义：《创业企业家心理素质结构研究》，《中国民营科技与经济》，2008 年第 11 期，第 48—49 页。

有人以中国大陆的创业企业家为研究对象，并从个人特质角度分析了创业企业家的心理特征。[①] 第一，成就动机高。成就动机是创业企业家的第一人格特质，追求高成就需求的人，往往愿意主动解决问题，喜欢自己设定目标，并努力去达成目标，获得回报。同时，也乐意接受适度的风险。美国心理学家戴维·麦克利兰（David C. McClelland）对来自美国、意大利和波兰的创业企业家的研究表明，创业企业家的成就动机普遍较一般人要高。[②] 而且，成功的创业企业家大多具有高度的成就动机。原因是追求高成就需求的人，往往愿意主动去解决问题，喜欢自己设定目标，努力达成目标，并获得回报。第二，愿意承担风险。一般而言，大多数创业企业家都具有承担风险的心理素质。因为无论如何，企业经营者为追求成功就必须承担合理的风险。而且，创业企业家对市场形势的判断更为积极肯定，他们将风险看作是机会，而不是风险。他们看到的是风险中孕育的潜在机会。[③] 第三，有明显的内控人格倾向。内外控倾向的概念是由美国心理学家朱利安·罗特（Julian Bernard Rotter）于1954年提出的。[④] 内控者是指个人对于自己生活环境的控制认知，个人认为自己可以主宰自己的命运，对于自己的事都归因于自己的责任；而外控者则将自己的命运归咎于外部环境，怨天尤人，认为对于自己的事无须或不需负担太多的责任。根据研究，创业企业家大都属于内控导向型的心理特征。第四，对不确定性的容忍度较高。对不确定性的容忍力是一种渴望不确定性情境的心理倾向。[⑤] 能够忍受不确定性的个体更能在这些组织和环境中高效工作。相反，不能忍受不确定性的个体将在不确定性和变革中应对乏力。创业企业家面对的是一个变化无穷的动态市场环境，不确定性特征十分明显，创业环境中随时可能出现无序和混乱，也可能会因为没有任何收入和信息来源、生活和经营的无序和不稳定，随时都会对创业企业家带来打击和挑战。但创业企业家却能在这种充满不确定性的环境中应对自如，并获取成功。由此，创业企业家被人们普遍认为是具有较高对不确定性容忍力的企业家。

3. 女性企业家的心理特征。如果说，人的心理活动是"地球上最美丽的花朵"，而女性的心理活动则是花中之冠。就一般女性的心理特征而言，最突出的表现就是比男性更富有感情，敏感、细腻、温柔、敬业，但往往脆弱、胆小、不敢冒险、逻辑性较差。作为女性企业家，自然属于职业女性，其价值趋向呈现明显的双向性。职场精英、女儿、妻子、母亲等多重角色，使其心理特征呈现出与男性企业家明显的不同。激烈的职

① 汪宜丹：《创业企业家心理特征识别与创业精神培育研究》，同济大学2007年博士论文，第30—33页的相关内容。

② 转引自汪宜丹：《创业企业家心理特征识别与创业精神培育研究》，同济大学2007年博士论文，第14页。

③ Palieh, L. E., & Bagby, D. R. (1995). Using cognitive theory to explain entre Preneurial risk—taking: Challenging conventional wisdom. Journal of Business Venturing, 10 (6), 425—438.

④ Rotter, J. B. 1966. Generalized expeetaneies for internal versusexternal eontrol of reinforeement. Psychological monographs General and Applied 80, Whole No. 609.

⑤ Bunder S. Intoleranee of ambiguity as a versonality variable. Journal of Personality, 1962, 30: 29—50.

场竞争，迫使她们不得不具有敬业、进取和开拓精神，而社会特别是男性对妻子的角色定位，则要求她们成为一个典型的贤妻良母，更好地履行相夫教子的职责。社会成就需求和家庭职责需求的双重强化，使女性企业家陷入事业与家庭、工作与生活、个性差异与性别趋同的矛盾和冲突之中，由此形成女性企业家特殊的心理特征。

首先，在思维方式上，女性企业家表现出善长形象思维、经验思维和综合思维的特点。形象思维是指个体通过感性形象反映来把握事物的思维活动。即个体把在实践活动中感受到的各种形象因素，运用联想、想象、典型化等手法，创造出一幅形象的画面，以反映事物的本质。[①] 形象思维是与抽象思维相对而言的。抽象思维主要运用概念、判断、推理等思维形式，对客观现实进行间接概括反映的过程。在现实生活中，大部分女性偏向于形象思维，这一特点在女性企业家群体中得到具体体现。女性企业家往往能够在管理过程中发现一些容易被忽略，却十分重要的关键细节，并在制定决策和计划时反映出来。加之良好的记忆和细致入微的性格，使决策和计划更加符合企业的经营实际，更易于操作和落实。这一心理特征也反映在她们对职业的选择上。一般情况下，女性企业家都会选择如服务业、文化娱乐业等对形象思维要求较高的行业。统计数据显示，在我国从事服务业的女性企业家比例高达45%。其中，从事批发和零售贸易、餐饮业的女性企业家高于男性企业家16.6个百分点，从事社会服务的女企业家比重比男性高3.4个百分点，而从事对抽象思维要求较高的加工制造业和制造业等行业则比男性低约9个百分点。[②] 经验思维是指人们在实践活动基础上，以自己的亲身感受和体验为依据进行的思维活动。[③] 实验心理学的研究表明，女性的感知能力较强，注意力稳定性较好，对文字和具体事实的记忆能力，以及机械记忆能力比男性要发达。女性会对自己经历过的事情以及所学习过的知识留下较深刻的印象，形成自己的经验。当她们再次遇到新的问题时，自然而然地会在脑海中浮现出过去的经历或经验，并倾向于用经验解决同样或类似的问题。有关资料同样证明了这样的结论。大约有56.1%的女性企业家认为，创业中最大的困难是经验不足。[④] 综合性思维是一种多维联系和分析对比性的思维方式，对遇到和思考的一些事情，通过相互关联的因素进行综合性分析比较后得出结论。这种思维方式与女性扮演多种角色而形成的生活习惯有关。职场能手、贤妻良母等多重角色使她们能够做到忙而不乱、井然有序。在分析问题时，能够综合考量多种因素，做到全面周到、合情合理；在计划决策时，能够从更广的视角出发，考虑多种选择，权衡更多取舍；在完成业务时，能够兼顾企业、家庭和其他利益相关者的需要，做到事业、家庭、友情的协调和平衡。

其次，在伦理标准上，重视人性的道德评判、道德准则和道德责任。人性的道德评判反映的是一种独特的伦理价值取向。女性企业家虽然也强调管理制度和员工行为规范

① 贺善侃：《形象思维·抽象思维·科学认识》，《复旦学报》（社会科学版），1998年第4期，第87—90页。
② 杜沁源：《试论我国女企业家人格及其塑造》，华东师范大学2008年硕士论文，第9页。
③ 王毅平：《浅议女性领导的思维方式》，《理论学刊》，1999年第2期，第112页。
④ 曲雯：《探究女企业家的发展规律》，《中国图书评论》，2004年第11期，第56页。

要求，但她们更期盼通过灵活的管理手段与利益相关者建立良好的人际关系，并以此建立大家庭式的关爱文化。一位女企业家在被问及成功的秘诀时说：如果一定要找出一个秘诀来，那就是把员工当成自己家里人一样去对待。员工就是我们的财富，爱员工就等于为自己创造财富。① 道德准则是女企业家对社会道德要求的内化，以及自己的标准与信念。女性企业家大都能够做到依法经营、照章纳税，尤其是在诚信意识方面，女性企业家具有明显的优势。甚至在男企业家为女企业家职业素质的评价中，除了敬业精神得分最高外，排在第二的就是诚信，说明女性企业家具有较强的诚信意识。② 格力电器集团总裁董明珠在第五届"中国商界花木兰年会"发表感言时也指出：竞争对手根本就不是别人，我们的竞争对手就是自己，你要带着诚信做你的产品。③ 道德责任可以看作是个体自由意志的最高规定和个体道德行为自觉自主的内在根据。④ 女性企业家大都具有强烈的道德责任观念，她们不仅敬业爱岗、体恤员工、全力推进企业发展，还在转变社会价值观，支持社会公益事业，向社会传播先进文化等方面具有不俗的表现。诸如积极参加各类巾帼建功和竞赛活动，积极开展社会救助活动，积极安置下岗女工、关爱外来务工人员，以及捐资助学、扶贫救灾、设立社会救助基金等。女性企业家的这些行为赢得了社会各界的广泛赞誉，甚至也得到男性企业家的好评。

其三，在心理状态上，则表现出自我意识的矛盾性、情绪状态的表里不一性和意志品质上的外强内弱。自我意识是个体对自己的认识和评价。既是自己对其身心状态的认识和评价，又是自己对客观世界关系的认识和评价。⑤ 一方面，女性企业家表现出比男性企业家更具优势的心理特征，如在性格上，较男性善解人意，更强调团队协作；在交际方面，更注重相互交流、相互依存、合作共事；在决策中，力求突出合乎情谊。女性企业家有着强烈的自我意识，她们试图通过自信、自强、自尊等证明自己的能力，提升自己的价值，获得别人的尊重和社会的认同。正是基于这种心理特征，有人提出，女性企业家更适合柔性化的管理模式。⑥ 但另一方面，女性企业家又容易产生自卑、自嘲、自谦，甚至自责的心理，对自己的事业、家庭和社会地位缺乏足够的信心。而且，越是被荣誉和鲜花笼罩，越是感觉生活在危机之中。不安全感、失落和抑郁等不良情绪时刻笼罩在她们的周围，严重的甚至会导致心理乃至生理上的不良反应。情绪状态是个体对事物态度的一种体验，是个体需要获得满足与否的反映。⑦ 与男性同台竞技的乐趣和职场取得的成就，使女性企业家产生了较大的自豪感和成就感，也激活了她们内心深处的斗志和激情。她们怀揣理想、乐观向上、锲而不舍，通过自身努力，取得了成就和荣耀，也感受到了自我存在的价值。但与此同时，相伴而来的则是焦虑、怀疑、压抑、急

① 《铿锵玫瑰：成功的花静静地开》，http://www.taizhou.com.cn/.
② 胡媛：《我国男女企业家差异研究调查报告》，《中国企业家》，2004 年第 9 期，第 16 页。
③ 董明珠：　《女性不能指望被别人宽容》，第五届中国商界花木兰年会，http://finance.sina.com.cn/hy/20130518/135115509170.shtml.
④ 张晔、秦华伟：《人格理论与塑造》，北京：国防工业出版社 2006 年版，第 146 页。
⑤ 张晔、秦华伟：《人格理论与塑造》，北京：国防工业出版社 2006 年版，第 266 页。
⑥ 刘守亚：《女性企业家性别优势下的柔性管理研究》，河北大学 2014 年硕士论文，第 19－20 页。
⑦ 李晓文、张玲、屠荣生：《现代心理学》，上海：华东师范大学出版社 2003 年版，第 247 页。

躁等与女性人格不相一致的分裂性心理特征，甚至怀疑自己的能力，担心他人的评价，害怕失去已有的成就、荣誉和家人的支持等。意志是指个体自觉地确定目的，并支配行动，克服困难，以实现预定目的的心理过程。[①] 意志是个体人格的重要组成部分，意志品质如何，决定着一个人的人格是否完善。一方面，女性企业家表现出坚韧、刻苦、勤勉、克制的意志品质；但另一方面，她们又喜欢寻求帮助与支持，存在较强的依赖心理，总希望可以依靠别人。反映在企业的经营决策中，容易出现瞻前顾后、患得患失的现象；反映在工作中，则务实有余而创新不足；反映在决断上，容易受情绪影响而降低判断力和行动效果等。

其四，在能力素质上，沟通能力和组织能力表现良好，而决策能力和创新能力有待加强。《中国企业家》杂志曾对男女企业家能力素质的差异进行调查研究后发现，在反映男企业家对女企业家的 19 项职业能力和素质的评分项上，女性企业家排在前三位的分别是公关能力、沟通能力和组织能力，而排在后三位的则是洞察能力、决策计划和创新能力。[②] 女性善于言辞，语言因子优越；女性情感丰富，容易设身处地为他人着想，又不吝惜赞美之词；女性情商较高，富有母爱精神，加之敏感、细腻和韧性较好。因而，女性大多擅长沟通，公关能力和组织能力较强。董明珠的大气坚定、温柔细心、睿智果敢、灵活从容；杨澜的睿智优雅、不卑不亢；俏江南创始人张兰的不服输、不埋怨、不达目的不罢休的韧劲；张茵始终坚持对员工的尊重和关爱等。这些优秀女性企业家独特的魅力和个性特征，既构成她们靓丽的人格魅力，又赢得了他人的敬重和钦佩，也获得了社会各界的支持与合作，这是她们事业成功最重要的心理基础。当然，由于女性企业家的敏感、多疑和依赖等心理，也会导致在决策和创新方面略逊于男性企业家，这需要女性企业家努力克服性别因素在其事业发展中产生的心理影响。

（二）企业中层管理者的心理特征

企业中层管理者是一个关键的群体，也是企业的中坚力量。他们不仅要承担企业内部的组织协调、落实企业发展战略、推行组织变革的任务，还要肩负起将高层管理者与企业其他员工联系在一起、且推动基层员工积极完成管理目标的职责。同时，企业中层管理者既是管理者也是被管理者，他们不仅要带好自己的小团队，还要融入整个组织的大团队之中。所以，美国学者戴维·西洛塔（David Sirota）将企业的中层管理者称为"将不同级别和不同部门的人员聚集在一起的黏合剂"。[③] 同时，企业的中层管理者又是一个背负沉重压力、满意率较低、流失率较高的群体。据中国科学院心理研究所对 3 万余名不同职业人士的调查显示，中层管理人员的工作压力排在第一位。中层管理者的整体满意度指数不仅低于高层管理者，甚至低于基层员工，他们的离职率远远高于市场平均水平。中层管理者的低满意度、高流失率不仅削弱了企业战略的执行能力，而且打击

---

① 赵忠令、胡月星：《现代领导心理》，北京：中国社会科学出版社 2003 年版，第 238 页。

② 胡媛：《我国男女企业家差异研究调查报告》，《中国企业家》，2004 年第 9 期，第 16 页。

③ （美）戴维·西洛塔：《激情员工：通过满足员工关键需求而获利》，付彦译，北京：中国人民大学出版社 2007 年版，第 265－ 260 页。

了团队士气，危及了企业的持续经营。[①] 还有人将企业中层管理者的性格和工作特征概括为：第一，独立性和自主性；第二，劳动具有创造性；第三，工作过程难以直接监控；第四，较强的成就动机；第五，流动意愿较强。[②] 企业中层管理者与高层管理者相比，心理特征更加丰富；与基层员工相比，其心理特征又具有专门和分类研究的价值。因此，对企业中层管理者心理特征进行考察和分析，对企业文化建设和落地具有十分重要的意义。

首先，保障稳定心理。中层管理者既不是企业所有者，又不是企业决策者，只是企业承上启下的一个普通管理者，保证有一份稳定的工作、较高的收入和较为舒适的工作环境必然是他们的第一选择。这种心理特征决定了他们一方面要努力工作，不断创新，力求在工作上作出成绩，从而得到上司的认可和信赖；另一方面，又会在工作上唯高层领导的马首是瞻，不愿越雷池半步。从企业角度讲，自然要能够体恤这批人的心理，在工作环境和生活待遇上尽量给予关心，尽可能地改善工作生活环境，提高工资和福利待遇，建立有效的激励和约束机制，以保证企业中层管理者能够全身心投入企业经营管理之中。

其次，寻求发展心理。企业的中层管理人员绝大多数都是年轻有为的高素质人才，一般都会有较强的事业心和晋升欲望。表现在心理特征上就是争强好胜，表现欲很强；表现在工作中则会努力工作，积极进取，力求获得好的工作业绩，赢得各方面的认可和赞誉。有人将企业的中层管理者比作冲浪运动员，只有赶到浪潮前面的人，才能精彩地冲到岸边。如果每次都慢半拍，就只能在海里起起落落，等待下一波浪潮的到来。等到那个时候，也许机会已经失去。实际上，中层管理人员经过基层的历练，但尚未达到高层的管理权利，正是对职业发展要求非常强烈的时候。企业如果为其提供良好的工作环境和发展机遇，制定明确的职业生涯规划，这批人必然会成为企业发展的中坚力量。

其三，注重关系心理。企业中层管理者是企业上传下达、沟通决策者与基层员工的桥梁。一方面，企业中层管理者要想有效开展工作，取得成就，必须与所在部门的员工打成一片，搞好关系，创造和谐的部门文化；另一方面，企业中层管理者又是企业高层管理者的后备军，随时都有可能晋升为企业高层管理者，良好的上下级关系和部门之间的关系是其获得晋升的必要条件。因此，企业中层管理者必然将营造良好的人际关系作为重要任务。但这种营造良好关系的心理则使企业员工感受到了企业内部人与人之间的温暖和关爱，有利于企业建设员工满意度较高的和谐型企业文化。

当然，不同性别、不同年龄、不同婚姻状况的企业中层管理人员的心理特征也会有所差异。如企业责任保障方面的心理，女性显著高于男性；员工责任发展方面的心理，

---

① 吴小建、黄健荣：《中层管理者职业倦怠的归因分析及其干预路径》，《华东经济管理》，2010 年第 6 期，第 15—18 页。

② 李沫：《基于心理分析的企业中层管理者激励体系研究》，北京工业大学 2006 年硕士论文，第 11 页。

己婚的中层管理人员显著低于未婚的中层管理人员等。[①]

三、企业员工的心理特征

员工个体的心理特征是其本质的、经常出现的心理特点，可以从气质、能力和性格等多个维度表现出来。一般来看，企业员工既有一些共同的心理特征，如希望得到管理者的认可和褒扬，希望有一个公平、公正的工作环境，希望得到较高的薪酬和奖金，希望得到更多晋升、晋级的机会等。但因其生活经历、家庭背景、知识结构等不同而存在一些明显不同的心理特征，尤其在不同所有制企业的员工，其心理特征的差异更为明显。

（一）国有企业员工的心理特征

国有企业由于特殊的历史背景和管理体制，形成了一些特殊的心理特征。首先，具有较强的依赖心理。在长期的计划经济体制下，国有企业的员工不仅工作稳定，而且享受国家给予的一切生活福利，在一段较长时期内，几乎到了无所不包的地步。这样的工作和生活环境，养成了国有企业员工将自己的一切都与企业联系起来，将自己的一切交给企业，甚至生老病死、婚丧嫁娶和儿女就业等。国有企业员工倾向于长期，甚至几辈人在同一个单位工作，特别看重工作的稳定性，员工的忠诚度较高，工作期限较长。这种心理一方面形成了一荣俱荣、一损俱损的国有企业利益关系，并曾经在一段时间内对国有企业的发展起到了有效的推动作用。但随着市场经济体制的建设和完善，这种依赖心理则对现代企业制度的建立和发展带来了不利影响。其次，比较重视建立良好的人际关系。中国文化的传统是"和为贵"。"和气"不仅生财，还可以生出各种利益，甚至与自己的晋升和获利也息息相关。于是，国有企业员工将搞好人际关系作为重要的生活方式和工作作风。他们对领导的评价标准也往往会看你是否平易近人，是否关心员工的生活和工作，有没有奉献精神，对工作能力的评价反而不是最重要的。反过来，上级部门对管理人员的提拔考核也大都将群众关系是否融洽作为一项重要指标。甚至在某种程度上，出现管理者不是对上负责，而是对下负责的现象。其三，服从组织权威但不受个人管理约束的人格特征。国有企业长期延续下来的一元化领导体制虽然在市场经济的冲击下发生了较大变化，但历史形成的惯性仍然使其员工对组织权威性的认可难以改变。只要是组织意志和组织行为，大多数员工都会自觉遵守，坚决执行。但与此同时，在国有企业员工的潜意识中，主人翁心态和平等意识仍然发挥作用，并自觉不自觉地将其延伸到企业管理之中。他们对组织忠诚，但却不服从个人管束，难以形成明显的上下级关系。这一点，在一些实证研究中得到证实，国有企业员工对组织承担的发展责任和关系责任均高于民营企业员工。[②] 当然，随着市场化改革的不断深化，国有企业的心理

① 宁娟：《企业中层管理人员心理契约结构的探索性研究》，湖南师范大学 2010 年硕士论文，第 47 页。

② 张士菊：《国有企业与民营企业员工心理契约比较研究》，华中科技大学 2008 年博士论文，第 124 页。

也在发生变化，年纪大的员工受能力和知识的限制，希望能固守饭碗，但没有终身雇佣保障使他们陷入一种紧张状态，对组织忠诚度开始下降，行为也出现短期化现象。而近年入职的一些年轻员工，则因精力充沛、求知欲强，跳槽成为家常便饭，导致许多有工作热情和能力的人才流向奉行实力主义的民企和外企，国有企业正在出现人才空心化的现象。[①]

（二）民营企业员工的心理特征

民营企业员工是一个庞大而复杂的社会群体，其成员有国有企业下岗或辞职职工、进城务工的农民工、复员或退伍军人、大中专毕业生、各种体制内机构的离职或退休人员等。根据其进入职场的不同，又可以将其分为职场新人型员工、职场迷惘型员工、职场稳定型员工和余热能量型员工等。民营企业中的职场新人型员工是指那些刚刚入职、缺乏职场经验、尚无职业生涯规划，处于职场认知阶段的员工。这类员工以80后、90后的新生代劳动者为主。由于他们的受教育程度不同，工作种类也有所相同，其心理诉求自然会存在明显的差异。民营企业中的职场迷惘型员工是指那些已经经过职场认知阶段，但因自我意识强烈，理想与现实存在较大差距的员工。这类员工多为年轻的脑力劳动者，一般心气较高、理想较大，当其心理诉求一时不能得到满足则陷入迷漫或困惑之中，往往通过频繁跳槽来寻找目标，只有在屡屡碰壁后才能幡然醒悟。民营企业中的职场稳定型员工是指那些已经适应了民营企业管理模式，安心于民营企业工作并与企业建立了比较融洽合作关系的员工。根据其稳定状态，可分为主动稳定型和被动稳定型员工。主动稳定型员工是在认同民营企业价值观基础上，自觉融入企业的员工。这种人大多是参与过创业或为企业作出过重大贡献并得到企业主青睐的元老级员工，在民营企业中这样的员工数量有限。被动稳定型的员工是指被企业某种条件吸引或受家庭及个人条件等因素的限制，工作状态相对稳定的员工。尽管他们对企业还有不如意的地方，或对企业的价值观并不完全认同，但能安于现状。在大多数民营企业中，这种类型的员工是企业员工队伍的主体。民营企业的余热能量型员工多是曾经就职于政府、高校、科研机构的高级管理和技术人员。这些人有较广的人脉关系，较丰富的经验和专门的技术或技艺，属于专家型人物，能够为民营企业带来实际的经济和社会利益。不同类型的员工，其心理特征自然不同，但从总体上看，民营企业员工的一般心理特征主要表现在以下几个方面：

首先，收入不确定性而导致的强烈经济诉求心理。这是民营企业员工最直接的诉求，也是其心理底线。他们希望有较高的薪酬收入和福利待遇，既达到养家糊口的目的，也为自己事业发展奠定物质基础。一些知识型的民营企业员工还会同区域内同类企业的同工种、同专业、同职位、同学历、同工龄人员之间的经济收入进行比较，以满足自己的心理诉求。有人通过实证研究得出结论：企业作为一级组织承担的"基本责任"，对于员工的"基本责任"和"发展责任"具有显著的预测力。而基本责任的核心就是薪酬收入和福利待遇。由此说明，企业为员工提供良好的经济报酬和物质条件，是员工履

---

① 王俊霞：《浅探国有企业员工的心理契约重塑》，《企业导报》，2013年第18期，第147－148页。

行其基本责任的基础。同时，还会促使员工与企业之间建立起广泛的长期发展联系。不能不说，物质奖励是激励员工行为的重要因素。[①]

其次，职业不稳定性而产生的重视自身发展心理诉求。作为民营企业的员工，职业的不稳定性影响着这批人对未来预期的不确定性。因此，他们迫切希望企业能够提供学习和培训的机会，提高自己的文化素养，为自己的职场生涯和未来发展奠定较好的基础。在企业经营管理实践中，民营企业员工往往流失率过高，尤其是一些具有特长和管理经验的中坚力量，更是动辄就要跳槽。其主要原因除了企业前景不明朗或内部管理混乱，工作职责设计不合理、负担过重，个别企业薪酬结构不合理，工作标准过高外，一个很重要的原因就是企业缺乏针对员工的职业生涯规划，导致许多员工对自己的前途迷茫，缺乏职业安全感。

其三，主人翁地位缺失而出现的安全和情感心理诉求。由于主人翁地位的缺失，一方面，民营企业员工对自己的职业安全十分关注，害怕由于激烈的市场竞争失去已经得到的工作。马斯洛需求层次论中所谓的安全需求其实最主要的是职业安全的需求，这对民营企业员工来说十分重要；另一方面，由于打工者的身份地位而产生的自卑心理，也影响着这些员工对企业主情感的投入比较在乎。按照有些学者的分析，不同层次的员工对情感诉求有所不同，一般情况下，体力劳动型员工比较注重企业主对其人格尊严的尊重，希望能够对其劳动给以客观评价，不要受到歧视或不公正待遇；而脑力劳动型员工则比较注意自己在团队组织中的地位，希望通过自己的努力获得企业主的认可和职位晋升。也有人用实证分析方法证实企业主情感投入对员工心理诉求的影响，特别指出企业主的"情感责任"对于员工责任的三个维度[②]具有显著预测力。如果企业主能够对员工投入更多的关心、关怀和尊重，经常性地进行有效沟通，则可以促使员工积极地为企业承担各方面的责任和义务，有利于构建相互信任和支持的关系，对企业经营管理会产生积极的影响。[③] 所以，在民营企业管理实践中，有些员工因为自己的工作不能得到企业主的认可和及时表扬，造成心理阴影而导致民营企业绩效管理中出现许多问题。

其四，复杂人群聚集而形成的不同心理诉求。民营企业员工来源比较复杂，不同阶层和背景的员工对自己的心理诉求是不同的。国有企业下岗或辞职职工具有与生俱来的身份优势，在受到来自民营企业新的身份认知和管理模式的重创后，自然会产生一些自卑心理，但已经形成的心理认知使他们对情感认同和公平待遇具有强烈的心理诉求。一

---

① 范丹、李文川、鲁银梭：《民营企业员工心理契约结构维度实证研究——以杭州地区为例》，《企业经济》，2012 年第 1 期，第 88—91 页。

② 员工责任的三个维度分别是基本责任维度、情感维度和发展维度。基本责任维度与员工应该履行的基本职责有关，包括"与同事友好相处"、"配合领导完成各项工作"、"实事求是，不弄虚作假"和"尊重领导"等 6 个方面。情感维度体现员工对企业的情感投入，包括"为企业利益牺牲个人利益"、"为企业发展出谋划策"和"在能力范围内多做工作不计较报酬"等 4 方面内容。发展维度体现员工为回报企业而提高自身的愿望，包括"接受不断提高的工作要求"、"维护公司形象和利益"和"努力工作，以出色业绩回报公司"等 4 方面内容。

③ 范丹、李文川、鲁银梭：《民营企业员工心理契约结构维度实证研究——以杭州地区为例》，《企业经济》，2012 年第 1 期，第 88—91 页。

且其需求得不到满足，就容易产生强烈的被剥夺感，并引发对企业和社会的不满情绪，甚至用一些激进的手段发泄不满以达到心理平衡的效果。[①] 农民工既是一个心理特别敏感的群体，也是一个对社会变革缺乏充分心理准备的群体。在社会全面转型过程中，城乡二元结构的存在使农民工在城市的生存与发展面临沉重的压力和负担，再加上计划经济体制遗留下来的政策和体制对农民工的不公正对待，难免会在这些人的心理和情绪上产生影响，并导致心理失衡甚至行为偏差，由此产生自卑心理、失衡心理、孤独心理、压抑心理和被剥夺心理，以及情绪宣泄等。[②] 新生代农民工由于社会环境和自身成长经历的影响，在心理特征上表现出几个特点：一是以自我发展为中心。他们独立意识强，希望成为自己命运的主人，关心自己的前途与发展，渴望被社会认可与尊重，能够实现更多的个人利益。二是向往城市人的生活方式。受城市繁华生活的影响，新生代农民工普遍希望能够融入城市生活，并用城市人的思维方式和行为准则要求自己，也希望通过自身努力改变其生活轨迹。三是有较强的自我提高意识。许多新生代农民工一边在城市务工，一边学习技术和知识，希望以此改变自己的命运。四是价值取向的多元化。有些向往和追求城市的美好生活，有些则信奉金钱万能，还有些具有崇高的生活理想，愿意为社会奉献自己的青春。在价值观实现方式上，有些努力通过勤劳获取回报，有些利用自己的社会关系取得成功，也有些抱着机会主义态度铤而走险。五是价值判断和行为选择存在错位现象。有人认为，新生代农民工的道德观念表现为对个人生活与公共道德的高度关注及知行上的不统一。[③] 一些新生代农民工在道德评判上存在着严以待人、宽以待己的现象。他们对社会公德与个人私德之间的关系认识比较模糊。[④] 新老农民工由于社会环境和生活阅历的不同，在心理特征上表现出不同的特征。有人对西安市不同年龄段农民工的心理特征进行比较研究后发现，老一代农民工比较注重组织义务责任和员工义务责任，而新生代农民工除注重组织和员工义务责任外，还强调组织和员工人际责任与组织和员工发展责任的实现，新生代农民工的需求层次已经从低层次的生理需求向高层次的人际需求和发展需求转变。[⑤]

复员或退伍军人作为社会上一个比较特殊的群体，有着从部队复员或退伍到地方的过程和经历，生活环境和工作内容都会有很大的变化。一般而言，复员或退伍军人由于受到过严格的军事训练和考验，适应生活环境和角色转变的能力较强，在民营企业能够服从安排，勇于承担责任，执行力较强。但对身份变化后受到的一些歧视性待遇比较敏感，也会存在居功自傲心理。随着社会竞争日益激烈，每个人的心理状态和社会适应能

① 龚志伟、乔发进：《论城镇贫困群体与新形势下的人民内部矛盾》，《探索》，2002 年第 6 期，第 56—59 页。

② 康来云：《农民工心理与情绪问题调查及其调适对策》，《求实》，2004 年第 7 期，第 85—88 页。

③ 金盛华、孙娜、史清敏：《当代中学生价值取向现状的调查研究》，《心理学探新》，2006 年第 2 期，第 30—34 页。

④ 何梅念、郭田友：《深圳外来工子女社会认同的内隐研究》，《中国心理卫生杂志》，2008 年第 12 期，第 917—921 页。

⑤ 王芳新：《新老两代农民工心理契约认知的代际比较研究——以陕西省西安市农民工为例》，《调研世界》，2013 年第 4 期，第 40—44 页。

力不尽相同，个体的社会适应方式及心理状态也有很大的差别。有研究表明，一方面，复员或退伍军人的心理状况和社会适应能力与其教育背景、参军原因、户籍关系和家庭教养等都有密切关系。受教育程度高的复员或退伍军人，心理状态较好，适应民营企业管理模式的能力也较强。主动参军者因其积极适应部队生活，听从指挥，刻苦训练，培养了坚强的毅力和独立生活能力，环境适应能力强，能够较快地完成军地角色的转换。而那些曾经由于自身原因被动参军者，则较难适应民营企业较为严格的管理，容易被激烈的市场竞争所淘汰。城市户籍的复员或退伍军人由于其教育程度、社会认知能力等都比农村户籍的复员或退伍军人有优势，在民营企业也会保持良好的适应能力，心理状态比较稳定。此外，复员或退伍军人的家庭教养也影响其心理特征的形成。父母教养方式越消极，他们的社会适应状况越差，稳定性越低。①

大中专毕业生员工既是新进入民营企业的员工，又属于知识型员工。一方面，这批人自我意识、开放性和创新能力较强，普遍有较高的理想和奋斗目标，获得较高的报酬并非唯一目标，更为重要的是希望在新的工作岗位上能够作出一番成就，以实现自己的理想和人生目标，一旦企业不能或没有为其提供更好的发展机会时，他们便会选择离职；另一方面，追求良好的工作和生活环境，求成心切，容易导致理想与现实之间的落差而产生浮躁心理，进而影响其职业的安全感和归属感，严重者还可能会产生抵触情绪，与企业发生冲突；第三方面，刚入职的大中专学生缺少严酷环境的历练，抗挫折能力较差，容易产生消极颓废思想，严重者甚至出现自杀等恶性事件。按照美国著名的发展心理学家和精神分析学家爱利克·埃里克森（Erik H. Erikson）的心理社会期发展理论，18岁到25岁之间是一个人自我意识形成和发展的最重要时期，也是儿童向成人过渡的边缘过渡期，最容易产生自我意识和自我认同的危机。格式塔心理学家库尔特·勒温（Kurt Lewin）将此年龄段称之为个体的"边缘人"。其特点是缺乏安定感，容易神经过敏和处于紧张状态，他们常常靠自己的文化来对抗成年人的主流文化，以取得某种安定感。媒体曾经报道的富士康公司的13名自杀者，几乎都是80、90后的新生代打工族。他们思维活跃，生活道路较为平坦，阅历也比较简单，但较高的理想和期望无法实现时，就在心理上产生自我排斥，进而产生过激行为，酿成生命悲剧。②此外，这批人还保留有学校已经形成的"先就业后择业"心理，虽然面对压力他们选择了就业，但内心深处对现有的工作并不满意，而是作为将来职业生涯的积累。一旦有机会，就会选择自己喜欢或更适合的工作。

各种体制内机构的离职或退休人员同样是一个特殊群体，他们既有丰富的人生阅历和管理经验，又有各种人脉关系和社会资本；既有曾经的风光和地位，又有进入民营企业前的心理准备。离职人员一般是对原有体制和管理模式不认同而寻找新的发展机会。退休人员则主要想通过自己的人脉关系和社会资本继续发挥余热和能量。各自心态不

---

① 项红雨：《退伍军人社会适应状况及其影响因素的研究》，第四军医大学2007年硕士论文，第56—57页。

② 李连杰：《从"富士康事件"看企业员工心理承受力》，《企业研究》，2011年第5期，第60—61页。

同，他们在企业的心理状态也会有所差异。前者心理状态较好，有较强的事业心和奋斗精神，希望在新的体制框架内作出一番成就，实现自己的理想。因此，他们对自己的工作岗位和企业的发展前景比较关注。当然，他们也会对企业有一定威胁，一旦与企业主之间出现矛盾或在某些方面产生摩擦，就会改变自我实现的目标，不再以企业的发展为基准，而是从个体成长的角度出发，建立新的心理诉求，如炒老板鱿鱼或自己创业当老板等。[①] 后者的主要目的在于能够继续工作和获取一定的经济收入，对企业的发展前景并不关心，对自己的职业也没有过多的要求。

（三）外资企业员工的心理特征

外资企业是我国改革开放以后出现的新经济成分。数据显示，目前在我国的外资企业就业员工有 70 多万人。与国有和民营企业相比，这类企业具有较高的国际化水平，其管理和运作与国内企业有很大差别。同时，外资企业有严格的管理规范，对员工要求严格，工作节奏快，时间观念强，员工心理压力大。虽然，外资企业员工的心理特征因其年龄、性别、个性、身份、知识和经验有关，但较为普遍的特征表现为：第一，生存性需要为主，发展性需要为辅。有人通过对苏州市 933 名不同身份性质的外资企业员工进行心理状况的调查发现，除具有高学历的青年员工外，其他员工都在一定程度上呈现出更注重生存性需要、而发展性需要不够强烈的特点。[②] 第二，雇佣意识强，主人翁意识薄弱。有调查显示，外企员工认为自己"只是个劳动力"的占 43.1%，认为自己"是企业主人翁"的只占 15.5%。第三，职业稳定性较差，员工流动性较强。据上海浦东新区的一项调查表明，外资企业的青年人有 71% 换过职业，远高于国有大中型企业的 38%。北京"西三角人事技术研究所"完成的《在华"三资"企业人力资源管理开发的问题与对策》的报告也显示，外资企业员工跳槽率占 30% 左右，准备在企业干一辈子的人只占 22.6%，表示干一段时间挣点钱就走的人和走着瞧的人高达 77.4%。第四，组织认同感弱，员工满意度较低。有人利用已经训练好的神经网络测量，我国外企员工的总体满意度处于中等偏下水平。[③] 在工作重压下，外企员工身心疲惫，普遍存在流浪打工的心态，缺乏对企业的归属感和认同感，员工满意度低，自然导致流动性增大。

四、企业管理实践中的心理现象

（一）企业决策中的心理现象

现代决策理论的创始人赫伯特·西蒙（Herbert A. Simon）认为，应把决策理解为

---

① 王彦红：《民营企业成长过程中的企业主与员工心理诉求研究》，辽宁工业大学 2013 年硕士论文，第 23－27 页。

② 曹蕾：《苏州某外资企业员工心理健康状况及其相关因素》，《职业与健康》，2010 年第 3 期，第 247－251 页。

③ 田喜洲：《我国外资企业员工满意度影响因素研究》，《现代管理科学》，2009 年第 8 期，第 54－55，64 页。

对行动目标与手段的探索、判断、评价直至最后选择的全过程。① 哈罗德·孔茨（Harold Koontz）等人则提出："决策就是从行动方针的备选方案中进行选择"。② 决策作为领导最重要的素质之一，既是一个外延非常广泛的概念，又是一个心理特征非常明显的过程。上至国家大事决断，下至个人的消费取舍，其运行的心理过程几乎没有什么实质性的区别。因此，任何决策要达到科学性和有效性，就必须重视其心理效应，包括矫正决策者可能具有的许多心理障碍。有人以党委会决策过程为例，探讨了领导决策中的心理特征，包括半途而废心理、患得患失心理、独断专横心理、山头主义心理、优势个人左右决策心理、冒险或保守两极转移心理（即组极化效应）等6个方面。③ 也有人分析了领导决策的几种不良心理，如自负心理、虚荣心理、利己心理、侥幸心理、从众心理等。④ 这些心理不仅造成决策失误，也给企业带来了巨大的资源浪费。还有人认为，决策的心理效应，实际上与决策的民主化过程是一致的。在企业决策中，往往会存在随意取代下级决策、忽视尊重的心理效应；民主方法欠妥，忽视认同的心理效应；物质奖励方法欠妥，忽视物质需求的心理效应。这三个方面的心理效应又集中反映在权力和利益上，而权力和利益的合理分配则是企业改革的中心内容，也是企业管理的关键因素。⑤

科学的决策是一种健康心理素质的综合反映，有诸多的因素对企业领导的决策发生影响。一是智力因素。包括观察力、记忆力、思维能力、想象能力等综合能力。这是考验一个人是否能完成指定任务的首要条件，也是影响其决策成败的关键性因素。二是情感因素。可分为道德感、理智感和责任感。情感对领导决策具有双向约束作用，既可以发挥增力，也可能会成为减力。三是意志因素。意志是个体确定目标，并通过行为克服困难而实现目标的一种心理过程。良好的意志品质是领导决策成败的主要因素，包括自觉性、耐压性、决断力、自制力等。四是个性因素。个性作为一个人最稳定的心理特征，对人的行为有非常大的影响。心理学意义上的个性是指一个人的精神面貌，主要包括一个人的气质和性格。气质反映的是人的心理过程的速度、强度和倾向性等特征。性格是一个人对现实稳定的态度，以及与之相适应的惯常行为方式的心理特征。性格的形成与气质有着必然的关系。⑥

有人认为，从心理学的角度看，一个人的决策往往与其认知模式、价值心理取向和个性心理特征具有密切的关系。认知模式主要对决策对象以不同方式、从不同侧面进行较为全面的了解，对决策预定目标的合理性、科学性进行分析，并在此基础上提出若干个行动方案。价值心理取向则是决策者根据自己的价值判断，对备选的行动方案进行有

① （美）赫伯特·西蒙：《管理决策新科学》，李柱流等译，北京：中国社会科学出版社1992年版，第254页。

② （美）哈罗德·孔茨、海因茨·韦里克：《管理学》，黄砥石等译，北京：经济科学出版社1996年版，第159页。

③ 黄俊：《党委决策中的常见心理现象探析》，《政工学刊》，2007年第9期，第13—14页。

④ 刘永哲：《浅析领导决策失误的原因及决策过程中的不良心理》，《中外企业家》，2013年第9期，第109—110页。

⑤ 周建国：《管理决策中的心理效应》，《社会心理科学》，1999年第4期，第49—52页。

⑥ 魏汝鹏：《关于领导决策的心理因素分析》，《法制与社会》，2009年第8期，第275页。

价值倾向性的评判和选择。领导者自身的个性心理特征对决策具有非常重要的作用，最终对决策者的行为表现形式起决定性作用。三者之间的关系可以理解为，决策者的认知模式对决策对象、目标进行较为全面的认识，并在此基础上提出若干个备选的行动方案；决策者的价值判断和价值取向对备选的行动方案进行评判，并对有价值的方案作出选择；个性心理特征则使决策者以特有的风格对有价值的方案作出最终的决断。[①]

面对企业复杂的决策环境和高度不确定的决策情境，如何作出科学、有效的决策，引起了国内外学术界的高度重视。有国外学者曾经提出"最优决策理论"、"满意决策理论"。赫伯特·西蒙（Herbert A. Simon）则在批判这两种决策理论的同时，提出了自己的"有限理性"与"满意标准"理论。[②] 国内学者在继承和发展西蒙决策理论的基础上，进一步提出了一个"决策心理锚"的概念，试图解决西蒙理论中诸如最低满意标准如何确定、不同主体的满意程度是否以及为什么存在、同一主体的满意标准是什么以及如何变化等方面的缺陷和困惑。所谓"决策心理锚"被看作是企业家决策的心理标准结构，由体现企业家决策本质特征的决策意志、决策预期和决策能力三个方面构成。企业家的决策为"决策心理锚"所锚定，决策意志主要包括决策的成就导向与自控性两个维度。决策预期主要包括决策的信心与机会感知两个维度。决策能力主要包括决策的责任力与创造力两个维度。决策意志、决策预期和决策能力各自对风险决策行为具有正向影响。其中，决策预期的影响力更大。企业家会关注决策方案是否符合其意志水平，是否具有一定的预期利益，是否切实可行。[③] 决策心理锚有助于决策者正确认知与调适决策心理，使其决策达到满意状态，接近最优决策。借助于决策心理锚，企业家决策可以因为清晰一致而具有典型性。企业家根据决策心理锚进行决策，进而制定与阐释企业战略。决策心理锚的视角至少是三维的，有助于从构建个体和社会意义所付出的努力是否适应来理解决策。企业家决策不但是自主的、自由的行动，也是与利益相关者、社会和环境相适应的行为。[④]

（二）企业人力资源管理中的心理现象

在激烈的市场竞争环境中，企业只有充分理解员工的心理需求，不仅要满足员工的物质需求，还要尽量满足其更深层次的社会心理需求，只有这样，才能激发其工作的主动性和创造性，实现企业稳健长远发展的目标。事实上，早在20世纪30年代，国外一些学者就已经将心理学运用到了企业人力资源管理之中。美籍德国心理学家雨果·闵斯特伯格（Hugo Münsterberg）在上世纪初就着手研究如何适应和转变工人的心理以激发其工作积极性，并着手建立了实验室作为研究基地。1912年，他发表了著名的《心理学和工业效率》，为将心理学直接应用到工业生产领域奠定了理论基础。随着心理学在工业生产领域被运用的逐渐普及，出现了专门研究心理学在工业生产中应用的新学科

① 赵国、申淑丽：《领导决策过程中的心理问题探讨》，《河南大学学报》（社会科学版），2001年第4期，第94—99页。

② 刘丽丽、闫永新：《西蒙决策理论研究综述》，《商业时代》，2013年 第17期，第116—117页。

③ 沙彦飞：《企业家决策心理锚研究》，南京师范大学2013年博士论文，第1—2页。

④ 沙彦飞：《企业家决策心理锚研究》，南京师范大学2013年博士论文，第181—182页。

——工业社会心理学，也被称之为组织心理学或管理心理学。该学科以组织中的人作为对象，研究组织中的社会心理现象，以及个体、群体、组织、领导人的心理活动及其规律，以有利于开展企业管理。[①]

在企业经营管理中，影响其人力资源管理的心理因素很多，但主要表现在以下几个方面：一是个体的态度。态度是个人内心的一种潜在意志，是个人能力、意愿、想法、价值观在工作中的一种外在表现，是区别于他人的一种重要能力。主要包括认知、情感和意向三个方面。态度不仅影响着员工的认知和判断，还影响着员工的行为过程以及工作效率。有人用电影《阿凡达》精美绝伦的成功，以及互联网大浪淘沙的事例来论证"态度决定一切"的道理。[②] 同样，企业员工的态度对企业经营管理也具有非常显著的影响。二是价值观。价值观是一个复杂的概念，不仅是人们特有的一种非常重要的观念体系和动力系统，也是人们所追求的理想和目标，还是人们对各种社会存在和社会关系进行价值判断的依据和规范体系。它包含了人的行为目的与思想手段，既有理性智慧之思，又有情感态度之维，成为人们生命成长与发展的动力和源泉。价值观影响人的态度和行为，对企业的行为也有一定的影响，它关乎企业人力资源管理是否有效和顺畅的问题。按照有些学者的说法，价值观是企业竞争力的动力之源，是企业价值产生的内在必然性。三是自我效能感。自我效能感是指个体对自己是否有能力为完成某一行为所进行的推测与判断。该理论克服了传统心理学重行轻欲、重知轻情的倾向，把人的需要、认知、情感结合起来研究其动机。自我效能感影响或决定人们对行为的选择，以及对该行为的坚持或努力程度，也影响人们的思维和情感反应，进而影响其行为方式及其表现。四是情感控制力。情感控制力是指个体对自己及他人的情绪和情感的控制能力。这种能力有利于促进人们在企业管理中的交流与沟通，也会对企业管理形成不同程度的影响。有两个故事很能说明情感管理的重要性。第一个故事是说，一家从事高端装备制造的企业，在获得良好经济效益的同时也舍得为员工花钱。员工福利如节假日礼金、交通补助、补充医疗保险、企业年金、年度体检、聚餐旅游、员工培训等一应俱全，年终奖也很丰厚。但令人困惑的是，它的情感管理并不是我们想象中的尽如人意，冷漠的气氛一直弥漫在同事之间。第二个故事是说，一个富有激情的年青女企业家，在耗尽了她的所有积蓄后，不得不心情沉重地把大家召集在一起，请求大家离开。结果却出乎她的意料，现场竟没有一个人愿意选择在这个时候离开她。她问为什么？一个普通客服人员的一番话导出了缘由："虽然你平时总是恨不得将一分钱掰成两半花，但是，当你无意中得知我父亲的病情突然恶化，需要立即从千里之外返回他身边时，你却毫不犹豫地让人事部门给我买好了机票，并且让司机直接送我到机场，使我能够在父亲临终前见上一面。"有人用企业给员工送生日蛋糕来说明不同方式的情感管理的效果。一家企业将给员工送生日蛋糕作为企业的管理制度。每当有员工生日时，就由人力资源管理部例行公

① 李艺敏、王红艳、李永鑫：《闵斯特伯格的心理学思想评述》，《华东师范大学学报》（教育科学版），2014年第1期，第82-88页。

② 曹健：《态度决定一切〈阿凡达〉让我们汗颜》，《IT时代周刊》，2010年第Z1期，第2页。

事地通知后勤，为他们送上一份蛋糕。对这种做法，员工自然也没有什么不满，但却总感觉缺少点什么。而同样是送生日蛋糕，另一家企业则每次都由人力资源部提前三天通知当事员工所在部门主管，并由主管提前做好个性化准备，利用当天下班前的 10 分钟举行一个简单而浓重的切蛋糕仪式。这样的做法自然给员工带来永久的感动。因而，情感管理是心的管理，只有用心去管理，才能事半功倍。五是动机。动机是指促使人从事某种活动的念头，在心理学上一般被认为涉及行为的发端、方向、强度和持续性。动机一般由特定需要引起，激发个体维持活动，并持续实现特定目标的内部动力。在组织行为学中，激励主要是指激发人的动机的心理过程。通过激发和鼓励，使个体或群体产生一种内在的驱动力，并促使其向自己所期望的目标奋进。亚伯拉罕·马斯洛（Abraham H. Maslow）的"需求层次理论"，实际上就是把人们千差万别的需求归并为几种不同的动机层次，由此从心理学的角度对人们的行为动机结构进行了科学研究，并揭示了人类行为被激发的原因和规律。在实践上也为人们根据不同的需求进行针对性活动提供了依据。马斯洛的需求动机理论在企业的管理实践中已经被成功运用。[①] 六是性格。一般情况下，性格不同的人在处理相同的事情时，所采取的方式和方法也会不同。有人认为，人的性格带有模糊性和明确性的双重性质。模糊性是指人的性格不是一个机械拼凑的过程，而是一个有机的、复杂的、受情感因素影响的集合过程。明确性是指人的性格核心内涵是相对明确的，性格运动的基本指向是相对明确的。一种优秀的典型性格，其核心总会是社会历史文化的积淀物，总是带有某种社会历史的定性。典型的共性，就寓于这种性格核心之中。[②] 性格会对一个人的事业产生巨大的影响。因此，在企业人力资源管理中，就要特别重视运用心理学的原理和方法，重视员工的性格特点，对其职业生涯进行合理规划。

（三）企业营销活动中的心理现象

企业营销活动中的心理现象旨在与消费者沟通、互动，真正进入消费者的内心世界，使企业的营销活动真正能与消费者形成心灵深处的共鸣。营销心理倡导企业经营者与消费者之间最紧密、健康的关系就是心灵之间的互动关系。这就要求企业的营销人员必须理解消费者的心思，倾听消费者的心声，领悟他们在购买行为中的感受。所以，营销心理学就是要研究消费者的心理，并针对其心理特征制定营销策略，创新营销方式，最大限度地满足消费者的心理需求。就企业文化角度看，企业营销活动中的心理现象主要包括：第一，感观心理。"感观"是指客观事物在人的大脑中的反映。表现为人的感觉神经对客观事物作出判断，以及主观认知对事物理解方面产生的影响。由于感观的情绪性较强，第一印象对形成消费者的感观十分重要。如产品的中心品质——漂亮、实用、价格、科技含量等；营销人员的态度、语气、表情，甚至可能是一句话、一个动作，都可能给对方产生影响。因此，企业营销人员应充分利用第一印象与消费者建立朋

---

① 赵国祥：《论马斯洛的动机理论》，《河南大学学报》（社会科学版），1996 年第 1 期，第 96—100 页。

② 刘再复：《论人物性格的模糊性与明确性》，《中国社会科学》，1984 年第 6 期，第 147—170 页。

友关系，转变其消极态度，最终促成产品的销售。第二，情感心理。越来越多的消费理论认为，消费者购买决策并非完全是理性的，而更多地受其情感与体验经历的影响。情感不仅能引起消费者一系列的生理变化，如不愉快或愉快、快感和紧张等，还能对人的行为产生较强的趋向性作用，决定人们喜欢或不喜欢某种东西。可以说，没有情感与体验经历的购买决策是不存在的。认识情感因素在市场营销中的作用，对深入理解消费者，认识情感心理机制与品牌营销策略的关系，设计有效的品牌营销策略，以及提高营销业绩具有十分重要的意义。事实上，所谓的品牌管理，其核心内容就是寻求建立一个依据情感心理机制和情感体验的象征性符号体系。[①] 第三，从众心理。是指人们根据他人的行为而作出的行为或信念的改变。[②] 从众心理表现为多种形式，最主要的是顺从和接纳。这往往与其口碑有密切的关系。人们希望自己能够得到有价值的信息而保持自己的决策正确，心理学上称为"信息影响"。通过对比中外广告会发现，国外有名的品牌如高露洁、宝洁等企业均大量使用了从众心理以扩大营销效应，这些做法相对于国内一些企业的广告仅侧重于说明产品特征具有更好的效果。当然，从众心理还需要企业在产品生产和销售过程中切实建立良好的形象，通过口碑宣传才能持续影响人们的"从众"心理。第四，品牌心理。品牌心理就是围绕着品牌感知和品牌认知活动展开的，通过情感和理性的不同传播作用对消费者的心理产生影响，从而形成完整的消费者品牌印象的过程。品牌心理的形成贯穿于产品生产、广告宣传、促销活动、营销体验、公共关系、售后服务等各个环节，每个环节都是品牌心理形成的一个节点。每个心理节点都对企业产品的品牌建构具有独特的作用。所以，美国整合营销传播创始人唐·E·舒尔茨（Don E. Schuiltz）等人认为：从产品或服务的发展开始，产品设计、包装到选定销售渠道，都是在跟消费者进行沟通，让消费者了解这项产品的价值，以及它是为谁而设计。广告、公关、促销、直销等都是不同形式的沟通、传播，但店内商品陈列、店头促销等也是传播。甚至当产品售出之后，售后服务也是一种传播。[③]

五、心理因素对企业文化建设的影响[④]

（一）对企业精神文化的影响

1. 对企业价值观的影响。共享价值观是企业价值观和员工价值观的有机融合，是企业文化最重要的精神基础，是引领和约束个人需求和动机的重要思想基因，也是构建企业文化的核心和灵魂。企业共享价值观的形成与心理因素的构建密切相关。企业与员工间的利益关系主要是指企业关心员工生活和福利，员工为企业发展尽心尽力，双方通

---

①　丁家永：《市场营销中的情感心理机制与品牌营销策略》，《心理技术与应用》，2014年第9期，第25—28页。

②　（美）戴维·迈尔斯：《社会心理学》，侯玉波等译，北京：人民邮电出版社2006年版，第152页。

③　（美）唐·舒尔茨、海蒂·舒尔茨：《整合营销传播》，何西军、黄鹏等译，呼和浩特：内蒙古人民出版社1997年版，第69页。

④　张黎：《企业员工心理契约对企业文化建设的影响研究》，昆明理工大学2014年硕士论文，第20—31页。

过调整利益关系，将彼此的价值观融入对方的价值体系中，以寻求建立共同立场，由此则产生企业共享价值观。但是，只有企业与员工之间建立和维护良好的心理现象，才能促进员工自身价值观和企业价值观相互结合，并产生较好的融合效应，最终促成企业共享价值观的形成。而一旦共享价值观形成后，则反过来促成员工心理现象的改善，产生双向互动的效果。

2. 对企业经营理念的影响。企业经营理念的核心是诚信经营。诚信是联系心理因素的桥梁，只有在企业中建立员工的心理认同，才能使企业从内部到外部搭建起"信任桥梁"。这是建设企业文化，实现企业经营目标，实现可持续发展的重要途径。诚信包括了对自我的诚信、员工间的诚信、对待客户的诚信，以及同行间的诚信。北京同仁堂严格遵守"炮制虽繁必不敢省工力，品味虽贵必不敢减物力"的古训，树立"修合无人见，存心有天知"的自律意识。在经营过程中坚持"德、诚、信"的优良传统，强调的就是自我的诚信。① 沃尔玛的创始人山姆·沃尔顿（Sam Walton）在与当时的公司总裁大卫·格拉斯（David Berglas）打赌说当年税前利润不会超过营业额的 8%，但在超过这一限定后，他穿着奇装异服在华尔街上跳呼啦舞，并被记者刊登在报纸上，还特别注明他是沃尔玛的董事长。这是反映员工间的诚信。② 英国一家设计事务所在 80 年后寄信给武汉市鄱阳街景阳楼户主，提醒住户该楼已经超期服役，敬请业主注意。反映的是对待客户的诚信。③ 而中国俗语中的"在家靠父母，在外靠朋友"，讲的是同行间的诚信。

3. 对员工忠诚度的影响。许多研究结果显示，一个组织成员是否忠诚与该组织的支持度有关，而心理因素就是两者相关性的中间变量。高的组织支持度会时刻关注员工心理因素的变化，并引导和建立新的心理因素关系。当员工从一个新人逐渐成长为企业骨干时，他对企业的期望就会发生变化，企业就应当根据员工的表现，给予高的组织支持，从而满足员工的心理诉求。当员工的心理诉求得到满足后，他对企业的忠诚度也会相应提高。心理因素是企业与员工之间双向心理预期，是雇佣关系的基础，贯穿于企业人力资源管理的全过程，是企业与员工忠诚之间的纽带。大量的研究表明，企业与员工之间心理诉求不协调是造成员工忠诚度下降的主要原因。④

（二）对企业制度文化的影响

制度文化就是通过有形的制度载体表现出来的无形文化。企业员工普遍认同一种精神文化一般需要经过较长时间，而把精神文化融进制度，则会加速这种认同过程。当企业建成了一种优秀的制度文化时，就获得了长久的生命力。⑤ 心理因素对制度文化的影

① 马树林、钟晓光：《企业文化中国化——中国特色企业文化理论与实践》，北京：中国经济出版社 2010 年版，第 160 页。

② 王超逸、李庆善：《企业文化学原理》，北京：高等教育出版社 2009 年版，第 41 页。

③ 马树林编著：《企业家创新的故事》，北京：中国经济出版社 2009 年版，第 118 页。

④ 张兰霞、闫琳琳、吴小康等：《基于心理契约的知识型员工忠诚度的影响因素》，《管理评论》，2008 年第 4 期，第 40—44，57 页。

⑤ 徐震宇：《如何进行企业文化建设》，北京：北京大学出版社 2004 年版，第 99 页。

响主要表现在以下几个方面：

1. 对企业激励机制的影响。所谓管理，就是在一定程度上用文化塑造人。企业文化是人力资源管理中的重要手段，只有当企业文化能够真正融入每个员工个人的价值观时，他们才能把企业的目标当成自己的奋斗目标。因此，用员工心理上认同的文化来管理，必然会达到事半功倍的效果。所以，在建立一种行之有效的企业员工激励机制时，有必要通过与员工的深度沟通和交流，将其心理诉求记录下来，并形成能够刻画企业员工个性特征和心理需求的激励机制，在符合企业总体目标的前提下，将员工的个性化需求作为激励措施，以满足员工的内心期望，提高激励效果。在企业管理现实中，许多企业并未了解员工的真实心理需求和个体差异，在激励时不分层次、不分对象、不分时期、形式单一，造成激励的边际效应递减，企业费事费财，激励效果较差。

2. 对学习型组织建设的影响。学习型组织已经成为越来越多的企业选择的管理摸式，也是一种行之有效的应对信息化和知识经济挑战的管理方式。学习型组织如何建立，按照塑造学习型组织的五项修炼，即自我超越、改善心智模式、建立共同愿景、团队学习以及系统思考，都需要与员工的心理因素结合起来。企业的学习型文化，就是在企业文化发展过程中导入学习型组织的理论，是对企业文化的创新性延伸和拓展，体现人本管理的最高境界。学习型企业文化高度重视人的因素，既重视人的素质的全面提高，又重视企业和员工的协调发展，旨在通过建立共同愿景，形成共同价值观，激励自我超越，以学习力提升创新力。可见，学习型企业文化就是一种鼓励个人学习和自我超越的企业文化，是促进建立共同愿景和激励团队学习的企业文化，是强调开放、创新、应变的企业文化，这种文化只有与动态的心理诉求结合起来，才能真正发挥作用。实际上，建立心理诉求的目标，无非也是要让组织和其成员之间的期望达到最大限度的动态平衡，并力求在螺旋式上升中达到不间断的完善状态。

（三）对企业行为文化的影响

行为文化体系是企业文化的重要载体，是企业文化落地的关键环节。没有行为文化，理念和制度都是空谈。一般情况下，员工对行为文化建设都有一个由认知到认同、不自觉到自觉、不习惯到习惯的过程。这个过程就是员工心理诉求不断形成和完善的过程。心理因素对员工的行为和态度既有积极影响，也有消极影响。积极影响表现在，一旦心理诉求达到满足，员工会主动承担作为主体的责任，把自身与企业的发展有机结合起来，提高企业的满意度和忠诚度，并进一步加深企业间的感情。在企业内部，由于员工的心理诉求得到满足，内部关系也会融洽、和谐，自然减少了企业内部的争斗和内耗，容易形成团结和谐的氛围，从而提高员工的工作积极性、主动性和责任感，并充分发挥其主观能动性，为企业发展作出贡献。消极影响反映在，一旦员工的心理诉求不能得到满足，或者只得到部分满足，就会产生消极情绪，影响其工作积极性，并产生抱怨情绪。即使重新构建新的心理认同，也会导致员工的信任度下降，给企业带来不利影响。有人通过实证分析也得出同样的结论：员工心理因素对员工行为变量具有显著影响，员工对组织责任和员工责任的感知会影响员工在组织中的行为。当一个组织为员工提供了良好的工作环境，丰厚的物质待遇，融洽的工作氛围，较多的发展机会，那么，员工就不想离开这个组织，而是忠诚于这个组织。当员工很自觉遵守组织规范，从内心认同组织后，就会不断提升自身的业务技能，在做好本职工作的基础上，更关心组织的发展，为组织出谋划策。[①]

（四）对企业物质文化的影响

企业物质文化本质上是一种以物质形态为主要对象的表层文化，它是形成企业文化的精神层和制度层的条件。优秀的企业文化是通过重视产品开发、服务质量、产品信誉和生产生活环境、文化设施等物质现象来体现企业的品质。[②] 因此，员工心理因素对企业物质文化也会发生影响。首先，影响企业的产品品质。产品的提供者必须将提供高品质的产品作为对消费者忠诚的体现。要做到这一点，则需要企业的每一位员工用心去经营和体验。德国奔驰汽车公司的核心价值观是"安全、优质、舒适、可靠"。该公司要求全体员工必须兢兢业业、一丝不苟、严把质量关。即使奔驰汽车的座位上一块纺织面料所用的羊毛，其粗细程度都有严格的标准和规定。公司在全世界各大洲设有专门的质量检测中心，有大批质检人员和高性能的检测设备。即使每一个小小螺丝钉，在组装到车上之前，也要进行认真检查，有任何瑕疵都必须全部返工。这些措施使奔驰的品质文化深入人心。[③] 同时，企业的产品和提供的服务不仅意味着一个特质实体，还意味着产品中所包含的使用价值、审美价值、心理需求等一系列的满足。这些都是消费者对所购产品的心理期待。这就需要企业员工时刻保持严谨的工作态度、热情周到的服务精神，努力提升产品的附加值，为企业赢得良好的口碑。其次，影响员工的工作和生活环境。工作环境主要包括领导风范、员工风貌、合作氛围、竞争环境等。企业健康和谐的工作环境为员工发展提供了良好的氛围，有利于企业在和谐中得到持续和健康发展。生活环境包括员工的居住、休息、娱乐等设施，以及企业员工及其子女的学习条件。这些客观条件和服务设施以及对员工的关怀都是企业"以人为本"文化的体现。惠普文化将员工放在第一位，其核心价值观的第一条就是："我们信任、尊重每一个人"。公司遵奉的原则是：相信任何人都会追求完美，只要给予适合的环境，他们一定会成功。这就是著名的"惠普之道"。[④]

六、构建基于心理契约的企业文化

全球第一大白领门户网站 MSN（Microsoft Service Network）中文网与艾瑞市场咨询公司携手公布了中国第一份针对白领网民职场状态的调查报告。该报告显示，2007年11月至2008年11月近一年时间内有跳槽想法的白领占47.8%，有近75%的白领跳过槽。跳槽的主要原因是：不能忍受收入低薄、不能忍受上司不尊重人、不能忍受企业中的官僚作风。跳槽追求的目标依次是：薪水、福利和工作内容。而不想跳槽的原因依

---

① 李菁：《员工心理契约对员工行为影响的实证研究》，昆明理工大学2014年硕士论文，第56—57页。

② 徐震宇：《如何进行企业文化建设》，北京：北京大学出版社2004年版，第155页。

③ 刘光明编著：《中外企业文化案例》，北京：经济管理出版社2000年版，第318—337页。

④ 宋银凤：《惠普之道与企业的可持续发展》，《经营与管理》，2002年第2期，第14—16页。

次为：好工作、好薪水、好的同事关系。从以上数据不难看出，在竞争激烈的市场环境中，企业和员工的心理状态随着全球资源的高速流动正在发生剧烈的变动，单纯依靠传统的条条框框和硬性规定强加给组织和员工的责任与义务，已经不能适应全球化的竞争环境，如何突破传统的员工努力工作和忠诚就能换来长期工作保障和职业发展的观念，并解决由此引发的员工敌对行为增加、核心员工流失频繁等"企业管理者心病"，人们引入了一个新的名词——心理契约。这一概念将员工与企业的关系提升到了一个新的高度。[①]

（一）心理契约及其特点

心理契约的概念最早是由美国组织心理学家克里斯·阿吉里斯（Chris Argyri）在上世纪 60 年代提出的。最初用来描述雇佣双方存在的关系，后来被拓展到管理领域并得到广泛运用。[②] 美国麻省理工学院教授埃德加·施恩（Edgar H. Schein）将心理契约看作是涉及到个体和组织两个方面的内容。实际上，广义的心理契约是指存在于组织和成员之间的一系列无形、内隐、不能书面化的期望，是在组织中各层级间、各成员间，在任何时候都广泛存在的、没有正式书面规定的心理期望。狭义的心理契约则指员工以自己与组织的关系为前提，以承诺和感知为基础，在自己与组织间彼此形成的责任和义务的各种信念。心理契约中对雇员责任的期望包括忠诚、无私支持、服从、愿意加班、保守组织机密、具有组织公民行为、胜任、稳定、职业化、规范化、守纪律、接受职位变化、保护公司声誉、体现组织形象、好团队成员、支持领导、与人合作、态度积极、有集体意识、社会化、参与培训、拥有专业技能、在组织中至少工作两年、离职前预先通知等。契约中对组织或雇主责任的期望包括高薪资、绩效奖酬、迅速提升、有培训发展机会、工作稳定、符合职业生涯发展、人文关怀、专业对口、决策协商、及时反馈、负责任、协作、工作充实、参与社会联系、人事政策公平、高度理解、工作有价值、委以责任、给员工自主权、效益工资、至少一年的工作保障等。[③] 心理契约的特征集中表现为内隐主观性、交互动态性和模糊敏感性。内隐主观性主要表现在主体内部心理中形成的整套预期与承诺；交互动态性表现为心理契约会伴随外界的变化容易发生变动；模糊敏感性表现在即使没有触犯显性契约的客观标准，也可能已经触犯心理契约的主观感受。[④] 在员工自由选择职业的新雇佣时代，心理契约成为组织人力资源管理的重要工具，只有努力使企业的发展要求与员工的心理契约达到较高水平的适应，才能有利于推动企业健康、持续的发展。

① 杨浩、宋联可：《基于心理契约的企业文化构建研究》，《区域人才开发的理论与实践——港澳台大陆人才论坛暨 2008 年中华人力资源研究会年会论文集》，第 689－694 页。

② 侯景亮：《基于心理契约的施工项目团队成员激励及目标实现的实证研究》，西南交通大学 2011 年博士论文，第 8 页。

③ 陈加洲、凌文辁、方俐洛：《组织中的心理契约》，《管理科学学报》，2001 年第 2 期，第 74 － 78 页。

④ 赵峰、连悦、徐晓雯：《心理契约理论视角下创新型人力资源激励研究》，《科学管理研究》，2015 年第 1 期，第 96－99 页。

（二）如何构建企业的心理契约文化

1. 牢固树立"以人为本"的管理理念。"以人为本"是指人们处理和解决一个问题时的态度、方式和方法。即指人们抱着以人为根本的态度、方式和方法来处理问题。而所谓根本就是最后的根据或最高的出发点与最后的落脚点。[①] 构建良好的心理契约文化，其关键就在于建设"以人为本"的企业文化。"以人为本"是优秀企业文化的价值核心，企业文化的建设必须要抓住这个核心。它要求将企业中的"人"作为企业管理中的立业之本，尊重人才、尊重人权、信任员工，将"人"作为企业的经营核心。企业及时了解和把握员工的想法和需要，努力满足其心理需求；保护员工的合法权益，提高员工的福利待遇，尊重员工的劳动创造，维护员工的人格尊严，激发员工的工作热情，努力实现员工的人生目标；建立员工之间的相互信任机制，实现企业管理者与员工之间的相互信任、企业管理者之间的相互信任、企业员工与员工之间的相互信任。只有在员工和企业之间建立有效的信任机制，才能有助于促进双方关系的和谐性，并对缓解心理契约破裂后可能带来的违背体验起到化解危机的功能。曾经发生的华为公司"辞职门"事件就是一个典型的例子。[②] 只有这样，才能不断强化员工的认同感和归属感，为构建与维持有效的心理契约创造良好的氛围。

2. 制定和实施有效的薪酬激励制度。首先，要确定薪酬管理目标。薪酬体系是由企业按照工作时间和工作效率支付给员工的基本报酬，一般由职位、技能、资历等因素组成。薪酬水平的高低是企业内部薪酬平均值，形成企业薪酬的外部竞争力，是企业发展的基础条件。薪酬结构则是内部职位、职级和等级的差别关系，形成企业薪酬内部的竞争机制。上述几个方面的内容如何设计，则涉及到薪酬管理的政策和策略。企业的薪酬管理目标就在于将上述几个方面进行创新，形成符合企业发展目标和员工心理契约的薪酬奖励制度。其次，要符合企业发展需要。不同的企业有不同的特点，不能照搬其它企业的薪酬做法，要按照所在企业的特点设计薪酬制度。薪酬制度既要照顾企业现实发展，又要考虑长远发展，将现实需要和长远目标结合起来。其三，要关注员工的心理契约的变化。随着员工工作年限的增加，员工对报酬的期望值也在增加。如果这时企业制度给员工的报酬低于其心理期望，或者加薪的幅度低于社会或行业的平均水平，就会导致员工降低工作积极性，甚至辞职后另寻高就。建立动态激励的加薪制度，实际上就是对员工忠诚度的回报和强化。其四，要将企业文化融入薪酬管理。通过经济手段推进和形成企业文化，其收效最快，最为直接。一种优秀的企业文化必然能够达到不言而教、不令而行、不禁而止、上下同欲的效果。如果在企业薪酬设计时融入企业文化的核心理念，则可以达到企业文化与薪酬设计相互影响、相互补充，共同推进企业发展的效果。

3. 建立科学合理的员工业绩考核评价体系。对员工工作业绩的考核评价体系是否科学合理，直接影响着企业激励约束机制的建立水平。科学合理的绩效考评体系包括合

---

① 黄楠森：《论"以人为本"的思想渊源和科学内涵》，《伦理学研究》，2011年第3期，第11—15页。

② 杨浩、宋联可：《基于心理契约的企业文化构建研究》，《区域人才开发的理论与实践——港澳台大陆人才论坛暨2008年中华人力资源研究会年会论文集》，第689—694页。

理的评价指标和标准，恰当的评价主体与合适的考评方法等。考评指标要全面，考评主体与考评内容要匹配；绩效考评方法要多样化，不能千篇一律，要结合企业的实际情况和发展阶段选择合适的考评方法。考评的准确性与公正性是影响员工是否对考评结果满意的重要因素，也是影响员工心理契约的重要因素。企业要通过建立有效的保障机制，如建立员工的全程参与制度和申诉机制等，以确保考评结果的公平性和公正性。绩效考评结果可以应用于员工的加薪、晋级、培训、调动、福利等多个方面。多样化的激励方式会从多层次满足员工的需求，有利于调动员工的工作积极性，激发其发展潜能。

4. 引导员工做好职业生涯规划。按照美国学者斯蒂芬·P·罗宾斯（Stephen P. Robbins）的定义，职业生涯是指一个人在其一生中所承担职务的发展历程，[①] 职业生涯规划则是一个持续不断的探索过程。在这个过程中，个人根据自己的知识、技能、工作动机、工作态度和个人价值取向等逐渐形成比较清晰的、与职业发展有关的自我概念。[②] 用一些学者的表述就是企业为员工的发展确定道路和采取行动。[③] 在企业经营管理实践中，一个优秀的员工不仅追求经济利益，还需要良好的职业发展前景。而员工个人的发展取决于企业内部的成长环境。有好的成长环境，员工就能随着企业的发展而不断获得成长和进步。成长环境不好，员工就有可能转向企业外部发展以寻找更多的发展机会。所以，企业要留住员工，除了优厚的薪酬待遇以外，还需要营造企业良好的成长环境，让员工对职业前景有明确的方向和目标，强化其对企业的归属感。因此，企业必须通过建立和完善各种识人、选人和用人机制，努力为员工创造个人的事业发展空间，把企业发展与员工个人成长有机结合起来，实现企业与员工个人的双赢目标。

5. 积极实施个性化的员工培训计划。有人通过实证分析手段对员工培训进行分析，其结论是：组织的培训对提升可雇佣性具有显著的正向作用。员工能否获得丰富的教育和培训机会对员工流动产生重要影响，也是企业发展最重要的战略步骤。[④] 在一个充分竞争的市场环境中，任何一个员工都抱有强烈的求知欲和进取心，渴望通过不断学习和充电，获取进一步晋升的机会和职业稳定的筹码。所以，企业必须要将员工培训作为一种人力资本投资的方式。根据员工工作岗位和心理契约，制定个性化的培训方式和培训课程，有的放矢地提高其素质，扩展他们的职业路径，在满足员工心理契约的同时，提升企业的人力资源素质，增强人才竞争力。

6. 加强对员工心理契约的动态管理。心理契约的动态管理是指建立、调整和实现的过程。当一个循环过程结束之后，在员工既有期望已经实现的基础上，自然又会产生新的期望，建立新的心理契约，继而在实现心理契约的过程中，根据环境的变化对心理

---

① （美）斯蒂芬·P·罗宾斯：《组织行为学》，李原、孙健敏译，北京：中国人民大学出版社1997年版。第89—92页。

② （美）托马斯·G·格特里奇：《有组织的职业生涯开发》，李元明等译，天津：南开大学出版社2002年版，第56—58页。

③ 赵曙明、张正堂、程德俊：《人力资源管理与开发》，北京：高等教育出版社2009年版，第235—245页。

④ 凌玲：《员工培训对组织承诺、离职倾向的影响机理研究——以可雇佣性为中介变量》，西南财经大学2012年博士论文，第168—177页。

契约作出调整，直至再次实现。员工心理契约的循环管理要求企业必须建立畅通的信息沟通渠道，实现企业与员工之间、员工与员工之间、员工与管理者之间的沟通和联系。[①] 通过沟通了解彼此的需求和期望，使具有隐含性特点的心理契约逐渐明晰化，并制定针对性的措施，对心理契约进行修正与调节，保持心理契约的稳固与有效。企业文化和心理契约在一定程度上相互影响、相互作用，有效的心理契约是企业凝聚力与竞争力的重要保证，也是企业文化建设的基础。企业可以通过与员工构建牢固的心理契约来夯实企业文化的基础，实现员工自身价值与企业价值的整合，以及个人发展与企业发展的统一。[②]

---

① 杨浩、宋联可：《基于心理契约的企业文化构建研究》，《区域人才开发的理论与实践——港澳台大陆人才论坛暨 2008 年中华人力资源研究会年会论文集》，第 689－694 页。

② 李桂英：《企业文化视角下的心理契约构建》，《常州大学学报》（社会科学版），2013 年第 4 期，第 44－46 页。

第十章　审美意识与企业文化建设

一、美与审美

关于什么是美的问题，古今中外争论不休，迄今尚无定论。古希腊的诡辩论学者希庇阿斯说："美就是一位漂亮的小姐"、"美就是黄金"、"美就是恰当"。[①] 苏格拉底反驳说："无论什么东西，只要有用就是美的"，"美就是通过视觉和听觉而来的快感"。[②] 而毕达哥拉斯则认为："美就是对称"。柏拉图说："感性事物的美就是由灵魂隐约回忆到未依附肉体以前在天上所见到的真美。"最美的形象是"圆和线条"。[③] 亚里士多德将"美"看作是"体积大小和秩序。"伊曼努尔·康德认为："美是无目的的合目的性，是不凭概念而普遍使人产生快感的对象。"[④] 路德维希·维特根斯坦又说："美是能显示出来的东西，不能说出来"。[⑤]

相对于西方人对美的本质的不懈追求，中国人对美的理解更多具有体验性的审美意识。所谓审美意识，是指人类的生理、心理、社会活动中所积累起的生命体验和原初审美经验，是审美意识结构中形成的各种经验因素。[⑥] 从远古先民们在陶器中反映的艺术活动，已经表明人们开始具备了审美意识。后来出现的诸子百家及其后世思想家的审美思想，更是极大丰富了中国审美文化的宝库。[⑦] 老子的"道"达到了审美意识的至高境界。"惚兮恍兮，其中有象；恍兮惚兮，其中有物"，"迎之不见其首，随之不见其后。"[⑧] 王国维的"山"，在追求一种意境之美，"霜落清林木叶丹，远山如在有无间。"[⑨] 中国美学"不贵说体，只贵说用。佛家所谓不即不离，是相非相；只于牝牡骊黄之外约

---

① （古希腊）柏拉图：《柏拉图全集》第4卷，王晓朝译，北京：人民出版社2003年版，第35—38页。

② （古希腊）柏拉图：《柏拉图全集》第4卷，王晓朝译，北京：人民出版社2003年版，第46—50页。

③ 朱光潜：《朱光潜谈美》，北京：金城出版社2006年版，第10页。

④ 朱光潜：《西方美学史》，北京：人民文学出版社2002年版，第32、50、89、361页。

⑤ （英）路德维希·维特根斯坦：《逻辑哲学论》，贺绍甲译，北京：商务印书馆1996年版，第49页。

⑥ 罗杰：《审美意识的元形态：原初审美意识》，《牡丹江大学学报》，2011年第7期，第44—45，48页。

⑦ （俄）В·А·克黑瓦卓夫：《中国古代美的概念》，汪涌豪译，《文艺理论研究》，1989年第2期，第94—96页。

⑧ 高亨：《老子正诂》，北京：中国书店1988年版，第52，33页。

⑨ （清）王国维：《王国维美学经典全集》，长春：时代文艺出版社2003年版，第46页。

略写其风韵，令人仿佛如灯镜传影，了然目中，却捉摸不得。"① 所以，在中国传统美学中，"美"则重在意象。审美活动就是在物理世界之外构建一个情景交融的意象世界。"夫美不自美，因人而彰。"② 自然景物要成为"美"，就必须要有人的审美活动，美离不开人的审美体验。《淮南子》写到："佳人不同体，美人不同面，而皆悦于目。""西施毛嫱，状貌不可同，世称其好美钧也。"③ 西汉的董仲舒认为："诗无达诂，易无达占，春秋无达辞。"④ 美也同样如此。唐代柳宗元说："美不自美，因人而彰。"⑤ 朱光潜认为，美的条件未尝与美无关，但它本身不就是美。美不能像研究红色一样，专门在物本身着眼，同时还要着重观赏者在所观赏物中所见到的价值。我们只问"物本身如何是美"还不够，还要问"物如何才能使人感觉到美"，或者"人在何种情形之下才固定一件事情为美"？"美不仅在物，亦不仅在心，它在心与物的关系上面"。"美是创造出来的，它是艺术的特质。"⑥ 美不会自然显现，它是随着人的发现、欣赏和创造而表现出来的。中国人还非常注重对不同美的体悟。如论人之美有"格"、"调"、"才"、"思"四清，论艺术之美有"逸"、"神"、"妙"、"能"四格等。所谓"妙悟者不在多言。"⑦ 古典美学最重要的范畴十分丰富，主要有"道"、"气"、"象"、"妙"、"味"、"大"、"兴"、"观"、"群"、"怨"、"意象"、"隐秀"、"形神"、"风骨"、"气韵"、"神思"、"情景"、"虚实"、"兴趣"、"妙悟"、"气象"、"意境"、"韵味"、"性格"、"情理"、"理"、"事"、"情"、"才"、"胆"、"识"、"力"等。⑧ 正是由于中国学者对美的丰富性的感悟，并将不同美的形态浓缩为范畴，故有学者说：中国美学往往是关于美的下位命题，而不是最高命题。这些命题的目的不在于揭示美的本质，而在于解释如何通过体悟获得美感，以及如何通过想象创造美。⑨ 近年，一些国内学者又将审美意识上升到文化层面，率先提出了所谓的"审美文化"的概念。按照叶朗的解释，它是人类审美活动的物化产品、观念体系和行为方式的总和。具体由三个基本部分构成：一是审美活动的物化产品。包括各种艺术作品，具有审美属性的其他人工产品，如衣饰、建筑、日用工艺品等，经过人力加工的自然景观，以及传播、保存这些审美物化产品的社会设施，诸如美术馆、影剧院等。二是审美活动的观念体系，也就是一个社会的审美意识。包括审美趣味、审美理想、审美价值标准等。三是人的审美行为方式，也就是狭义的审美活动。这种独特的人类行为方式，通过审美创造和审美鉴赏行为，不断地将审美观念形态客体化，又把物化

① 王骥德：《曲率》，六艺书局（出版年缺），第 73 页。

② （唐）柳宗元：《邕州柳中丞作马退山茅亭记》，转引自叶朗：《美是什么》，《社会科学战线》，2008年第 10 期，第 225－236 页。

③ 转引自陈望衡：《中国古典美学史》，长沙：湖南教育出版社 1998 年版，第 235 页。

④ （汉）董仲舒：《春秋繁露》，北京：中华书局 1976 年版，第 106 页。

⑤ （唐）柳宗元：《柳河东集》，上海：上海人民出版社 1974 年版，第 454 页。

⑥ 朱光潜：《朱光潜谈美》，北京：金城出版社 2006 年版，第 10－15 页。

⑦ 优米网编著：《范曾开讲：教你欣赏诗书画》，北京：北京联合出版社 2011 年版，第 8 页。

⑧ 叶朗：《中国美学史大纲》，上海：上海人民出版社 1985 年版，第 4 页。

⑨ 肖双荣：《"美是什么"与"什么是美的"》，《武汉理工大学学报》（社会科学版），2007 年第 1期，第 115－119 页。

的审美人工制品主体化，形成审美对象，产生审美诉求。①

二、企业管理中的审美意识及其意义

有人认为，现代社会的最大特征之一就是人类日益将快乐、幸福和审美作为自己所从事的一切活动的动力和目标。如教育领域在推行"寓教于乐"的育人方法，科学也在开展通俗易懂的科普活动。企业则将激发人的审美意识作为经营管理的重要内容。因为通过审美活动，不仅可以培养人的情趣，还可以磨练人的意志，培养人的协作精神和品德意识，促成"个人意识的更为自主的形成"，"让人更好地活着"。② 不仅让消费者享受到了高品质的产品和服务，还体验到了企业无处不在的温馨和关怀。不仅让员工工作生活在舒适温馨的环境之中，还感受到了对人的尊重和关爱。既然如此，我们就需要用审美的标准和要求开展企业的经营管理活动。只有用欣赏的态度培养和关心员工，用审美的标准和要求培育企业的物质文化、制度文化、行为文化和形象文化，才能激发员工的活力，培育市场潜力，形成企业的竞争力。所以，审美意识的培育和养成对企业的经营管理具有不可低估的作用。

首先，审美意识可以减少人们的对抗心理，提高企业的管理效率。按照心理学的解释，人们发生冲突的原因与人的心情有很大关系。冲突发生之前，各冲突主体已经有了心理上的不适。这种不适逐渐积聚，最终可能因为一件微不足道的小事而引发冲突。③所以，心情愉悦，即使有什么磕磕碰碰的事情也不会计较。如果心情不好，即使无关紧要的事也会大动肝火。营造美丽的环境能让人心情愉快，减少发生对抗的心理，对提高企业管理效率具有很好的辅助作用。这种审美环境包括以人为本的管理理念，平易近人的待人态度，谦虚谨慎的处世风格，公平公正的工作环境，勇于担当的领导作风等。从管理艺术的角度讲，管理者的领导魅力主要来源于少说多做。当发生问题时，通常不是责怪别人，而是勇于承担责任。美国前总统哈里·S·杜鲁门有句名言："问题的责任到我这里为止。"④ 在现代社会环境中，体育运动其所以越来越受到人们的重视和青睐，就是因为体育运动作为一种相对非暴力的身体对抗形式，有效缓解了许多社会暴力冲突，用非暴力的手段解决了许多暴力的冲突。"⑤ 这正是审美意识培育的奥秘和真谛。

其次，审美意识能够减低人们的贪婪之心，激发企业员工的公德意识和奉献精神。公德意识是构建和谐社会的有效途径，是一个社会平稳健康发展的重要条件，也是衡量一个企业乃至国家道德文明程度的标尺。在现实社会中，人们对各种名利的追求导致出现许多丑陋和罪恶的现象，如贪婪、自私、好斗、妒忌、权欲、物欲、财欲、色欲等，

---

① 叶朗：《现代美学体系》，北京：北京大学出版社1988年版，第259页。

② （法）马赛尔·德吕勒：《健康与社会：健康问题的社会塑造》，王鲲译，南京：译林出版社2009年版，第37页。

③ 任满收：《论冲突的发生机制与对策》，《管理工程师》，2012年第3期，第33－34，37页。

④ （美）彼得·德鲁克：《管理的未来》，李亚译，北京：机械工业出版社2009年版，第86页。

⑤ （德）弗里德里希·威廉·尼采：《快乐的科学》，黄明嘉译，桂林：漓江出版社2000年版，第157页。

如果不树立美德，营造优美的环境，就难以净化心灵，陶冶情操，形成高尚的公德意识。一个企业，如果缺乏公德意识，不能用善良和美德对待企业员工和消费者，见利忘义，尔虞我诈，就不可能得到社会的认可，就难以在市场上立足，更不要说形成竞争优势。因此，审美意识的培育和形成，是企业调动员工积极性，激发员工创造性，赢得社会各界认可，并形成企业发展动力的重要条件。由此，马克思深刻指出："人类属于自然演进的产物，但同时，人类又超越于自然之上。人类一方面改造着自然，形成人与自然的关系。同时，人类活动又在塑造着社会，形成人与人的关系。"①

其三，审美意识给人们带来心灵的感悟和慰藉，能够增强企业员工和消费者对企业及其产品的美感和信心。一方面，优美的产品品质能够给人们带来物质享受的同时，也带来了心理上的愉悦，达到了物质和精神的双重满足。所谓品质，当然指的是"物品的质量"。用 ISO 9000 对品质的定义是一组固有特性满足要求的程度。日本索尼公司的产品无论在创立品牌名称、设计产品外观，还是定位产品的质感和个性上，工程师和设计师们在每一个细节上都精雕细琢，把这些细节串联起来，让人们感受到了一个人人皆知的索尼品牌。② 对于细节要求的不断提高，也是产品设计由"以物为本"到"以人为本"转变的生动体现。另一方面，优美的企业生产经营和生活环境、独特的产品包装，以及整齐美观的产品陈列，不仅反映企业经营状况的好坏，更重要的还在于体现了企业的文明程度、素质高低。优美整洁的企业环境对外可以在公众心目中树立良好的企业形象。对内可以激发员工的工作积极性和创造性，使员工内心深处为自己工作和生活在这样一个企业而感到自豪，并将这种自豪感转化为工作的积极性和创造性，形成凝聚力和向心力。此外，反映企业个性和特点的形象设计，不仅可以使公众对企业形象产生良好的印象，容易让公众形成对企业组织健全、制度完善的认同感和信任感，有利于企业与顾客的沟通，增强企业产品的差别优势，提高企业信誉和知名度，促使企业无形资产的增值。还可以增强企业员工的归属感、优越感和自豪感，促进其形成共同价值观和使命感，提升企业文化的影响力。如海尔"真诚到永远"的服务理念，塑造和象征中德儿童的吉祥物"海尔图形"（"海尔兄弟"）设计，既深深地吸引着消费者，也鼓舞着海尔的每一位员工，让他们产生了一种基于优秀企业文化的自豪感和优越感，从而产生了强大的企业凝聚力。

其四，审美意识有利于营造和谐愉悦的工作和生活环境，提高企业的管理绩效和经营水平。有人说：管理的最高境界是"无痕"。③ 也有人认为，管理的最高境界是获得一种放大对象系统功效的临界状态。④ 还有人提出，人本管理的最高境界是情感管理。⑤其实，这些说法有一个共同特点，就是管理必须让人能够心悦诚服地接受，能让人产生美感和动力。因此，管理就要建立在相互理解和信任的基础之上，不能用一方压制另一

① 《马克思恩格斯选集》第 1 卷，北京：人民出版社 1995 年版，第 47 页。
② 熊兴福、周琳：《产品细节设计研究》，《包装工程》，2007 年第 9 期，第 120－122 页。
③ 徐吉志：《管理的最高境界是"无痕"》，《中国教育报》，2010 年 2 月 23 日。
④ 董革：《论管理的最高境界》，《山西经济管理干部学院学报》，1999 年第 1 期，第 52－54 页。
⑤ 郭光威：《人本管理的最高境界是情感管理》，《图书与情报》，2004 年第 4 期，第 63－65，73 页。

方，也不能循规蹈矩，要让人产生审美情感，用人类最基本的、也是更高层次的精神存在培养和激发员工追求正义和完美的激情，为了追求"高尚"的人生目标，不惜牺牲个人的利益，为企业的发展尽心尽力。当然，审美管理的最终目标还是管理绩效的提升，这是美的本质规定。一方面，只有将审美意识贯穿于企业的管理理念和实践之中，才能影响员工的人生观、价值观和世界观，才能刺激和满足其好奇心、神秘感和求知欲，促使他们去能动地认识世界、改造世界和创造世界，在实现自身价值的同时，也为企业作出贡献；另一方面，审美意识也可以使管理者的管理水平和效益得到较大幅度的提高。① 通过培养审美意识，可以为管理者带来追求至善的动力，促使管理者认真负责、踏实工作、作风正派、宽容大度，不贪敛权势、不沾惹财色、不营谋私利，遇事慎察慎断，给人一种温馨、安全之感，享受到生命的宝贵和做人的尊严，② 最终使员工能够在心情舒畅、德行宽厚、精神超脱的状态下推动企业不断繁荣昌盛。因此，有人认为，没有审美和爱美之心，人们就难以摆脱由狭隘的偏见和误解导致的善恶难辨、美丑不分的弊端。不理解生命之美，就难以懂得人生之美，也就不可能达到管理的最高境界。③

三、中国人的审美特点

（一）审美境界

有人说，中国人审美的最高境界是意境，是艺术用来传达主体的心理、观念或主张，而不一定要求艺术反映外在世界。④ 诸如音乐审美的最高境界不仅使欣赏者能够主动进入音乐作品的意境，还对揭示其宇宙观、人生观、命运观、历史观等具有意味无穷的深层意蕴。⑤ 还有人说，中国审美的最高境界是和谐，诸如书法艺术就是一个充满线条矛盾的有机统一的和谐世界。⑥ 也有人将审美境界与道德境界联系起来，认为二者都是人生的正面价值体现，是人生的一种理想状态。⑦ 但如果认真审视中国审美文化的发展及其特质，我们却不得不承认，"天人合一"才是中国审美的最高境界。虽然学术界对"天人合一"思想有不同学科的解释，诸如科学主要突出其自然生态价值，历史的解释侧重于阐发不同时代、不同背景下各种人物对"天人合一"观念的理解和叙述，哲学偏重于讨论"天人合一"观念中主体与客体或宇宙与人生的问题。⑧ 但无论如何，"天人合一"思想在中国审美文化中具有不可替代的作用。

---

① （美）彼得·德鲁克：《管理使命、责任、实物》，王永贵译，北京：机械工业出版社 2011 年版，第 44 页。

② （美）彼得·德鲁克：《管理的实践》，齐若兰译，北京：机械工业出版社 2010 年版，第 51 页。

③ 张禺：《论企业管理中的审美意识》，《南京理工大学学报》（社会科学版），2011 年第 6 期，第 36—39 页。

④ 付红玲、肖扬新：《意境——中国审美精神的最高境界》，《大家》，2011 年第 9 期，第 180—181 页。

⑤ 杨华：《论音乐审美的最高境界》，《淮海工学院学报》（人文社会科学版），2012 年第 24 期，第 73—74 页。

⑥ 肖培金：《和谐——中国书法艺术审美的最高境界》，《艺术教育》，2006 年第 7 期，第 97—98 页。

⑦ 张晶：《审美境界与道德境界》，《伦理学研究》，2007 年第 3 期，第 5—10 页。

⑧ 景海峰：《"天人合一"观念的三种诠释模式》，《哲学研究》，2014 年第 9 期，第 33—39 页。

首先，"天人合一"反映了中国人最高的理想追求。"天人合一"思想虽然在夏商周时代已经出现，但作为一种思想体系则由宋代思想家张载提出。张载在批判佛老思想，矫正秦汉以来儒学弊端，并进一步发展儒学原有思想的基础上，提出了以"诚明"为基础的"天人合一"思想。《正蒙·诚明篇》说："天人异用，不足以言诚；天人异知，不足以尽明。所谓诚明者，性与天道不见乎小大之别也。"[1] 在张载看来，天人异用或异知，都没有达到真正的"诚明"境界。如果达到了"诚明"境界，人性与天道就达到了真正意义上的契合。《正蒙·乾称篇》又说："释氏语实际，乃知道者所谓诚也，天德也。其语到实际，则以人生为幻妄，以有为为疣赘，以世界为荫浊，遂厌而不有，遗而弗存。就使得之，乃诚而恶明者也。儒者则因明致诚，因诚致明。故天人合一，致学而可以成圣，得天而未始遗人。《易》所谓不遗、不流、不过者也。"[2] 在张载看来，佛教讲"实际"，表面上和儒家的"诚"有相似之处，但却对人伦庶物的认识不明，将这些都看作是幻象，犯了"诚而恶明"的错误。因此，其"诚"也就不是真正意义上的"诚"了。所以，"天人合一"要从两个方面来理解：一方面，因明致诚，就是由穷理到尽性，强调"天人合一"是一个逐步提高自身修养，从而达到诚明境界的过程；另一方面，因诚致明，强调"天人合一"是一种境界，达到了这种境界，一切修养也就水到渠成了。"因明致诚，因诚致明"，只是出发点的不同，其结果都是"诚明"的统一，也就是"天人合一"。[3] 用《周易》的说法："'大人'者与天地合其德，与日月合其明，与四时合其序，与鬼神合其吉凶，先天而天弗违，后天而奉天时。"[4] 这种"天人合一"思想，可以说达到了人生最高的理想境界。

其次，"天人合一"体现了中国人的自然观和人生观。如果将中国古代的"天人合一"思想简单地理解为保护环境则有失偏颇。其实，"天人合一"除了解读人与自然的关系外，还有更为深远的意义，它试图寻求解决的是更为重要的人与自然、人与社会之间的关系问题。中国哲学中天的含义至少包括自然之天与主宰之天。自然之天强调天的形体，主宰之天（上帝）强调天的主宰性。"天人合一"乃是建立在"天人一气"基础上的"天人同性"和"天人一理"。"天人一气"相对于人与自然之天的关系，"天人一理"相对于人与主宰之天或义理之天的关系。[5] 根据辩证唯物主义的观点，人与自然应该是对立统一的关系。人首先是自然界的一部分，是自然界长期发展的产物，无时无刻都在与自然进行着各种形式的交换，这是人与自然相统一的一面。但同时，人毕竟是有智慧的高级动物，能够改造自然使其为人类服务，由此导致人与自然之间发生不可避免的矛盾。因此，人类在改造自然的过程中，必须遵守自然规律，约束自己的行为。否则，必定会破坏生态平衡，招致自然界的报复，这是人与自然关系统一性的必然要求。此外，"天人合一"反映在人生观上，则是通过追求"天人一体"，实现人伦道德与宇宙

---

① （宋）张载：《正蒙·诚明篇》。

② （宋）张载：《正蒙·乾称篇》。

③ 蒲创国：《"天人合一"正义》，上海师范大学 2012 年博士论文，第 63 页。

④ 《周易·乾卦·文言》。

⑤ 蒲创国：《"天人合一"正义》，上海师范大学 2012 年博士论文，第 112 页。

道德的相同。"天"具有人的品格，有喜怒哀乐，即所谓"人格之天"。《易经》说："天行健，君子以自强不息。"① 孔子说："岁寒，然后知松柏之后凋也。"② 又说："智者乐水，仁者乐山"。③ 宋代爱国诗人文天祥在《正气歌》中写道："天地有正气，杂然赋流形。下则为河岳，上则为日月。于人曰浩然，沛乎塞苍冥。"④ 不难看出，这些先贤们不仅把天人关系与人生修养联系起来，还把对天地的信仰，对人生理想、信念和品格上升到捍卫宇宙浩然正气的高度，这就是中国的圣贤们追求的风范，也是儒家"天人合一"思想的道德审美境界。

其三，"天人合一"是构建和谐社会的思想基础。《周易》说："乾道变化，各正性命，保合太和，乃利贞。"⑤ 天道的运行规定着人与万物的性质，也维护着人与万物之间全面和谐的关系，以求达到普利万物的中正状态。道家认为："天之道，利而不害。"⑥ 人只有顺应天意，才能得到上天的助力。只有取法于天道自然，报以仁爱之心，才能与天地合德。与日月合明，生而不有，为而不恃，长而不宰。儒家则认为："致中和，天地位焉，万物育焉。"⑦ 天地万物因中和而各守其位，各循其轨并且相互协调。所以，"天人合一"思想坚信，人与自然是同源同构、亲和一体的内在关系，人与自然必须作为一个有机整体。人的主体性应是对自然的协调、尊重和爱护，人和自然生命都具有共同本源所赋予的存在价值，人类对自然的利用和改造应以维护人与自然的和谐共生为基本准则。在中国古代的主流思想中，天、地、人三要素构成了宇宙的整体，其中，"人"是宇宙的中心，处于最重要的位置。孔子说："天生万物，唯有人贵，物既得为人，是一乐也。"⑧ "人者天地之心也"。⑨ 孟子说："天时不如地利，地利不如人和。"⑩ "人和"才是取得成功的关键因素。因此，在天人关系中，人是能动的因素，应该把自然看作是人类存在的前提，人自身才是最重要、最关键的因素，人存在的意义远远高于"天"。人类不断强调保护环境，最终还是为了达到有利于人类自身发展的目的，让自然界能够更好地为人类的生存和发展服务。

其四，"天人合一"表现在中国审美境界的诸多方面。在文学艺术中，庄子的《逍遥游》是对"天"与"人"的"超越"或"合一"的忘我审美体验，达到了"至乐"的感受。魏晋玄学的"天人合一"，则是群体关系的自然化，是超越了道德伦理框架的哲学境界和审美境界。唐宋两代诗人和词人们的"天人合一"审美境界却将人们的社会生活、情感体验，自然美与人性美等融为一体，人心与"天道"相通而合一，人生才能步

---

① 《周易·乾卦》。

② 《论语·子罕》。

③ 《论语·雍也》。

④ 杨正典：《〈正气歌〉的思想性与艺术性》，《中华魂》，1996 年第 6 期，第 14—15 页。

⑤ 《周易·乾·象》。

⑥ 《老子·八十一章》。

⑦ 《礼记·中庸》。

⑧ 《论语·述而》。

⑨ 《礼记·礼运》。

⑩ 《孟子·公孙丑下》。

入高远境界。如王维的《山居秋暝》写到："明月松间照，清泉石上流。竹喧归浣女，莲动下渔舟。"李白的《月下独酌》有："花间一壶酒，独酌无相亲。举杯邀明月，对影成三人。"诗人不仅对月亮情有独钟，还赋予了月亮无限的审美情趣和内涵。在绘画艺术中，"天人合一"思想体现为主体精神与客体自然的统一。中国画在其形式构成、造型特点、题材分类、创作过程和艺术品评上都体现着"天人合一"的特点。在形式构成上，中国画由自然形象表达因素、笔法表达因素、形体抽象表达因素、色调抽象表达因素四者合一而成。自然形象表达因素是对客观自然的再现，而后三者是艺术家的主观表现因素。在造型上，中国画立足于精神与生活自然的统一，其山水画的旨趣反映了中国文人"天人合一"的生活理想。在创作上，中国画家创作的最高境界是"凝神遐思，妙悟自然，物我两忘，离形去智"① 的"天人合一"之境。在艺术品评上，中国画重视生命感的表现，这与"天人合一"思想的重"生"观念相吻合。② 在书法艺术中，人的心境与书法的自然境界相辉映，在人们"外师造化，中得心源"的过程中，追求的最高境界则是书法与人的高度统一。③ 在建筑艺术中，从最早意识的"法天象地"的"六合"营造心态，到反映儒家文化"礼乐中和"的建筑营构仪规；从反映道家文化的"无为返朴"的模山范水格局，到佛家"我佛一体"的佛域建制风范，甚至察考天地建筑营事意绪的堪舆术，也无不在相当大的程度上反映了"天人合一"的审美观。甚至可以说，"天人合一"的审美意识就是中国传统建筑的文化内涵。④ 在园林设计中，也淋漓尽致地表达了中国人对天地自然情感的"天人合一"意境。无论是大气磅礴的皇家园林，还是小家碧玉的私家庭院；无论是意境体验，还是空间布局和景观设计上，无不展现出依附于自然、体合于自然，"虽由人作，宛自天开"的自然环境。柳暗花明、小桥流水的自然气韵，集自然美精华于一身的建筑格局，成功地展现了天地自然的精神特质，充盈着"真、善、美"的宇宙自然精神。人们徜徉在幽旷的园林胜景中，犹如置身于生机勃勃的天地之间，在审美体验中与自然天地融为一体，体验人的内在自我与天地精神的交相往来，并徜徉于自由自在的审美本体境界中，体验着超越自我的无限快乐。⑤

（二）审美意识

根据《文艺心理学大辞典》的解释，审美意识是指人类审美活动中所产生的观念和内容的总和。包括审美趣味、审美情感、审美感知、审美期待、审美理想等。审美意识是人类意识中的一种，它与人类的一切意识现象一样，萌发于人与自然的相互作用中，这种对自然界的能动反映是以人的心理功能为基础的。在感性经验基础之上，人对自然、人生、艺术产生的情感变化，引起快感经验。⑥ 审美意识不仅受文化差异的影响，

---

① 张彦远：《历代名画记》，转引自朱良志："虚静"说，《文艺研究》，1988 年第 1 期，第 25—35 页。

② 曹永林：《天人合一思想与中国画的审美特色》，山西大学 2005 年硕士论文，第 27—28 页。

③ 优米网：《范曾开讲：教你欣赏诗书画》，北京：北京联合出版公司 2011 年版，第 83 页。

④ 徐清泉：《天人合一：中国传统建筑文化的审美精神》，《新疆大学学报》（哲学社会科学版），1995 年第 2 期，第 80—84 页。

⑤ 王彩虹：《"天人合一"与中国古典园林的审美追求》，武汉大学 2005 年硕士论文，第 30—31 页。

⑥ 转引自王东阳：《中国审美意识之心理考古》，吉林大学 2012 年博士论文，第 6 页。

也受时代差异、环境及地域差异的影响。中国人由于独特的历史、文化和地域环境，形成了不同于其它民族的审美意识。

1. 重伦理的审美意识。西方人强调美与真的联系，将审美价值与科学价值统一起来。而中国人则把审美加入了伦理的成分，并将美与善联系在一起。《说文解字》有："美与善同意。"孔子说："诗，立于礼，成于乐。"① "容貌、态度、进退、趋行，由礼则雅，不由礼则夷固僻违，庸众而野。"② 甚至在对人的评价方面，也更多强调人的心灵美。孔子说："如有周公之才之美，使骄且吝，其余不足观也已。"③ 荀子也认为："形相虽恶而心术善，无害为君子也；形相虽善而心术恶，无害为小人也。"④ 即使在审美动机上，与西方人偏重于感官享受的赏耳悦目相比，中国人审美动机更注重赏志悦神的道德自律和修身养性。儒家的"德"之悟、释家的"佛"之悟和道家的"道"之悟，都具有内心体验的特点。"德"之悟是对人格的体验，"佛"之悟是对人生的体验，"道"之悟是对境界的体验。但三者都是与道德体验有关，都是审美体验的至高境界。春秋时期的楚国大夫伍举认为，美不在于感官的愉悦，而在于道德的完善，"上下、内外、大小、远近皆无害焉，故曰美。"⑤ 他所强调的不是视角层面的美，而是"施令德于远近，而小大安之"的美，这种思想深刻地影响着中国人的审美意识。后来如周敦颐对莲的审美感受、陈毅对松的赞美等，无不将自然之美的欣赏导向了人格修炼的范畴，带上了更为浓厚的伦理色彩。当代学者范曾在谈到诗书画的审美时也说："诗词之美在乎真情真景。""只有写出真感情、真景物才会产生意境。"⑥ "真情真景"自然具有伦理道德的要求，自然是"真善美"的艺术表达。20 世纪 80 年代曾在日本企业界引起普遍关注的《菜根谭》，其实就是一部论述修养、人生、处世、出世的语录文集。该书以格言的形式描述了人应有的审美文化修养，以及如何对待修身、处世、待人、接物、应事的一系列准则和要求。如"宠辱不惊，闲看庭前花开花落；去留无意，漫随天外云卷云舒。""风恬浪静中，见人生之真境；味淡声稀处，识心体之本然。""静中静非真静，动处静得来，才是性天之真境；乐处乐非真乐，苦中乐得来，才见心体之真机"等。⑦ 所以，日本神户大学教授岩山三郎认为："西方人和中国人的美学思想有一根本不同，那就是西方人看重美，中国人看重品"。⑧

2. 强调整体的审美意识。与西方人将审美放在个体、局部和细节上，更重视个人的独立和奋斗不同，中国人的审美文化始终贯穿着整体意识。庄子说："夫明白于天地之德者，此之谓大本大宗，与天地和者也；所以均调天下，与人和者也。与人和者谓之

---

① 《论语·泰伯》。

② 《荀子·修身》。

③ 《论语·泰伯》。

④ 《荀子·非相》。

⑤ 《国语·楚语上》。

⑥ 优米网：《范曾开讲：教你欣赏诗书画》，北京：北京联合出版公司 2011 年版，第 131 页。

⑦ （明）洪应明：《菜根谭》，上海：上海人民出版社 1959 年版，第 17、119、103 页。

⑧ 转引自施建业：《论中华民族的审美心理》，《北京社会科学》，1991 年第 4 期，第 67—73 页。

人乐，与天和者谓之天乐。"① 所以，中国人眼里的天、地、人是一个息息相关的有机体，而艺术的使命就是反映、展现和参悟这一有机体的奥妙。关于这一点，宋代画家郭熙分析得可谓透彻而形象："山以水为血脉，以草木为毛发，以烟云为神彩。故山得水而活，得水而华，得烟云而秀媚。水以山为面，以亭榭为眉目，以渔钓为精神。故水得山而媚，得亭树而明快，得渔钓而旷落。故山水而布置也。"② 这里，山与水相互贯通，彼此滋润，构成了一幅完美的画卷。即使在审美意境中，也贯穿着整体心理，如马致远的《天净沙·秋思》："枯藤老树昏鸦，小桥流水人家，古道西风瘦马。夕阳西下，断肠人在天涯。"这些看似无甚关联，但用"枯藤"、"老树"、"昏鸦"、"小桥"、"流水"、"人家"、"古道"、"西风"、"瘦马""夕阳"几个词，却勾勒出了一幅枯败、破落、饥寒、失意的整体意境和孤寂心境。③ 还有如赏花时常常强调："一花独放不是春，万紫千红春满园"；"红花需要绿叶衬"、"十里莺啼绿映红"等。审美注意指向的都是万花争春的群体场面，是红花绿叶的互相烘托和衬映。关于中国文化中的"整体审美"心理，美国哲学家大卫·奥·康纳（David O. Connor）有一段精彩的论述：在中国，"文化的各个方面都汇入整个生命之流中。他们离开了宗教情愫，不能谈艺术；离开了理性思辨，不能谈宗教；离开了玄密的感受，不能谈思想；同时，离开了道德和政治的智慧，也没有玄秘的感受可言。"④

3. 内敛、中和的审美意识。老子说："载营魄抱一，能无离乎？专气致柔，能婴儿乎？"⑤ 精神与身体统一，可以不相分离吧？结聚精气以至柔顺，可以像婴儿一样吧？在老子看来，婴儿的特点就是能够结聚精气，这是神情内敛的一种表达。每一个婴儿都是内敛的人，自我实现的人也是内敛的人，他们经历了绚烂以后，必须要重新回到像婴儿一样安详而自由的境界，这是每一个正常人必须具有的特点，内敛的人必须要含蓄和庄重。孔子说："文质彬彬，然后君子。"⑥ 只有那些庄重严肃、文质彬彬的人才是正人君子，才符合孔子的审美标准。这种内敛特质在许多文学作品和艺术作品中都有反映。如朱庆余的"含情欲说宫中事，鹦鹉前头不敢言。"杜甫的"清渭无情极，愁时独向东。"都将内敛、含蓄表达得淋漓尽致。又如中国古典园林的幽栏曲径，建筑追求的雕梁画栋，绘画表现的外柔内劲等，都给人以无限深远、韵味无穷的感觉，这与西方人审美中的率性、奔放形成了鲜明对比。

"中和"审美意识产生于春秋战国前的八卦、阴阳五行学说，深刻地揭示了中国人的审美意识，⑦《中庸》首段这样阐述"中和"："喜怒哀乐之未发，谓之中；发而皆中

---

① 《庄子·天道》。

② （宋）郭熙：《林泉高致·山水调》。

③ 樊美筠：《中国传统美学的当代阐释》，北京：北京大学出版社 2006 年版，第 48 页。

④ 转引自方东美：《生命理想于文化类型》，北京：中国广播电视出版社 1992 年版，第 114 页。

⑤ 《老子》第十章。

⑥ 《论语·雍也》。

⑦ 陈兴江、阮世祝：《"中和之美"和中华民族的审美心理》，《昭通师专学报》，1986 年第 4 期，第 46—58 页。

节，谓之和。"① 在春秋时期，一些思想家对"中和之美"作了最富于智慧的论述，如伶州鸠和单穆公从音量与感官、心神的关系，探讨了"中和之美"对形式的量与程度的限定，认为只有在一定范围内，形式因素才能引起人的感官愉悦。② 晏婴说："水、火、醯、醢、盐、梅，以烹鱼肉，燀之以薪，宰夫和之，齐之以味，济其不及，以泄其过"；"一气，二体，三类，四物，五声，八风，九歌，以相成也；清浊、大小、短长、疾徐、哀乐、刚柔、迟速、高下，出入、周疏，以相济也。"③ 论述了"和"以及达到"和"的基本方法。孔子说："致中和，天地位焉，万物育焉。"④ 与西方审美中的那种肝胆俱裂、揪心撕肺的极致相比，中国人追求的是各种对立面的和谐统一，追求的是"尽善尽美"的"大和"。人们倾向于内心的体验，追求心灵的平静，渴慕人与世界的和谐相处。犹如宋代苏轼所言："凡人文字，皆务使平和至足"。⑤ 中国人更希望以乐观、喜悦的心情饱尝戏剧的甘甜，喜欢悲中有喜，以"喜"来淡化过分悲痛的气氛。如艺术表演主要通过形态去感染、陶冶观众；京剧更注重舞姿的娇美、唱腔的圆润，使欣赏者在平静的气氛中褒贬美丑，分辨是非。⑥ 西方的园林常常用几何形的图案来布置，树木修剪成椭圆或蛋圆的样子，并且往往是几个同样的形状排列在一起；房屋建筑则用同样的形状、结构、颜色，使观赏者在欣赏时便于按相似原则进行组合，引起审美愉悦。中国的园林则强调借景、对景，用回廊透迤、小桥流水、山重水复和曲径通幽以实现"山色湖光共一楼"的审美意识。⑦ 即使一幅好的绘画作品，追求的也是一种"和谐的、冲融的、静穆的境界，是心灵宁静之神对于躁动魔鬼的主宰。"⑧ 中国人的这种审美观，鲁迅将其归之于"性情中喜欢调和、折中"所致。⑨ "中和之美"作为一种重要的审美意识，不仅影响中国人对审美价值的评判，也成为人们追求的最佳审美状态和最高价值。⑩

4. 突出意蕴和形象的审美意识。相对于西方民族的写实、强调质感而言，中国人更注重对审美作品的意蕴体验。如东晋文学家陶渊明的"采菊东篱下，悠然见南山"。在东篱下采菊，一抬头蓦然看见南山日暮，飞鸟归巢，触景生情，想到自己辞官归隐后的田园生活何等悠然自得。金末元初著名作家、历史学家元好问的"寒波澹澹起，白鸟悠悠下"。描写江边的景色，意境恬淡优美，以无我之境来书写意境。江上水波淡然而起，白鸟悠然而下。诗人用寒波澹澹，白鸟悠悠，悠然自得的情景反衬自己心情并不悠

---

① 《礼记·中庸》。

② 徐元诰：《国语集解》，北京：中华书局 2002 年版，第 470—472 页。

③ （唐）孔颖达：《春秋左传正义》，北京：北京大学出版社 2000 年版，第 1400—1405 页。

④ 《礼记·中庸》。

⑤ （宋）苏轼：《东坡续集》卷四，《与黄鲁直书》。

⑥ 陈兴江、阮世祝：《"中和之美"和中华民族的审美心理》，《昭通师专学报》，1986 年第 4 期，第 46—58 页。

⑦ 胡丹：《从线条艺术看中国人的审美心理》，《陕西师范大学继续教育学报》，2005 年第 S1 期，第 252—255 页。

⑧ 优米网：《范曾开讲：教你欣赏诗书画》，北京：北京联合出版公司 2011 年版，第 31 页。

⑨ 鲁迅：《鲁迅论文学与艺术》（上），北京：人民文学出版社 1980 年版，第 232 页。

⑩ 张国庆：《再论中和之美》，《文艺研究》，1999 年第 6 期，第 42—52 页。

闲。这首诗已经让中国人吟诵千年，美不胜收。同样，书法作为中国文化的瑰宝，无论是其字形，还是蕴含的理都来自自然，是书法家用自然来陶冶心灵，表达意蕴的方式。诸如大书法家怀素在晚上听到嘉陵江水滔滔不绝，连绵不断，于是从中体会到了草书那种酣畅淋漓的感受。[1]

形象思维是一种相似性的审美意识，而形象审美在中国人的审美意识中同样占有重要的位置。《文心雕龙》记载："登山则情满于山，观海则意溢于海"。[2] 要求人们在创作时要对景物的主观色彩进行细细揣摩，认真把握。明人石沉的《夜听瑟琶》中写到："娉婷少妇未关愁，清夜琵琶上小楼；裂帛一声江月白，碧云飞起四山秋。"这首诗如果仅从字面意思理解，似乎只是描写了四组各不相关的景象：娉婷少妇、清夜小楼、裂帛江月、碧云山秋。但如果发挥你的想象力，就会感受到该诗乃是将流动的音乐形象用色彩和画面表现出来。乍起的琵琶声如裂帛一般，在深夜里显得清脆爽利，幽声慑人，让江中月亮吓白了脸，碧云亦受惊而飞动，四周群山肃静如秋。一位夜上高楼弹奏琵琶、美丽而幽怨的少妇出现在我们眼前。至于这位少妇为何幽怨，尽可以发挥读者对生活的理解和想象，并在这种理解和想象中彰显艺术的魅力。通过这样的手法，将人们的灵感被激活，通过将音乐效果的形象化和可视化，达到绝佳的审美效果。形象审美也反映在造物方面，通过想象、类比、概括和超前等方式，表达形象审美的心理特征。如《文心雕龙》记载："视布于麻，虽云未贵，抒轴献功，焕然乃珍"。[3] 布是经由作为原料的麻在机抒上反复绕动而形成的，从原料的角度看布并不贵于麻，但经过纺织加工后，就变成了"焕然乃珍"的珍品了。这里的"抒轴"具有经营组织的意思，有想象活动的参与。想象通过组合作用，将常见的东西构成了新事物，表达了非常形象化的想象。此外，甲骨文、金文中的象形文字表达类比，古汉语中的各种"图式"以及清代前后的"木样"、"烫样"代表概括，《考工记》中记载的诸多工艺设计中的综合法和人本理念等，都反映了一种超前的审美思维。[4]

5. 偏阴柔和尚悲的审美意识。从人格气质的角度看，西方文化具有男性审美的特点，而中国文化则表现出一种女性化的审美特质。这一点在中国传统音乐中对"月"、"秋"、"夜"、"夕阳"等的集中演奏和表演可以得到体现。如古琴曲中的《关山月》、《秋月照茅亭》、《月上梧桐》，合奏曲中的《春江花月夜》、《彩云追月》、《花好月圆》，以及现代创作歌曲中的《月之故乡》、《银色的月光下》、《秋夜》、《秋感》、《夜深沉》、《夜深曲》、《渔舟唱晚》、《醉渔唱晚》等。代表女性的还有《绣金匾》、《绣花鞋》、《采花》、《对花》、《夫妻观灯》、《天仙配》、《孟姜女》、《龙女》等。所以，有学者认为，无论是中国人，还是中国人的音乐审美中，都特征性地存在着一定程度上的阴柔偏向，并

---

① 优米网：《范曾开讲：教你欣赏诗书画》，北京：北京联合出版公司 2011 年版，第 75 页。

② （南朝）刘勰：《文心雕龙龙·神思》。

③ （南朝）刘勰：《文心雕龙·神思》。

④ 罗军：《试探中国传统造物设计的形象思维》，东南大学 2006 年博士论文，第 42—57 页。

成为中国文化的整体气质。①

与偏阴柔审美相适应，中国人还存在一种较为普遍的"以悲为美"的审美意识。诸如在中国的传统音乐中，悲作为一种重要的审美情感，常用来描写友情、离别、相思、怀乡、行役、命运等情感。有关世事之乱、人事之悲、忠士入狱、妇女受冤等题材的乐曲不胜枚举。在文学作品中，《楚辞》抒发的是一代爱国诗人仁爱济世而宏图难展的怨愤；《长恨歌》反映的是达官贵人们"惊天地，泣鬼神"的生离死别；《胡笳十八拍》表现了"区明风烈"②的蔡文姬对故土眷念与亲人牵挂的双重苦痛，以及她的思乡之情。其它如《闺怨》、《思凡》、《梧桐夜雨》、《子夜吴歌》等则多反映古代女子自怜、自伤的寂寥之忧，以及思乡、思凡、忧国感叹的情怀。不难看出，中国人这种"以悲为美"的民族文化心理，深深浸染、积淀在每一个民族成员的思想情感中，造成了艺术家以这种方式创作、民众以这种方式欣赏的特殊审美意识，也形成了一种较为稳定的民族审美的心理模式。③

6. 现实化和生活化的审美意识。与西方的"神才是美的来源"④不同，在中国人的审美文化中，美只存在于现实世界里。中国人不相信宗教，不相信有什么天堂，不把希望寄托在来世，而采取积极的"入世"态度，努力把现实世界改造成"人间乐园"。美的导向不单是统治阶层的政治、宗教意识，更多表现为日常用品的瓷器、丝绸、家具等体现审美需要的大众化生活用品。中国第一部诗歌集——《诗经》所描写的就是现实世界中普通人的日常生活。许多神话故事最后描写的人物并非虚幻世界的神和英雄，而是人格化的女娲、伏羲、黄帝、大禹等。即使中国的建筑艺术也具有现实性，没有令人费解的造型和装饰，建筑的装饰往往是日常生活中常见的飞禽走兽等。所以，明代美学家袁宏道说："人情必有所寄，然后能乐，故有以弈为寄，有以色为寄，有以技为寄，有以文为寄。古之达士，高人一层，只是他情有所寄，不肯浮泛虚度光景，每见无寄之人，终日忙忙，如有所失，无事而忧。"⑤

中国人的审美意识还反映出一种简单朴素的生活之美。《诗经》中用日常生活的平常事物，如鸡鸣、梅落、日月、星辰等意象来表现时空，让人感觉时空如生活触手可及，更增添了浓郁的生活之美。唐宋时期，出现了许多描写市井商人的诗词作品。明清时代，审美的世俗化倾向更为明显，并将俗与情、美联系起来，以"俗"为美。大思想家李贽还将市民文艺如传奇故事等与儒家经典《诗经》相提并论，并称其社会功用是一样的。⑥针对中国审美中出现的生活化倾向，鲁迅的看法是："华土之民，先居黄河流

---

① 施咏：《中国人音乐审美心理中的阴柔偏向——兼谈民族性别角色的社会化》，《中国音乐》，2006年第4期，第61—67页。

② （南朝）范晔：《后汉书·列女传》第七十四。

③ 施咏：《中国人音乐审美心理中的尚悲偏向》，《中国音乐学》，2007年第3期，第127—134页。

④ 北京大学哲学系美学教研室编：《西方美学家论美和美感》，北京：商务印书馆1982年版，第57页。

⑤ 袁宏道：《袁宏道集笺校》，上海：上海古籍出版社2008年版，第976页。

⑥ 樊美筠：《中国传统美学的当代阐释》，北京：北京大学出版社2006年版，第158—187页。

域，颇乏天惠，其生也勤，故重实际而黜玄想。"[1]

当然，审美意识随着时代的发展而不断出现新的变化，如当代大众文化背景下人们的审美意识表现出的从众心理、审美泛化后出现的异化心理等，则与中国传统审美意识具有一定程度的背离。如人们为了追求"上层社会"的身份而改变着自己的审美需求；为了标新立异而追求求新、求奇、斥异的审美心态等。[2] 又如在时尚界，"波西米亚"（Bohemian）[3] 风格不仅是追求放荡不羁、自由浪漫的代名词，也成了演绎小资情调的最好方式。"朋克"[4]、"嘻皮士"[5] 是反叛精神、颓废思想的代表，却也是新一代年轻人心目中最流行的时髦打扮。"尚黑"原本是中国人重要的色彩审美偏好，[6] 但现在一些人却把头发染成金色、红色，甚至绿色、白色、蓝色，甚或五颜六色，以求达到独特的审美效果。文学作品的审美也同样如此，作家们把更多的精力和目光投向大众平凡的生活，描述那些油盐酱醋和吃喝拉撒。这些被人们称之为"亚文学"的文学形态，不再与先锋文学挂钩，也不同于正统的、有明确界限的文学，却反映了在现代生活重压下，大众为了寻求释放、不受拘束的一种审美心理。[7]

四、企业经营管理中的审美意识

现代企业的经营管理涉及其经营理念、管理制度和生产服务活动。企业经营理念审美是最高形式的企业审美文化。企业特有的价值体系、经营宗旨、行为方式，以及相应的仪式和习惯，都集中体现了企业的审美意识。企业先进的经营理念所表达出来的企业社会责任感、理想信念、卓越精神、关爱员工的情怀、鲜明的个性特色等，无不打上深深的审美烙印，由此延伸出来的企业员工敬业、协作、拼搏、诚实等品质，蕴含的巨大无形资产，则成为企业审美意识所产生的直接经济效益。诸如微软公司追求强势的企业价值观，使人们感受到一种企业强有力的进取之美。微软以超人的市场远见与非凡的经

---

[1]　鲁迅：《鲁迅全集》第 9 卷，北京：人民文学出版社 1981 年版，第 21 页。

[2]　吴楠楠：《日常生活审美中的审美心理》，《太原城市职业技术学院学报》，2008 年第 9 期，第 11—12 页。

[3]　"波西米亚"为"Bohemian"的译音，原意指豪放的吉卜赛人和颓废派的文化人。追求自由的波希米亚人，在浪迹天涯的旅途中形成了自己的生活哲学。波希米亚不仅象征着拥有流苏、褶皱、大摆裙的流行服饰，更是自由洒脱、热情奔放的代名词。它源于东欧、吉卜赛、墨西哥的着装风格，其魅力源自暗藏的叛逆和不羁。波西米亚风格曾引发了一场服饰革命，并被用之于建筑装修等领域。

[4]　"朋克"（Punk）兴起于 20 世纪 70 年代的一种反摇滚的音乐时潮，在中国大陆被译作"朋克"，台湾地区译作"庞克"，香港特区则叫"崩"。在西方，虽然朋克的现代意思有了一定的改变，但还是主要用于对小流氓、废物、妓女、变童和低劣等的称谓。从最早由 Leg McNeil 于 1975 年创立《Punk》杂志后，由 Sex Pistols 进一步将此音乐推广并形成潮流。

[5]　"嘻皮士"是英文"Hippie"的音译，原用于描写西方国家 20 世纪 60 至 70 年代反抗习俗和当时政治的年轻人。嘻皮士并没有统一的宣言或领导人物，他们以提倡非传统的宗教文化、批评中层阶级的价值观为标榜。后来也被用来形容长发的、肮脏的和吸毒者等。近年，在西方国家又出现了一些强调自由、穿着随意、做事自我的所谓"新嘻皮士"。嘻皮士这个名称是通过《旧金山纪事》的记者赫柏·凯恩的报道而普及的。

[6]　张咏梅：《中国人色彩审美心理的形成及特征》，山东师范大学 2004 年硕士论文，第 32—34 页。

[7]　贾晓春：《日常生活审美化背后的审美心理》，《学理论》，2013 年第 6 期，第 138—139 页。

营策略成功地占领了信息产业的制高点，击败了一个又一个对手，表现出了狮子般的威猛之美。① 而荣事达集团的和谐价值观则让人们领略了一种优雅之美。针对市场出现的恶性竞争，公司率先提出"和商文化"，强调"互相尊重、相互平等、互惠互利、共同发展"。通过与供应商、销售商长期合作，对顾客周到服务，企业内部既讲制度又讲人情，企业之间既讲竞争又讲和谐，由此形成的"和商文化"，让社会各界感受到了企业文化的优雅之美。② 此外，麦当劳其所以能够风靡全球，不在于那种小圆面包夹着一块牛肉的快餐，也同样在于审美文化发挥了重要作用。除了"QSCV"（Quality、Service、Clean、Value）的经营理念、金色的拱门、大家庭式的气氛、麦当劳叔叔的形象之外，公司通过"质量、服务、清洁、价值"确立的中产阶级食品的审美理念发挥了重要作用。许多富裕阶层的中产阶级及其子女以吃汉堡包为时尚，并以此显示自己的身份和地位，并使这种文化迅速传播到了世界其他国家。③

传统的企业管理制度设计以"经济人"为假设，以利润最大化为目标，把人纯粹作为企业实现经济效益最大化的工具，从而形成了以制度规范、物质激励、技术技巧为主的理性管理模式。企业审美文化不仅把企业看成是一个赢利性的经济实体和员工养家糊口的地方，更重要地是看作"社会公器"和员工自我实现价值、寻求精神家园的"文化机构"。员工是具有情感需求、自我实现和全面发展的"文化人"，人的发展成为企业经营管理的目的之一。所以，企业管理惟有以超越的态度对待利润，以审美的态度对待员工，并培养员工以审美的态度对待工作和生活，才符合"人本"管理的真谛，才能达到"无为而无不为"的管理效果。日本是企业文化的发源地，其企业文化的主要特征是"经营即教育"。这一理念的核心要义就是在企业经营管理中强调对员工的尊重，突出企业发展与员工个人成长的关系。松下幸之助甚至说："人的智慧、科学知识和实践经验，都属于社会财富，比黄金更有价值"。④ 事实上，近年来我国一些知名企业如宝钢、同仁堂、全聚德、东风汽车、格力电器等，也将"以人为本"作为企业经营管理的重要目标，积极探索和建立具有人本特色的企业经营管理模式。企业把人视为需要"全面发展的人"，企业管理是"为了人而管理"⑤。海尔、联想、华为等企业形成的"海尔文化"、"联想定理"、"华为基本法"等，一方面在实践层面诠释了"以人为本"的企业审美文化；另一方面也为企业发展注入了巨大的精神动力，并对推动企业文化的繁荣和发展起到了十分重要的作用。⑥

在企业具体的生产和服务层面，审美意识也具有重要意义。墨子说："食必常饱，然后求美；衣必常暖，然后求丽；居必常安，然后求乐"。⑦ 当人们基本的物质需求得

① 石磊编著：《企业文化案例精选评析》，北京：企业管理出版社 2010 年版，第 167—170 页。
② 石磊编著：《企业文化案例精选评析》，北京：企业管理出版社 2010 年版，第 40—45 页。
③ 石磊编著：《企业文化案例精选评析》，北京：企业管理出版社 2010 年版，第 50—51 页。
④ 转引自米建国：《试论日本的企业文化》，《日本研究》，1982 年第 1 期，第 29—33 页。
⑤ 梁勇：《企业文化开创了管理思想的新时代》，《经济管理》，1989 年第 5 期，第 55—57 页。
⑥ 包立峰：《以人为本企业文化的价值生态与建构》，东北师范大学 2012 年博士论文，第 78 页。
⑦ （汉）刘向：《说苑》。

到满足之后，消费需求必然从"满足有形的消费向花钱买感觉"转变。即使在消费一般的物质产品时，也开始超越单纯的物质层面或使用价值的消费而上升到更高的精神感受和审美体验上。如穿衣不再讲究结实、耐穿等实用特性，而更多关注漂亮和时尚；居室不再只是遮风挡雨、取暖乘凉的地方，而是寻找一种心灵港湾的审美体验；产品设计不仅要遵循审美功能与实用功能结合的原则，还要以人为研究对象，深入探索人的内心对审美功能的需求；简单的色彩也并非设计师个人主观情绪的需要，其选择要体现产品的功能与特点。只有符合审美要求的色彩才能够加深人们的认同感，产生更多的购买欲望。商品陈列不再是简单的堆放，而是要讲究排列组合的美观性。① 商品包装看上去比较简单，其实却蕴含着深刻的审美意识。21世纪的商品包装强调人与自然的和谐发展，从大自然中寻找灵感，未来的包装则必然将人、产品、社会、环境作为一个整体进行设计，更注重人性化、仿生学、生态、绿色环保等要素，在体现人性美、生态美、绿色美、仿生美和无饰美（境界上的平淡天真）中实现人——社会——包装——环境的和谐统一。② 人们购买任何一种产品，已经不再是仅仅满足于物质享受，而是产品带来的精神愉悦和审美体验。在企业中推广优秀的企业服务文化，不仅能让消费者产生愉悦的心情，增加购买的欲望，还可以使企业增值，进而提升员工的自我价值。为此，企业自觉地探究与公众之间的关系，形成以服务价值观为核心的服务理念体系，建立相应的服务行为规范。通过服务活动，向顾客传递企业的价值观和理念，实现"我服务，我快乐；我快乐，我成功"的企业哲学。③ 因此，如果一个企业要想获得持续发展，就必须在重视开发商品的使用价值和交换价值的同时，致力于在产品设计、生产和服务等方面超越单纯的技术层面而深入到文化和审美层面，按照美的规律来建造企业。通过将审美文化作为企业经营管理战略的重要组成部分，塑造员工的审美人格，培育企业家和企业管理团队的审美意识、审美素质和审美能力，以美的愿景引导和创建美的企业、培育美的员工队伍，实现企业的可持续发展。④

五、企业品牌文化中的审美意识

"品牌"概念来源于古挪威语"brandr"，意为牲畜和奴隶身上打的烙印。随着经济社会发展和文明程度的提高，品牌这一概念被广泛运用于商业活动中，其定义也有多种解释。其中，美国市场营销协会和著名营销学家菲利普·科特勒（Philip Kotler）给出的解释是："用于识别一个或一群产品和劳务的名称、术语、象征、记号或设计及其组合，以此同其他竞争者的产品和劳务相区别。"⑤ 近年，国内有学者对品牌概念又作出

---

① 许剑茹：《浅议产品的实用功能和审美功能》，《中国包装工业》，2014年第20期，第65、67页。

② 黄皓、叶建锋：《包装设计中的审美思考》，《作家》，2009年第14期，第250－251页。

③ 高立胜：《现代企业服务文化的几个问题》，《中外企业文化》，2007年第9期，第41－42页。

④ 齐卫华、纪光欣：《审美文化：当代企业文化新的发展趋向》，《经济经纬》，2004年第6期，第102－104页。

⑤ （美）菲利浦·科特勒：《市场营销管理：分析、计划和控制》，梅汝和等译，上海：上海人民出版社1990年版，第486页。

了新的解释,认为品牌不仅包括用于识别销售者的产品和服务的商业名称及其标志,还包括听觉、味觉、嗅觉、触觉等其他感官要素或者它们的组合。另外,与产品相联系,能够引起公众广泛关注的要素和事件也成为品牌的构成部分,其最终目的是要达到与其他竞争者的产品和服务区别开来的目标。① 实际上,品牌是一种社会意识形态,它通过大众对品牌的认知、感受、理解、体验向社会传播道德观、价值观、幸福观、消费观等审美观念,并潜移默化地影响人们的价值观念和生活方式。因此,品牌不仅是一个审美消费过程,也是一种审美创造、形成和感受的过程,同时,还是美的价值创造及实现的过程。② 品牌既是一种经济现象,也是一种独具魅力的审美对象,客观上是商业文化、传统文化与审美意识融合的产物。一种成功的品牌形象,必然贮存了许多认知和审美的信息。③ 首先,品牌中体现人们的审美意识。品牌不仅关注自身,还关注其品位的高低。品牌中的审美意识体现了诸多关于产品设计和创新的理念,而这种设计和创新思想可以引领和改造消费者的审美体验,并通过审美体验促使消费者认可和购买某种品牌。如麦当劳由于特殊的黄色拱门而享誉世界;巴黎中心的香榭丽舍大街上的"咖啡之家"由于流动车上装载的巨型咖啡壶里飘出的浓郁醇香而为人们所青睐;新加坡航空公司由于航班的所有空姐和飞机上提供的毛巾都散发出一种特殊的香味而成为家喻户晓的品牌。其次,品牌中反映消费者的审美心理。与一般的审美心理不同,品牌审美心理着力于探讨的是消费者的欲望、兴趣、个性、感情等价值心理,并通过影响消费者的价值心理,刺激其购买欲望。品牌通过形象化的沟通手段,将消费者的购买欲望形象化、感性化,呈现出一种情调或情趣,使消费者产生共鸣和联想。当消费者购买了某个品牌或接受某个品牌的服务,他们不仅获得了商品的具体功能,更重要的是满足了商品的审美心理。如高档品牌服装的气派、浪漫、悠闲、高贵、潇洒,给消费者带来的不仅是物质的享受和满足,更是精神层面的审美需求。人们穿着世界著名时装品牌阿玛尼,营造的必然是一种在经典高雅和随意浪漫中徜徉的生活状态,表象上宣扬着自己的身份地位和对时尚的追求,精神上则体悟着理想的生活状态。④ 其三,品牌中蕴含着丰富的审美价值。一方面,品牌最表象的价值是其识别价值,每个品牌都有自己一系列的形象定位,最基本的目的则是与其他产品形成差异化,就像每个人的名字一样,设立属于自己的标识,如著名运动品牌耐克的标识,一个简单的对号,简洁、明快,极富设计感,不仅容易让人记住,而且能够解读出独特的内涵和意义,在一定程度上做到了满足消费者的视觉及感性审美的需求;另一方面,要让品牌对消费者产生一定的情感,就必然要求其能够满足消费者心理方面的审美需求,很多品牌通过打情感牌赢得了消费者高度认可,并获得了不菲的市场价值,如脑白金的"今年过节不收礼,收礼还收脑白金"的品牌推广,通过渲染亲情,找到了能够真正打动消费者内心的情感点,取得了极大的成功。此

---

① 高学敏、姬雄华:《新时期品牌概念的再定义》,《市场论坛》,2013 年第 8 期,第 76—77 页。
② 厉春雷:《论品牌审美时代的到来》,《理论界》,2012 年第 6 期,第 136—138 页。
③ 厉春雷:《品牌审美的意与象》,《现代营销》(学苑版),2011 年第 7 期,第 12—13 页。
④ 管征:《从日常生活审美化的角度看品牌审美价值》,《商场现代化》,2010 年第 33 期,第 78—79 页。

外，品牌还有体验价值，这是其审美价值需求的更高层次。通过品牌体验给消费者营造一种生活状态，带给他们某种精神上的享受和愉悦，产生强烈的购买欲望和激情，为企业带来财富。其四，日常生活中充盈着品牌审美。日常生活中的电影、电视、商业广告、娱乐杂志等现代影像产业，通过展现多姿多彩的生活方式，为我们展现了一幅幅"乌托邦式的生活"图景。人们将一个漂亮的发型、一套靓丽的时装、一种富丽堂皇的装修、一块价值不菲的名表等都与审美等同起来，并将对美的体认与一定的物质形态联系起来。诸如媒体上出现的宣传语：喝上大印象减肥茶，就可以像关之琳一样"减出好身材"；用上美的电器就会发现"原来生活可以更美的"；住上碧桂园就会拥有"一个五星级的家"等等。消费文化借助无孔不入的大众传媒手段，不断为人们营造美轮美奂、幸福圆满的人生愿景，使得日常生活时常以"审美化"的面貌呈现在人们面前。[①] 为此，法国社会学家让·鲍德里亚（Jean Baudrillard）不无感慨地说：审美化正在逐渐地渗透我们的日常生活，并且通过商业的手段将审美转化为一种流行商品，使得商业社会进一步控制了人们日常生活的领域。[②]

六、企业视角识别体系中的审美意识

广义的企业形象识别体系包括 MI（Mind Identity，理念识别）、BI（Behavior Identity，行为识别）、VI（Visual Identity，视觉识别）三个部分，即通常所说的 CIS（Corporate Identity System）。其中，MI 是核心，它为整个企业形象识别系统奠定了理论基础和行为准则；BI 直接反映企业理念的个性和特殊性，包括对内的组织管理和教育，对外的公共关系、促销活动、资助社会性的文化活动等；VI 是企业的视觉识别系统，包括基本要素（企业名称、企业标志、标准字、标准色、企业造型）和应用要素（产品造型、办公用品、服装、招牌、交通工具）等。通过具体符号的视觉传达设计，直接进入人脑，留下对企业的视觉影像。[③]这里讨论的重点是企业形象的视觉识别体系（VI）。

有人在讨论企业视角识别系统的审美价值时突出了人文诉求；[④] 还有人强调了图案、色彩等审美要素的作用；也有人将企业视角识别系统的审美概括为符号意味、形象魅力和情感纽带三个方面。[⑤] 但从企业识别系统的审美而言，则主要体现在以下几个方面：一是企业符号体现的审美意识。企业形象设计所使用的各种图案、标识、文字等，都直接或间接地传达着企业某种象征性的审美诉求。当公众看到这些符号，就会意识到它是企业实体的外在表现因素，并通过对这些符号的视觉接触，从心理上获得对本企业

① 粟世来、田泥：《走向日常生活的审美意识形态》，《吉首大学学报》（社会科学版），2011 年第 4 期，第 30—33 页。

② 转引自管征：《从日常生活审美化的角度看品牌审美价值》，《商场现代化》，2010 年第 33 期，第 78—79 页。

③ 张德、吴剑平：《企业文化与 CI 策划》，北京：清华大学出版社 2000 年版，第 196—218 页。

④ 解俊：《现代企业形象设计中的人文精神诉求》，《艺术科技》，2014 年第 6 期，第 293 页。

⑤ 於贤德：《论企业形象设计的审美文化功能》，《企业文化》，2000 年第 5 期，第 4—6 页。

的认知，以此了解企业的属性、特点和追求。如经过特殊设计的企业名称的书写形式，经过精心选择而确定的企业标识，体现着企业精神风貌和审美情趣的企业标准字、标准色，以及直观地反映企业形象的造型、图案、企业口号、吉祥物等，都是企业视角识别不同形式的传达符号。由于这些符号代表特定的象征意义，不仅使公众很容易了解企业的性质和使命，也使企业与员工很容易建立起良好的审美关系。如由香港著名设计师靳埭强设计的中国银行标识，采用了中国古钱与"中"字为基本形体，古钱图形是圆与形的框线设计，中间方孔，上下加垂直线，成为"中"字形状，寓意天方地圆，经济为本。给人的感觉是简洁、稳重、易识别，寓意深刻，颇具中国风格。来源于创始人之一的戈特利布·戴姆勒（Gottlieb·Daimler）灵感的奔驰汽车的标识，是一个镶嵌着三叉星的圆形徽章，不仅寓意公司好运当头，胜利在望，还象征着公司向海陆空三个方向发展等，都无一例外地在企业形象设计蕴含了丰富的企业审美文化的内容。

二是通过形象化的设计彰显的企业审美意识。企业视角识别体系设计中的各方面要素，经过专业人员的精心设计和企业各方面的确定，其审美要素在企业全体员工和社会各阶层得到审美认同，就会成为企业的一种独特的内在魅力。那些新颖独特、富有意蕴而又能体现企业经营个性特征的建筑布局、室内装修、员工着装、企业标识、产品图案和包装等，都会给人以心领神会的喜悦之情。它们不仅凝聚着设计人员的智慧，也体现着企业家和员工的精神风貌和审美情趣。如 IBM 公司的设计者保罗·兰德（Paul Rand）将公司全称的第一个字母进行浓缩，设计成为 IBM 公司的标识。其中，M 的大小是 I 和 B 两个字母之和，则体现了公司的品牌价值最重要的地方在于 M，也就是 Machines（机器）。这个设计不仅简洁明快，还结合公司的企业文化，体现了企业在行业中的位置，成为企业形象设计中的经典之作。再如中国印钞造币总公司的企业形象标识。该标识从整体上看借鉴了中国古代印章的形状，并且以汉字的"中"作为基本形状，而在两旁衍生出了"印"字的形态，整体设计使用中国人最喜爱的红色，契合了印章的设计理念。中国印钞造币总公司是中国人民银行下属的专门从事人民币印刷业务的公司，具有非常独特的身份。公司坚持"优质安全保发行，科学高效谋发展"的宗旨，发扬"厚德广行，敬业报国"的企业精神，牢固树立以"责任、创新、效益"为关键因素的核心价值观念。把握货币发展趋势和企业现状，以全球化的视角谋划企业发展战略，为建设国际一流的印钞造币企业努力奋斗，公司的发展对于全国人民来说都具有非常重要的意义。因此，这个设计非常契合文化和行业特性。印章的造型设计也具有传统中国文化的特色，从而使得企业的形象具有非常独特的品味。[①] 三是企业与社会公众和企业员工之间建立情感联系的审美意识。企业视角识别体系设计所产生的识别符号，把原本抽象而庞大的企业实体，浓缩为生动直观的识别对象，由此强化了企业与社会公众、企业员工与企业之间的情感关系。有了这些代表企业属性、特点和追求的形象化客体，人们的情感诉求就有了更加明确的方向，使一些较为抽象的审美符号能够传达更加真实可信的审美体验，进一步刺激人们的情感寄托。

---

① 曲兴卫：《现代企业形象设计中的文化内涵》，《青春岁月》，2014 年第 19 期，第 47 页。

正是在这个意义上，企业视角识别体系被人们称之为是给一个寻找精神家园的问路人指明了方向和路径。① 通过企业的形象设计，员工对企业的情感联系得到进一步加强，归属心理得到满足，企业的各种形象符号在富有艺术设计的审美过程中获得良好的经济效益和社会效益。

七、企业广告设计中的审美意识

广告是指由图形、语言、文字、色彩、符号等表达的思想内容，它要求符合和尊重消费者、欣赏者的民族习惯、宗教信仰、生活方式、政治立场和文化背景，并且具有积极向上的、进步的、健康的情感表现。迄今为止，广告尚未附有人们对其美的评价。但在广告发展成熟并获得社会广泛认可的背景下，美和审美已经成为附加在广告之上的一种"看不见的竞争力"。而广告审美所唤起的兴趣偏好以及购买欲望，也给予了广告审美最直观的认可和评价。② 一则好的广告必须依靠经过艺术处理后富于感染力的形象，给人以强烈、鲜明、耐人寻味的视觉形象来完成信息传递的使命，以满足消费者的审美需求。有人对我国改革开放 30 多年来广告审美意识的流变进行了考察，认为广告审美创造虽然经过了一个从简单到复杂、从实用到艺术、从单一到多元的发展过程，但经得住市场考验的广告品牌总是会随着时代和社会的变迁及时调整其广告策略，尤其是广告艺术设计必须与社会审美风尚和社会文化的进步高度契合，只有如此才能获得公众的认可。③

1. 企业广告设计中的一般审美意识。首先，广告内涵设计上的审美意识。随着广告诉求从叫卖式刚性诉求逐渐转向感性诉求，广告的文化附加值和审美诉求不断增强。广告不止是商品信息的载体，更是一种文化和艺术的传播形式。在广告与消费者博弈的过程中，消费者对广告的鉴赏水平在不断提高，对广告的审美要求也越来越高，不仅要有文化内涵，还要反映受众的情感诉求。正如美国学者弗雷德里克·詹姆逊（Fredric Jameson）所言："广告除了给人们提供一种完美的视觉外，还联结了人类无意识深处隐秘的欲求和愿望。广告的深层作用是欲望，甚至是无意识需要的对象化，是意识形态的符码化"。④ 近年来，越来越多的国际化知名企业就非常重视广告内容的审美内涵。如美国的可口可乐公司开发"Sprite"饮料。在英文中，该单词的意思是妖怪，这在西方文化中十分有趣，也为西方人喜欢。但到中国人这里却变得不那么吉利，甚至讳莫如深。由此，当"Sprite"饮料进入中国市场时，广告设计者将其名称改成了让人们体会到了清凉、纯粹、高雅意蕴的"雪碧"。这一小小的改动却十分符合中国人的审美心理，因此赢得了消费者的欢迎，也获得了很大的市场份额。2003 年，日本三菱汽车的一则电视广告成功演绎了一段催人泪下的父子情深。广告的名称叫"记得回家的路"。画面

---

① 於贤德：《论企业形象设计的审美文化功能》，《企业文化》，2000 年第 5 期，第 4—6 页。

② 杜积西：《1978—2008：广告审美意识的流变》，西南大学 2012 年博士论文，第 1 页。

③ 杜积西：《1978—2008：广告审美意识的流变》，西南大学 2012 年博士论文，第 125 页。

④ （美）弗雷德里克·詹姆逊：《可见的签名》，王逢振、余莉、陈静译，南京：南京大学出版社2012 年版，第 68 页。

中展现的是一个女孩成长的不同阶段：父亲骑着自行车接她上学，小女孩坐在自行车后座上看着父亲弯曲的后背，温馨中体会着浓浓的父爱。后来，女孩长大了，在一个难得的假期开着自己的私家车回家，而父亲却依旧骑着他那辆破旧的自行车在村口等她。当女孩开车跟随在父亲之后，画面上出现的是父亲骑着自行车不时的回头展望，而女儿则缓缓地开着车子跟随在父亲身后。看着父亲骑车的身影，女儿的眼泪缓缓地流了下来。这时候出现广告语："父爱如山，更如路，永远指引着我们回家的方向"。没有哪个人看到这样的广告不被感动，因为这样的情景几乎在每个人的成长过程中都有经历。随着我们一天天的长大，很多细节虽然已经被我们忘记，但父亲曾经的那些温存却永远留在每个孩子的记忆之中。① 这则广告正是巧妙地抓住了人类对亲情最强烈的心理需求，使广告内涵中所要表达的情感价值达到了近乎完美的效果。

其次，广告形式设计上的审美意识。广告设计既是一门科学，又是一门艺术，其特征是集艺术、科学、经济、技术和文化于一体。一则好的广告，一要绘制好图形。广告实际上是把一种产品、服务和理念通过图形化方式传递给消费者的过程。因此，在广告图形设计时，要善于将各种信息、符号和元素进行最佳组合，使其能够达到审美要求的"新颖性"和"独创性"。这不仅是优秀广告的主要标志，也是现代广告和广告人成功的主要因素。一般来看，各种线条的组合和搭配能够表达出不同的感觉。如曲线和曲线形表达给人一种柔和、流动、舒畅、优雅的感觉，直线和直线形则给人一种稳定感、庄重感和力量感，斜线有动态感，锐角的直线形有一种锐利的感觉，钝角的直线形给人憨厚、朴实的感觉，三角形有稳定和稳固感，正圆形有圆满、饱和、自我满足、周而复始的感觉，椭圆形有优雅、优美、饱满、活泼感觉。而广告图形的设计最具典型性的方式还是"以象表意"和"以意表象"。"以象表意"是指根据所要表达的"意"，在众多的自然形态中寻找一种可以使其进行连接的因素，然后再利用设计的特有法则将这些共性加以组合，产生新的图形，表达新的意义和功能，以此来打动观众的心。如伏特加的广告，把具有符号性的伏特加瓶型与世界各国标致性建筑进行同构，来表达对伏特加酒的喜爱是无国界的。又如奔驰汽车的《魅力》广告，借助风靡一时的美国女演员玛丽莲·梦露（Marilyn Monroe）在人们心中的地位，把她脸上的痣和奔驰车上的标志进行同构，人们看到梦露就联想到奔驰，将其与梦露一样具有无人能比的魅力。"以意表象"则是利用具备一种事物感受的视觉形象去唤起受众对另一种事物感受的联想。或者也可以将不同事物的形态进行嫁接，产生一个新的事物的形态，给受众带来新的感受，达到触景生情的效果。如一个治疗头部外伤的药品广告，利用一个鸡蛋局部破裂与头部外伤现象上的相似，引发人们心理上的连锁反应，使人感觉到一种潜在的生命危机，从而强调该药品的治疗功效。② 二要搭配好色彩。色彩是商业广告映入人的眼帘的首要元素，是一般美感中最大众化的感观形式，也是构成广告设计形式美的重要因素。色彩会唤起

①《三菱汽车经典广告：记得回家的路》，http：//www.admaimai.com/news/ad201312282—ad111258.html.

② 甘露：《浅析商业广告中图形的创意与表现》，《现代商业》，2012年第8期，第30页。

记忆、感染情绪、调动知觉，对受众产生一定的心理影响和特定的心理启示，如冷暖、轻重、厚薄、远近、朴实、华丽等。美国色彩学家韦伯·比林（Webb Billings）的研究表明，黄和红的倾向色彩能刺激人们的食欲，黄绿色能发出芳香的味道，高明度的蓝、紫色调的芳香度很高，红色有强烈的辣感。如有一则"巴西番茄酱"的广告设计中，为了传递番茄酱"辣"的感觉，充分利用色彩表达味觉的联想力，在黑色的背景衬托下，将一个倾倒番茄酱的红色瓶子演绎为正在张着口呵气的嘴巴，倒出的番茄酱变成了因吃了番茄酱伸出的舌头，由此很好地传达出了"辣得不得了，辣得了不得"的审美理念。这则广告由此获得了1999年度嘎纳广告节金狮奖。① 可口可乐的广告创意是以红色元素为主，宣传自由、个性，以红色刺激消费者的消费欲望，对应"要爽由自己"的宣传理念，达到了十分成功的色彩运用效果。与之对应，百事可乐的色彩运用则突出蓝色，一串串带着气泡的蓝色图案将其"蓝色风暴"演绎得十分成功。此外，如"三精牌葡萄糖酸钙口服液——蓝瓶的！""王老吉"红色包装罐以及"怕上火，喝王老吉"的广告语，都成功运用了色彩的广告审美效果。② 当然，广告色彩的运用既要体现商品的内容，还要能够突出商品的特性，甚至也要符合商品的应用环境和季节。三要配上有感染力的声音。广告是画面和声音结合的艺术。据有人调查，在广告对受众角色认知状况的影响中，角色形象的作用大约占7％，声音和语气的作用占35％，角色的动作占58％。③ 从某种程度上看，造型及动作只供给观众对角色的基本印象，有特征的声音才能让角色更具表现力。声音和画面之间的不同组合，可以创作出各种各样的富有表现力的效果。声音在不同的空间能带给人们不同的色彩感觉，这是由声音的声学特性决定的。比如要制作在空旷山谷中发出的声音，就需要制造出悠扬的回声等有特色的音效，这样的声音和在封闭的室内发出的声音效果是完全不同的。广告传播需要的声音效果就是要让受众在空间中感受到不同的声音差异，以此增强画面的表现力和真实性。有人还对广告中的不同发音效果作了研究，认为在复合音中，基音和陪音的频率间总会呈现出整数倍的比例关系，形成一种复杂的、有规律的、具有周期性重复的复合波形。这种声音是音质美的重要表现，具有易记、上口、动听的优点，且非常易于传播。发元音时气流畅通无阻，气流均匀度好，发音器官运动均衡，音质动人，也会达到朗朗上口的效果。所以，在广告语的音节组合上，要注意突出乐音和元音的地位。此外，在语言学中，不同民族的语言或不同地域的方言有各自不同的语音系统。不同的语音系统对同一个音的敏感程度和发音能力有较大差异，人们对母语中没有的音节常常发不准或分辨不清。因此，在广告语或广告名称的选择上，要考虑不同的语音习惯，使音质美的表现有

① 董世斌：《现代广告设计的美学内涵》，《河南职业技术师范学院学报》，2002年第2期，第115—117页。

② 徐薇：《色彩在商业广告设计中的运用》，《纪念中国流行色协会成立三十周年：2012年中国流行色协会学术年会论文集》，第236—239页。

③ 王婷：《论声音艺术在电视广告设计中的运用》，《品牌》，2015年第6期，第130页。

更为广阔的领域。①

其三，广告传播方式上的审美意识。广告传播中形成的审美意识，可以使受众在接收广告信息的同时感受到一种内在的审美满足，并促成购买欲望。有人认为，广告的传播过程，就是一个求真、向善、尚美的审美过程。②真实是广告的灵魂和生命，只有内容真实的广告才能得到受众的真正信赖，也只有内容真实才能从根本上激发受众的购买欲望。有一则关于"沙打旺"种子的广告是这样设计的："沙打旺，沙打旺，风沙愈打它愈长，黄土高原扎下根，戈壁荒漠披绿装。"这首广告诗着意强调了"沙打旺"具有战风固沙、抗御干旱的功用及生命力。对于长期生活在黄土高原的人民来说，既能抵御风沙袭击，又能美化家园的"沙打旺"，自然可以满足其渴望绿色、保护生态的审美诉求。据说这首广告诗被《人民日报》刊登出来后，原先大量积压的"沙打旺"种子很快销售一空，并从此一直供不应求。③再如"南方黑芝麻糊"的电视广告，通过塑造一位饱经风霜的老人从儿时的憨态可掬到老年的深刻反思，集大半生的生活经验于一点："南方黑芝麻糊，抹不去的回忆。"④这则广告的独到之处，一是着眼于时间跨度，表现时光流逝、岁月更替的历史感；二是着眼于一位沧桑老人的回忆，体现了"南方黑芝麻糊"在其发展进程中的地位；三是着眼于商品自身的变化，从最初的粗包装，到现在的精包装，使其更加艳丽动人。这则广告的独特传播方式，为受众留下了强烈而深刻的审美印象。美必然包含着善的品质。人们在判断某一客观事物是否美时，必须要加上"善"的内容。如夏普洗衣机以香港居民为销售对象，其广告就强调"噪音低、超宁静"。这对于身处繁华噪杂、人口稠密的香港居民来说，可谓正中下怀，满足了他们渴望宁静的审美心理。法国的嘉克牌香水为了在阿拉伯国家打开市场，特意修改了原来设计的广告画面，将图案中的男女各一只手的图案改为女人用弯曲的手指微微蹭着对方手背，暗喻要去接那瓶心仪的香水。这一小小的改动有节制地表现了男女关系，不仅符合阿拉伯民族的道德风尚，也是其审美心理所认可的。于是，嘉克牌香水在阿拉伯国家迅速打开销路并热销起来。此外，诸如国内酒类广告中的"喝了西凤酒，喜事天天有"、"喝喜临门酒，好事常有"等，字里行间都是喜庆、发财之类的词儿，虽然缺少点风雅，但却符合中国人的审美诉求，也容易被人们接受。尚美是人类与生俱来对美的自然诉求，是一种审美心理的正常流露。但要达到尚美的效果，则需要审美对象在内容与形式上完全达到统一。就广告而言，只有内容新颖、措辞得当、符合受众审美心理的广告才能真正产生吸引力。如加拿大博物馆做的一则关于展出恐龙骨的广告。画面上一群小狗静静地坐卧在博物馆前的台阶上等候着，电视屏幕上写着"这里即将展出恐龙骨"。这

① 董世斌：《现代广告设计的美学内涵》，《河南职业技术师范学院学报》，2002 年第 2 期，第 115—117 页。

② 张连举：《广告传播对受众心理的审美体认》，《浙江万里学院学报》，2005 年第 6 期，第 81—84页。

③ 转引自周成霞：《广告修辞与受众心理》，《淮阴师专学报》，1995 年第 4 期，第 48—49 页。

④ 莫敏：《从"南方黑芝麻糊"谈广告的情感化策略》，《广西大学梧州分校学报》，1996 年第 1 期，第 56—58 页。

群视骨如命的小狗相约而至，渴望饱餐一顿美味。通过这种富有戏剧性的情节安排，含蓄而动情地表达了博物馆的文化魅力和人们渴望一睹曾经叱咤风云的恐龙历史的审美愿景。[①] 还有如鸿运电风扇的广告词："柔柔的风，甜甜的梦"。在此情意绵绵中让人仿佛置身于一个美丽的梦境之中。三九胃泰的广告语："悠悠寸草心，报得三春晖"，通过渲染母子情深，给人以心灵的震撼和美的享受等。这些广告和广告词一个共同的特点是，不仅匠心独用，渲染亲情，而且令人赏心悦目，回味无穷。

2. 企业广告设计中的分类审美意识。[②] 广告至少包括公益广告、主题宣传片和纯粹的商业广告三种类型。不同类型的广告，其审美诉求不一定相同。

公益广告因其非商业、非牟利性和独特的价值导向，更好地体现了广告的审美属性。这类广告追求的主要是精神价值的最大化，体现的是"真、善、美"的美学价值。"真"是因为公益广告的来源根植于现实土壤，取材于受众周围的真实生活，也是基于创作者对现实生活规律的认识和把握。"善"是因为公益广告主要关注的是人们自身的完善，以及人与社会及自然的和谐。出发点是与人为善，内容是劝人从善，最终目的是弃恶扬善"。"美"则是广告内容所反映的社会生活本身所蕴含的美学价值。如"常回家看看"创作的情节是，子女们在接到老母亲电话时都说自己太忙回不了家，老人独自念叨着、守候着清冷的电视，直到最后在沙发上孤独地睡去。画面上出现的广告语是："别让你的父母感到孤独，常回家看看。"这则广告把现代都市中一种最常见的情形搬上了银幕，反映的是人到晚年的寂寞与父母渴望与子女团聚的朴素情感。同时，又将"老龄化"社会、"尊老爱幼"这些社会现实问题深入浅出的表达了出来，感情真挚，扣人心弦。[③] 当然，公益广告精神价值的有效传播离不开具体的艺术形象的刻画，正如英国诗人威廉·巴特勒·叶芝（William Butler Yeats）所言："一种感情在找到它的表现形式——颜色、声音、形状或某种兼而有之之物之前，是不存在的。或者说，它是不可感知，也是没有生气的。"[④] 另外，1991 年的《中国青年报》曾经刊登了一则《我要上学》的公益广告。黑白照片中一个叫苏明娟的山区贫困女孩手里紧握着一支铅笔，略显凌乱的头发包裹着一张圆圆的脸蛋，她微微张嘴注视着前方，一双闪闪发亮的大眼睛带着一丝怯意却又充满渴望。这张感人至深的公益广告成功地把握住了时代的脉搏，真实地反映了许多农村孩子渴望读书而不能如愿的困惑。这则广告形象生动，发人深省，不仅体现了形象之美，更凸显了真善之美。为此，该图片被中国青少年发展基金会确定为希望工程的"形象标识"，并被广泛运用于希望工程的各种宣传活动中。[⑤] 所以，公益广告只有将意义赋予人、景、声、光、色、构图等艺术元素中，配合音乐、语言、文字来达

---

① 董世斌：《现代广告设计的美学内涵》，《河南职业技术师范学院学报》，2002 年第 2 期，第 115－117 页。

② 杜积西：《1978－2008：广告审美意识的流变》，西南大学 2012 年博士论文，第 71－83 页。

③ 潘泽宏：《公益广告导论》，北京：中国广播出版社 2001 年版，第 101 页。

④ 转引自范小田、黄安平：《辉煌中的统一：叶芝诗歌中的象征主义》，《名作欣赏》，2011 年第 35 期，第 37－38 页。

⑤ 王优：《对我国改革开放 30 年公益广告的审美性探究》，西南大学 2011 年硕士论文，第 11 页。

到寓理于情，才能取得预期的社会传播效果。

主题宣传片是传播者有目的地选取一定信息，通过现代媒介对受传者进行说服，从而使其产生影响的影（视）片类型。[①] 就其类型而言，有商业宣传片、政治宣传片、城市宣传片、旅行宣传片、教育宣传片、科学宣传片、公共关系宣传片、体育宣传片等多种类型。其表现手法可以通过电视、电影的拍摄手法，也可以运用摄影、动画、音乐、解说等表现元素，制作成旨在唤起受众好感的表现形态。主题宣传片的广告类型主要侧重于传达社会化的理念。如当年张艺谋导演的申奥宣传片《新北京，新奥运》，不仅受到海内外观众的高度认可，而且对于中国成功申办奥运会起到了巨大作用。在这部仅有4分30秒时长的短片中，张艺谋用镜头语言浓缩了北京作为百年古都所蕴含的文化精粹。同时，贴切地表现出了国人对于举办奥运会的热情和期盼。"国人的笑脸"是这部申奥宣传片中给人留下最深刻印象的元素：晨练的大爷大妈、玩耍的孩童、时尚的都市青年，他们作为普通中国人的代表，都在片中张扬着极为灿烂的笑容。通过展示国人鲜活的笑脸，给世界展示了一个鲜活的中国人印象，以此改变一直以来西方人对中国人"衣着单调、一脸木讷、不会笑、甚至不敢笑"的偏见，充分诠释和传达了中国奥运申办的口号："新北京，新奥运"中"新"的核心理念。从传播效果来看，笑脸特写的运用不仅能够巧妙地向世界传递国人风貌，还在于笑脸原本就是一个无国界的符号，能够传递一些共同的意义，表达亲切和友好，获得世界各国人民的好感。[②] 另一部同样由张艺谋导演的宣传西安人文地理和历史文化的宣传片——《荣耀西安》，在短短的12分钟时间的片段中，将神话和文化融于一体，尽情展示了西安这座千年古城无数神奇而迷人的历史和传奇。古城墙、大雁塔、兵马俑等无数的文物古迹尽收镜头。毛笔、书法、砚台，还有那些头裹纱巾的回民秧歌队、高高悬挂的大红灯笼、刺激的踩高跷表演，以及二胡、快板、石板房等，一个个都在诉说着这座城市曾经的辉煌与现在的发展。

如果说，公益广告的目的主要在于凸显公众利益的重要性而不具有功利性，而纯粹的商业性广告则不得不以商业利益为主而具有明显的功利性。所以，如何将商业利益与企业的审美价值契合起来，则需要在纯粹的商业广告中着力寻找美的最佳契合点，尽量淡化商业广告中的功利性目的。如英国的BP石油公司（British Petroleum，英国石油）在中国做的平面广告就突出了这一点。该公司的广告词是："我们今天开采能源，更为明天开发能源"；"石油一天一天减少，太阳每天都会升起"；"我们绿色的种子，撒播在孩子们的心里"；"天然气还给天空天然的颜色"，"我们需要更多的服装、更耐用的家居用品"，"我们也需要更蓝的天空、更清澈的河流"。呼吁关注环境保护问题，表达自身的社会责任意识来获得社会和受众的认可。[③] 同样，美国的强生公司在推广药品的广告中，也努力将商业活动的宣传中注入承担社会责任的成分和加强企业社会道德宣传的理念，以此淡化纯商业广告中的功利化倾向。强生公司的广告中，农村医生在山间行色匆

---

① 国玉霞、吴祥恩：《宣传片的历史探源》，《新闻爱好者》，2011年第4期，第100－102页。

② 郑保卫：《成功的体育盛会 出色的宣传报道——北京奥运会宣传报道理念与基调评析》，《新闻界》，2008年第5期，第3－5页。

③ 《BP平面广告欣赏》，http://blog.sina.com.cn/s/blog_4add7cd0010006s6.html.

匆匆地赶往病人家中，家长为踢球而摔倒的孩子贴上创可贴，医生为老人仔细检查病情并进行抚慰，体操教练细心地为训练完的孩子拉筋，老师在课堂上对学生们的辅导，孩子们玩耍的笑脸，老人们慈祥的面容……。背景中轻快的吉他声配以稚嫩和清澈的童声，让每一幅看似平凡的画面组合成了一曲扣人心扉的故事，让每一个受众都能感受到一些平凡的人却能给社会带来许多的温暖和奉献。广告画外的旁白是："强生以医疗卫生和个人护理的经验和智慧与这些巨人并肩，用爱推动人与人的关爱，因爱而生的强生。"[①]这则广告，无论从人物形象，还是画面转换，甚或是音乐配音，都给受众留下了无限的美感。

3. 名人广告的审美意识。在上述三类广告中，名人广告的审美效应是一种无法回避的现象。名人广告充分把握和利用了目标受众对于名人的情感依赖，通过对名人的"移情效应"，将广告中的名人情感与他们所代言的品牌和服务紧紧联系起来，刺激人们的消费欲望，这是现代广告中最为常见的诉求方式之一。尤其在一些发达国家，这种状况更加明显。[②] 最经典的当属香港影视明星周润发代言的"百年润发洗发水"。该广告以周润发饰演的男主人公重游故里为主题。当主人公发现这里已是物是人非时，不禁怀念起曾经的恋人来。伴随着男主人公凝望的眼神，娓婉动情的京胡声和铿锵的罗鼓声冉冉升起。画面切入回忆：美丽的女主人公在戏台上以一个飒爽的对打亮相，台下男主人公起身站立，忘情鼓掌。随后，场景切换到后台。男主人公对着镜子里的女主人公用红漆写下了"百年好合"，女主人公回报的则是羞涩的一笑。此时，"串串相思，藏在心里"的京剧唱段出现，男主人公满脸幸福地俯身倒水，水流顺势浸润到女主人公的青丝秀发中。青山白云，镜头再次转换。男主人公急匆匆地赶到，却看到戏台拆迁，女主人公已经人去楼空。紧接着，"相爱永不翁，忘不了你"的歌声衬托着女主人公饱含深情的眼神、风中秀发飘逸的场景。随后，马车上回首遥望的女主人公和火车站中人流里眼神凄凉的男主人公，生离死别，感人至深！京剧唱段结束，镜头再次回转到现实中，男主人公正暗自伤神时，却与女主人公重逢。此时，镜头回落到商品"百年润发"洗发水上。广告的旁白是："如果说人生的离合是一场戏，那么，百年的缘分更是早有安排。青丝秀发，缘系百年。"整个广告设计匠心独具，以"爱情"为突破口，表现一对恋人悲欢离合的人生经历，通过"百年润发"的联系，使他们厮守终身，从而将爱情与产品联系起来。爱情是人类永恒的主题，将这一主题贯穿到广告中能带给消费者情感上的极大触动，也难怪有人将百年润发广告称之为 20 世纪 90 年代的经典爱情广告。此外，诸如 20 世纪 90 年代初期，我国话剧表演艺术家李默然为三九药业做的广告；著名演员潘虹为"霞飞一号"拍摄的广告等，都以其优雅大方的气质和妩媚动人的形象，开创了中国电视广告的名人时代。如今，名人代言广告已成为十分流行的现象。企业为了能够在

---

① 《强生的形象塑造之路》，http：//wenku. baidu. com/link? url.

② 有资料显示，1979 年，在美国的每 6 个广告中有一个是名人代言的，1988 年名人广告的占有率达到 20%，到 1997 年则上升至 25%。在韩国电视广告中，名人广告所占比率为 57%。在日本，这一比率竟高达 70%（参见周象贤：《名人广告效果的影响因素及其理论探讨》，《心理科学进展》，2009 年第 4 期，第 811－820 页）。

激烈的市场竞争中脱颖而出，不得不花重金请名人为其代言。应该说，名人为企业的广告市场带来了十分亮丽的场景，也产生了不可低估的广告效应。为此，一些社会心理学家将此称之为"晕轮效应"。[①] 广告中的名人，以其靓丽的外表、鲜明的个性，以及积极的社会影响力，使受众自觉不自觉地将自己对名人的良好印象移情到他们所代言的产品上，从而为各类公益广告、主题宣传片和商业广告产生了不同程度的影响。[②] 当然，不同的广告受众群体对名人的移情程度不尽相同，只有根据不同的产品选择不同类型的名人，才能达到预期的效果。[③]

八、企业商务礼仪中的审美意识

商务礼仪作为企业文化建设上被加以形式化的行为体系，一般具有美的感性形式。可以说是一种形式美和人的心灵美的一种外在表现，是通过个体和群体的行为、动作、表情、语言、服饰等规范表现出来的审美意识。诚如英国哲学家约翰·洛克（John Locke）所言："没有良好的礼仪，其余一切成就都会被人看作是骄傲、自负、无用和愚蠢。"[④] 各国的文化背景不同，企业的商务礼仪也不尽相同，如美国人将时间看作金钱，希望尽可能地简化繁琐的礼仪程序，在最短的时间内作出决定；一些北欧国家的人虽不像美国人那样迫不及待，但也同样关心时间和效率；德国人强调的是陈述要彻底充分、与会人员准时到达、会议如期结束；法国人更看重自己着装的品味、会议地点的选择、富于想象力的辩论风格；英国人则重视"公平合理"，并将此称之为作出决策的尺度；一些拉美国家的人对时间和效率不太关心，却重视在谈判中发展彼此的个人关系；日本人的美学准则有一套适当的形式和复杂的责任义务，强调和谐的氛围和成员的同心协力，对穿着十分用心，无论天气再热，也会着正装出席。[⑤] 中华民族以"礼仪之邦"著称于世，礼仪或秀丽而典雅，或古朴而淳厚，或浪漫而奇巧，无不凝聚着华夏儿女的智慧、创造和活力。有人将中国传

---

① 所谓"晕轮效应"，也称"光环效应"。是指一个事物如果被认为具有某种特点，也往往被认为具有其他特点，即人们会把对于一个事物的印象迁移、扩散到另外一个事物身上。20 世纪 20 年代，由美国著名心理学家爱德华·桑代克提出，后在社会心理学领域被广泛运用。

② 杜积西：《1978—2008：广告审美意识的流变》，西南大学 2012 年博士论文，第 83—86 页。

③ 有人将城市居民的名人广告观看模式分为精英影响型、名人欣赏型和明星崇拜型，并解析了三种群体的观看模式及特点，提出了与特点相应的广告策略。精英影响型人群观看名人广告时主要以判断广告产品是否可信为主，通过代言人在信赖因子方面的表现帮助自己对产品进行判断。这类人相对而言对名人本身的关注较少，也不存在崇拜明星的心理特征，名人在这群人眼只是传递产品信息的中介。名人观赏型人群的观看模式类似于把广告当作名人表演的情节短剧，他们看重广告本身的设计，也看重名人的知名度，吸引这类人群的广告如同电影赢得市场一样，既需要美妙的情节设计与表现手法，也需要重量级的明星出演。明星崇拜型人群向往名人本身的生活状态或他（她）们在广告中表达的情境。对于这类人而言，广告重要的吸引力是表达一种令他们向往的生活场景，他们对演员的表演本身更为看重，也关注相关的媒体信息，观看广告的过程中，他们可能会置身其中，体验自己也成为广告主角的感觉，以实现自己梦想的状态（即广告中描述的状态），他们对广告设计、代言人的可信赖性和知名度的态度较为中性，并非毫不关心，也不过度关注（参见吴琼、吴垠：《受众观看"名人广告"模式的实证研究》，《广告研究》，2006 年第 1 期，第 27—32 页）。

④ 金正昆：《商务礼仪简论》，《北京工商大学学报》（社会科学版），2005 年第 1 期，第 15—20，24 页。

⑤ 徐泽：《文化之于礼仪——日本文化与商务礼仪》，《商场现代化》，2010 年第 1 期，第 32—33 页。

统的社交礼仪的审美过程归纳为自然敬畏——禁锢约束——个体解放——群体协同——趋同顺势等几个阶段。[①]在礼仪产生之初，人们对自然界的事物还缺乏必要的认知，顺其自然地对自然产生了敬畏之心。随着人类文明进入封建时代，民众的审美意识进一步拓展，不仅"敬天"，还要"敬人"，但其审美取向导致对女性和下层弱势群体的约束和禁锢。在封建制解体并进入近代以后，自由、平等、博爱思潮出现，人们的审美习惯逐渐从"敬权"向"敬人"转变。新中国成立后，随着普通百姓社会地位的提升，审美取向逐渐向"个人服从或服务于群体"转变。到改革开放后，多元文化的时代背景使中国人的审美意识更加强调对个人的尊重和对自然的敬重。

就一般的审美而言，企业的商务礼仪除了具有形象性、感染性、功利性等一般性的审美特征外，还突出表现在：一是重视内容美与形式美的统一。诸如赠花、送礼、鼓掌、致意、跪拜、打躬、握手、接吻、让位、请座等，都要求主事者的每个动作要做到高雅、美观，且富有表现力。又如在交际场合，一个人的步态、身段、言语、动作、眼神、表情、音容、笑貌，以及衣着、打扮和修饰，都会涉及到风度和雅俗。中国人素有好客的传统，古语所谓："宾至如归，无宁灾患，不畏寇盗，而亦不患燥湿。"[②]无论来自何方的客人，人们都会以礼相待，努力做到热情周到。在对外交往中，中国人的社交礼仪还坚持平等原则，做到重礼仪、重实效、不讲排场、不事铺张、注意生活照料。在有关迎送、会见、会谈、宴请、参加晚会或舞会，以及游览、庆贺、凭吊、节日慰问等礼仪，都能力求细致周到。[③]二是强调整体美与个性美的统一。一方面，企业的各种商务礼仪都有一些约定俗成的规范和要求，以此展示人类对真善美的共同追求；另一方面，又由于各国或各地文化的差异，以及企业追求个性化发展的需要，其商务礼仪在内容和形式上存在不同，所谓"十里不同风，百里不同俗"，"一里不同俗，十里改规矩"。如信奉伊斯兰教的国家不送酒。送花时，西方人比较喜欢单数，忌讳双数，颜色搭配要丰富多彩等。三是突出礼仪审美的伦理评价。商务礼仪与其他社交礼仪一样，也有审美的伦理要求。每个个体或群体都必须经受社会化的过程，认同并遵守既定的社会规范。通过社交礼仪给人的行为以理智的指导，使其符合社会规范，进而承担起各种社会责任和角色。对待来访者或朋友，中国人有所谓"有朋自远方来，不亦乐乎！"无论来自什么地方的客人，都要做到热情接待，以礼相待。就民间礼仪看，突出特点就是要待人真诚，热情大方；友爱互助，甘苦与共；尊老睦亲，敬长爱幼；宽容大度，互谅互让。企业除了遵行这些伦理性的礼仪外，还要努力做到优美、优雅和文明。对待消费者、合作伙伴和其他利益相关者，做到平等互利、诚信友善，不欺诈、不贬损。中华民族弥久深远的礼仪文化，深刻地反映了我国的审美文化和道德传统，其内涵和特质已经深深地扎根于人们的灵魂深处，并影响着企业商务礼仪中的审美取向和价值判断，并成为企业开展商务礼仪活动的文化基因。

① 熊杰：《中国礼仪的审美变迁》，《大众文艺》，2012年第2期，第124-125页。

② 《左传·襄公三十一年》。

③ 江天健：《论中华民族礼仪的属性和审美特征》，《重庆大学学报（社会科学版）》，2001年第4期，第49-54页。

第十一章　企业家行为与企业文化建设

一、企业家与企业家行为

企业家在推动经济发展和社会繁荣中扮演着十分重要的角色。但什么样的人才是企业家，以及企业家活动包括哪些内容，在经济理论界远没有达成共识。在古典经济学家看来，企业家主要是一个风险承担者。法国经济学家理查德·坎蒂隆（Richard Cantillon）最早提出"企业家"这一专业术语，并将企业家定义为通过承担风险进行生产和交易的群体。[①] 亚当·斯密（Adam Smith）从政治经济学角度称企业家承担风险的行为动力关键在于利润动机。新古典经济学是从组织角度理解企业家的，如让·巴蒂斯特·萨伊（Jean Baptiste Say）将企业家定义为"结合一切生产手段并为产品价值寻求价值的代理人"。[②] 阿尔弗雷德·马歇尔（Alfred Marshall）则认为，企业家不仅要具备作为商人和生产组织者的角色，透彻了解自己所处的商业环境，能够预测生产和消费的变动并作出相应的决策调整。还要是一个优秀的领导者，具备出众的组织能力，调动雇员的积极性、进取心和创造力，并能够掌控企业的一切事务。[③] 后来，约瑟夫·熊彼特（Joseph A. Schumpeter）强调了企业家的创新功能；[④] 哈罗德·科兹纳（Harold Kerzner）进一步将企业家的创造性和警觉性看作是一种互补的关系，强调两者都具有促使经济不断地从均衡走向不均衡，再发展到均衡的功能。[⑤] 卡森·马克（Casson Mark）认为，企业家就是那些对协调稀缺资源作出判断的人。[⑥] 彼得·德鲁克（Peter Drucker）把企业家看作是为谋取利润并为此承担风险的人。[⑦] 国内学者也从多个角度探讨了企业家的定义。张维迎的看法是，企业家就是为承担经营风险，从事经营管理并取得经营收入的人格代表。[⑧] 陈光潮、张雪梅从企业家特征和职能角度，将企业家看作

---

① 高勇：《企业家职能：理论的演进与发展》，《华东经济管理》，2001 年第 4 期，第 38—39 页。

② 转引自陈光潮、张雪梅：《企业家定义探析》，《暨南学报》（哲学社会科学版），2002 年第 4 期，第 48—53 页。

③ （英）阿尔弗雷德·马歇尔：《经济学原理》，陈良璧译，北京：商务印书馆 1981 年版，第 236 页。

④ （美）约瑟夫·熊彼特：《经济发展理论》，何畏、易家祥等译，北京：商务印书馆 1997 年版，第 123 页。

⑤ 转引自刘志成、吴能全：《中国企业家行为过程研究——来自近代中国企业家的考察》，《管理世界》，2012 年第 6 期，第 109—123 页。

⑥ 丁彧：《论企业家的定义》，《市场周刊》（商务），2004 年第 8 期，第 28—29，40 页。

⑦ 转引自潘承烈：《企业家特征探》（一），《企业管理》，1989 年第 1 期，第 28—29 页。

⑧ 张维迎：《企业理论与中国企业改革》，北京：北京大学出版社 1999 年版，第 56 页。

是在一定环境条件约束下，最大限度地实现企业家职能，并获得显著成就的经营者。①刘志成、吴能全还从社会功能和行为过程两个层面界定了企业家的内涵，强调创造和发现是企业家最为根本的行为活动。而其他诸如承担不确定性、组织、领导等活动是创造和发现活动中所衍生的，它们不是企业家最为内核的意义。②

总而言之，中外学者对企业家定义的理解可谓仁者见仁，智者见智，但无论如何，作为一个真正的企业家，首先，必须是社会需求的发现者和满足者。企业家必须具有相当的远见卓识和非凡胆量，能够敏锐地预测和发现现在和未来的需求，并作出努力。其次，必须是社会生产的组织者和提供者。企业家必须是商品的提供者，必须及时组织和生产社会需要的各种商品，满足人们的需要。犹如让·巴蒂斯特·萨伊（Jean Baptiste Say）所言，企业家就是要把经济资源由较低的生产率水平转变为较高生产率，从而生产出更多的东西来。其三，必须具有承担一定经营风险的能力。市场经济的基本特征就是竞争无处不在，优胜劣汰，没有什么人可以永远稳操胜券，总会存在挫折和失败。因此，如何对待风险和承担风险，就成为区别企业家与非企业家的重要标杆。企业家必须要树立正确的风险观，敢于面对风险，勇于承担风险，善于驾驭风险。企业家与天才的不同之处正在于企业家乐于且有能力去承担风险。其四，必须具有创新精神。按照约瑟夫·熊彼特（Joseph A. Schumpeter）的说法，企业家精神的本质就是一种创新精神。创新精神是企业家的基本精神，是企业家精神外在的表现形式和本质特征。企业需要企业家的创新精神，那是一个企业能够不断焕发活力和产生动力的源泉，是一个企业健康发展的保障，是一种不可多得的社会财富。所以，阿尔弗雷德·马歇尔（Alfred Marshall）说，企业家是凭借创新力、洞察力和统帅力发现和消除市场非均衡性，创造交易机会和效用，给生产指出方向，使生产要素组织化，企业家精神就体现为组织领导能力和市场开拓的能力。③其五，必须具有责任担当意识。企业家是社会的精英，一言一行对社会大众都具有广泛而深刻的影响，必须要认清自己的责任，主动承担社会责任。要能够超越个人和企业的本位责任，克服各种因素的影响，在带领企业持续发展、关心员工利益、提升企业信用、参与社会公益、助推经济转型与社会发展等方面表现出积极的态度和行为。尤其要主动承担必要的社会责任，主动为社会发展作出自己的贡献。山东万通集团董事长、优秀退伍军人王军的话反映了一个民营企业家的责任担当："作为民营石化企业，既要注重经济效益，更要关注生态效益，为子孙后代留下一个洁净的环境。"④

相对于企业家定义的广泛讨论，企业家行为却一直未能给出一个统一的分析框架。英国著名跨国公司专家马克·卡森（Mark Casson）在借鉴心理学、社会学等学科对企

---

① 陈光潮、张雪梅：《企业家定义探析》，《暨南学报》（哲学社会科学版），2002年第4期，第48—53页。

② 刘志成、吴能全：《中国企业家行为过程研究——来自近代中国企业家的考察》，《管理世界》，2012年第6期，第109—123页。

③ 李冬艳：《企业家创新精神与企业成长》，《中国证券期货》，2013年第3期，第239页。

④ 苏银成、卢军、高勇：《一位民营企业家的责任与担当》，《人民日报》，2009年2月23日。

业家行为认识的基础上，给出了企业家行为的一个理论分析框架，即以内生性偏好和内生性实施为特征的动态制度分析框架。他把企业家定义为专门就稀缺资源的协调作出判断性决策的人，而所谓的"判断性决策"是指在不确定条件下，只依据所掌握的公开信息，按照既定的决策规则和程序作出的决策，这种决策只能在具体环境中表现出来，它能够改善在不确定环境中必须迅速作出的决策质量。[①] 也有一些学者从人格特质、外貌特征以及大众传媒等方面对企业家行为进行了研究。但对于企业家来说，人格特质和外貌特征较难改变，在企业经营管理实践中可操作空间不大，媒体传播的大多数研究不过是对企业家形象的报道进行事后的描述和分析，对企业家行为的实际指导意义也不够显著。[②] 到 20 世纪 90 年代以后，国内一些学者也开始对企业家行为问题展开研究。廖进球从市场角度出发，提出企业家既是市场的追随者，又是市场的创新者和替代者，是站在企业组织顶层的决策者、组织者和指挥者，因此，他（她）们拥有组织的最高权力并承担着企业发展的重任。[③] 黄泰岩、郑江淮在综合马克·卡森（Mark Casson）企业家理论的基础上，提出企业家行为是在不确定环境中通过对稀缺资源进行协调作出的判断性决策，是一种战略性行为。[④] 翟俊生、丁君风则认为，企业家行为就是在特定的企业内外因素组合下，企业家人力资本的使用过程。[⑤] 基于上述分析，大体可以认为，企业家行为就是企业家在相关约束条件下，对企业资源的配置所作出的各种选择。一方面，企业家无论是对企业资源进行创新性利用，还是利用企业资源谋取私利，都是对资源配置组合的一种选择；另一方面，企业家作为一种经济个体，是一个"经济人"，无论是作为普通的经营管理者，还是企业家，都有其自身的追求目标，在进行选择的过程中要受到各种约束条件的限制。此外，企业家对资源配置和组合进行选择必须遵循一定的依据，而这个依据就是资源配置组合选择的成本——收益分析。[⑥] 企业家行为可以分为理性与非理性行为。理性的企业家行为表现为追求企业的成长和长期稳定发展，重视消费者利益、视信誉为企业生命，善于抓住市场机会、果断实施决策，重视组织创新，善于调动各种因素为企业发展作出贡献，成就感胜于个人收入（福利）最大化。非理性的企业家行为包括"59 岁现象"、内部人控制、道德风险等。[⑦]

二、企业家行为对企业文化建设的影响

从企业经营管理实践来看，企业家行为对企业文化建设具有重要的影响。不同的企业家有着不同的领导行为，不同的领导行为又会孕育出不同的企业文化。如变革型企业家善于利用权力与情感等有利因素激发员工求新、求变的意愿和能力，当组织面临变革

①　黄泰岩、郑江淮：《卡森企业家理论述评》，《经济学动态》，1997 年第 8 期，第 64—68 页。
②　陈小云、李祖兰：《企业家行为研究的演化逻辑及未来方向》，《商业时代》，2012 年第 9 期，第 103—105 页。
③　廖进球：《论企业家行为与企业家机制》，《当代财经》，1996 年第 9 期，第 44—50 页。
④　黄泰岩、郑江淮：《企业家行为的制度分析》，《中国工业经济》，1998 年第 2 期，第 56—60 页。
⑤　翟俊生、丁君风：《企业发展与企业家行为机制变迁》，《学海》，2001 年第 1 期，第 65—71 页。
⑥　劳铖强：《企业家行为与现代企业成长研究》，厦门大学 2008 年博士论文，第 50—51 页。
⑦　廖进球：《中国企业家行为的制度分析》，江西财经大学 2004 年博士论文，第 3 页。

时，能够调整组织的作用方式，以求适应环境的变迁。变革型企业家还对下属具有理想化的影响力，能使下属专注于组织愿景，化决心为行动，建立信任，形成高效组织。变革型企业家也比较重视下属个性化发展，激发下属充分发挥其潜能。而交易型企业家则注重权变奖励，将良好的绩效作为员工奖励的依据。会主动或被动地检查员工行为，一旦发现有不符合规范和标准的行为会及时督促改正，但也会放任自流，回避决策。[①] 企业家行为对企业文化的影响涉及企业经营管理的各个方面。所以，美国学者约翰·科特（John P. Kotter）在《变革的力量》一书中对企业家行为与企业文化的关系作了如下描述：企业家与企业文化正如管理与结构一样密切相关，建立一种有用的企业文化需要强有力的企业家领导。同时，只有通过一定种类的企业文化，企业组织才能发现卓越的企业领导。[②]

1. 对企业经营管理文化的影响。企业家行为对企业内部经营管理的影响首先反映在企业的价值取向上。诸如华为公司的创始人任正非所表现出来的忠诚、果断、坚定和富有远见的个人特质，以及提炼出来的"我们遵循民主决策，权威管理的原则"，形成了华为公司企业文化的核心，也显示了任正非作为企业家在企业文化建设中的主导地位。同样，马云那种激情四射、充满自信、敢于冒险、善于演讲、富于感染力和号召力的个人特质，也融入了阿里巴巴的企业文化中，使阿里巴巴企业文化具备了鲜明的马云特色。无疑，企业家往往扮演着领头羊的角色，他们对事业执著的追求、钢铁般的坚强意志、非同一般的远见卓识，被视为其他人无法企及的特殊品质和能力，并进而被视为楷模或领袖，对其部属和企业产生不可低估的感召力，使他们对其所拥有的独特英雄品质产生个人效忠和信服，形成具有个人超凡魅力的权威和敬仰。[③] 其次，反映在企业的决策活动中。在企业经营管理中，决策过程其实就是一个寻找满意方案的抉择过程。而如何对不同的被选方案进行评价和选择，其实质则体现的是决策者的意志和判断。所以，美国管理学家彼得·德鲁克（Peter F. Drucke）指出：有效的决策虽然要靠正确的程序，也要靠正确的分析，但它的本质却是寓于行动中的伦理观念。[④] 日本著名企业家稻盛和夫因其卓越的人格力量被人们誉为"经营之圣"。他将企业家的决策分为本能判断、情感判断、理性判断和超出理性层次的灵性判断四种情况，而他却崇尚灵性判断，是因为这种判断作出的决策能够被周围的人乐于接受，能够打动其他人的心。[⑤] 其三，反映在企业取得的绩效水平上。一般情况下，有丰富阅历、认知水平高、能够在处理问

---

① 陈维政、张丽华、忻榕：《转型时期的中国企业文化研究》，大连：大连理工大学出版社 2005 年版，第 154 页。

② 转引自颜毓洁、耿喆：《中美企业领导行为对企业文化影响的差异研究》，《西安财经学院学报》，2011 年第 2 期，第 66—69 页。

③ 马春爱：《基于权威理论的家族企业家对企业的影响作用机理研究》，《管理评论》，2011 年第 6 期，第 88—93，98 页。

④ （美）彼得·德鲁克：《管理的实践》，毛忠明译，上海：上海译文出版社 1999 年版，第 300 页。

⑤ 转引自王维拉、熊捍宏：《谈企业家价值观对企业经营的影响》，《商场现代化》，2005 年第 23 期，第 293—294 页。

题时使用多种参考框架的企业家会比其他企业管理者取得更好的企业绩效。[①] 有人从中西方文化的差异角度对比分析了企业家行为对管理绩效的影响，结果发现：影响中国企业家管理绩效的三个维度分别是工作绩效、团体维系和个人品德。[②] 而企业家行为往往与员工满意度之间存在着正相关的关系，因为领导行为是员工满意度、组织承诺、信任和公民行为的决定因素。[③] 另外，有研究还发现：任务导向型的企业家行为与企业绩效直接相关；而关系导向型的企业家行为与员工态度相关，并通过员工态度间接影响企业绩效。[④]

2. 对企业公关文化的影响。企业经营离不开社会，良好的公共关系对企业发展具有十分重要的意义。国外一些学者以企业家的朋友关系来测量社会资本，发现企业社会资本可以扮演信息链接、减弱社会风险和不确定性的角色，并在获得风险投资的过程中起到重要的作用。[⑤] 还有人以中国企业管理者的社会关系为研究对象，发现企业管理者与其他企业管理者以及与政府官员的社会关系有利于改进企业绩效。[⑥] 国内一些学者通过实证分析，认为只要企业家在政府机关任过职，或是在跨行业的其他企业工作并出任经营管理等领导职务，那么，他们的社会交往和联系的影响力都会对企业的经济效益有直接的提升作用。如果将企业家的这种社会关系网络拓展到与供应商和客户之间，则这种关系网络的规模越大，企业的经营绩效就越高。[⑦] 有人还通过对海尔、宝洁、新希望三家不同所有制性质企业的企业家行为进行分析显示，民营企业对企业家个人的依赖程度最大，而外资企业则依赖于包括企业家个人、职能部门、员工在内的企业平台，国有企业介于两者之间。[⑧]

3. 对企业营销文化的影响。营销文化由企业营销理念、营销制度、营销行为、营销手段构成。[⑨] 营销理念包括营销价值观、营销精神、营销道德和营销目标，这是营销

① Denison，D．R，Hooijberg，R，& Quinn，R. E. Paradox and performance：Atheory of behavioral complexity in managerialleadership，Organization Science，1995，6：524－540.

② 凌文辁：《中国的领导行为》，杨中芳、高尚仁主编：《中国人·中国心——人格与社会篇》，台北：远流出版社1991年版，第67—72页。

③ Podsakoff，P. M.，MacKenzie，S. N. & Bommer. Transformational Leader Behaviorsand Substitutes for Leadership as Determinants of Employee Satisfaction，Commitment，Trust and Organizational Citizenship Behaviour，Journal of Management，1996，22：259－298.

④ 王辉、忻榕、徐淑英：《中国企业CEO的领导行为及对企业经营业绩的影响》，《管理世界》，2006年第4期，第87—96，139页。

⑤ Batjargal，B.，Liu，M.. Entrepreneurs' Access to private Equity in China：The Role of social capital. Oranization science 2004，15（2）：159－172.

⑥ Park，S. H.，Luo，Y. D.. Guanxi and Oranizational Dynamics：Organizational Networking in Chinese Firms，Strategic Management Journal，2001，（22）：455－477.

⑦ 孙俊华、陈传明：《企业家社会资本与公司绩效关系研究——基于中国制造业上市公司的实证研究》，《南开管理评论》，2009年第2期，第28—36页。

⑧ 贺远琼、田志龙：《企业家行为与企业社会资本》，《财贸研究》，2006年第1期，第81—85，91页。

⑨ 也有人将营销文化概括为营销哲学、营销理念和营销形象三个层面（参见张党利：《企业营销文化的概念研究》，《商业经济》，2011年第8期，第98—100页）。

文化的内核。处于营销文化中间层的是营销制度和营销行为，它由营销制度、营销人员行为规范、营销环境等构成，具有承上启下的作用。营销手段是营销文化的表层，主要通过营销标识、产品包装、商品陈列、建筑布局、营销人员服装，以及各种宣传广告等构成。营销手段是营销文化最直接的表现，一般会随着市场环境的变化和消费者的文化需求以及审美情趣的变化而变化。营销文化作为贯穿于企业整个营销活动过程中的一种文化理念，不可避免地反映着企业物质及精神追求的各种文化要素，是企业在商品销售过程中如何处理人与事、人与物、人与人的关系而形成的营销意识和道德行为准则，它必然与企业家个人的价值追求和行为规范具有密切的关联。如中华老字号北京便宜坊烤鸭店，在营销活动中曾将每周日定为"节约日"，即在周日的营业活动中，顾客如果将点的烤鸭和菜品全部吃掉或基本不剩，即可享受价格的九折优惠；如果浪费很多，则不能享受优惠。这项活动体现了北京便宜坊烤鸭店崇尚节俭和节约的文化理念。顾客在就餐的同时，还受到了节俭和节约好风尚的熏陶和感染。[①] 同时，不同的企业因其生产方式、历史传统、产品结构、营销风格、员工状况的不同，必然会形成自己独特的营销理念和传统。这种独特的营销理念和传统必然会形成企业对营销目标的追求、营销价值观和方法论的确定，以及有效的营销激励机制的制定等。如企业确定以物为本的营销哲学和以人为本的营销哲学，就会形成以不同的评价标准来评价营销人员工作业绩的评价体系，直接导致企业营销管理理念的不同。前者可能重视通过硬性管理，迫使营销人员高效率工作；而后者则重视通过文化的手段，激发营销人员的自觉性来提高工作效率。又比如，如果企业家将员工当作内部顾客，把工作当作内部产品，通过建立企业内部营销导向机制，合理授权，建立信息监控和反馈机制，加强对员工的培训，建立有效的激励机制。特别是加强沟通和协调，积极培育员工的内部营销意识，管理好领导与员工之间的关系，努力做到以人为本，员工至上，则必然会极大地调动员工的积极性和主动性，创造良好的企业营销业绩。有人通过实证方法检验了企业家行为对营销绩效的影响，结果表明：企业家行为对营销绩效具有显著的正向影响，营销动态能力在企业家行为和营销绩效关系中发挥着重要的中介作用。[②] 另外，员工对企业的情感和认同也会深刻地受到企业家的行为、情绪和认知的影响，对企业的认同过程不仅存在于企业家和中层管理者之间，也存在于企业家与一线员工之间。

4. 对企业品牌文化的影响。菲利普·科特勒（Philip Kotler）对企业品牌的定义是："一种名称、术语、标记、符号或设计，或是它们的组合运用，其目的是借以辨认某个销售者或某销售者的产品或服务，并使之同竞争对手的产品和服务区分开来"。[③]品牌的最终目标是在功能之外实现产品或服务的差异化识别。因此，一个成功的品牌不仅要取得用户的认知，还要营造一种文化氛围，使得用户可以长久地聚集在品牌周围。

① 高立胜：《营销文化与文化营销》，《中外企业文化》，2014年第6期，第75—76页。

② 陈宁：《企业家精神对营销绩效影响实证检验——营销动态能力的中介作用》，《商业时代》，2014年第19期，第90—91页。

③ （美）菲利普·科特勒：《市场营销管理：分析、计划和控制》，梅汝和等译，上海：上海人民出版社1990年版，第486页。

国内外著名品牌如星巴克、可口可乐、苹果、海尔等，无不凝聚着健康、创新、环保、关爱、公益等文化内涵，而这些文化内涵也构成了企业核心的品牌价值。关于品牌文化，国内外学者有不同的说法。国外有人将其看作是一个社区的范畴，是这个社区得以形成的纽带。① 是来自于企业的历史、主流社会文化、用户等因素交互作用形成了品牌文化。② 有些国内学者强调了文化因素对品牌管理的作用，将品牌文化看作是民族性、开放性、传承性和延伸性的体现。③ 但根据张红霞等人的研究，品牌文化是以企业文化为基础，以产品和服务为载体，通过理念、个性、声誉等品牌精神的塑造，最终升华为品牌归属感。在这一过程中，品牌文化的形成受到企业营销手段、社会潮流和消费者理念的共同影响。品牌文化包括四个维度，分别是企业文化、产品与服务、品牌个性和理念，以及品牌归属。企业文化是品牌文化的根基，典型条目是"社会责任、企业故事、企业理念"；产品和服务是品牌文化金字塔的第二个层级，也是品牌文化的载体；品牌个性、理念和声誉是品牌文化的第三个层级，是品牌文化的核心；品牌归属意味着消费者与品牌拥有情感上的共鸣，是品牌文化的最终目标。④ 对品牌文化形成的影响因素，虽然有营销手段、消费者和社会潮流等。但企业家行为无疑是一种重要的影响因素，因为组织的设计并不总是有利于员工的个体品牌行为，但员工个体行为如何与期望的品牌身份保持一致，企业家通过组织结构发挥了非常关键的作用。一方面，他们有责任通过提高团队的凝聚力和员工行为的一致性来界定企业品牌的身份，并促进品牌的构建；另一方面，企业家在组织结构与员工个体品牌行为之间起着中介作用。而且，不同风格的企业家还会采取不同的方式来影响员工对品牌身份的认同和品牌建构的行为。交易型的企业家倾向于采取服从的方式，而变革型的企业家则倾向于采取内化的方式。在员工把品牌的核心价值吸收到自己的价值观中后，就会出现较强的品牌公民行为，并履行企业品牌对外的承诺。⑤ 诸如松下幸之助倡导的"发展企业，贡献社会"的价值观，托马斯·J·沃森（Thomas J. Watson）为 IBM 注入的"追求卓越，超过他人"的价值观和"IBM 就是服务"的理念，以及张瑞敏为海尔创造的"日事日毕，日清日高"，"海尔真诚到永远"的理念等，作为一种强大的文化精神驱动力，使这些公司无一例外地成为世界名牌，且成为促使企业持续健康发展的核心。由此，美国公关专家唐·米德伯格（Donald MeadeBerg）说："最简单的创造品牌财富的方法就是创造一个辉煌的个人效

---

① Muniz，A. M. Jr.，O'Guinn，T. C.. Brand Community. Journal of Consumer Research，2001，27 (3)：412－432.

② Holt，D. B.. Why Do Brands Cause Trouble? A Dialectical Theory of Consumer Culture and Branding. Journal of ConsumerResearch，2002，29 (1)：70－90.

③ 周海燕、易花萍：《品牌文化的内涵解读》，《商业时代》，2008 年第 28 期，第 33－34 页。

④ 张红霞、马桦、李佳嘉：《有关品牌文化内涵及影响因素的探索性研究》，《南开管理评论》，2009 年第 4 期，第 11－18 页。

⑤ 陈小云、李祖兰：《企业家行为研究的演化逻辑及未来方向》，《商业时代》，2012 年第 9 期，第 103－105 页。

应，而无论你想到哪一个成功的企业，你都会发现它有一个很成功的首席执行官。"[1]

5. 对企业形象文化的影响。企业形象文化是企业留给社会公众和企业员工的一种印象，是企业与社会各阶层交流中留给人们的一种综合认识和整体评价，是一种包括产品形象、经营形象、管理形象、环境形象、员工形象和发展形象等在内的形象综合体。良好的企业形象文化是企业十分重要的无形财产，不仅有利于提高企业知名度，激发企业员工的自豪感和荣誉感，还可以促使消费者对该企业的产品、服务增强信任感和满意度，创造一种消费信用。但良好企业形象的塑造和维持则离不开优秀的企业家行为，这是企业形象的基石，直接决定着不同企业形象的塑造。甚至可以说，企业形象就是企业家行为的折射和放大。一个优秀的企业家在企业形象的形成过程中，具有他人不可替代的作用。尤其是那些自主创业的企业家们，从企业诞生之日起，他们的人生观、价值观就已深深地溶入了企业的血脉之中，实际上已成为企业经营目标和经营理念，而且伴随着企业的成长不断得到升华和扩展。比如 SOHO 的 CEO 张朝阳，他不仅很好地宣传企业的品牌，更注重对自己的包装和宣传。张朝阳频繁地出席各类商业或非商业活动，甚至连只有小孩子参加的轮滑比赛他也积极参与，其目的就是要宣传企业，给公众一种很有亲和力的企业家形象，从而使 SOHO 成为家喻户晓的网站。关于企业家行为对企业形象的影响，有人以一家连锁家具公司的广告为例，分别使用企业家和无名者作为代言人测试其广告效力，结果发现：在获得信任支持方面，使用企业家作为代言人的广告要比无名者得分更高。国外有学者还以 11 位企业家为研究对象，测试了他们作为品牌形象代言人的可信度和说服力，同时也检验了这 11 位企业家作为代言人出现在公司广告中时，消费者对广告、产品或服务、品牌等的态度，其结果是：只有在企业家被认为是可信的条件下，企业家才能作为代言人出现在广告中。如果没有考虑到这一点，广告费用倒不如用来提高消费者对产品或公司品牌的注意上，而不是企业家身上。因为如果形象不佳的企业经营者出现在广告中，反而会使消费者产生许多联想，进而发生对企业品牌形象的负面评价。[2] 如曾经有一家知名的油田类跨国公司在某高校召开大型招聘会，负责招聘的经理说："本招聘会主要针对理工科的学生，文科的学生听了只是浪费时间，请你们提前出去。"会后该校的 BBS 上立刻有同学发贴评论："一个国际性的大公司竟然在校园招聘会上说出这样的话来，实在是大大损害了公司的形象！实在是太没有远见卓识了！难道他们只是来招聘吗？难道在场的学生们以后不会成为他们公司潜在的客户吗？而且，会议厅并没有坐满，他们并不需要担心真正想进入公司的人不能进场参加招聘会。"这样的招聘会不仅未能达到招聘人才的目的，反而严重损害了企业的形象，不利于建立企业的形象文化。

当然，需要指出的是，不同文化背景下的企业家行为对企业文化的影响会有差异。

---

① 转引自郑砚农、杨伟强、刘江等：《企业家的公关化生存——首届中国企业家与公共关系高峰论坛》，《化工管理》，2003 年第 8 期，第 20—23 页。

② 陈小云、李祖兰：《企业家行为研究的演化逻辑及未来方向》，《商业时代》，2012 年第 9 期，第 103—105 页。

有人从领导行为的四个维度——决策与计划、组织过程、协调与沟通、激励与控制，分析了中国和欧美企业家行为对企业文化的不同影响。关于决策与计划，欧美企业家以追求企业自身利润最大化，或股东价值最大化为目标；而中国企业，尤其是国有企业则以寻求各种相关利益之间协调和平衡为目标。同样，在欧美企业家看来，一个良好的计划反映在企业文化上应该是清晰、具体、详细和明确的；而大多数中国的企业家则要充分考虑外部环境的不确定性，制定不求精准，往往是轮廓性的和粗线条的，目的是要为管理者的发挥留有余地。关于组织过程，欧美企业家受崇尚科学、注重专业的影响很深，在组织过程中不会考虑个人的级别和资历。而中国企业，尤其是国有企业总会自觉不自觉地将企业与单位行政级别和个人资历、地位和级别联系起来，突出组织过程的行政化色彩。关于协调与沟通，欧美企业家重视的是企业的长远发展和个人的独特技能，协调和沟通直接了当，不会转弯抹角；但在中国企业中，人际关系显得尤为重要，企业家只有具备左右逢源的能力，才能处理好复杂的人际关系。关于激励与控制，欧美企业家崇尚效益原则，实行多劳多得、少劳少得的激励机制，一般都会用客观、精确、量化的评价标准及评估方法对企业员工的绩效进行评价，企业管理者通常会制定严格的规章制度来对员工进行约束、监督和控制，即使对董事会、监事会、经理层，也制定了三权相互制约、环环相扣的监督体系；但中国企业的管理者对物质激励一般会强调"不患寡而患不均"，而对精神层面的激励和约束则倾向于用道德榜样和先进典型的示范、引导为主，规章制度约束为辅的方法。近年随着全球化、知识经济时代的到来，人性化管理、和谐管理等越来越受到欧美企业的重视，强调员工的自我控制和自我管理；而中国企业的领导行为则更多地表现出强调制度化、精细化、数量化的趋势，这显然是在全球化和信息化时代企业经营管理日渐趋同和融合的一种发展态势。[①]

三、优秀企业家行为的基本特质

企业家行为特质是指企业家相对稳定和连贯的个体行为特征的综合体，是能够反映企业家个体行为在不同的群体和组织情境中形成一贯的领导绩效模式。[②] 企业家行为特质作为一种"异质性"的个性特征综合体，不同于企业家之间相互区分的特征因素。这些因素能够让企业家在面对选择与决策时有不同的思维方式，进而作出不同的选择，并影响企业的发展方向。企业家行为特质既包括企业家的性格因素，也有企业家自身积累的条件因素，还有通过后天的经营管理实践等培养的特征因素。既有面向外部环境的行为特质，也有针对内部组织的行为特质。特质不同于素质，具有某种素质的人可以从事某种事业，但只有具有某种特质的人，才能成为从事某种事业的人才。

关于企业家行为特质的研究可以追溯到 20 世纪 20、30 年代。最初，一些国外学者

---

① 颜毓洁、耿喆：《中美企业领导行为对企业文化影响的差异研究》，《西安财经学院学报》，2011 年第 2 期，第 66—69 页。

② Antonakis, J, Cianciolo, A T, and Sternberg, R J. Leadership: Past, present and future. in J Antonakis, A T Cianciolo, and RJ Stemberg（Eds.）— The nature of leadership. Thousand Oaks, CA, London, and New Dehli: Sage Publications, 2004: 3—15.

将其概括为 6 个因素，包括身体因素、能力因素、业绩因素、责任因素、参与因素和性格因素，并用心理测评的方法来判别企业家的特质差异。美国心理学家 C·A·吉伯（C. A. Gibb）将企业家的先天特质概括为 7 个方面：善于言辞、外表英俊潇洒、智力超群、自信性、心理健康、愿意支配他人、外向而敏感。管理学家彼得·德鲁克（Peter Drucker）则从学习的角度提出企业家必须具备的 5 个良好习惯：有效利用时间、注重贡献和明确方向、善于发现并用人所长、分清主次和集中精力、有效决策等。① 近年，国内学者和企业界人士在这方面也开始了思考和探究。有人将创新作为界定企业家行为特质的规定性要素。② 有人将企业家行为特质概括为强烈的驾驭企业在经济领域干一番事业的兴趣与欲望，好竞争而不倦、善竞争而多谋，为事业的成功而坚毅不拔、一往无前，心中装着企业、善于与人相处。③ 湖北稻花香集团董事长蔡宏柱还将企业家行为特质概括为：优秀的学生、敏锐的政治家、睿智的思想家、聪慧的经济学家、勇敢的军事家。④ 中国人民电器集团董事长郑元豹认为，企业家行为特质就是勤劳和诚信。⑤ 还有一些咨询机构对此作了进一步细化，将企业家行为特质分为保证企业发展的能力和奠定企业文化价值的基础两个方面。前者包括决断力、判断力、洞悉力、整合力、创造力、执行力、预见力、耐力和意志力；后者主要指思想深度、战略高度、知识广度、道德厚度、做事气度、为人低度等。⑥

综合国内外学者和企业界人士的分析，我们大体可以将优秀企业家的行为特质概括为以下几个方面：

第一，诚实守信的价值取向。中华民族自古以来就有以诚为本、以和为贵、以信为先的优良传统。孔子说："民无信不立"，"上好信，则民莫敢不用情"。⑦ 孟子说："诚者，天之道也；诚之者，人之道也。"⑧ 从古到今，无论是历代帝王将相，还是一介草民，无不把诚实守信作为第一要务。所谓诚实，就是忠于事物的本来面目，不歪曲事实，不隐瞒自己的真实思想，不弄虚作假，口是心非。所谓守信，就是信守诺言、讲信誉、重信用，说话算数，认真履行自己应该承担的义务。诚实守信是一种品行、一种责任、一种道义、一种准则，更是一种资源。企业家只有坚持诚实守信的优良传统，时时处处讲诚信、守诚信、促诚信、作表率，以诚实守信的优秀品德塑造企业良好形象，就必然会赢得人们的尊重和爱戴，就能够共创诚信、和谐的企业发展环境。华人首富李嘉诚在经商中十分重视恪守承诺、守信经营。他经常说："如果要取得别人的信任，你就必须作出承诺。在做每一个承诺之前，必须经过详细地审查和考虑。一经承诺之后就要

　① 转引自韩璐：《企业家特质与中小上市公司成长性研究》，山东大学 2012 年硕士论文，第 18—19 页。
　② 郭宝福：《企业家特质论》，《天津社会科学》，1995 年第 6 期，第 27—29 页。
　③ 刘述意：《试论企业家的特质和社会功能》，《中国工业经济》，1988 年第 4 期，第 42—48 页。
　④ 胡小龙、谭儒：《蔡宏柱的"企业家特质"论》，《厂长经理日报》，2000 年 6 月 27 日。
　⑤ 李壮：《郑元豹：勤劳和诚信是企业家特质》，《华夏时报》，2009 年 11 月 28 日。
　⑥ 上海支点投资管理有限公司：《战略型企业家的特质》，《神州学人》，2015 年第 4 期，第 47 页。
　⑦ 《论语·子路》。
　⑧ 《孟子·离娄上》。

负责到底。即使中途有困难，也要坚守承诺，贯彻到底。"[①] 2012 年 11 月 22 日，他在长江商学院十周年庆典上发表题为"行动英雄"的演讲，呼吁长江校友："有能力的人，要为人类谋幸福，同塑更美好的世界，世世代代能在尊严、自由和快乐中，活出我们民族的精彩。"[②] 2007 年度的"全国诚实守信模范"、西藏企业家单增，凭着诚实和信誉，带领西藏山南地区建筑工程建材工业总公司连续多年被评为"西藏自治区重合同守信用企业"，被国家工商行政管理局评为"全国重合同守信用企业"。多年来，该公司承建的工程合格率一直保持 100% 的合格率。许多工程达到了优质工程，从未出现过质量问题和大面积掺水现象，实现了连续 10 年没出现过住户向消费者协会投诉的事情，从而使公司在激烈的市场竞争中站稳了脚跟，并得到了发展和壮大。[③] 同样，西安银桥乳业集团董事长刘华国其所以能够荣膺"全国诚实守信道德模范"的殊荣，也在于他能够坚持"以质量求发展，靠诚信铸品牌"的经营理念，用良心产品赢得了广大消费者的信赖。特别是在 2008 年的"三聚氰胺"事件中，该公司用诚信、品质和责任，为广大消费者架起了一座健康之桥。[④]

第二，未雨绸缪的预见能力。预见能力就是指当事人根据事物的发展特点、方向、趋势进行预测、推理的一种思维能力。预见能力是优秀企业家行为的重要特质，对于成功引领企业发展至关重要。所以，美国管理学者华伦·丹尼斯（Warren Dennis）根据自己对 90 位杰出企业领导人的考察，把预见能力列为企业家的首要能力，称之为"领导者组建组织从现在跨向未来的大桥"。[⑤] 一方面，新知识、新技术的不断涌现，以及市场环境的迅速变化，需要企业家具备面向未来的战略素质，能够透过眼前的事物，把握未来的发展趋势，预见其发展方向；另一方面，企业家要率领企业员工取得好的经营业绩，也需要站得高，看得远，为员工指明前进的方向，这些均要求企业家具备较强的预见能力。如日本的东芝公司组建生活方式研究所；索尼公司积极探索"人类科学"；雅马哈公司在伦敦设立一个充满最新和最出众音乐技术的"听音哨"等。这些公司超前的做法其实都是为了获得两个关键性问题的答案：一是顾客会重视未来产品的哪些优点；二是怎样做才有可能通过创新抢在其他竞争者之前把这些优点反映到市场上去。客观地讲，预见能力是一种需要很高资质禀赋的直觉力，包括发现并提出理念、倡导并形成行动、观察并解决冲突、调整并防止偏颇，但最关键的是要养成超前的思维模式，善于思考不为常人所思考的问题，善于发现常人难以发现的机理。既不拘泥于单一思维模式，又不一味追求差别和怪异。[⑥] 当然，现代化的预测技术也为预测事物发展变化提供

① 炎林：《诚信就是资本》，北京：北方文艺出版社 2004 年版，第 48 页。
② 李嘉诚：《有能力的人要为人类谋幸福》，http://www.ltkdj.com/News/szcc/2012/1124/12112405013IHBFC88GKGE1H58G7KFD.html.
③ 张琦：《一个藏族优秀企业家的赤子情怀——记"全国诚实守信模范"单增》，《西藏文学》，2008 年第 5 期，第 13—27 页。
④ 李西锋：《西安企业家刘华国荣膺全国诚实守信道德模范》，《西安日报》，2009 年 9 月 21 日。
⑤ 孙钱章：《国外实用领导方法与艺术》，北京：中共中央党校出版社 1996 年版，第 493 页。
⑥ 赵光辉：《论领导者的预见力》，《石油化工管理干部学院学报》，2009 年第 1 期，第 12—14 页。

了可靠的工具和方法，如定性预测、定量预测、定时预测等。企业家要掌握控制论、信息化、系统论等科学的基础理论和方法，掌握预测的一般过程，以便正确地把握事物发展的方向，并作出较科学的预测。但同时要认识到这些技术所存在的局限性，充分发挥企业家自身的知觉能力，更好地把握未来趋势的变化，使经营计划有预见性和主动性。

第三，多谋善断的决策能力。西方决策理论学派的代表人物赫伯特·亚历山大·西蒙（Herbert Alexander Simon）认为：管理就是决策，决策是管理的核心。[1] 据对全球范围的统计，85％以上的企业倒闭原因是由决策失误引起的，企业家的决策能力决定着企业成败。同样，美国兰德公司的"9090"法则也显示，所有破产企业的90％来自于决策失误，决策失误的90％又来自于投资。[2] 管理学上有一句名言：100 个行动也无法挽救一个错误的决策。从大型引擎搜索公司谷歌退出中国市场的案例更可以验证决策对企业发展的重要性。这家曾经在全球具有非凡影响力的公司的决策者，由于缺乏对中国法律和法规的必要尊重，且过分高估了本公司的市场影响力以及美国政府支持其叫板中国政府的决心和能力，也高估了该公司粉丝对中国政府的影响力，结果导致兵败麦城。[3] 概括起来，优秀企业家的决策能力可以体现在以下几个方面：一是敏锐的问题发现和分析能力。只有敏锐的发现问题和分析问题，才能做到有的放矢，找到针对性解决问题的办法，这是企业家作出正确决策的基础。二是准确的判断能力，这是企业家决策成功的保证。判断能力又主要来源于洞察力，这是企业家能够从战略高度观察事物的能力，它要求企业家必须有广阔的视野、科学的分析方法和思维方式，并能够从决策对象有关的众多信息中归纳和提炼出关键的信息，并迅速抓住事物的本质。三是果断的抉择能力。具体表现为企业家在行使权力时，能够把经过深思熟虑后的选择或判断，迅速而明确地表达出来，当机立断。这是企业家素质和成熟的集中表现，也是决策能否取得成效的关键环节。[4]

第四，持续不断的创新精神。阿尔弗雷德·马歇尔（Alfred Marshall）从企业家人力资本的角度，将企业家看作是凭借创新力、洞察力和统帅力发现和消除市场非均衡性、创造交易机会和效用、给生产指出方向、使生产要素组织化的人。约瑟夫·熊彼特（Joseph Alois Schumpeter）称企业家是不墨守成规的人。只有那些具有创新精神，对经济环境作出创造性反映，推进企业不断发展的经理才称得上企业家。虽然人们对企业家行为的内涵理解不尽相同，但企业家行为的本质也许正如让·巴蒂斯特·萨伊（Jean Baptiste Say）所说，是"将经济资源从生产力和产出较低的领域转移到较高的领域，即创造一种新的生产函数实现既定资源产出的最大化"。这样，创新事实上就体现为企

---

① （美）赫伯特·西蒙：《现代决策理论的基石》，杨砾、徐立译，北京：北京经济学院出版社 1989 年版，第 23 页。

② 转引自沙彦飞：《企业家决策心理锚研究》，南京师范大学 2013 年博士论文，第 1 页。

③ 谭小芳：《企业成败关键：企业家决策能力》，《中小企业管理与科技》（中旬刊），2011 年第 6 期，第 42－44 页。

④ 潘永强：《企业家决策能力的主要表现》，《特区企业文化》，1996 年第 1 期，第 54 页。

业家行为的核心和本质。① 日本的索尼公司被视为"电子巨人"，其赖以成名的秘诀就是"日日创新"，故又有"技术索尼"的美誉。从公司的创始人井深大，到后来的大贺典雄，再到出井伸之，始终将变革作为企业发展的核心理念。他们认为，要走在别人前面，就要做别人没有做过的东西。于是，公司有了世界上第一台袖珍式立体声录音机、第一台微型电视机、第一台微型录放机等。② 作为日本企业界的泰斗，松下电器公司的创始人松下幸之助时刻提醒自己，企业必须争取每日都创新以适应时代发展的潮流，并将自己有关创新的心得制定为"七大精神"编入公司的社训中，一方面鞭策自己，另一方面也激励部下。③ 德国的霍夫曼——拉罗什公司多年来一直是世界上最大、也是利润最高的制药公司。作为总经理的乔治·吉尔德斯不惜以新发现的维生素作赌注，以期通过新产品的研发去求得企业的超常规发展。他认为，创新实际是创造了一种资源，当创新的目标确定后，就必须全力以赴。如果畏首畏尾、怕冒风险，则企业就会失去发展的机会。正因为有了这种认识，霍夫曼——拉罗什公司在当时人们并不看好维生素时却果敢地取得了无人问津的专利权，并把几名发明家以高薪聘请到公司，将公司所有的钱以及能借到的钱全部投入到维生素产品的研制与销售上。几年后，当所有维生素的知识产权宣告截止时，霍夫曼——拉罗什公司已经拥有近半数的世界维生素市场，公司的营业额已达数十亿美元。④

第五，灵活机动的沟通能力。企业家的沟通能力是指企业家在经营管理过程中，运用语言或非语言的手段，协调企业经营管理系统内部、外部各要素、各环节之间的关系，化解矛盾，使之形成步调一致、协调配合的和谐整体，以最大限度地发挥整体效能、高效实现企业目标的能力。按照目前较为流行的说法，企业家的沟通能力包括沟通认知能力、沟通倾向、沟通技能三个部分。沟通认知能力是指在沟通过程中对自己、对他人、对情境的一种认识、了解和把握能力，表现为清楚自己的沟通目标、善于体察他人的想法和感受、能够控制在不同的时间、场合中自己的言语与行为。良好的认知能力是企业家成功传播企业文化的必备条件，能够有效消除沟通双方的对立情绪，建立平等、自由、轻松、理性的对话氛围。沟通倾向是指沟通的偏好与行为动力。作为一种动力机制，沟通倾向是沟通的内在驱动力。人的沟通认知水平越高，沟通的欲望就越强。企业家通过沟通，把经营哲学、价值观念传导给企业职工，把团队的目标深入到团队每位成员的心中，可以增强员工的信心，促进员工对企业文化的认同。沟通技能即沟通的行为表现能力，包括语言表达技能、非语言表达技能、倾听技能。⑤ 有效的沟通，既是企业家的行为特征，也是企业文化有效传播的重要手段，它可以使企业员工及时了解企

① 转引自李冬艳：《企业家创新精神与企业成长》，《中国证券期货》，2013 年第 3 期，第 239 页。

② 刘光明编著：《中外企业文化案例》，北京：经济管理出版社 2000 年版，第 152—153 页。

③ 赵文明编著：《中外企业文化经典案例》，北京：企业管理出版社 2005 年版，第 283 页。

④ 黎康：《创新能力决定竞争力——世界知名企业家创新观述评》，《企业经济》，2001 年第 12 期，第 5—8 页。

⑤ 易崇英：《企业家沟通能力与企业文化传播》，《商业文化》（上半月），2011 年第 3 期，第 53—54 页。

业的经营状况和企业目标，形成共同的愿景。人们之间只有有了共同的目标，才能相互信任，也容易形成信任文化。1997年，美国《工业周刊》评选出的全美制造企业10强，有人将其获胜的法宝总结为："以人为本，重视沟通，目标一致"。[①] 同样，2004—2006年，总部位于美国的人力资源咨询机构翰威特公司先后公布的"亚洲地区最佳雇主"调查结果显示，上海波特曼丽嘉酒店的总经理马克·德科西尼斯（MarkDe Cocinis）连续两年获得"亚洲最佳雇主"称号的秘诀，也是他能够尊敬每一个员工、提供良好的工作环境、信任雇员并授予他们权力、提供具有竞争力的报酬，与他们分享重大的情感事件等。所以，企业管理学专家斯蒂芬·P·罗宾斯（Stephen P. Robbins）认为，企业作为一个经济组织，由不同的部门和各类人员组成，为了使各方面协调一致，信息需要在组织内部的人员之间进行传递，感情需要沟通。因而，管理的实质就是沟通。[②]

第六，纵横捭阖的整合能力。整合能力是企业内部，或者企业之间通过对各种资源的有效规划和协调以获取单一行为所无法达到的综合效益的能力。[③] 也有人将整合能力定义为组织内外创造、交流和共享知识，整合要素资源，协调企业各个部门形成一个共同的整体以完成任务的能力。是企业家通过识别、汲取、匹配与激活等手段利用不同种类资源的主体运用能力。[④] 整合能力包括部门间的协调能力、信息整合能力和资源整合能力3个维度。部门间的协调能力是指各部门间的工作能够有效地协调配合以提高工作效率。信息整合能力则是企业能够有效地对信息进行识别、获取和整合的能力。资源整合能力为企业能够合理地对资源进行识别、获取和融合配置的能力。[⑤] 企业家的整合能力是促进企业发展壮大的一种重要且有效的形式。企业家只有对外部资源、内部不同层次的资源、现在和未来的资源等具有准确的认知和识别，并对其通盘考虑，有效配置，才能在企业竞争中获得优势。有人通过实证方法求证了企业家的整合能力对创业绩效的积极影响，并强调对高新技术企业而言，更要关注资源整合的全部过程，不断提高资源识别、获取、配置以及利用能力，从而提高企业的创业生存和成长绩效。[⑥]

第七，不屈不挠的拼搏意志。英国作家查尔斯·狄更斯（Charles Dickens）在他的《大卫·科波菲尔》、《雾都孤儿》等小说中，为读者塑造了许多不屈不挠、敢于拼搏的主人公形象。困苦的生活不是压垮他们的巨石，而是他们奋斗的动力；罪恶的环境不是

① 转引自张泰城、陈剑林：《人际关系沟通与提高企业绩效探微》，《江西社会科学》，2007年第8期，第133—136页。

② （美）斯蒂芬·P·罗宾斯、蒂莫西·A·贾奇：《组织行为学》，孙健敏、李原、黄小勇译，北京：中国人民大学出版社2012年版，第15页。

③ Maloni M J, Benton W C. Supply Chain Partnerships: Opportunities for Operations Research. EuropeanJournal of Operational Research，1997：419—429.

④ 林萍：《组织动态能力研究——Teece等的动态能力框架的一个扩展》，厦门大学2008年博士论文，第42页。

⑤ 张欣瑞、贺欢：《整合能力、新产品开发与企业成长绩效——基于高技术企业的实证研究》，《工业技术经济》，2014年第3期，第146—151页。

⑥ 易朝辉：《资源整合能力、创业导向与创业绩效的关系研究》，《科学学研究》，2010年第5期，第757—762页。

摧毁他们的染缸，而是他们高贵、善良品质的陪衬，使主人公的形象更为高大、光辉，使他们获得的成功和幸福成为理所应当，使人们在悲惨之中看到希望，拥有未来。[①] 其实，企业家更需要拼搏精神。企业的成长不可能一帆风顺，往往会遇到各种意想不到的困难，会遇到强大的竞争对手，甚至遭受挫折和失败，这就要求企业家具有百折不挠的拼搏精神。面对各种困难，他们不能回避，不能退缩，要敢于藐视困难，战胜困难；面对强手如林的竞争局面，他们不能畏惧，不能逃避，要敢于竞争，善于竞争；面对各种挫折和失败，他们不能灰心，不能气馁，要善于从挫折和失败中吸取经验教训，勇往直前。[②] 我们从许多著名企业家身上都能看到这种百折不挠的拼搏精神。如在改革开放近40年间，温州民营经济取得了长足的发展，涌现出了一大批杰出的企业家和走得出去、叫得响的企业品牌。这一骄人的成绩，得益于温州有一批勇于进入市场、敢于拼搏的民营企业家。[③] 又如闽南地区的企业家有一些共同的特点，那就是坚韧不拔、胸怀开阔、不断进取、永不放弃。闽南人在创业初期，大都是出海从商，他们天生有做商人的品质，已有的世界永远无法吸引他们永不满足的目光，也无法阻挡他们永不停息的脚步。他们面对狂风巨浪毫不退缩，由此走向了富足之路。面临大海让闽南人有了开阔的胸怀，风险不停，潮起潮落。闽南人一次次地冲向风头浪尖，这正是作为海上水手的勇气，也是他们的魄力。对闽南人来说，他们成功的秘诀就在于勇于拼搏，不断进取。[④]

第八，不断进取的学习能力。学习能力作为企业家感知、获取和使用其资源的认知和行为过程，是知识获取与应用，以及复制与传播的重要途径与手段。对企业家个人能力的提升，以及企业层次动态能力的构建影响重大。[⑤] 企业家通过不断学习，获取知识、存储知识，并对自身以及他人经验进行解剖、反应以及行为改变，最终通过代理机制使企业整体获得这种能力，实现企业原有状态的改变和现有能力的跃升。通过直觉学习、教育系统的学习、关键事件的学习、社会网络的学习和先导性学习等形式，企业家获得经营企业所必须的经验和技能。同时，企业家在学习过程中还会把自己的经验在企业内部进行传播，构建学习型组织，最终实现企业能力和环境的动态匹配。[⑥] 摩托罗拉公司是建立企业大学较早的企业之一。公司以建立终身教育为理念，明确企业学习的目标，并进行系统的课程设计，对全体员工开展包括企业文化、技能培训、技术培训、管理培训等在内的系统培训。根据将企业文化、内外部环境、个人能力相融合的课程设计理念，摩托罗拉大学开设了 600 多门相关课程，为员工提供能够系统学习的课程体系和学习机会。通过培训可以使员工对所从事的工作进行全方位、多角度、创造性的思考和

①　朱励斯：《解析狄更斯的＜大卫·科波菲尔＞中大卫的拼搏精神》，《短篇小说》（原创版），2015 年第 3 期，第 97－98 页。

②　陈佳贵：《关于企业家精神的探讨》，《中国工业经济》，1989 年第 3 期，第 57－61 页。

③　陈里雅：《盛赞温州企业家拼搏精神》，《温州日报》，2009 年 4 月 13 日。

④　吴炯桦、刘玉豪：《论闽南人拼搏精神》，《闽商文化研究》，2014 年第 1 期，第 97－100 页。

⑤　Young J·E，Sexton D L Entrepreneurial learning：a conce ptual framework . Journal of Enterprising Culture，1997，5（3）：223－228.

⑥　魏江、焦豪：《基于企业家学习的中小企业动态能力作用机理研究》，《商业经济与管理》，2007 年第 10 期，第 27－31 页。

理解，从而形成工作的动力和学习型组织的基础。另外，通过对企业文化的培训和学习，也使企业价值观和发展愿景逐步深入员工心中，有效地提高了员工对组织战略和发展愿景的理解水平，提高了企业的凝聚力和向心力。[1] 有人认为，温州模式的成功主要取决于温州企业家的学习力和竞争力。多种因素造就温州企业家巨大的学习力和竞争力，从而造成了温州企业家人才辈出、能力超群的现象。如北大、清华、人大、中欧、长江等国内知名商学院的校友名单里，都有南存辉、王振滔、钱金波、高天乐等温州知名企业家的名字。温州企业家的学习主要体现在：一是在听课中学习。他们多有强烈的学习愿望与学习动机，恪守严格的学习计划，顽强地坚持学习，并善于立竿见影的将学习成果迅速转化为企业行为。二是在讲课中学习。伴随温州知名度和美誉度的提升，一批经验丰富，思维敏捷，时尚前锋，仪表考究，极富人格魅力的温籍企业家成为全国高校和经济论坛争抢的"新宠"。他们像候鸟一样在国内、国外、企业、学校之间飞来飞去，身兼二任，时而台下为徒，时而台上为师。三是在考察中学习。自 2003 年 12 月王振滔等跟随温家宝总理访问埃塞俄比亚开始，温籍企业家成为跟随国家领导人参与高端出访的活跃群体。此举成为温州籍企业家走出国门，体悟欧风美雨的重要学习途径。四是在创新中学习。温州企业家已经由早期的模仿性学习跃升为创新性学习，如江南阀门的黄作兴，研制成功世界上第一台高性能中压调节型蝶阀，一举获得 4 项国家专利，荣获尤里卡金奖，他本人被授予尤里卡一级骑士勋章。又如有着强烈创新意识的开元掌门李跃胜，自主研发出户内交流高压负荷开关，填补国内空白后，先后研制熔断器组合电器等七大系列数十个品种的输变电高科技产品，多属国内首创。20 世纪 90 年代，自美国学者彼得·圣吉（peter senge）提出"学习型组织"的概念开始，国外学界开始探讨在企业、学校、医院、教堂、政府部门、民间组织等建立学习型组织的问题。但尚在 2007 年 10 月，温州企业界的学习型社会建设网已经开通，并全面启动了创建学习型企业的活动。[2]

四、现阶段中国企业家的行为状况

有人将中国的企业家分为转轨型企业家、机遇型企业家、科技型企业家、管理型企业家等。[3] 不同类型的企业家，其行为特征既有相同之处，也存在差异。1995 年，中国企业家调查系统对我国 30 个省的 10 多个行业的企业家行为进行了调查分析，结论是：随着市场经济体制的建立，我国企业家们的角色意识正在形成，走职业化道路已经成为他们的主流意识。企业家越来越重视提高自身素质，重视提高个人修养，进取精神极强，求实、奉献、民主的行为和价值取向也正在表现出来。企业家对人才意识、信息意识、风险意识等正在逐步提高，但其职业目标尚有待进一步加强，成长环境有待进一步

①　张迪：《从企业大学看学习型企业的建立——以摩托罗拉大学为例》，《山西财经大学学报》，2014 年第 S1 期，第 70－71 页。

②　白炳贵：《论学习力与温州企业家人才群成长的关系》，《现代经济信息》，2010 年第 22 期，第 13，16 页。

③　车行：《中国企业家中国企业家类型及其特征》，《商业文化》，2002 年第 3 期，第 36－38 页。

改善。① 但在学术界，较多的学者强调了企业家行为中的缺憾和不足。如有人将中国企业家行为概括为官本位思想、家族意识、王者风范、"窝里斗"陋习等。② 有人从产权角度将中国企业家行为归纳为偏重控制权收益、权利争斗、恶性竞争和不注重市场声誉等。③ 也有人认为，受特定制度和文化的影响和制约，中国企业家的行为有着极其复杂的特征，从企业家追求的目标看，表现为社会利益或政治利益至上、出资者利益至上、经理人利益至上、企业长寿至上。从其选择的经营手段看，则存在寻租倾向、机会主义倾向、效率第一倾向和追求质量的倾向等。④

客观地看，改革开放后成长起来的一代中国企业家，受历史文化传统、现实经济环境和企业家来源的影响，其行为表现出一些复杂的特征其实是一种必然现象。但随着我国市场经济体制的逐步完善，企业经营管理水平、国际化水平的进一步提升，企业家行为也发生了一些明显的变化，突出表现为企业家行为与经济社会发展转型相适应的特征。

1. 在价值取向上，企业家正在从利益至上向重视社会效益转变。受中国传统价值观影响，改革开放初期的中国企业家，其价值定位较为显著地表现出权力定位、金钱定位和实力定位的特征。权力定位就是以人拥有的权力大小衡量人的价值；金钱定位就是以人所拥有的金钱多少来衡量人的价值；实力定位就是以人的贡献大小和实力强弱来衡量人的价值。⑤ 随着改革的不断深入，企业家的价值取向逐渐发生变化，其突出特点是，企业家价值取向越来越与市场经济发展和社会进步要求相适应的特征。调查发现，1993 年和 1994 年，80％以上的企业家都将"企业的发展"作为最重要的职业目标。同时，企业家认为"增加职工收入"是排在第一位的经营目标。在 2003 年和 2006 年，"提高企业竞争力"成为企业家最想实现的目标。在 2007 年和 2011 年，企业发展、员工成长、服务社会与回报社会得到了很高的认同。其中，"企业的持续发展"已成为大多数企业家的首要追求。对关心员工、回报社会的追求，超过了对企业利润的追求，也高于对个人财富与地位的追求。尤其是相当多的企业家意识到提高企业家群体社会责任意识的重要性和紧迫性。同时，企业家们还越来越认识到，单靠物质利益激励员工积极参与企业变革是不够的，企业家更需要有精神的感召力来凝聚人心，激发员工的潜力。⑥ 近年，越来越多的中国企业家认识到正确的价值取向对企业发展的重要作用。尚在 2003 年，中国企业家调查系统对我国涉及工业、建筑业、交通运输业、邮电通讯业、批发零售业、房地产业和社会服务业等进行了一次系统调查，其结果显示，在一般价值

---

① 中国企业家调查系统：《现阶段我国企业家队伍的行为特征调查分析——1995 年中国企业家成长与发展专题调查报告》，《管理世界》，1995 年第 3 期，第 153－163 页。

② 陈小燕、唐建荣：《中国企业家行为缺憾的传统文化基因微探》，《当代经济》，2015 年第 3 期，第 20－21 页。

③ 张维迎：《国内外著名经济学家谈中国经济产权制度背后的中国企业家行为》，《杭州科技》，2000 年第 3 期，第 1－2 页。

④ 李玉刚：《中国企业家行为背后的思维逻辑》，《改革与战略》，2006 年第 10 期，第 18－20 页。

⑤ 严峰：《中国企业家的价值定位》，《中国企业家》，1995 年第 6 期，第 26－27 页。

⑥ 中国企业家调查系统：《2013·中国企业家队伍成长报告》（3），《新浪财经》，2013 年 11 月 27 日。

观上，大部分企业经营者强调人的精神追求、良心、助人为乐和维护公共利益，强调社会利益、重视环境保护等。在个人与社会关系价值取向上，"为了国家利益而付出个人代价是值得的"、"保护环境与改善生活冲突时应当优先保护环境"的认同度最高。[①] 又据 2013 年中国企业家调查系统发布的《企业家追踪调查报告》得出的结论：中国企业家越来越多地体现出责任意识，对企业应履行的社会责任有了进一步的认识并付诸实践。不少企业家能够超越个人和企业的本位责任，克服各种因素的影响，在带领企业持续发展、关心员工利益、提升企业信用、参与社会公益、助推经济转型与社会发展等方面都表现出积极的态度和行为。[②] 万通控股董事长冯仑说：真正的团队力量在于价值观的坚守与内化。[③] SOHO 中国董事长潘石屹也认为，坚定的信念和价值观是企业的核心竞争力。[④] 华为创始人任正非坚持：价值观是组织的核心与灵魂。[⑤] 2012 年，有关部门对中国企业家的调查结果显示，企业家普遍认为人力资本是确保企业创新和持续发展最关键的因素。创新包括产品/服务创新、技术、研发、知识产权和业务模式创新等，但高素质的人力资本是实现创新的重要基础。[⑥]

2. 在经营策略上，企业家从传统的粗放式经营逐步向注重内涵式发展转变。集中表现在：一是守法经营意识不断增强。在改革开放初期的中国企业家，其守法经营意识并不强，以至于出现了许多违法违规经营、并受到不同程度处罚的企业家。近年来这种情况正在发生变化。早在 2002 年，内蒙古地区的 80 家企业就联合发出了"诚实守信、守法经营、反对欺诈，自觉维护国家、企业、消费者利益"的倡议。同年，一项"对企业经营者最起作用的约束因素"的调查显示，企业家不仅开始重视法律法规等外在的约束因素，同时也非常重视自身修养等内在因素的约束作用。[⑦] 在 2013 年中国企业家调查系统关于企业法律责任的调查选项中，企业家对"守法经营"认同度最高，并高度认同企业内部运作相关的法律责任。[⑧] 二是对企业战略管理的重视程度日渐提高。在对企业家的战略领导力的调研中，有近 50% 的企业家选择了"全球思维与战略眼光"。大多数企业家认识到，以往靠价格优势进军国际市场的做法已经无法持续，企业家需要了解国际市场的新趋势和新需求，通过新的战略定位，为国际市场提供新价值，为中国企业

① 中国企业家调查系统：《企业家价值取向：中国企业家成长与发展报告》，北京：机械工业出版社 2004 年版，第 4—13 页。

② 中国企业家调查系统： 《中国企业家调查系统发布企业家追踪调查报告》，http://cn. chinagate. cn/economics/2013—11/29/content_30748951. htm.

③ 冯仑：《真正的团队力量在于价值观的坚守与内化》，http://www. iceo. com. cn/renwu/46/2012/0914/257427. shtml.

④ 潘石屹： 《坚定的信念和价值观是核心竞争力》，http://www. iceo. com. cn/renwu/46/2013/0204/263580. shtml.

⑤ 任正非：《价值观是组织的核心与灵魂》，http://www. daonong. com/qyjyc/gd/46042. html.

⑥ 中国企业家调查系统：《2013·中国企业家队伍成长报告》(3)，《新浪财经》，2013 年 11 月 27 日。

⑦ 李兰、潘建成、吕致文等：《市场化改革与中国企业家成长——2008·中国企业家队伍成长与发展 15 年调查综合报告》(下)，《管理世界》，2008 年第 12 期，第 103—113 页。

⑧ 中国企业家调查系统：《2013·中国企业家队伍成长报告》(3)，《新浪财经》，2013 年 11 月 27 日。

在全球市场建立新优势。① 三是越来越注重合作共赢。既有竞争，又有合作，在竞争中发展，在合作中共赢，这种经营理念越来越成为当代企业家共同的追求。如华润集团的挑战与目标就是："期望通过构建政府之间、企业之间、产学研之间的战略共享机制及合作平台，实现互利互惠、共同发展"。② 诞生于抗日烽火中的老军工企业山东新华医药集团，在20世纪90年代出口创汇仅有300多万美元，近年已经达到1亿多美元。公司经营业绩的取得，同样得益于积极倡导"着眼未来，合作共赢"的经营理念。③ 2015年5月，双双进入世界500强的两家中外水泥企业——中国建材集团和爱尔兰CRH公司的领导人举行高层对话，面对深陷价格恶性竞争中的中国水泥行业，两家企业的领导人均呼吁放弃恶性竞争，积极做合作共赢发展的引领者。④ 四是越来越强调创新的重要性。据中国企业家调查系统提供的资料，1997年的企业家选择比重最高的是"追求最大利润"，排在第二位的才是"勇于创新"。但到2007年，企业家选择"勇于创新"的比重上升到了第一位。到2012年，企业家进一步将人力资本和创新看作是确保企业持续发展最关键的因素，并突出强调了高素质的"人力资本"对实现创新的重要意义。到2013年，企业家认为创新动力较2012年"有所增强"或"明显增强"的达到63％，"基本没变"的占28.1％，"有所减弱"或"明显减弱"的则仅占8.9％。⑤ 2014年，中国企业家调查系统对中国企业经营者进行了问卷跟踪调查，其结论是，近年来我国企业家大都具有较强的创新意识，企业创新能力明显提高，创新投入持续增加，企业创新实践有效地促进了企业绩效的提升。⑥ 五是更加注意营造企业经营的良好社会关系。在尚处于转型经济和过渡经济的特殊背景下，中国企业家所拥有的社会关系往往成为他们获取资源、市场准入和寻求发展的重要保障。企业家的社会关系可以分为商业关系和政治关系。商业关系主要指企业家与企业外部商业实体如供应商、分销商、消费者或竞争者建立的联系。政治关系是指企业家与政府官员、各层级的政府机构、金融机构以及行业协会等建立的个人关系。前者主要带来的是关于外部市场以及技术的信息，诸如与消费者建立起来的消费需求，与顾客建立起来的品牌忠诚度以及商业信誉，与供应商联系的供货质量和效率，与同行建立起来的合作或合谋等。后者则主要反映在一种政策支持、取得稀缺市场机会和建立正统性地位等方面。⑦ 有两个案例尤其能够说明企业家的社会关系对企业发展的重要意义。第一个案例是华为集团的跨越式发展。该公司在创立之初

---

① 中国企业家调查系统：《2013·中国企业家队伍成长报告》（3），《新浪财经》，2013年11月27日。

② 《企业责任，合作共赢》，http：//www.crc.com.hk/responsibility/cooperation/.

③ 《着眼未来 合作共赢——解读张代铭的企业文化经营理念》，http：//conference.haoyisheng.com/10/0921/310066572.html.

④ 胡玉：《做合作共赢发展的引领者——东西方两个世界500强水泥企业领导人的对话》，《中国建材报》，2015年7月15日。

⑤ 中国企业家调查系统：《2013·中国企业家队伍成长报告》（3），《新浪财经》，2013年11月27日。

⑥ 中国企业家调查系统：《2015·中国企业家成长与发展专题调查报告》，http：//cn.chinagate.cn/news/2015-03/26/content_35162675.htm.

⑦ 李西垚、弋亚群、苏中锋：《社会关系对企业家精神与创新关系的影响研究》，《研究与发展管理》，2010年第5期，第39-45页。

就非常重视商业关系的建立。任正非强调，华为要"建立广泛的利益共同体"。事实上，从国外拥有先进技术的合作伙伴方学习和引入所需技术、产品和专利，极大地加快了华为走向国际市场的步伐。如通过与赛门铁克的合资，华为推出了包括安全和存储设备在内的产品方案组。这一方案集两家厂商的优势力量于一体，形成了赛门铁克的企业级软件和华为的运营商硬件的强强合作。华为与高通签订了CDMA专利授权使用协议，以支付费用的方式将成熟技术直接吸收过来，而把自己的3G技术研发定位于非核心专用芯片开发。迄今，华为集团已与包括高通、爱立信、诺基亚、西门子、摩托罗拉、3COM、Emerson、Arm等公司建立了良好的协商机制和交叉许可机制，使华为集团的专利申请数持续多年保持国内领先的地位。[①] 第二个案例是比亚迪发展新能源汽车的创举。当年，比亚迪创始人王传福投资开发新能源汽车被人看作是痴人说梦。几年后，新能源汽车已经成为未来汽车发展不可逆转的方向。而在此艰难的发展过程中，比亚迪创始人与政府之间的特殊关系发挥了重要作用。由于新能源汽车研发成本高，失败率大，市场推广难，一般的合作者都不愿意冒此风险。只有借助于政府的力量，取得政府的支持才能度过难关，取得成功。2007年，国家发改委联合科技部成立了新能源汽车专家委员会，并将新能源汽车列入了汽车产品公告，为该产品进入市场开通了绿灯。紧接着，科技部、财政部和有关部门发起实施新能源汽车大规模产业化推广应用工程，为促进新能源汽车进入市场摇旗呐喊。2008年的北京奥运会后，国家颁布了关于提高大排量汽车消费税率的相关政策，再次为新能源汽车的发展扫平了障碍。有此系列政策的促进，2008年12月，比亚迪全球首款不依赖充电站的商业化双模电动车F3DM在深圳上市，而深圳市政府和中国建设银行则立刻开展政府采购。深圳市政府还动用财政手段，对私人购买电动车给予高额补贴。在基础建设上，深圳出资建立了20个充电站，有效缓解了电动车充电难题。在一系列政策的推动下，2008年，比亚迪汽车的销量同比增长100%，比全国轿车销量同比增长率整整高出92.7个百分点。2009年，比亚迪自主研发的纯电动车实现了商业化，这个时间点比迫切希望借新能源车走出困境的通用汽车至少提前了一年。[②] 六是越来越重视诚信经营。自2002年以来，中国企业诚信与竞争力论坛年会连续九届在北京人民大会堂成功举办。该论坛是按照国际惯例和法律法规规定，采用市场监测手段，在对企业的信誉度、质量是否长期合格、服务体系是否完善等调查数据和统计指标进行量化分析和综合评价的基础上，向符合评价标准的诚信企业和优秀企业家授予荣誉称号。自2004年以来，为了彰显企业诚信建设业绩，弘扬企业家诚信立业精神，交流企业信用建设经验，宣传表彰为我国诚信体系建设作出突出贡献的先进人物和先进集体，加快企业诚信体系建设，实现我国企业科学发展，推动经济结构调整和转型升级，在行业组织全国整顿和规范市场经济秩序部际联席会议的指导下，由中国管理科学研究院、商务部研究院信用评级与认证中心牵头，全国数十家行业协会参

---

① 程东升、刘丽丽：《华为经营管理智慧：中国"土狼"的制胜攻略》，北京：当代中国出版社2005年版，第222—223页。

② 转引自李西垚、弋亚群、苏中锋：《社会关系对企业家精神与创新关系的影响研究》，《研究与发展管理》，2010年第5期，第39—45页。

与、千余家知名企业积极响应和支持，连续多年开展了"诚信中国北斗奖"评选活动，以表彰那些在企业生产经营活动中的诚信行为和为建设诚信社会作出巨大贡献的企业和个人。① 2011 年 9 月，山东省营口市一些银行联合营口市工商业联合会、营口市总商会、营口市青年企业家协会、营口市小企业诚信俱乐部等，郑重地向全市中小企业发出诚信经营倡议书，倡导"守信光荣，失信可耻"的诚信观念。② 2014 年 7 月，云南玉溪千名民营企业家发出诚信宣言，提出"诚信立业、信誉兴业"的倡议。③ 同年 11 月，首都民营企业家及行业协会订立诚信公约，以全体商户的名义向社会承诺自律管理，接受社会监督。同时，协会还与区法院签署《诚信共建备忘录》，积极将法律法规与商会自律相结合。④

3. 在领导方式上，一是越来越重视团队合作。团队合作是企业为了达到既定目标所显现出来的一种自愿合作和协同努力的精神。它可以通过调动团队成员的积极性和挖掘其才智，自动消除一些不和谐因素，产生持续而旺盛的凝聚力和向心力。传统意义上的中国企业，往往存在"窝里斗"的现象，但近年来这种情况也在发生明显的变化。在2013 年的一项关于企业家对于"能够领导企业在未来持续健康发展的企业家最应该具备的特质"的调查中，企业家选择比重最高的是"领导团队合作"。越来越多的企业家认识到，企业的创新和发展模式转变是一项艰巨而持久的系统工程，需要企业付出长期的努力和较高的成本，需要得到管理团队和全体员工的大力支持。⑤ 以联想集团为例，很多人在挖空心思地研究联想成功的秘诀，而柳传志却用一句话进行了概括：离不开一个好班子。但一个好班子的标准是什么呢？柳传志的看法是："建班子是第一位的，先是建班子，没有一个意志统一的、有战斗力的班子，什么定战略、什么带队伍，什么都做不出来。不论在什么情况下，班子的团结永远是企业发展的首要条件。"联想要走向国际化，首要的就是要搭建一个国际化的团队。因此，在并购 IBM 的 PC 业务前，联想便着手规划公司未来国际化后的领导班子。人们看到，在新联想的 13 位集团管理层中，来自 IBM 的管理者有 6 位，包括 CEO、全球首席运营官、首席市场官、产品开发负责人等重要职位。这样的人员布局，让联想有效避免了企业并购，尤其是中国企业国际化进程中的人员流失、高层动荡给企业带来的不利影响等。所以，总结联想屹立至今不倒的关键因素，就是培养了一个坚强的管理团队。领导者敢于放权，给人才足够施展的舞台，并建立起了良好的利益分享、回报机制。⑥ 二是越来越重视分工合作。与团队

① 《第七届中国诚信企业家大会在京盛大开幕》，http://info. service. hc360. com/2011/04/301638362332. shtml.

② 《中小企业诚信经营倡议书》，《营口日报》，2011 年 9 月 16 日。

③ 佚名：《云南玉溪千名民营企业家发诚信宣言》，《中华工商时报》，2014 年 7 月 3 日。

④ 首都民营企业家商会达成的《诚信宣言》由 64 个字组成，即"京华民企，远怀四方；文明为魂，诚信至上；砥砺奋进，守法为纲；远邦近邻，互补短长；宝斋致和，东来瑞祥；聚客以德，同仁设堂；首善千载，垂范八方；光大品牌，共铸辉煌"（吴迪：《首都民营企业家及行业商会订立诚信公约》，《北京日报》，2014 年 11 月 14 日）。

⑤ 中国企业家调查系统：《2013·中国企业家队伍成长报告》(3)，《新浪财经》，2013 年 11 月 27 日。

⑥ 蔡辉：《联想：团队成就品牌》，《新商务周刊》，2013 年第 6 期，第 30—31 页。

建设息息相关的就是分工合作。以色列人之所以取得企业经营的奇迹，经验就源于历史上形成的分工与合作。有人对浙江省杭州市桐庐县的分水镇进行了调查，分水镇的制笔产业集群从萌芽迄今已有 30 多年的发展历史，从最初的生产笔杆，到现在几乎包含整个笔的零件，并形成当地一个极具特色的产业集群和支柱产业，其发展主要得益于当地企业之间长期而紧密的分工与合作。[①] 2013 年发布的《浦东新区跨国公司地区总部发展蓝皮书》显示，上海的浦东地区已经集聚了 200 多家跨国公司地区总部，占上海全市总部数量的 48%。跨国企业地区总部的集聚和合作，有力地推动了上海电子信息、装备制造、汽车制造数千亿级产业集群以及新能源、生物医药、民用航空数百亿级产业集群的形成。[②] 三是越来越重视规范化管理。中国企业经历了从粗放式发展到规范化管理的发展过程。现在的大多数企业已经将规范化管理作为企业经营管理的重要目标。如 2013 年关于"为了企业更好地发展，企业未来一年应着重采取的措施"的调查中，企业家选择比重最高的选项就是"加强管理降低成本"（73.9%），该选项比"增加创新投入"（61.5%）、"引进人才"（52.2%）、"开拓国内市场"（46%）和"更新设备"（35.4%）分别高出 12.4、21.7、27.9、38.5 个百分点。[③] 万达集团董事长王健林在谈到企业管理时强调，随着现在社会的诱惑越来越多，员工的忠诚度也会随时间的变化而变化，必须通过制度设计来管理企业，而不能将企业的管理仅仅建立在对个人的信任上。企业管理要做到"不靠忠诚靠制度"。[④]

4. 在个性特征上，一是越来越重视个人修养。企业家的个人修养会直接或间接地影响企业的兴盛衰亡。因此，如何提高企业家的修养，是造就企业家队伍不可忽视的问题。从北京大学民营经济研究院《2012 年中国民营企业家社会价值评估报告》中评出的 20 位入围企业家的评价情况看，这些企业家除了经济价值外，在社会贡献、公益价值、社会影响力、美誉度等方面，均反映出对个人修养的高度重视。如大连万达集团董事长王健林连续两年以高分位居榜首，而为他赢得高分的选项，则主要是公益价值和社会美誉度。排名第二的联想集团董事长柳传志，通过卓有成效的产权改革策略、科学独特的经营管理理念、富有远见的人才培养战略，为中国企业的规范化治理作出了重要的表率。2011 年退出联想，但他凭借独具魅力的人格特征和一系列战略性举措，赢得了广泛的赞誉，并成为社会持续关注的焦点。百度公司创始人李彦宏排名第八，从他的身上也不难看到那种透视着当代企业家修养的理性价值和契约精神。就美誉度来看，排在前十名的柳传志、李宁、王健林、刘永好、曹德旺、梁庆德、宗庆后、鲁冠球、陈峰和

① 戚笑愚：《分工协作制与产业集群发展——基于浙江桐庐县分水镇产业集群发展的案例分析》，《经济论坛》，2010 年第 1 期，第 48—51 页。
② 徐廷廷、徐长乐：《基于企业视角的长三角地区产业分工合作模式研究》，《管理现代化》，2014 年第 5 期，第 40—42 页。
③ 中国企业家调查系统：《2013·中国企业家队伍成长报告》（3），《新浪财经》，2013 年 11 月 27 日。
④ 《王健林谈企业管理的十条语录》，http://www.askci.com/people/2015/07/08/11330b5xm.shtml.

黄文仔，大都通过不同方式展现出了自己的个人修养并赢得赞誉。[1]

二是越来越重视学习提升。自 1999 年开始，由一批来自中国教育培训行业的领军企业携手推广的"学习型中国——世纪成功论坛"已连续举办十多届，这是中国在学习型企业塑造方面最有影响力、最大规模的高端论坛品牌之一。如何去塑造学习力以提升创新力和保持竞争力是企业发展的关键因素。十几年来，"学习型中国论坛"从最初的每届 300 人增加到现在的每届三、四千人，直接和间接影响人数达数千万人，同时也促进了中国优秀企业家对学习活动的参与。[2] 尚在 2005 年，中国企业家调查系统对 243 家企业的学习型企业建设情况作了调查，结果是我国企业经营者越来越重视学习。大部分企业经营者不仅自己重视学习，并在提升个人学习能力的同时，重视将个人的学习能力有效地转化为企业的组织学习能力，重视员工素质提升，加大员工培训费用投入，从而使企业的创新水平和持续发展能力不断提升。[3] 另据有关调查显示，近 20 年来，企业家的文化程度明显提高，职业身份获取方式的市场化趋势更加明显。企业家在实践中不断探索和学习，迈出了能力提升的三个重要步骤：第一步是适应建立现代企业制度的需要，自觉学习现代管理知识，提升专业能力；第二步是适应知识经济时代建立学习型组织的需要，关注个人和组织的学习能力与创新能力的提高；第三步是适应经济转型和企业转型的需要，逐步提升变革领导力。[4] 三是始终热衷于政治参与。美国政治学家塞缪尔·亨廷顿（Samuel P. Huntington）在《难以抉择：发展中国家的政治参与》一书中将政治参与定义为"平民试图影响政府决策的活动"。[5] 西德尼·维巴（Sidney Verba）在《美国的参与：政治民主与社会平等》一书中则将政治参与定义为"平民或多或少以影响政府人员的选择以及（或者）他们采取的行动为直接目的而进行的活动"。[6] 有人在分析中国人的典型人格时，也将"官本位和政治意识"列为第一特征。[7] 在当代中国，国有企业经营者本身具有浓厚的政治色彩，对政治的参与是与生俱来的。而在社会转型期间，民营企业或非公有制经济人士在经济地位得到迅速提升之后，也对政治参与产生了强烈的渴求。他们试图通过正式性政治参与、非正式性政治参与和公益性政治参与等方式获取一定的政治地位，以求巩固并提升自己的经济地位。据德国学者托马斯·海贝勒（Thomas Heberer）的调研，早在 1996 年，部分农村地区已有大约 40% 的民

---

① 北京大学民营经济研究院：《2012 年中国民营企业家社会价值评估报告》，《经济参考报》，2012 年 8 月 31 日。

② 刘书艳：《企业家学习号角再度吹响》，《中华工商时报》，2009 年 11 月 25 日。

③ 中国企业家调查系统：《企业家：个人学习、组织学习与企业创新》，北京：机械工业出版社 2006 年版，第 6—7 页。

④ 中国企业家调查系统：《2013·中国企业家队伍成长报告》（3），《新浪财经》，2013 年 11 月 27 日。

⑤ （美）塞缪尔·亨廷顿、琼·纳尔逊：《难以抉择：发展中国家的政治参与》，汪晓寿、吴志华、项继权译，北京：华夏出版社 1989 年版，第 5 页。

⑥ Verbas，Nien H．Participation in America：Political Democracy and Social Equality．New York：Harper and Row，1972：2．

⑦ 杜瑜编著：《中国人人格地图》，北京：金城出版社 2010 年版，第 1—3 页。

营或私营企业家担任村、乡（镇）党政领导。[①] 在第九届全国工商联执行委员中，民营和非公有制经济人士多达 233 人，占执委总人数的 56.0%。其中，担任全国工商联副主席的有 8 人，同期的省级工商联会长 4 人，省级工商联副会长 274 人。[②] 在一些民营企业发展中，由于巧妙地处理与政府关系而得到快速发展的企业比比皆是。诸如前面提到的万达集团的王健林就是一位靠积极的政治参与获得政府支持而实现企业跨越式发展的民营企业家。他甚至公开说："在中国，没有几家企业敢公开说'从没行贿'，没有几家敢说完全照市场规则经营"。[③] 有人还对民营企业家政治参与的特征进行了定量分析，发现民营企业家政治参与行为较多，政治使命感较强，但政治参与能力、政治任职能力、政治理解能力不强；个体背景因素对民营企业家的参与行为影响较大。其中，女性、年轻以及文化程度高的民营企业家政治参与行为较多，行业差异对民营企业家的政治参与行为与政治功效感影响显著。[④]

五、企业家行为与企业文化的协同

企业家行为对企业文化建设具有十分重要的影响。如何将企业家行为与企业文化建设协同起来，对建设高水平的企业文化至关重要。美国企业家查尔斯·法卡斯（Charles M. Farkas）和苏茨·维洛法（Suzy Wetlaufer）认为，企业 CEO 的领导行为不仅是其个人风格的体现，也是与组织及其具体的商务环境相适应的。[⑤] 国内学者陈维政、忻蓉、王安逸关于企业家领导风格与企业文化的协同性研究也表明，企业文化与企业家领导风格的协同性对企业员工的满意度产生正相关的影响。协同性越好，员工的满意度越高。同时，企业文化与领导风格的协同性还会影响企业绩效指标。企业文化与企业家领导风格的协同性较好时，企业的绩效也会较好。[⑥] 将企业家行为与企业文化建设协同起来，无疑将有利于建设高水平的企业文化。

1. 树立正确的价值取向。企业家的价值取向是企业家个人对待职业的信念，是对待国家、民族、社会的责任以及内心的感受尺度，也是对待员工、客户的根本倾向与基本态度。是要回答"为什么要办企业"、"怎样办企业"这些关键问题的信念和取舍，是核心价值观在企业内落细、落小的具体体现，也是核心价值观在企业能否落实的决定因

---

① （德）托马斯·海贝勒：《作为战略群体的企业家：中国私营企业家的社会与政治功能研究》，吴志成译，北京：中央编译出版社 2003 年版，第 186 页。

② 吕庆春：《非公有制经济人士的政治参与及其困境》，《当代世界与社会主义》，2009 年第 1 期，第 149—154 页。

③ 北京大学民营经济研究院：《2012 年中国民营企业家社会价值评估报告》，《经济参考报》，2012 年 8 月 31 日。

④ 姚丽霞、万斌：《民营企业家政治参与的客观特征及嬗变因果机制研究》，《社会科学战线》，2014 年第 9 期，第 168—173 页。

⑤ 陈维政、忻蓉、王安逸：《企业文化与领导风格的协同性实证研究》，《管理世界》，2004 年第 2 期，第 75—83，155—156 页。

⑥ 陈维政、忻蓉、王安逸：《企业文化与领导风格的协同性实证研究》，《管理世界》，2004 年第 2 期，第 75—83，155—156 页。

素。价值取向决定企业家的行为方式。

首先，必须树立"以人为本"的价值取向。"以人为本"在哲学上的直接解释就是以人为"根本"。马克思曾经指出："人的最高本质就是人本身，人的本质是一切社会关系的总和"。[①]"人类社会历史发展的终极目标和最高理想，就是实现人的全面、自由发展"。[②] 其实，我国自 20 世纪 80 年代以来持续推进的改革开放，也是将人的全面、协调、可持续发展作为基本目标，从人民群众的根本利益出发，不断满足人民群众日益增长的物质文化需要，切实保障人民群众的经济、政治和文化权益，让发展成果惠及全体人民。作为企业文化，"以人为本"就是要企业家以人的全面发展作为企业的核心价值观，将企业的经营实践始终以人为中心，尊重人、相信人、激励人、培养人和发展人，努力实现以职工为本、以顾客为本、以竞争对手为本，处理好企业与企业、企业与社会、企业与环境之间的关系。坚持经济效益与社会效益、生态效益统筹兼顾，坚持人与自然、社会与自然和谐发展，坚持经济与社会协调发展，最终实现人的自由而全面的发展。在中国近代史上，民生航运公司创始人卢作孚无愧于我国老一代民族企业家的表率。他曾在企业创立之初就提出"个人为事业服务，事业为社会服务，个人的服务是超报酬的，事业的服务是超经济的"企业文化理念，确立了"服务社会，便利人群，开发产业，富强国家"的价值取向。这一"为民"、"为国"的价值取向使民生公司的发展得到了来自海内外炎黄子孙的倾心支持，推动了民生公司的快速、健康发展。[③] 同样，北京西单商场的经营者提出了"求实"的价值取向，强力推进三个"实实在在"，即"实实在在的商品，实实在在的价格，实实在在的服务"。在经营和服务中，严把商品进货关，保证商品质量；控制进货成本，提高商品附加值；提倡"需要理解的总是顾客，需要改进的总是自己"的观念，提高服务档次，促进企业的发展。[④] 从民生公司的"民"、"国"理念，到西单商场的"顾客"理念，作为一种文化价值取向，显然都是将"人"作为企业追求的终极目标，以体现人的价值和人的全面发展铸就企业的成功与辉煌。由此可见，以人为本的价值取向在一个企业及其文化体系中具有多么重要的地位，它确确实实是企业家行为的核心内容。

其次，必须树立诚实守信的价值取向。诚信对一个企业的健康持续发展十分重要。曾经就职于美国国务院政策企划局的日裔美籍学者法兰西斯·福山（Francis Fukuyama）在《信任：社会美德与创造经济繁荣》一书中曾经指出：一个国家的社会传统及公民之间的信任程度，对该国经济的影响和物质资本同样重要。所谓企业诚信为本，就是指企业家在市场经济活动中忠实履行各种契约的承诺，以体现自身的信用并塑造良好的企业形象，从而实现持久发展的管理活动过程。[⑤] 诚信是中华民族极力推崇的优良品

---

①《马克思恩格斯全集》第 3 卷，北京：人民出版社 1972 年版，第 5 页。

②《马克思恩格斯全集》第 23 卷，北京：人民出版社 1972 年版，第 649 页。

③ 金铮、邓红：《论卢作孚对民生公司的有效管理》，《近代史研究》，1990 年第 3 期，第 199—217 页。

④ 穆庆宁：《创新经营——西单营销文化的特色》，《商业文化》，1996 年第 6 期，第 47—50 页。

⑤ 转引自潘孝礼：《企业诚信经营探析》，《商场现代化》，2010 年第 10 期，第 41—43 页。

德之一，是中国伦理文化的核心。诚信既是立人之本，也是立企之本。企业只有遵循"诚信至上"的价值取向，才能取得长足的发展。且遑论历代圣贤对诚信重要性的谆谆教诲，即使在企业经营管理中，诚信对企业发展产生的影响也足以引起人们的深切关注。远在明清时期的晋商、浙商、徽商和粤商等古代商帮，其所以能够在那种资金、信息、交通等都不够发达的情况下经营获利，并持续发展达上百年，靠的就是"诚信"二字。所谓"买卖不成仁义在"、"秤平斗满尺码足"、"仁中取利真君子"、"义中求财大丈夫"等，几乎被这些商人奉为圣经。又如北京同仁堂其所以成为历经数百年而不倒的老字号品牌，也得益于始终恪守"济世养生，平康万民"的仁德精神。提出"修合（制药时）无人见，存心有天知"，"炮制虽繁必不敢省人工，品味虽贵必不敢减物力"的经营理念，努力做到"货真价实"、"童叟无欺"，把"诚实待人、诚心感人、诚信送人、诚恳让人"作为企业的核心价值追求，实现了企业由内及外、由表象到内核的价值塑造，从而树立了企业的金子招牌。① 所以，作为社会稀缺资源的企业家，只有做一个对自己、对员工、对企业、对社会负责的人，以知识、智慧、经验、良知与理性整合、配置生产要素，才能促进企业的健康持续发展，才能真正成为推动社会生产力发展的精英。

其三，必须树立义利兼顾的价值取向。树立义利兼顾的价值取向，首先要处理好利己与利他的关系。马克思曾经在《1844年经济学哲学手稿》中提出"完成了的自然主义＝人道主义，而完成了的人道主义＝自然主义"的精彩论断。② 这一论断对于理解企业家行为中的"义利兼顾"具有十分重要的指导意义。所谓"自然主义"就是以"利"为目标的行为。所谓"人道主义"就是以"义"为目标的行为。这一论断的本质就是"义"和"利"的统一。马克思反复强调："以交换价值和货币为媒介的交换"，是"以生产者的私人利益完全隔离和社会分工为前提的"。③ "任何人如果不同时为了自己的某种需要和为了这种需要的器管做事，他就什么也不能做。"④ "不讲多劳多得，不重视物质利益，对少数先进分子可以，对广大群众不行，一段时间可以，长期不行……如果只讲牺牲精神，不讲物质利益，那就是唯心论。"⑤ 但是，"人的本质在其现实性上，它是一切社会关系的总和。"⑥ 任何人都不能独立于其它而存在，必须将"利己"与"利他"有机统一起来，实现"义利兼顾"。《易经》有言："形而上者谓之道，形而下者谓之器。"⑦ "器"是人们感官所能感知的具体实在，是器物层面的东西；而"道"是人类心理与思维的抽象存在，是一个组织和个人存在的核心价值。以"道"为本，以"器"为表，不可本末倒置。在近代史上赫赫有名的张謇和涩泽荣一分别拥有中日"早期现代化之父"的美誉，追求企业利润也是两人共同的特征。在如何处理企业利润问题上，虽

---

① 项文彪：《同仁堂企业百年活力探因》，《企业活力》，2002年第11期，第56—58页。

② 马克思：《1844年经济学哲学手稿》，北京：人民出版社2000年版，第80页。

③ 《马克思恩格斯全集》第46卷，北京：人民出版社1972年版，第104页。

④ 《马克思恩格斯全集》第3卷，北京：人民出版社1972年版，第329页。

⑤ 《邓小平文选》第2卷，北京：人民出版社2002年版，第136页。

⑥ 《马克思恩格斯选集》第1卷，北京：人民出版社1995年版，第18页。

⑦ 《易经·系辞》。

然两人观念不完全相同，但他们共同追求的却都是要通过自己的努力实现国家富强、人民幸福、社会和谐的目标。① 研究蒙牛的人很多，对蒙牛的成功也有各种各样的说法。如有人认为蒙牛的成功是靠"神州五号"一飞冲天；也有人认为是"超级女声"让蒙牛唱响大江南北；还有人认为是呼和浩特这个中国乳都让蒙牛获得了得天独厚的条件等。其实，上述因素只是成就蒙牛的辅助因素，真正成就蒙牛的是其正确处理了"义"和"利"的关系。蒙牛集团的创始人牛根生有句名言："小胜靠智，大胜靠德。"蒙牛在起步时就没有将打败竞争对手作为自己的经营理念，而致力于创造比竞争对手更多的价值。基于这种认知，蒙牛更多地关注消费者，关注价值创新，以自己对竞争的认识，创造了更加良性的产业竞争环境。由此将"小胜靠智，大胜靠德"的企业文化理念具体融汇到了企业的经营实践之中，才使蒙牛成为中国乳品业的佼佼者。②

其四，必须树立公平竞争的价值取向。市场经济既是一种效率经济，又是一种竞争经济，经济运行的效率与竞争始终相伴而行，但竞争的原则必须要建立在公平的基础上。只有公平的竞争才是有序、有效的竞争，否则，竞争就无法正常进行下去。国内外关于企业竞争优势的理论有内生论、外生论和动态整合论等各种说法，③ 但无论如何，树立公平、公正的竞争观始终是企业赢得竞争优势的核心理念。那么，什么样的竞争才是公平的呢？一方面，以企业家为法人代表的企业竞争主体的地位、竞争手段和竞争方式要完全平等，符合市场规律和相关法律法规规定；另一方面，竞争的结果要能够充分体现优胜劣汰，要使那些具有核心竞争优势的企业获得好的市场价值。但在企业经营实践中，一些企业往往为了达到自己的目的，采取各种非正常手段，甚至不顾一切地置对手于死地，导致出现恶性竞争。近年发生在国内的几期企业竞争案例典型反映了这种现象，如加多宝与广药的反目成仇、美的与众多家电企业的摩擦、三一重工和中联重科的碰撞等，④ 都反映出企业在竞争过程中存在的无序和混乱现象，由此折射出树立公平竞争的价值取向对企业发展的重要意义。企业之间的竞争不是按照市场的游戏规则公平进行，而是从打口水仗、员工互殴、互撬客户到行贿企业高层、诉诸法律等完全非正常的竞争手段作为较量的主要方式。甚至采用了诸如窃听、间谍、绑架、行贿、举报、走私等近乎黑社会的手段，最终导致两败俱伤。这些现象的背后隐藏的是企业家价值取向的扭曲和行为文化的错位。因此，企业家应该树立正确的竞争观，按照公平、公正的原则，重视企业内涵发展，注意打造企业核心竞争优势，通过运用多种竞争策略培育和形成新的竞争优势和产品关注点，获得更多的市场份额。

其五，必须树立合法经营的价值取向。在现代企业制度条件下，企业家的法治观念

---

① 王敦琴：《企业的利润追求与企业家的价值取向——张謇、涩泽荣一"企业与社会"思想比较研究》，《江南大学学报》（人文社会科学版），2006 年第 2 期，第 66－71 页。

② 孙先红、张治国：《蒙牛内幕》，北京：北京大学出版社 2005 年版，第 247－268 页。

③ 马刚：《企业竞争优势的内涵界定及其相关理论评述》，《经济评论》，2006 年第 1 期，第 113－121 页。

④ 张立巍：《基于核心竞争力视角的同行业企业竞争行为分析》，《财会通讯》，2015 年第 8 期，第 50－52 页。

对企业的发展尤其重要。首先，必须牢固树立法律至上的意识。现代企业家的经营管理权来自于人民并以法律的形式赋予。法律的权威性决定了必须法律面前人人平等，不得有任何僭越。企业家只有依法经营，才能求得生存与发展。其次，必须树立权利与义务相统一的法治观念。在强调权利保护时，必须同时履行必要的义务。将权力和义务统一起来。其三，必须坚持依法经营。企业产品的质量、生产产品的许可证、企业安全生产规程、产品的包装及纳税等，都必须要遵循有关法律、法规。否则，企业就会陷入难以自拔的困境。可以说，没有依法经营，就没有现代的企业，也不会有现代的企业家。其四，必须自觉维护法律权威。在市场经济的发展过程中，企业家不仅要自觉守法，依法经营，也要自觉地维护法律的尊严，坚决抵制违法行为，如抵制购售低劣原材料、杜绝生产不合格产品、严格按照生产规程组织生产活动等。

其六，必须树立生态伦理的价值取向。企业家树立生态伦理的价值取向，就是要求他们将生态理念融入企业经营管理之中，使之成为企业经营管理的指导思想，贯穿于企业经营管理的整个过程，以实现人、企业、生态、社会的可持续发展。一要营造良好的企业生态文化氛围。采取物质激励、目标激励、反馈激励、强化激励、成就激励等方式，强化全体企业员工的生态意识，转变单纯利润观念，让每一位企业员工树立企业生态文化建设的认同感和使命感，引导企业按照生态文化要求经营管理企业。二要建立企业生态文化管理制度。积极加入 ISO14001 环境管理体系，并按照其相关要求，加强企业生态文化建设，通过激励约束机制以及相应的制度设计提高企业员工保护生态的自觉性和积极性，为企业效益、生态效益和社会效益的协调发展作出贡献。还可以在企业高管中设立生态专门职务，专门负责处理生态事务，以此树立企业生态形象，增强企业竞争力。[①] 如海尔集团始终把生态文化作为其经营管理的重要组成部分，将"保护人类环境，预防环境污染"作为企业的经营理念，倡导"清洁生产，绿色标志，绿色运动"。强调企业的社会责任，由此成为我国唯一一家全部产品整体通过绿色产品论证的企业，取得了可观的经济效益和社会效益，市场占有率持续增长。[②]

2. 培养理性的行为方式。马克斯·韦伯（Max Weber）曾经指出，近代欧洲企业家所独具的"精神气质"，为企业家行为寻求到了积极的伦理认可，并以宗教禁欲主义规范企业家行为，最终诞生了现代企业家的职业观念。[③] 由此可见，企业家精神的本质，就是企业家行为理性化的过程，理性的企业家行为成为企业健康持续发展的基本保障。

首先是行为动机的理性化。按照心理学的理论，人的动机决定其行动。任何一个社会都会有一套核心的价值体系维持其运行，离开了这套价值体系的约束，这个社会就会出现无序和混乱。这套价值体系成为全社会普遍的道德标准、行为模式，以及政府的政

---

① 马华：《论企业生态文化建设》，《清江论坛》，2010 年第 1 期，第 71—73 页。

② 徐志伟、王长金：《论我国市场经济条件下现代企业伦理的价值取向》，《企业经济》，2011 年第 5 期，第 134—136 页。

③ 转引自杨江、戴林：《中国企业家精神与企业家行为理性化》，《管理世界》，2000 年第 5 期，第 116—121 页。

策倾向和制度构架。企业家要使自己的行为得到社会的广泛认同,要使制度的建设有利于企业的经营发展,就必须找到这个社会的核心价值体系,并选择相应的企业伦理规范以符合其价值体系的要求。诸如中世纪欧洲的核心价值体系以宗教价值为特征,人们能否得到上帝的恩宠是其追求的终极目标,由此衍生了近代欧洲以新教伦理为基础的资本主义精神。同样,日本近代化过程中表现出来的以政治优先的价值特征,使武士阶层的行为符合这种政治价值优先的标准,由此造就了当时的商人阶层自发地将商业行为比作武士对君主、对国家的尽忠行为,使得日本商人的行为符合了当时的社会核心价值体系,从而获得强有力的伦理支持。同样,改革开放之初的一代中国企业家顺应当时的时代发展潮流,摆脱传统社会价值观念的束缚,注重经济价值的优先地位,顺应了我国改革开放要求,具有理性化的倾向,从而推动了我国经济社会的快速发展。进入20世纪90年代以后,中国经济实力显著增强,综合国力大幅提升,社会的理性化步伐显著加快,一批新生代的青年企业家跳出简单的财富积累模式,将经营视野转入高新技术领域。诸如张朝阳、王志东、王峻、杨元庆等为代表的一代年轻企业家崭露头角,他们在行为理性化方面代表了中国社会发展的价值取向,让人们看到了中国企业家精神的希望。

其次是行为手段的理性化。企业家行为动机不仅要符合社会核心价值观,其行为手段也必须受社会核心价值观的约束和规范。这种约束和规范一方面要求企业家的生活方式要符合当时社会大众的伦理要求;另一方面还要遵守商业经营的基本规范。如欧洲早期资本主义时代的企业家普遍的节俭意识和禁欲主义思想,正是顺应了资本主义发展初期社会普遍对财富的节俭要求,这种节俭意识和禁欲主义不仅被马克斯·韦伯(Max Weber)看作是对资本的原始积累起到了积极作用,而且也赢得了人们对这些企业家的伦理称赞。同样,日本商人将武士精神中的守约意识和荣誉观念引入企业经营后,不仅获得了"对家族名誉的高度尊重以及对不玷污家族名义之义务的高度尊重",而且,这样的态度也"有利于巩固正直、品性和信用的高标准。"[1] 在当代,中国企业家在经营手段的理性化方面所表现出来的强烈创新、进取精神和国际化意识,也集中反映了当代中国普遍的价值追求。如柳传志和他的联想集团面对网络技术的挑战,一举推出全线网络产品,并承诺逐步树立起中国最负责任的因特网产品供应商形象。王志东通过吸引海外风险投资,使企业的经营理念、组织结构等彻底得到改造。[2] 当然,一些企业家行为失当的非理性化倾向,也会给企业带来负面的影响。如阿里巴巴自爆欺诈事件、巨人网游下乡风波、百度文库侵权等,[3] 都反映出转型期的中国企业家行为手段方面仍存在一些非理性的倾向,有待于进一步修炼和提升。

---

① (美)罗伯特·N·贝拉:《德川宗教:现代日本的文化渊源》,王晓山、戴茸译,北京:三联书店2003年版,第153页。

② 孙永波:《企业家精神与我国企业家行为理性化》,《环渤海经济瞭望》,2002年第6期,第11—13页。

③ 《中国企业家》研究部、人民网舆情检测室:《2011:冲突与鸿沟:企业家行为和公众感知》,《中国企业家》,2011年第23期,第74—76页。

3. 重视领导方式的创新。领导方式是指领导者带领被领导者为实现领导目标，适应特定社会的生产方式，并依据工作性质和领导主体的特征等因素，所采取的由一系列常用的手段、方式构成的领导行为模式。西方学术界有关领导方式的理论有单维领导方式理论、二维领导方式理论、三维领导方式理论和魅力型领导方式理论等。[①] 美国现代行为学家伦西斯·利克特（Rensis Likert）在其《管理的新模式》一书中则将领导方式概括为 4 种：专制权威式、温和命令式、民主协商式、民主参与式。[②] 不同的领导方式会产生不同的管理效果，只有企业家通过有效的沟通方式与全体员工建立起良好的互动关系，将员工吸引到企业组织的管理过程中，并使其个人利益与组织目标达到高度统一，才能提高企业的工作效率，实现其整体目标。因此，企业家领导方式的创新十分重要。

首先，要培育和坚持企业的核心价值观。如前所述，核心价值观是凝聚企业员工的精神动力，企业员工在核心价值观的激励下为企业的共同目标和理想奋斗，从而有效地激发全体员工的工作积极性和创造性，减少消极怠工现象。无论什么类型、规模和性质的企业，都需要由一个不同年龄、性别、性格、能力和知识背景的人组成不同岗位而共同维持其运行。这些人因教育程度、社会背景、性格特征和需求不同，对待工作的态度和方式方法也肯定不同，只有通过建立共同遵守的核心价值观才能把他们凝聚在一起，而这个纽带就是企业家的领导作用。要通过培育和坚持企业的核心价值观，引导全体员工统一思想，统一行动，共同为企业发展而努力。

其次，不断优化企业的管理制度。企业管理制度要随着市场经济发展和企业经营管理需要不断优化。只有建立完善的制度环境，积极改善和消除现存体制和企业内部治理结构中的各种制约因素，使企业的经营管理、创新创造能力、生产力发展水平与企业制度框架交互作用，不断演进，才能将企业推向一个新的发展平台，实现可持续发展。一是对那些已经不适应市场竞争要求的管理制度、业务流程设计、系统化管理等方面的制度进行改革和创新。二是互联网时代的信息管理制度创新必然成为企业信息化管理的必然要求，企业必须加快制定和完善与之相适应的信息管理制度，提高企业对信息的依赖和开发利用的意识及能力，开辟企业与信息群或信息系统新的有效的联系方式和途径，建立一种紧密的、渗透式的合作关系，及时消化、吸收、使用信息，并根据市场信息适时调整企业经营管理战略，大胆进行管理创新。三是积极建立学习型组织，通过员工学习和组织学习，不断提高企业员工的整体科学文化素养，最大限度地激发员工的潜能。四是积极引进竞争机制，营造竞争环境，帮助员工树立自立自强、顽强拼搏、积极进取的敬业精神和思想观念。积极改革分配方式，将生产要素分配与知识分配结合起来、多劳多得与竞争性分配结合起来，运用利益杠杆调动员工的学习、工作积极性，推动企业健康持续发展。当然，从根本上说，优化企业管理制度的关键是体现"以人为本"的管

---

① 毛云芳：《西方领导方式理论综述》，《企业改革与管理》，2011 年第 12 期，第 12－15 页。

② 田舒：《浅谈领导方式理论及其对企业管理的启示》，《中外企业家》，2015 年第 7 期，第 85－86 页。

理，无论是管理的主体，还是管理的客体，往往都与人有着密切的联系，企业管理中的创造性劳动和价值实现，归根到底都是由人来组织、参与和实施的。企业管理制度执行效果如何，能不能达到有效的管理，关键就在于有没有体现以人为本。由此可见，一个优秀的企业家和一套体现"以人为本"的企业管理制度在企业发展中具有不可或缺的作用。只有企业家的领导艺术与有效的企业管理制度实现完美的结合，才能为企业的发展提供源源不断的动力和活力。①

其三，不遗余力地激发企业的创新活力。随着经济全球化的日益深入，生产国际化程度越来越高，企业要在全球范围内优化资源配置，企业家就必须要下大力气激发企业的创新活力，提高企业的整体创新能力。激发企业的创新活力，一要克服阻碍员工创新的心理障碍。长期影响员工创新的心理障碍主要来自从众心理、权威心理、先验心理和怕冒风险心理，这需要企业家不遗余力地宣传引导、身体力行和示范引领。二要培养企业家的创新思维。在互联网＋的时代，如果企业家没有创新思维，肯定难以激活企业的创新活力。企业家只有能够在纷乱的市场环境中看到市场未来发展趋势，明确发展方向和目标，大胆进行改革创新，才能够取得成就。在2012年的全国科技创新大会上，华为公司宣布已累计在各国申请专利47000多件，累计获得专利授权23500多件，其中发明专利占90％以上。该公司这种辉煌业绩的取得，是公司领导人在近30年的发展中，始终坚持将企业创新融入全球创新体系之中，树立创新思维，加强知识产权保护，加强创新型人才队伍建设的结果。② 三要组织学习型的创新团队。通过不断学习创新，集思广益，发挥集体的智慧和能力，提高团队的整体创新能力，促进企业核心能力的形成。四要建立有效的激励机制。在众多的激励方式中，让创新人才分享成果收益是对创新精神最大的鼓励。创新活动的专业性很强，不能以常规方式考核评估，更难以进行指标式的管理。只有让创新人才分享成果收益，通过股权、期权、分红等激励方式，让人才实现"有恒产者有恒心"。对未来充满预期，对创新舍得投入，才能从根本上调动其积极性和创造性。③ 如山东齐河县供电公司把激发员工创新活力和创新热情作为推动企业发展的有力抓手，广搭舞台，激发员工的创新激情。公司自2013年以来先后获得22项国家知识产权局专利授权，仅员工李琛一人就获得30项国家专利。④

其四，养成企业员工良好的工作习惯。良好的工作习惯有助于实现领导方式和领导方法的创新。首先要有勇于承担责任、敢于战胜困难的态度和决心。企业家要清楚自己的职责，无论工作中出现什么问题，都不能推诿搪塞，要主动寻找解决问题的办法。工作中一定会遇到困难，企业家必须迎难而上，用积极的心态解决问题，克服困难。新东方有句校训："从绝望中寻找希望，人生终将辉煌"。这句话看似悲壮，却耐人寻味。面

---

① 吴凯雷：《领导艺术与企业发展的关系》，《经济与社会发展研究》，2014年 第12期，第163－164页。

② 华为技术有限公司：《激发企业的创新活力》，《求是》，2012年第16期，第35页。

③ 胡俊：《如何激发人才创新活力》，《中国组织人事报》，2015年4月29日。

④ 王保华：《激发员工创新活力——国网山东齐河县供电公司员工创新取佳绩》，《经济参考报》，2014年2月21日。

对工作中的困难，没有抱怨，不推卸责任，抱着一颗积极的、永不放弃的心，把职责作为一切行动的准则。这样的领导，这样高贵的品质，必然会影响周围的成员，激发其工作热情，激励他们勇往直前，战胜困难。其次要保持旺盛的工作热情。热情可以使人对一件平实的工作产生激情，可以创造改变现实的奇迹。没有人喜欢与愤世嫉俗、冷漠悲观的人打交道。不断地向周围的人传递热情，会使你的下属产生自信和希望，激励他们去克服困难，创造性地完成任务。其三，重视大处着眼，小处做事。企业家要想有效地进行管理，就必须从细节上注重自己的行为，集中精力做好分内的工作，努力做到大处着眼，小处做事。于战略层面见远见，于精细之处见精神。我国著名教育家陈鹤琴有句名言："习惯养得好，终生受其益；习惯养不好，终生受其累。"[1] 企业家必须要养成良好的工作习惯。

其五，切实提高企业的执行力。沃尔玛的掌门人罗伯森·沃尔顿（S. Robson Walton）说：沃尔玛能取得今天的成就，执行力起了不可估量的作用。历经数百年而不衰的美国西点军校，所奉行的最重要准则就是："没有任何借口"。强有力的执行能力是领导方式和领导方法创新的关键，是实现企业家意图的重要因素。提高企业的执行力，表层的措施自然需要从管理创新入手，强化员工责任意识，组建高效团队，优化管理流程，建立激励约束机制，提升企业员工整体执行技能和工作意愿，探索建立适应企业发展的管理体系等，提升企业执行力。但深层次的还是要通过建设优秀的企业文化，提高企业的执行力。企业文化是企业的精神支柱，是企业员工的信仰体系，通过塑造强有力的文化，可以改变员工的信仰和工作行为，形成强有力的内在动力，就可以形成强大的执行力来推动落实各项战略决策，并形成竞争力。联想其所以能够从一个并不起眼的小企业发展到今天 IT 领域的龙头老大，关键在于建立了一种强有力的、上行下效的企业文化。有人以开会迟到为例，联想规定开会迟到时间大于等于 5 分钟，与会者就不用参加会议。如果小于 5 分钟，则迟到几分钟就在门外站几分钟，然后才能进来开会。碰巧有一次柳传志迟到了大概 3、4 分钟，于是，这位创始人就老老实实地按规定站在门口等到规定的时间才走进会议室开会。[2] 试想，连公司的老总都能以身作则，其他的员工又怎么能不遵守制度呢？所以，再好的管理制度，也需要有强势的推动者。否则，都将是纸上谈兵，无疾而终。

4. 提升企业家的个人修养。中国企业联合会名誉会长、经济学家袁宝华曾为企业家的个人修养提出了 10 项基本条件：天下兴亡，匹夫有责；胸怀全局，脚踏实地；艰苦创业，无私奉献；解放思想，开动脑筋；清正廉明，依靠群众；疾恶如仇，从善如流；谦虚谨慎，戒骄戒躁；学而不厌，诲人不倦；丢掉幻想，搏击市场；锲而不舍，刻意创新。[3] 也有人认为，企业家在个人修养方面要树立 6 种意识：勤学意识、敬畏意

---

① 《陈鹤琴教育文集》上卷，北京：北京出版社 1983 年版，第 425 页。

② 转引自宋江漫：《论如何提高企业执行力》，《经营管理者》，2013 年第 14 期，第 211 页。

③ 袁宝华：《提出企业家要加强个人修养》，《经济日报》，1995 年 7 月 31 日。

识、寡欲意识、勤奋意识、宽容意识、感恩意识。① 顺风速运集团的总裁王卫则将个人的修养概括为尊重人家的环境、尊重人家的生活习惯、尊重人家的文化。② 基督教通过"博爱"提高人们的修养，儒家则以"仁爱"来展现人的修养，并把"修身"作为一个人走向成功的起点。所谓"修身、齐家、治国、平天下"。著名哲学家冯友兰曾经把"人生"分成四种"境界"：自然境界、功利境界、道德境界、天地境界。③ 处在"自然境界"的人和动物没有区别，只是为了活着，对于人生的目的没有什么了解和感悟。处在"功利境界"的人一生只为了自己的私利，为了利益可以不顾一切。达到"道德境界"的人，其行为是为了"公利"，考虑的是为社会作出奉献。如果达到"天地境界"的人，其行为就是"奉献"。他不仅"奉献"于社会，而且"奉献"于天下。如果人生能够达到道德境界和天地境界，那他就能够自觉地处理好自我心身、人与自然、人与人的关系，就实现和掌握了"和谐"的真谛。众所周知，企业家作为社会的精英分子，其言行对社会发展具有风向标的作用，也是大众的效仿对象，其个人修养水平高低将对社会产生重要的影响。个人修养，最根本的是做人的修养，这是一个基点，一要通过长期的学习研修，提高自身的素质。学习研修传统道德文化的基本精神，提高个人修养的自觉性；学习研修国家法律法规和社会主流思想，强化构建和谐社会意识；学习西方先进的思想文化精华，提高个人修养的品味。二要注重个人修养的实践，通过做人、做事的过程，包括为人处世的风范、基本的精神面貌，甚至一言一行、一颦一笑，在生活的细微之处显示出基本人格来检验自己的修养。④

5. 提高决策的能力和水平。赫伯特·西蒙（Herbert A. Simon）关于"管理就是决策，决策是管理的核心"的论断曾经影响了无数企业决策者。⑤ 翻开数百年的工业经济发展史，人们不难发现其实就是一部企业兴衰存亡的竞争史。根据经济史学家的统计，全球每 10 分钟就有 4 家企业诞生，同时也有 3 家企业消亡。虽然企业兴衰存亡的原因不尽相同，但企业家决策能力的影响则是无人可以否认的。诸如联想集团投资近亿元创立 FM365 门户网站而无法盈利，TCL 集团非理性并购法国汤姆逊吞下恶果，顺驰地产斥资百亿进行规模扩张而带来的地产震动，以及惠普通过收购康柏实现"惠普之道"的华丽转型等，这些决策的失误，抑或正确，既为企业和企业家带来了经济和荣誉的损益，也留给人们诸多的反省和思考，但却由此产生一个启迪，任何一个成功的企业家，都必须要提高决策的能力和水平。面对信息化时代带来的困扰，企业家迫切需要在复杂的信息环境中培养高超的预见能力、判断能力和决断能力，将学识、胆识和经验综合起

---

① 刘继梅：《浅谈国有企业领导加强个人修养应具备的"六种意识"》，《科技创新与应用》，2013 年第 2 期，第 299 页。

② 王卫：《企业文化与个人修养》，《东方企业家》，2014 年 第 9 期，第 88—89 页。

③ 冯友兰：《人生的四种境界》，《光明日报》，2011 年 5 月 16 日。

④ 罗中昌：《重视个人修养 促进社会和谐》，《构建社会主义和谐社会研讨会文章选编》，2007 年 6 月，第 55—65 页。

⑤ （美）赫伯特·西蒙：《现代决策理论的基石》，杨砾、徐立译，北京：北京经济学院出版社 1989 年版，第 23 页。

来，形成高超的问题发现能力、信息整合能力、超级联想能力、独立思维能力和方案选择能力。[①] 彼得·德鲁克（Peter F. Drucker）曾经十分形象地说：战略家要在索取信息的广度和深度之间作出某种权衡。他就像一只正在捕捉兔子的雄鹰，必须飞得足够高，才能以广阔的视野发现猎物。同时又必须飞得足够低，以便看清细节，瞄准目标，展开进攻。[②] 因此，处在当今市场竞争如此激烈的企业家们，就必须像一只随时准备捕捉兔子的雄鹰，既要高屋建瓴、高瞻远瞩，又要脚踏实地、细致入微，不断学习提高，不断修身养性，不断积累智力资源，实实在在地在提高决策能力和决策水平上做足功夫。

---

① 李志、李慧、张庆林：《企业家创新决策能力现状的实证研究》，《重庆大学学报》（社会科学版），2009 年第 1 期，第 42—47 页。

② （美）彼得·德鲁克：《管理的实践》，齐若兰译，北京：机械工业出版社 2009 年年版，第 128 页。

第十二章　科技进步与企业文化建设

一、人类发展史上经历的几次科技革命

关于人类历史上究竟发生过多少次可以称得上科技革命的事件，学术界并无统一的说法。较多的学者认为，自近代以来共发生过三次科技革命。始于 18 世纪中叶，以纺织机械的革新为起点，以蒸汽机的发明和广泛使用为标志的第一次科技革命；始于 19 世纪 60 年代，以电磁理论、化学原子论和生物进化论为主要内容的第二次科技革命；始于 20 世纪 40、50 年代，以原子能技术、航天技术及电子计算机的应用为主要标志的第三次科技革命。[①] 也有人认为，自近代以来共发生过五次科技革命。发生在 16 世纪的意大利，以航海产业为代表并拉开"大国崛起"序幕的第一次科技革命；发生在 17 世纪末的英国，以蒸汽机代替手工劳动的第二次科技革命；发生在 18 世纪末的法国，围绕电磁领域出现库仑定律、安培公式等带动了"电气化"时代到来的第三次科技革命；发生在 19 世纪末的德国，以核能和电子技术出现为标志的第四次科技革命；发生在"二战"期间的美国，以计算机科学和信息技术、互联网技术为代表的第五次科技革命。[②] 还有人将科技革命与产业革命联系起来，认为自近代以来共发生过五次科技革命和三次产业革命。前者分别是近代物理学诞生、蒸汽机出现、电力技术的出现和应用、量子物理等近代物理学的发展完善、信息革命；后者则是 18 世纪的蒸汽机革命、19 世纪的电力革命和 20 世纪的信息产业革命。目前正在发生和即将发生的是属于第六次科技革命和第四次产业革命。[③] 中国科学院中国现代化研究中心的何传启根据技术特点，将工业时代的科技发展分为 18 世纪开始的机械时代、19 世纪开始的电气时代和 20 世纪 40 年代开始的电子时代三个阶段；将知识时代的科技发展分为 20 世纪 70 年代开始的信息时代 、21 世纪 20 年代开始的再生时代和 21 世纪下半叶的宇航时代三个阶段。提出和预见了人类历史上发生或即将发生的 7 次科技革命以及对应的产业革命。第一次科技革命发生在 16—17 世纪的近代物理学诞生；第二次科技革命发生在 18 世纪中后期蒸汽机和机械革命，以此对应的是第一次产业革命；第三次科技革命发生在 19 世纪中后期的电力和运输革命，以此对应的是第二次产业革命；第四次科技革命发生在 20 世纪上半叶的相对论和量子论；第五次科技革命发生在 20 世纪中后期，以出现了电子技

---

① 王睿侠：《从三次科技革命看科技发展的人文价值趋向》，《河南师范大学学报》（哲学社会科学版），2007 年第 3 期，第 223－225 页。

② 李乃胜：《迎接 21 世纪新科技革命》，《决策与信息》，2012 年第 6 期，第 10－16 页。

③ 隋玉龙：《科技革命、产业革命及其影响》，《国际研究参考》，2013 年第 6 期，第 24－27 页。

术和自动化、信息技术和网络化为标志，以此对应的是第三、第四次产业革命；第六次科技革命是可能发生在 21 世纪中期的新生物学革命、新生命生物与技术融合，以此对应的可能是第五次产业革命；第七次科技革命可能发生在 21 世纪中后期，以新物理学革命、新时空、新能源和新运输出现为标志，以此对应的可能是第六次产业革命。[①] 著名科学家钱学森则提出了六次科技革命的说法。他将发生在大约一万年以前，人类从采集、打猎为生变为靠种地放牧为生，农牧业生产发展到新水平，称之为第一次科技革命；发生于大约 3000 年前，人们由物物交换变为货币交换，商品生产和交换的出现和活跃称之为第二次科技革命；发生于 18 世纪末 19 世纪初，以欧洲工业革命发生为标志称之为第三次科技革命；发生于 19 世纪末 20 世纪初，世界规模的市场经济席卷全球称之为第四次科技革命；本世纪中叶兴起，由电子技术引起，扩展到电子计算机、材料科学，生物科学等领域，正在全世界迅猛发展的信息革命称之为第五次科技革命；并预言在 21 世纪前半叶，随着现代生物科学技术和多种学科技术的巨大发展，将出现一个包括有农产业、林产业、海产业、草产业、沙产业等多种生态产业大发展的第六次科技革命。[②]

所谓科技革命，顾名思义应该是指科学技术领域的重大变革，是从科学理论、技术进步到产业发展的革命性变化，是一种发展前提下的"否定"。[③] 由于发生在 16—17 世纪的科技革命，虽然产生了近代物理学，却没有直接体现为社会生产力的提高，也未能引发产业界的革命性变化；而 21 世纪中后期即将要发生的几次科技革命，目前尚未出现或不清晰，也难以评估其对人类社会和产业发展产生何种影响。由此，我们在这里重点叙述几次对产业发展具有重大影响，并引发产业发生革命性变化的科技革命。

发生在 18 世纪 60 年代至 19 世纪中期，以牛顿力学的出现和英国第一次产业革命为开端的科技革命。此次科技革命以蒸汽机的发明和广泛应用为标志，推动人类社会进入了"蒸汽时代"。英国经过弗朗西斯·培根（Francis Bacon）思想的启蒙、威廉·莎士比亚（William Shakespeare）作品的感染，以及艾萨克·牛顿（Isaac Newton）万有引力和力学三大定律的理论支持，1765 年，詹姆斯·瓦特（James Watt）发明了真正带来产业革命的蒸汽机。蒸汽机的发明和广泛应用极大地提高了社会生产力，加速了工场手工业向机器大工业的转变，使人类社会逐步形成了真正意义上的社会化大生产方式，并促进了近代城市的产生和人类交往方式的变革。为此，法国历史学家保尔·芒图（Paul Mantoux）曾经指出："蒸汽机的发明这一重大事件，开始了工业革命的最后的、最具决定性的阶段。蒸汽把那些还压在大工业身上的束缚解放之后，就有可能无限迅速地发展了。"[④] 确实，蒸汽机不仅推动了纺织、采矿、冶炼、机械加工等工业的迅猛发

① 何传启：《科技革命与世界现代化——第六次科技革命的方向和挑战》，《科技导报》，2012 年第 9 期，第 15—19 页。

② 钱学森：《第六次产业革命和农业科学技术》，《科技进步与对策》，1985 年第 1 期，第 4—8 页。

③ 李乃胜：《迎接 21 世纪新科技革命》，《决策与信息》，2012 年第 6 期，第 10—16 页。

④ （法）保尔·芒图：《十八世纪产业革命——英国近代大工业初期的概况》，杨人楩、陈希秦、吴绪译，北京：商务印书馆 1983 年版，第 301 页。

展，也使轮船、火车等交通运输发生了根本性变革，从根本上改变了人类在世界范围内的联系和交往方式，甚至在某种意义上已经开启了全球化的航程。

出现于 19 世纪 60、70 年代，到 20 世纪 30、40 年代基本完成，以电磁学理论的提出以及在生产中广泛使用了发电机、电动内燃机为标志的科技革命。这次科技革命使电气动力逐步取代蒸汽动力，使社会生产从蒸汽机械化时代走向了电气机械化时代。由此引发的产业革命从发电机开始，迅速引起一系列连锁反应，陆续出现了电话、电报、电灯、无线通讯、内燃机以及与之相关的产业，近代化学、生物学、地质学、数学、电磁学、热学、光学、生理学、地理学、物理学也相继诞生，社会生产各部门逐渐形成较为完整的工业体系，社会生产力进一步提高，民族市场逐步向国际市场发展，为建立现代大工业文明做好了准备。

开始于 20 世纪 40、50 年代的美国，迅猛波及英国、法国、德国、日本等国家，以原子能的利用，电子技术、航天技术、激光技术、生物技术的突破和迅速发展为主要标志的科技革命。与前两次科技革命相比，此次科技革命对生产力的推动作用更大，科技转化为直接生产力的速度更快。随着电子计算机和控制技术的发展，使人类社会迅速跨入了自动化的时代，并引起了能源革命和材料革命，推动了产业结构从生产领域为主向服务领域为主转变，为信息技术和信息产业的兴起起到了重要的促进作用。

发生在 20 世纪 60、70 年代，被西方经济学界普遍认为以微处理机和各种装备微处理机的机械、遗传工程、新材料和新能源等新技术的广泛推广应用为标志的科技革命。从实际情况看，在这次科技革命中出现的遗传工程、新材料和新能源仍然处于研究阶段，而微电子技术发展迅速，并得到了较为广泛的应用。所以，有人将此次科技革命称之为以微电子革命为先导的自动化、信息化革命。[①] 在此次科技革命的推动下，信息和知识在生产中的作用日益重要，拥有信息和知识的数量影响着一个国家或企业经济发展的速度和竞争力的强弱。

与前一次科技革命接踵而至的是发生在新世纪之交，以互联网和移动通讯技术广泛应用和普及为特征的新科技革命。互联网技术、移动通讯技术被普遍应用在人类生产、生活的各个领域，不仅催生了新型的信息产业，也将人类带入一个全新的数字化、网络化时代。以互联网技术和移动通讯技术为核心的现代信息通信技术的广泛应用，其影响远远超过了人类发明的其它任何一种通用技术，由此引发了人类历史上具有深远影响的信息产业革命。作为一种先进的生产力，互联网推动经济形态不断发生演变，从而强化了社会经济实体的生命力，推动移动互联网、云计算、大数据、物联网等与现代制造业结合，引发全球性产业结构的巨大变化。资料显示，美国经济增长的 1/3 来自信息产业的贡献，而信息产业增长主要来自互联网。[②] 美国著名的战略管理学家阿尔弗雷德·钱德勒（Alfred D. Chandler, Jr）在《信息改变了美国》一书中详细描述了信息技术如何

---

① 毕志恒：《第四次科技革命在日本》，《世界经济》，1984 年第 3 期，第 14—19，13 页。

② （美）托马斯·K·麦克劳：《现代资本主义——三次工业革命中的成功者》，赵文书等译，南京：江苏人民出版社 2006 年版，第 101 页。

推动美国发展，美国如何将信息技术作为其社会、经济基石的历史过程，对人们了解此次科技革命的影响力具有十分重要的借鉴意义。[①] 就网络而言，新一代信息技术集无线、光纤、铜线等于一体，集通信、网络、计算机、多媒体于一体，集电视、计算机、电话、机顶盒、家庭网于一体，集通信网络、物联网、三网融合、智慧城市、移动互联网、云计算、卫星网、泛在网等于一体，形成了一个多学科交叉和技术集成、融合性创新的网络世界。信息革命、全球化、大数据、互联网将打破原有的社会结构、经济结构、地缘结构、文化结构，由此引发涉及政治、经济、文化、管理方式、工作方式、生活方式、人际关系、心理健康等各个领域的一次次变革，将人类带入了一个常变常新、日新月异的梦幻般数字世界。

二、科技进步对企业经营管理的影响

1. 科技进步推动企业的生产力发展水平迅速提高。科学技术对生产力发展的作用受到经典作家的高度重视。马克思从18世纪发生的科技革命所引起的产业革命和社会革命中，揭示了科学技术的巨大威力，认为"蒸汽、电力和自动纺机甚至是比巴尔贝斯、拉斯拜尔和布朗基诸位公民更危险万分的革命家"[②]。邓小平在深入考察了科学技术在当代社会发展中的作用后也明确指出：科学技术不仅是生产力，还是"第一生产力"。[③] 从生产力三个要素，即劳动工具、劳动资源和劳动对象看，没有一个不是受科学技术的制约和决定，并推动其发展。18世纪的科技革命中，由于蒸汽机的发明和使用，导致实现了企业生产由手工工场向机械化的重大转变，从而推动了纺织、冶金、煤炭、机器制造、交通运输业的迅速发展，社会生产力得到了重大发展，飞梭、珍妮机、走锭精纺机、自动织布机等新发明的应用使纺织生产效率提高了几十倍。19世纪出现的科技革命中，由于电力的发展和应用，使人类由"蒸汽时代"进入了"电气时代"，内燃机、电动机代替了蒸汽机，为企业生产和运输，以及商品的流通带来了更大的方便和强大的能源，并由此促进了汽车、机车、船舶、石油等一系列工业部门的兴起和发展，电气时代创造了比蒸汽时代更高的生产力，电力与电器、汽车、石油化工等一大批新型产业，将19－20世纪的工业化提升到了一个新的高度。20世纪中后期出现的原子能、电子计算机和空间技术，推动了信息技术、生物技术、新材料技术、空间技术等的发展，尤其是微电子技术、计算机技术、光纤维技术、激光技术等组成的信息技术和以计算机为重要工具的现代控制技术，对企业生产力的发展产生了巨大的影响。这些现代科学技术应用于生产，就可以创造出许多在结构、性能上具有新品质的生产工具，从而为社会生产力的发展带来质的飞跃。近年来，互联网技术、移动通讯技术的迅猛发展和广泛应用，使企业生产的规模、效益和品质得到了奇迹般的增加，并通过精准化生产，大幅度减少了浪费，节约了原材料和能源，创造了新的、巨大的生产力。所以，有人认

---

① 余少华：《〈信息改变了美国〉读后感——牢牢抓住全球第五次科技革命的战略机遇期》，《新远见》，2012年第8期，第53－59页。

② 《马克思恩格斯全集》第12卷，北京：人民出版社1972年版，第3页。

③ 《邓小平文选》第3卷，北京：人民出版社1993年版，第274页。

为，科技革命对生产力的首次效应，就是为科学技术通过自身强烈的渗透作用，既对生产力物质技术基础进行根本变革，又对生产力要素的排列组合实行重新调整，同时提高劳动人口的素质和结构，实现生产力由旧质向新质的转化，大幅度强化人类与自然界进行物质交换的能力。科技革命对生产力的二次效应，是促进劳动分工与社会分工的发展，深化分工层次，并以分工为中介，不断开辟新的产业部门，加快整个社会生产力分化的步伐，实现技术结构、产业结构、就业结构的一次次更新。科技进步的第三次效应是不断随着社会分工的深化、社会生产诸环节联系愈益密切、经济活动空间联系进一步扩大，从而加速形成了生产力发展的一体化趋势。①

2. 科技进步将企业带入了"技术为王"的时代。考察近 300 年来人类经历的几次科技革命和产业革命不难看出，经济发展的速度和企业经营水平，往往取决于经济基础中最重要的科技进步所释放的推动力强度。对科技进步的适应性及其掌控水平，往往决定着一个企业的经营管理成效。② 18 世纪发生的科技革命促成了以蒸汽机为主要生产工具的企业生产方式，哪家企业掌握了蒸汽动力技术以及相应的运行机制，哪家企业就能够赢得发展先机，获得迅速发展。而到 19 世纪以发电机、电动内燃机为标志的科技革命发生后，掌握电力技术的水平就成为衡量一家企业发展能力的重要标准。到现代，如果哪家企业没有与互联网技术联系起来，那么，这些企业就肯定不可能得到发展的持续动力。有关资料显示，在 20 世纪初，经济增长中外延性因素约占 75％，集约性因素占 25％。从 20 世纪 60 至 80 年代，这个比例被颠倒了过来，科技进步因素已经在国民经济增长和企业生产经营管理中占据了主导地位，集约化生产成为经济发展和企业经营的主流和方向。有研究表明，在 19 世纪，科学、技术与生产的关系，表现为"生产——技术——科学"的循环过程，表明科学并不参与技术和生产的重大变革。但在现代科技革命的条件下，由于科学的技术化和技术的科学化，从根本上改变了科学、技术和生产三者之间的关系，形成了由生产——技术——科学的发展过程到科学——技术——生产的发展过程，逐步形成了科学、技术、生产日渐一体化的趋势。③ 在国内，有人运用理论建模与数理验证相结合的方法，分析了北京的高技术企业中技术进步各构成要素对企业成长的影响。结果表明，高技术企业的成长，实质上是其技术进步的构建、延伸和强化过程，技术进步各构成要素对高技术企业的成长存在明显正向作用。技术进步构成要素中吸收能力对高技术企业成长贡献值最高。其次是技术创新能力、延展能力。最后是适应能力。④ 正是由于科技创新对企业发展具有至关重要的作用，所以，战后美国政府积极构建支持企业开展技术创新的政策体系，形成了包括供给推动型、需求拉动型和规则制定型的政策体系。供给推动型政策主要包括对新技术研发的投入、对大学优势的充

---

① 陈冰、解书森：《关于科技革命对生产力发展的效应》，《哲学研究》，1985 年第 2 期，第 9—15 页。

② 黄志凌：《现在处于第几次新科技革命？》，《环境经济》，2015 年第 11 期，第 32 页。

③ 王正：《现代科技革命的实质是生产力革命》，《内蒙古民族大学学报》（社会科学版），2003 年第 3 期，第 47—51 页。

④ 吴永林、葛强：《技术进步对高技术企业成长的影响》，《企业经济》，2012 年第 6 期，第 28—31 页。

分发挥、构建良好的公共部门与私人部门（包括大学和企业）在新技术研发中的关系；需求拉动型政策主要包括利基市场创造和与需求配套的基础设施构建；规则制定型政策则包括对专利的保护、对垄断的限制等。① 近年，美国政府不断调整经济发展战略，积极推进和实施"再工业化"战略，调整、提升企业的传统产业结构及竞争力，大力发展高新技术产业。德国提出未来发展的"工业4.0"实施建议，利用信息与通信技术和生产制造技术的深度融合，通过信息物理系统技术建设与服务联网，在产品、设备、人和组织之间实现无缝集成及合作。日本加大了开发企业3D打印机等尖端技术的财政投入，并且快速更新制造技术，提高产品制造的竞争力。② 中国则颁布了《中国制造2025》计划，将信息技术与先进制造业结合，或者用"互联网＋"先进制造业，围绕创新驱动、智能转型、绿色发展，将在国际合作中进一步提升中国的制造业水平。③ 企业对技术创新的积极性更是强烈。西门子以"数字化企业平台"系统为数字制造提供载体；宝马的虚拟手势识别系统让制造汽车酷炫好玩；大众早已用机器人制造汽车以大幅度解放工人的劳动力；博世的射频码系统让智能工厂跃然眼前；高智能、高性能的库卡机器人行走在各个工厂车间，制造业正在发生前所未有的变化。④ 近期，美国国家情报委员会委托有关咨询机构对2015年的全球高技术发展及其影响作了深入研究后预测，除了信息革命将继续深刻地影响世界各个角落，智能材料、灵活制造和纳米技术将不仅扩展设备的功能，也将改变生产这些设备的方法外，2015年后还可能有一些"黑马"技术出现。这些"黑马"技术虽然尚难预测其前途，但必然会对企业的生产、经营，乃至人类的生产和生活产生重大影响。谁预先开发了这些技术，谁就掌握了发展的主导权。⑤

3. 科技进步推进企业迅速进入了全球化经营的快车道。18世纪的科技革命，引起了史无前例的工业革命，导致在世界范围内出现了少数以生产机器制成品为主的国家和多数以生产原料为主的落后国家的国际分工格局，企业的全球化经营开始初步形成。19世纪60、70年代出现的科技革命，进一步加速了科学技术的发展，推动一些主要的资本主义国家进入了工业社会。随着全球范围内殖民体系的建立和世界市场的进一步拓展，促进了资本国际化的发展和全球性金融体系的建立，从而形成了一个囊括全球的、统一的世界经济体系，由此推动了经济全球化的进一步发展。20世纪中后期以来发生的几次科技革命，使各国的科技、经济、文化交流与合作更加密切，国际分工、生产国际化、世界市场等都有了新发展，使各国的经济通过统一的世界市场而更加紧密地联系在了一起。特别是由于互联网技术的迅猛发展，已经将世界各国变成了一个"地球村"，

① 杨长湧：《美国支持国内技术创新政策研究》，《经济研究参考》，2012年第20期，第43—51页。

② 黄志凌：《现在处于第几次新科技革命？》，《环境经济》，2015年第11期，第32页。

③ 《中国制造2025"巧合"德国工业4.0：赶德超日的十年计划一定要达到》，《第一财经日报》，2015年5月21日。

④ 夏妍娜、赵胜：《工业4.0：正在发生的未来》，北京：机械工业出版社2015年版，第114—160页。

⑤ 张保明：《全球技术革命及其影响——2015年的预测》，《国外科技动态》，2001年第7期，第29—31页。

由此使得现在的经济全球化又有了一些新的特点。科技的进步不仅降低了交易成本，而且还创新了许多交易方式，也加速了经济全球化的进程。有统计显示，在 1955－1996年间，全世界空运的（每吨公里）平均收益水平下降了 78％。如果按照 1998 年价格计算，从纽约到伦敦的 3 分钟电话费，1930 年为 293 美元，到 1998 年降为 36 美分。现在的互联网电话已经做到了零收费。① 近年，随着互联网的飞速发展和电子商务的大量增加，网络已经成为信息沟通的基本工具和国际商贸的重要手段，各种新型的金融工具与交易技术不断涌现，为巨额资金在国际间的快速流动提供了极大便利。资金、货物和服务的数字化交付，及大地推动了经济全球化的发展。另外，随着技术传播速度的加快，一些国家和企业逐渐形成了自身技术的绝对优势和相对优势，而一些大型企业则会在全球范围内进行布局，利用不同地区的技术优势，生产、加工和组装产品。如人们耳熟能详的苹果手机，就是将设计和研发放在美国完成，而相关的产品零部件则主要放在台湾、日本、韩国等生产，组装大部分在中国、马来西亚等国完成。苹果公司充分利用了不同地区的绝对优势，充分体现了经济全球化的优势。对企业而言，全球化的经营既面临很多机遇，也存在诸多挑战。按照一般规律，开放性程度较高的企业和竞争开展较早的企业，其机遇大于挑战；而对那些开放性程度较低，受到政府各种保护的企业，挑战大于机遇。尤其是中国国内的一些企业，在企业制度、企业组织、企业技术、职工素质、企业管理、市场份额、游戏规则等方面都可能会遇到来自各方面的挑战，必须要继续深化改革，扩大开放，进一步提高技术开发和创新能力，不断提升其综合实力，更有力地应对一波高过一波的全球化大潮。②

4. 科技进步不断改变着企业的发展模式。企业传统的发展模式基本上是依靠资本、劳动力、自然资源等要素驱动，是建立在对自然资源、生态环境长期高强度开发和利用基础上的一种发展模式。其特征是面向市场、低成本竞争、资源驱动和快速发展，明显存在粗放型、科技含量低、社会矛盾多等问题。③ 随着科学技术的进步，一方面，科技进步加快了商品技术品质的发展速度，导致商品成本降低，消费市场占有率上升，商品供求关系波动，由此加快了全球性产业变革的速度；另一方面，科技进步加速了高端产业技术的发展，强化了技术对企业生产的推动作用。那些科技含量不高，不能与时代同步的产业将逐步被淘汰。只有站在科技竞争的前列，才能掌握竞争的主动权和立于不败之地。此外，科技进步还大幅度降低了劳动强度，进而使剩余劳动力向第三产业转移，促进劳动力在不同产业间穿梭，高素质人才根据自身的能力涌向适合自己才能发挥的部门，促使分配进一步趋向合理化，进而加快全球产业的变革。因此，传统的企业发展模式越来越难以为继，必须要调整发展模式，优化产品结构，推进技术创新，通过创新驱动推动企业发展。如苹果公司被誉为世界上最优秀的企业之一，其成功的关键就在于持续的技术创新。史蒂夫·乔布斯（Steve Jobs）说："苹果和戴尔公司是这一行业为数不

---

① （美）威廉·格雷德：《资本主义全球化的疯狂逻辑》，张定淮译，北京：社会科学文献出版社 2003 年版，第 25 页。

② 李京文：《经济全球化影响与挑战》，《经济学家》，2000 年第 6 期，第 22－29 页。

③ 李莉：《我国企业发展模式创新问题探析》，《企业活力》，2008 年第 5 期，第 24－25 页。

多的赚钱公司，戴尔靠的是学习沃尔玛，我们靠的是创新。"苹果公司正是在产品技术上不断创新，才有了更大的竞争力，并最后赢得整个市场。[①] 有人对世界上的高科技企业发展模式进行研究后得出的结论是，这些高科技企业共同的特点就是持续不断的创新。美国的波士顿128公路模式、硅谷模式，台湾地区的新竹模式、日本的筑波模式、北京的中关村模式等，能够持续获得核心竞争力的根源就是创新。通过建立创新网络体系，不断地创新技术、创新商业模式，形成不同创新行为主体之间的相互分工与协作，将不同的创新资源进行组合与配置，推进创新活动的持续展开。[②]

5. 科技进步加速了企业生产经营方式的转变。随着科技进步的不断推进，人们赖以生存的经济环境发生了深刻的变化，企业的经营模式正在发生根本性的转变。首先，工业化初期企业的大规模批量生产正在向大规模的订制化转变。工业化导致专业化，降低了单位成本，形成了规模经济。分工的细化，使生产者与消费者的距离越远，引发生产观念、产品观念、推销观念到市场营销观念的演变。戴尔电脑在短短的十余年间一跃成为世界500强之一的电脑供应商，重要的一点就是戴尔公司能够创新生产经营方式，把"时刻想着客户，而非顾着竞争"作为企业的经营理念。戴尔公司不只是简单地了解顾客想要什么，也不只是提供价格合理与高性能的产品，而是采取大规模"产品订制"的方式。由客户自己设计产品，满足顾客的个性化需求。[③] 其次，企业正在从产品经济向服务经济转变。服务业的快速增长使其产出和就业在整个经济中的比重持续上升，从而取得了主导地位。从微观上来看，企业置于网络经济时代，其竞争正在从产品质量和成本层面的竞争向服务质量转变，服务水平和质量日益成为推动企业经济增长的引擎。IBM公司不是在从事电脑制造，而是在提供满足顾客需求的服务。微软80%的利润来自产品销售后的各种升级换代和维修咨询等服务，只有20%的利润来自产品销售本身。零售业由于互联网的发展，开启了B2C（商对客）、C2C（客对客）、O2O（线上线下）、O2S2O（线上＋服务＋线下）的全渠道整合模式，与制造业一样进入了服务业的4.0时代。[④] 其三，企业的虚拟经营正在取代实体经营。互联网作为一种崭新的企业组织和经营方式，正在为世界提供一个全新的拓展空间。互联网使得企业在有限的资源条件下，通过各种方式对外部资源进行整合，取得竞争中的最大优势，形成有利于技术开发、资源优化组合、拓展市场、共同筹资、精简机构、专业化生产、多元化经营、降低企业成本等多种优势。据权威部门统计，美国公司每年通过电子商务方式采购的价值达5000亿美元的货物。在日本众多商家，也在忙着利用Internet开设店铺。许多大零售商都与制造商和供应商之间建立公司网络，使市场、服务、生产紧密地联系在一起，打破了行业和地域界限，大大提高了整个社会经济循环的效率。如沃尔玛投资7亿美元，

① 李晓梅、温凤媛：《苹果公司创新商业发展模式对我国企业的启示》，《辽宁工业大学学报》（社会科学版），2009年第6期，第40－42页。

② 倪杰：《世界高技术企业发展模式的启示》，《企业经济》，2008年第10期，第23－25页。

③ 石磊编著：《企业文化案例精选评析》，北京：企业管理出版社2010年版，第235－241页。

④ 王晓峰、张永强、吴笑一：《零售4.0时代》，北京：中信出版社2015年版，第70－88页。

建立了电脑卫星网络系统和世界上最大的民用数据库。[1] 其四，从竞争取胜走向竞合共赢。由于信息的重复使用和不完全排他性，使企业之间形成了信息的交流和共享，利用互联网技术，企业与合作伙伴之间可以进行资料互换、信息共享、联合开发和共享服务，从而实现从工业经济时期的竞争到网络经济时期的合作共赢。此外，在生产方式上，也实现了从规模经济、粗放生产向敏捷制造、精益生产、即时生产的转变。[2]

6. 科技进步推动企业管理方式的变革。首先，科技进步改变了企业家的管理思维方式。企业家习惯了按照"科技推力"的思维方式来看待科技革命的影响，即用新科技、新产业、新产品、新市场这样的思路来理解新科技对商业（市场）的影响。而现在更多的事实证明，"市场引力"型的思维方式更强烈地呼唤着新科技时代的到来，即市场需求、新产品、新科技、新产业的路线，市场需求是新科技、新产品的催生剂。无论是哪种模式、路线，商业（市场）在新科技革命时代扮演着极其重要、无可替代的角色，这一点是无可置疑的。科技进步物化为一代又一代新产品，加速着商品结构的更新换代；科技进步引发了一场又一场商业革命，导致每一个环节都必须依靠科学技术的支持才能得以发展。[3] 其次，科技进步促使企业管理的科学化和规范化。科技进步加速了管理理论的创新。新的企业管理理论不断应用于生产活动，企业管理对企业的生产活动起到监控、协调和指挥作用。历次科技革命使企业规模由小到大，再由大到小，进而走向集团化、国际化。企业结构向扁平化方向发展，导致企业管理不断与之相适应。管理手段、管理工具的更新是管理者从现场退至幕后，从局部管理到全局管理，从手工管理到办公自动化，推动企业管理向职业化、知识化、数字化方向发展。其三，科技进步推动企业组织形式的变革，企业的组织形式由小型化、分散化、多元化向规模化、集约化、组织化方向发展。科技进步引起了商业组织形式的变革，一些适应规模化、协作化、体系化工业生产和消费需要的大规模商业企业开始出现，大型百货商店和超级市场应运而生。从20世纪80年代开始，互联网进入商业经营领域，很快成为主流的商业经营模式，以互联网为依托的电子商务作为一种新的商业形式，打破了时间和地域的限制，正在改变传统的店铺式销售方式，使企业之间能够在同一时间、同一市场公平竞争，真正形成交换、消费对生产经营活动发挥真正的推动作用。[4]其四，科技进步改变了企业的生产方式，使企业的生产过程趋于复杂化、自动化、连续化，导致企业的管理人员必须适应企业新的生产方式要求。科技的迅猛发展，导致生产的社会化和自动化的程度空前提高，新兴产业不断涌现，企业规模急剧扩大，经济部门之间呈现出错综复杂的联系，劳动分工越来越细、协作关系更为密切，技术和产品更新的周期大大缩短，企业间的竞争越来越激烈，市场情况变化多端，对企业管理人员提出了越来越高的要求。特别是电子计算机进入管理领域以后，对实现管理手段和方法的科学化起到了巨大的推

---

[1]　黄武：《现代科技革命对商业战略的影响》，《中国软科学》，1997年第3期，第37－40页。
[2]　左慧：《论网络经济下企业生产经营方式的创新》，《技术与市场》，2008年第9期，第82－83页。
[3]　黄武：《现代科技革命对商业战略的影响》，《中国软科学》，1997年第3期，第37－40页。
[4]　任净：《科技革命对商业组织形式的影响》，《陕西经贸学院学报》，2000年第4期，第58－60页。

动作用。电子计算机代替了人的部分智能活动，它具有高速化、自动化、准确化的特点，能使生产的目标、计划、组织、指挥、控制、调度、平衡、核算等经济环节达到最优化的管理，进而正确处理人、财、物、结构、信息、时间诸要素的关系，并围绕着提高经济效益这一核心，将每个环节和要素结合成一个有机联系的系统，这样就可以在经济形势复杂多变的情况下，更加充分地发挥每个环节和大系统的整体功能，以便取得发展生产力的最佳效果。[1] 其五，科技进步推动企业人力资源管理方式的创新。18 世纪的科技革命使机器生产代替了手工操作，诞生了现代意义上的工厂制度及与之相适应的大工业生产方式。这种机械化大工业生产方式需要大批量雇佣工人，需要大批量地集中材料和设备，产生了指挥、协调、控制和监督的问题，于是，管理从生产中分离出来。19 世纪的科技革命，企业规模不断壮大，资本和生产更加集中，劳动的专业化程度越来越高，出现了企业所有者与经营者的分离。过去那种凭借经验和个人意志的管理方式与大生产方式不能适应，迫切需要科学的管理方法来协调工人与生产的关系，出现了以弗雷德里克·泰罗（Frederick W. Taylor）为首的科学管理学派和以乔治·埃尔顿·梅奥（George Elton Mayo）为代表的行为科学学派，导致了人事管理制度的产生。20 世纪40 年代以后发生的科技革命带来了生产力的大变革，创新能力成为企业生存发展的关键因素，知识、技术成为企业发展的核心，人力资源是企业的第一资源，人力资源管理应运而生。进入新世纪之交，信息技术和知识经济的发展，导致传统的依靠占有和控制人力资源来获取创新利润的管理方式已不适应知识经济发展的需要，知识替代人成了企业获取创新利润的主要源泉。[2] 此外，科技进步还引发了市场多元化、市场一体化、企业重建、流程再造，以及微观层面上的管理制度和市场营销模式等方面的变革。

7. 科技进步促使企业管理更趋人性化。英国著名物理学家约瑟夫·罗特布拉特（Joseph Rotblat）说："科学不是为了战争，不是为了商业利润，而是为了造福于社会。"[3] 纵观人类社会的发展历史，其社会管理方式虽然经历了传统的宗法管理——科层制组织管理——扁平化组织管理等几种形式，但每一次科技进步都将推动人文化倾向的发展，使人文价值取向成为科技进步的重要追求。传统的宗法管理形式是一种不具人文价值意义的管理方式。但从 18 世纪开始的科技革命使机器大生产代替了手工操作，大规模的工厂取代了传统家庭作坊，诞生了现代意义上的工厂制度及其与之相适应的生产方式和管理方式。这种管理方式，按劳动成果支付报酬，使被管理者第一次摆脱了对管理者的人身依附关系。19 世纪开始的科技革命则进一步扩大了企业规模，大幅度提高了劳动的专业化程度，形成了专门的管理者队伍，产生了以"泰罗制"为代表的科学管理方式，进而形成了严密的科层制组织管理形式。科层制是一种理性的管理制度，是

① 孙华玉、孙晓东：《论现代科学技术对生产力发展的重大影响》，《长春工程学院学报》（社会科学版），2002 年第 3 期，第 9—11 页。

② 叶仁荪：《科技革命对人力资源管理的影响》，《经济理论与经济管理》，2002 年第 3 期，第 53—57页。

③ 崔安辉：《论现代科技革命对人的全面素质发展的新要求》，《理论导刊》，2005 年第 10 期，第 86—87 页。

一种建立在按照职能和职位进行分工、以规则为管理主体的组织体系和管理方式，它具有管理的严密性、合理性、稳定性和适用性特点，能够在一定范围内带来工作效率的提高。20世纪出现的几次科技革命，尤其是以计算机和互联网为代表的新科技革命，催生了更具人文价值的扁平化组织方式，实现了真正能够以人为中心，凸显人文关怀的价值取向，从制度层面保证了人的主体地位的提高，激发了人们的积极性、主动性和创造精神。① 另外，科技进步本身也是文化的重要组成部分，是社会进步的知识基础。科技进步创造了先进的文化，引导人类摆脱愚昧和神权的束缚，从精神层面影响社会发展和现代化进程。科学进步影响人们的世界观、价值观与方法论。近代科学理论突破了亚里士多德（Aristotle）与宗教对世界的经典解说，为人们提供了新的世界观，使得实验与数学成为人们认识和解释事物的通行方法。进化论阐明了物种起源和自然界生物的演化规律，深化了人们对竞争和发展的认识，对生物学以及哲学、社会科学、宗教等产生了深远的影响。查尔斯·罗伯特·达尔文（Charles Robert Darwin）的社会进化论曾为近代中国的社会改革提供了重要的理论依据。② 总而言之，科技进步进一步推动了企业管理的人性化趋势。

三、互联网背景下的企业经营管理特点

（一）互联网及其影响

互联网（Internet）于1969年出现在美国，又称网际网络，或音译为因特网、英特网，是网络与网络之间所串连成的庞大网络。这些网络以一组通用的协议相连，形成逻辑上的单一且巨大的全球化网络。在此网络中有交换机、路由器等网络设备、各种不同的连接链路、种类繁多的服务器和数不尽的计算机、终端。在此基础上发展起来的、覆盖全球的网络被称为互联网。随着全球性经济社会的快速发展，互联网行业得到了十分迅速的发展，且随着互联网的广泛应用以及移动技术的成熟，将人类带入了一个大数据、移动互联网的时代。有人将互联网的特点概括为网络化、平台化和信息多元化。③也有人将互联网的特点称之为自由、开放、免费、平等、交互、合作、个性、虚拟、持续、全球等10个方面。④ 但撮其要者，就是互联网能够借助网络化平台将虚拟世界和实体世界连接到一起，形成了一个上下贯通、左右无界的现实世界；通过网络化平台作为一种可以快速配置资源的框架，使所有的资源得到最快速度的配置，并达到最大的共赢效果；通过虚拟化平台提供多元化的信息渠道、海量化信息数据和多样化信息的价值判断。互联网以其时域性、互动性、成本低、个性化、信息储存量大、高效快捷和多形

---

① 王睿侠：《从三次科技革命看科技发展的人文价值趋向》，《河南师范大学学报》（哲学社会科学版），2007年第3期，第223—225页。

② 张柏春：《科技革命及其对国家现代化的推动刍议》，《科学与社会》，2012年第1期，第22—32，21页。

③ 荣成市工商业联合会荣成市总商会：《互联网时代企业文化建设的特征和方向》，http：//gsl. rongcheng. gov. cn/bszl/ShowArticle. asp？ArticleID＝252.

④ 许猛忠：《互联网的特点》，http：//www. abc. wm23. com/E_meng/146620. html.

式存在等优点，受到人们的普遍欢迎，也对人们的生产、生活等各个方面产生了巨大的影响。与传统的互联网相比，现代移动互联网形成了新的、更大的发展空间，形成了可持续发展的新型的商业模式，也形成了互联网业务深度融合的业务形式。大数据和移动互联网业务的发展为整个移动网的发展带来了无限的应用空间，同时也促进了移动网络宽带化的深入发展和移动运营商业化，以及相关业务的发展。2014年11月，国务院总理李克强出席首届世界互联网大会，将互联网称作是"大众创业、万众创新"的新工具。据预计，今后5年，G20①中的发达国家互联网年均增长将达到8％，对G20国的GDP贡献率将达到5.3％，发展中国家增长率高达18％。从2010年到2016年，G20的互联网经济将实现翻番，增加约3200万个就业机会。② 互联网的应用十分广泛，每天来自不同国家、不同行业、不同职业、数以亿计的人群在使用互联网，通过互联网聊天、了解资讯、购物和经营。互联网还催生了一批产业，也带动了一系列商业模式的创新，如电子商务、网络营销等。互联网正在越来越深刻地影响着人们的一切，i－Mode发明人、Docomo前高级副总裁夏野刚将其影响概括为三个方面：一是商业革命。所有的行业都不得不将互联网纳入到自己的商业模式里面。二是搜索革命。几乎所有的信息都上传到了网络上，且所有人都可以进行实时搜索和利用。三是社会变革。人们相互之间有更多的信息沟通并对社会产生巨大影响，由此使人类进入了一个群体智慧统治世界的时代。③

2012年，由易观国际董事长兼首席执行官于扬提出的"互联网＋"概念，将互联网思维进一步推向实践之中。这种思维方式代表了一种先进的生产力，推动经济形态不断发生演变。2015年3月，在十二届人大三次会议上，李克强总理在《政府工作报告》中明确提出要制定"互联网＋"行动计划，以此推动移动互联网、云计算、大数据、物联网等与现代制造业结合，促进电子商务、工业互联网和互联网金融健康发展，引导互联网企业拓展国际市场。④

（二）互联网背景下的企业经营管理特点

第一，网络化导致组织的扁平化和利益共同体的形成。由于网络化将虚拟世界与实体世界紧密地连接到一起，导致传统企业的科层组织不能适应企业发展的需要，而适应网络化的扁平化组织应运而生。扁平化组织不仅比传统的科层组织效率更高，对市场反

---

① G20（20国集团成员）是一个国际经济合作论坛，由1999年9月25日在华盛顿成立的八国集团（G8）以及其余12个重要经济体组成。主要成员国包括美国、日本、德国、法国、英国、意大利、加拿大、俄罗斯、欧盟、澳大利亚、中国、南非、阿根廷、巴西、印度、印度尼西亚、墨西哥、沙特阿拉伯、土耳其、韩国。该组织的宗旨是为推动已工业化的发达国家和新兴市场国家之间就实质性问题进行开放性和建设性的讨论和研究，以寻求合作并促进国际金融稳定和经济持续增长。按照以往惯例，国际货币基金组织与世界银行列席该组织的会议。G20成员覆盖面宽，代表性广，经济实力强，其GDP已占全球经济的90％，贸易额占全球的80％。

② 《互联网在当今社会中影响》，http：//www.biz365.net/news/hotread/268.html.

③ 夏野刚：《移动互联网对人类进化产生三大影响》，http：//e.t.qq.com/qqtech？pref＝qqcom.dp.titleinfomore.

④ 李克强：《2015年政府工作报告》，http：//www.farmer.cn/xwpd/tjyd/201503/t20150306_1017076.htm.

应更快，而且将企业、员工和客户转变成一个"利益共同体"。如当前出现的各种各样的网络企业就是把企业、员工和消费者连接成了一个"利益共同体"。在传统的科层组织里，员工直接服从企业领导，而在网络环境下，无论是员工还是企业，都必须要服从于客户，必须围绕客户需要来设计产品和提供服务。这种巨大变化，真正将"客户第一"的价值观变成了现实。海尔集团的自主经营体为大家所熟知，它是由多个自主经营体组成的项目经营体或者创业型组织，围绕用户需求，吸纳了研发、产品设计、销售、服务等所有的利益相关者，以保证用户参与设计、渠道购买、物流配送、售后服务等全流程的用户体验，以有效避免面对用户需求时各个业务环节之间的脱节、推诿或者沟通不及时等状况发生。自主经营体虽是一个虚拟团队，但却"因单聚散"，独立核算，共同面对市场风险，同时享有很大的自主权和分享权。① 新疆新捷股份有限公司成立于1995 年 8 月，是专业从事天然气终端销售及综合利用的企业。该公司传统的管理链条是：从公司董事长到副总，从副总到各业务板块的科长，从各科长到副科长乃至一线员工的科层式管理模式，每个环节的管理都有计划、执行、反馈、检查等之类的活动。这些环节层层相连，形成了企业上传下达的管理体系。但由于层级太多，每个员工都有自己的职责和权限，事情的处理需要一层一层上报，导致工作效率低下。随着移动互联网的广泛应用，该公司在企业管理方面作出了相应的变革，采用了扁平化的组织管理模式，较好地解决了过去"层次重叠、冗员多、组织机构运转效率低下"的弊端，加快了信息流动的速率，不仅取得了良好的经济效益，而且利用云办公平台，企业管理者还可以清楚地了解各基层员工的工作情况，拉近了管理层与基层员工之间的距离。通过企业员工的创造性工作，建立起了密切的客户关系，由此形成了由员工、企业、消费者之间的利益共同体。②

第二，平台成为企业发展最有效的驱动力。传统经济驱动企业发展的原动力是"规模与范围"，但互联网时代驱动企业发展的原动力是平台。平台作为一种可以快速配置资源的框架，可以使所有的资源得到最有效的配置，并达到最大的共赢效果。平台化的精髓，还在于打造一个完善的、成长潜能强大的"生态圈"，它拥有独树一帜的精密规范和机制系统，能有效激励多方群体之间形成互动，实现平台企业的愿景。平台化可以通过符合行业标准的设计来加速价值的转化，提供完整的集建立、集成、现代化和部署于一体的端到端平台，通过减少无序、混乱和增加可预测性来提高效率。通过平台还可以允许在企业内大范围重复使用流程、技能、生命周期工具和资产，以适应瞬息万变的商业环境。2015 年 3 月，在家电博览会上，国内家电业巨头们纷纷抛出自己在互联网时代的平台发展战略。诸如创维集团总裁杨东文的"智慧家庭战略"、美的集团董事长方洪波的"颠覆、开放"思维、海尔发布的"U＋生活战略"、京东的"JD＋计划和京东智能云、苏宁拟推出的超级 APP 等。家电企业从当初的"产品为王"、"渠道为王"，

① 张小宁：《海尔"人单合一"双赢管理模式》，《中国经贸导刊》，2014 年第 28 期，第 67－68 页。
② 刘冬、刘清泉：《移动互联网时代新捷公司企业管理变革》，《中国管理信息化》，2015 年第 7 期，第 87－88 页。

最终无一例外地走上了"平台为王"的征途，也从产品竞争上升到了生态系统的竞争。[①]

第三，企业管理的主题更加侧重于价值管理。主要包括两个层面，一是企业经营层面的价值管理。这是一种以股东价值创造为企业经营核心的管理方法，其主要目的是实现股东财富的最大化。企业的经营目标、管理体制、发展战略、技术创新、业绩考核和文化建设都必须紧紧围绕股东财富最大化这一目标而展开，并引导和决定企业的战略、结构、程序，以及管理者的报酬支付方式和业绩考评方法。在价值管理原则下，企业依据确定的远景设定其价值理念，并具体落实到员工的日常工作中。只要与既定的价值理念不产生矛盾，企业可以自主开展经营，处理发展中遇到的问题。价值管理的目的是要实现企业使命、企业经营战略、企业治理，以及与企业文化相适应的组织形态、决策系统、绩效管理系统、薪酬回报系统等，达到与企业所要追求的股东价值的最大化价值目标。二是企业员工管理层面的价值管理。互联网的发展加速了信息的多元化，越来越多的知识型员工形成了基于海量信息环境下的价值多元化群体，由此对传统的科学管理、目标管理等规则管理模式提出了挑战。为此，越来越多的企业认识到，企业传统管理模式中对人只"管身"不"管心"的做法已经不能适应互联网时代的"人本主义"要求，企业管理的实质已经转化为对人的知识和价值观的管理。只有对员工的个人价值观与组织的集体价值观进行有效的管理，才能提升组织的效率。考察世界500强企业管理演变的历史可以看出，那些能够持续成长的公司，尽管其经营战略和实践活动总是不断地适应着变化的外部世界，但却能够始终保持着稳定不变的核心价值观和基本目标。这种在不断发展的过程中又能保持其核心价值观不变，正是世界500强企业成功的深层原因。所以，彼得·德鲁克（Peter F. Drucker）说："组织的生存，其实就是价值观的维系，以及大家对价值观的认同。"[②] 通过对价值的管理，达到为员工提供行为向导、整合企业意志、激发精神动力、培育合格员工的目的。

四、建设适应互联网时代的企业文化

随着互联网的广泛应用而引发的技术进步、市场需求和管理变革，无不要求建立与之相适应的企业文化，以推进企业形成持续永久的竞争优势。因此，如何把握互联网时代的企业文化建设特点，并找到推进企业文化建设新的有效方法，成为一个迫切而现实的问题。

首先，必须加快培育适应互联网时代的经营理念。互联网经济以其海量信息和飞快变化对传统企业的经营管理理念提出挑战，传统企业所谓百年不变的经营方略，必须让位于求新、求变的发展逻辑。互联网时代的变化太快，企业必须以快制快，以变应变，根据外部世界的变化快速制定一个又一个制胜战略，并对快速变化的市场作出回应，继

---

① 陈军君：《平台为王》，《中国经济时报》，2015年3月20日。

② 转引自石义彬、徐耀强：《企业价值观管理探析》，《光明日报》，2013年11月23日。

续制定新的发展战略和经营策略，替代业已过时的战略，以形成所谓的"瞬时竞争优势"[①]。

其次，必须真正树立"以人为本"的管理理念。互联网时代的重要特点就是将"客户第一"的经营理念变成现实，每个员工只有在满足客户需求的同时才能实现自己的价值。在互联网时代的网络化组织中，企业所有管理的重心必须从重点管理好员工，转变为帮助员工为客户创造价值。企业管理者的角色也要相应地由严格管理员工履行职责，到重点协助每个员工实现个人和组织的目标。只有依靠"以人为本"的企业文化来维护组织的运作，将员工的个别行为整合到企业的总体目标中去，才能实现为客户创造价值的目标。要真正树立"客户第一"的经营理念，企业从全体员工，到生产经营的全部价值链活动都要围绕满足客户需求而运作。然而，员工忠诚是客户忠诚的先决条件，只有让员工满意，才能实现客户满意，这是一个连锁性的环节。联邦快递的创始人弗雷德里克·史密斯（Frederick Smith）说：公平待人才会带来员工对公司的忠诚，而公司忠诚总归会带来回报。[②] 互联网时代必须坚持面向客户、面向员工、面向企业的可持续发展。只有将员工的利益与企业的发展紧密结合起来，将员工的积极性、创造性与企业发展紧密地结合起来，才能形成适应互联网时代的优秀企业文化。

其三，必须尽快建立适应互联网时代的企业管理制度。企业文化中的每个理念，都必须有相应的制度体系来支撑和落实。因此，设计合理的制度文化，对企业员工的行为有着重要的引导、约束和激励作用。在互联网时代，必须要将企业的创新理念与价值观融入企业的制度制定和实施过程中，建立有效的激励机制，刺激技术创新的实现。[③] 还要体现制度引导、分工明确、权责对等的特点，像阿里巴巴对员工的价值观行为考核、宝洁公司对员工的价值观引导下的能力考核、华为公司对员工的工作态度的考核等，都是价值观和企业制度设计有效匹配的典型。

其四，通过优秀的文化管理推进企业行为文化的形成。与传统企业强调刚性化管理不同，互联网时代体现出的企业经营管理，就是要通过价值引导、管理策划、信息传递等柔性化的方式，形成一种以文化为中心的柔性管理机制，使每个员工在一种认同的管理理念和价值观引导下，自觉地为企业的理想去奋斗，并清楚地知道这件事该如何做，用什么样的标准去做等。互联网时代形成的网络化组织的有效性，就在于形成了组织的自我协调、自我实现能力，而这种能力是靠企业的价值观和经营理念来实现的。正是企业的经营宗旨、发展目标、价值观等精神层面的无形文化因子，才形成了一个强大的"磁场"，成为企业发展中的一种无形组织和协调力量，引导企业的每一位员工按照组织确立的目标而有序地开展工作，并取得预期的成效。

其五，通过加强信息平台建设打造企业的物质文化。有人认为，企业管理落后是影

---

① （美）丽塔·冈瑟·麦格拉思：《瞬时竞争优势》，http://www.hbrchina.org/2013-06-05/1245_6.html.

② 转引自徐晓静编译：《成功并非一夜之间——联邦快递集团总裁弗雷德里克·史密斯小传》，《市场周刊》（商务），2005年第Z1期，第44—45页。

③ 葛红岩：《企业文化驱动技术创新的路径研究》，上海：三联书店2013年版，第200页。

响市场竞争力的重要因素，而管理落后的主要标志是业务流程不规范和信息管理不系统。① 因此，在互联网时代，企业提高经营管理水平的一个重要战略性举措就是要提高企业的信息化建设水平，从企业发展战略的高度来定位和推进企业信息资源平台建设。通过信息化平台推动企业的跨越式发展。随着企业组织架构、经营模式、运行机制等的变化，对信息资源平台建设也提出了新的、更高的要求，企业必须将信息资源平台建设工作与管理工作、生产经营工作，乃至企业文化建设紧密结合起来，加快建设企业信息资源平台。通过企业信息资源平台，推动企业全面的管理变革，最终赢得竞争优势。此外，建设基于技术创新的企业文化，还要充分利用有利于激发技术创新的物质文化因素，并通过工作环境、设备设施、工作氛围、企业象征物和产品等物质文化表现出来。

其六，必须持续推进企业的创新文化建设。一是企业经营理念的创新。互联网背景下的企业管理是一个不断学习和创新的动态过程。学习和创新是互联网经济的核心。网络使距离为零，传统生产上的连续性被打破，传统组织结构越来越不适应网络经济的发展要求。因此，不能更新观念，就无异于将企业隔离在网络经济之外。海尔是目前我国为数不多将管理创新聚焦到互联网的企业。海尔首席执行官张瑞敏把海尔成功的秘诀概括为："第一是创新，第二是创新，第三还是创新。"自2005年以来，海尔为应对互联网的挑战进行了一系列颠覆性、系统性的变革，从战略、机制、运营到考核，涉及到所有业务、所有环节和所有员工。比如，借助互联网实现以用户为中心、从生产型向服务型转变、从"为产品找客户"转变为"为客户找产品"；遵从网络经济的基本规律，将经营视角从规模经济转变为范围经济，建立起协作、共创、共赢的快速反应的社会化价值创造网络等。二是企业运行模式的创新。在互联网背景下的企业运行环境呈现复杂多变、无法预测的趋势，传统工业化经济条件下的层级管理方式和组织结构已经不能适应这种变化，由此推动企业管理方式和组织结构的创新，网络化、扁平化、柔性化和分立化成为企业组织结构的新趋势。同样以海尔集团为例，该公司将传统管理模式转变为一种适应互联网时代的"人单合一"的双赢模式。"人单合一"中的"人"就是员工，"单"表面是订单，本质上却是客户资源。"人单合一"，实际上就是把员工和他应该为客户创造的价值以及要面对的用户资源整合在一起。员工不是以完成上级下达的任务多少和好坏获得报酬，而是根据员工为客户创造的价值来体现自己的价值，由此在组织结构上，海尔把传统的金字塔组织结构倒了过来，变成倒金字塔结构，直接与客户接触的员工在第一线，企业领导层从原来的指挥者变成了资源的提供者。"倒金字塔"的组织结构要旨在于实现两个"零"的突破，即员工内部协同的零距离和组织与外部用户的零距离。第一个零距离体现在一线员工要完成为用户创造价值的目标；第二个零距离则是内部员工协同起来共同创造用户资源，必须全流程和用户零距离。② 2012年3月，张瑞敏在"互联网时代的管理变革——2012年全国企业管理创新大会"上回顾公司近30年

① 袁俊：《加快企业信息化建设 提高市场竞争力》，《世界制造技术与装备市场》，2011年第3期，第82－85页。

② 张小宁：《海尔"人单合一"双赢管理模式》，《中国经贸导刊》，2014年第28期，第67－68页。

来的管理创新实践，不无感慨地说："只有时代的企业，没有成功的企业。我们的管理模式创新就是为了让海尔成为一个互联网时代的企业"。[①] 所以，有学者认为，海尔的"人单合一"双赢管理模式既体现了企业的管理哲学，也体现了海尔对于互联网时代变革节奏的把握，以及对于人力资本价值的尊重和对于用户创新的理解。海尔的管理体系从最初的"日毕日清，日清日高"，到后来的"市场链"，再到现在的"人单合一"，是一个历史积累的过程，体现了该公司决策者对于时代节奏的把握。[②] 三是企业员工内部管理方式的创新。互联网经济使企业员工成为企业创新的主体。因此，企业员工的整体素质将决定着企业自身的创新能力和水平。海尔集团在员工激励方面的做法也是值得一提的。传统的员工激励都是基于"经济人"假设基础上的外在激励，而海尔集团通过创造公平的机会和平台将外在激励转变为员工的内在自我激励，形成了员工与自身能力的博弈，充分激活了员工潜能，实现了自我超越的目的。[③]

总之，传统意义的企业文化重点在于从精神层、制度层、行为层和物质层为企业塑造文化形象，但在技术进步日趋加快，信息化、平台化、网络化发挥决定性作用的互联网时代，企业文化必须赋予新的内容，要与时代的发展结合起来，构建与技术进步和新的市场环境相协调，与人本化管理相呼应，与培育新的企业竞争优势相促进的新型企业文化体系。有研究者认为，在基于科技创新的企业文化构成要素中，精神文化对科技创新的驱动效果最大。因此，在企业文化建设中，应以企业精神、企业价值观、企业经营理念等精神文化建设为核心，以工作环境、工作设备和设施、工作氛围、产品象征等物质文化建设为辅助，配合以制度文化和行为文化改进，将新的有利于科技创新的精神文化融入到变革后的制度文化、行为文化中去，这样才能有效地发挥企业文化对科技创新的正向驱动作用。[④]

① 张瑞敏：《海尔管理模式创新的逻辑与实践》，《互联网时代的管理变革——2012年全国企业管理创新大会资料汇编》，第37—52页。

② 张小宁：《海尔"人单合一"双赢管理模式》，《中国经贸导刊》，2014年第28期，第67—68页。

③ 李佳：《网络经济发展时代的管理创新》，《中国市场》，2014年第8期，第62—63页。

④ 葛红岩：《企业文化驱动技术创新的路径研究》，上海：三联书店2013年版，第198页。

第十三章 世界卓越公司企业文化的特点及其评析

一、世界卓越公司企业文化的基本特点

对于世界上卓越公司企业文化的共同特点，学术界和企业界有许多总结。有人认为是规范、诚信、专业、创新、共赢。[①] 也有人归纳为具有休戚与共的集体意识和归属意识、以人为本的人本意识、开发众能的民主意识，形成企业的理念领导、构建了统一的企业价值观、具有求变意识和创新精神。[②] 还有人以美国企业文化为例，将其概括为：价值观体系凸显战略性和人文性、英雄人物作为有形榜样具有激励性、价值观转换为管理系统具有应用性、注重企业文化的适应性和稳定性。[③] 当然，就不同国家、不同类型、不同行业的企业而言，企业文化的特点可能不尽相同，但作为卓越企业，企业文化一定有一些共同的特征，这些特征我们将其概括为以下几个方面：

1. 坚守"以人为本"的价值观念。世界上几乎所有的卓越企业无不将"以人为本"作为自己的核心价值观念。许多卓越公司坚持尊重员工权利，对员工充分信任，致力于实现员工在社会需求和工作需求之间的平衡。有人对中美 25 家成功企业共享的六个核心价值观——"诚信"、"创新"、"以人为本"、"客户导向"、"团队精神"和"社会责任"进行量化分析。结果表明，美国成功企业将"以人为本"作为核心价值观的比例高达 60%，中国的企业有 48%。[④] 又如美国硅谷的坦德公司不通过正式的规章制度来限制员工，而在工作责任和时间上采取灵活机动的管理方式。积极构建员工的职业生涯规划体系，建立合理有效的激励机制以及注重上下级之间的及时沟通。[⑤] 日本企业的管理模式虽然经历了由旧体制向新体制的转变，但几乎所有成功企业"以人为本"的管理精髓却始终未变，只是随着时代的变化将终身雇佣制逐步过渡到了核心终身雇佣制与在职培训制结合；将年功序列工资制过渡到了年功序列工资制与能力主义工资制结合；集体

---

① 母润昌：《卓越企业共具的文化特质——从"贝尔斯登们"倒闭谈期货公司文化建设》，http://www.docin.com/p-18963971.html.

② 王增军、高艳萍：《借鉴国外经验 创建企业文化》，《现代企业教育》，2003 年第 10 期，第 51—52 页。

③ 赵东霞、王成：《企业文化对我国民营企业文化建设的启示》，《文化学刊》，2014 年第 4 期，第 168—172 页。

④ 贾勤、叶尚平：《中美企业核心价值观解读》，《中外企业文化》，2009 年第 7 期，第 46—47 页。

⑤ 赵东霞、王成：《企业文化对我国民营企业文化建设的启示》，《文化学刊》，2014 年第 4 期，第 168—172 页。

决策过渡到了个人责任明确与员工自主管理结合。[1]

2. 追求崇高的企业发展目标。有人曾对美国 80 家成功公司作过调查后发现，约有2/3 的公司并不以利润作为追求目标，而是以服务至上、顾客第一、关心职工、奉献社会等信念作为企业的最高目标。如 IBM 公司的经营目标就是"尊重人、信任人，为用户提供最优服务及追求卓越的工作"。日本松下电气公司的最高目标是"鼓励进步，增进社会福利，并致力世界文化的进一步发展"。美国企业管理学家詹姆斯·柯林斯（James Collins）和杰里·波拉斯（Jerry Porras）对 18 家长期存活的大公司进行了研究，总结出这些公司的一个共同态度就是"超越利润"。阿瑞德·高斯（Arie de Gues）对著名的荷兰皇家壳牌公司也进行了长期研究，发现"生存和繁荣"是该公司一直追求的目标。任何一家成功的企业所追求的目标绝不会只是利润的最大化，而应该有更为高远的目标，亦即与企业长期生存与发展息息相关的崇高理想。[2] 如中国的 TCL 集团秉承的就是"为员工创造机会，为顾客创造价值，为社会创造效益"的经营理念。[3] 宝钢集团的核心价值观则是"诚信、协同"。而诚信就是要对企业、对使命忠诚。[4]

3. 崇尚求新求变的创新精神。随着技术的进步、市场的变化，特别是互联网时代的来临，市场环境变化无穷，企业只有不断创新才能适应外界环境的不断变化。2006年，由欧共体第五次创新调查得到的欧共体国家企业创新活动的数据显示，有 36.5% 的企业开展了创新活动。其中，德国超过 60% 的企业开展了创新活动，比利时也有52.2% 的企业开展了创新活动。[5] 苹果公司可以说是近年来成长最快、最具创新力、最吸引人眼球的公司。苹果公司的许多产品都得到了消费者的认可，如 iphone、ipda、ipod 等，这些产品以新颖的外观和简便的操作赢得了市场份额。创始人斯蒂芬·乔布斯（Steve Paul Jobs）在充满传奇色彩的一生中，不仅创立了苹果公司，更救活了苹果公司，让苹果产品为人们所熟知。他改变了整个 IT 世界，掀起了电脑的革命。究其成功的原因，关键就是不断求新求变，不断进行创新，并在产品创新、技术创新和渠道创新上作出了令人刮目相看的业绩。[6] 不仅产品和技术需要创新，既是企业相对比较稳定的价值观，也需要根据市场环境的变化进行必要的更新。如 IBM 公司在 20 世纪中期的价值观为"尊重个人、追求卓越、服务顾客"。而到了 20 世纪末则提出"胜利、执行和团队合作"以应对计算机行业买方市场的来临。到 2005 年，其价值观进一步转变为"成就顾客，创新为要和诚信负责"，以应对新的挑战。[7] 当然，注重产品质量、以人为

---

① 黄建辉：《日本企业人本管理体制的形成与发展》，《日本研究》，1995 年第 2 期，第 30—34 页。

② 唐宇凌、廖进中：《探讨企业目标：演化经济学视角》，《现代管理科学》，2008 年第 9 期，第 37—38、44 页。

③ 王超逸编著：《中外企业文化理念大全》，北京：中国经济出版社 2007 年版，第 63 页。

④ 《宝钢文化》，http://www.baosteel.com/group/02about/ShowArticle.asp?ArticleID=4508.

⑤ 郝琦：《企业创新调查的国际比较》，北京工业大学 2012 年硕士论文，第 41 页。

⑥ 邹道标、陈虹、张昊民：《新经济时代的企业创新管理分析——以苹果公司为例》，《技术经济与管理研究》，2013 年第 2 期，第 42—45 页。

⑦ 钱大群：《IBM 所经历的三个企业核心价值观时代》，http://server.chinabyte.com/497/8685997.shtml.

本，以及合作共赢的基本理念始终蕴含其中。

4. 倡导不断学习的进取意识。全球 500 强企业中，50％以上都是学习型企业；美国排名前 25 位的企业，80％是学习型企业；全世界排名前 10 位的企业，100％是学习型企业。[①] 国外优秀企业均建立了完善的学习型组织投入体系，并将这种投入体系看作是给企业带来更大收益的举措。如宝洁公司始终坚持"人才＝观念＋方法＋投入"的培训理念；壳牌公司平均每年在一位员工身上花费的培训费用达 2400 美元；麦肯锡公司从 1980 年开始就把知识的学习和积累作为获得和保持竞争优势的一项重要工作，并最终形成一种核心理念，即知识的积累和提高必须成为公司的中心任务，不断学习的过程必须由完善、严格的制度来保证和规范。[②] 雀巢、索尼、三星等公司还坚持员工只有进行相关学习和培训，才能申请更高一级的岗位，并且将学习和培训考评与员工工资挂钩。[③]

5. 坚持诚实守信的经营理念。坚持诚信经营的理念几乎成了优秀企业必须遵守的信条。诸如摩托罗拉的服务箴言就是：诚信不渝——在与客户、供应商、员工、政府以及社会大众的交往中，保持诚实、公正的最高道德标准，依照所在国家和地区的法律开展经营。无论到世界的哪个地方进行贸易或投资，必须为顾客提供最佳的服务。[④] 海尔首席执行官张瑞敏曾经这样诠释其成功之道：一个企业要持续经营，首先要得到社会的承认、用户的承认。企业对用户真诚到永远，才有用户、社会对企业的回报，才能保证企业向前发展。所以，海尔的服务理念就是"真诚到永远"。[⑤] 有人对进入世界 500 强的电力企业经营情况作了分析，其中一条重要经验就是，这些企业针对国内电力市场竞争加剧、用电需求下降等不利因素，仍然能够坚持诚信服务，以客户为中心，推出个性化服务，挖掘市场潜力，提高公司的赢利能力。[⑥] 还有人通过对进入《财富》世界 500 强的企业的社会责任报告进行收集分析，同样发现越来越多的优秀企业开始重视诚信经营。在 2011 年进入《财富》全球 500 强的 57 家企业，有 49 家企业有诚信合规报告；2012 年进入《财富》全球 500 强的 69 家企业，有 54 家企业有诚信合规报告；2013 年进入全球 500 强的 91 家企业，有 69 家有诚信合规报告。[⑦]

6. 重视企业文化理念与企业具体经营管理实践的对接和融合。几乎所有的卓越企业都十分重视将企业文化理念分解为员工易于理解和掌握的具体项目，并建立可操作的

---

① 杨书林：《谈加紧建立学习型企业》，《经济论坛》，2004 年第 18 期，第 51—52 页。

② 张伟：《经济转型背景下企业学习型组织建设的探讨》，《企业导报》，2011 年第 5 期，第 180—181 页。

③ 李志、程珺：《国外企业建设学习型组织的思考》，《中国人力资源开发》，2010 年第 8 期，第 25—27 页。

④ 《世界 500 强服务之道：摩托罗拉——诚信不渝》，《种子世界》，2007 年第 2 期，第 20—22 页。

⑤ 赵秋菊：《对于企业诚信经营的研究》，《中国商界》，2009 年第 7 期，第 255 页。

⑥ 宋卫东、郭基伟、方彤等：《进入世界 500 强的电力企业经营特点及启示》，《中国电力》，2009 年第 4 期，第 79—83 页。

⑦ 王志乐、丁继华：《用诚信报告促合规经营——对〈财富〉全球 500 强中 91 家中国企业诚信合规报告的研究》，《企业文明》，2015 年第 3 期，第 34—39 页。

管理系统，不断地向员工灌输其文化理念。所谓"内化于心、固化于制、外化于行"，形成企业文化建设的长效机制。如在 IBM 的新入职人员训练课程中，就包含了公司经营哲学、公司历史及传统。讲公司的信念与价值观不能仅是空谈而已，而是要做到：运用策略，采取行动，切实执行；衡量效果，重视奖赏，以示决心。IBM 的新进销售学员无论在办公室或外出接洽业务，都能遵守公司的准则，要他们知道 IBM "必须尊重个人"准则的真谛。他们一进公司就开始感到别人对待他们的方式是基于尊重原则，只要一有问题，别人再忙也来帮助。由此使大家看到，公司人员是怎样对待顾客的，也亲耳听到顾客对市场代表、系统工程师及服务人员的赞美。他们周围的人都在努力寻求优异的成绩。有关 IBM 公司的信念，常在所属公司中定期刊载。有关 IBM 优异服务的实例也常在公司训练课程中讲授，在分公司会议和邀请顾客参加的讨论会中也会介绍，主要目的是通过对公司理想一再重复，以确保理想能够发挥潜移默化的作用。[①] 作为日本铁路运输领域有影响力的企业，JR 东日本交通公司一直尊崇"乘客至上"的经营理念，通过致力于提高服务水平，以优质的运输服务赢得乘客信赖。公司坚持以企业理念，培养和教育员工牢固树立"乘客至上"的观点，并使每个人都明确"提供诚心诚意的服务"直接关系到乘客对公司服务的评价，关系到公司的效益和职工待遇。为使服务规范化、标准化，公司编印绿色服务手册，人手一册，共同遵守。手册以图文并茂的形式，详细说明企业理念、方针、服务用语、举止仪表等规定，并采用有效的激励约束机制，使之成为每个员工的自觉行动。公司在不断满足乘客对购票、候车、进出站、上下车方便等要求的同时，努力创造优美的环境和精神文化氛围，提供吃、住、行、游、购、娱一条龙服务。他们十分注意听取乘客的呼声，以此来改进服务工作。[②] 宝钢集团是中国最大、最现代化的钢铁企业，同时也是全球第三大钢铁制造企业，连续 7 年跻身世界《财富》500 强企业。该公司的企业文化以"严格苛求的精神、学习创新的道路、争创一流的目标"为主线，以"诚信、协同"为核心价值观。为了将企业文化理念渗透于宝钢管理，公司采取了体现严格苛求精神的"五制配套"：以作业长为中心，以计划值为目标，以设备点检定修为重点，以标准化作业为准绳，以自主管理为基础的基层管理模式，以及厂区环境治理、六西格玛精益运营管理方法等的运用；体现学习创新道路的体制创新（1986 年实行主辅分离，1998 年以宝钢为主实现三钢联合，2005 年实行钢铁主业一体化运转，同时建立外部董事制度）；强化技术创新（在引进、吸收、消化的基础上推进开放式集成自主创新）、管理创新（不断完善培训体系，打造战略供应链体系，发展产销研一体化虚拟组织）；体现争创一流目标的持续开展与国际先进水平的对标找差活动；体现诚信基本价值观的合同管理，用户满意文明单位创建活动的持续开展等。[③]

---

① 《IBM 的企业文化》，http://baike.sogou.com/v76094507.htm.
② 参见许利华：《世界著名企业核心价值观研究》，电子科技大学 2011 年硕士论文，第 36 页。
③ 《宝钢企业文化建设研究》，http://wenku.baidu.com/view/f6d8852d915f804d2b16c125.html.

二、中国企业与世界一流企业的比较与借鉴

近年来中国企业发展很快,截止 2015 年底,进入世界《财富》500 强的企业已经达到 106 家,上榜企业数量稳居世界第二。在前 10 名的企业中,有 3 家来自中国的企业。中国企业平均营业收入和资产的数量也已经与世界 500 强接近。但是,体现企业竞争力的关键数据,即企业利润和人均利润却与世界 500 强公司有着明显的差距。如在世界 500 强企业中存在亏损最严重的 50 家企业中,有 14 家企业来自中国大陆,这些企业主要分布于能源和资源领域。[①] 于是,许多研究者开始关注中国企业与世界一流企业的差距。有人认为,中国企业与世界 500 强企业的差距主要表现在营业收入、资产规模、劳动生产率和综合竞争力等方面。尤其是综合竞争力,如知名品牌拥有量、自主知识产权和核心技术拥有量、国际化程度,以及支撑其发展的体制机制等方面存在更大差距。[②] 也有人将这种差距概括为:规模小、效率低、创新能力弱。[③] 国资委企业改革局副局长王润秋则认为,世界一流企业取得成功有三个关键要素,即公司治理、社会责任和绩效成就。而中国企业与世界一流企业的差距主要表现在知名品牌少、自主创新能力弱两个方面。[④] 为此,要想达到世界一流企业的水平,就必须在这些关键环节和要素上下功夫。其基本思路是,以提升创新能力赢得企业发展先机,获取竞争优势;以提高企业运营能力,并将创新成果转换为现金流,夯实企业持续创新和发展的基础。通过创新和运营两轮驱动,使企业既保持卓越的创新,也具有卓越的运营,推动企业做强、做优,培育成为世界一流企业。[⑤]

事实上,中国企业与世界一流企业的差距是整体性的,不仅反映在战略层面,也反映在战术层面,核心则在文化层面。上海德村文化研究所所长曹世潮认为,是文化战略造就了世界一流的公司。中国企业文化战略虽然引入 30 余年,但一个普遍的不足就是其含糊、浮浅及虚空。因此,中国企业要赶超世界一流企业,就要在企业文化战略上下功夫。一种民族的文化个性会使这个民族具有一种最为擅长的能力,文化普遍的自觉,会使这一文化族群的某种能力达到巅峰状态。[⑥] 锡恩企业管理顾问有限公司总经理姜汝祥通过对中国一流企业与世界一流企业的比较分析,认为世界一流企业在愿景、核心价值观、战略目标与业务链、核心业务、核心竞争力之间是匹配的,而中国即使一流企业也往往不够匹配。[⑦] 并进一步将二者之间的差距概括为 5 个方面:一是企业文化差距。

① 《106 家中国企业进入世界 500 强评:今年利润状况有所改善》,http://money.163.com/15/0724/17/AVAB4J8R00254TI5.html.

② 李克琴:《中国企业 500 强与世界企业 500 强比较》,《产权导刊》,2005 年第 10 期,第 55—56 页。

③ 武博:《中国企业 500 强与世界 500 强的比较》,《企业文化》,2005 年第 4 期,第 41—43 页。

④ 王润秋:《中国企业,如何迈向世界一流》,《中国人力资源开发》,2014 年第 8 期,第 64—68 页。

⑤ 王润秋:《中国企业,如何迈向世界一流》,《中国人力资源开发》,2014 年第 8 期,第 64—68 页。

⑥ 曹世潮:《我们为什么缺乏世界一流企业——中国企业文化战略的四个重大问题》,《中外企业文化》,2005 年第 2 期,第 6—10 页。

⑦ 姜汝祥:《差距:中国一流企业离世界一流企业有多远》,北京:机械工业出版社 2005 年版,第 37—57 页。

中国企业是用权谋聚集员工，世界级企业用文化凝聚员工。二是绩效管理差距。中国企业管理员工的现在，世界级企业管理员工的未来。三是公司管控差距。中国企业靠能人，世界级企业靠制度与文化。四是营销系统差距。中国企业利用消费者的幼稚，世界级企业促进消费者的成熟。五是领导力与团队差距。中国企业强调权谋，世界顶级企业强调认真。[①] 其中，最核心是企业文化方面的差距。也正是由于文化层面上的差距，导致中国企业整体竞争力处于弱势。就以目前进入《财富》世界500强的106家中国企业的实际情况来看，不仅世界知名品牌很少，自主创新能力更是一个薄弱环节。据不久前发布的《中国自主创新能力建设2014年度报告》来看，虽然近年来我国的科研投入一直持续提高，创新能力也得到了全面提升。但值得注意的是，十几年来基础研究经费占全社会研发投入比重一直变化不大，长期徘徊在5%左右，在公布此项数据的国家中处于较低或最低水平。基础研究投入的不足导致我国原始创新的科技成果不多，直接后果是企业缺乏核心竞争力。更多的核心技术如手机芯片、汽车发动机、机器人核心元器件等核心技术仍然主要依赖进口，导致我国企业在许多高技术产业领域出现高产能、低利润的现象。[②] 另据中国企业家调查系统发布的《2015·中国企业家成长与发展专题调查报告》显示，当前我国企业创新面临着创新人才短缺、创新资金来源单一、创新绩效不佳、创新环境不完善、企业家创新动力不足等突出问题的制约。高达60.7%的企业家认为企业创新人才缺乏；通过银行贷款和资本市场获得创新资金的渠道仍不畅通，依靠自有资金投入进行创新的企业占90.8%；作为衡量企业创新产出的重要指标之一，新产品销售占销售总额比重的增速有所减缓；企业家认为缺乏鼓励创新的社会环境、创新风险与收益不对称、知识产权保障不力等是阻碍创新的主要因素；受宏观经济下行和企业发展面临诸多困难等因素的影响，企业家未来创新动力不足，企业对未来增加创新投入较前几年更为谨慎。[③] 也正是基于这个原因，已跻身世界500强，且表现不俗的华为公司总裁任正非也不得不充满焦虑，并坚决地说："我们只向一个顾问学习，只学习IBM。"[④]

三、部分卓越公司企业文化评析

（一）美国通用电气公司的企业文化

1. 发展概况

通用电气公司（General Electric Company，简称 GE），是世界上最大的提供技术和服务业务的跨国公司。总部位于美国康涅狄格州费尔菲尔德市（Fairfield，CT）。GE是在公司多元化发展中最出色的跨国公司。目前，公司业务遍及世界上100多个国家，

① 姜汝祥：《中国企业与世界一流企业的5大差距》，《企业研究》，2005年第5期，第34—39页。

② 《中国自主创新能力建设2014年度报告》，http：//ce. cn/xwzx/gnsz/gdxw/201504/07/t20150407_5029914. shtml.

③ 《2015·中国企业家成长与发展专题调查报告》，http：//cn. chinagate. cn/news/2015－03/26/content_35162675. htm.

④ 别坤：《华为离IBM有多远？》，《互联网周刊》，2011年第11期，第40页。

拥有员工 315000 人。GE 的历史可追溯到 1878 年创立的爱迪生电灯公司。1892 年，爱迪生电灯公司和汤姆森一休斯顿电气公司合并，成立了通用电气公司。GE 是自道·琼斯工业指数 1896 年设立以来唯一至今仍在指数榜上的公司。旗下公司有：GE 资本、GE 航空金融服务、GE 商业金融、GE 能源金融服务、GE 金融、GE 基金、GE 技术设施、GE 航空、GE 企业解决方案、GE 医疗、GE 交通、GE 能源设施、GE 水处理、GE 油气、GE 能源、GE 消费者与工业、GE 器材、GE 照明、GE 电力配送。GE 致力于不断创新、发明和再创造，将创意转化为领先的产品和服务。GE 由四大业务集团包括多个共同增长的部门。GE 的业务推动着全球经济发展和人们生活条件的改善。GE 的 4 个全球研发中心吸引着世界上最出色的技术人才，超过 3000 名研究人员正努力创造新一代的技术创新。在科技股中，GE 历史市值是除微软之外的第二大市值股票，市值一度超越 5800 亿美元以上，盘中交易最高峰突破过 6000 亿美元，是历史上与微软、苹果仅有的三家突破 6000 亿美元的公司。在 2015 年《财富》全球 500 强中，GE 排名第 27 位；在《财富》全球最受赞赏的公司中，GE 排名第 2 位；在《财富》全球最有责任的公司中，GE 名列第 13 位。

GE 的企业文化主要由企业精神、核心价值观和企业道德三大核心理念构成。企业精神包括：挑战极限、科技创新、群策群力和无边界。核心价值观包括：坚持诚信、注重业绩和渴望变革。

企业道德是提出了独到的"企业公民计划"。具体包括：长期保持强劲的收益业绩；严格遵守法律及根本的道德要求；在创造长期价值之外，采取道义行动。

2. 企业文化的主要特点

特点一：追求完美。作为世界上最强大的经营公司之一，GE 曾经拥有 350 多个业务部门，43 个战略事业单位，且运营正常，但公司决策者却从市场变化中看到了挑战和隐患，意识到在全球化形势下，二流的产品与服务将难以生存下去，只有拥有绝对优势的产品与服务，才能在竞争中获胜。为此，在 20 世纪 80 年代末期正式提出并实施了"数一数二"战略。"数一数二"战略要求 GE 旗下所有的事业部都必须做到业界第一或第二，否则就将被淘汰。该战略的实施，有效地实现了使 GE 成为全球最具竞争力公司的目标。经过 10 年调整，到 20 世纪 90 年代中期，GE 的各主要事业部都已在全球市场上居于主导或接近主导的地位。到 20 世纪 90 年代，GE 又实行了 6 个西格玛战略。6 个西格玛战略管理法是一种统计评估法，核心是追求零缺陷生产，防范产品责任风险，降低成本，提高生产率和市场占有率，提高顾客满意度和忠诚度。6 个西格玛管理既着眼于产品、服务质量，又关注过程的改进。大多数企业在 3～4 个西格玛之间运转，也就是说每百万次操作失误在 6210～66800 之间，这些缺陷要求经营者以销售额在 15%－30% 的资金进行事后的弥补或修正。而如果做到 6 个西格玛，事后弥补的资金将降低到约为销售额的 5%。GE 采用 6 个西格玛战略管理后，大大减少了操作过程中的失误，提高了产品质量，不仅为公司产品树立了良好的信誉，每年还为公司节省了几十亿美元的资金。[①]

特点二：不断变革。GE 的创始人托马斯·阿尔瓦·爱迪生（Thomas Alva Edison）就是一个追求创新，对电气市场具有敏锐洞察力，并且善于及时把握市场机会的领导者。在他的影响下，企业形成了强烈市场导向的经营理念和不怕犯错的创新文化。后来的继任者也大都极具创新精神。公司面对激烈的市场竞争环境，GE 的管理者意识到，只有不断变革才能适应市场的变化。成功企业的领导者，应该是掌握变局的赢家。诸如在查尔斯·科芬（Charles Coffin）时期，面对严峻的挑战，企业及时作出反应，建立了强有力的、透明的金融和财务体系，以及稳健保守的财务政策理念；在拉尔夫·科迪纳（Ralph Codina）时期建立了一种新的组织化的目标管理体系，使得企业高层管理者能够同时处理所涉足产业的复杂而多变的问题；杰克·韦尔奇（Jack Welch）则将彼得·德鲁克（Peter F. Drucker）的"有系统抛弃"概念作为整合 GE 的理论基础，大刀阔斧地采取即兴行动以完成对公司的结构变革和战略改组，将一个古老、陈腐、弥漫着官僚作风的企业，转变为一个生机勃勃、富有创新精神的组织。杰夫·伊梅尔特（Jeffrey R. Immelt）统领 GE 后，面对杰克·韦尔奇（Jack Welch）留下的辉煌业绩，他同样没有吃老本，而是采取了三大举措：第一是在全球范围内重新回到以技术为基础的通用电气公司传统上来；第二是全球化；第三是把未来发展赌注放在健康护理、娱乐休闲、基础设施建设和"绿色世界"上来。三项举措再次推动公司向新的动态能力发展。所以，有人认为，GE 的这种做法源于其文化。因为在 GE 的成长历程中，个体企业家的创新精神不断被组织化，表现为强烈的组织创新精神，并由此导致了不断增强的组织即兴能力，进而推动着动态能力的生成。从组织创新精神到组织即兴，再到动态能力，这一演进路径的背后是"认知→行动→惯例"的循环转化。其中，"认知→行动"以及"行动→下阶段认知"之间的时间间隔或互动频率决定了该公司的组织即兴能力，是影响其动态能力和水平的关键。[②]

特点三：简单管理。GE 对"管理"的理解是"越少越好"。他们认为，管理者就是"领导"，就是要成为员工的解放者、协助者、激励者和教导者。但管理越少越好并非"不去管理"，而是要清楚地告诉人们如何做得更好，并且能够描绘出远景来激发员工的努力。用杰克·韦尔奇（Jack Welch）的话说，就是"传达思想，分配资源，然后让开通路"。激发热情的方式，是允许员工们有更大的自由和更多的责任。在 GE，有两种人必须离开：一是违反道德原则；二是控制欲强、保守、暴虐和压制别人，并且不愿改变。正是这种"不去管理"的理念，造就了一大批优秀、充满活力的管理人才。所以，有人认为，"简单管理"的精髓在于管理者不应成为复杂管理方法的奴隶。简单管理，就是从简单的事情做起，用简单的方法做事，按照客观规律做事。[③] GE 的做法正

① 聂津君、汪少华：《GE 企业文化及其对中国企业的启示》，《企业活力》，2006 年第 9 期，第 62—63 页。

② 邱国栋、赵永杰：《企业动态能力生成的系统思考——以通用电气公司 128 年成长历程为例》，《财经问题研究》，2011 年第 8 期，第 95—102 页。

③ 徐拥军：《简单管理的精髓》，《企业管理》，2007 年第 10 期，第 26—27 页。

是深刻理解了这样的精髓。

特点四：追求速度。追求速度可以说是 GE 的一项重要规范。GE 强调，速度越快就意味着越好，速度越快才越能赢得市场先机。因此，要求相关业务部门从决策到产品成交，必须在规定的时间段内完成。在 GE 速度文化的推动下，各部门竭尽全力，为提高速度努力拼搏。为此，照明工程集团一年内推出了数百种新产品，动力系统集团一年内完成了三种新型内燃机的设计并推向市场，CNBC 只用 6 个月时间实现了每天播放14 小时的美国访谈节目的设想，医疗设备系统集团产品从两年开发周期缩短到一年等等。速度文化极大地改善了 GE 的资产周转效率，为公司带来了理想的效益。①

特点五：群策群力。"群策群力"语出汉代杨雄的《法言·重黎》："汉屈群策，群策屈群力。"意思是能够发挥集体的作用，更完美地完成工作任务。GE 从 20 世纪 80年代后期开始，就在公司推行"群策群力"的管理文化，并形成了一套完整的"群策群力"管理方法和企业文化。具体做法是，由跨职能或级别的经理和员工分成若干小组，畅所欲言，指出企业中存在的问题或自己对企业未来发展的看法，然后提出自己的建议，并在决策会议上把这些建议交给高级主管。高级主管当场对这些建议作出"是"或"不是"的决策，并授权给提出建议的员工，让员工们实施那些被批准的建议。主管和员工要定期检查实施进度，以保证确实能够达到预期效果。这一流程看似简单，但却彻底改变了传统的科层制管理模式中长期存在、且难以克服的官僚风气和长官意志，极大地提高了决策的效率，也改造了一个庞大的公司。这种做法其所以取得成功，其精髓就在于它将"以人为本"的管理理念真正落实到了具体的管理实践之中。通过鼓励员工参与管理和决策，不仅简化了程序，提高了效率，更重要的是通过建立良好的沟通机制，达到了尊重员工、激发员工潜力的效果。②

总之，GE 的企业文化，以自己的价值观为基础，以"行"为目标，把企业文化融入到公司的组织、管理、学习和创新机制等各个层面。通过组织变革、化繁为简、注重学习，在公司内部形成了一种对规模、层级、控制、命令等十分崇拜的文化氛围，再造了 GE 的企业文化，并利用企业文化为公司提供了源源不断的文化动力，为激励、凝聚公司全体人员，充分发挥每个人的能力和团队合力，共同为公司追求整体价值作出了积极的贡献。③

（二）韩国三星集团的企业文化

1. 发展概况

三星集团是韩国最大的跨国企业集团，同时也是全球《财富》500 强企业。1938 年3 月由李秉哲创立。1969 年，三星电子正式成立。1973 年 8 月，三星提出了"第二个

---

① 王方华、黄悦：《美国通用电气公司——企业文化的行为模式》，《上海企业》，1998 年第 5 期，第46—47 页。

② 杨斌：《通用电气"群策群力"企业文化的分析与启示》，《东方企业文化》，2012 年第 16 期，第37—38 页。

③ 杨芸伊、赵舒坤：《杰克·韦尔奇的企业文化理念对中国企业管理的启示》，《沿海企业与科技》，2007 年第 4 期，第 93—94 页。

五年管理计划"，对重工业和化学产业进行了集中投资，并决定设立造船部。1987年，李健熙接任其父成为新任会长。1988年宣布"二次创业"计划，并将三星的发展方向确定为做"21世纪世界超一流企业"。1993年，三星宣布实行"新经营"。此后10多年间，三星发展迅猛，迅速成为世界一流企业。现已包括85个下属公司及若干其他法人机构，在近70个国家和地区建立了近300个法人机构及办事处，员工总数20余万人，业务涉及电子、金融、机械、化学等众多领域。三星集团自成立以来，历经综合电子商社的"成长期"、以统合三星电子为出发点迎来的"第二创业期"、经历无数危机一跃成为全球化企业的"飞跃期"、发展成为超一流企业的"成熟期"等几个阶段。①2002年，三星电子获得美国工业设计奖（IDEA）中的5项大奖。该项奖励是由美国工业设计协会颁发的年度工业设计奖，是全球工业设计界最重要的奖项之一。三星与苹果公司并列第一，同为本届工业设计奖中获奖最多的公司，并领先于IBM、NEC、佳能、索尼、日立、三菱和富士通。2015年，三星电子以1959亿美元的销售额、219亿美元利润额排名《财富》世界500强企业的第13位。在《财富》全球最受尊敬企业中排名第50位，三星的品牌价值排名第19位。

三星集团的企业文化主要坚持以下理念：

一是企业愿景：把三星建设成为超一流、全世界最受尊敬的企业。

二是企业使命：创造最佳的产品与服务，实现为人类作出贡献的目的。

三是企业价值观：坚持"人才第一"。人性美、道德性、礼仪规范和行为规范是三星用人的指导原则，也是三星制定员工道德规范、礼仪规范和行为规范的基本价值观，并形成了三星独特的价值体系。

四是企业精神：共存意识、第一主义、创造精神、完美主义、道德精神。

五是文化氛围：推崇自主经营、坚持一个方向、实现团队协作、与顾客同在、向世界挑战。

2. 企业文化的主要特点

特点一：倡导事业报国。1973年，当三星对外发布"第二个五年管理计划"时，同时宣布了公司的经营理念："事业报国、人才第一、合理追求。"这是三星集团创建者经营思想的结晶，也是三星从1938年创业以来始终坚持的价值观和行为方式，它为三星形成独特的价值体系奠定了牢固的基础。三星集团创立之初，正是处于日本殖民统治时期，内忧外患使李秉哲下决心要发展自身所从事的事业，为韩国经济的振兴和发展作出贡献。李秉哲认为："国家是万事之本，……只有国家兴盛，企业才能兴盛，国民才能幸福。"他说：对个人来讲，每个人都有自己的长处，而能够最大限度地发挥其长处的岗位，就是为国家和人民服务，对国家和社会尽责任。作为我个人，就是要走"事业报国"之路，这就是我对国家应尽的职责和应作的贡献。正是基于这样的使命感，三星确定了"事业报国"的经营理念，也是后来的创业理念。现在，虽然这一理念已经变成了"为人类做贡献"，但创立之处所确立的这种经营理念却始终影响着三星的发展。

---

① （韩）全在弘：《三星电子成长案例》，《科技与企业》，2013年第7期，第14—15页。

特点二：奉行"第一主义"。三星集团的目标就是要成为世界超一流、全世界最受尊敬的企业。仔细看看三星的成长历史，就会发现三星文化在产品追求、品牌推广、人才开发、社会公益等诸多方面，用企业实际行动，切实打造了企业的魅力，形成了稳固的核心竞争力。三星通过奉行自己的"第一主义"（目标第一、奉献第一、人才第一、信用第一）赢得了员工，赢得了顾客，最后实现了社会的普遍认可。三星自1948年重建三星物产株式会社以来，一直把"第一主义"作为其经营目标。许多下属企业，如第一制糖、第一毛织、第一合纤、第一企划、第一冷冻食品等会社都是以"第一"命名，其基本思想就是要创造一流企业，生产一流产品。后来的继任者李健熙，更是对"第一主义"情有独钟，他经常用一句话激励员工："一个产品，如果不能做到第一，就干脆不做。"1993年，李健熙发动的"新经营运动"，最重要的就是由传统经营中的关注数量变成关注质量，唤起员工的质量意识，推动公司进入以品质取胜的良性发展轨道。通过"新经营运动"，三星一直保持着危机意识，时刻为争取世界第一"准备经营"。后来三星的12项"世界冠军"和良好的赢利水平，也确实证实了这一豪言壮语的巨大作用。[①] 所以，有人认为，韩国三星集团借"新经营运动"迈向了卓越。[②]

特点三：突出团队精神。这是三星企业文化的精髓所在。三星的企业文化有着浓重的韩国式的集体主义精神，上下级之间强调一种家长式的权威。这种文化甚至可以从工作之外的饭桌管窥一二。比如他们有一个喝"忠心酒"的游戏，下属为表忠心，甚至把袜子、皮鞋等放入酒缸中，当着上级的面喝这种"忠心酒"。这种渗透重在执行的强势文化使三星集团在一些经营策略的上传下达上表现得异常坚决和快速。[③] 在三星集团，你会经常听到"Global Single SAMSUNG"这样的话，即"全球三星一个整体"。这就是说，在三星集团内部，每个公司都要朝着同一个方向前进，实现团队协作，共同发展，这也是三星"新经营运动"的一个重要思想。三星强调，即使三星人员的素质再好、工作再努力，但如果没有统一的方向，再怎么努力也无济于事。所以，三星集团要求全体成员要明确方向，以最快的速度采取行动，朝着这个方向努力。这样做事，公司整体运营效率才能加倍提高。[④]

特点四：强调不断变革。"变革"理念的强化与竞合策略的运用是三星集团之所以能够在强手如林的众多大企业中脱颖而出的重要原因。作为一家迅速成长的大公司，三星集团的变革是主动的、自觉的，是以自我变革为主的。用李健熙的一句名言："除了

---

① 项文彪：《父与子的链接——韩国三星集团的文化传承》，《中外企业文化》，2003年第10期，第22-23页。

② 王乐文：《三星集团借"新经营运动"迈向卓越》，《当代电力文化》，2015年第4期，第88-89页。

③ 武景海：《韩国三星（SAMSUMG）公司企业文化研究》，对外经济贸易大学2004硕士论文，第16页。

④ 王乐文：《三星集团借"新经营运动"迈向卓越》，《当代电力文化》，2015年第4期，第88-89页。

老婆、孩子，一切都要变"。① 三星电子可以说是三星集团变革的典范，诸如不遗余力地调整产业领域、在收缩中提升和扩张、不断推出更符合消费者需求的产品、对公司架构进行大刀阔斧的改革等，都表现出公司决策者喜欢变革的特点。事实上，早在李健熙推行"新经营"改革时，集团内很少有人真心呼应，他硬是通过大规模的"洗脑"活动，逐渐改变了三星的企业文化。

特点五：十分珍惜人才。欧洲企业强调"理性"管理，注重规章制度、组织机构、契约等因素；而三星集团则在坚持其固有的东亚文化基础上，合理借鉴西方企业的经营模式和经验，逐步形成了一套新的经营理念。三星创建之初，李秉哲提出了"发挥个人潜力，服务本国经济"的经营理念。随着企业的发展壮大，其继承人李健熙则将其经营理念进一步提升为更加简洁的三个词："人、技术和未来"，即"拥有最优秀的员工和技术，提供最好的产品和服务，创造更美好的未来国际生活"。三星特别注意人才的重要性。李健熙是一个对人才，尤其是高端人才情有独钟的领导者，用他的话说："一名优秀人才能使 10 万名普通人受益。将 10 名一段水平围棋手力量汇聚到一起，也战胜不了一名围棋九段选手。"从 1994 年开始，三星干脆取消了学历限制，面向社会招聘人才，唯才是用，杜绝拉帮结派。现在三星已拥有韩国最大的人才库，每年在全球录用 1 万多名硕士、博士人才。② 所以，有关三星企业文化的核心，三星集团中国会长李亨道的解释是：一是培养优秀人才充分发挥自己的能力；二是不论事业还有专业技术方面一直追求世界第一；三是保持组织的清洁度；四是非常重视人才聘用。③ 如今的三星，有夺得"动态随机存储器全球第一"的陈大济，有被业内公认的"扭亏高手"尹钟龙，有为三星策划、塑造"e 时代数字技术领先者"形象并已初见成效的营销精英 Eric Kim 等，真可称得上是人才济济。④

特点六：不断吸纳先进文化。韩国文化一直被认为是东亚儒家文化的一部分，既强调集体主义，又不失个性；既突出高权力距离，又不失人情软化差距；既有强男性主义色彩，又存在女性主义传统；既坚决推行变革，又注意追求稳中求变的不确定性规避等，这些无疑都兼具了东西方文化的特质。实际上，韩国在进入近代以后，先后吸收了佛教、基督教等外来文化的思想内涵，在思想领域里实现了对儒家核心价值观的改造与异化。正是这种东方伦理与西方文明的结合，形成了三星企业文化中，既强调集体主义的团队精神，又不限制崇尚竞争，重视发挥个人能力；并不断推进变革，注意稳中求变等等。所以，有学者认为，以三星集团为代表的韩国企业文化，其典型特征实际是以

---

① Sam sung. Samsung at a glance. Samsung Group. http : / /www. samsung. com /AboutSAM-SUNG / index. htm.

② （韩）李奉煦：《三星攻略——三星电子为何如此强大》，佟晓莉译，南昌：二十一世纪出版社 2003 年版，第 35—36 页。

③ 武景海：《韩国三星（SAMSUMG）公司企业文化研究》，对外经济贸易大学 2004 硕士论文，第 17 页。

④ 项文彪：《父与子的链接——韩国三星集团的文化传承》，《中外企业文化》，2003 年第 10 期，第 22—23 页。

"儒学为体，西学为用"。他们将西方企业文化的精华与儒家思想的合理成分相互补充、有效融合，培育和形成了颇具韩国特色的企业文化。[①]

（三）中国华为公司的企业文化

1. 发展概况

华为技术有限公司是一家生产销售通信设备的民营通信科技公司，成立于1987年，总部位于深圳市龙岗区。创始人是军人出身的任正非。华为的产品主要涉及通信网络中的交换网络、传输网络、无线及有线固定接入网络和数据通信网络及无线终端产品，为世界各地通信运营商及专业网络拥有者提供硬件设备、软件、服务和解决方案。华为的产品和解决方案已经应用于全球170多个国家，服务全球运营商50强中的45家及全球1/3的人口。2014年《财富》世界500强中华为排行全球第285位，2015年排名上升为228位。2014年10月，Interbrand在纽约发布的"最佳全球品牌"排行榜中，华为排名第94位。这是中国大陆首个进入Interbrand top100榜单的企业。2015年，华为被评为新浪科技2014年度风云榜年度杰出企业。

华为的企业文化由理念文化、制度文化、行为文化和物质文化构成。其理念文化主要包括企业愿景、企业使命、核心价值观等几个方面。

企业愿景：丰富人们的沟通和生活。

企业使命：聚焦客户关注的挑战和压力，提供有竞争力的通信与信息解决方案和服务，持续为客户创造最大价值。

企业管理哲学：开放、妥协、灰度，自我批判与渐进式的改革。

核心价值观：以客户为中心，以奋斗者为本，长期坚持艰苦奋斗。[②]

华为的制度文化和行为文化主要体现在《华为基本法》中，它以书面的形式进行表达，以制度的方式进行约束，将核心竞争力具体体现出来。

华为持久的品牌承诺是：丰富人们的沟通和生活，提升工作效率。

华为在成长过程中，不断适应内外环境的变化，形成了独特的"狼性文化"、"床垫文化"、"军事文化"、"质量文化"等基因。任正非先后发表了《华为的冬天》、《北国之春》、《迎接挑战，苦炼内功，迎接春天的到来》等文章，从华为的经营理念到管理哲学等多个角度，诠释了公司的企业文化。华为的崛起被英国《经济学家》杂志称之为"是外国跨国公司的灾难。"[③]

2. 企业文化的主要特点

特点一：目标远大与作风求实的有效结合。华为提出的企业愿景是"丰富人们的沟

①　侯颖、王建军、王庆军：《韩国企业文化的特点及启示——基于霍夫斯坦德文化分析模型》，《党政干部学刊》，2007年第2期，第18—19页。

②　2008年，经过当时近9万名华为员工的多轮讨论和思想交锋，在最后提交的探讨文案中，华为的EMT（Executive Management Team，经营管理团队）将公司核心价值观提炼为"艰苦奋斗，自我批判，团队合作，至诚守信，成就客户，开放进取"24个字，并逐一加以说明和阐释。

③　转引自孙友罡：《存在与悖论——华为企业文化冷思考》，《企业管理》，2005年第6期，第16—21页。

通和生活"，其目标是"实现顾客的梦想，成为世界级领先企业；在开放合作的基础上独立自主和创造性地发展世界领先的核心技术和产品；以产业报国、振兴民族通讯工业为己任。""成为世界级领先企业"被写入《华为基本法》的第一章第一条，是华为的终极目标和理想。这样的愿景和目标促使华为不断创新管理模式、不断开发新的技术和产品，努力实现"产业报国"。但在具体的企业经营实践中，华为人却并不好高骛远，而是坚持脚踏实地、实事求是地做好企业的每一件事。在 2010 年底，华为公司的新一届董事会和监事会成员，在原有企业文化基础上，对企业愿景、企业使命、核心价值观等进行了调整和完善，从价值主张的重塑到服务品牌的承诺，从管理构架的细化到公司归属的重组，从新业务的开拓到社会责任承诺等，无不透露出华为将"活下去作为根本目标"，与树立"成为世界级领先企业"的雄心壮志之间进行巧妙结合。① 由此，也有人称华为的企业文化是建立了一种"双重利益驱动"。一方面，坚持为祖国昌盛和民族振兴作出贡献；另一方面，也积极为个人和家庭幸福而努力奋斗。② 此外，华为的忧患意识也是其作风求实的突出表现。任正非谆谆告诫全体员工要时刻想到华为面临的危机，艰苦奋斗，努力创新，用新的业绩迎接华为的春天。

特点二：在狼性与人性间努力寻求平衡。有人将狼的本性总结为三大特性：嗅觉敏锐、不屈不挠和群体奋斗。华为在任正非的带领下，将各种非市场手段化作规范的企业行为，用狼性的嗅觉敏锐、警惕性高、且群体作战、奋不顾身的特点，由此一步步改写了中国企业的生存法则，使那些跨国巨头们也不得不望而生畏。但华为崇尚的狼性文化中并不是没有人性关怀，相反，华为在其中积极寻找二者的平衡。主要的做法就是，华为用高回报与人文关怀双管齐下，来保证员工的忠诚度和积极性。华为十分重视人力资源的挖掘，不惜一切代价广揽高素质、开拓型、敬业型人才，并创造一种吸引人才、留住人才、用好人才的机制；非常注重人才的培养，专门建立了员工培训制度，通过对员工不间断的培训，使企业的理念、规范和世界最前沿的技术成果都深深地印在员工的脑海里。华为员工除了高工资以外，还有各种奖金和股票分红。内部职工股的投资回报率每年都在 70％以上。华为的管理者都不是终身制，从总裁到工人无一例外。在华为你千万不要小瞧任何人，无意中接触的某个人可能是你不认识的副总裁，以貌取人就会办错事。在华为以能力和品德为标准的平等升迁，使华为的干部年轻化，内部机制充满了活力。③ 华为是有名的"三高"企业，除了高工资、高效率，还有高压力。面对由于高压力而出现的员工非正常死亡现象，华为还加强了员工的心理测试和心理疏导，采取了一系列人文关怀的措施。对于一线高强度作业、压力太大的员工，公司安排他们到海滨度假；对那些由于工作压力造成身体健康出现问题的员工，安排到五星级酒店进行缓冲；还为员工购买了高达 8 亿元的一级国际救援年的各种保障费用。员工一旦在海外发

① 曹荣：《上下同欲者胜：实现个人与组织价值契合的权变管理——以阿里巴巴、华为等企业实践为例》，《经济论坛》，2011 年第 4 期，第 210－221 页。

② 孙友罡：《存在与悖论——华为企业文化冷思考》，《企业管理》，2005 年第 6 期，第 16－21 页。

③ 张斌峰：《现代人文精神的实践性构建——华为公司企业文化中的现代人文精神》，《企业文化》，2002 年第 9 期，第 20－22 页。

生意外，立即会有直升机直接送他们到认证的医院抢救。这种将狼性文化与人文关怀紧密结合起来的做法，有效实现了攻心为上、提升员工忠诚度的效果。[①]

特点三：持续推动有价值的创新。有人将华为的创新哲学概括为：客户需求是创新之本；开放式合作是创新的基石；基于开放式、学习型的创新理念；基于尊重知识产权基础上的创新；开放、包容、鼓励试错是创新之源。[②] 华为投入了世界最大的力量在创新，但华为反对盲目的创新，反对为创新而创新，华为推动的是有价值的创新。华为的创新表现在：一是技术创新。华为拥有 7 万多人的研发队伍，占员工人数的 48%，是全球各类组织中研发人数最多的公司。根据 2015 年 3 月联合国的世界知识产权组织公布的报告，华为以 3442 件的专利申请数超越日本的松下公司，成为 2014 年申请国际专利最多的公司。[③] 二是"工者有其股"的制度创新。早在华为创立的第一天起，任正非就给知识劳动者的智慧——这些非货币、非实物的无形资产进行定价，让"知本家"作为核心资产成为华为的股东和大大小小的老板。到目前，华为已有将近 8 万个股东。最新的股权创新方案是，外籍员工也将大批量地成为公司股东，从而实现了完全意义上的"工者有其股"。这无疑是人类有商业史以来未上市公司中员工持股人数最多的企业，也是一种创举。三是产品微创新。华为能够从一家小公司成长为让全球客户信赖的大企业和行业领导者，必须承认，20 多年不间断的、大量的贴近客户的微创新是一个重要因素。华为的研究人员、专家经常在一台设备安装之后，守在偏远县、乡的邮电局（所）一、二个月，白天设备在运行，晚上就跑到机房去检测和维护，目的就是发现问题，并在一些细节上进行改进和创新，让顾客满意。四是市场与研发的组织创新。任正非将当年"四野"的"一点两面三三制"的战略战术用到企业的市场研发中。所谓"一点两面"，就是用尖刀队先撕开口子，两翼的部队蜂拥而上，把这个口子从两边快速拉开，然后占领敌方的所有阵地。"三三制"指的是一种组织形态。"一点两面三三制"作为华为的一种市场作战方式、一线组织的建设原则在全公司广泛推开，无疑是一种市场组织建设上的大胆创新，对华为 20 多年的市场成功助益甚多，至今仍然被市场一线的经营者奉为经典。五是决策体制的创新。相对于传统的管理理论与实践，华为实行的轮值 CEO 制度，可以称得上是划时代的颠覆性创新，在企业发展史上也是史无前例的。此外，自 2003 年起，华为就对组织机构进行了重大调整，如将过去集权化的公司组织向产品线（准事业部制）进行改造，划为小利润中心，加快决策速度，适应快速变化的市场，增强"以小搏大"的差异化竞争优势。华为内部还创办有《管理优化报》，专门用来批评自己，揭露所谓的"丑陋的华为人"。

特点四：强调落实，化无形于有形。企业文化只有变成企业的具体经营管理实践，

---

① 陈仁芳：《华为的狼性企业文化及狼性心理特征分析》，《长春工业大学学报》（社会科学版），2012 年第 6 期，第 63—65 页。

② 任正非：《华为只推动有价值的创新》，http：//www.iceo.com.cn/renwu2013/2014/0515/288811.shtml.

③ 《华为去年专利申请数全球第一》，http：//news.xinhuanet.com/tech/2015 — 03/25/c _ 127619753.htm.

才能称之为真正的企业文化。与许多企业将企业文化建设停留在口号、标语阶段相比，华为公司的企业文化做到了"化无形于有形"。华为在企业文化建设中，通过上下讨论形成共识，让企业文化内化于心；通过战略制定、宣传培训，让企业文化外化于行；通过制度建设，让企业文化固化于制；通过长期坚持，始终如一，使企业的发展愿景、发展使命、核心价值观等得到全体员工的强烈认同而变成了强大的精神动力。[①] 华为自1995 年 9 月，也就是公司成立后发起以"华为兴亡，我的责任"为题的企业文化大讨论开始，到 1996 年 3 月邀请中国人民大学专家学者成立《华为基本法》起草小组，再到 2012 年 12 月出版《下一个倒下的会不会是华为》，以及近年对企业核心价值观的调整和完善，通过高层管理者和专家组的多次交流、思想碰撞和深入挖掘，全公司员工无数次的大讨论，使得华为上上下下经历了一次又一次思想上的洗礼。三年的起草过程是华为中高层充分沟通、达成共识的过程，是对参与讨论的全体员工进行灌输，使之认同信仰的过程。出台《华为基本法》并不是华为企业文化建设的结束，而是开始。在持续贯彻《华为基本法》的同时，又随着市场环境的变化及后来流程的变革，对它进行不断地修改。每次修改都不是条条框框的改动，而是思想上的触碰和洗礼。每次企业文化核心内涵表述的调整，都是华为全体员工思想认识进一步深化的过程，也是不断内化于心的过程。所以，有人用"大象无形"来形容华为的经营管理思想，可谓切中要害。[②] 以往的研究大多将华为的成功归之于技术。其实，除了技术、资本、人才外，更重要的还是管理和服务。没有管理和服务，技术和人才都难以形成巨大的合力。

特点五：尊重个性与倡导集体奋斗。高技术企业的生命力在于创新，而突破性的创新实质上是一种个性行为。这就要求尊重人才、尊重知识、尊重个性。但高技术企业又要求高度的团队合作，特别是当下技术的复杂性、产品的复杂性，必须依靠团队协作才能攻克。华为公司是以高技术为起点，着眼于大市场、大系统、大结构的高科技企业，它需要所有员工必须坚持合作，走集体奋斗之路。[③] 华为努力在二者之间寻找平衡点，既要倡导员工爱国家、爱人民、爱集体，又要尊重他们的个人价值。如华为公司对所有新员工都由同样的标准和要求，从一开始就培育员工团结合作、群体奋斗的精神，从而推动实现集体奋斗的宗旨。当员工适应了本职工作后，则会更多放松一些对个性的管理，让员工适当地发展个性。[④] 公司经常进行内部招聘，体现出对个人价值的尊重；规定提拔无限制、无约束，辞职会立即批准；允许员工寻找到最适合自己的位置；在工资和奖金分配上实行能力主义工资制；在知识产权上保护个人的创造发明；在股权分配上强调个人的能力和潜力等。但在组织上，特别是科研和营销组织上采取团队方式运作；

① 曹荣：《上下同欲者胜：实现个人与组织价值契合的权变管理——以阿里巴巴、华为等企业实践为例》，《经济论坛》，2011 年第 4 期，第 210—221 页。

② 程东升、刘丽丽：《华为经营管理智慧：中国"土狼"的制胜攻略》，北京：当代中国出版社 2005 年版，第 11 页。

③ 周文碟：《企业文化与企业发展——华为企业文化的精神》，《重庆大学学报》（社会科学版），2002 年第 6 期，第 96—97 页。

④ 程东升、刘丽丽：《华为经营管理智慧：中国"土狼"的制胜攻略》，北京：当代中国出版社 2005 年版，第 80 页。

在工作态度考评上强调集体奋斗、奉献精神。[①]

特点六：努力保持个人与组织价值观的契合。[②]《孙子兵法》说：知胜者有五，其中之一是"上下同欲者胜。"[③] 20 世纪 80 年代中后期迫于生存压力，华为主要进行"狼性"扩张和"规模"追求。20 世纪 90 年代中期后，华为在国内的市场份额越来越大，公司提出了"实现客户的梦想"，以客户需求为导向，提高客户的竞争力和盈利能力。2005 年，任正非在《华为公司的核心价值观》的报告中提出："真正认识到为客户服务是华为存在的惟一理由，真正认识到客户需求是华为发展的原动力。"企业一味崇拜技术很难有进一步的发展，技术的重要作用在于客户的需求，客户需要什么企业就做什么。明确将技术导向战略转为客户需求导向战略。2008 年，华为将公司的核心价值观确定为"成就客户、艰苦奋斗、自我批评、开放进取、至诚守信、团队合作"。到 2012 年，华为又进一步将核心价值观概括为"以客户为中心，以奋斗者为本，长期坚持艰苦奋斗"。不管华为的经营理念和策略如何变化，但企业所追求的价值目标与员工个人追求的价值目标却始终保持高度一致。因为，华为认为，一个真正忠于公司的员工应该踏踏实实工作、不计较个人得失、由强烈责任心和使命感、有敬业精神和奉献精神。[④] 所以，也有人将华为文化称之为"蓝血企业文化"。这种企业文化的特点是以信念为动力方向，以纪律为约束，魅力型领导与员工共同贯彻执行组织任务的执行性组织文化。第一，注重信念。在强大的信念驱动下，企业坚持走有自身特色的道路。第二，注重纪律。因为有了纪律保证，企业和员工的行为就可以有章可循。第三，突出领导者魅力。领导者的魅力可以起到上下一心、团结一致，形成强大的合力。第四，注重执行力。这种执行不是简单完成任务，既要强调任务的保质保量，又要是无条件的誓死到底的执行。最后，高度的社会责任感。企业既要提高效率，又要对社会作应有的贡献。[⑤]

特点七：将企业与员工和合作者结成利益共同体。华为早在成立之处就通过推行员工普遍持股制度，形成了员工与企业一荣俱荣、一损俱损的利益共同体架构。1999 年，华为公司制定了《员工持股规定》，其原则是"入股自愿，遵守管理"。股份回购价值的计算公式是：回购价＝购买价×（1＋X×月/12）。X 是指公司董事会批准的当年利润率，月是指本年度退股时的实际持有月份。任正非警告员工："如果公司破产，我们将一无所有。"[⑥] 企业是一种功利组织，但为谁谋利益的问题必须解决。否则，企业是不可能会有长远发展的。华为每年都要将销售额的 10% 以上的资金上缴给国家，是近几年

① 张斌峰：《现代人文精神的实践性构建——华为公司企业文化中的现代人文精神》，《企业文化》，2002 年第 9 期，第 20－22 页。

② 曹荣：《上下同欲者胜：实现个人与组织价值契合的权变管理——以阿里巴巴、华为等企业实践为例》，《经济论坛》，2011 年第 4 期，第 210－221 页。

③ 《孙子·谋攻篇》。

④ 程东升、刘丽丽：《华为经营管理智慧：中国"土狼"的制胜攻略》，北京：当代中国出版社 2005 年版，第 79 页。

⑤ 刘清华：《蓝血企业文化探析——以华为为例》，《东方企业文化》，2014 年第 20 期，第 99 页。

⑥ 程东升、刘丽丽：《华为经营管理智慧：中国"土狼"的制胜攻略》，北京：当代中国出版社 2005 年版，第 158－159 页。

来业界上缴个人所得税最多的企业。华为也为优秀人才提供展示自我风采的平台，建立完善的培训体系和规范的内部管理体系，培养了大批专业型人才。华为奉行的利益共同体原则，使顾客、员工与包括政府在内的合作者都得到了满意。华为正是依靠这种利益共同体的驱动机制，不断地激活了整个组织的活力和战斗力，并在市场中表现出了足够的竞争优势。

（四）几点启示

1. 企业文化建设一定要符合企业发展实际。人们常说，有什么样的企业，就会有什么样的企业文化。企业文化如果不与企业发展实际结合起来，就会变成无源之水、无根之木。从上述三家卓越公司的企业文化建设实践来看，正是由于遵循了这样一个原则，才有了 GE 上百年持续发展的辉煌业绩，才有了三星集团不断发展壮大并后来居上的非凡成就，也才有了华为用短短 20 多年就能够跻身世界 500 强之列的奇迹。所以，在 2007 年 6 月举行的"创业企业如何迈过这道坎"第三期创业邦英雄会上，3GV8 的 CEO 吴刚说："企业文化要与企业实际的盈利能力相辅相成。"①

2. 企业文化需要不断与时俱进。一种好的企业文化对企业经营有直接的推动作用，但随着竞争环境和生存环境的变化，企业需要采用不同的文化理念和经营策略，全面思考如何才能成为一家长青企业，这就要求企业要不断超越自我，扬长避短，调整对客户价值等的看法。随着经济和技术的发展，高度动态化的环境，国际化和多样化的目标导向必然要求灵活、弹性的管理和应变能力来适应这种变化。诸如通用电气不断追求变革的文化，三星集团将创新作为公司重要的价值取向，华为不断调整公司的核心价值观等。只有与时俱进，才能培育企业的竞争优势，只有与时俱进，企业文化才有生命力。与时俱进是企业经营的灵魂。

3. 企业文化要善于挖掘人的本质需求。管理学上提出过诸如"经济人"假设、"社会人"假设、"自我实现人"假设、"复杂人"假设，以及"权变理论"等，这些假设或理论，其实无不是对"人性"的认识和假定。现代管理学中提出的"以人为本"管理思想，应该是对"人性"问题的最高肯定。尤其是在行为科学中，更是充分揭示了人的行为对人生态度以及做人做事方式的影响。现实中的优秀企业管理者正是充分把握了这一规律，在进行企业文化建设和推广过程中，充分考虑了员工的需求，从人性管理的角度提升文化建设的效果。诸如 GE、三星集团和华为公司均将以人为本的"人性"化管理作为企业文化建设的重要内容，无不是基于这样深刻思考的实践。

4. 企业文化重在落地生根。企业文化不是一些理念和几句简单的口号，而是要落到企业经营管理的实践之中。几家卓越公司企业文化的实践都证明了如何将企业文化理念落到实处的重要性。诸如他们严格而不失人性化的管理制度及其考评体系、将企业文化理念不断灌输于员工的培训制度、始终坚持并不断完善的管理机制等，通过"潜移默化"，让企业文化在不知不觉中成为全体员工拥有的"共同价值观念、共同行为准则和共同心理契约"，终于形成了一种将企业文化理念"内化于心"、"固化于制"、"落实于

---

① 吴刚：《企业文化要与企业实际的盈利能力相辅相成》，http://u.cyzone.cn/blog/8806.

行"的企业文化长效机制。

5. 优秀的企业文化才是企业真正的核心竞争力。自从普哥印拜陀·克利修那·普拉哈拉德（Coimbatore K. Prahalad）和加里·哈默尔（Gary Hamel）提出"核心竞争力"这一概念后，有关什么是核心竞争力的讨论就成为学术界、管理界、企业界的热门话题。然而，什么是企业的核心竞争力却一直莫衷一是。普拉哈拉德和哈默尔认为，核心竞争力是组织中的累积性学识，特别是关于如何协调不同的生产技能和有机结合多种技术流派的学识。[①] 威廉·C·勃格纳（William C. Bogner）和赫瓦德·托马斯（Howard Thomas）则认为，核心竞争力是那些与竞争对手相比可以获得最大程度用户满意的公司专门技能。[②] 也有人认为，企业的核心竞争力是整合企业各种资源（包括物质资源、技术资源、人力资源、知识资源、财务资源与组织资源）与多种能力（包括生产能力、管理能力、营销能力、技术能力、员工能力）所形成的一种能够确保本企业在市场竞争中获得竞争优势与可持续发展的独特能力。它并不是指某项单独的能力，而是企业多种具有竞争优势的能力集合体。[③] 我们认为，企业的核心竞争力应该是，也只能是企业文化。因为，按照理查德·帕斯卡尔（RiChard Pascale）和安东尼·阿索斯（Anthony G. Athos）提出的"7S"模型，最核心的竞争力是建立在企业的核心价值观上，企业的核心价值观是企业文化最核心的内容。因此，企业文化是企业持续竞争力的核心要素。[④] 只有企业文化才能将上述各种资源整合起来并发挥作用。无论是 GE，还是三星集团，抑或是华为公司，其发展历史和经营实践都充分证明了这一点。这些公司正是由于形成了与众不同的文化，才使他们取得了其他公司无与伦比的业绩，并使这种业绩持续地展示其魅力和辉煌。迈克尔·波特（Michael E. Porter）说："文化，虽然很难定义其有助于影响组织的准则和态度，但已被认为是成功企业的一个重要因素了"。[⑤] 詹姆斯·C·柯林斯（James C. Scott）和杰里·I·波拉斯（Jerry I. Porras）在《基业长青》一书中说：卓越公司的根本"就在于转化核心理念和独特追求进步的精神，使之融入组织结构的所有层面，化为目标、策略、战术、政策、程序、文化习性、管理行为、建设蓝图、支付制度、会计制度等。一句话，化为公司的一切行动。"[⑥] 由于诸如 GE、三星、华为等卓越企业能够如终如一地坚持其核心理念，才使这些企业保持着比其他企业更加显著的竞争优势，并因此获得了卓越公司的殊荣。

---

① Prahalad C．K，Hamel G．The core competence of the corporation．Harvard Business Review，1990，68（3）：79 — 91.

② BognerW，Thomas H．The role of competitive groups in strategy form ulation：a dynamic integration of two competingmodels．The Journal of Management Studies，1992，30（1）：51 — 68.

③ 盛小平、孙琳：《企业核心竞争力理论透视》，《经济问题探索》，2006 年第 11 期，第 81—87 页。

④ 马树林：《"入世"后中国企业文化建设的走势》，《中外企业文化》，2002 年第 13 期，第 4—9 页。

⑤ （美）迈克尔·波特：《竞争优势》，陈小悦译，北京：华夏出版社 2005 年版，第 24、234 页。

⑥ （美）詹姆斯·C·柯林斯、杰里·I·波拉斯：《基业长青》，真如译，北京：中信出版社 2002 年版，第 263 页。

第十四章　走向未来的企业文化建设

面对汹涌而来的新技术革命，尤其是当下正在方兴未艾的信息技术和互联网经济，未来的企业文化将如何发展，其建设方向和重点在什么地方，有必要作一些预测性的研判。

关于未来企业文化的发展趋势和建设重点，学界和企业界已有不少的探讨和论述。上世纪末，中国企业文化研究会副理事长贾春峰指出：在企业发展战略中要注重文化力的开发，这是由现代市场经济的发展趋势所引起的。其发展趋势的根本表现，就是经济与文化的"一体化"推进。他从科技创新、文化附加值、审美心理、企业形象力、文化沟通以及企业信誉等诸多方面对未来企业文化建设提出了要求。[①] 复旦大学的首席经济学家苏东水教授也基于管理的全球视野，勾勒了面向 21 世纪的企业文化发展趋势，并突出了人力资源管理、知识管理、跨文化管理等在未来企业文化建设中的重要性。[②] 根据当前经济社会发展和科技进步的特点，一些学者和企业界人士对未来企业文化的发展趋势进行了多角度的预测。有人将企业文化发展趋势概括为鼓励创新求变、强调速度和效率、大兴学习之风、弘扬团队精神、凸现以人为本、倡导联盟双赢、追求和谐共赢等。[③] 有人提出未来企业文化的发展趋势是：传统优良企业文化与现代企业创新文化的和谐共生、人文情怀和生态观念的良好结合、国际环境与新战略发展要求的较好适应、与时俱进与创新思维的永久链接等。[④] 也有人将和谐企业文化看作是未来企业文化发展的必然趋势和新的历史阶段。[⑤] 另外，有人认为，企业管理已经经过了以经验管理为特征的第一代管理、以科学管理为特征的第二代管理、以行为管理为特征的第三代管理、以现代管理为特征的第四代管理，目前已经进入以知识管理为特征的第五代管理等。[⑥] 阿里巴巴集团创始人马云则强调了信用在未来企业文化建设中的重要性，认为"未来企

---

① 贾春峰：《面向 21 世纪：市场发展趋势与企业文化力的开发》，《社会科学论坛》，1998 年第 2 期，第 29—32 页。

② 苏东水：《管理的全球视野——21 世纪企业管理发展趋势》，《国际市场》，1999 年第 2 期，第 4—5 页。

③ 蔡世锋、蔡曾清：《企业文化发展的新趋势》，《当代财经》，2003 年第 11 期，第 74—76 页。

④ 滕进：《新经济时代企业文化发展趋势初探》，《现代商业》，2011 年第 18 期，第 153 页。

⑤ 饶静安、张衔：《企业文化演进发展的回顾与思考》，《管理现代化》，2011 年第 2 期，第 24—26 页。

⑥ 文毅：《论企业管理发展趋势》，《企业家天地下半月刊》（理论版），2007 年第 2 期，第 40—41 页。

业家之间的竞争，不是文凭的竞争，而是信用的竞争。谁信用越好，谁越会成功"。①企业文化研究的先驱、美国管理学家特雷斯·E·迪尔（Terrence E. deal）和艾伦·A·肯尼迪（Allan A. kennedy）提出了"新企业文化"的概念，并将重新获得工作场所的活力作为新企业文化的追求目标。②

毫无疑问，企业文化建设必须具有与时俱进的特点，在不同的经济社会发展和科技进步背景下，企业文化要与时代的发展相适应，与市场环境相匹配，只有这样，企业文化才能成为企业发展的强大推力，成为企业获得竞争优势的精神动力。考察当前和未来全球经济社会发展和科技进步的趋势，人类社会的发展正在进入一个前所未有的新时代——信息化或称数字化时代。科学技术的迅猛发展给企业的经营管理带来的影响达到了一种令人难以想象的地步，企业传统的或已有的各种经营管理理念不断被颠覆。当前，诸如云计算、大数据、物联网、互联网等各种新技术、新概念的不断出现和融合，不仅极大地改变了企业的生产经营方式，也孕育着各种前所未有的新兴产业和新型企业形态，并迅速改变着各种传统行业、传统产业的成长形态、发展轨迹和商业模式。我们已有的企业管理理念、管理模式和组织架构等经典模式正在经受着来自这些新技术、新产业、新业态的巨大挑战。企业不得不适应这种变化对企业管理的要求，积极预见未来发展趋势，探索新的管理理念、管理模式、管理组织以及管理手段，并构建适应这种新环境的企业文化。只有这样，才能在这种瞬息万变的市场环境中不断赢得竞争优势。就企业管理看，一系列转变正在或已经发生。诸如管理理念由过去"以厂商为中心"向"以客户为中心"转变；管理模式由"生产要素管理"向"知识要素管理"转变；组织架构由"金字塔式的等级制垂直管理"向"网络状的扁平化水平管理"转变；人才管理由"制度化的刚性约束"向"人性化的柔性管理"转变等。③ 在企业管理的理念体系中，价值管理、人本管理、全球管理、跨文化管理、知识管理、信息管理和创新管理等已经成为每一个企业管理者不能不具备的管理思维和管理理念。所以，富基融通董事长兼CEO颜艳春在谈到互联网对企业影响时不无感慨地说："我们需要利用移动互联网思维重新梳理公司的战略、文化、组织，重新审视我们僵化的企业文化和传统的金字塔式或矩阵式组织结构，重新定义我们的产品和服务。"④

面对迅猛而至的社会变革、科技革命以及商业模式的变化，未来企业文化建设的方向和着力点究竟在什么地方呢？其实，一些基本的特征已经显现出来。

首先，人本管理必将成为企业文化建设的核心。人本管理虽然在过去的企业文化建设中已经受到重视，但随着经济社会发展和科技进步，这一理念必将成为未来企业文化

---

① 《看马云谈未来企业的竞争》，http://news.cnal.com/management/09/2014/02－18/1392715490361813.shtml.

② （美）特雷斯 E. 迪尔、艾伦 A. 肯尼迪：《新企业文化：重获工作场所的活力》，孙健敏、黄小勇、李原译，北京：中国人民大学出版社2009年版，第20－21页。

③ 丁东平：《浅谈互联网时代的企业管理创新》，《财经界》（学术版），2015年第3期，第108－109页。

④ 曹磊、陈灿、郭勤贵等：《互联网＋跨界融合》，北京：机械工业出版社2015年版，第181页。

建设的核心理念而得到实实在在的贯彻和落实。伊曼努尔·康德（Immanuel Kant）曾经有句名言："人是目的，而不是手段。"① 现代经济社会和科技的发展，越来越将人的发展作为重要的追求目标，这不仅是社会进步的需要，也是企业发展的最终目标。在管理学的整个发展过程中，各种管理理论虽有区别，但归根到底都是围绕人的发展提出来的。企业管理的最高价值目标就是人的全面自由发展，企业管理的价值规范集中起来可以概括为充分尊重人、恢复人的尊严。有人认为，培育共享价值观是未来企业文化建设的重点。② 但企业的"共享价值观"是什么？那就是"人的价值高于物的价值"。要把个人自由全面的发展与企业组织管理、流程再造、绩效评估等结合起来。当今蓬勃发展的互联网，一个重要的特点就是"自由人的自由联合"。③ 可以说，尊重人性是互联网最本质的文化。互联网如果除掉冷冰冰的技术，其力量之强大最主要来源于对人性最大限度的尊重、对用户体验的敬畏、对人的创造性的重视。互联网时代扁平化的组织不仅比传统的科层组织效率更高，对市场反应更快，最重要的是，它更容易把企业、员工和客户变成一个"利益共同体"，一荣俱荣，一损俱损。此外，诸如互联网时代的 UGC（用户生成内容）、卷入式营销、分享经济等，无不是透视人性、尊重人性的产物。有人认为，人性的光辉才是互联网时代推动科技进步、经济增长、社会进步、文化繁荣的最根本力量。④

其次，互联网思维将成为企业文化建设的重点。所谓互联网思维，就是将互联网的理念和技术手段贯穿于企业文化建设之中，运用互联网的思维方式、技术手段对企业文化进行重塑和改造，以提高企业文化建设的针对性和时效性。有人认为，互联网给企业带来的最大变化就是新一代人的价值观的变化。"平等、参与、分享"为核心的、自由主义价值观才是所谓互联网精神或者互联网思维的真正意义。能够扎扎实实在企业内部管理中贯彻以"平等、参与、分享"为本质的互联网精神，把每个个体的创造性、积极性、主观能动性发挥出来的公司，才称得上真正的互联网企业。⑤ 2014 年，亚布力中国企业家论坛轮值主席、TCL 集团董事长李东生指出："互联网大潮正猛烈冲击着传统企业的组织结构和管理流程，打造去中心化、扁平化、开放性的组织是传统企业面临的重大课题。"⑥ 互联网时代最大的特点就是网络化、平台化、快捷性和人性化。互联网＋云计算＋智能终端＋各种业务＋平台等，将虚拟世界与实体世界联接了起来。企业对供应商和用户而言不仅是商家，也是共同迅速个性化满足用户需求、成就供应商的平台。所有的资源都能以最快的速度配置，平台成为驱动企业快速发展的动力。⑦ 互联网时代

① （德）伊曼努尔·康德：《实践理性批判》，韩水法译，北京：商务印书馆 2003 版，第 95 页。

② 祝慧烨：《我国企业文化发展基本趋势与路径——第五届全国企业文化年会总结》，http://info. cec－ceda. org. cn/glxz/pages/20061122＿4888＿2＿. html.

③ 曹磊、陈灿、郭勤贵等：《互联网＋跨界融合》，北京：机械工业出版社 2015 年版，第 202 页。

④ 马化腾：《解读"互联网＋"时代的六大特征》，http://bbs. seowhy. com/forum. php? mod＝viewthread&tid＝31336363.

⑤ 曹磊、陈灿、郭勤贵等：《互联网＋跨界融合》，北京：机械工业出版社 2015 年版，第 187 页。

⑥ 曹磊、陈灿、郭勤贵等：《互联网＋跨界融合》，北京：机械工业出版社 2015 年版，第 183 页。

⑦ 程慧：《用互联网思维改造企业文化》，《通信世界》，2014 年第 25 期，第 16 页。

的企业不需要"长战略",而更需要"瞬时竞争优势"。互联网时代没有国内国外经营之分,必须站在全球角度配置各种资源。互联网时代的扁平化组织带来的巨大变化是每个员工在满足客户的同时去实现自己的价值,管理的重心逐渐变成企业管理者帮助员工去实现客户的想法,管理者的任务就是要协助每个员工实现个人和组织的目标。企业文化建设的目的在于创造一种促进员工不断学习的组织氛围,形成组织不断创新的核心能力。为此,在企业物质文化建设中,除传统的表现形式外,必须重视网络载体的建设以扩大内外影响。制度文化建设除了寻求企业文化的制度支撑和落实外,更要体现出制度引导、分工明确、权责对等。精神文化建设要强调树立以顾客导向的经营理念,企业的全部价值链活动都要围绕满足客户的需求而运作。[①] 此外,互联网技术的发展,为企业文化建设提供了有效的传播手段,诸如用互联网技术实现了企业文化在横向与纵向时空的"零距离"覆盖,利用互联网技术的"实时快速"优势,提高了企业文化传播的实效性,利用互联网时代的大数据平台,可以实时反映员工诉求,为探索企业文化传播、落地找到了最优形式。[②] 因此,充分利用网络的互动性,打造更多员工能参与、可分享的体验活动,形成集原创性、互动性和思想性于一体的公共话题,构建线上线下全方位、立体化、多维度的企业文化建设新平台必将受到人们的重视。[③]

其三,学习型组织文化建设将受到企业高度重视。自从美国学者彼得·圣吉(Peter M. Senge)提出学习型组织以来,这一新的组织形式在许多企业受到推崇。学习型组织不是一种固定的模式,而是关于组织概念和雇员作用的一种态度和理念,是用一种新的思维方式对组织效率的思考。在学习型组织中,所有员工都要参与识别和解决问题,推动组织不断尝试、改善和提高其能力。在学习型组织内,员工们参与问题识别,就需要了解和熟悉顾客需求。员工们要解决问题,就意味着要以一种独特的方式满足顾客的需要,并通过确定新的需要和满足这些需要来提高组织的价值。由于学习型组织常常是通过新的观念和信息而不是物质的产品来提高价值,因此,就需要不断培养组织中成员的自我超越意识,使他们看清现状与自己的愿景间的距离,激发"创造性张力",进而能动地推动愿景的实现;就需要改善人们的心智模式,培养其良好的思想方法、思维习惯、思考风格和心理素质;就需要建立共同愿景,利用团体学习和系统思考方法来研究问题、解决问题。犹如新东方集团董事长俞敏洪所言:"一切互联网的优势,都是效率的优势,一切传统企业转型的问题,最后都是组织的问题。""组织的存在就是为了实现组织的目标,组织管理的目的就是为了提高效率。"[④]

其四,创新是企业文化建设的永恒主题。约瑟夫·熊彼特(Joseph Alois Schum-

① 宋杼宸:《互联网时代企业文化建设的特征和方向》,《中国人力资源开发》,2014 年第 20 期,第 6—9 页。

② 吴惠芬、黄宇腾、蒋城颖:《企业文化建设的互联网思维》,《中国电力企业管理》,2015 年第 15 期,第 62—63 页。

③ 袁银辉:《互联网对企业思想文化建设的挑战与机遇》,《企业文明》,2015 年第 7 期,第 36—38 页。

④ 曹磊、陈灿、郭勤贵等:《互联网+跨界融合》,北京:机械工业出版社 2015 年版,第 181 页。

peter）的"创新理论"已经持续影响人们达 100 多年之久。但随着信息化时代的来临，创新更加成为企业生存和发展的重要选择。创新对一个国家和民族来讲是发展进步的灵魂和不竭动力，对于一个企业来讲是寻找生机和出路的必要条件。从某种意义上说，一个企业如果不懂得创新，其生机就停止了，这个企业就要濒临灭亡。自 2014 年 6 月习近平总书记在"两院"院士大会上提出"创新驱动战略"以来，中国经济发展已经正式进入了创新驱动的新阶段。① 所谓创新驱动，其本质就是要依靠自主创新，充分发挥科技对经济社会的支撑和引领作用，大幅提高科技进步对经济的贡献率，实现经济社会全面协调可持续发展。而对企业而言，创新驱动的根本意义就是勇于突破企业的自身局限，革除不合时宜的旧体制、旧办法，在现有的条件下，创造更多适应市场需要的新体制、新举措，走在时代发展的前列，赢得激烈的市场竞争。因此，优秀企业文化的核心就必然要建立在创新文化的基础上，许多优秀企业的发展也证明了这一点。"二战"后，日本索尼公司的创始人井深大和盛田昭夫面对战争留下的废墟，并没有考虑发展什么业务，而是重点思考公司应该建立什么原则。为此，"以科技为导向，走持续创新之路"成为索尼立业之本，也被称为"先驱"精神。进入 80 年代初期，索尼公司推出了包括录像机最强、磁产品最强、消费品的强化、生产销售决策程序重组等六大重点方针。80年代末，随着索尼国际化的发展，及时提出了"全球·地方化战略"。90 年代初，又提出了 AV& CCC（Computer、Communication、Component）的发展战略。进入 21 世纪，随着互联网的发展，索尼公司紧紧抓住消费者需求这个主题，宣布实行向"个人宽带网解决方案公司"的全面转型。② 在全球化、信息化、互联网时代，创新的关键就是要构建一套规则和机制，而企业文化就是这种规则和机制的灵魂。总部位于深圳的华为和中兴，同为两家很优秀的企业，虽然各自的企业文化不完全相同，但两家公司都十分注重创新。华为推崇以目标和业绩为导向的"狼"文化；中兴则倡导以稳健和人本为导向的"牛"文化。殊途同归，两家企业均通过不断创新取得了极大的成功。③ 在互联网＋的时代，没有成功的企业，只有符合时代精神的企业，唯一能让企业免于速朽的，就是企业的快速刷新（自我颠覆加自我重建）能力。④ 奇虎 360 的董事长周鸿祎甚至认为，只有颠覆式的创新或破坏式的创新才能推动产业的进步，推动技术和产品的创新，这也是硅谷和美国之所以不断推陈出新的原因。⑤

其五，融合中外文化精华将成为企业文化建设的必然选择。在经济全球化已经将世界变成"地球村"的今天，吸收世界上一切先进文化为我所用，构建国际化的现代企业文化已经成为大势所趋。与此同时，现代企业的经营管理正在承受着来自不同地区、不

---

① 《习近平在两院院士大会上的讲话》，《人民日报》，2014 年 6 月 10 日。

② 韩中和：《组合资源 不断创新——索尼公司建立核心能力案例分析》，《研究与发展管理》，2001 年第 6 期，第 61—66，75 页。

③ 韦华伟：　《让创新成为企业文化的灵魂》，http：//www.ceconline.com/leadership/ma/8800056269/01/.

④ 曹磊、陈灿、郭勤贵等：《互联网＋跨界融合》，北京：机械工业出版社 2015 年版，第 188 页。

⑤ 周鸿祎：　《颠覆式创新对创业者的意义》，http：//www.iceo.com.cn/renwu/34/2012/1017/258809.shtml.

同民族和不同文化的强烈冲击，一个多元文化相互融合的时代正在向我们走来。然而，无论我们置身于何地，处在什么样的经营环境中，真正能够支撑企业永续发展的却离不开本民族的文化营养。所谓"只有民族的才是世界的"，这句话在当今全球化的背景下更加具有现实意义。虽然我们已经处在一个多元文化交汇融合的时代，但如果放弃了本民族的文化传统，忽视了文化之间的差异，就必然会削弱企业的竞争优势，对企业发展十分不利。正是基于此，近年国内许多著名企业和企业家纷纷将目光转向传统文化，并在学习国外先进技术、借鉴国外先进管理经验的基础上，积极吸收中国传统文化精华作为企业文化理念。诸如作为世界华人首富的李嘉诚，其所以取得迄今为止仍使许多华人企业家无法超越的成就，其关键就是他将东西方文化巧妙地融合到了自己的企业经营管理之中，既保留了中国文化的灵魂，又吸收了西方管理的精华。李嘉诚可谓将东西方文化融入企业管理的杰出代表。① 由此，美国阿斯彭研究所高级研究员与领导力课程主持人、多家知名互联网领域上市公司的董事斯基普·巴托（Skip Battle）在接受《环球时报》记者专访时告诫中国企业家："如果能花一点时间学学中国传统文化思想的哲学与诗词，不仅会有益于他们自身，也对他们企业的长远发展有积极意义。"②

最后，文化管理将成为企业管理的主要方式。文化管理也被有些学者称之为"理念管理"或"价值观管理"。随着互联网时代的到来，企业之间的竞争将不再完全是精良设备和雄厚财力的较量，而更多的是企业间智力资本与文化积淀间的对抗。企业的管理重心开始由"物"向"人"转移，对内强调员工是企业的主体，对外强调顾客满意是企业的追求；企业管理开始侧重于文化管理。通过建立适宜企业生存和发展的企业文化，提高企业的凝聚力、向心力和员工的归属感，激发优秀人才的创新意识和创造能力，提高企业的信誉，加强顾客对企业的忠诚度。有人说，苹果之所有拥有品牌特权，在于它通过斯蒂夫·乔布斯（Steven Paul Jobs）讲述了一个特立独行的神话，营造了一种宗教氛围。它诞生于橄榄型社会的美国企业文化管理建设土壤，人们普遍追求差异化表达，"Thinkdifferent"、"Tothecrazyone"与乔布斯的个人神话交融在一起，苹果也由追求"大不同"而找到"大同"的消费群体，因而风靡全球。同样，中国小米的崛起背后也是企业文化管理战略的成功。如小米的企业文化管理建设密码可以是一套对互联网思维的七字诀："专注、极致、口碑、快"，以此区别于大工业时代的制造思维；它还可以是一个"高性价比"的产品宣言，如带有"最快"或"首发"的标签，制造"让用户尖叫"的 1999 元或 799 元的价格锚点，从而树立作为行业颠覆者的多项标准指标；它可以用粉丝用小米粒粘出来的手机模型，一份带有小米特色风格的 PPT，一个带有特权色彩的词汇"F 码"，一次带有跨界或新旧经济对比色彩的对话交锋等。③ 企业文化的早期研究者特雷斯·E·迪尔（Terrence E. deal）和艾伦·A·肯尼迪（Allan

① 邢岩：《论中国传统文化对当代企业经营的重要影响——以李嘉诚经营理念为例》，《企业经济》，2015 年第 1 期，第 63—66 页。

② 《互联网企业家：中国企业家应补传统文化课》，http：//world. huanqiu. com/exclusive/2014—09/5147917. html.

③ 《小米崛起背后的企业文化管理建设战略》，http：//www. thldl. org. cn/news/1401/79116. html.

A. kennedy）也指出："那些在调查的名列前茅的公司都有一个共同之处，就是有着充满活力的企业文化。"在一个凝聚力很强的企业中，生机盎然的企业文化能够为一个深刻而持久的共同目标作出贡献。[①] 所以，李嘉诚在总结自己管理企业的经验时，几乎毫不犹豫地将企业文化管理看作是未来企业管理的最先进方法，并呼吁企业家要重视文化自觉。因为企业家是企业文化的倡导者，更是企业文化的实践者和推动者，如果没有高度的文化自觉，就不可能有效化解执行过程中来自方方面面的矛盾和问题，也就不可能确保企业文化的顺利实施和传承。[②]

---

① （美）特雷斯 E·迪尔、艾伦 A·肯尼迪：《新企业文化：重获工作场所的活力》，孙健敏、黄小勇、李原译，北京：中国人民大学出版社 2009 年版，第 6 页。

② 《李嘉诚谈企业文化管理》，http：//www. tnc. com. cn/info/c－001006－d－80918－p1. html.

主要参考文献

[1] 张岱年、方克立：《中国文化概论》，北京：北京师范大学出版社 2004 年版

[2] 陈德述：《儒学管理思想论》，北京：中国国际广播出版社 2008 年版

[3] 易中天：《中国智慧》，上海：上海文艺出版社 2011 年版

[4] 傅铿：《文化：人类的镜子——西方文化理论导引》，上海：上海人民出版社 1990 年版

[5] 冯天瑜、何晓明、周积明：《中华文化史》（上、下），上海：上海人民出版社 2005 年版

[6] 蔡俊生、陈荷清、韩德林：《文化论》，北京：人民出版社 2003 年版

[7] 徐言行：《中西文化比较》，北京：北京大学出版社 2004 年版

[8] 殷海光：《中国文化的展望》，北京：中国和平出版社 1988 年版

[9] 叶朗：《现代美学体系》，北京：北京大学出版社 1988 年版

[10] 李德顺、孙伟平、孙美堂：《精神家园：新文化论纲》，哈尔滨：黑龙江教育出版社 2010 年版

[11] 周大鸿、秦红增：《中国文化精神》，广州：广东人民出版社 2007 年版

[12] 孙耀君：《管理思想发展史》，太原：山西经济出版社 1999 年版

[13] 周立人：《中西文化论》，上海：上海社会科学出版社 2009 年版

[14] 罗国杰、宋希仁：《西方伦理思想史》，北京：中国人民大学出版社 1985 年版

[15] 刘刚：《中国传统文化与企业管理——基于利益相关者理论视角》，北京：中国人民大学出版社 2010 年版

[15] 陈杰思：《中华义理》，昆明：云南人民出版社 2001 年版

[16] 张传开、汪传发：《义利之间——中国传统文化中的义利观之演变》，南京：南京大学出版社 1997 年版

[17] 郑涵：《中国的和文化意识》，上海：学林出版社 2005 年版

[18] 苏东水：《东方管理学》，上海：复旦大学出版社 2005 年版

[19] 张应杭：《东方管理智慧》，厦门：鹭江出版社 2007 年版

[20] 胡祖光、朱明伟：《东方管理学导论》，上海：三联书店 1998 年版

[21] 葛荣晋：《中国哲学智慧与现代企业管理》，北京：中国人民大学出版社 2006 年版

[22] 于可：《世界三大宗教及其流派》，长沙：湖南人民出版社 2005 年版

[23] 陈荣耀：《比较文化与管理》，上海：上海社会科学院出版社 1999 年版

［24］陈荣耀：《企业伦理：一种价值理念的创新》，北京：科学出版社 2008 年版

［25］欧阳润平：《义利共生论：中国企业伦理研究》，长沙：湖南教育出版社 2005 年版

［26］樊美筠：《中国传统美学的当代阐释》，北京：北京大学出版社 2006 年版

［27］朱永涛：《美国价值观——一个中国学者的探讨》，北京：外语教学与研究出版社 2002 年版

［28］陈章龙、周莉：《价值观研究》，南京：南京师范大学出版社 2004 年版

［29］王园园：《近代以来中国管理发展史》，北京：清华大学出版社 2014 年版

［30］姜汝祥：《差距：中国一流企业离世界一流企业有多远》，北京：机械工业出版社 2005 年版

［31］左章健：《世界 500 强成功策略》，广州：南方日报出版社 2005 年版

［32］曹磊、陈灿、郭勤贵等：《互联网＋跨界融合》，北京：机械工业出版社 2015 年版

［33］罗长海：《企业文化学》，北京：中国人民大学出版社 2000 年版

［34］刘光明：《企业文化史》，北京：经济管理出版社 2010 年版

［35］刘光明：《企业文化》，北京：经济管理出版社 2000 年版

［36］杨洁、宋联轲：《企业文化力机制研究：基于战略人力资源管理视角》，上海：上海财经大学出版社 2013 年版

［37］陈维政、张丽华、忻蓉：《转型时期的中国企业文化研究》，大连：大连理工大学出版社 2005 年版

［38］朱凌：《创新型企业文化的结构与重建》，杭州：浙江大学出版社 2008 年版

［39］魏中龙、田建华：《企业文化的沉思》，北京：经济科学出版社 2010 年版

［40］齐冬平、白庆祥：《文化决定成败：中外企业文化镜鉴教程》，北京：中国经济出版社 2008 年版

［41］庄培章：《现代企业文化新论》，厦门：厦门大学出版社 2001 年版

［42］陈军、张亭楠：《现代企业文化：二十一世纪中国企业家的思考》，北京：企业管理出版社 2002 年版

［43］宋长琨：《儒商文化概论》，北京：高等教育出版社 2010 年版

［44］常桦：《中国当代企业家管理思想述评》，北京：中国纺织出版社 2004 年版

［45］王逸超：《中外企业文化理念大全》，北京：中国经济出版社 2007 年版

［46］马树林、钟晓光：《企业文化中国化——中国特色企业文化理论与实践》，北京：中国经济出版社 2010 年版

［47］陈春花：《企业文化管理》，广州：华南理工大学出版社 2002 年版

［48］徐建民：《企业之魂——CIS 战略的理念识别》，北京：北京经济学院出版社 1995 年版

［49］叶陈刚：《公司伦理与企业文化》，上海：复旦大学出版社 2007 年版

［50］王晓春：《价值观契合与企业文化文本：概念、测量及其关系研究》，北京：

经济管理出版社 2012 年版

[51] 王超逸、李庆善：《企业文化学原理》，北京：高等教育出版社 2009 年版

[52] 王慧中：《企业文化地图：未来商战决胜之道》，北京：机械工业出版社 2011
年版

[53] 黎永泰、黎伟：《企业管理的文化阶梯》，成都：四川人民出版社 2003 年版

[54] 王吉鹏：《企业文化建设：从文化建设到文化管理》，北京：企业管理出版社
2010 年版

[55] 罗长海、陈小明等：《企业文化建设个案评析》，北京：清华大学出版社 2006
年版

[56] 赵文明：《中外企业文化经典案例》，北京：企业管理出版社 2005 年版

[57] 石磊：《企业文化案例精选评析》，北京：企业管理出版社 2010 年版

[58] 金思宇、张鸿钧：《中国特色企业文化建设案例》（第一、二卷），北京：中国
经济出版社 2005、2007 年版

[59] 包立峰：《以人为本企业文化的价值生态与建构》，上海：三联书店 2013 年版

[60] 王志乐：《软竞争力：跨国公司的公司责任理念》，北京：中国经济出版社
2005 年版

[61] 吴成丰：《企业伦理》，北京：中国人民大学出版社 2004 年版

[62] 刘彧彧：《企业形象力》，北京：中国市场出版社 2006 年版

[63] 葛红岩：《企业文化驱动技术创新的路径研究》，上海：三联书店 2013 年版

[64] 周祖城：《企业伦理学》，北京：清华大学出版社 2005 年版

[65] 李建军：《企业文化与制度创新》，北京：清华大学出版社 2004 年版

[66] 倪宏伟：《企业文化管理逻辑：基于企业领导人文化管理力视角》，北京：经
济科学出版社 2010 年版

[67] 于天远：《政商关系与企业文化变革》，北京：商务印书馆 2013 年版

[68] 李桂荣：《创新型企业文化》，北京：经济管理出版社 2002 年版

[69] 房秀文、林谷：《中华商业文化探源》（1—4），北京：中国经济出版社 2011
年版

[70] 梁少川：《企业文化与管理方式》，广州：暨南大学出版社 2011 年版

[71] （美）特雷斯·E·迪尔、阿伦·A·肯尼迪：《企业文化——现代企业的精神
支柱》，唐铁军、叶永青等译，上海：上海科学技术出版社 1989 年版

[72] （美）特雷斯·E·迪尔、阿伦·A·肯尼迪：《新企业文化——重获工作场所
的活力》，孙健敏、黄小勇、李原译，北京：中国人民大学出版社 2009 年版

[73] （美）托马斯·J·彼得斯、小罗伯特·H·沃特曼：《追求卓越——美国最成
功公司的管理经验》，戴春平等译，北京：中国编译出版社 2001 年版

[74] （美）威廉·大内：《Z 理论——美国企业界怎样迎接日本的挑战》，孙耀君、
王祖融译，北京：中国社会科学出版社 1984 年版

[75] （美）约翰·P·科特、詹姆斯·L·赫斯克特：《企业文化与经营业绩》，曾

中、李晓涛译，北京：华夏出版社1997年版

[76]（美）哈罗德·孔茨编：《迈向统一的管理理论》，纽约：麦克劳—希尔出版公司1964版

[77]（美）赫伯特·亚历山大·西蒙：《管理行为》，詹正茂译，北京：北京经济学院出版社1991年版

[78]（美）爱德华·C·斯图尔特、密尔顿·J·贝内特：《美国文化模式———跨文化视野中的分析》，卫景宜译，天津：百花文艺出版社2000年版

[79]（美）亨利·斯蒂尔·康马杰：《美国精神》，南木等译，北京：光明日报出版社1988年版

[80]（英）哈玛拉瓦·萨达提沙：《佛教伦理学》，姚治华、王晓红译，上海：上海译文出版社2007年版

[81]（印）阿马蒂亚·森：《伦理学与经济学》，王宇、王文玉译，北京：商务印书馆2000年版

[82]菲利普·R·哈里斯、罗伯特·T·莫兰：《跨文化管理教程》，关世杰译，北京：新华出版社2002年版

[83]（美）托马斯·J·彼得斯、小罗伯特·H·沃特曼：《探索企业成功之路——美国优秀公司的管理经验》，王延茂、傅念祖译，上海：上海翻译出版社1985年版

[84]（美）阿伦·肯尼迪、特雷斯·迪尔：《西方企业文化》，孙耀君、何大基等译，北京：中国对外翻译出版公司1989年版

[85]（英）保罗·格里斯利：《管理价值观：企业经营理念的变革》，徐海鸥译，北京：经济管理出版社2002年版

[86]（美）詹姆斯·柯林斯、杰里·I·波拉斯：《基业常青》，真如译，北京：中信出版社2002年版

[87]（美）里查德·帕斯卡尔、安东尼·阿索斯：《日本企业管理艺术》，张小东、周全译，乌鲁木齐：新疆人民出版社1988年版

[88]（美）彼得·圣吉：《第五项修炼——学习型组织的艺术与实务》，郭进隆译，上海：三联书店1998年版

[89]（美）迈克尔·茨威尔：《创造基于能力的企业文化》，王申英、唐伟、何卫译，北京：华夏出版社2002年版

[90]（美）托马斯·彼得斯、罗伯特·沃特曼：《追求卓越——美国优秀企业的管理圣经》，戴春平等译，北京：中央编译出版社2001年版

[91]（美）成中英：《文化、伦理与管理：中国现代化的哲学省思》，N/A译，贵阳：贵州人民出版社1991年版

[92]（美）罗伯特·F. 哈特利、斯蒂芬·P·罗宾斯：《商业伦理》，胡敏等译，北京：中信出版社2000年版

[93]（美）丹尼尔·A·雷恩：《管理思想的演变》，李柱流等译，北京：中国社会科学出版社1997年版

［94］（美）切斯特·I·巴纳德：《经理人员的职能》，孙耀君译，北京：中国社会科学出版社 1997 年版

［95］（美）彼得·德鲁克：《卓有成效的管理者》，许是祥译，北京：机械工业出版社 2005 年版

［96］（美）彼得·德鲁克：《管理的未来》，李亚译，北京：机械工业出版社 2009 年版

［97］（美）彼得·德鲁克：《管理使命、责任、实物》，王永贵译，北京：机械工业出版社 2011 年版

［98］（美）彼得·德鲁克：《管理的实践》，齐若兰译，北京：机械工业出版社 2010 年版

［99］（美）唐纳. 迪普罗斯：《企业间文化竞争优势》，谭青、陆红菊、王江慧译，沈阳：万卷出版公司 2005 年版

［100］（美）戴维·兰德斯、乔尔·默克、威廉·鲍莫尔：《历史上的企业家精神：从古代美索不达米亚到现代》，姜井勇译，北京：中国出版集团 2016 年版

后 记

当我为这部书稿敲上最后一个句号的时候，已经是 2015 年深秋的夜晚。抬头望望窗外的夜色，月光下的北岭山朦胧地跃入我的眼帘，寂静的校园里，学生们匆匆赶回宿舍的脚步声渐渐远去……，一股书生意气油然而生，我终于完成了自己心仪已久的一件事情！

想起有动议要写一本关于企业文化的个人著作，那还是十几年前的事。记得在 2003 年，我和另外两位同事合作完成了《企业之魂：经济全球化与大企业文化建设》一书，全书 30 多万字，是我所在学院（当时叫财经系）"经济全球化与企业管理创新丛书"之一，也是我们初期开展社会服务的重要成果。在欣喜之余，又慢慢感到有那么一点美中不足。是什么原因，当时自己确实也说不清楚。后来，我在经管学院为本科生开设了企业文化方面的选修课，课程名称叫什么，颇费了一番周折。几经斟酌，取名叫"文化视野的企业文化"。为什么取这个名字？当时的想法就是要尝试着从文化的角度去探讨企业文化建设。而根据自己接触到的一些有关企业文化方面的论著，或与同事们共同完成的那本册子，虽然都从企业管理的角度对企业文化进行了梳理和考察，有些还大量借鉴了国外学者的研究成果，但总体上看，几乎都陷入就企业文化谈企业文化的窠臼，没有将企业文化这样一个兼具学理和实践特性的管理理念放在更为宏阔、更加多维、更具文化品味的视野去审视，由此得出的一些结论和建议，也就不可避免地存在人云亦云，甚至不知所云的现象。企业文化虽然本质上是一种经营性文化，但它却既有文化的一般特征，也有企业经营管理的实践属性，是一个内涵和外延十分广泛而丰富的体系，甚至有人将企业文化称之为企业管理的"圣经"。如果只是简单地提出几个理念和几句口号，或者设计一些所谓的行动计划，是难以真正在企业的经营管理实践中发挥作用的。只有从多维度、深层次的视野去探讨、审视和建设企业文化，才能让企业文化真正成为企业经营管理的有效手段。在找到了这样一个理由后，便产生了要写一部深入到文化层面，并基于多维视野的企业文化研究著作的冲动。但遗憾的是，在过去的十多年里，虽然不断地在查找和积累资料，也构建了写作框架，并输入了不少文字，却一直没有能够实现这个夙愿。好在十几年来，我一直在给本科生上这门选修课，在教学过程中也不断地思考和修正自己的想法，特别是在与学生和企业家的互动和交流中受到诸多启发，也进一步完善和形成了一些自己的观点，这也更加坚定了我要完成这部书的信心。2013 年 7 月，当我从经管学院调到教务处任职后，原本想机关的工作可能轻闲一点，可以腾出手来完成这部书稿了。可谁曾想，教务处的工作比学院要忙很多，繁重的行政工作和教学改革任务，几乎使自己的想法无法实现。曾徘徊和犹豫了一段时间，甚至想干脆搞点课题和写几篇论文，完成科研任务算了。但冥冥之中又好像有一件事情一直萦绕在我的脑海中，难以释怀。已经到了知天命的我，如果还不能完成自己多年的心愿，情何以堪？几经权衡和斟酌，最后还是下决心放弃其他的想法，在有限的时间里专心去完成自己多年的这个夙愿。当然，在作出这个决定之后，我明白，世界上的事情往往是"鱼和熊掌不可兼得"。既要在教学改革中作出一点成绩，以回报领导和同事们的信任，又要完成这样一件费时费力的工作，其辛劳和困难自不待言。最后，还是拿出自己多年来屡试不爽的看家"本领"，那就是"用勤来补拙"。在集中精力完成单位的本职工作之余，将那些原本可以看电视、玩扑克和聊天的时间集中起来，加上节假日休息时间，努力完成自己属于学术范畴的事情，也算是"两全其美"吧！人们常说"天道酬勤"，这话还真是灵验。经过两年多的时间，居然将过去积累的一些资料整理了出来，再加上填补的一些新资料，基本形成了一份近六十万字的初稿。2015年暑假，在回家的路上，一边享受着大漠风光带给我的家国情怀，一边认真将书稿审阅了一遍；开学前的暑假空隙，再一次夜以继日地修改一遍；开学后的周末和闲暇时间，继续通读、修改了一遍。也将一些章节发给在相关方面有专长、或有空闲的朋友和亲人，请他们帮忙校正并指点一二。也算是在匆忙中，数十万字的书稿就这样基本完成了。今天，当这部书稿即将付梓之际，心中虽有惶恐，但也几多感慨，我不能不由衷地感谢与我相濡以沫近30年的妻子和刚刚取得硕士学位的儿子。妻子与我患难与共，曾共同走过了一段艰难的日子，一直以来的守望相护，对我的悉心温存、多方照顾和关爱，以及对儿子任劳任怨的辛苦养育，使我不仅能够安心完成长达七年的学界修炼，并一直专心于自己的教学、科研和社会服务工作。特别是这段时间，在她身体刚刚恢复就一如既往地继续担当起了原本由我承担的家庭重任，并以无微不至的关怀和鼓励，让我心无旁骛地投身到这份写作的快乐之中。当然，每天晚上回家后向她汇报一些工作进展的心情，看到她那欣赏和鼓励的眼神，也给了我努力完成这件事的鞭策和温馨。儿子能够勤勉学习，自立自强，在求学的道路上让我省去了过多的操心，从而获得了学术研究中那份难得的清净。没有他们母子的关心、支持和鼓励，无论如何也是难以用如此高的效率完成这部书稿的，就让这部书稿作为我们一家人近30年风雨兼程、甘苦与共的纪念吧！接下来，我要感谢的是我的教务处、招生办同仁和多年来形成的研究团队。这是一个大家庭般的团队，兄弟姐妹们相互之间的理解和帮助，学术上的切磋和砥砺，以及对我工作的支持和分担，为我提供了更多的写作时间。尤其是那种互敬互助的团队文化氛围，着实让我感受到了一份大家庭般的温暖，这也是我能够在繁忙的教务工作之余，还能够腾出手来做一点所谓学问的动力所在吧！我的老大哥李永杰教授、吴忠义教授，以及学弟李会宁董事长、李怀顺教授等，不仅在学业和为人处世方面为我树立了榜样，而且还拔冗为拙作撰写序言、校对文稿，并提出诸多修改建议，还有多年挚友，招生办公室的张滔华主任为我拍摄了风光而典雅的照片并校对了部分书稿，真是令我感激不尽！贾允河博士不仅是我多年的老友，也是我学术生涯中最热情的鼓励者和支持者，他高效、精致的编辑工作和顺畅、和谐的沟通能力让我不仅有了写作的动力，也获得了许多写作之外的快乐。此外，也要感谢那些在企业文化理论研究和实践操作方面卓有成就的专家和企业家，他们精深的研究成果和卓有成效的企业管理智慧，为我顺利完成这部著作提供了智力支持和写作素材。当然，在学习和借鉴这些成果的过程中，我努力将每一份参考过的文献注释在页末，以表达对学界同仁、前辈和业界精英的尊重，但难免有挂一漏万之处或注解不到位的地方，则务请能够谅解和宽容，因为，那一定不是我的本意。当然，现代科技也帮了我的大忙，海量信息和效率极高的互联网，以及互联网上的写手们，为我查找需要的资料发挥了其他工具无法替代的作用，确实达到了事半功倍的效果。

企业文化是当今企业管理中最为重要的管理手段，用李嘉诚先生的话说，未来企业管理最先进的手段就是企业文化。企业健康发展的前提就是企业家的文化自觉，如果没有高度的文化自觉，就不可能确保企业文化的顺利实施和传承。但有点遗憾地是，这方面的研究虽然数量很多，但质量还不高，仍有许多深层次的问题需要开展进一步的研究和设计。尤其是刚刚经过改革开放近40年的中国企业界，现代企业管理制度尚未完全建立起来，这方面值得去探讨和研究的东西依然很多，理论与实践深度对接还需要下很多很多的功夫，一种能够为中国企业经营管理发挥实际作用的企业文化体系更需要我们花费很多的时间和精力去深入思考和精心设计，本人的这份研究心得只能是一块引玉之砖，希望能够引出更多、更好的金玉良言问世，以加速推进我国企业管理的现代化进程！

丁孝智

乙未年秋于北岭山下